我们必须从国家战略高度和进入新发展阶段要求出发，全面加强知识产权保护工作，促进建设现代化经济体系，激发全社会创新活力，推动构建新发展格局。

——2020 年 11 月 30 日，习近平总书记主持中央政治局第二十五次集体学习并发表重要讲话。

◆ 2020 年 1 月 17 日，国务院知识产权战略实施工作部际联席会议办公室知识产权强国战略纲要制定专家咨询委员会第三次全体会议在北京召开。十二届全国人大常委会副委员长、专家咨询委员会主任严隽琪和相关专家出席。

供图：国家知识产权局办公室

◆ 2020 年 1 月 6 日，全国知识产权局局长会议在北京召开。

供图：国家知识产权局办公室

◆ 2020 年 4 月 23 日，国务院新闻办公室举行 2019 年中国知识产权发展状况发布会。

供图：国家知识产权局办公室

◆ 2020 年 11 月 11 日，第十二届中国国际专利技术与产品交易会开幕式暨第二十一届中国专利奖颁奖大会在大连举行。

供图：国家知识产权局办公室

◆ 2020 年 9 月 3 日，由世界知识产权组织主办，世界知识产权组织中国办事处承办的“2020 全球创新指数（GII）报告”高级别圆桌会议在北京举行。 供图：国家知识产权局办公室

◆ 2020 年 11 月 12 日，全国法院知识产权审判工作座谈会在广州召开。 供图：最高人民法院民三庭

◆ 2020 年 5 月 12 日，全国公安机关“昆仑 2020”专项行动动员部署视频会议在北京召开。

供图：公安部食品药品犯罪侦查局

◆ 2020 年 1 月 14 日，“中国专利 40 年”座谈会在北京举办。　　供图：国家知识产权局办公室

◆ 2020 年 11 月 6 日，世界知识产权组织、全国打击侵权假冒工作领导小组办公室在第三届中国国际进口博览会期间举办打击侵权假冒国际合作论坛。　供图：中央宣传部版权管理局

◆ 2020 年 1 月 14—15 日，第二十三次中欧知识产权工作组会议在北京举行。　供图：商务部条法司

◆ 2020 年 11 月 5 日，国家知识产权局定点扶贫座谈会在河北省张家口市召开。

供图：国家知识产权局办公室

◆ 2020 年全国知识产权宣传周活动海报。

供图：国家知识产权局办公室

ZHONGGUO ZHISHI CHANQUAN NIANJIAN

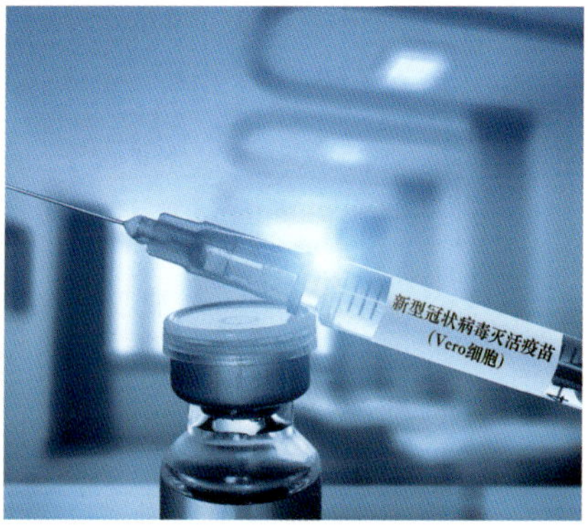

中国知识产权年鉴

主办●国家知识产权局

知识产权出版社
全国百佳图书出版单位
—北京—

图书在版编目(CIP)数据

中国知识产权年鉴. 2021/国家知识产权局主办. —北京：知识产权出版社，2021. 12
ISBN 978-7-5130-7974-7

Ⅰ. ①中… Ⅱ. ①国… Ⅲ. ①知识产权—中国—2021—年鉴 Ⅳ. ①D923. 4-54

中国版本图书馆 CIP 数据核字(2021)第 279708 号

责任编辑： 黄清明　武　晋　李芸杰　　**责任校对：** 王　岩
封面设计： 智兴工作室　　**责任印制：** 刘译文

中国知识产权年鉴 2021

国家知识产权局　主办

出版发行： 知识产权出版社有限责任公司　　**网　　址：** http://www.ipph.cn
社　　址： 北京市海淀区气象路 50 号院　　**邮　　编：** 100081
责编电话： 010-82000860 转 8117　　**责编邮箱：** hqm@cnipr.com
发行电话： 010-82000860 转 8101/8102　　**发行传真：** 010-82000893/82005070/82000270
印　　刷： 三河市国英印务有限公司　　**经　　销：** 新华书店、各大网上书店及相关专业书店
开　　本： 787mm×1092mm　1/16　　**印　　张：** 40
版　　次： 2021 年 12 月第 1 版　　**插　　页：** 8
印　　次： 2021 年 12 月第 1 次印刷　　**字　　数：** 1060 千字
定　　价： 240.00 元

ISBN 978-7-5130-7974-7

《中国知识产权年鉴(2021)》编辑委员会名单

张　鹏　国家知识产权局条法司

张东亮　中国知识产权报社

张志成　国家知识产权局知识产权保护司

陈宏生　科学技术部成果转化与区域创新司

郑良斌　中央宣传部版权管理局

赵建军　中华全国专利代理师协会

夏　超　国家市场监督管理总局价格监督检查和反不正当竞争局

黄建华　海关总署综合业务司

龚玉梅　国家林业和草原局科技发展中心

崔江浩　农业农村部科技教育司

崔守东　国家知识产权局商标局

葛　树　国家知识产权局战略规划司

谢小勇　中国知识产权研究会

雷筱云　国家知识产权局知识产权运用促进司

衡付广　国家知识产权局办公室

年鉴编辑部名单

主　　　编：胡文辉　甘绍宁

副　主　编：衡付广　刘　超

执行副主编：潘　铁　杨钟超　汤腊冬

责 任 编 辑：黄清明　武　晋　李芸杰

特 约 编 辑：（按姓氏笔画排序）

王　燕　国家知识产权局商标局

韦稼霖　国家知识产权局办公室

申博文　科学技术部成果转化与区域创新司

叶明堂　中央宣传部反非法反违禁局

叶婷婷　中央宣传部版权管理局

吕　伟　公安部食品药品犯罪侦查局

刘　涛　最高人民检察院知识产权检察办公室

李　丹　海关总署综合业务司

李　硕　国家知识产权局战略规划司

李亚林　国家知识产权局专利局复审和无效审理部

李芬莲　中国知识产权研究会

杨玉林　国家林业和草原局科技发展中心

何晓丹　农业农村部科技教育司

张　茜　工业和信息化部科技司

周睿隽　最高人民法院民三庭

周凝婧　国家知识产权局商标局

姚志伟　国家知识产权局办公室

谭兴寰　商务部条约法律司

编辑说明

一、《中国知识产权年鉴》是反映我国知识产权领域工作基本状况的大型资料性工具书，2001 年 11 月创刊，每年出版一版，2021 版反映的是 2020 年度我国知识产权工作的基本情况。

二、2021 版内容由“要闻”“重大战略部署”“领导讲话”“特约文章”“概况”“大事记”“统计资料”“评选、认定和保护”“法律、法规、规章、司法解释及其他规范性文件”“典型案例”“学术成果”“附录”12 部分组成。

三、“要闻”栏目，刊登了新华社发布的 2020 年 11 月 30 日习近平总书记主持中央政治局第二十五次集体学习发表重要讲话的报道。

四、“重大战略部署”栏目，记录了 2020 年度国家作出的关于我国知识产权发展的重大战略部署。

五、“领导讲话”栏目，记录了 2020 年度有关部门、单位负责同志涉及知识产权工作的重要讲话。

六、“特约文章”栏目，记录了 2020 年度知识产权领域有关领导、专家、学者对一些重大、热点问题发表的观点和论述。

七、“概况”栏目，全面记录了 2020 年度我国专利、商标、版权、科技创新知识产权、农林植物新品种、工业和信息化领域知识产权、商务知识产权、海关知识产权、反不正当竞争等方面的工作情况，司法机关保护知识产权的工作情况，全国性知识产权领域社团活动的情况，各地方开展知识产权工作的情况。

八、“大事记”栏目，记录了 2020 年度我国专利、商标、版权、农林植物新品种，工业和信息化、商务知识产权工作，以及知识产权司法保护方面的重大事件。

九、“统计资料”栏目，收集了 2020 年度我国专利、商标、地理标志、版权、集成电路布图设计、农林植物新品种、海关知识产权保护和司法保护方面的重要统计数据。

十、“评选、认定和保护”栏目，收录了第二十二届中国专利金奖及外观设计金奖项目简介，2020 年新增地理标志商标名录，2020 年新认定地理标志保护产品名录，以及 2020 年中国版权金奖获奖名单。

十一、“法律、法规、规章、司法解释及其他规范性文件”栏目，收录了 2020 年度公布和新修订的与知识产权有关的法律、司法解释及其他规范性文件。

十二、“典型案例”栏目，收录了 2020 年度的知识产权系统典型案例、全国打击侵权盗版十大案件、公安机关打击侵权假冒犯罪典型案例、中国海关知识产权保护典型案例、反不正当竞争典型案例、林草植物新品种惠农典型案例、中国法院十大知识产权案件、检察机关保护知识产权典型案例。

十三、“学术成果”栏目，收录了国家知识产权局2020年度关于知识产权的主要学术研究成果。

十四、“附录”栏目，收录了与知识产权有关的主要政府网站简介。

目　　录

要　闻

重大战略部署

领导讲话

特约文章

概　况

大 事 记

统计资料

评选、认定和保护

法律、法规、规章、司法解释及其他规范性文件

典型案例

学术成果

附　录

Contents

Highlights

Important Strategic Deployment

Leader Speeches

Contributing Articles

Surveys

Major Events and Activities

Statistics

Selection, Affirmation and Protection

Laws, Regulations, Rules, Judicial Interpretations and Other Normative Documents

Academic Research Achievement

Appendix

习近平在中央政治局第二十五次集体学习时强调
全面加强知识产权保护工作
激发创新活力推动构建新发展格局

2020-12-01　来源：新华网

新华社北京12月1日电　中共中央政治局11月30日下午就加强我国知识产权保护工作举行第二十五次集体学习。中共中央总书记习近平在主持学习时强调，知识产权保护工作关系国家治理体系和治理能力现代化，关系高质量发展，关系人民生活幸福，关系国家对外开放大局，关系国家安全。全面建设社会主义现代化国家，必须从国家战略高度和进入新发展阶段要求出发，全面加强知识产权保护工作，促进建设现代化经济体系，激发全社会创新活力，推动构建新发展格局。

北京大学法学院教授、北京大学国际知识产权研究中心主任易继明就这个问题进行讲解，提出了工作建议。中央政治局的同志认真听取了他的讲解，并进行了讨论。

习近平在主持学习时发表了讲话。他指出，创新是引领发展的第一动力，保护知识产权就是保护创新。党的十九届五中全会《建议》[1]对加强知识产权保护工作提出明确要求。当前，我国正在从知识产权引进大国向知识产权创造大国转变，知识产权工作正在从追求数量向提高质量转变。我们要认清我国知识产权保护工作的形势和任务，总结成绩，查找不足，提高对知识产权保护工作重要性的认识，从加强知识产权保护工作方面，为贯彻新发展理念、构建新发展格局、推动高质量发展提供有力保障。

习近平强调，我国知识产权保护工作，新中国成立后不久就开始了。党的十八大以来，党中央把知识产权保护工作摆在更加突出的位置，部署推动了一系列改革，出台了一系列重大政策、行动、规划，实行严格的知识产权保护制度，坚决依法惩处侵犯合法权益特别是侵犯知识产权行为。总的看，我国知识产权事业不断发展，走出了一条中国特色知识产权发展之路，知识产权保护工作取得了历史性成就，全社会尊重和保护知识产权意识明显提升。

习近平指出，要加强知识产权保护工作顶层设计。要研究制定"十四五"时期国家知识产权保护和运用规划，明确目标、任务、举措和实施蓝图。要坚持以我为主、人民利益至上、公正合理保护，既严格保护知识产权，又确保公共利益和激励创新兼得。要加强关键领域自主知识产权创造和储备。

习近平强调，要提高知识产权保护工作法治化水平。要在严格执行民法典相关规定的同时，加快完善相关法律法规，统筹

[1] 此处《建议》指《中共中央关于制定国民经济和社会发展第十四个五年规划和二〇三五年远景目标的建议》。——编辑注

推进专利法、商标法、著作权法、反垄断法、科学技术进步法等修订工作，增强法律之间的一致性。要加强地理标志、商业秘密等领域立法。要强化民事司法保护，研究制定符合知识产权案件规律的诉讼规范。要提高知识产权审判质量和效率，提升公信力。要促进知识产权行政执法标准和司法裁判标准统一，完善行政执法和司法衔接机制。要完善刑事法律和司法解释，加大刑事打击力度。要加大行政执法力度，对群众反映强烈、社会舆论关注、侵权假冒多发的重点领域和区域，要重拳出击、整治到底、震慑到位。

习近平指出，要强化知识产权全链条保护。要综合运用法律、行政、经济、技术、社会治理等多种手段，从审查授权、行政执法、司法保护、仲裁调解、行业自律、公民诚信等环节完善保护体系，加强协同配合，构建大保护工作格局。要打通知识产权创造、运用、保护、管理、服务全链条，健全知识产权综合管理体制，增强系统保护能力。要统筹做好知识产权保护、反垄断、公平竞争审查等工作，促进创新要素自主有序流动、高效配置。要形成便民利民的知识产权公共服务体系，让创新成果更好惠及人民。要加强知识产权信息化、智能化基础设施建设，推动知识产权保护线上线下融合发展。要鼓励建立知识产权保护自律机制，推动诚信体系建设。要加强知识产权保护宣传教育，增强全社会尊重和保护知识产权的意识。

习近平强调，要深化知识产权保护工作体制机制改革。党的十八大以来，我们在知识产权领域部署推动了一系列改革，要继续抓好落实。要研究实行差别化的产业和区域知识产权政策，完善知识产权审查制度。要健全大数据、人工智能、基因技术等新领域新业态知识产权保护制度，及时研究制定传统文化、传统知识等领域保护办法。要深化知识产权审判领域改革创新，健全知识产权诉讼制度，完善技术类知识产权审判，抓紧落实知识产权惩罚性赔偿制度。要健全知识产权评估体系，改进知识产权归属制度，研究制定防止知识产权滥用相关制度。

习近平指出，要统筹推进知识产权领域国际合作和竞争。要坚持人类命运共同体理念，坚持开放包容、平衡普惠的原则，深度参与世界知识产权组织框架下的全球知识产权治理，推动完善知识产权及相关国际贸易、国际投资等国际规则和标准，推动全球知识产权治理体制向着更加公正合理方向发展。要讲好中国知识产权故事，展示文明大国、负责任大国形象。要深化同共建“一带一路”沿线国家和地区知识产权合作，倡导知识共享。

习近平强调，要维护知识产权领域国家安全。要加强事关国家安全的关键核心技术的自主研发和保护，依法管理涉及国家安全的知识产权对外转让行为。要完善知识产权反垄断、公平竞争相关法律法规和政策措施，形成正当有力的制约手段。要推进我国知识产权有关法律规定域外适用，完善跨境司法协作安排。要形成高效的国际知识产权风险预警和应急机制，建设知识产权涉外风险防控体系。

习近平指出，各级党委和政府要落实责任，强化知识产权工作相关协调机制，重视知识产权人才队伍建设，形成工作合力，坚决打击假冒侵权行为，坚决克服地方保护主义。各级领导干部要增强知识产权意识，加强学习，熟悉业务，增强新形势下做好知识产权保护工作的本领，推动我国知识产权保护工作不断迈上新的台阶。

2020年深入实施国家知识产权战略加快建设知识产权强国推进计划

国务院知识产权战略实施工作部际联席会议办公室

一、深化知识产权领域改革

(一)改革完善知识产权政策

1. 制定出台促进知识产权服务业高质量发展的政策文件,高标准推进知识产权服务业集聚区建设,打造服务业品牌机构。(知识产权局负责)

2. 复制推广全面创新改革试验中的知识产权保护举措,在8个改革试验区推广"建立跨区域的知识产权远程诉讼平台""建立提供全方位证据服务的知识产权公证服务平台"等改革。(最高人民法院、司法部、知识产权局、中央宣传部按职责分别负责)

3. 出台《提升高等学校专利质量促进转化运用的若干意见》。(教育部、知识产权局、科技部负责)

4. 出台《组织开展国家知识产权试点示范高校建设工作的通知》。(知识产权局、教育部负责)

5. 出台《推进中央企业知识产权工作高质量发展的指导意见》。(国资委、知识产权局负责)

6. 推动建立知识产权(专利)密集型产业增加值核算与发布机制。完善知识产权产品核算方法,完善知识产权产品统计制度。(统计局、知识产权局负责)

7. 推进知识产权军民融合试点工作,加快国防知识产权代理受理、转移转化、维权保护等军民融合工作机制落地。建立知识产权双向转化工作机制。(中央军委装备发展部、知识产权局负责)

8. 出台《加强新形势下国防知识产权工作的意见》。(中央军委装备发展部、知识产权局、财政部、国防科工局负责)

9. 出台《国防知识产权管理规定》《军用计算机软件著作权登记工作暂行规则》,制定《国防专利定密解密工作规程》《国防专利行政执法办法》《国防专利代理管理办法》。(中央军委装备发展部、知识产权局、财政部、国防科工局、中央宣传部负责)

10. 建立国防科技工业重大科研项目知识产权评议和报告制度。(国防科工局、知识产权局负责)

11. 持续深化企业名称登记管理改革,推进《企业名称登记管理规定》修订,强化企业名称规范管理,对驰名商标、知名企业字号、中华老字号等商业标识加强保护。(市场监管总局负责)

12. 出台《中国科学院院属单位知识产权管理办法》。(中科院负责)

(二)深化知识产权领域"放管服"改革

13. 研究启动制定适当加强知识产权保护中央事权政策文件相关工作。(财政部、知识产权局负责)

14. 落实《关于深化知识产权领域"放管服"改革 营造良好营商环境的实施意见》,配合开展国内营商环境评价。(知识

产权局负责）

15. 保障知识产权公共服务网有效运行，推进业务服务、政务服务和信息服务“一网通办”。（知识产权局负责）

16. 加强知识产权信息公共服务主干网络建设，新建30家技术与创新支持中心（TISC）和一批高校国家知识产权信息服务中心。推进知识产权大数据中心和公共服务平台立项工作。推动知识产权基础信息和资源平台整合利用，促进基础数据开放和共享，指导支持社会机构开展信息资源深度开发。（知识产权局、教育部负责）

17. 深入推进“蓝天”专项整治行动，打击知识产权非法代理。（知识产权局负责）

18. 清理著作权登记事项，提升便利化程度，优化计算机软件著作权登记，探索建立全国统一的著作权登记信息公示查询系统。（中央宣传部负责）

19. 规范对著作权集体管理组织和境外著作权认证机构的管理。（中央宣传部负责）

20. 严格实施认证领域“双随机、一公开”监管工作，加大对知识产权认证的监管力度。（知识产权局、市场监管总局负责）

21. 继续推行进出口货物知识产权状况预确认制度，在处理出口货物专利纠纷担保放行过程中，允许第三方机构为收发货人提供反担保服务。（海关总署负责）

二、加大知识产权保护力度

（一）完善法律法规规章

22. 配合做好《专利法》修改，推进《专利法实施细则》修订，修订《专利审查指南》，完善相关领域审查标准。加快商标、地理标志相关规章、规范性文件的制修订工作。加强知识产权基本法研究。（市场监管总局、知识产权局负责）

23. 配合做好《著作权法》修订工作。（中央宣传部、广电总局负责）

24. 推进专利、商标、商业秘密、反不正当竞争等领域的知识产权民事和刑事诉讼司法解释的起草工作。制定《关于办理侵犯知识产权刑事案件具体应用法律若干问题的解释（三）》，修订《关于办理侵犯知识产权刑事案件适用法律若干问题的意见》《关于公安机关管辖的刑事案件立案追诉标准的规定》（一）（二）。（最高人民法院、最高人民检察院、公安部负责）

25. 加快修订《国防专利条例》，推动制定国防专利纠纷司法解释。（中央军委装备发展部、国防科工局、知识产权局、最高人民法院负责）

26. 推动修订《植物新品种保护条例》《植物新品种保护条例实施细则》。（农业农村部、林草局负责）

27. 推进《生物遗传资源获取与惠益分享管理条例》立法工作。（生态环境部负责）

（二）加强保护长效机制建设

28. 制定实施2020—2021年贯彻落实《关于强化知识产权保护的意见》推进计划，完善工作机制，加强统筹协调，强化督促指导和绩效考核。（知识产权局负责）

29. 优化知识产权保护中心建设布局。加强知识产权维权援助公共服务平台建设。（知识产权局负责）

30. 深入推进“互联网+”知识产权保护，加强信息技术手段运用。（知识产权局负责）

31. 大力培育知识产权仲裁机构和调解组织，完善调解制度规范。推进成立中国贸促会调解中心知识产权分中心。（知识产权局、司法部、贸促会负责）

32. 继续开展知识产权保护社会满意度调查。（知识产权局、中央政法委负责）

33. 探索建立新业态新领域版权案件查办方式，依法及时公开侵权盗版行政处罚案件信息，建立社会化网络版权保护监测机制。（中央宣传部、广电总局负责）

34. 完善软件正版化工作机制和检查考核制度，巩固政府机关软件正版化工作成果，推动重要行业和重点领域使用正版

软件，加强软件正版化工作督促检查。（中央宣传部、工业和信息化部、国管局负责）

35. 建立健全与司法机关信息共享、案情通报、案件移送制度，完善案件移送标准和程序，强化对侵权假冒的追踪溯源和链条式治理。（中央宣传部、公安部、海关总署按职责分别负责）

36. 完善生物多样性保护监管平台和生物遗传资源相关传统知识数据库。（生态环境部负责）

37. 依托中国非遗传承人群研修研习培训计划、传统工艺振兴计划等工作，继续加强对非遗传承人群知识产权培训，提高保护意识。（文化和旅游部负责）

38. 加快建设中医药传统知识保护数据库和保护名录，推动制定中医药传统知识保护条例。（中医药局、卫生健康委负责）

（三）强化知识产权行政保护

39. 加快出台商标侵权判断标准。健全知识产权行政执法保护业务指导体系，推进专利侵权纠纷行政裁决示范建设和知识产权侵权纠纷检验鉴定技术支撑体系试点工作。开展知识产权行政执法典型案例评选发布工作。建立专利侵权纠纷行政裁决与专利确权程序联动机制。（知识产权局负责）

40. 推进地理标志专用标志换标工作，推进地理标志产品保护示范区建设。加强特殊标志、官方标志的保护，做好北京冬奥会、冬残奥会的知识产权立体化保护。（知识产权局负责）

41. 继续开展打击网络侵权盗版治理“剑网”专项行动。（中央宣传部、中央网信办、工业和信息化部、公安部负责）

42. 针对商标专利侵权假冒等违法行为持续开展集中执法保护行动，聚焦重点市场、重点领域和重点产品，加大案件指导督查督办力度。（市场监管总局、知识产权局负责）

43. 继续开展网络市场监管专项行动，加强线上线下一体化监管，落实平台主体责任，维护网上交易秩序和跨境电子商务健康发展。（市场监管总局、海关总署负责）

44. 严厉打击不正当竞争行为，加大对市场混淆、侵犯商业秘密等行为的监管执法力度，加大对处理跨区域市场混淆等重大案件的统一部署，探索商业秘密等知识产权保护新模式。（市场监管总局负责）

45. 构建以信用为基础的文化和旅游市场监管机制，深入开展网络表演、网络音乐、网络动漫市场知识产权执法行动。（文化和旅游部负责）

46. 组织开展知识产权海关保护“龙腾2020”专项行动，组织开展“一带一路”沿线国家和地区出口侵权商品专项整治。完善知识产权海关保护案例指导工作体系，发布《2019年中国海关知识产权保护典型案例》。（海关总署负责）

47. 逐步建立健全国家、省、市、县四级农业、林草植物新品种保护执法体系。（农业农村部、林草局按职责分别负责）

48. 加快推进快递业信用体系建设。依法打击寄递企业违规收寄侵犯知识产权物品的行为。（邮政局负责）

（四）加强知识产权司法保护

49. 深入推进知识产权审判“三合一”工作，制定“三合一”工作指导意见。（最高人民法院负责）

50. 强化知识产权案件审判指导，促进裁判标准统一。开展知识产权民事诉讼程序繁简分流改革试点。（最高人民法院负责）

51. 完善知识产权案件监督机制，在生效裁判监督、审判违法监督和执行监督中实现对专门法院的无缝衔接。探索建立知识产权刑事案件集中管辖制度。加大对侵犯知识产权刑事案件权利人权利义务告知试点工作指导。（最高人民检察院负责）

52. 研究制定《侵犯知识产权犯罪案件公诉工作证据审查指引》，适时发布检察

机关保护知识产权案件典型案例或指导性案例。（最高人民检察院负责）

53. 加大知识产权刑事执法力度，组织开展“昆仑2020”专项行动。（公安部负责）

54. 完善规范知识产权犯罪侦查制度，推进基础支撑体系建设。（公安部负责）

三、促进知识产权创造运用

（一）提高知识产权审查质量和效率

55. 加强专利审查能力建设，完善质量评价机制，高价值专利审查周期压减至16个月以内。完善集中审查、优先审查、专利审查高速路、延迟审查等模式。（知识产权局负责）

56. 优化商标审查质量评价指标体系，完善审查质量管理，将商标注册平均审查周期压减至4个月。深化商标注册便利化改革，推进商标评审、异议、撤销等业务的电子化。加快智能审查系统开发，加大人工智能技术在审查中的运用。（知识产权局负责）

57. 探索改进林草植物新品种审批授权机制，扩大保护名录和新品种测试范围，逐步建立健全保护测试机构，加快测试指南编制，建立并推广电子申报系统，推动林草植物新品种审批智能化便利化改革，加快新品种测试机构和保藏机构建设。（林草局负责）

58. 加快修订农业植物品种复审规定，完善品种权保护及复审案件审理程序，健全复审工作机制，提升审查质量与效率。（农业农村部负责）

（二）强化知识产权质量导向

59. 形成打击非正常专利申请和商标恶意注册、囤积行为的长效机制。推动地方全面取消实用新型、外观设计和商标申请注册环节的资助与奖励。（知识产权局负责）

60. 逐步建立高校职务科技成果披露制度和专利申请前评估制度，停止对专利申请的资助奖励，大幅减少并逐步取消对专利授权的奖励，可通过提高转化收益比例等“后补助”方式对发明人或团队予以奖励，在职称晋升、绩效考核、岗位聘任、项目结题、人才评价和奖学金评定等政策中，坚决杜绝简单以专利申请量、授权量为考核内容，增加专利转化运用绩效的权重。（教育部、知识产权局、科技部负责）

61. 深化对国家科技重大专项相关领域的重大技术专利分析和预警。（科技部、知识产权局负责）

（三）加强知识产权综合运用

62. 出台专利导航实施指南，协调推进重点产业、重点产业集群专利导航工作。建立以产业数据、专利数据为基础的新兴产业专利导航决策机制。编制产业知识产权发展状况报告。（知识产权局、发展改革委、科技部负责）

63. 开展商标、地理标志区域品牌培育行动，大力实施地理标志运用促进工程，深入开展地理标志助力精准扶贫和商标品牌培育工作。（知识产权局负责）

64. 完善集体商标、证明商标注册管理制度，加强区域品牌建设，促进区域经济发展。（知识产权局负责）

65. 探索开展专利与技术标准融合试点。（知识产权局、市场监管总局负责）

66. 推动建立财政资助科研项目专利信息披露制度。推动国有企事业单位建立健全知识产权资产管理制度，完善知识产权价值评估机制。（知识产权局、科技部、国资委负责）

67. 开展知识产权金融服务综合示范，完善知识产权质押融资业务模式。鼓励保险公司开发知识产权保险产品。完善知识产权担保和风险补偿机制，鼓励融资担保公司开发适合知识产权的担保产品。（知识产权局、人民银行、银保监会按职责分别负责）

68. 深入实施中小企业知识产权战略

推进工程。（知识产权局、工业和信息化部负责）

69. 全面落实知识产权服务民营企业创新发展的若干措施，开展优势示范企业培育工作。（知识产权局负责）

70. 启动知识产权质押信息平台第一阶段系统建设。（发展改革委、知识产权局、中央宣传部、银保监会负责）

71. 积极引导企业做好知识产权会计信息披露工作。督促上市公司严格执行知识产权信息披露相关规定。加快推进知识产权证券化试点，推动上海、深圳证券交易所等相关单位开展知识产权证券化工作。（财政部、知识产权局、证监会按职责分别负责）

72. 积极探索非物质文化遗产合理开发利用，推进文化创意、设计服务与相关产业融合发展。（文化和旅游部负责）

73. 聚焦重大疾病和罕见病、特殊人群等市场动力不足的临床用药需求，遴选公布第二批鼓励仿制药品目录。（卫生健康委负责）

（四）促进知识产权转移转化

74. 做好知识产权运营平台分类管理，加快重点城市知识产权运营服务体系建设。（财政部、知识产权局按职责分别负责）

75. 编制《创新过程知识产权管理规范》国家标准草案，修订《企业知识产权管理规范》国家标准，规范和优化企业、高校、科研组织、专利代理机构贯标工作。（知识产权局、市场监管总局负责）

76. 搭建国际版权保护交易平台。（中央宣传部、广电总局负责）

77. 依托高校、科研院所，建设一批专业化技术转移与知识产权管理运营为一体的机构，探索开展技术经理人培养。鼓励高校与第三方知识产权运营服务平台合作，支持高校根据岗位设置管理有关规定自主设置技术转移转化系列技术类和管理类岗位。（教育部、知识产权局、科技部、工业和信息化部、中科院按职责分别负责）

78. 启动赋予科研人员职务科技成果所有权或长期使用权试点工作。继续实施国家科技成果转化引导基金。（科技部负责）

79. 推动中科院院属单位开展贯标工作，推行知识产权全过程管理模式。完善知识产权服务网络，挖掘存量专利价值，依托中科院科技成果转化基金促进科技成果转移转化。（中科院、知识产权局负责）

80. 实施军工技术推广专项奖励性后补助，出台《国防科技工业知识产权转化目录（第六批）》，开展前五批《国防科技工业知识产权转化目录》效果调查工作。编制2019年国防科技工业专利年度报告。（国防科工局、知识产权局负责）

81. 开展中国数字版权保护技术的国家标准立项研究，推进专利、技术和标准国际化，建立产业生态体系，促进人工智能、区块链等新技术在广播电视和网络视听版权保护领域的应用。（广电总局负责）

四、深化知识产权国际交流合作

82. 维护多边主义，稳步推进与重点国家、地区和国际组织知识产权交流与合作。积极参与世界知识产权组织、世界贸易组织等多边框架下全球治理和规则制定。积极参与自贸协定知识产权章节谈判。积极参与并推动保护广播组织条约制定磋商进程。（知识产权局、外交部、商务部、中央宣传部、最高人民法院、市场监管总局、广电总局、林草局、贸促会按职责分别负责）

83. 认真落实中美第一阶段经贸协议知识产权章节相关工作。做好中欧地理标志协定生效的技术准备。（商务部、外交部、知识产权局按职责分别负责）

84. 办好2020年“一带一路”知识产权高级别会议。（知识产权局、中央宣传部、外交部、商务部负责）

85. 继续面向发展中国家开展知识产权学位教育培训。（知识产权局、教育部负责）

86. 促进国家海外知识产权纠纷应对指导中心高效运行，建设布局一批地方和海外分中心。继续完善海外展会知识产权综合服务机制。（知识产权局、贸促会负责）

87. 推进国际执法交流与合作，开展中欧知识产权保护重点行动。加强与美国、欧盟、俄罗斯、日本、韩国等海关执法合作机制建设，重点拓展与“一带一路”沿线国家海关合作。加强与国际刑警组织、各国执法部门交流合作，围绕重点案件开展联合执法行动。（最高人民检察院、公安部、海关总署按职责分别负责）

五、加强顶层设计和组织实施

（一）加强知识产权战略谋划和实施

88. 加快制定知识产权强国战略纲要。继续推动地方完善知识产权战略实施统筹协调机制。（联席会议办公室、联席会议成员单位负责）

89. 开展《“十三五”国家知识产权保护和运用规划》实施总结评估，做好“十四五”规划编制工作。（知识产权局负责）

90. 制定实施知识产权高质量发展工作指引，深化知识产权强省、强市、强企建设。（知识产权局负责）

91. 落实《制造业知识产权行动计划（2018—2020 年）》，出台并实施《工业和信息化部 2020 年知识产权推进计划》。（工业和信息化部负责）

92. 制定《林业和草原知识产权“十四五”规划》，组织实施加快建设知识产权强国林业和草原推进计划，编辑出版《2019 中国林业和草原知识产权年度报告》。（林草局负责）

93. 编制《中国科学院“十四五”知识产权发展规划纲要》。（中科院负责）

（二）夯实知识产权事业发展基础

94. 依托实施专业技术人才知识更新工程，加大对知识产权领域专业技术人才培养培训工作的支持力度。做好知识产权专业职称工作。做好知识产权行政管理人员轮训工作。（人力资源社会保障部、知识产权局负责）

95. 加快推进知识产权特色智库建设。（知识产权局负责）

96. 支持有条件的高校设置知识产权本科专业，推出一批知识产权一流专业建设点，打造一批知识产权“金课”，引导有条件的高职院校开设知识产权管理相关专业。（教育部负责）

97. 进一步加大知识产权人才引进培育支持力度。在党政领导干部和中管企业领导班子考核中，注重了解知识产权相关工作成效。继续指导加强干部知识产权培训工作。（中央组织部负责）

（三）大力倡导知识产权文化

98. 组织办好世界知识产权日、全国知识产权宣传周、中国专利周、版权宣传周、中国知识产权年会、中国知识产权保护高层论坛、中国网络版权保护与发展大会、中国国际专利技术与产品交易会、中国国际设计博览会、中国国际版权博览会、2020 年国际版权论坛、2020 国际保护知识产权协会（AIPPI）世界知识产权大会，支持办好上海知识产权国际论坛等活动。探索组织中国知识产权保护成就海外展。（知识产权局、中央宣传部、林草局、海关总署、贸促会负责）

99. 拓展知识产权知识普及教育，深化中小学知识产权教育工作，继续开展全国大学生版权征文活动。（知识产权局、教育部、中央宣传部负责）

100. 依托全国科技活动周、全国科普日等重点科普活动，推进知识产权科普工作。在各类知识竞赛中纳入知识产权相关内容。（科技部、中国科协负责）

上述各项任务分工中，由多个部门负责的，列第一位的部门为牵头部门，其他为参与部门。

提高知识产权治理能力和治理水平
奋力开启新时代知识产权强国建设新征程

——在2020年全国知识产权局局长会议上的报告

（2020年1月6日）

国家知识产权局局长　申长雨

同志们：

这次会议的主要任务是：以习近平新时代中国特色社会主义思想为指导，全面贯彻党的十九大、十九届二中、三中、四中全会精神和中央经济工作会议精神，全面贯彻习近平总书记关于知识产权工作的重要指示和党中央、国务院决策部署，认真落实中办、国办《关于强化知识产权保护的意见》，落实全国市场监管工作会议要求，总结2019年工作，分析知识产权事业发展面临的新形势新任务新要求，部署2020年重点任务，着力提高知识产权治理能力和治理水平，奋力开启新时代知识产权强国建设新征程。

下面，我向大会作报告。

一、2019年主要工作

一年来，全国知识产权系统坚持以习近平新时代中国特色社会主义思想为指导，认真贯彻落实党中央、国务院决策部署，深入开展"不忘初心、牢记使命"主题教育，增强"四个意识"、坚定"四个自信"、做到"两个维护"，在市场监管总局党组的带领下，践行新理念，突出高质量，奋进新时代，谱写新篇章，圆满完成全年各项主要目标任务。

知识产权在国家治理中的作用更加凸显。习近平总书记在第二届"一带一路"国际合作高峰论坛和中国国际进口博览会等重大场合对知识产权工作作出一系列新的重要指示；主持召开中央全面深化改革委员会第九次会议，审议通过了《关于强化知识产权保护的意见》，并由中办、国办印发实施。十九届四中全会对知识产权工作作出新的重要部署。全国知识产权系统机构改革顺利完成，人员和业务融合不断深化。知识产权成为中国特色社会主义制度有机组成部分，在推进国家治理体系和治理能力现代化中扮演着更加重要的角色。

知识产权高质量发展取得新成效。深入实施专利质量提升工程、商标品牌战略和地理标志运用促进工程。全年共授权发明专利45.3万件，实用新型158.2万件，外观设计55.7万件；国内每万人口发明专利拥有量达到13.3件，提前完成国家"十三五"规划确定的目标任务；注册商标640.6万件，有效商标注册量达到2521.9万件，平均每4.9个市场主体拥有1件注册商标；累计批准地理标志保护产品2385个，注册地理标志商标5324件；专利、商标质押融资总额突破1500亿元。前11个月知识产权使用费进出口总额达到371.9亿美元，其中出口额60.1亿美元，同比增长19.2%，知识产权质量效益持续快速提升。

知识产权塑造良好营商环境和创新环境取得新进展。知识产权审查质量和审查效率持续提升，高价值专利审查周期压缩至17.3个月；商标注册平均审查周期压缩至4.5个月，超额完成国务院确定的年度目标任务。专利审查质量用户满意度指数达到84.8分。知识产权保护社会满意度达到78.98分，再创新高。全年累计减免专利商标相关费用79.3亿元。开展专利代理机构审批告知承诺和地理标志产品专用标志使用核准改革试点。中国在世界知识产权组织发布的“全球创新指数”中的排名提升至第14位。

知识产权支撑高水平对外开放更加有力。出台新时代更大力度加强知识产权保护国际合作的意见，提出4个方面17项具体举措。“一带一路”知识产权合作取得一批务实成果。参与完成中欧地理标志合作与保护协定谈判。与世界知识产权组织共同完成17家技术与创新支持中心（TISC）挂牌运行。成立国家海外知识产权纠纷应对指导中心。全年共受理PCT国际专利申请6.1万件，同比增长10.4%；收到中国申请人提交的马德里商标国际注册申请6491件。主导制定的《创新管理-知识产权管理指南》获国际标准化组织成员国投票通过。

2019年，我们主要开展了以下工作。

一是加快推进知识产权强国建设。按照国务院部署，全面启动知识产权强国战略纲要（2021—2035年）制定工作，完成纲要初稿。制定实施2019年度知识产权战略推进计划。深入实施“十三五”国家知识产权保护和运用规划。印发推动知识产权高质量发展年度工作指引。发布一批知识产权强省建设试点经验和典型案例，新增试点示范城市18个、试点示范县88个、试点示范园区35个、优势示范企业2239家。与上海市、广东省政府开展合作会商。山东、贵州、青海、云南等地调整成立新的知识产权战略工作协调机制，山西印发《全面推进知识产权强省建设行动方案》。

二是完善知识产权法律制度。配合完成商标法修改，大幅提高侵权惩罚性赔偿标准，规制商标恶意注册行为。继续推进专利法及其实施细则的修订。完成《专利代理管理办法》《专利代理师资格考试办法》《规范商标申请注册行为若干规定》等部门规章制修订工作。持续推进知识产权基础性法律制度研究。《天津市知识产权保护条例》正式实施，湖北发布第七届世界军人运动会知识产权保护规定，河北发布奥林匹克标志保护规定。

三是全面加强知识产权保护。牵头制定《关于强化知识产权保护的意见》，扎实推进知识产权保护体系建设。完善知识产权保护中心建设思路，中心数量达到26家。制定知识产权行政执法案例指导相关规定。印发专利领域严重失信联合惩戒对象名单管理办法。继续推进知识产权规范化市场认定和仲裁调解机构能力建设试点。发布统一的地理标志专用标志，开展地理标志资源普查和专项整治，印发国外地理标志产品保护办法，开通地理标志电子申请保护平台。做好“中华人民共和国成立70周年”和北京冬奥会、冬残奥会有关标志的保护。与市场监管总局联合开展知识产权执法“铁拳”行动。全系统办理专利侵权纠纷行政裁决案件3.9万件，同比增长13.7%。北京世园会知识产权保护实现“零投诉”。上海、江苏、浙江、安徽签署长三角区域知识产权执法协作协议，湖南、陕西推动知识产权纠纷诉调对接，安徽建立春茶地理标志保护名录，江苏、北京、上海开展重点地理标志保护产品生产地、销售地和流通地联动保护。

四是大力促进知识产权运用。制定知识产权运营体系建设推进工作方案和工作指引。联合财政部确定第三批知识产权运营服务体系建设重点城市。与银保监会、版权局共同加强知识产权质押融资工作。引导开发知识产权价值评估工具，完善资产评估体系。围绕5G、人工智能、智能制造等重点领域开展专利分析。推动出台知识产权（专利）密集型产业统计分类。新批准北京等地开展知识产权军民融合试点，四川、甘肃等地知识产权军民融合试点推进顺利。福建建成“知创中国”知识产权综合运营公共平台，广东举办粤港澳大湾区知识产权交易博览会，浙江出台知识产权生态优化行动实施方案，山东打造“知银保”知识产权质押融资新模式，江西、重庆、贵州、宁夏、新疆、西藏依托商标品牌和地理标志推动特色产业发展。

五是加快完善知识产权公共服务体系。印发实施新形势下加快建设知识产权信息公共服务体系的若干意见。启动国家知识产权大数据中心和公共服务平台建设立项。国家知识产权公共服务网上线运行。会同教育部批复建设23家高校国家知识产权信息服务中心。专利代办处、商标受理窗口覆盖面进一步扩大，网上业务办理事项进一步拓展，专利、商标网上申请比例分别达到98%和94%。制定出台知识产权基础信息数据规范。持续拓展知识产权信息传播利用渠道，扩大专利数据开放范围。专利文献资源量达到1.3亿件，专利信息传播利用基地和文献服务网点达到132个。面向企业开展专利信息利用能力提升工作，举办各类公益讲座，培训8万余人次。辽宁加强知识产权公共服务平台建设，吉林、广西、海南、贵州深入推进商标注册便利化改革，内蒙古、安徽、新疆生产建设兵团深入开展企业知识产权帮扶工作。

六是加强知识产权领域综合监管。开展专利代理“蓝天”专项整治行动，加强行业监管和行业自律，约谈代理机构820家，责令整改406家，立案查处108件，专利代理行业秩序明显好转。完成中华全国专利代理人协会换届。规范知识产权管理体系贯标认证工作，集中解决贯标认证过程中存在的违规套利和“咨询机构编本子、认证机构盖章子”“两张皮”等突出问题。上线中国专利质量监测系统，开展专利申请政策专项督查，持续打击非正常专利申请和商标恶意注册、囤积等行为，通报非正常专利申请3.8万件，驳回非正常商标申请3.9万件。河南出台《关于进一步提升专利质量的若干意见》。

七是更大力度加强知识产权保护国际合作。习近平总书记见证中芬、中法有关知识产权文件签署。密切与世界知识产权组织的关系，积极参与知识产权全球治理。扎实推进“一带一路”知识产权合作，8个务实合作项目取得重要成果。参与区域全面经济伙伴关系协定、中日韩自由贸易协定等谈判。积极推进中泰地理标志互认互保。稳步推进我国加入《工业品外观设计海牙协定》准备工作。举办中欧、中国—东盟知识产权局局长会。积极参与中美欧日韩、金砖五国、中日韩、中蒙俄等知识产权合作。加强与欧洲专利局、欧盟知识产权局和英、法、德等国家知识产权机构的双边合作。上海、江苏等地举办知识产权国际研讨会，黑龙江、湖北、安徽、福建等地开展知识产权国际交流活动。

八是强化知识产权事业发展基础。成功举办全国知识产权宣传周和中国知识产权保护高层论坛，联合中宣部首次举办“中外媒体走进知识产权局”活动，加大知识产权新闻发布力度，支持中国国际电视台制作英文纪录片《中国专利》，面向全球170多个国家和地区播出，集中宣传我国知识产权事业发展成就。中国专利年会升级为知识产权年会。中国国际商标品牌节首次在西北地区举办。组织开展中国专利周、“知识产权服务万里行”活动和知识产权竞争未来、商标注册便利化改革采访活动。推动增设知识产权专业职称。组织开展地方知识产权行政管理人员轮训。全国中小学知识产权教育试点示范学校达到165

家。备案商标代理机构达到4.6万家，专利代理机构超过2600家，执业专利代理师超过2万人。

2019年，全国知识产权系统按照党中央统一部署，认真开展“不忘初心、牢记使命”主题教育，进一步深化了对习近平新时代中国特色社会主义思想的学习，强化了以人民为中心的发展思想，激发了奋发有为、开拓进取的干事创业精神，集中整治了工作中存在的形式主义和官僚主义问题，为事业发展提供了坚强政治保证。

2019年各项成绩的取得，是党中央、国务院正确领导的结果，是各部门、各地方大力支持的结果，是全系统干部职工团结奋斗的结果。在此，我谨代表国家知识产权局，向大家表示衷心的感谢！

同志们，2019年是新中国成立70周年。70年来，我国知识产权事业走过了非凡的发展历程。新中国成立之初，面对国内艰巨繁重的恢复重建任务和西方国家的封锁，我国依然制定颁布了《保障发明权与专利权暂行条例》《商标注册暂行条例》等知识产权法规，对实施专利、商标制度作出了初步探索。伴随着改革开放的伟大进程，我国陆续建立起门类较为齐全的知识产权法律制度，并加入了几乎所有主要的知识产权国际公约。世纪之交，我们根据加入世界贸易组织的需要，主动修改完善了知识产权法律法规，使其整体上达到了知识产权国际通行标准。2008年，国家颁布实施知识产权战略纲要，将知识产权上升为国家战略。党的十八大以来，以习近平同志为核心的党中央将知识产权工作摆在更加突出的位置，作出了一系列重大部署，出台了一系列重大举措，引领我国知识产权事业实现了大发展、大跨越、大提升，牢固确立了知识产权大国地位，开启了知识产权强国建设新征程。回望过去，历程充满艰辛，经验弥足珍贵。我们用几十年时间走过了发达国家几百年的知识产权发展历程，走出了一条具有中国特色的知识产权发展道路，取得了举世瞩目的巨大成就。这得益于党对知识产权事业的坚强领导和作出的顶层设计，得益于社会主义建设和改革开放伟大实践提供的丰沃土壤，得益于几代知识产权人坚持不懈的接续奋斗，得益于全国上下的热情支持，也得益于国际社会提供的有益经验。成绩来之不易，值得倍加珍惜。

在总结成绩的同时，我们也要清醒地认识到，面对“两个一百年”奋斗目标和中华民族伟大复兴的中国梦，知识产权事业将迎来更多的机遇和挑战。一方面，我们将在完善中国特色社会主义制度，支撑创新驱动发展战略实施，扩大高水平对外开放中发挥更大作用；另一方面，我们也将更多地走进知识产权“无人区”，触及更多的深层次矛盾和问题。如，面向未来的知识产权战略研究还不够深入，知识产权整体质量效益还不够高，保护效果与社会期待仍有差距，机构改革后的业务融合和能力建设有待加强，知识产权领域的国际纠纷应对能力有待进一步提升。所有这些都需要我们在下一步的工作中着力加以解决。

二、准确把握新时代提高知识产权治理能力和治理水平的新任务新要求

党的十九届四中全会对坚持和完善中国特色社会主义制度，推进国家治理体系和治理能力现代化作出重大决定，对全面建成小康社会，巩固党的执政地位，确保国家长治久安具有重大而深远的意义。知识产权制度作为中国特色社会主义制度的有机组成部分，是推进国家治理体系和治理能力现代化的重要内容。我们要认真贯彻落实党的十九届四中全会精神，全面提高知识产权治理能力和治理水平，更好地服务党和国家事业发展。

（一）牢牢把握新时代提高知识产权治理能力和治理水平的根本遵循

思想是行动的先导，理论是实践的指

南。提高知识产权治理能力和治理水平，必须明确指导思想。党的十八大以来，习近平总书记围绕知识产权工作作出一系列重要论述，深刻阐明了新时代做好知识产权工作的重大意义、重要原则、目标任务、思路举措和工作重点，为提高知识产权治理能力和治理水平提供了根本遵循和行动指南。围绕重大意义，习近平总书记强调，加强知识产权保护，是完善产权保护制度最重要的内容，也是提高中国经济竞争力最大的激励。围绕重要原则，强调要实行严格的知识产权保护制度，对在中国境内注册的各类企业一视同仁、平等对待。围绕目标任务，强调要建立高效的知识产权综合管理体制，打通知识产权创造、运用、保护、管理、服务全链条，推动形成权界清晰、分工合理、责权一致、运转高效的体制机制。围绕思路举措，强调要从审查授权、行政执法、司法保护、仲裁调解、行业自律等环节，综合运用法律、行政、经济、技术、社会治理手段强化知识产权保护，改革完善保护工作体系，促进保护能力和水平整体提升。围绕工作重点，强调要全面完善知识产权法律制度体系，引入惩罚性赔偿制度，提高知识产权审查质量和审查效率，更大力度加强知识产权保护国际合作等。这些重要论述，高屋建瓴、思想深邃、内涵丰富，是习近平新时代中国特色社会主义思想在知识产权领域的具体要求，是知识产权发展一般规律与我国实践探索的科学概括，是新时代提高知识产权治理能力和治理水平的“根”与“魂”，必须学深悟透，始终遵循。

（二）不断夯实新时代提高知识产权治理能力和治理水平的制度基础

“小智治事，大智治制。”新时代提高知识产权治理能力和治理水平，必须夯实制度基础。经过多年的发展，我国已经建立了门类较为齐全、符合国际通行规则的知识产权法律制度，制定实施了知识产权战略纲要，出台了一系列政策性文件，有力保障了知识产权制度的运行。但是面对新形势新要求，制度层面依然存在缺乏时代性、创新性、针对性、有效性等问题，成为制约知识产权治理能力和治理水平进一步提升的障碍。我们要以更大的力度推进制度创新，完善和发展中国特色知识产权制度，加快形成更加符合国情、适应时代需要的知识产权制度体系。要围绕法律制度建设，尽快完成专利法新一轮修改，建立侵权惩罚性赔偿制度，加快地理标志相关立法，加强基础性法律制度研究，更好实现知识产权领域的良法善治。要以中国特色、世界水平为目标，以高质量发展为主线，加快制定出台知识产权强国战略纲要，规划好未来一个时期知识产权事业发展的战略目标、战略思路和战略举措，使知识产权强国建设与知识产权战略实施梯次推进、压茬进行。要根据经济社会发展需要，及时制定知识产权相关政策措施，实现法律法规、战略规划、具体政策的有机衔接、协调联动。

（三）继续完善新时代提高知识产权治理能力和治理水平的体制机制

体制顺则运行畅，机制活则效率高。新时代提高知识产权治理能力和治理水平，要继续完善知识产权体制机制。2018 年党和国家机构改革对知识产权管理进行了重大调整，组建了国家市场监督管理总局，重新组建了国家知识产权局，实现了知识产权综合管理。各地方根据中央改革精神，立足地方实际，对所在地区的知识产权管理进行了相应改革。站在新的历史起点上，我们要巩固机构改革成果，深化业务和人员融合，努力实现“物理变化”基础上的“化学反应”，切实打通全链条，贯通各类别，形成新优势，形成高效的知识产权综合管理体制，便民利民的知识产权公共服务体系，支撑创新发展的知识产权运行机制。要准确把握知识产权与市场监管的内在联系，推动知识产权工作与市场监管工作有机融合，彰显知识产权的创新属性和市场属性，更好优化创新环境和营商环境。要认真落实十九届四中全会部署，健全充分发挥中央和地方两个积极性的体制机制。一方面，适当加强中央在知识产权保护方面的事权，加大宏观管理、区域协调和涉外事宜的统筹，维护国家法制统一、政令统一、市场统一。另一方面，尊重地方首创精神，支持地方创造性地开展工作，构建从中央到地方权责清晰、运行顺畅、充满活力的知识产权保护体系，实现上下联动。要处理好政府和市场的关系，明确政府部门在知识产权方面的权力边界和职责重点，深化“放管服”改革，做好政府的事情，激发市场的活力，努力实现政府引导规范和市场内生发展的“双轮”驱动。

(四)努力打造适应新时代提高知识产权治理能力和治理水平的干部队伍

“政治路线确定以后，干部就是决定的因素。”党的十九届四中全会强调，要把提高治理能力作为新时代干部队伍建设的重大任务，通过加强思想淬炼、政治历练、实践锻炼、专业训练，推动广大干部严格按照制度履行职责、行使权力、开展工作。提高知识产权治理能力和治理水平，迫切需要建设高素质专业化的干部队伍。要强化政治引领，持续深入学习习近平新时代中国特色社会主义思想，特别是习近平总书记关于知识产权工作的重要论述，切实用党的最新理论成果武装头脑、指导实践、推动工作。要主动适应机构改革以后知识产权部门职责定位、运行机制、业务内涵和工作重点的新变化，积极学习新理论，熟悉新业务，掌握新技能，满足新需要。要强化法治思维，严格依法行政，着力提升知识产权行政效能和保护水平，为社会公众提供更好的知识产权公共服务和便捷、高效、低成本的维权渠道。要进一步强化抓落实的能力，提升政策执行力，注重工作实际效果，突出重点，解决难点，疏通堵点，打造亮点。要推进全面从严治党向纵深发展，持之以恒纠治“四风”，坚决反对形式主义和官僚主义，以务实作风推动务实发展。

三、2020 年工作重点

2020 年是全面建成小康社会和“十三五”规划收官之年，也是知识产权战略纲要收官之年，我们还将制定完成知识产权强国战略纲要，做好今年的工作事关当前，影响长远，十分重要。今年知识产权工作的总体思路是：坚持以习近平新时代中国特色社会主义思想为指导，深入学习贯彻党的十九大、十九届二中、三中、四中全会精神和党中央、国务院决策部署，落实全国市场监管工作会议要求，牢牢把握稳中求进工作总基调，着力推动高质量发展，加强顶层设计，完善法律制度，深化改革创新，强化知识产权创造、保护、运用，提升公共服务水平，更大力度加强知识产权保护国际合作，提高知识产权治理能力和治理水平，奋力开启新时代知识产权强国建设新征程。

(一)加强知识产权顶层设计

加快制定知识产权强国战略纲要。完成纲要文本编制工作，按程序报请中央批准，完善知识产权强国建设协调机制和支撑体系。制定实施年度知识产权战略推进计划和高质量发展工作指引，深化知识产权强省、强市、强企建设，更好支撑国家区域发展。有条件的地方要制定知识产权强省(市、区)战略。

认真做好知识产权“十四五”规划。开展《“十三五”国家知识产权保护和运用规划》实施总结评估，做好“十四五”规划编制工作，加强与知识产权强国战略纲要的有机衔接，优化事业发展指标设置。各地要认真总结本地区“十三五”知识产权事业发展成绩、经验和不足，谋划好“十四五”工作。

继续完善知识产权法律制度。积极配

合做好专利法修改，同步推进专利法实施细则修订。以强化知识产权保护为导向，做好《专利审查指南》新一轮全面修改，完善相关领域审查标准。加快商标、地理标志相关规章、规范性文件的制修订工作，研究推动商标与地理标志保护制度协调发展。加强知识产权基本法研究。各地要根据新形势新要求积极推动完善知识产权地方法规。

（二）强化知识产权保护

高标准落实《关于强化知识产权保护的意见》。制定实施落实意见的推进计划，完善工作机制，加强统筹协调，强化督促指导和绩效考核。各地要认真落实知识产权保护属地责任，制定配套措施，加强综合保障，确保任务落实。

加快构建大保护工作格局。优化知识产权保护中心建设布局，拓展工作思路，丰富职责内涵。深化知识产权领域诚信体系建设，依法依规对严重失信行为开展联合惩戒。大力培育仲裁机构，完善调解制度规范。各有关地方要加强知识产权保护中心软硬件建设，确保中心高效运转，满足地区发展需要。

健全执法保护业务指导体系。扎实推进知识产权侵权纠纷检验鉴定和行政裁决试点示范工作。加快出台商标侵权判断标准。开展知识产权行政执法典型案例评选发布工作。加强在查处商标违法案件中的驰名商标保护工作。加大对集成电路布图设计的保护。建立专利侵权纠纷行政裁决与专利确权程序的联动机制。各地要加强跨区域执法保护，形成工作合力。

加强保护能力建设。建立执法人员轮训制度，提高执法专业能力。深入推进“互联网+”知识产权保护，加强信息技术手段的运用。强化知识产权维权援助公共服务平台建设。促进国家海外知识产权纠纷应对指导中心高效运行，建设布局一批地方和海外分中心。各地要不断加强知识产权保护体系建设，加大投入，提升能力。

做好地理标志和官方标志的保护工作。研究制定地理标志审查指南，健全地理标志产品保护标准化体系。稳步推进地理标志专用标志换标工作，优化专用标志核准流程。加强特殊标志、官方标志的保护，着力做好北京冬奥会、冬残奥会的知识产权全面保护。

（三）持续推进知识产权审查提质增效

持续提升专利审查质量效率。进一步加强审查能力建设，完善质量评价机制，高价值专利审查周期压减至16个月以内，提高实用新型和外观设计审查质量。完成专利审查和检索系统智能化升级（一期）。完善集中审查、优先审查、专利审查高速路、延迟审查等模式。

持续提升商标审查质量效率。将商标注册平均审查周期压减至4个月。优化审查质量评价指标体系，完善审查质量管理。深化商标注册便利化改革，推进商标评审、异议、撤销等业务的电子化。加快智能审查系统开发，加大人工智能技术在审查中的运用。严厉打击商标囤积、恶意注册等行为。

（四）大力促进知识产权价值实现

健全知识产权运营体系。完善知识产权转化运用机制，推动建立财政资助科研项目和技术市场合同登记的专利信息披露制度。推动国有企事业单位建立健全知识产权资产管理制度，完善知识产权价值评估机制。做好知识产权运营平台分类管理，加快重点城市知识产权运营服务体系建设。开展知识产权金融服务综合示范，扩大知识产权质押融资规模，力争全年增长20%以上。加快推进知识产权证券化试点。探索开展专利与技术标准融合试点。各地要继续探索促进知识产权转化运用的有效机制。

提高创新主体知识产权管理能力。支持中央企业加强知识产权工作。深入实施中小企业知识产权战略推进工程，开展优势示范企业培育工作。全面落实知识产权服务民营企业创新发展的若干措施。深入推进高校、科研机构知识产权试点示范单位建设。积极引导企业做好知识产权会计信息披露工作。规范和优化企业、高校、科研组织、专利代理机构贯标工作。编制《创新过程知识产权管理规范》国家标准草案。各地要进一步优化 PCT 国际专利和国内发明专利奖励资助政策，强化质量导向，规范资助行为。全面取消实用新型、外观设计、商标申请注册环节的资助与奖励，重点支持做好后期的保护和运用。

推动知识产权服务业高质量发展。制定出台促进知识产权服务业高质量发展的政策措施，高标准推进知识产权服务业集聚区建设，打造服务业品牌机构。深入开展专利代理专项整治，规范商标代理行为，打击非法代理。会同有关部门建立知识产权认证行业监管体系。各地要切实加强对知识产权服务业的监管，营造规范有序的行业环境。

推动知识产权与经济发展深度融合。推动建立知识产权（专利）密集型产业增加值核算与发布机制。建立重点产业与国际专利分类参照关系。编制产业知识产权发展状况报告。加强区域品牌建设和特色产业培育，大力实施地理标志运用促进工程，深入开展地理标志精准扶贫和商标富农工作。深化知识产权军民融合。出台专利导航项目实施指南，协调推进重点产业专利导航工作。各地要积极探索知识产权服务经济发展的有效路径。

（五）提升知识产权公共服务能力

深入推进知识产权领域“放管服”改革。落实好关于深化知识产权领域“放管服”改革，营造良好营商环境的实施意见，着力解决社会公众反映的突出问题，开展相关评估，选树先进典型，推广经验做法。积极配合开展国内营商环境评价，进一步优化知识产权相关评价指标。

完善知识产权公共服务体系。建立知识产权信息公共服务体系统筹协调机制，注重发挥高校、科研院所、图书情报机构在其中的重要作用，推动区域知识产权信息公共服务一体化、均等化发展，提高服务可及性。新建 30 家技术与创新支持中心（TISC）和一批高校国家知识产权信息服务中心。加快知识产权信息公共服务主干网络建设。保障知识产权公共服务网有效运行，推进业务服务、政务服务和信息服务“一网通办”。推动地方设立综合性知识产权公共服务机构，建设“一站式”服务大厅。

整合知识产权基础信息资源。加快推进知识产权大数据中心和知识产权保护监测网络信息平台建设立项。持续推动知识产权基础信息和资源平台整合利用，扩大基础信息开放力度，指导支持社会机构开展信息资源深度开发。加强知识产权信息传播利用的宏观统筹和分类指导。

（六）更大力度加强知识产权保护国际合作

深化“一带一路”知识产权国际合作。办好 2020 年“一带一路”知识产权高级别会议，拓展合作领域，深化合作内容，推动“一带一路”共建国家共享专利、植物新品种审查结果。继续面向发展中国家开展知识产权学位教育培训，提升知识产权能力。有关地方要积极参与“一带一路”知识产权国际合作交流。

深度参与知识产权全球治理。积极参与世界知识产权组织事务，进一步规划好双方未来的合作。完成我国加入工业品外观设计国际注册海牙协定准备工作。积极参与自贸协定知识产权章节谈判，维护多边贸易体系。加强对知识产权国际前沿动态的跟踪研判，积极做好有关应对工作。

完善知识产权国际合作格局。进一步加强专利、商标、地理标志等知识产权全领域合作，做好中欧地理标志协定生效的技术准备。办好第13次中美欧日韩五局局长会、中非知识产权部长级会议。深化与重点伙伴的合作关系。支持召开国际知识产权保护协会大会。鼓励社会团体开展知识产权国际交流合作。支持地方举办高水平知识产权国际交流活动。

(七)强化知识产权事业综合保障

加强知识产权文化建设。大力倡导和培育知识产权文化理念,开展知识产权公益宣传活动,进一步做好知识产权对外宣传,探索开展中国知识产权保护成就海外展。组织办好世界知识产权日、全国知识产权宣传周、中国专利周、中国知识产权年会、中国知识产权保护高层论坛、中国国际专利技术与产品交易会、中国国际设计博览会,支持办好上海知识产权国际论坛等活动。深化中小学知识产权教育试点示范工作。各地要结合实际积极开展知识产权宣传教育工作。

加强知识产权人才培养。做好知识产权行政管理人员轮训工作。做好知识产权职称制度改革实施工作。支持高校知识产权学科建设,继续推动设立知识产权专业学位,着力培养知识产权急需紧缺人才。加快推进知识产权特色智库建设。各地要依托国家知识产权培训基地等资源,大力开展知识产权实务型人才培训。

做好知识产权工作,我们要始终坚持党对知识产权事业的全面领导,增强“四个意识”、坚定“四个自信”、做到“两个维护”,不折不扣落实好党中央决策部署。要推动机关党建工作与知识产权业务工作深度融合,巩固深化“不忘初心、牢记使命”主题教育成果,守初心、担使命,找差距、抓落实,引导和激励全系统党员干部立足岗位建功立业,进一步发挥好各级党组织的战斗堡垒作用和共产党员的先锋模范作用,以高质量党建引领和推动知识产权事业高质量发展。

同志们!百舸争流,奋楫者先。让我们更加紧密地团结在以习近平同志为核心的党中央周围,牢牢把握知识产权事业发展的时代主题、目标任务和思路举措,只争朝夕,不负韶华,万众一心加油干,着力提高知识产权治理能力和治理水平,奋力开启新时代知识产权强国建设新征程!

在全国法院知识产权审判工作座谈会上的讲话

(2020年11月12日)

最高人民法院党组副书记、常务副院长　贺　荣

同志们:

在全党全国深入学习宣传贯彻党的十九届五中全会精神之际,最高人民法院决定召开全国法院知识产权审判工作座谈会,以习近平新时代中国特色社会主义思想为指导,全面总结知识产权审判成绩和经验,深入分析形势和任务,研究部署当前和今后一个时期的知识产权审判工作,为深入实施创新驱动发展战略,加快建设科技强国提供坚实司法保障,具有重要意义。

党的十九届五中全会是在“两个一百年”奋斗目标的历史交汇点上召开的一次十分重要的会议。全会充分体现了以习近平同志为核心的党中央规划未来的远见卓识和继往开来的历史担当,充分反映了我们党团结带领人民接续推进“两个一百年”奋斗目标的坚定信心和坚强决心。深入学习贯彻党的十九届五中全会精神,是当前和

今后一个时期人民法院的重要政治任务。各级法院要按照党中央、中央政法委统一部署和最高人民法院党组工作要求，切实加强组织领导，迅速在法院系统兴起学习贯彻全会精神热潮，以求真务实作风和扎实有效举措，确保将全会精神不折不扣落到实处。我们这次会议的主要任务就是对贯彻落实党的十九届五中全会精神进行再研究再部署，特别是围绕全会提出的坚持创新驱动发展、全面塑造发展新优势等重大战略部署，结合知识产权审判实际，研究提出具体贯彻措施，推动知识产权审判工作再上新台阶。

最高人民法院党组和周强院长对这次会议高度重视。会前，周强院长专门听取汇报并作出批示，充分肯定知识产权审判取得的成绩，并就深入学习贯彻党的十九届五中全会精神，切实加强知识产权司法保护工作提出明确要求。各级法院要认真学习领会周强院长批示精神，切实抓好贯彻落实。

今天上午的会议，广东省以及其他6个地方法院介绍了有关知识产权审判工作的经验，还通报、表彰了优秀裁判文书、调研成果以及有关典型案例。我代表最高人民法院，向优秀集体和个人表示热烈的祝贺！希望全体知识产权法官以他们为榜样，扎实工作，担当作为，不断取得新的更大成绩！也借此机会，向长期奋战在知识产权审判一线的干警表示诚挚慰问和敬意。

下面，我就深入学习贯彻党的十九届五中全会精神，切实做好当前和今后一个时期的知识产权审判工作，讲五点意见。

一、充分肯定知识产权审判工作取得的新成效

党的十八大以来，各级法院坚持以习近平新时代中国特色社会主义思想为指导，增强“四个意识”、坚定“四个自信”、做到“两个维护”，坚持服务大局、司法为民、公正司法，充分运用司法和行政协同保护知识产权的制度优势，积极发挥知识产权司法保护职能作用，各项工作取得了新进展。11月4日，习近平总书记在第三届中国国际进口博览会开幕式主旨演讲中特别指出，中国的知识产权保护取得了积极进展。这其中就包含着对人民法院知识产权审判工作的充分肯定和勉励。

一是知识产权审判服务大局成效斐然。科技创新是当然的国之大者，知识产权司法保护力度和水平，直接关系到保护创新成果，激发创新活力。2017年至2020年9月，全国法院共新收民事、行政和刑事知识产权一审案件130.97万件，审结121.61万件，年均增幅分别为40.33％、43.43％，依法公正审理了一大批备受社会关注甚至事关国内国际大局的大案要案，如王老吉、乔丹、迪奥、华为、腾达、瓦莱奥案等，取得了良好法律效果和社会效果。为认真落实中办、国办《关于加强知识产权审判领域改革创新若干问题的意见》，最高人民法院发布《中国知识产权司法保护纲要（2016—2020）》《关于全面加强知识产权司法保护的意见》，出台涉及商业秘密、网络知识产权、专利授权确权等4个司法解释，以及涉及“一带一路”、电商平台等4个司法指导意见，最高人民法院审委会还刚刚审议通过了关于知识产权民事诉讼证据的司法解释和加强著作权保护的意见。这些司法解释和司法文件细化了知识产权审判服务大局的具体措施，为各级法院依法妥善审理各类知识产权案件提供了有力指导。近期，最高人民法院及有关法院积极适应国际国内形势新变化，积极参与对美经贸谈判和一系列重要国际条约谈判，在涉外标准必要专利纠纷案件中积极探索知识产权禁诉令制度，运用法律手段参与国际斗争，坚决维护国家利益。最高人民法院和一些地方法院的知识产权审判成果多次获得有关领导的肯定，受到知识产权国际组织赞誉。

二是知识产权审判领域司法改革持续深化。2019年1月1日,最高人民法院知识产权法庭挂牌设立,承担统一技术类知识产权案件裁判标准等职责。这是我国诉讼制度领域的重大开创性举措。截至2020年9月,法庭审结包括医药、基因、通信等前沿科技领域案件3300多件,形成了200多个具体法律适用规则,对统一裁判尺度、保护科技创新发挥了重要指导作用。2019年以来,北京、上海、广州知识产权法院不断深化司法体制综合配套改革,推进审判机构专门化、审判人员专职化和审判工作专业化,充分发挥了引领示范作用。最高人民法院指导长三角地区三省一市高级人民法院和知识产权行政部门签署备忘录,促进知识产权司法与行政一体化保护,南京、深圳、海口等21个地方法院知识产权法庭跨区域集中管辖技术类知识产权一审案件,为京津冀协同发展、长三角一体化发展、粤港澳大湾区建设、海南自由贸易港建设发挥重要作用。全国法院知识产权民事、行政和刑事案件审判“三合一”改革工作有序推进,具有中国特色的知识产权审判体系日益完善。

三是知识产权审判司法公信力显著提升。各级人民法院认真落实司法责任制改革要求,依托司法公开四大平台,大力推进知识产权审判信息公开、庭审公开、裁判文书公开,最大限度满足人民群众知情权、参与权。出台技术调查官参与知识产权诉讼活动若干规定,完善技术事实查明机制,构建由指导性案例、公报案例、典型案例构成的中国特色知识产权案例指导制度,规范自由裁量,提升审判质量,人民群众满意度逐年提升。举办中国法院知识产权司法保护成就展,与中央广播电视总台共同推出《大法官说》等节目,积极营造全社会共同加强知识产权保护的浓厚氛围,受到广泛好评。

四是知识产权审判服务保障疫情防控成绩突出。新冠肺炎疫情发生后,各级法院充分利用智慧法院建设成果,加强在线诉讼服务,线上开庭、网络直播等在知识产权审判领域全面推进,最大限度方便当事人远程参加诉讼,确保“疫情防控”和“司法审判”两不误。建立涉药品专利、复工复产案件“快车道”,全力保障新冠肺炎疫情防控科技攻关和技术创新。依法严惩涉疫情防控的商标抢注、假冒商标、商业诋毁、虚假宣传等扰乱市场秩序的行为,强化知识产权刑事处罚的威慑作用,保障疫情防控工作顺利开展。

五是知识产权审判国际影响力加快提升。通过成功审理华为与康文森标准必要专利许可纠纷案、瓦莱奥公司发明专利侵权纠纷案、迪奥立体商标行政纠纷案等重大涉外知识产权案件,以及上海、安徽等法院审理的多起知识产权刑事案件,依法平等保护中外权利人的合法权益,赢得包括外国驻华使节的广泛赞誉。中国法院在国际知识产权领域的话语权进一步增强,与包括世界知识产权组织在内的国际组织加强合作,举办世界知识产权组织“首届知识产权司法审判高级研修班”,首次发布《世界知识产权组织知识产权典型案例集中国卷(英文版)》,派员参加《海牙公约》以及中美、中欧等双边多边谈判和对话交流活动,展现了中国有力加强知识产权司法保护的良好形象。

回顾过去,我们对做好知识产权审判工作的认识进一步深化,并积累了宝贵经验。第一,始终坚持党的领导,是知识产权审判工作不断改革创新、实现历史性飞跃的根本原因,也是知识产权审判工作始终沿着正确方向不断前进的根本保证。第二,始终坚持以人民为中心,是充分发挥知识产权审判职能作用、提高审判效果的出发点和落脚点,必须聚焦聚力解决人民群众关心的“举证难、周期长、成本高、赔偿低”等问题。第三,始终坚持改革创新,是促进知识产权审判体系和审判能力现代化,推动知识产权审判事业向高质量发展的根本动力。第四，始终坚持系统思考和全局谋划，是知识产权审判工作不断迈上新台阶的重要支撑，必须统筹国内国际两个大局，推动形成知识产权审判“全国一盘棋”。第五，始终坚持过硬队伍建设，是知识产权审判事业稳步向前的根本保证，必须锻造一支政治坚定、业务过硬、能打硬仗的审判队伍。

二、当前知识产权审判工作面临的新形势新任务

党的十九届五中全会指出，“当前和今后一个时期，我国发展仍然处于重要战略机遇期，但机遇和挑战都有新的发展变化”，强调“坚持创新在我国现代化建设全局中的核心地位，把科技自立自强作为国家发展的战略支撑”。这对于我们准确把握当前知识产权审判工作面临的新形势新任务具有重要指导意义。我们要始终胸怀国之大者，自觉站在“两个大局”高度审视和谋划新时代知识产权审判工作，深刻认识我国社会主要矛盾发展变化带来的新特征新要求，围绕推进创新驱动发展和全面塑造发展新优势，努力开创知识产权司法保护新局面。

（一）国际形势变化对知识产权审判提出新要求

当今世界正经历百年未有之大变局，国际环境日趋复杂，不稳定性不确定性明显增加，新冠肺炎疫情蔓延全球，国际经济、科技、文化、安全、政治等格局发生深刻调整。知识产权领域国际竞争更加激烈，法律手段成为国家竞争和大国博弈的重要工具，对知识产权保护提出了新要求。我们必须进一步强化国际视野和世界眼光，统筹国内国际两个大局，在国内因素和国际因素的相互影响中思考问题，在中国和世界的密切互动中谋划我国知识产权事业。必须进一步坚定制度自信，保持战略定力，办好自己的事，根据国情和发展需要独立自主地改革完善知识产权制度。必须进一步发扬斗争精神，增强斗争本领，树立底线思维，敢于和善于运用法律武器解决国际知识产权争端，大力提升我国法院在知识产权国际治理领域的话语权和影响力。

（二）“十四五”时期经济社会发展目标和2035年远景目标对知识产权审判提出新要求

党的十九届五中全会规划了我国未来五年发展蓝图，设定了2035年的远景目标。其中，创新能力显著提升，产业基础高级化、产业链现代化水平明显提高，现代化经济体系建设取得重大进展，到2035年我国经济实力、科技实力、综合国力将大幅跃升，关键核心技术实现重大突破，进入创新型国家前列等重要目标与知识产权审判密切相关。我们必须紧紧围绕上述发展目标要求，坚持目标导向，坚持守正创新，不断根据实践发展要求加强知识产权审判工作，确保规划目标如期实现。必须以更大力度深化改革，以更多举措破除制约知识产权司法保护的深层次体制机制障碍，不断完善具有中国特色、符合创新规律、适应发展目标需要的知识产权司法保护制度。

（三）高质量发展对知识产权审判提出新要求

我国已转向高质量发展阶段，人民法院各项工作必须贯彻新发展理念，体现高质量发展要求，主动服务质量变革、效率变革、动力变革，为实现更高质量、更有效率、更加公平、更可持续、更为安全的发展提供司法服务和保障。在当前激烈的国际竞争面前，要深刻认识到关键核心技术要不来、买不到、等不及，必须进一步加强知识产权保护，促进完善科技创新体制机制、提升企业技术创新能力、激发人才创新活力，推动加快建设科技强国。必须进一步加大对新兴产业、重点领域、重要产品、关键核心技术的知识产权司法保护力度，释放创新驱

动原动力，推动形成更多新的增长点、增长极。

（四）疫情防控常态化对知识产权审判提出新要求

疫情防控常态化背景下，知识产权审判必须依法服务做好“六稳”工作、落实“六保”任务，促进发挥国内超大规模市场优势，推动形成以国内大循环为主体、国内国际双循环相互促进的新发展格局。必须更好统筹疫情防控和经济社会发展，在知识产权审判中落实好纾困惠企政策，确保宏观经济政策落地见效，提高产业链、供应链的稳定性和竞争力。必须加强智慧法院成果应用，充分发挥知识产权审判信息化运用先行者优势，让疫情防控和执法办案两手抓、两手赢，快速化解各类矛盾纠纷，保护和激发市场主体活力。

同新形势新任务相比，同人民群众的新期待新要求相比，知识产权审判工作还存在不小差距。一是知识产权司法理念有待进一步改进，服务保障创新驱动发展的能力有待进一步提高；二是人民群众对知识产权审判质量和效率还有不满意的地方，司法保护力度和实效需要进一步提升；三是知识产权审判体系改革尚待进一步深入推进，体制机制建设需要进一步加强；四是高素质知识产权审判人才短缺，人才培养机制还有待改进。对这些问题，必须高度重视，切实加以解决。

2021年，我国将开始实施“十四五”规划。“十四五”时期是我国全面建成小康社会、实现第一个百年奋斗目标之后，乘势而上开启全面建设社会主义现代化国家新征程、向第二个百年奋斗目标进军的第一个五年。面对新形势和新要求，知识产权审判工作的总体要求是：坚持以习近平新时代中国特色社会主义思想为指导，增强“四个意识”、坚定“四个自信”、做到“两个维护”，全面贯彻落实党的十九大和十九届二中、三中、四中、五中全会精神，坚持党对司法工作的绝对领导，坚持稳中求进工作总基调，坚持贯彻新发展理念，坚持以人民为中心，围绕推动高质量发展、构建新发展格局，不断加强知识产权司法保护，切实做到服务大局、严格保护、循序渐进、改革创新，不断优化有利于创新的知识产权法治环境，为建设知识产权强国和世界科技强国、为全面建设社会主义现代化国家提供坚实司法服务和保障。

三、全面加强知识产权司法保护，为实现科技自立自强提供坚实法治保障

党的十九届五中全会提出，坚持创新在我国现代化建设全局中的核心地位，把科技自立自强作为国家发展的战略支撑。实现这一战略部署，必须全面加强知识产权司法保护，使一切有利于创新的力量源泉充分涌流，助力改善营商环境，推动高质量发展。

（一）加强技术成果保护，提高国家核心竞争力

要充分发挥专利等技术类案件集中审理优势，以强有力的司法手段激发全社会创新创造热情，助力我国从科技大国走向科技强国。要准确把握新发展格局，正确处理知识产权地域性与经济全球化之间的关系，加强对平行进口、跨国电子商务等国际贸易中新情况新问题的研究，妥善处理历史遗留问题，明确法律适用标准，统一裁判尺度。要认真贯彻新专利法和专利授权确权司法解释，强化对新颖性、创造性、实用性等专利授权实质条件合法性的全面审查和深度审查，推动专利授权确权行政标准与司法标准相统一、相协调，促进规范专利授权确权行为。要积极探索改进有利于专利纠纷实质性解决的审理机制，防止循环诉讼和程序空转，有效缓解专利审判“周期长”的问题。坚持有利于权利保护的审判理念，合理解释权利要求，实现专利权保护范围与创新程度、创造性贡献相适应。

妥善运用等同侵权、间接侵权等法律制度，合理拓展创新成果的保护空间，让创新程度高的发明创造得到更大、更强的保护。要围绕“卡脖子”核心技术创新加强知识产权保护。以5G、集成电路等为代表的高科技领域，涉及国家核心利益，已经成为各国在知识产权方面斗争最激烈的战场之一，是“卡脖子”问题的多发地带。工信部正在积极考虑将其纳入“十四五”国家专项规划，司法服务保障一定要跟上。要严格落实集成电路和计算机软件保护制度，聚焦高端芯片、集成电路装备和工艺技术、集成电路关键材料、集成电路设计工具、基础软件、工业软件、应用软件等关键核心技术，加大知识产权司法保护力度。妥善审理涉及集成电路和计算机软件相关合同纠纷，促进集成电路和计算机软件转化应用，引导企业突破核心技术，带动技术和产业不断升级。加大对盗版、侵权软件的惩治力度，依法通过诉前禁令、证据保全等方式及时固定侵权证据，适度减轻权利人举证负担。在运用诉前禁令有效保护我国高科技企业合法权益方面，最高人民法院知识产权法庭已经进行了有效探索，下一步要总结推广。要切实加强植物新品种权保护，加大对具有自主知识产权的重大农业科技成果和植物新品种的保护力度，为保障国家粮食安全、提高农业质量效益和竞争力提供司法服务。习近平总书记对粮食安全始终高度重视，今年还专门作出批示。知识产权保护在这方面大有可为。

(二)加强著作权和邻接权保护，繁荣中国特色社会主义文化

要充分发挥著作权保护对文化建设的规范、引导、促进和保障作用，激发全民族文化创新创造活力，提升我国整体文化软实力和国际竞争力。要大力弘扬社会主义核心价值观，妥善处理保障民事权益与维护国家文化安全及公共道德的关系，注重法律评价和道德评价的有机结合，充分发挥著作权审判对于优秀文化的引领和导向功能。要加大文化创造者权益保护，准确把握作品认定的标准，既要统一作品独创性的基本判断标准，又要注意根据不同领域、不同类型作品的特点确定相适应的保护力度，使保护强度及赔偿数额与独创性程度相协调。要依法维护作品传播者的合法权益，处理好维护著作权集体管理制度和尊重权利人意思自治的关系，切实保障权利人和受让人依法行使诉权，促进作品的传播利用，增强人民群众对于文化创新创造的获得感。要高度关注网络环境下的文化创造、传播尤其是直播相关的著作权保护问题，网络的快速发展诞生了很多新类型作品，给著作权保护提出了新问题。三家知识产权法院通过一个个社会高度关注案件的审理，明确了网络环境下著作权保护的范围和基本规则。要密切跟踪人工智能、大数据等领域的技术发展和权利保护需求，准确界定著作权权属和权利内容，统一相关权益的法律保护标准，合理平衡相关各方利益。

(三)加强商标权保护，推动建设品牌强国

以有利于划清商标权权利边界、有利于遏制恶意抢注行为、有利于推动商品贸易发展为基本导向，加强商标权司法保护，培育知名品牌，提升企业竞争力，推动我国加快从制造大国向品牌强国转变。要提高商标授权确权行政案件审理质量，准确理解司法全面审查原则的内涵，充分考虑行政相对人在行政程序中提出的主张和法律依据，对行政裁决的合法性作出审查结论。要科学合理界定商标权的权利边界与保护范围，正确把握注册与使用在商标权保护中的关系，注重商标注册在商标权取得中的公示作用，充分发挥商标使用在划定商标权权利边界、保护范围、赔偿责任等方面的作用，积极引导权利人持续实际使用商标，发挥商标的功能。强化商标使用在确定商标权保护范围中的作用，根据商标使用时间、知名度等确定相适应的保护强度和范围。要严厉打击恶意商标注册、使用行为，正确处理保护商标权与维护市场秩序的关系，准确适用法律规则，加大对商标领域恶意抢注、非法囤积、“搭便车”等行为的惩治力度，促进商标申请注册秩序正常化和规范化。要加强地理标志保护。2020年9月14日，中国和欧盟正式签署了《中欧地理标志协定》，共计200个地理标志产品获得保护，后续还将继续扩大。要认真落实协定安排，为地理标志提供高水平保护，有效阻止假冒地理标志产品行为，保护消费者合法权益。要依法妥善处理地理标志与普通商标保护的关系，保障区域特色经济发展。

（四）强化竞争保护，维护公平竞争市场秩序

“十四五”规划建议明确提出，健全公平竞争审查机制，加强反垄断和反不正当竞争执法司法，提升市场综合监管能力。维护公平有序、统一开放的市场竞争秩序是知识产权司法保护的重要职责。要加强反不正当竞争案件审判，妥善处理公平竞争与自由竞争的关系，准确适用反不正当竞争法的一般条款。对于法律没有明确规定的竞争行为，要妥善处理好技术创新与维护竞争秩序、保护竞争者利益与改善消费者福利的关系，综合运用道德评价、效能竞争、比例原则、竞争效果评估等方法进行判断，防止将道德评价作为正当性的唯一标准。要强化商业秘密司法保护，认真贯彻实施反不正当竞争法和商业秘密司法解释，针对商业秘密纠纷案件举证难、保密难等特点，合理确定当事人的举证责任，有效遏制侵害商业秘密行为。妥善处理保护商业秘密与自由择业、涉密者竞业限制和人才合理流动的关系，在依法保护企业商业秘密的同时，维护劳动者正当就业、创业的权益。要重视反垄断审判工作，积极受理和审理垄断纠纷，强化竞争政策的基础地位，发挥竞争机制的作用，以竞争活力激发创新动力。严厉打击横向垄断协议行为，消除市场封锁，促进市场统一开放、平等竞争。慎重对待限制或者固定转售价格等纵向协议，综合评估其促进竞争效果和妨碍竞争效果。妥善处理互联网领域垄断纠纷，结合网络领域特点，重点关注规模经济、数据、隐私、创新等因素。依法受理反垄断行政查处引发的行政案件，聚焦执法行为程序上的正当性和实体上的执法标准，给出明确法律指引。

（五）依法适用惩罚性赔偿，切实发挥法律威慑效果

惩罚性赔偿是严格保护知识产权、加大违法成本的重要手段。要充分认识惩罚性赔偿的意义与功能，积极依法适用惩罚性赔偿，发挥其阻吓侵权、充分补偿、激励创新的制度效能，同时要审慎明确适用条件，避免滥用惩罚性赔偿。要明确惩罚性赔偿的适用标准，正确把握“故意”和“情节严重”的法律含义，实现两个法律要件之间的条件区分和功能区隔，提升惩罚性赔偿的可预见性。在符合故意侵权的前提下，对于具有抄袭仿冒、反复侵权、多次侵权、侵权规模大、持续时间长、抗拒证据保全、毁灭证据等严重情节的，依法支持权利人的惩罚性赔偿请求，让侵权人付出沉重代价。

（六）严格贯彻实施民法典，提高知识产权案件审理水平

即将正式施行的民法典保留了知识产权单行立法的模式，同时对知识产权的基本概念、基本原理作了概括性规定。比如《民法典》第1185条规定了惩罚性赔偿的两个要件，具有基础地位和统领作用。正确贯彻实施民法典，对于加强知识产权保护，提高知识产权审判质量、效率和司法公信力，具有重要意义。要体现民法典的价值导向，将民法典的立法精神、基本原则贯彻到知识产权审判中。要发挥民法典体系化效应，破除孤立的部门法思维，将知识产权单行法纳入民法典体系中审视、考量。要增强法律适用的精细化，民法典施行后，裁判文书的释法说理要符合民法典的原则、规则和解释体系，同时符合知识产权专门法的立法目的与规则逻辑。要正确处理民法典与知识产权单行法之间的法律适用关系，原则上，知识产权专门法是特别法，有特殊规定的，应当适用知识产权专门法；相关规定在民法典中有新的规定的，应当适用民法典的规定；民法典没有明确规定的问题，从知识产权单行法中寻找依据。

（七）加强刑事保护，严厉打击知识产权领域犯罪行为

知识产权刑事保护对于完善知识产权保护法律体系、树立法律权威、营造法治化营商环境具有重要意义。在知识产权审判工作中，务必要保障刑法和刑事诉讼法的准确实施。准确认定假冒注册商标罪中的“相同商标”，防止将“近似商标”纳入刑法规制范围。准确适用侵犯著作权罪中的推定规则，有相反证据足以推翻的，按照相反证据认定。准确认定侵犯商业秘密罪中的其他不正当手段、给商业秘密权利人造成重大损失等要件，根据2020年9月起实施的司法解释，按照行为的危害程度，作出准确认定。

（八）增强国际视野，积极参与知识产权国际治理

知识产权审判涉及国内国际两个大局，在维护我国海外权益，构建国际知识产权治理规则中具有重要作用。要进一步加强涉外知识产权审判，贯彻好党和国家战略决策，强化政治意识，严格请示报告。妥善处理与国际贸易有关的重大知识产权纠纷，依法履行平等保护、国民待遇等国际义务，促进国际贸易合作，同时更要坚决维护我国司法主权和发展利益，提升我国科技创新能力和水平。要依法受理国际平行诉讼，谨慎适用民事诉讼法中的不方便管辖条款，维护我国司法主权和当事人利益。要强化标准必要专利纠纷的案件管辖，以适当联系标准确定管辖权，绝不能将管辖权拱手让人。灵活运用行为保全制度，探索适用禁诉令，根据案件具体情况就全球许可费率作出裁判，提升我国法院在标准必要专利领域的话语权和规则制定的主导权。

四、坚持改革创新，完善知识产权审判体制机制

党的十八大以来，全国法院坚决贯彻落实党中央决策部署，坚定不移深化司法改革，在知识产权审判组织、审判机制、审判能力建设等方面取得重大进展。下一阶段，知识产权审判领域还需要重点推进以下几项改革。

一是着力加强知识产权审判体系建设。要大力加强最高人民法院知识产权审判机构建设，聚焦统一案件裁判标准、优化审判资源配置、深入落实司法责任制，深化试点，大胆创新，总结经验，求取实效。要大力加强知识产权法院建设，着力解决知识产权法院发展中遇到的实际困难，化解人案矛盾、优化内设机构、建构人才梯队。要大力加强地方法院知识产权法庭建设，统筹考虑国家战略、区域经济发展需求、整体布局和案件数量等因素，积极配合有关部门，做好知识产权法庭规划设计和工作落实。要大力加强互联网法院的知识产权审判功能建设，充分发挥互联网司法的引领作用，及时总结推广成熟经验，着力解决信息化时代知识产权保护的新问题。

二是不断完善知识产权诉讼机制建设。要完善知识产权案件管辖制度，在落实全国人大常委会决定和司法解释确定的案件管辖标准基础上，根据案件情况和审判需要对具体法院的管辖作出适当调整，加强特定类型案件集中管辖。要推进案件繁简分流试点，结合知识产权案件特点，通过制度创新激发司法效能，满足人民群众多元、高效、便捷的纠纷解决需求。要完善多元化技术事实查明机制，落实技术调查官制度，加强技术调查人才库建设，发挥技术调查人才共享机制作用，解决人员供给不充分、领域覆盖不完全、地域分布不均衡等问题。要完善专利商标民事和行政案件协同推进机制，落实行政确权案件和民事侵权案件在程序衔接、审理机制、裁判标准等方面相互协调的工作安排，整体提高审判质效。要深入推进知识产权审判“三合一”工作，加强与其他政法单位的沟通协调，推动知识产权刑事案件批捕、起诉集中管辖，适时开展知识产权刑事附带民事诉讼试点。

三是要深入推进知识产权“一站式”多元解纷和诉讼服务体系建设。要建设集约高效、多元解纷、便民利民、智慧精准、开放互动、交融共享的现代化知识产权诉讼服务体系，争取率先完成“一站式”建设目标。要明确裁判规则，提供行为指引，积极引导当事人通过非诉讼方式解决纠纷。要实现知识产权行政和司法保护的协同推进，推动行政执法标准与司法裁判标准相统一。

四是要充分运用智慧法院建设成果加强知识产权审判工作。要充分运用智慧法院建设成果，实现上下级法院办案系统互联互通、业务协同、资源共享，确保疫情防控常态化下知识产权审判工作“不打烊”。要运用人工智能等手段统一裁判尺度，强化裁判规则和裁判文书数据库的开放更新、智能搜索、自动推送，完善现有的“知己”和“知彼”两个裁判规则数据库，提升精准度和智能化水平。要加强司法大数据的充分汇集、智能分析和有效利用，为司法决策提供有效参考。

五、加强队伍建设，建设国际一流知识产权审判人才队伍

一是加强政治建设，坚定不移走中国特色社会主义法治道路。要始终把政治建设摆在首要位置，深刻认识人民法院首先是政治机关，坚持以习近平新时代中国特色社会主义思想武装头脑、指导实践、推动工作，把增强“四个意识”、坚定“四个自信”、做到“两个维护”落实到知识产权审判实践中。要牢牢坚持党对司法工作的绝对领导，坚定不移走中国特色社会主义法治道路，紧紧围绕“十四五”规划和2035年远景目标提出的新要求，树立新时代正确司法理念，确保知识产权审判工作始终沿着正确方向前进。要把政治素质作为第一素质，加强政治能力建设，筑牢服务国家大局意识，敢于斗争、善于斗争，在国际知识产权斗争中主动担当作为，坚决捍卫国家主权和核心利益。

二是加强司法能力建设，进一步提升干部队伍业务素质。要对标对表习近平总书记提出的“七种能力”要求，检视自身存在的不足和差距，立足知识产权审判实际和岗位职责，在应对当前复杂形势、完成艰巨任务中提高解决实际问题的能力。要根据知识产权领域思维活跃、知识更新快、国际化程度高等特点，不断创新人才培养机制，通过形式新颖、内容活泼的教育培训和内部交流，及时更新干警的知识储备，通过与有关国际组织、科研院所、高科技企业的交流沟通，为干警提供更多实践锻炼和相互学习的机会。要重视知识产权审判人才储备，加强优秀人才的选拔、培养和交流，为知识产权审判事业长远发展、为服务保障创新驱动发展战略提供人才基础。要加强调查研究，认真研究“十四五”时期知识产权审判工作的思路和重点。根据拟提交审议的全国人大常委会2021年度监督工作计划，2021年最高人民法院将向全国人大常委会专题报告知识产权审判工作。请各地法院认真总结党的十八大以来知识产权审判工作成绩、亮点和经验，深入分析当前制约知识产权审判工作发展的问题和困难，为做好专项报告提供实践基础。最高人民法院将组织专题调研，请大家积极配合。

三是深入推进党风廉政建设和反腐败斗争，确保队伍忠诚干净担当。要坚持全面从严治党、从严治院、从严管理，把“严”的主基调长期坚持下去，严格落实防止干预司法“三个规定”等铁规禁令，以廉洁司法保障公正司法。要认真落实中央政法委部署，扎实开展政法队伍教育整顿，教育干警强信念、明法纪、知敬畏、守底线。要加快推进执法司法制约监督体系改革和建设，完善知识产权领域审判权运行和监督制约机制。要坚持严管和厚爱结合、激励和约束并重，不断提升干部队伍战斗力、凝聚力、创造力，凝心聚力推动新时代知识产权审判工作实现新发展。

同志们，奋斗创造历史，实干成就未来。让我们更加紧密地团结在以习近平同志为核心的党中央周围，不忘初心、牢记使命，求真务实、开拓创新，不断提高知识产权审判工作能力和水平，为深入实施创新驱动发展战略，加快建设科技强国，为全面建设社会主义现代化国家开好局、起好步作出应有的贡献。

全面加强我国知识产权保护工作

国家知识产权局党组书记、局长　申长雨

2020 年 11 月 30 日，中共中央政治局就加强我国知识产权保护工作举行第二十五次集体学习，习近平总书记主持学习并发表重要讲话。讲话立意高远、思想深邃、内涵丰富、要求明确，充分体现了对知识产权保护工作的高度重视和殷切期望，为新时代全面加强我国知识产权保护工作提供了根本遵循和行动指南，是我国知识产权事业发展的重要里程碑。

一、深刻认识习近平总书记重要讲话的重大意义

一是重大政治意义。中共中央政治局就加强我国知识产权保护工作举行集体学习，习近平总书记发表重要讲话，具有鲜明的政治导向。习近平总书记强调，创新是引领发展的第一动力，保护知识产权就是保护创新。要认清我国知识产权保护工作的形势和任务，总结成绩，查找不足，提高对知识产权保护工作重要性的认识，从加强知识产权保护工作方面，为贯彻新发展理念、构建新发展格局、推动高质量发展提供有力保障。

二是重大时代意义。当前，知识产权系统正在深入贯彻落实党的十九届五中全会精神，认真谋划知识产权事业“十四五”和面向 2035 年的发展，习近平总书记的重要讲话为我们提供了最权威、最及时、最系统、最有力的指导，将深刻影响我国知识产权事业未来改革和发展。

三是重大理论意义。习近平总书记的重要讲话，贯通知识产权保护工作的过去、现在和未来，理论、实践和发展，统筹国内发展需要和国际形势变化，深刻阐明了知识产权领域一系列重大理论问题，具有鲜明的理论特质和丰富的理论内涵。

四是重大战略意义。习近平总书记的重要讲话站在“两个一百年”历史交汇点上，统筹国际国内两个大局，指明了新时代知识产权保护工作的战略方向，作出了战略部署，必将引领我国知识产权保护工作全面加强，创新环境和营商环境持续优化，为创新驱动发展和高水平对外开放提供有力支撑。

五是重大实践指导意义。习近平总书记深刻分析了知识产权保护工作面临的形势，作出了六个方面的重要指示，为全面加强知识产权保护工作定向把舵、擘画蓝图，具有极强的针对性和指导性，需要我们逐项抓好贯彻落实。

二、深刻领会习近平总书记重要讲话的核心要义

一要深刻领会习近平总书记指出的，全面建设社会主义现代化国家，必须从国家战略高度和进入新发展阶段要求出发，全面加强知识产权保护工作，促进建设现代化经济体系，激发全社会创新活力，推动构建新发展格局。进一步增强做好新时代知识产权保护工作的责任感、使命感、紧迫感，自觉着眼国家发展需要，谋划推动知识

产权保护工作，提高工作针对性。

二要深刻领会习近平总书记指出的，知识产权保护工作关系国家治理体系和治理能力现代化，关系高质量发展，关系人民生活幸福，关系国家对外开放大局，关系国家安全。把握好知识产权保护工作与经济社会发展各方面的关系，找准角色定位，发挥应有作用。

三要深刻领会习近平总书记指出的，我国知识产权事业不断发展，走出了一条中国特色知识产权发展之路，知识产权保护工作取得了历史性成就，全社会尊重和保护知识产权意识明显提升。以事业发展的“历史性成就”激励大家进一步增强“四个意识”、坚定“四个自信”、做到“两个维护”，始终沿着党指引的方向前进，坚持党对知识产权事业的领导。

四要深刻领会习近平总书记指出的，当前，我国正在从知识产权引进大国向知识产权创造大国转变，知识产权工作正在从追求数量向提高质量转变。认清知识产权工作的形势和任务，突出高质量发展，大力提高自主创新能力。

五要深刻领会习近平总书记指出的，要坚持以我为主、人民利益至上、公正合理保护，既严格保护知识产权，又确保公共利益和激励创新兼得。认真践行以人民为中心的发展思想，在严格保护知识产权过程中，有效激励创新，保障公共利益。

六要深刻领会习近平总书记作出的六个方面重要指示，要加强知识产权保护工作顶层设计，要提高知识产权保护工作法治化水平，要强化知识产权全链条保护，要深化知识产权保护工作体制机制改革，要统筹推进知识产权领域国际合作和竞争，要维护知识产权领域国家安全。把握工作重点，抓住关键环节，做到统筹推进、一体落实。

三、认真落实习近平总书记重要讲话精神

当前，国家知识产权局正在深入学习贯彻习近平总书记重要讲话精神，积极做好宣传解读，制定贯彻落实的意见，协调出台知识产权战略实施工作部际联席会议成员单位分工方案，推动形成落实习近平总书记重要讲话精神的工作合力。特别是要结合自身职能，认真抓好落实。

一是着眼未来，加强知识产权保护工作顶层设计。认真研究制定“十四五”时期国家知识产权保护和运用规划，明确目标、任务、举措和实施蓝图，确保规划符合中央要求、满足群众期待、体现时代特点。坚持权利人和社会公众之间的利益平衡原则，既严格保护知识产权，又防范权利过度扩张。大力实施专利质量提升工程，促进关键核心技术突破，支撑高质量发展。

二是与时俱进，提高知识产权保护工作法治化水平。在严格执行《民法典》相关规定的同时，加快完善相关法律法规。做好《专利法》修改后有关实施细则的修订，开展《商标法》新一轮修改调研论证，加快《地理标志产品保护规定》的修订，并做好地理标志专门立法调研。推动知识产权审查授权标准、侵权判断标准、行政执法标准和司法裁判标准的有机统一，加强专利、商标行政执法指导，更好发挥行政执法保护作用。

三是协同发力，强化知识产权全链条保护。高标准落实《关于强化知识产权保护的意见》，构建大保护工作格局。进一步健全知识产权综合管理体制，增强系统保护能力。努力打造便民利民的知识产权公共服务体系，加强知识产权信息化、智能化基础设施建设，推动知识产权保护线上线下融合发展。推动知识产权领域诚信体系建设，加强宣传教育，增强全社会尊重和保护知识产权的意识。

四是持续创新，深化知识产权保护工作体制机制改革。持续抓好党的十八大以来中央关于知识产权保护工作一系列改革部署的落实，确保改革实效。进一步完善知识产权审查制度，促进审查理念更新、技

术革新、工作创新，更好满足群众需要。积极探索建立新兴领域知识产权保护制度，要健全知识产权评估体系，改进知识产权归属制度。

五是积极作为，统筹推进知识产权领域国际合作和竞争。坚持人类命运共同体理念，深度参与世界知识产权组织框架下的全球知识产权治理，推动完善知识产权及相关国际贸易、国际投资等国际规则和标准，推动全球知识产权治理体制向着更加公正合理方向发展。加强知识产权对外宣传，在国际上进一步树立我国依法严格保护知识产权的良好形象。认真研究疫情防控环境下的"一带一路"知识产权合作新机制新模式，更好支撑"一带一路"建设。

六是坚守底线，维护知识产权领域国家安全。加强事关国家安全的关键核心技术的自主研发和保护，依法管理涉及国家安全的知识产权对外转让行为。配合国家市场监督管理总局做好知识产权领域的反垄断工作，防止知识产权滥用，促进创新要素自主有序流动、高效配置。加强我国企业海外知识产权风险预警和维权援助，坚决维护自身发展利益。

《著作权法》颁布30年：历史、经验与反思

全国政协文化文史和学习委员会副主任、
中国版权协会理事长　阎晓宏

30年前的9月7日，《中华人民共和国著作权法》（以下简称《著作权法》）正式颁布，拉开了中国特色社会主义版权事业新的帷幕。30年间，中国著作权法律制度从无到有、逐步完善，取得了举世瞩目的成就。如今，《著作权法》第三次修改工作已到最后阶段，中国版权事业必将在新时代开启新的篇章。

自2004年4月出任国家版权局专职副局长，到2017年卸任，我有幸亲历了这30年中的"半程"，回顾参与版权管理工作的点滴往事，回顾《著作权法》在立法、修法、执法与实施过程中所经历的筚路蓝缕，深知其中的艰辛与不易，更为中国版权事业取得的长足进步感到骄傲和自豪。

一、历史回顾与总体评价

评价30年来《著作权法》的发展，著名作曲家、中国音乐著作权协会终身荣誉主席王立平跟我讲过这样一句颇为中肯、到位的话，他说："30年，我们干了一件大家都不熟悉的事情。"

1979年1月，在时任国务院副总理邓小平同志率领下，中国政府高级代表团访问美国。在双方签订《中美高能物理协议》时，美方提出还需要签署一个关于版权的协定，作为附件。

为履行中美双方科技与经贸有关磋商及协议作出的承诺，中方访美代表团回国后立即向中央反映了版权保护的问题。同年4月，国家出版局将一份关于起草版权法并逐步加入国际版权公约的报告，呈递给时任国务院副总理耿飚，并转送给时任中共中央秘书长兼中央宣传部部长胡耀邦。胡耀邦同志批复："同意报告，请你们赶快动手，组织班子，草拟版权法。"《著作权法》起草工作由此启动，拉开了中国建立现代著作权法律制度的帷幕。

事实上，对于什么是版权，不仅代表团是陌生的，在很长一段时间里，国内管理者、从业者也是陌生的。我对两件事印象很深：一件是在国家出版局被誉为"小百科式的人物"汪衡，也不清楚什么是版权。另一件是在我国《著作权法》出台之前，世界

知识产权组织曾在南京举办过一个版权培训班，接受培训的多为出版社社长，当讲到版权是作者的权利时，全场哗然。对于这些出版社社长而言，这与其长期以来的观念是相悖的。

这两个例子从一个侧面反映了当时社会对版权的普遍认知。1910年，清政府曾颁布中国第一部著作权法《大清著作权律》，中华民国北洋政府和中华民国国民政府也分别于1915年和1928年颁布了《北洋政府著作权法》和《中华民国著作权法》，但上述法律并没有得到有效实施。我国版权事业是从“一无所知”“摸着石头过河”一步步发展起来的，我国著作权法律体系建设也是伴随着改革开放开始起步的。

由于著作权保护牵涉利益主体众多，社会关系复杂，起草过程中不可避免地伴随着分歧与争议，自1980年开始，《著作权法》制订历经十余年的漫长过程。经过不懈努力，《著作权法》于1990年由七届全国人大常委会第十五次会议审议通过，并于1991年6月1日施行。自此，我国版权事业迎来了一个新时代。

《著作权法》从起草到颁布实施，很多工作是前所未有的、开创性的，这是在党中央、国务院高度重视和强有力支持下，在司法部门、行政部门、科研院校和众多版权产业实体从业者的共同努力下取得的成果。

中国版权事业30年风雨兼程，有很多先后领导或参与过版权工作的老领导、老前辈值得铭记：中共中央书记处原书记、中共中央政法委员会原书记、最高人民法院原院长任建新，全国人大常委会原副委员长许嘉璐，中央政治局原委员、国务院原副总理吴仪，国家副主席、中央政治局原常委、国务院原副总理王岐山，中央政治局常委、全国政协主席汪洋，版权部门老领导宋木文、刘杲、沈仁干、石宗源、龙新民、柳斌杰、蔡赴朝……以及我国第一代知识产权学者、著名法学家、知识产权专家郑成思，中国知识产权法学科奠基人之一、中国人民大学法学院教授郭寿康，中国知识产权高等教育与研究的先行者、中国人民大学教授刘春田、中南财经政法大学原校长、教授吴汉东，著名音乐家王立平、谷建芬，著名作家陈建功、张抗抗，等等。他们见证了中国版权事业的起步与发展，在推动版权法律制度建设方面发挥了重要作用。

二、重要成果与发展经验

《著作权法》制订之初，我国尚处于计划经济时代，这部法律不可避免地带有计划经济的烙印，但我们应该看到：《著作权法》颁布30年来，我国版权面貌发生了根本性转变，版权知识从一无所知到逐步普及；版权制度从无到有、逐步完善；版权产业从小到大，成为国民经济支柱；版权贸易从弱变强，实现较快发展。

因此，我们首先要总结和肯定的是，《著作权法》在保护著作权人合法权益、推动文化繁荣发展、创造社会财富、提升国家核心竞争力等方面所取得的重要成果。

（一）立法方面，构建了较为完备的著作权法律体系

我国用不到20年的时间，构建了一套较为完备的版权法律体系，为版权事业发展奠定了坚实的法律基础。其基本内容，可以概括为“一法六条例”（一部法律、六部行政法规）。

“一法”即《著作权法》。作为我国著作权法律制度中最重要和最基本的法律，《著作权法》在规范著作权行为中起着统领作用。

“六条例”是国务院根据《著作权法》相关规定，先后制修订的管理条例，包括《实施国际著作权条约的规定》（1992年9月25日发布，1992年9月30日施行）、《计算机软件保护条例》（2001年12月20日发布，2002年1月1日施行）、《中华人民共和国著作权法实施条例》（2002年8月2日发布，2002年9月15日施行）、《著作权集体

管理条例》(2004年12月28日发布,2005年3月1日施行)、《信息网络传播权保护条例》(2006年5月18日发布,2006年7月1日施行)、《广播电台电视台播放录音制品支付报酬暂行办法》(2009年11月10日发布,2010年1月1日施行)。

同时,为了与国际衔接,我国先后加入了六部国际著作权条约,包括《保护文学和艺术作品伯尔尼公约》《世界版权公约》《保护录音制品制作者防止未经许可复制其录音制品公约》、世界贸易组织《与贸易有关的知识产权协定》《世界知识产权组织版权条约》以及《世界知识产权组织表演和录音制品条约》。

2020年4月28日,《视听表演北京条约》正式生效。在9月21日,又迎来该条约生效后的首届缔约方会议,我本人也有幸当选会议主席。

2012年6月26日,《视听表演北京条约》在世界知识产权组织保护音像表演外交会议上(在北京举办)成功缔结。该条约作为新中国成立以后首个在中国签署并且以我国城市命名的国际条约,意义重大。该条约不仅首次明确了对影视演员、音乐人等视听表演者的保护,还打破了由美国、欧盟等发达国家和地区制定国际规则的惯例,中国和其他发展中国家在参与条约制定中发挥了重要作用。《视听表演北京条约》涉及的知识产权领域虽然比较窄,但在国际知识产权进程中,具有重要意义。

中国在版权保护领域形成了集"一法六条例"以及地方性法规、部门规章、司法解释等于一体的,既符合中国国情又与国际规则相衔接的法律体系,为保护中外著作权人的合法权益提供了法律依据。中国用短短30年,完成了发达国家数百年走过的制度变迁之路,这是一个了不起的成就。

(二)执法方面,营造了良好的国内国际环境

从20世纪90年代中期起,我国打击侵权盗版等违法犯罪行为的力度不断加大,我国版权工作的重点也从法律制定逐步发展到法律执行、版权司法保护与行政保护并行的新阶段。

2005年,我到国家版权局工作前后,国内侵权盗版问题较为严重,盗版书刊、盗版光盘一度泛滥。当时的美国电影协会(MPAA)主席丹·格里克曼每次来北京,第一件事就是在路边摊买盗版光盘,然后到国家版权局投诉。

那时社会公众的版权意识也很薄弱。国家版权局2005年举办的一场公益活动上,作为嘉宾的冯小刚与主持人张国立有过一段关于正版与盗版的经典对话。冯小刚谈到,尽管他尽可能压低了价格,但人们在8元一张的正版光盘与5元一张的盗版光盘之间,往往还是会选择盗版。张国立紧接着向台下观众提问,买正版还是买盗版?现场出现了戏剧性的一幕:"买盗版"的声音远远高过"买正版"的声音。

这就是当时国内版权环境的真实写照。这时,我国已加入世界贸易组织,中美商贸联合委员会谈判乃至中美两国首脑会谈,知识产权特别是著作权保护问题都是一项重要议题。我国面临着内外部双重压力,既关系到要全面履行在知识产权领域中所承担的权利与义务,又关系到我国版权产业自身的健康发展。

中国政府是负责任的政府,坚决履行国际承诺,对非法侵权盗版活动予以坚决打击。作为行政管理部门,国家版权局更是责无旁贷,真查、严打,坚持对侵权盗版行为保持高压态势,坚决保护权利人合法权益,维护市场秩序。

2006年年初在全国开展的查处违规光盘复制企业专项行动,取得重要成果。为了贯彻落实党中央、国务院关于打击侵权盗版、保护知识产权的一系列指示,原新闻出版总署高度重视、态度坚决,与各地公安等有关部门形成合力,精心部署了此次行动。最终,18个省(自治区、直辖市)的

48家光盘复制企业被清查，14家确有违规复制行为的企业依法受到行政处罚，6家企业被吊销复制经营许可证，8家光盘复制单位被责令停业整顿。由于执法有力，当时负责此次专项治理行动的印刷发行司司长王岩镔，成为当年4月举行的第17届中美商贸联委会代表团的一员，带着具有中国特色的版权执法治理经验踏上赴美磋商之旅。

在版权保护问题上，美方最为关注的，还有软件著作权的保护。对此，党中央和国务院高度重视。2005年至2017年，时任国务院副总理吴仪、王岐山、汪洋均多次听取推进软件正版化工作汇报，亲自督办推进软件正版化相关工作。针对版权工作经费紧张的情况，吴仪同志特别协调财政部予以支持和解决；针对软件正版化工作进展缓慢的问题，王岐山同志专门抽出时间与12个省的省长直接通话，对推进软件正版化工作提出明确要求；汪洋同志在一年之内四次召开全国打击侵权盗版和假冒伪劣工作领导小组会议，每一次都专门安排听取软件正版化的工作汇报。

软件正版化工作取得显著成效，一组数字是有力的证明：我国软件著作权的登记总量从2005年的不到3万件，到2017年突破50万件；我国软件产业总产值从2005年仅有75亿元，到2017年底突破5万亿元。至2019年，我国软件著作权登记量已达到148.44万件，同比增长34.36%，软件业务收入达到7.18万亿元，同比增长15.4%。

快捷有效的版权执法，为软件企业提供了健康的发展环境，对软件产业的推动作用也是巨大的。一个典型案例是江苏国泰新点公司由于其软件屡遭盗版，利润曾一度降到谷底，2013年盗版犯罪团伙被打掉后，该公司盈利一下子上升到4000多万元，现在该企业的纯利润过亿元。

不得不提的，还有已经连续开展16年的打击网络侵权盗版专项行动——“剑网行动”。针对网络环境下的侵权盗版现象，“剑网行动”不仅查办了境外权利人和权利人组织投诉的案件，也查办了一大批侵犯国内权利人的侵权盗版案件。譬如番茄花园软件网络盗版案，追究了侵权者的刑事责任，起到了很大的震慑作用，在规范网络秩序方面发挥了重要作用。

此外，通过探索建立知识产权法院，实现知识产权专门化审判也成为一大特色。以最高人民法院知识产权法庭为首，“北、上、广”知识产权法院和2017年以来成立的江苏南京、苏州，湖北武汉，四川成都，浙江杭州等21家知识产权法庭，每年审理数十万各类知识产权案件，其中70%左右都是著作权案件。一批具有社会影响力的案件成为范例和标杆，充分展示了我国对知识产权保护的重视。

（三）市场层面，版权运营和管理产生重大变化

版权作为内容产业的基础，给人们带来精神文化享受的同时，也给经济发展带来贡献。

2007年开始，中国国家版权局与世界知识产权组织合作，委托中国新闻出版研究院开展“中国版权产业经济贡献调研”。调研结果显示：2006—2014年，中国版权产业取得较快发展，对国民经济的贡献持续增长。版权产业的行业增加值从2006年的1489.33亿元增长至2014年的46 287.81亿元，翻了一番多；对中国GDP贡献的比重从6.39%增长到7.28%，9年间提高了0.89个百分点。到2018年，中国版权产业的行业增加值已达到6.63万亿元，占GDP比重达到7.37%，中国版权产业在国民经济中的比重稳步提升，总体规模进一步壮大，版权的经济价值进一步凸显。

日本学者梅田久曾说：“20世纪是专利的时代，21世纪是版权的时代。”认识版权的价值，就是要认识到版权在文化传播发展中的地位是基础性、资源性、战略性的。

在这一点上，党中央、国务院高瞻远瞩。党的十八大以来，以习近平同志为核心的党中央把创新摆在国家发展全局的核心位置，围绕实施创新驱动发展战略，高度重视知识产权工作，将知识产权作为创新驱动发展的关键支撑。习近平总书记强调，要完善知识产权运用和保护机制，让各类人才的创新智慧竞相迸发。党的十九大报告指出要“倡导创新文化，强化知识产权创造、保护、运用”，版权资源的创新、使用、保护、管理进入新阶段。

2020年是《国家知识产权战略纲要》（以下简称《纲要》）收官之年。《纲要》自2005年启动、2008年正式发布实施，迄今为止已经15年，《纲要》提出的到2020年“把我国建设成为知识产权创造、运用、保护和管理水平较高的国家”这一目标，已基本实现。

作为《纲要》实施10周年评估工作专家组成员，我深切感受到，国家知识产权战略实施的效果是显著的。作为市场主体的文化企业在观念上发生了巨大转变，普遍将版权作为重要资产，通过版权资源的保护、管理和运营获得收益。我们也进行了很多前所未有的尝试，比如建设全国版权示范城市，建立版权研究基地和版权贸易基地，创办中国国际版权交易博览会，联合世界知识产权组织共同开展中国版权金奖评选活动，等等。从被动、薄弱到主动、强大，我国版权工作在一些领域已经由“跟跑者”变为“领跑者”。

过去30年，是《著作权法》从无到有、逐步完善的30年，也是版权事业蓬勃发展、取得重大进步的30年。成绩取得，实属不易。如果看不到这一点，只看到版权工作存在的问题，我认为第一是不客观的，第二也无助于版权事业的进一步发展。

三、直面问题与挑战

党的十九届四中全会审议通过了《中共中央关于坚持和完善中国特色社会主义制度　推进国家治理体系和治理能力现代化若干重大问题的决定》，从13个方面总结了我国国家制度和国家治理体系的显著优势，为我们战胜前进道路上的各种风险挑战奠定了坚实基础。此次抗击新冠肺炎疫情斗争取得重大胜利，就充分展现了党的领导和我国社会主义制度的显著优势。

如何在中国特色社会主义制度框架内，推进国家治理体系和治理能力现代化，值得每个行业去思考。

就版权工作而言，在看到成绩的同时，也要清醒地认识到，我们与新形势下的发展要求、与人民的期待还有不小差距。版权工作要直面技术发展带来的新情况、新挑战，立足于我国实际，作出及时和必要的调整，在下一步工作中对差距和不足加以改进。

（一）关于当前形势的认识和判断

第一，要处理好保护与创新的关系。《著作权法》出台后，经历了以立法为主的版权法律制度建立阶段和以执法为主的版权法律实施阶段。这两个阶段的工作重点都是加强版权保护，这是由当时的主要矛盾——侵权盗版猖獗、版权保护不足所决定的。

进入新时代，版权工作的重点发生了一个很大转变：文化领域不断涌现出优秀创作、优秀作品，尊重版权成为社会风尚。我国的版权制度发展已经从以版权保护为主过渡到保护与创新并重的新阶段。那么，一提到版权首先想到的还是保护，这种惯性思维就是一个很大的问题。应该看到，保护与创新是版权工作的一体两面，在加强版权保护的同时，又能将创新成果加以推广和运用，才能形成一个良性的发展环境。

第二，要处理好与国际衔接和立足我国实际的关系。客观上讲，在《视听表演北京条约》之前，我国加入与著作权相关的国际条约大都是被动的。最具代表性的就是《与贸易有关的知识产权协定》,不签署这个协定,中国就加入不了世界贸易组织。因此,与国际规则衔接,是我们在改革开放进程中必须跨越的门槛。

在经济全球化背景下,与国际规则相衔接仍然是一种必然选择。但同时应该看到,经过30年发展,我国在某些领域已经超越国际平均水平甚至处于领先地位,比如互联网应用、大数据等,这为我国参与国际规则的制定提供了有力支撑。我们既要坚持与国际规则相衔接,也不能甘于人后,要立足我国实际、立足新时代去思考,我们在哪些领域可以实现超越和引领,积极主动地参与国际规则的制定。

第三,要厘清版权"轻"与"重"的关系。对于"轻"与"重",针对美国国会部分议员指责中美贸易逆差,全国人大常委会原副委员长成思危有过这样一个形象的对比:中国一船一船的货物拉到美国卸下来,其价值却抵不过一个装有美国微软操作系统的手提袋。

尽管人们的版权意识有了很大提高,但对于版权价值的认识还不够科学和充分。以前我们讲版权就与"轻资产"联系在一起,现在不能这么看。版权作为文化产业发展最核心的资源,我们的从业者对这个问题的认识上还要再提高一步。

(二)关于版权立法的审思

《著作权法》第三次修改进程已进入全国人大常委会审议的最后收官阶段。

我国曾经分别于2001年和2010年对《著作权法》进行过两次修改。从立法进程上看,已经滞后于时代发展变化;并且这两次修改基于特定时期的特殊背景,难免具有局限性,适应我国实际发展需要,对《著作权法》作出主动、全面、系统的调整,势在必行。

因此,业界对于《著作权法》第三次修改的呼声很高。这就要求我们面对我国版权法律制度存在的局限与不足,不能抽象地讲"大修中修小修",不能简单地讲"可修可不修的不修",这样的观念会让法律与实践脱节。

此次修法是在《著作权法》实施30年以及我国进一步扩大对外开放的背景下进行的,其核心问题是如何平衡权利和权利的使用。"利益平衡"是《著作权法》的基本精神,《著作权法》第三次修改不应回避问题和矛盾,而要从实际出发,着眼于解决现实中遇到的突出问题。在立法中把握好"度",妥善处理好创作者、传播者、使用者以及社会公众利益之间的基本平衡,就是一部良法。

《著作权法》第三次修改工作是令人期待的,从目前的进展来看有两个突出亮点:一是在指导思想上突出法律要"管用",二是着眼于抓住主要矛盾,比如在作品界定问题上强调它是智力成果,这也是很大的突破。

(三)关于版权执法的思考

进入新时代,版权工作整体上进入"鼓励创造、有效运用、依法保护、科学管理"的新阶段,版权保护已经不再是版权工作唯一的主要矛盾。但保护知识产权作为我国一项长期的战略任务,仍然需要版权执法工作进一步完善体制机制,进一步提升专业化水平,在保护创新、创造良好的发展环境方面有所作为。

加强版权执法,包括行政执法与司法保护两个层面。司法保护是我国版权保护最基本也是最强有力的法律救济手段,在版权保护中发挥着主导性作用;行政执法作为中国特色版权保护制度的一个显著特点,优势在于便捷及时、成本低、见效快。特别是在我国加入世界贸易组织之初,版权保护力度不够,行政执法可以最大限度地发挥作用。2006年查处违规光盘复制企业专项行动在很短时间内清查了18个省(自治区、直辖市)的48家光盘复制企业，这种效率只有行政执法能实现。当时的做法也符合我国作为发展中国家尚处于转型期、市场经济又不完善的实际情况。

随着市场经济越来越完善，司法保护与行政保护并行的“双轨”执法体制如何更好地作用于当下，我认为应该倡导刑事司法优先，因为其威慑力更大，执法效能更高。特别是在当前环境下，很多网络侵权服务器设在境外，网络版权执法难度较大，虽然罚款数额提高了，但行政执法力度远远不如追究刑事责任。在加强知识产权（包括版权）刑事司法方面，应当有专门的执法队伍。

无论行政执法案件还是刑事案件，都应注重案件量刑标准的平衡问题。同等情况，不能有的判得轻，有的判得重，这需要在法律的基础上建立一种平衡机制，建立案件的信息共享数据库。

此外，鉴于作品数量巨大，各类作品在使用中矛盾纠纷层出不穷，在今后相当长的一段时期内，著作权案件将是数量最大的。在这样的背景下，一方面要加强知识产权法院的建设，另一方面要加强民事纠纷调解。大量的案子在事实认定清楚的基础上，可以在法院、行政管理部门或行业组织及第三方机构的指导下进行调解。这样的做法有两个好处，一个是可以有效节约诉讼时间，降低经济成本；另一个是可以最大限度地化解矛盾，对于构建和谐社会具有重要意义。

（四）关于作品的再定义

2020年《中华人民共和国民法典》（以下简称《民法典》）的颁布，是中国法治进程中具有里程碑意义的事件，将对我国经济社会发展产生深远影响。《民法典》系统地将知识产权纳入其中，著作权在其中主要体现为“作品”两个字。对著作权而言，作品的界定极其重要，我想专门再讲一下这个问题。

1709年英国女王颁发了《为鼓励知识创作而授予作者及购买者就其已印刷成册的图书在一定时期内之权利法》（《安娜法令》），该法案第一次明确了著作权保护的主体是作者，客体是作品。这个概念非常重要，因为没有作品就没有著作权，著作权的各种权利都由此延伸而来。

随着技术的发展和时代的变迁，作品数量呈井喷式增长。以文学作品为例，20年前，我国每年出版的小说只有不到600种，而现在仅在阅文平台上生产的网络小说每年就高达600万部。再比如，现在普通公众用手机拍摄出来的作品，可以媲美20年前用专业胶片相机拍摄的摄影作品。

相比于以前作品的稀缺性，现在的作品无论从数量还是种类上看都大大超出想象。怎样定义作品？什么样的作品应该被纳入著作权保护的范畴之内？这是进入新时代，我们需要面对的一个重要问题。

目前《著作权法修正案（草案二次审议稿）》（以下简称《二审稿》）对作品的界定有了新的表述：“具有独创性并能以一定形式表现的智力成果。”这一定义强调了三个特点：具有独创性，以一定形式为载体，并且是一种智力成果。

按照这三个标准，《二审稿》对作品有了质的规定，其意义在于可以厘清海量的各类作品中，哪些能构成著作权法意义上的作品，从而把最优质的作品纳入著作权保护的客体之中。

同时这样区分的好处是，可以将纳入著作权保护的作品基于自愿原则分成两种类型：一种是需要得到许可并支付报酬的作品；另一种是不需要得到许可和支付报酬，鼓励广泛传播的作品。这种法律设定既符合权利人的诉求，也可以减少纠纷、诉讼，降低社会成本，可以说充分体现了人文精神，非常有意义。

对于创作者而言，对作品的再定义所带来的变化是，强调质量是最重要的。一件作品能否成为著作权法意义上的作品，最核心的问题不是它的篇幅多长或规模多大，而是与其他同类作品相比，是否具有独到性，是否称得上智力成果。

对于文化单位来讲，这也意味着，未来最核心的工作、最需要重视的问题是怎样获取和掌握优质版权资源，因为优质的版权资源（即作品）才是文化产业与事业发展的基础。这里需要注意的一个倾向是，不要盲目追逐所谓的大 IP，作品的价值并不是价格越高越好，成本过高是无法实现投入再生产的。应该着力关注的是如何掌握那些有潜力的新作品，就像找到"冒尖儿"的竹笋一样，挖掘到优质版权资源。

（五）关于新技术带来的新问题

著作权法诞生之时，作品只有图书一种形态。1877 年，爱迪生发明了一台能录制声音并回放的机器——留声机，通过震动原理将声音固定在留声机上，从而产生了一种新的作品形式。之后随着技术的发展，以声、光、电、磁为介质的作品日益增多，丰富了作品的形式与内容。互联网的出现，又催生了无介质但可以在网络中重复使用与阅读、观看、收听的网络作品，发展势头汹涌澎湃。

从作品的产生来看，技术始终推动着著作权法向前发展。著作权保护的主体是创作者，但是客体一直在发生变化，不仅包括影视、图书、音乐、计算机软件等版权产业的核心领域，还包括建筑外观设计、装饰品设计，甚至地毯图案等，可以说今天的著作权已经无所不在。

只要技术发展没有终止，创造没有终止，版权的法律制度就会一直处于不断的创新和突破之中。因此，对待新技术带来的新问题，应该用开放的、发展的眼光去看待，而不是轻易地去否定或下结论。从这个角度审视社会公众比较关注的话题，比如人工智能、体育赛事算不算作品，应不应该受到版权保护，我觉得一方面要遵循现行法律法规，另一方面又不能被现有的思维所局限。

社会需求与数字技术发展催生了现行的著作权的多种权利，今后也必然会催生其他的权利。如果一件作品本身是稀缺的、创新的，凝聚了人类智慧，同时又有很高的经济价值，即便不被纳入著作权保护的范畴，也肯定会有别的法律加以保护，否则鼓励创新就是一句空话。

2021 年，我国即将开启"十四五"新征程，向第二个"百年目标"进发。伟大的时代，呼唤一部与时俱进的良法。期待《著作权法》第三次修改工作尽早完成，中国版权事业将会在新的起点之上，开创新局面，取得新成就。

全国知识产权工作概况

专利、商标、集成电路布图设计、原产地地理标志及统筹协调涉外知识产权工作

一、法律事务

（一）法制建设

配合立法机关加快推进专利法修改。10 月 17 日，第十三届全国人民代表大会常务委员会第二十二次会议通过《全国人民代表大会常务委员会关于修改〈中华人民共和国专利法〉的决定》。修改后的专利法自 2021 年 6 月 1 日起施行。新修改的专利法在加强对专利权人合法权益的保护、促进专利实施和运用、完善专利授权制度等方面进行了一系列修改完善，包括建立专利侵权惩罚性赔偿制度以及提高法定赔偿额上限，以体现加强知识产权保护、鼓励创新的导向。

加快推进专利法实施细则修改工作。研究形成《专利法实施细则修改建议（征求意见稿）》，向社会公开征求意见。

研究论证商标法律制度完善工作。开展商标法及配套规章实施效果评估，围绕规制恶意注册等重点问题调研论证，为商标法律制度完善夯实基础。

持续开展规章和规范性文件制修订。《官方标志保护办法》《商标代理管理办法》《驰名商标认定和保护规定》等规章的制修订工作稳步推进。制定《商标注册档案管理办法》，于 8 月 20 日以国家知识产权局公告第 370 号发布施行。

持续开展法治政府建设。2020 年初完成《国家知识产权局 2019 年法治政府建设情况报告》，通过多种途径向社会发布。制定《规范性文件合法性审核办法》《重大行政执法决定法制审核办法》等文件，贯彻落实党中央、国务院关于法治政府建设的决策部署。开展规范性文件清理，发布国家知识产权局公告第 389 号，对 64 份规范性文件清理结果予以公布。

完善地方立法指导协调机制。围绕地方知识产权综合立法，契合地方需求，指导地方立法实践。组织法治工作交流，促进知识产权地方立法有效开展。

深入开展法制建设研究。持续推进知识产权基础性法律研究工作，围绕重点问题调研论证并完善修改草案条文。论证地理标志专门立法的必要性、可行性。

（二）审查标准与政策

持续完善专利审查标准。完成《专利审查指南》第二部分第九章涉及人工智能等新领域、新业态专利申请审查标准的解读发布工作，完成《专利审查指南》第二部分第十章涉及补交实验数据、化合物新颖性、化合物和生物领域创造性审查标准的

修改和解读发布工作。为保障新修订的专利法和配套专利法实施细则的落实，启动《专利审查指南》适应性修改工作。

不断完善相关审查政策。制定发布国家知识产权局公告第350号《关于专利、商标、集成电路布图设计受疫情影响相关期限事项的公告》和实施说明，为受新冠肺炎疫情影响的申请人提供便利化救济措施。制定印发专利质量提升工程2020年推进计划，并组织完成专利质量提升工程总体结项验收工作。做好专利和商标审查“十四五”规划研究和编制工作。

（三）行政复议和行政诉讼

2020年，收到涉及专利、商标、集成电路布图设计、原产地地理标志类行政复议申请1418件。除复审、无效案件的行政应诉案件外，国家知识产权局参加涉及专利、商标、集成电路布图设计、原产地地理标志类行政应诉一审案件共277件，其中法院新受理的一审案件238件，2019年结转案件39件。

2020年，行政相对人不服专利复审、无效案件审理机构作出的行政决定而向人民法院提起行政诉讼的案件1375件，不服商标评审机构作出的行政裁决而向人民法院提起行政诉讼的案件15 662件。

2020年，专利复审无效案件被诉率为2.5%，商标评审案件被诉率为4.36%。

二、知识产权创造

（一）专利

1. 专利申请

2020年，我国发明专利申请量为149.7万件，同比增长6.9%。其中，国内发明专利申请134.5万件，占总量的89.8%，同比增长8.1%；国外在华发明专利申请15.2万件，占总量的10.2%，同比下降3.0%。

国内发明专利申请中，职务申请121.4万件，占90.3%，同比增长6.9%。国内发明专利申请中，企业申请所占比重达到66.8%，较上年提升1.9个百分点。

2020年，我国实用新型专利申请量为292.7万件，同比增长29.0%；我国外观设计专利申请量为77.0万件，同比增长8.3%。

2. 专利审查

2020年，审结三种专利申请452万余件，同比增长20%。其中，发明专利申请结案112万件，实用新型专利申请结案263万件，外观设计专利申请结案77万件。受理三种专利优先审查案件6.3万件，其中发明专利申请5.6万件，受理的发明专利申请优先审查案件同比增长61.8%。

扎实落实《提升发明专利审查质量和审查效率专项实施方案（2019—2022年）》工作部署。坚持以审查质量为导向的周期管理机制，实施审查周期精细化管理，调配优势资源向高价值专利倾斜，稳步推进专利审查提质增效工作。2020年，发明专利平均审查周期压减至20个月，高价值专利审查周期压减至14个月。发明专利申请从开始优先审查到结案的平均周期低于6个月。

不断完善审查质量管理机制。建立局级质量评价工作组，初步形成覆盖全流程各业务类型的专利审查质量评价体系。举办专利审查检索大赛，提高第一次审查意见通知书的全面性和有效性。强化专利审查质量局内局外双监督、双评价管理工作机制，强化通过《专利合作条约》（PCT）途径提交的专利申请在国际阶段的审查质量管理，加大社会意见处理工作力度，充分发挥客服中心作用。2020年度专利审查质量用户满意度指数为85.4，连续11年保持在满意区间内。

3. 专利授权

2020年，授权发明专利53.0万件，同比增长17.1%。其中，国内发明专利授权44.1万件，占总量的83.1%。国内发明专利授权中，职务发明专利授权42.4万件，占96.2%，同比增长23.1%；非职务发明专利授权1.7万件，占3.8%，同比增长2.2%。

2020年，授权实用新型专利237.7万件，同比增长50.2%；授权外观设计专利73.2万件，同比增长31.5%。

2020年，我国发明专利授权率为47.3%。

4. 有效发明专利拥有量

截至2020年底，已授权并维持有效的发明专利拥有量为305.8万件，同比增长14.5%。其中，国内发明专利拥有量为227.9万件，占总量的74.5%，同比增长18.3%；国外在华发明专利拥有量为77.9万件，占总量的25.5%，同比增长4.6%。截至2020年底，我国每万人口发明专利拥有量(不含港澳台)达到15.8件。

5. PCT国际专利申请

2020年，受理通过PCT途径提交的国际专利申请7.2万件，同比增长18.6%。其中，6.7万件来自国内，同比增长17.9%。完成国际检索报告7.0万件，同比增长25.6%。自1994年起，累计受理通过PCT途径提交的国际专利申请44.7万件，累计完成国际检索报告40.7万件。

2020年，收到进入中国国家阶段的PCT国际专利申请10.1万件，同比增长0.8%。其中，发明专利申请10.0万件，实用新型专利申请966件。自1994年起，累计收到进入中国国家阶段的PCT国际专利申请131.2万件。

6. 专利复审与无效

2020年，受理专利复审请求5.5万件，同比下降1.2%；结案4.8万件，同比增长28.9%；专利复审案件平均结案周期为14.1个月。审结的发明专利复审案件中，撤销驳回占48.3%，维持驳回和其他方式结案占51.7%。

2020年，受理专利无效宣告请求6178件，同比增长2.7%；结案7144件，同比增长34.1%；专利无效宣告请求案件平均审查结案周期为5.9个月。审结的发明专利无效案件中，全部无效占25.3%，部分无效占14.9%，专利权维持占59.8%；审结的实用新型专利无效案件中，全部无效占39.2%，部分无效占18.2%，专利权维持占42.6%；审结的外观设计专利无效案件中，全部无效占46.0%，部分无效占1.1%，专利权维持占52.9%。

自1985年以来，累计受理专利复审请求32.5万件，结案26.6万件；累计受理专利无效宣告请求6.7万件，结案6.3万件。

当事人通过专利复审和无效宣告电子请求系统提交复审无效请求的比率保持平稳。截至2020年底，全国专利复审电子请求率达到90.13%，专利无效宣告电子请求率达到76.6%。

积极推进巡回审理工作。截至2020年底，已在广东、江苏、四川、山东、辽宁等10个省市建设了11个巡回审理庭；制定了多媒体审理庭建设规范，为各地方知识产权保护中心的多媒体审理庭建设提供指导。2020年，共有18个团队在广东、福建、山西、上海、浙江、山东、云南、湖北、江苏等9个省市巡回审理案件103件。

(二)商标

1. 商标申请

2020年，我国商标申请量为934.8万件，同比增长19.3%。其中，商标网上申请量约916.5万件，占比98.05%，比2016年提高近17个百分点。2020年，国内商标申请911.6万件，占比97.5%，同比增长20.2%；国外在华商标申请23.1万件，占比2.5%，同比下降9.4%。

2. 商标审查

2020年，完成商标注册审查878.4万件，同比增长6.4%。商标注册平均审查周期从法定审限9个月缩短至4个月，接近相同制度下国际最快水平，圆满完成《商标注册便利化改革三年攻坚计划(2018—2020年)》《“十三五”国家知识产权保护和运用规划》的既定目标。商标续展审查周期缩短至0.5个月，商标变更审查周期缩短至1个月，商标转让审查周期缩短至2个月。

积极稳妥推进商标审查审签机制改革，组织开展改革试点工作并进行试运行，为2021年全面推进商标审签机制改革作好充分准备。2020年，商标注册实质审查抽检合格率为96.7%。

打击商标恶意注册行为成效显著。从严从快打击不以使用为目的的商标恶意注册行为，在审查阶段驳回不以使用为目的的恶意商标注册申请1.6万件，不断加大对恶意抢注行为的打击力度。

3. 商标注册

2020年，我国商标注册量为576.1万件，同比下降10.1%。其中，国内商标注册557.7万件，占比96.8%，同比下降9.7%；国外在华商标注册18.4万件，占比3.2%，同比下降19.3%。2020年，我国商标初步审定率为74.1%。

4. 有效注册商标量

截至2020年底，有效注册商标量为3017.3万件，同比增长19.6%，平均每4.6个市场主体拥有一件有效商标。其中，国内有效注册商标2839.3万件，占总量的94.1%，同比增长20.6%；国外在华有效注册商标178.0万件，占总量的5.9%，同比增长6.3%。

5. 马德里商标国际注册申请

2020年，国家知识产权局收到我国申请人提交的马德里商标国际注册申请7553件，继续位列马德里联盟第三位。截至2020年底，我国申请人马德里商标国际注册累计有效量为4.4万件，同比增长15.8%。

2020年，收到指定中国的马德里商标国际注册申请5.8万件，完成审查6.3万件，审查周期同步压缩至4个月。同时，相关国际后续业务审查周期同步压缩，国际变更、国际续展审查周期控制在1个月以内，国际转让审查周期控制在1个月左右。

2020年，我国申请人提交的马德里商标国际注册申请按申请类别统计，位列前三的分别是第9类（科学仪器、计算机、数字存储媒介等）、第7类（机器、机床、马达等）和第35类（广告、商业经营、商业管理、办公事务等）。按照指定的缔约方统计，指定次数排在前三位的缔约方分别是俄罗斯、美国和越南。

2020年，我国申请人马德里商标国际注册网上申请系统使用范围进一步扩大，陆续上线马德里商标国际注册续展、指定代理人等后续业务功能，全年马德里商标国际注册网上申请比例升至94%。

6. 商标异议

2020年，受理商标异议申请13.4万件，同比减少6.5%，完成异议申请形审审核13.7万件，提前3个月实现商标异议形审审核周期压缩至3个月以内的全年目标任务。异议裁定量为14.9万件，同比增长64.7%，异议平均审查周期已压缩至14个月。2020年审结的商标异议案件中，异议成立占38.0%，部分成立占9.2%，不成立占52.8%，恶意注册在异议程序中得到有效遏制。

2020年，商标异议网上申请系统全面运行，商标异议决定书在国家知识产权局政府网站全面公开。截至2020年底，已公开决定书10万余件。

7. 商标评审

2020年，受理各类商标评审案件申请36.7万件，同比增长1.7%。其中，受理驳回复审申请29.8万件，同比减少1.3%；受理涉及双方当事人的复杂案件申请6.9万件，同比增长16.9%。审理裁定各类评审案件35.8万件，同比增长6.3%。其中，裁定驳回复审案件30.0万件，同比增长3.0%；裁定涉及双方当事人的复杂案件5.8万件，同比增长27.5%。

2020年，审结的商标驳回复审案件中，商标注册申请全部驳回占66.3%，部分驳回占9.8%，初步审定占23.9%；审结的商标无效宣告案件中，全部无效占58.6%，部分无效占12.5%，维持有效占28.9%；审结的商标撤销复审案件中，全部撤销占

48.3%，部分撤销占33.9%，维持有效占17.8%；审结的商标不予注册复审案件中，不予注册占69.7%，部分不予注册占16.0%，核准注册占14.3%。

进一步压缩评审案件审限，驳回复审案件审理周期压缩至6个月，复杂案件平均审理周期为10个月。

大力开展商标评审巡回审理。9月，首家巡回评审庭在上海商标审查协作中心设立，是深化商标注册便利化改革、严厉打击商标恶意注册行为、保障当事人合法权益、促进经济发展的重要实践。

（三）地理标志

1. 地理标志产品

2020年，受理地理标志产品保护申请10个，批准保护地理标志产品6个，核准使用地理标志产品专用标志企业1052家（含经国家知识产权局备案的省级知识产权管理部门核准使用地理标志专用标志企业531家）。截至2020年底，累计批准地理标志产品2391个，核准专用标志使用企业9479家。

2. 地理标志商标

2020年，核准注册地理标志商标765件；累计注册地理标志商标6085件，比2019年增加14.3%。

已注册地理标志商标中，用于第31类农产品、新鲜水果和蔬菜等商品的数量最多，共3101件，占所有已注册地理标志商标的51.0%；其次分别是用于第29类肉、鱼、蛋、奶等产品和用于第30类咖啡、茶、米、蜂蜜等产品，分别占比18.0%和16.8%。这充分说明地理标志主要是用于农产品及其初级加工品、中药材和茶叶等，其与农业最紧密相关。

已注册地理标志商标数量居于前五位的省份分别为山东（810件）、福建（551件）、四川（482件）、湖北（474件）和江苏（356件），该五省地理标志商标注册量占全部已注册地理标志商标数量的43.9%。

截至2020年底，共核准注册国外地理标志商标210件，同比增长8.8%。排名前三位的国家为法国（152件）、意大利（23件）、美国（14件），三国注册量占国外在华地理标志商标注册量的90%。国外在华注册地理标志数量与其本国对地理标志重视程度成正比。

（四）集成电路布图设计

2020年，集成电路布图设计登记申请1.4万件，同比增长72.8%；发证1.2万件，同比增长77.3%。自《集成电路布图设计保护条例》实施以来，共收到集成电路布图设计登记申请4.6万件，予以登记公告并发出证书共计3.9万件。

截至2020年底，累计受理20件集成电路布图设计撤销案，其中，2020年新增受理3件集成电路布图设计撤销案；累计审结7件。

三、战略实施和保护运用

（一）知识产权战略

1. 高效推进制定知识产权强国战略纲要

按照国务院知识产权战略实施工作部际联席会议（以下简称联席会议）第三次全体会议部署，联席会议办公室高效推进《知识产权强国战略纲要（2021—2035年）》（以下简称《强国战略纲要》）制定工作，形成送审稿。

开展专家咨询。组织召开知识产权强国战略纲要制定专家咨询委员会第三次全体会议，十二届全国人大常委会副委员长、专家咨询委员会主任严隽琪和相关专家出席会议，与会专家围绕《强国战略纲要》进行研讨交流，提出了有针对性的意见和建议。

开展补充专题研究。组织相关机构开展重要问题的补充专题研究，为进一步完善《强国战略纲要》提供研究支撑。

完善《强国战略纲要》。根据联席会议第四次全体会议精神和联席会议各成员单位意见，修改完善《强国战略纲要》，协调一致并完成会签后上报国务院。根据党的十九届五中全会精神和习近平总书记在中共中央政治局第二十五次集体学习时的重要讲话精神，进一步修改完善《强国战略纲要》。

2. 加大知识产权战略实施统筹协调力度

配合国务院办公厅组织召开联席会议第四次全体会议，联席会议召集人国务委员王勇主持会议，审议《强国战略纲要》草案，研究部署知识产权领域重点工作。组织联席会议成员单位和相关单位制定印发《2020年深入实施国家知识产权战略　加快建设知识产权强国推进计划》，从深化知识产权领域改革、加大知识产权保护力度、促进知识产权创造运用、深化知识产权国际交流合作、加强顶层设计和组织实施5个方面明确了2020年推进国家知识产权战略实施的100项具体措施。制定印发《2020年地方知识产权战略实施暨强国建设工作要点》，明确各地方年度战略实施重点任务。认真做好2019年战略实施工作总结，向国务院上报《2019年深入实施国家知识产权战略加快建设知识产权强国实施工作总结报告》。组织召开联席会议联络员会议，专题传达学习习近平总书记在中共中央政治局第二十五次集体学习时的重要讲话精神，研究贯彻落实工作。举办2020年国家知识产权战略实施工作研讨培训班。

3. 进一步提升知识产权战略研究和信息工作水平

加强国家知识产权战略研究基地建设，修订《国家知识产权战略实施研究基地管理办法（试行）》，批复同意在厦门大学和西南政法大学设立国家知识产权战略实施研究基地。组织开展专题和应急性研究。编发联席会议工作动态和国家知识产权战略实施研究基地信息速递。会同联席会议成员单位开展知识产权发展状况统计调查，编发《2019年中国知识产权发展状况评价报告》。打造战略信息新媒体平台，指导建设国家知识产权战略网和知识产权战略微信平台。评选2020年知识产权战略信息工作先进个人和优秀战略信息。

（二）政策研究

认真开展软科学研究工作。聚焦知识产权制度运行、战略施行、法律执行、改革推行中的重点和难点问题，新设立33项软科学研究项目。开展2019年立项课题的结题评审工作，共结题34项。组织开展第十一届全国知识产权优秀调查研究报告暨优秀软课题研究成果征集活动，共收到来自国务院相关部委、地方知识产权局、高校和科研院所等单位报送作品210篇，作品内容涉及知识产权政策制度完善、知识产权强国建设、知识产权"十四五"规划、国际热点问题研究等方面。按照有关评选标准和程序，经专家初评和评选委员会评选，共评出获奖作品45篇，其中一等奖10篇、二等奖15篇、三等奖20篇。

进一步加强政务信息工作。围绕党中央、国务院有关知识产权工作重大决策部署的贯彻落实，加快推进知识产权强国建设，深化知识产权领域"放管服"改革，全面提升知识产权创造质量、保护效果、运用效益、管理水平、服务能力和国际影响力等，及时组织编写和报送信息，为党中央、国务院掌握相关工作进展情况提供信息支持。2020年，编发《知识产权局简报》49期、《知识产权局信息》45期、《知识产权工作动态》24期。相关文章被中共中央办公厅、国务院办公厅采用23篇次，其中《知识产权局信息》第33期《〈2020年全球创新指数报告〉发布　中国名列第14位　8项细分指标排名第1》得到国家领导同志批示。

（三）知识产权保护

1. 协调推进《关于强化知识产权保护的意见》贯彻落实

会同相关部门，研究制定《2020—2021

年贯彻落实〈关于强化知识产权保护的意见〉推进计划》，并由中共中央办公厅、国务院办公厅联合印发，明确了133条工作举措，确定了两年重点任务。成立国家知识产权局落实推进计划工作领导小组，统筹推进各项任务落实。推动建立部门间沟通协调、信息报送、绩效评价和检查考核等工作机制。印发全国知识产权系统《关于强化知识产权保护的意见》分工方案。研究构建全国知识产权保护水平评估指标体系。指导各地制定配套政策，截至2020年底，推动全国29个省（区、市）印发相关政策文件。按照中央统一部署，会同中央宣传部、市场监督管理总局对31个省（区、市）党委政府以及31个中央和国家机关有关部门开展知识产权保护工作年度检查考核，组织赴北京、辽宁等八省（市）开展实地检查考核，督促各项措施落地见效。组织召开2020年全国知识产权保护工作会议，学习贯彻习近平总书记主持中共中央政治局第二十五次集体学习时发表的重要讲话精神，研究部署2021年重点工作任务，推动全面加强知识产权保护工作。

2. 持续开展全国知识产权保护社会满意度调查工作

深入了解社会各界对我国知识产权保护的感知、诉求和满意程度，形成《2019年度知识产权保护社会满意度调查报告》。积极开展2020年全国知识产权保护满意度调查。调查结果显示，“十三五”期间，知识产权保护社会满意度由72.38分提高到80.05分，满意度大幅提升。

3. 持续推进知识产权涉外纠纷应对机制建设

推动国家海外知识产权纠纷应对指导中心高效运行，设立第一批10家国家海外知识产权纠纷应对指导中心地方分中心，加强涉外纠纷应对指导。优化国家海外知识产权信息服务平台“智南针网”，持续更新重点贸易国家法律法规、动态信息和实务指引。健全境外展会知识产权维权援助机制，针对新冠肺炎疫情期间线上展会迅速建立有效应对模式。聚焦我国企业商标海外被抢注和侵权高发的突出问题，编制发布《海外重点国家商标维权指南》。

4. 扎实推进知识产权保护体系建设工作

一是推动快速协同保护机制建设。组织召开知识产权保护中心建设推进工作组第一次全体会议，形成《知识产权保护中心建设推进工作组工作规则》。印发《国家知识产权局关于进一步加强知识产权快速维权中心建设工作的通知》，明确在小商品、快速消费品等产业集聚区布局建设快速维权中心。2020年，新布局建设保护中心、快速维权中心共16家。截至2020年底，全国知识产权保护中心数量达40家，快速维权中心数量达22家。组织开展知识产权快速维权案件模拟、专利快速预审业务竞赛及知识产权快速协同保护建设培训班，提升快速协同机构业务能力。制定疫情期间保护中心考察方案，采取线上远程或视频方式对广州等地的保护中心开展考察工作。

印发《关于进一步加强知识产权维权援助工作的指导意见》，明确推动构建横纵协调、点面结合、社会共治的维权援助工作体系，实现维权援助服务全国“一张网”。推动和指导31个省（区、市）和新疆生产建设兵团制定具体实施方案。全国知识产权宣传周期间，中国知识产权维权援助线上平台上线，制作播放维权援助宣传片。截至2020年底，全国维权援助机构达1000余家，共办理维权援助申请3.3万余件，提供咨询指导服务4.3万余次。

二是加强多元化纠纷解决机制建设。与最高人民法院共同制定印发《关于建立知识产权纠纷在线诉调对接机制的通知》，指导地方开展诉调对接工作。会同司法部研究制定加强知识产权纠纷调解的意见。印发《国家知识产权局办公室关于首批能力建设知识产权仲裁调解机构试点验收工作的通知》，试点期间共受理案件 1.3 万余件，建立由 1192 名人员组成的专兼职调解员队伍，有效化解各类纠纷 6000 余件。举办全国知识产权纠纷调解工作培训班，推动地方纠纷调解工作能力提升。

三是进一步夯实知识产权领域诚信体系建设基础。印发《国家知识产权局办公室关于开展以信用为基础的分级分类监管试点申报工作的通知》，确定北京、上海等 12 个地方知识产权局为开展知识产权领域以信用为基础的分级分类监管工作试点。完成全国信用信息共享平台知识产权局子平台专家验收。举办 2020 年知识产权信用体系建设培训班和地方试点工作研讨培训班，推动地方知识产权管理部门加强信用监管意识，提高监管能力。加大对非正常专利申请和恶意商标注册申请行为的打击力度，做好有关案件的转办工作。制定发布《电子商务平台知识产权保护管理》国家标准。组织开展第五批国家级知识产权保护规范化市场认定和第二批国家级知识产权保护规范化市场续延审查工作，知识产权保护规范化市场达 118 家。

5. 持续加大知识产权行政保护业务指导力度

一是制定完善办案规范。印发《商标侵权判断标准》《专利纠纷行政调解办案指南》等多个规范性文件，统一执法标准，加强执法业务指导。

二是加强案例指导。评选发布 2019 年度专利和商标行政保护典型案例各 10 个以及首批知识产权行政执法指导案例，组织开展驰名商标认定工作，及时答复部委和地方局在专利和商标行政执法办案过程中的疑难问题。

三是加大保护力度。聚焦元旦和春节关键时段，以及“云上广交会”、中国国际进口博览会（以下简称进博会）等重点展会，组织开展执法保护专项工作。2020 年，全国办理专利侵权纠纷行政裁决案件 4.2 万件，同比增长 9.9%。健全跨部门、跨地区执法保护协作机制，指导华北五省市、江苏和上海等十二省市加强行政保护协作。

四是加强示范试点建设。确定 8 个地方作为第一批试点，开展专利侵权纠纷行政裁决示范建设工作。指导 22 家单位推进知识产权侵权纠纷检验鉴定试点工作，完成试点工作总结。

五是加强队伍建设。举办 5 期知识产权保护培训班，培训地方执法人员 460 人次。支持地方开展各类能力提升培训，累计培训 3000 余人。

6. 加快推动建立地理标志统一认定制度

改革完善相关保护管理制度，出台《地理标志专用标志使用管理办法（试行）》，统一并规范地理标志专用标志使用监管。推进《官方标志保护办法》《地理标志产品保护规定》等部门规章制修订，并向社会公开征求意见。推进《地理标志保护中的通用名称判定指南》规范性文件制定，并向社会公开征求意见。全国知识管理标准化技术委员会地理标志分技术委员会成立并召开第一次全体会议。建立“有进有出”的动态监管机制，注销 201 家企业地理标志专用标志使用资格。组织 12 个省市开展地理标志保护产品专用标志使用核准改革试点工作，并进行中期验收。组织省级知识产权管理部门开展地理标志专用标志使用监管 2020 年度报告填报。组织开展国家地理标志产品保护示范区筹建验收，建设国家地理标志产品保护示范区 24 个。助推《中华人民共和国政府与欧洲联盟地理标志保护与合作协定》正式签署。开展技术审查活动，落实中法、中泰等双边地理标志保护合作文件。

7. 加强官方标志、特殊标志和奥林匹克标志保护

完成“国家国际发展合作署标识”等 5 件官方标志的备案保护。对 2022 年第十九届亚运会活动名称、徽记等 26 件特殊标志登记予以保护。对北京 2022 年冬奥会

和冬残奥会吉祥物等7件奥林匹克标志实施保护。

(四)知识产权运用

1. 知识产权质押融资大幅提升

2020年,专利、商标质押融资达2180亿元,同比增长44%;质押项目12093个,同比增长43%。向国务院报送知识产权质押融资工作专报1篇,得到多位国务院领导同志批示。

强化政策支持和工作指导。新冠肺炎疫情发生以来,迅速印发《国家知识产权局办公室关于大力促进知识产权运用　支持打赢疫情防控阻击战的通知》。指导全国31个省级知识产权管理部门出台政策文件70余件。

优化质押登记和专利评估服务。设立质押登记"绿色通道",疫情期间为5000余家防疫抗疫相关企业提供即刻办理的加急服务;大幅提高登记效率,专利质押纸件办理压缩至3个工作日,电子化办理压缩至1个工作日。推动专利评估指引国家标准研究顺利通过国家标准委立项评估。

加强经验交流和银企对接。联合银保监会在继续落实好《中国银保监会　国家知识产权局　国家版权局关于进一步加强知识产权质押融资工作的通知》基础上,进一步遴选知识产权质押融资及保险案例,支持指导北京、浙江、湖南、广东和重庆等5个省市开展知识产权质押融资"入园惠企"工作,共举办各类活动22场,覆盖产业园区53个,参与企业和金融机构逾1600家,线上线下参与人数达47万人,现场完成知识产权质押融资签约7.1亿元。

加强工作联动和业务合作。会同国家发展改革委推进知识产权质押信息平台建设。按季度向各省通报全国专利、商标质押数据。与中国建设银行、中国人保财险等金融机构开展业务交流与合作,共同推动知识产权金融工作。

完善知识产权保险产品体系。指导有关地方和保险机构陆续推出商标被侵权损失保险、地理标志被侵权损失保险等新产品,知识产权保险产品不断丰富,形成4个险种16个产品的产品体系,涵盖知识产权创造、保护、融资及海外维权等多环节、多方面风险保障,为4295家企业提供逾206亿元风险保障。

推进金融产品创新。指导地方新增发行12单知识产权证券化产品,已形成专利许可、融资租赁、供应链、知识产权质押等多种以知识产权构建底层资产的模式,获批融资规模69亿元,实际融资33亿元。知识产权证券化被国务院列入自贸试验区改革试点经验向全国复制推广。

2. 知识产权"一窗通办"全面推进

全国共有27个省市整合设立综合窗口,统一更名为"国家知识产权局××业务受理窗口"("××"为省、自治区、直辖市或城市名),实现知识产权业务"一窗通办"和"一站式服务";全部203个市县商标窗口统一更名为"国家知识产权局商标业务××受理窗口"("××"为省、自治区、直辖市、地市、县区或自贸区、新区名)。

深入调研,制定方案。研究制定《全国专利代办处和商标受理窗口整合改革工作方案》,结合各地实际,确定"稳妥有序、统筹兼顾、分类指导、融合发展"的工作原则,分层、分类、分步开展地方业务窗口整合和更名工作。

印发通知,明确任务。研究起草《国家知识产权局关于规范地方专利商标业务窗口名称　稳步推进知识产权业务"一窗通办"的通知》,统一窗口对外名称,在省级层面推动设立综合性窗口,改革商标业务委托管理方式,取消单一商标质押登记窗口,制定全国窗口牌匾样式,对地方业务窗口整合优化工作作出系统部署,提出明确要求。

统筹推进,强化落实。通知印发后,国家知识产权局有关部门开展政策解读,加强督促指导,认真核对窗口名称和有关信息,对存在困难的地方进行深入指导和反复协调，扎实推进各项任务落实，圆满完成窗口整合更名工作。

3. 知识产权运营体系建设加力提速

不断强化业务指导。联合财政部组织召开知识产权运营服务体系建设重点城市（以下简称重点城市）线上工作交流会，省市两级相关主管部门500余人参加交流；组织编写《2020年重点城市知识产权运营服务体系建设工作指导手册》，完成20余项建设任务及相关政策文件的梳理；组织正在启动项目实施的第三批重点城市进行现场观摩学习和工作座谈；对2020年获得支持的重点城市进行“一对一”指导，新一批重点城市已全部印发建设实施方案，启动项目实施，较上一年提前近3个月时间。

严格实施绩效管理。组织开展知识产权运营服务体系建设绩效管理和结余资金清理工作，部署4类65项知识产权运营服务试点项目绩效自评工作；联合财政部完成对第二批8个重点城市的中期绩效评价，逐一进行材料评审和现场复核，并形成评价报告。

完善知识产权运营中心建设布局。支持指导江西省、中国南方电网公司、中国汽车技术研究中心有限公司、中国交通建设集团有限公司、中国中钢集团有限公司等地方和中央企业在稀土、电力新能源、汽车、节能环保、新材料等方面建设产业知识产权运营中心，支持山东、长春新区等地建设区域知识产权运营中心，以知识产权运营服务提升产业和区域创新力和竞争力。

4. 知识产权促进产业发展工作不断深入

建机制，支撑产业发展决策。在区域、行业、企业等不同层面推动建立以产业数据、专利数据为基础的产业专利导航决策机制，优化创新资源配置，提升产业创新效能，被国务院认定为第三批支持创新改革举措向全国复制推广，并在党中央、国务院围绕重点产业领域出台的近20项重大政策文件中予以部署。聚焦关键核心技术攻关的重点产业领域，组织实施专利导航项目，保障产业链、供应链安全。针对区域产业规划、企业经营研发等不同应用场景，制定出台《专利导航指南》系列国家标准7项，为导航实践提供方法和工具指引。

抓主体，夯实产业创新发展基础。联合国资委出台《关于推进中央企业知识产权工作高质量发展的指导意见》，联合教育部、科技部出台《关于提升高等学校专利质量 促进转化运用的若干意见》，联合相关部委起草科研机构知识产权高质量发展的相关政策文件，突出知识产权质量和运用导向，促进央企、高校、科研院所自主创新和知识产权能力提升，加快推进创新成果向现实生产力转化。

搭平台，促进产业竞争力提升。推动中国商用飞机有限责任公司加强知识产权工作，保护大飞机产业关键核心技术创新，提升我国民机上下游产业链、供应链水平。召开芯片产业知识产权座谈会，研究知识产权支撑芯片产业创新发展的工作举措。推进战略性新兴产业知识产权发展报告编制工作，引导产业创新资源优化配置。

5. 大力实施商标、地理标志区域品牌培育行动

强化项目引领带动。在17个中西部省份的43个国家级贫困县，深入实施21个国家地理标志运用促进工程项目，通过培育品牌、做强产业，积极探索运用知识扶贫、依靠产权致富的有效路径，已覆盖带动地理标志产业产值逾210亿元，从业贫困人口超过60万人。在项目带动下，截至2020年底全国共有21个省份开展实施地理标志运用促进工程，其中云南、甘肃、内蒙古等地专门出台省级方案，推动区域特色经济发展。

加强经验总结推广。在项目实施工作基础上，充分总结提炼成功经验做法，向国务院扶贫办报送《国家知识产权局关于实施地理标志运用促进工程 助力打赢脱贫攻坚战工作的报告》，得到扶贫办主要负责

同志批示肯定，并在国务院《扶贫信息》2020年第113期上专题刊发向全国推广。

加强商标品牌政策引导。高效完成进博会、“中国品牌日”等国家重大活动相关任务，成功举办第三届“贸易与商标品牌”论坛，凝聚商标品牌高质量发展共识。探索以商标品牌发展指数引导商标品牌战略深入实施，指导中华商标协会首次发布中国商标品牌发展指数，衡量我国各地区具有生产或服务行为的商标品牌整体发展水平，以及区域和产业公用商标品牌总体建设成效，为各地推动高质量商标品牌发展的政策制定提供参考。

6. 不断提升创新主体能力

强化质量导向。在继续落实好《国家知识产权局办公室关于规范知识产权管理体系贯标认证工作的通知》的基础上，制定印发《国家知识产权局办公室关于进一步提升企业知识产权管理体系贯标认证质量的通知》，进一步推动贯标认证工作从“重形式”到“重效果”，从“重扩面”到“促提质”，从“政府推”到“市场要”。

推动标准升级。以高质量发展为导向，以标准实施有效性为目标，兼顾与原标准的延续性，强化实施和审核的可操作性，全面优化升级《企业知识产权管理规范》国家标准内容，该标准修订已通过国家标准委立项评审。

加强服务供给。上线知识产权贯标认证学习平台，为创新主体提供公益化、便利化、规范化、全天候的贯标认证学习服务。截至2020年底，平台注册人数超4.3万人、注册企业超1.4万家、总访问量突破486万次。

做好总结提升。知识产权管理体系标准实施工作取得积极效果，针对企业、高校和科研组织的3项知识产权管理规范国家标准被国家标准委授予2020年度中国标准创新贡献奖二等奖。

7. 深入推进“蓝天”专项整治行动

组织机构开展全面自查和信用承诺。组织2.5万家知识产权代理机构和1.6万余名专利代理师完成自查并签署信用承诺书，机构依法规范经营意识有效提升。

严厉打击专利“黑代理”行为。转办专利“黑代理”线索1600余件，组织地方局逐一核查，对于证据确凿的，依法没收违法所得，并处1—5倍罚款，严厉打击“黑代理”的局面迅速形成。

快速打击非正常商标、专利申请行为。严厉打击与新冠肺炎疫情相关的非正常商标申请代理行为，其中对部分案件作出顶格处罚，有效震慑了违法代理。针对代理非正常专利申请的，以国家知识产权局名义直接集中作出10件行政处罚。持续严密监控并快速打击代理非正常专利申请行为。通过代理机构提交的非正常专利申请量连续大幅下降，相关非正常代理行为得到有效遏制。

集中治理专利代理“挂证”行为。查获涉嫌“挂证”专利代理师1600余名，限期责令整改；删除互联网“挂证”信息1.6万余条、账号500多个，“挂证”渠道被有效切断。

加大对重大案件的查办力度。直接立案查处18件重大违法代理案件，作出“双吊”代理资质、停止承接业务、撤销专利代理机构注册证等重处罚。作出机构改革后首件永久停止受理商标代理业务处罚决定，重大案件震慑效应凸显。

加强对网络知识产权服务平台的引导。组织约谈大型电商平台，共计关停涉嫌无资质专利代理商户109家，删除1221家商户的3062条商品链接。约谈大型知识产权服务网站，下架涉嫌不以使用为目的的商标转让条目170万余条，涉及各类市场主体近2500家，有效规范了线上知识产权服务。

推进加强行业自律。指导中华全国专利代理师协会、中华商标协会等各级行业协会加强行业自律，开展执业宣誓活动，修订职业道德与执业纪律规范，健全机构信用档案。

健全长效监管机制。上线专利代理信息公示系统，建立快速反应的立体化举报投诉网络，依法将相应的违法违规专利代理机构列入经营异常名录和严重违法失信名单。

8. 不断夯实知识产权强国支点

印发《推动知识产权高质量发展年度工作指引(2020)》，推动地方认真落实指引的任务部署。高标准完成与浙江、甘肃两地知识产权合作会商工作。扎实开展国家知识产权试点示范工作评估。首次在大连和无锡分别成功举办第二十一届中国专利奖颁奖大会和第二十一届中国专利奖(外观设计)颁奖大会，稳步开展第二十二届中国专利奖评选工作。

9. 积极推进展会和军民融合工作

组织做好进博会和中国国际服务贸易交易会知识产权保障工作。成功举办第十二届中国国际专利技术与产品交易会(以下简称专交会)、第十五届中国(无锡)国际设计博览会等 6 场大型展会活动。专交会线上平台入驻企业 3100 家，线上参展企业 705 家，促成交易意向超过 10 亿元。创新展会形式，形成"两展颁两奖，两奖促两展"的工作格局。联合国家国防科技工业局印发《国防科技工业知识产权转化目录(第六批)》，遴选示范效应突出的项目，涉及 730 件知识产权。联合国防知识产权局完成军民融合试点年度工作考核。

10. 以项目引导服务业发展

加强制度建设。起草《商标代理管理办法》《外国专利代理机构在华设立常驻代表机构管理办法》并征求各方意见。

顺利举行 2020 年专利代理师资格考试。全国共计 30 个考点承办考试，4.532 万人通过审核获得考试资格，比 2019 年增长 3.16%。完成专利代理师资格考试阅卷工作。

做好专利代理机构审批工作。报送关于专利代理机构执业许可审批制度改革情况的报告。在自由贸易试验区开展专利代理机构执业许可审批告知承诺改革试点。截至 2020 年底，全国专利代理机构(不含港澳台)共 3253 家，拥有专利代理师资格人数 5.309 万人，执业专利代理师 2.3193 万人。

不断促进服务业发展。印发《国家知识产权局办公室关于进一步加强知识产权服务业集聚发展区有关工作的通知》。组织开展"知识产权服务万里行"活动，各地开展活动共 7000 多项，惠及企业逾 5 万家。开展全国知识产权服务业统计调查，向社会发布调查报告。编制发布《全国专利代理行业发展状况(2019 年)》。积极稳妥推进地方开展专利代理领域扩大对外开放试点工作。

四、知识产权公共服务

(一)信息服务

1. 着力完善知识产权公共服务体系

推动形成横向联系紧密、服务相互支撑、门类功能完善的立体化、多层级的知识产权信息公共服务体系。截至 2020 年底，28 个省(区、市)和 15 个副省级城市设立了知识产权信息公共服务机构，27%的地级市设立了综合性知识产权信息公共服务机构。印发《国家知识产权信息公共服务网点备案实施办法》，推动形成中央和地方联动、各类型网点协作的"全国一盘棋"局面。稳步推进知识产权公共服务重要网点建设，不断提升知识产权公共服务可及性。先后遴选认定 4 批共计 102 家世界知识产权组织技术与创新支持中心(TISC)，实现 31 个省(区、市)全覆盖。与教育部联合遴选认定 2 批共 60 家高校国家知识产权信息服务中心，覆盖全国 80%以上的省级行政区域。与世界知识产权组织(WIPO)合作，面向 TISC 机构的相关人员举办"专利信息运用实践能力提高培训班"；面向高级人才举办"专利信息应用高级培训班"，组织领军人才开展研讨，收集专利信息工作建议与意见。印发《技术与创新支持中心

(TISC)服务能力提升指南》和《技术与创新支持中心(TISC)服务产品和服务指引》,为打造 TISC“高级版”提供规范化、制度化支撑。

2. 持续加强知识产权信息化、智能化基础设施建设

国家知识产权公共服务网(试运行版)上线,实现商标、专利、地理标志、集成电路布图设计的申请、缴费、信息查询、检索及数据下载等一站式服务,以及知识产权公共服务网点一体化、可视化展示。优化完善新一代地方专利检索及分析系统,著录项目下载项由 7 项增至 29 项,服务范围扩大至全国,高级用户每周批量下载著录项目信息最多可达 5 万条,每周可下载 1 万次,为企业创新提供有力支撑。积极推动“十三五”知识产权信息化项目立项建设,项目可行性研究报告于 2020 年 7 月经国家知识产权局党组会议审议通过,该项目所属的“十三五”市场监管信息化工程框架方案进入国家发展改革委审批阶段。

3. 不断提升知识产权信息传播利用效能

加强知识产权基础数据的统筹管理,稳步推进基础数据开放共享。形成知识产权基础信息和资源平台统筹整合方案,开发知识产权基础信息目录管理系统。编制知识产权基础信息数据规范,提升数据规范应用实施效果。商标基础数据增加到 5100 万余条,专利基础数据开放种类由 29 种增加到 34 种,数据下载带宽增加一倍,使用电子协议替代纸件协议,有效提升用户使用便利性。完成商标检索系统 TMview 项目协议签署,实现我国商标数据的首次国际交换。及时响应系统内单位的数据需求,分别向国防知识产权局、广东省知识产权保护中心、江苏省知识产权局等多家单位提供专利和商标数据。拓展知识产权信息传播利用渠道,提升传播利用效能。印发《知识产权信息公共服务工作指引》,引导公共服务体系有机协调发展。制定《知识产权基础数据利用指引》,引导各类创新主体更好利用知识产权信息。首次发布知识产权信息公共服务优秀案例,利用多种渠道广泛开展宣传推介。

4. 深入推进全国专利信息传播利用

探索专利信息传播利用课程体系建设,分级分类开展培训,全年培训人员总数超过 3800 人次。实施专利信息传播利用基地业务能力提升项目和专利信息人才能力建设项目,完成“专利挖掘实务”等 3 门课程的开发工作。实施专利信息利用能力提升项目和专利信息服务科研创新项目,完成专利预警分析、专利态势分析、侵权风险分析、专利布局报告等 26 份,建立地下空间安全施工等 6 个技术领域的专题数据库。推动大型企业完善专利布局等工作机制;总结中小型企业、高校专利信息利用工作流程,并形成针对立项、研发等环节的企业专利信息利用实务手册。

5. 进一步加大商标数据公开力度

截至 2020 年底,累计公开商标文书 100 万余件。在中国商标网定期发布商标工作情况分析、全国省市县商标主要统计数据、地方商标受理窗口和质押受理点工作情况、马德里商标国际注册申请量、《类似商品和服务区分表》以外可接受商品和服务项目名称。2020 年,网上查询系统总请求数为 100.1 亿次;日均请求数为 2743 万次,较上年同期增长 37.4%;日均系统交易量 1037.7 万次,较上年同期增长 114.2%。

(二)便利化改革

1. 持续压减知识产权审查周期

持续压减发明专利审查周期、高价值专利审查周期、商标注册平均审查周期,以及商标变更、续展业务办理时限。坚持自我加压,在落实国务院确定的压减目标任务的基础上,进一步压减全流程其他业务办理时限。专利权质押登记和专利实施许可合同备案办理期限从 5 个工作日缩短到 1—2 个工作日。

2. 大力推进商标注册、专利申请全流程网上服务

上线商标驳回复审、异议、无效宣告、撤销电子申请系统，开展商标同日申请网上抽签，网上公开商标决定书、裁定书，实现商标注册全程网上服务。实现专利费用减缴备案、专利实施许可合同备案等全程网办，推行专利电子化证书，实现专利电子申请的审批、授权全流程无纸化。截至2020年底，商标和专利电子申请率分别达到98.0%和98.8%。

3. 整合资源、优化流程，进一步提升业务办理便利化程度

设立230个地方商标受理窗口和34个专利代办处。推进专利和商标受理窗口整合，27个省（区、市）实现知识产权业务“一窗通办”。响应社会多样化需求，建立商标审查“绿色通道”，完善专利优先审查、快速审查机制，建立专利依申请延迟审查制度。在全国33个专利代办处开通专利证书自取业务。

4. 积极探索实践，便利疫情期间知识产权业务办理

发布国家知识产权局第350号公告，明确因新冠肺炎疫情影响导致专利、商标、集成电路布图设计权利丧失的，办理恢复手续时无须提交证明材料、不产生专利年费滞纳金等利民举措。同时，面向全球申请人，延缓各项法定截止时间至新冠肺炎疫情结束，切实维护当事人的合法权益。发布《市场监管总局 国家药监局 国家知识产权局支持复工复产十条》，提出对涉及防治新冠肺炎的专利申请、商标注册，依请求予以优先审查办理。支持企业开展知识产权质押融资，建立知识产权质押登记“绿色通道”，支持企业快速融资和续贷，缓解资金困难。新冠肺炎疫情期间，快速授权医药防疫相关领域商标343件、专利1756件。在专利费用减缴备案环节实行告知承诺制，疫情期间办理个人专利费用减缴备案的，因所在单位等受疫情影响未复工、无法开具年度收入证明的，仅需提交个人声明，并承诺所告知的收入情况属实，最大限度减轻当事人负担。

（三）文献出版

1. 专利文献资源

2020年，配置各类文献资源150种，其中专利资源6种，非专利资源144种，为专利审查、专利信息公共服务、宏观管理及相关研究等工作提供基础保障；保持与31个国家（地区）或组织开展专利文献交换，向6个PCT国际检索与初审单位赠予中国专利文献。

截至2020年底，累计拥有540种专利文献资源（其中11种专利文献资源同时提供全文图像和全文文本数据），包括著录项目191种、全文图像167种、全文文本83种、专题数据18种、辅助检索72种、其他类20种。著录项目覆盖104个国家（地区）或组织，全文图像覆盖103个国家（地区）或组织，全文文本覆盖36个国家（地区）或组织。国家知识产权局专利文献总量逾1.35亿件。

2. 专利文献分类

继续针对全部领域发明专利新申请同时开展IPC和CPC分类，2020年文献分类量共计488.6万件。其中，发明专利申请分类量140.8万件，实用新型专利申请分类量284.4万件，IPC再分类56.5万件，CPC再分类6.9万件。继续开展中国专利分类数据第三方数据检测，全年完成29批次的分类数据检测，有效实施了对国家知识产权局专利分类项目的质量监督。组织开展分类表和分类定义的翻译及更新工作。举办2期面向全体审查员的特定技术领域CPC分类在线培训，1800余人次参加。

3. 专利文献出版物

2020年，出版发明、实用新型和外观设计专利公报文献共515.6万件，其中发明专利公报151.7万件，发明专利授权公报53万件，实用新型专利公报237.7万

件，外观设计专利公报 73.2 万件。

利用刊物平台推广文献研究成果，编辑刊发公开出版物“专利文献研究 2020”系列，包括《专利文献研究（2020）——新冠肺炎和医疗器械Ⅰ》《专利文献研究（2020）——新冠肺炎和医疗器械Ⅱ》《专利文献研究（2020）——智能制造和先进信息通信设备》3 册，字数均为 16 万字；编辑刊发内部刊物《专利文献研究》6 期、《专利文献研究》增刊 1 期；编译刊发《国外知识产权资讯》22 期、《国外知识产权资讯专刊》6 期。

4. 文献服务

确保工作日全天一小时内反馈文献全文提交单处理进度，优先保障“高价值专利”相关文献全文提取。在新冠肺炎疫情期间及时解决文献服务系统硬件故障，开通外网服务邮箱，内外网同时接收文献全文提交单。2020 年，共为审查员提供专利文献 2435 篇，非专利文献 2.5 万篇。监测内外网数据库的访问情况，及时更新内网数据，保证各数据库的正常使用。开展多层次多领域的非专利文献资源使用培训，提升文献资源使用效能，组织各类非专利数据库培训 6 次，累计培训 1.5 万余人次；持续开展面向审查的技术动态跟踪与信息推送服务，向审查员推送 3 个领域共 8 期技术信息简报；组建第二批“提质增效青年先锋队”，在文献全文提取岗位处理午休时间的文献全文提取工作。

创新服务内容，丰富服务手段。开展在线公益讲座和答疑交流，通过电话和网络提供文献咨询和委托检索信息服务，通过网络发布公益讲座信息。2020 年，累计接待来访公众 14 名，处理来电咨询 1100 条，网络咨询台答疑 293 条，“专利文献众享”微信公众号共发布信息 93 条，公益讲座微信群答疑 875 次，提供专利文献 1799 件。推动知识产权文化展厅建设，全面系统展示中华人民共和国成立以来知识产权事业的发展历程和辉煌成就。

开展公益讲座，落实《关于强化知识产权保护的意见》中关于开展海外知识产权纠纷应对指导的要求，提升创新主体在海外开展专利申请布局实务技能，助力疫情防控和打赢专利审查提质增效攻坚战。协助推进知识产权普法宣传，围绕“美国 337 调查应对实务”“专利文献信息助力抗击新型冠状病毒肺炎”“PCT 国际专利申请进入海外国家阶段实务”“新业态、新领域专利审查规则”“中国地理标志法律制度介绍”等主题，2020 年累计举办公益讲座 23 个专题 71 门课程。来自国内外的社会公众 8 万人次通过网络课堂参加了公益讲座直播，较 2019 年同期增长 64.9%。讲座视频点播点击量 7.9 万次，较 2019 年同期增长 107.9%。来自 18 个国家或地区 1294 人次境外用户参与讲座直播。

五、宣传、人才培养和学术活动

（一）宣传

1. 推进重点工作，促进宣传工作高质量发展

围绕《市场监管总局　国家药监局国家知识产权局支持复工复产十条》《国家知识产权局办公室关于大力促进知识产权运用　支持打赢疫情防控阻击战的通知》等知识产权助力疫情防控重要工作举措，组织开展集中宣传，编报专门简报 37 期。加大意识形态工作责任制落实，及时制修订新闻宣传工作管理办法、政务新媒体管理办法等规章制度文件，加强对相关工作的规范化管理。指导国家知识产权局属媒体加强知识产权话语体系构建，组织“一报四刊”开展报纸期刊质量管理抽查工作，提升报纸期刊传播力、影响力、公信力、引导力。开展知识产权助力脱贫攻坚专项宣传，策划境内外媒体赴国家知识产权局定点扶贫区县湖南省桑植县专题采访活动，联合中央广播电视总台摄制知识产权扶贫专题纪录片。

2. 加强信息发布，宣传知识产权工作成效

2020 年，围绕知识产权重要政策发

布、重点工作开展、重大活动举办等举行新闻发布会(吹风会)10场，场均邀请40家中外媒体参加，圆满完成“4・2・1+N”年度例行信息发布工作任务。制定专门宣传方案，组织开展专题宣传。组织中央主流媒体赴安徽、湖南开展“知识产权　竞争未来”主题采访活动，宣传地方在知识产权精准扶贫、高价值专利转化运用等方面的典型案例与优秀经验。持续开展“蓝天”专项行动宣传报道，通过在国家知识产权局政府网站、国家知识产权政务微信公众号、国家知识产权政务抖音号及《中国知识产权报》开设专栏等形式，广泛宣传各地集中整治情况。组织媒体围绕“商标注册便利化改革”开展专题宣传报道。

3. 举办主题活动，传播知识产权文化

会同市场监管总局联合中央宣传部等共20个部委举办2020年全国知识产权宣传周活动。围绕“知识产权与健康中国”主题，充分发挥互联网传播优势，主要活动“云上”举办，开展了数千场精彩纷呈的知识产权宣传活动，相关报道累计超2.5万篇，同比增长86%。微博、抖音等新媒体平台上，公众参与知识产权话题互动总量超12亿次。继续联合国家广播电视总局举办第三届知识产权公益广告作品征集活动，收到企业、高等院校等机构报送的电视广播作品205部，并通过公众投票评选等形式吸引社会公众广泛关注和参与。

4. 重视舆情引导，营造良好舆论氛围

加强对知识产权领域突发舆情的监测处置与应对，实现监测范围境内境外全覆盖。先后对打击“雷神山”“火神山”等商标非正常申请、“陈薇院士团队与康希诺生物联合申报疫苗专利申请获授权”等舆论焦点进行引导处置，为新冠肺炎疫情防控营造良好舆论氛围。2020年编报舆情日报、周报以及境外舆情月报、手机舆情快报等各类舆情报告536期，结合工作需要编报疫情相关舆情专报31期，编报巡视工作相关舆情专报69期。

5. 深化平台建设，促进媒体融合发展

拓展知识产权宣传渠道，开通国家知识产权局政务抖音号，累计发布宣传视频超百条。全国知识产权宣传周期间，在抖音平台发起“知识产权与健康中国”话题，相关视频浏览量达7.3亿次。国家知识产权局政务微信公众号加强政务信息发布，于2020年初开通“一日多发”功能，全年累计推送信息1100余条，关注人数达27.6万人，同比增长近40%。在《中国日报(海外版)》推出“知识产权周刊”，成为重要的知识产权对外宣传平台。继续联合人民网、中国科技网、科学网分别建设“知识产权频道”，委托《中国知识产权报》出版“双语周刊”。

6. 加强队伍建设，夯实宣传教育基础

举办2020年全国知识产权宣传工作培训班、中央主流媒体知识产权宣传报道工作培训班，围绕坚定文化自信、加强对外宣传、新媒体融合发展等主题，培训有关人员近200人次。深入推进中小学知识产权普及教育，在内蒙古、四川、上海举办3期全国中小学知识产权教育培训班，累计培训中小学知识产权师资近600人次。

(二)人才培养

1. 全国知识产权人才工作

加强知识产权人才工作顶层设计。科学谋划未来五年知识产权人才队伍发展，开展《知识产权人才“十四五”规划》编制工作，制定工作方案，组织全国知识产权领域专家和局内部门，成立编制工作组，开展规划起草工作。组织国家知识产权专家咨询委员会委员、知名专家、行政管理和企事业知识产权人员等200余人次，召开局内外研讨会，广泛听取社会各界意见和建议，形成规划草稿。

开展地方知识产权行政管理人员轮训工作。根据地方需求，统筹做好轮训计划制定工作，在2020年培训计划中专门设置行政管理人员轮训项目，开展大规模轮训活动。轮训过程中，做好科学防控，通过线上线下相结合的方式，开展轮训项目超过50期，培训超过1.2万人次，其中网络在线培训参与人数约9000人次，录制知识产权远程精品课程10门。开展线上培训，助力抗击新冠肺炎疫情，印发《国家知识产权局办公室关于在新冠肺炎疫情防控期间开展网络在线培训的通知》。

推进知识产权人才建设助力脱贫攻坚。印发关于加强定点扶贫地区相关人员培训工作的通知，克服疫情影响等困难，推进脱贫攻坚、智力帮扶，面向定点扶贫地区提供免费知识产权培训。组织贫困地区人员分批赴上海、广东等地参加培训，开通中国知识产权远程教育平台扶贫学习专区，为贫困地区基层干部、专业技术人员等学习提供便利。开展扶贫地区乡村基层治理与知识产权能力提升专题项目，支持定点扶贫地区基层干部赴经济发达地区学习交流。

大力加强知识产权亟须人才培养。制定印发《2020年全国知识产权人才专业能力提升培训计划》，创新人才培养模式，举办各类培训近170期，培训2.1万余人次。选派优秀师资赴地方授课，加强知识产权保护、知识产权运营，专利、商标、地理标志等政策宣讲和业务培训。举办国家知识产权培训基地建设研讨班。落实国家专业技术人才知识更新工程，举办PCT实务与申请策略、高价值专利培育及运营高级研修班。把握形势需要，对标知识产权国际保护，加强国际化人才培养，举办国际贸易知识产权风险防范实务人才培训班、“一带一路”背景下企业“走出去”知识产权战略研修班等，积极选派人员参加中长期、短期出国(境)培训项目以及各类奖学金项目等。

全方位提高知识产权咨询水平，成立第四届国家知识产权专家咨询委员会。专家咨询委员会规模由第三届30人扩大至55人，委员结构进一步优化。举办专家咨询委员会高级研讨班，围绕知识产权事业发展中的战略性、全局性和关键性议题开展研讨，努力破解改革和发展中的矛盾和问题。

依托中国知识产权培训中心及其远程教育平台开展知识产权培训，2020年共培训约24.2万人次。其中，举办面授培训班20期，培训人员1500余人；举办线上培训班920余期，培训人员24万余人；远程教育平台新开设子平台3个，累计23个；新开设分站28个，累计209个；新上线课程118门，累计440门；新注册用户15万余人，累计113万余人。行政管理人员轮训班开设线上课程120门，参训学员9.2万人次。WIPO远程教育中文平台全年开设28期培训班，培训2.9万人次，同比增长4.2%。其中，初级课程开设培训班26期，培训2.3万人次；高级课程开设培训班2期，培训6052人次。

积极落实知识产权职称制度改革，组织专家组配合完成考试大纲、教材编写以及命题、审题等工作，全国累计2万余人报考首届知识产权专业职称考试，实现了我国知识产权专业技术资格考试从“0”到“1”的突破。

同时，为确保新冠肺炎疫情期间中国知识产权研究会会员服务“不打折扣”，及时创建线上培训平台，2020年线上开展各类知识产权实务培训10期，培训人数超过2000人次。培训内容涵盖知识产权侵权诉讼与审判实务、高质量专利申请文件撰写与申请策略全流程解析、专利预警与分析实务等内容。

2. 干部教育培训和挂职实践锻炼工作

2020年，共统筹安排局领导2人次、司级领导16人次参加中央组织部干部调训和专题研修。结合疫情防控要求，创新采用线上模式，组织司级领导干部125人次完成以“深入学习习近平新时代中国特色社会主义思想”为主题的司级领导干部能力建设培训班。开展处级以上领导干部学习贯彻党的十九届四中全会和五中全会精神培训，实现处级以上领导干部全覆盖。

2020年，共选派挂职和实践锻炼干部137名，其中选派5名干部参加脱贫攻坚、援疆和“博士服务团”等挂职项目。向知识产权保护中心、专利导航产业发展试验区、国家实验室等重点创新主体派出知识产权专员24人。

3. 局内人才培养工作

开展知识产权人才“十四五”规划基础课题研究，明确“十四五”期间人才工作应着眼于发挥培养锻炼平台和工作业绩展示平台的“双平台”作用，为干部职工成长给予充分的路径支持和条件保障，进一步加强人才工作与职务、职级和职称晋升工作的融合，搭建专项工作实践锻炼平台和人才发展研究平台——人才培养“双平台”。

注重加强全局人才工作统筹。一是以《国家知识产权局贯彻落实〈知识产权人才“十三五”规划〉行动计划》为抓手，于2020年初制定该行动计划的年度主要工作实施计划和全局人才教育培训工作计划，年中有效督办，年终报送计划完成情况。二是制发2020年人才工作情况通报，通过及时向各部门单位通报人才工作的最新进展，落实各部门单位在人才培养使用方面的主要责任。

组织开展中高端人才结业考核工作，共有637名中高端人才顺利结业，其中第二批领军人才34名、第五批高层次人才74名、第五批骨干人才529名。在培养期间，第二批领军人才主持参与国家知识产权局党组重点工作人均7.5项、部门重点工作人均14.6项；第五批高层次人才主持参与国家知识产权局党组重点工作人均2.9项、部门重点工作人均12.3项。

探索在新冠肺炎疫情防控背景下创新人才培养工作的方式方法，积极应对疫情影响。提前研判疫情发展，制定疫情下平台课题立项评审会举办方案、专业技术实践方案、骨干人才在线培训工作预案等。首次举办骨干人才网络培训，采用“腾讯会议”方式，降低疫情对面授培训的影响；加大国家知识产权局“云课堂”培训力度，学习人次达到历史新高。截至2020年底，共举办培训项目8个、16个班次。举办中高端人才知识产权强国建设专题讲座3次，委托培训项目1个、3个班次，累计培训2300余人次。

与北京知识产权法院联合开展人才培养工作，从专利局各审查部门和审协北京中心、河南中心共选拔28名技术调查官赴北京知识产权法院开展技术调查工作，拓宽人才培养渠道，提升人才法律素养。

全面加强新专利审查员培训统筹管理。推进新审查员入职培训标准统一，以“统一培训课程、统一授课师资、统一考试模式、统一颁发证书”为抓手，全面规范新审查员入职培训。发布2020年专利局新审查员人员入职调整方案。统筹完成2217名新审查员培训，其中专利局102人，各专利审查协作中心2115人。

组织专家修订28门新专利审查员培训课程课件，增加检索实际操作和案例练习课程时间，对检索操作相关9门课程进行重新梳理和教学设计，重新开发“智能辅助检索系统”课程。持续建设培训考试题库，印发专利局新入职人员考试组织实施办法，将考试组织权限下放至各审协中心，重点加强考试结果分析、反馈和利用，2020年组织测试/考试213场，参加人数共计1万余人次。

印发《关于开展新审查员在岗培训工作的指导意见(2020年修订)》，顺利完成4期新专利审查员在岗培训，培训学员199人次。印发《计算机检索高级教程》，稳步推进《发明专利审查基础教程・审查分册》修订工作。积极扩充国家知识产权局培训综合管理系统(SIPOLeMS)在线课程资源。各专利审查部门共举办各类培训1000余期。

着力加强京外审协中心骨干师资培养。根据《国家知识产权局专利局审查业务培训局级师资认证管理办法(试行)》等相关文件及工作流程，继续开展审查业务培训师资库建设工作。组织开展局级师资认证评审工作2次，评审认证局级师资85名，补充认证局级后备教师140名。制定印发《京外审协中心新审查员培训骨干师资培养方案》，为京外审协中心培养骨干教师27名、骨干导师117名。按技术领域组建7个局级专利实审新审查员导师工作组，组织编写《新审查员在岗培训指导工作手册》。举办骨干教师能力提升班3期，培训学员96人次；举办导师在线培训班1期、线下培训班1期，培训各中心导师600余人次。

加强外语培训班管理，提高外语培训服务重点工作能力。举办各部门外语培训班，提升基础人才外文文献阅读能力，共计142人参训；举办第二期高级在线英语培训提升班、第十四期在线高级英语培训班及第二期中级在线英语培训班，共计300人参训；举办第十六期北京语言大学脱产高级外语培训班，共计32人参训；举办小语种人才法语及德语高级研修班(B1级)，共计16人参训。

开展实践基地工作汇编，促进实践基地管理工作体系化。一是完成实践基地实践企业汇编工作，形成各基地企业汇编18份，总字数30万余字，汇编企业400余家。二是修订企业专利实务课程，内容涵盖专利创造类的专利挖掘实战、审查意见通知书答复实战、PCT专利申请概述等多个类别，更新演示文稿(PPT)1000余页，教案30万余字。三是编制实践基地工作手册，汇总相关管理办法、通知、计划、文件30余份，总字数近10万字。

4. 涉外培训工作

统筹做好疫情防控和2019年度国家留学基金管理委员会(以下简称留学基金委)国家公派留学项目16名派出人员的管理与服务工作，完成2020年度留学基金委国家公派留学项目人员选派工作，9人获国家公派留学资格。与留学基金委签订新的3年国家公派留学项目合作协议(2020—2022年)。制发《国家知识产权局关于国家留学基金管理委员会资助的国家公派留学项目管理暂行办法》。

举办2020年度智力引进政策及管理培训班，全局30多个部门(单位)负责智力引进工作的人员参训。

增补国家知识产权局涉外教师11人。积极应对全球新冠肺炎疫情的影响，组织涉外教师23人次为海湾阿拉伯国家合作委员会(GCC)审查员培训班、“一带一路”知识产权培训班等4期涉外培训班开展线上视频授课。举办涉外教师职业素养提升培训班，60名涉外教师参训。

(三)学术活动

开展知识产权高端复合型人才培养理论与实践探索、农业行业技术转移转化培训内容研究、商标诉讼教程、知识产权入门教程研究与设计等教学研究工作。线上举办中日韩知识产权培训机构领导会议。举办第六届知识产权金融与司法研讨班。在“2020知识产权上地论坛”举办“面向高质量发展的知识产权制度建设”研讨会。与日本工业所有权情报研修馆合作开发完成技术转移和中小学知识产权主题教学资料。引进6门中韩企业互培线上培训课程。引进美国卡多佐法学院知识产权在线学位课程。

国家知识产权局知识产权发展研究中心编写《2019年中国知识产权发展状况评价报告》。承办“2020中国工业互联网高质量发展高峰论坛”。编写《中国电子商务知识产权发展研究报告(2020)》，首次提出“法治护航、平台治理、社会共治、智慧之治”的“四治”理念，丰富了“电商抗疫、强化保护、直击难题、探索标准、跨境治理”的“五维”视角。

中国知识产权研究会创办首届“中国知识产权学术年会”，以“知识产权与高质量发展暨纪念专利法实施三十五周年”为主题，邀请政府有关部门、科研院所、知识产权服务机构等300余位代表现场参加会议。以线上方式举办“2020中日韩知识产权国际学术研讨会”。

六、港澳台交流

（一）与香港特区、澳门特区交流

积极推动香港特区、澳门特区知识产权事业发展，支持粤港澳大湾区建设，充分发挥特区在知识产权强国建设中的作用。

继续为香港特区新专利制度实施提供支持。12月，申长雨局长为第十届亚洲知识产权营商论坛作视频致辞。

进一步加强与澳门特区知识产权交流。6月，与澳门经济局签署《国家知识产权局和澳门特别行政区政府经济局关于深化在知识产权领域交流合作的安排》。深化与澳门特区在知识产权数据交换领域合作，持续为在澳门特区提交的发明和实用新型专利提供检索和审查技术协助。

（二）与台湾地区交流

稳妥推进两岸知识产权交流，加深两岸在知识产权领域的理解与合作，切实维护两岸同胞的知识产权合法权益。继续与台湾地区开展优先权数据交换。

七、国际合作

（一）积极开展抗疫知识产权国际合作

2020年，为应对新冠肺炎疫情对国际合作工作的影响，国家知识产权局创新工作方式，通过线上会议等方式，举办和参与一系列重要多边、双边会谈和国际会议，与国外知识产权机构发布多份涉疫情联合声明，在国际上积极分享中国抗疫和知识产权保护经验和成果，提出中国应对疫情知识产权主张。

与国外知识产权机构就确保疫情期间知识产权服务体系有序运转保持沟通，整理并发布50多个国外知识产权机构对申请人实施的临时政策和救济措施。向全球93个国家和组织通报国家知识产权局《关于专利、商标、集成电路布图设计受疫情影响相关期限事项的公告》，推动“新型冠状病毒感染肺炎防疫专利信息共享平台”英文版上线，切实保护国内外知识产权权利人的权益。

（二）积极参与WIPO事务和推动知识产权国际规则调整

1. 积极参与知识产权全球治理

推荐中国候选人参加WIPO总干事竞选，为WIPO发展贡献中国智慧。通过远程方式深度参与WIPO、UPOV和WTO/TRIPS理事会等平台上各议题讨论。申长雨局长5次出席WIPO总干事召集的知识产权局局长视频会议，与各方就WIPO应对疫情相关举措和建议进行沟通。申长雨局长出席WIPO成员国大会、国际保护知识产权协会（AIPPI）世界知识产权大会特别会议和G20系列活动期间召开的世界知识产权挑战论坛等重要会议，介绍中国抗击新冠肺炎疫情成就、国家知识产权局抗疫举措和成果，提出发挥知识产权独特优势、促进全球创新和经济复苏的倡议。派员在WTO/TRIPS理事会会议上介绍“新型冠状病毒感染肺炎防疫专利信息共享平台”。2020年，首个在中国签署并以中国城市命名的知识产权国际条约《视听表演北京条约》正式生效。

2. 继续深化与WIPO合作

5月，国家知识产权局代表中国政府与WIPO续签关于加强“一带一路”知识产权合作的协议。12月，申长雨局长与WIPO总干事邓鸿森举行视频会谈，就双方合作、WIPO知识产权服务体系在华推广与使用等议题深入交换意见。

稳步推进中国加入《工业品外观设计国际注册海牙协定》准备工作。继续推动在国际专利分类、自动化、中国专利金奖颁发等领域与WIPO开展合作交流。积极参与PCT平台业务讨论，顺利推进国家知识产权局首个审查业务提案“促进PCT国际检索报告和书面意见改进的建议”。积极推进与 WIPO 合作在华建设技术与创新支持中心（TISC），截至 2020 年底，已建设 4 批共 102 家 TISC，其中 51 家已挂牌运行。持续推动中国国内商品服务项目名称纳入 WIPO 马德里商品和服务数据库，截至 2020 年底，共有 1002 项中国国内商品和服务项目名称入库。

（三）参加政府间机制性对话和磋商谈判

参与中美第一阶段经贸协议、《区域全面经济伙伴关系协定》（RCEP）、中欧地理标志保护与合作协定磋商与签署。参与中日韩、中国—挪威、中国—以色列、中国—秘鲁自贸区知识产权章节部分谈判磋商。做好中日创新合作机制第二次会议相关工作。参加中欧经贸高层对话、第七次中法高级别经济财金对话、中意政府委员会联席会议等机制性对话磋商。

（四）推动“一带一路”知识产权国际合作务实发展

2020—2021 学年度“一带一路”硕士学位教育项目新招录的 46 名学员采用线上方式开展学习。成功举办“一带一路”在线培训班，来自沿线 23 个国家知识产权机构的 59 人参加在线培训。完成发明专利、外观设计、商标审批流程对比研究。完成“一带一路”国际合作需求调研并形成调查报告。

（五）继续深化小多边知识产权合作

1. 中美欧日韩五局合作

7 月，首次以线上形式成功主办第十三次中美欧日韩知识产权五局合作局长会议。会议通过《2020 年中美欧日韩五局合作局长联合声明》。会议还通过了五局合作线上会议模式指南。五局局长就新冠肺炎疫情战略性应对进行了讨论，听取了五局在促进新兴技术和人工智能领域合作、强化专利审查程序和实践协调、加强工作共享、提高审查的质量和效率，以及进一步提升专利信息服务可及性等方面所取得的进展，批准了下一步工作安排，继续保持了五局合作的连续性和合作势头。

10 月 26—28 日，参加商标五局（TM5）年度会议，会议讨论了 16 个现有合作项目的进展和下一步工作安排，并通过了新的合作项目。来自 5 个国家或地区的公司和商标代理机构代表线上参加会议“用户环节”，并积极与五局互动。10 月 29—30 日，参加外观设计五局（ID5）年度会议。会议对正在开展的 8 个合作项目进行了讨论，通过了 5 个新项目提案以及虚拟会议规程。会后，五局共同发布了外观设计五局合作联合声明和商标五局合作联合声明。

2. 金砖国家知识产权合作

8 月，申长雨局长出席以视频会议形式召开的第十二届金砖国家知识产权局局长会议。金砖五局局长重点围绕各局为降低新冠肺炎疫情影响所采取的措施和疫情期间的药物专利授权进行交流和讨论，并就进一步加强数字化相关合作达成共识。

3. 中日韩知识产权合作

与日韩两局在包括专利审查、外观设计、自动化、复审和商标等领域的双边合作项目进展良好，通过视频会议和邮件方式推动项目深入开展。

11—12 月，申长雨局长参加线上召开的第二十七次中日知识产权局局长会议、第二十次中日韩知识产权局局长会议及第二十六次中韩知识产权局局长会议，并分别签署 3 份会谈纪要，就后疫情时代继续推动中日韩三边和中日、中韩双边合作达成共识。申长雨局长在韩国特许厅主办的第八届中日韩知识产权用户研讨会上作视频致辞，国家知识产权局派专家就中国知识产权法律制度最新发展情况进行发言，向三国产业界介绍中国专利法第四次修改的最新情况。

4. 中国—东盟及中蒙俄知识产权合作

9 月，申长雨局长参加线上召开的第

十一届中国—东盟知识产权局局长会议，审议通过中国—东盟2020—2021年度合作计划。申长雨局长为第八届中蒙俄知识产权研讨会作视频致辞，国家知识产权局代表参加研讨会并就外观设计领域最新发展进行交流。

(六)双边合作

1. 与欧洲专利局、欧盟知识产权局交流合作

进一步加强与欧洲专利局(EPO)和欧盟知识产权局(EUIPO)的战略合作伙伴关系，全面推进务实合作项目。

6月，申长雨局长与EPO局长坎普诺斯召开视频会议，会后两局发布了关于共同应对新冠肺炎疫情的联合声明。12月，第十四次中欧两局局长会议在线举行，会上签署了两局2021年度合作计划、数据交换协议及EPOQUENet相关协议。2020年，双方在审查质量提升、自动化、联合专利分类(CPC)、专利信息、文献资源管理、复审等领域召开视频会议20余次。12月1日，两局启动专利合作条约(PCT)国际检索单位试点项目。根据该项目，中国申请人提交的英文PCT国际申请可以选择欧洲专利局作为国际检索单位。

9月，申长雨局长与EUIPO局长阿尔尚博举行视频会议，就新冠肺炎疫情期间各自工作进展、双边合作及商标和外观设计五局合作等议题深入交流，双方签署商标信息交换协议和2021年度双边合作工作计划。

2. 与欧洲国家交流合作

2月，申长雨局长分别与葡萄牙工业产权局局长、瑞士联邦知识产权局局长举行电话会议，就新冠肺炎疫情的影响与应对措施、双边合作等议题交换意见。10月，申长雨局长与俄罗斯联邦知识产权局局长召开视频会议，就两局合作及WIPO相关事宜深入交流，并签署升级版合作谅解备忘录。11月，申长雨局长与英国知识产权局局长召开中英局长视频会议，就两局未来合作、中英知识产权研讨会等进行了深入交流，并签署两局年度合作计划。

与法国农业和食品部、法国国家原产地和质量管理局签署2020年工作计划。与匈牙利知识产权局签署升级版合作谅解备忘录，开展中波(兰)两局联络员机制试点项目。

3. 与周边及亚洲国家交流合作

2月，申长雨局长分别与越南科技部副部长和马来西亚知识产权局副局长举行电话会议。7—8月，申长雨局长与新加坡知识产权局两任局长举行电话会议，就加强合作达成共识；在线参加新加坡举办的2020年知识产权周活动并作主旨发言，介绍中国在抗击新冠肺炎疫情、促进经济复苏和增长方面的知识产权工作经验。10月，申长雨局长与沙特阿拉伯知识产权局首席执行官举行视频会议。为海湾阿拉伯国家合作委员会专利局6名审查员提供线上审查案例培训。稳步推进与泰国知识产权厅在地理标志领域的合作项目。

4. 与北美和拉美国家交流合作

积极落实中美经贸磋商第一阶段协议知识产权条款。推动与美国专利商标局在专利、商标、自动化等领域深化业务合作，以线上形式举行两局年度自动化专家组会议、2次医药专利领域专家交流会、商标专家交流会和商标保护研讨会。

与智利工业产权局举行两局局长视频会议。举办拉美地区知识产权线上培训班，来自巴西、厄瓜多尔、哥斯达黎加、秘鲁、墨西哥5个国家的16名知识产权官员参加了培训。

5. 与非洲国家交流合作

申长雨局长为非洲地区知识产权组织(ARIPO)行政理事会第四十次会议致贺信，为非洲知识产权组织(OAPI)行政理事会第六十六次会议作视频致辞。与ARIPO就开展专利审查高速路(PPH)合作开展多轮磋商，就实质性问题初步达成

一致。

举办非洲地区知识产权线上培训班，来自OAPI以及埃及、南非、摩洛哥、尼日利亚、安哥拉、阿尔及利亚6个国家的38名知识产权官员参加了培训。

6. 与大洋洲国家交流合作

9月，申长雨局长与澳大利亚知识产权局局长召开视频会议，就新冠肺炎疫情的影响与应对措施、双边合作等议题交换意见。召开中澳两局商标专家视频会议，与新西兰知识产权局开展PPH合作协议磋商。

（七）知识产权业务合作

PPH合作网络不断拓展。启动与挪威、沙特的PPH试点项目，与巴西签署新版PPH合作协议，延长与马来西亚、捷克、智利的试点项目，知识产权五局（IP5）PPH试点项目顺利延长三年。与国家知识产权局签署PPH合作协议的合作方增至30个，其中包括16个"一带一路"沿线国家或地区，已启动的PPH试点项目增至29项。

工作共享类项目平稳推进。PCT协作式检索和审查（PCT CS&E）试点和中韩联合检索试点（CSP）项目顺利结束业务运行阶段，试点评估工作有序启动。

审查业务交流持续开展。召开中欧双边视频会议，专家就审查质量管理和新兴技术领域审查业务规则等内容开展深入交流。在线开展中日审查员互派项目第一阶段交流，成效显著。

专利文献合作稳步推进。积极参与国际专利分类修订，推动国家知识产权局3项分类修订提案获得WIPO审议通过。在知识产权五局合作平台提出11项分类修订提案，并有1项新兴技术领域分类修订提案推进至WIPO平台进行审议。召开中欧文献资源管理、专利信息服务、联合专利分类（CPC）实施小组等双边视频工作会议。举办3次中欧CPC在线培训，近120位分类员与实审员参加培训交流。

（八）与知识产权业界和相关机构的交流

继续与全球知识产权业界和产业界开展沟通交流。会见阿斯利康制药有限公司全球执行副总裁。接待美商普世国际有限公司、康宁公司等美国企业来访，了解美国企业对我国知识产权保护的诉求。出席国际商标协会2020年年会、国际知识产权律师联合会（FICPI）执委会会议、韩国专利信息年会、欧洲专利信息年会等知识产权国际会议。

八、专题

（一）知识产权服务疫情防控

面对突如其来的新冠肺炎疫情，全国知识产权系统干部职工积极发挥知识产权优势，助力疫情防控科研攻关，全面落实"六稳""六保"任务，助力复工复产。

2月15日，市场监管总局、国家药监局、国家知识产权局共同发布支持复工复产的政策措施，对涉及防治新冠肺炎的专利申请、商标注册，依请求予以优先审查办理；支持企业开展知识产权质押融资，建立知识产权质押登记"绿色通道"，支持企业快速融资和续贷，缓解资金困难。同时，国家知识产权局还开通了"新型冠状病毒感染肺炎防疫专利信息共享平台"，编报《抗击新型冠状病毒肺炎专利信息研报》《新型冠状病毒肺炎防治用中药专利情报》《新型冠状病毒肺炎防护医用口罩专利情报》，提供翔实的数据和专利情报分析。

新冠肺炎疫情防控期间，国家知识产权局密切关注与疫情相关的非正常商标注册申请，采取严格管控排查、依法依规驳回、及时通报信息、强化行业监管等举措，坚决打击涉嫌违背社会主义道德、产生不良影响的商标抢注行为；加大舆论引导，在"火神山""雷神山"等涉疫商标管控处置阶段性进展等关键时间节点，开展5轮次宣传报道，有效回应社会关切；就疫苗专利等热点舆情及专利授权信息，协调中央媒体进行回应，同时加大对知识产权专业知识的普及力度。

(二)知识产权助力脱贫攻坚

在决战决胜脱贫攻坚工作中，国家知识产权局深入学习贯彻习近平总书记关于扶贫工作的重要指示批示，认真贯彻落实党中央、国务院决策部署，充分发挥知识产权的独特优势，助力精准扶贫，通过专利技术强农、商标品牌富农、地理标志兴农，探索出将知识产权与脱贫攻坚和乡村振兴相融合、共发展的有效路径。

在助推专利技术强农方面，上线知识产权信息服务工具，与 WIPO 共建在华技术与创新支持中心，开展“专利信息对接精准扶贫”等帮扶项目，为贫困地区获取知识产权信息资源、开展信息利用等提供便利。

在发挥地理标志制度优势方面，指导各地切实推进“培育一个品牌，做强一个产业，造福一方百姓”，取得积极成效。在审查保护上，打造地理标志产品认定及地理标志申请审查的“绿色通道”；在推广运用上，在 17 个中西部省份的 43 个国家级贫困县，深入实施 21 个地理标志运用促进工程项目。

在助力定点帮扶区县脱贫摘帽方面，知识产权扶贫新路径在湖南桑植和河北崇礼得到有效实践：桑植提出打造知识产权精准扶贫世界样本的目标；崇礼在运用知识产权脱贫摘帽的同时，也全面加强冬奥会方面的知识产权保护。

供稿：国家知识产权局办公室

版权工作

2020 年是全面建成小康社会和“十三五”规划收官之年。一年来，国家版权局以习近平新时代中国特色社会主义思想为指导，全面贯彻党的十九大和十九届二中、三中、四中、五中全会精神，增强“四个意识”、坚定“四个自信”、做到“两个维护”，认真落实中共中央办公厅、国务院办公厅印发的《关于强化知识产权保护的意见》，坚持守正创新，统筹做好疫情防控，扎实推进版权工作，为实施创新驱动发展战略、推进社会主义文化强国建设积极做好版权支撑。

一、加强顶层设计，不断完善版权法规体系

1. 积极推进著作权法修改

充分发挥版权管理部门熟悉版权工作相关主体利益诉求和版权工作现状的优势，主动作为，积极推进著作权法修改。2020 年 11 月 11 日，全国人大常委会第二十三次会议审议通过《全国人大常委会关于修改〈中华人民共和国著作权法〉的决定》。著作权法的修改，标志着版权法律制度体系不断完善，必将对加快版权强国建设产生积极深远的影响。

2. 研究出台规范版权秩序措施

针对社会关注的版权热点领域，先后制定发布《关于规范摄影作品版权秩序的通知》《关于进一步做好著作权行政执法证据审查和认定工作的通知》等规范性文件，推动解决版权执法中的难点问题。完善新业态、新领域版权保护制度，会同国家标准委制定发布电商平台知识产权保护管理标准，研究加强体育赛事转播知识产权保护。

二、加大监管力度，不断提升版权保护水平

1. 开展打击侵权盗版“剑网”专项整治

会同国家互联网信息办公室、工业和信息化部、公安部开展“剑网 2020”专项行动，严厉打击视听作品、电商平台、社交媒体、在线教育等领域的侵权盗版行为，着力

规范网络游戏、网络音乐、知识分享等平台的版权传播秩序，持续巩固网络文学、动漫、网盘、应用市场等专项治理成果，不断提升版权管网治网能力，维护清朗的网络空间秩序。专项行动期间，各地共删除侵权盗版链接323.94万条，关闭侵权盗版网站、App2884个，查办网络侵权盗版案件724件，其中刑事案件177件、涉案金额3.01亿元，调解网络版权纠纷案件925件，网络版权环境进一步净化。加强对网络视频、音乐、文学及网盘等领域主要网络服务商的版权重点监管，推动互联网企业全面履行主体责任。公布8批71部重点作品版权保护预警名单，为院线电影复工复产提供版权保障。

2. 指导推进查办大案要案

以案件查办为版权执法监管工作重中之重，指导各地积极查办各类侵权盗版案件。会同全国“扫黄打非”工作小组办公室、公安部、最高人民检察院等部门联合挂牌督办59件侵权盗版大要案件，解决地方在查办案件中存在的“瓶颈”问题。加大执法办案奖励力度，对2019年度在查处重大侵权盗版案件工作中作出突出贡献的有功单位和有功个人进行奖励。

3. 加大版权监管工作力度

认真落实党中央决策部署，有序推进相关任务的落实，加大版权执法工作力度。发布有关著作权行政执法证据审查和认定工作的规范性文件；加大实体市场执法力度，增加办案频次，建立按季度公开发布实体市场执法行动信息制度；会同国家市场监督管理总局制定发布《关于加强侵权假冒商品销毁工作的意见》，会同司法部修订《行政执法机关移送涉嫌犯罪案件的规定》，做好相关法规规章的落实工作。

三、完善长效机制，不断巩固软件正版化工作成果

1. 加强统筹协调和联合监管

充分发挥联席会议制度优势，组织召开推进使用正版软件工作部际联席会议第九次全体会议，系统总结软件正版化工作阶段性成效，研究部署重点工作。部际联席会议办公室加强统筹协调，联席会议各成员单位根据职责分工，进一步细化工作要求，相互支持、密切配合，共同推进软件正版化工作，树立国家保护知识产权良好形象。

2. 推动党政机关和重要行业软件正版化工作规范化

加强对各地区各部门软件正版化工作政策指导，进一步推动各地区各部门落实《政府机关使用正版软件管理办法》和《正版软件管理工作指南》等政策要求，指导各地区各部门进一步完善软件正版化工作机制，规范正版软件采购、使用管理、监督检查、考核评议、年度报告等工作制度。持续深入推动党政机关、金融机构、国有企事业单位，以及文化、教育、卫生、交通、能源、新闻出版等重要行业软件正版化工作制度化、规范化。

3. 开展软件使用情况年度核查

认真落实党中央决策部署，部际联席会议办公室在继续加强部际联席会议联合督查的基础上，首次聘用第三方机构对20家中央和国家机关、10家中央企业、15家金融机构，以及7个省（区、市）软件使用情况进行年度核查并公布核查结果。

四、加强服务监管，不断夯实版权社会服务基础

1. 认真做好著作权登记

对全国著作权登记工作进行问卷调研，初步掌握全国各地作品登记审查标准，相关登记信息的公示、查询和发布，涉外著作权合同登记备案，著作权质押登记，新技术应用等相关情况，为下一步加强和完善著作权登记工作奠定良好基础。2020年，我国著作权登记总量达503.9万件，同比增长20.37%。其中，作品著作权登记331.6万件，同比增长22.75%；计算机软件著作权登记172.3万件，同比增长16.06%。

2. 加强著作权集体管理组织监管

一是指导中国音乐著作权协会、中国音像著作权集体管理协会和中国娱乐行业协会出台卡拉 OK 领域版权许可“二合一”机制实施方案，及时稳妥处理版权秩序波动问题，研究推动解决自助点歌系统版权问题。二是适应集体管理组织与行政机关脱钩的新形势，部署相关著作权集体管理组织的检查和核查工作，协调相关部门就换届、年检等事宜形成监管合力，推动集体管理治理体系建设。三是指导中国音像著作权集体管理协会出台 2020 年版权费用阶梯型减免政策，帮助中小企业应对新冠肺炎疫情影响。

3. 加强境外著作权认证机构管理

配合北京市公安局完成 6 家境外著作权认证机构驻华代表处的年检备案工作。召开境外著作权认证机构驻华代表处通气会，要求境外著作权认证机构驻华代表处适应形势变化，突出工作重点，强化服务意识，规范内部管理，依法开展工作。

五、创新工作方式，不断推动版权产业高质量发展

1. 深化全国版权示范创建

公布 2019 年度全国版权示范单位、示范单位（软件正版化）和示范园区（基地）名单，加强对示范创建工作的指导和管理。开展 2020 年版权示范创建工作，批复山东省潍坊市和江苏省南通市创建全国版权示范城市，启动湖南省长沙市全国版权示范城市建设相关工作。

2. 推进国家版权创新发展基地试点

进一步落实党中央和国务院关于粤港澳大湾区建设、长三角一体化发展以及自由贸易区建设等战略决策，发挥版权创新属性，提升版权工作能级，在深圳前海和上海浦东设立国家版权创新发展基地，着力于试点和前沿，为其他地区探索可复制经验。

3. 建设全国版权展会授权交易体系

指导和支持相关地方和单位举办中国·北京国际版权授权大会、数字版权交易博览会，在资源、人员、结构和宣传等方面增加投入，打造全国版权展会授权交易体系，利用社会力量，促进版权转化运用，推进版权产业高质量发展。

4. 开展中国版权金奖评选

开展 2020 年中国版权金奖评选表彰工作，经过申报和评选，产生包括作品奖、推广运用奖、保护奖、管理奖共 20 个中国版权金奖，对在版权推广、运用、保护和管理方面作出突出贡献的单位和个人进行表彰，有效激励全社会版权创造运用热情。

5. 开展版权产业调研

继续开展中国版权产业对国民经济贡献的调研。依托网络版权产业研究基地，研究网络产业发展趋势，发布 2019 年度网络版权产业发展报告。调查研究成果为科学制定版权产业发展政策提供了帮助。

六、拓展交流合作，不断提高版权涉外能力

1. 持续加强多双边交流合作

一是继续巩固和加强与世界知识产权组织等多边国际组织的良好合作关系。通过在线方式参与世界知识产权组织各项成员国会议，合作开展吴江丝绸产业版权优秀案例示范点调研，举办版权产业国际风险防控培训班；参与世界贸易组织相关贸易政策审议工作。二是启动批准《马拉喀什条约》国内程序；推动《视听表演北京条约》于 2020 年 4 月 28 日生效，推动中国代表当选该条约首届缔约方会议主席。三是巩固和拓展以合作共赢为核心的新型版权双边关系。进一步巩固与欧洲、英国、日本、韩国等国家和地区的版权对话机制，在线举办中英版权政府间会谈；大力推动“一带一路”涉外版权工作，与蒙古、沙特等国家探讨版权合作。

2. 着力提升版权国际话语权

一是积极参与国际版权规则制定。积极推进世界知识产权组织《保护广播组织

条约》《保护传统文化表现形式条约》谈判进程。配合商务部参与世界贸易组织《与贸易有关的知识产权协定》理事会会议相关版权议题磋商。二是积极参与双边经贸磋商和自贸协定谈判。配合商务部开展《区域全面经济伙伴关系协定》相关审核签署工作，开展《全面与进步跨太平洋伙伴关系协定》版权条款研究工作。配合中央财办、商务部参与中美经贸磋商。配合商务部参与中韩自贸协定第二阶段谈判和中日韩自贸协定谈判相关工作。三是在国际版权应对中强化斗争意识。

3. 不断提高涉外版权保护水平

一是与日本、韩国、英国等重点国家合作，搭建国际版权交易渠道，为开展双边版权业界交流合作营造良好氛围。二是开展版权海外风险防控问题研究，与世界知识产权组织，以及日本、英国等国家合作开展海外风险防控等，为对外版权贸易保驾护航，切实维护中国版权企业海外利益。

4. 做好国际版权课题研究

有针对性地开展版权国际应对宏观策略及具体问题、《马拉喀什条约》实施、民间文艺版权保护等研究工作，进一步提升我国国际版权应对能力和理论积累，为提升我国国际版权应对能力打好基础。

七、广泛宣传教育，不断增强版权社会影响力

1. 加强主题宣传

一是围绕“4·26世界知识产权日”进行主题宣传。统一协调全国各级版权部门，围绕“强化版权治理，优化版权生态”主题，以网络环境下版权保护和产业发展为主要内容，结合疫情防控形势，以全国知识产权宣传周为重点宣传时段，通过新闻发布会、宣传画、宣传视频、发布全国打击侵权盗版十大案件、配合著作权法修正案审议、宣传疫情防控的版权力量等相关活动，多角度、多层次进行宣传报道，全方位扩大版权工作的社会影响，积极引导版权正面舆论，提高全社会的版权保护意识。二是举办“2020中国网络版权保护与发展大会”，发布2019年度中国网络版权保护年度报告、2019年度全国打击侵权盗版十大案件，集中宣传版权保护成果，营造尊重版权良好氛围。三是举办第十二届全国大学生版权征文活动，吸引27个省（区、市）和香港、澳门共309所高校参加，实现持续扩大版权影响的既定目标。出版《中华人民共和国著作权法律文件汇编》和《中国版权年鉴2019》，评选发布中国版权十件大事，从不同角度宣传版权工作，扩大版权工作影响。同时，充分运用好国家版权局网站、微博、微信公众号等传播形式，加强版权工作宣传，及时解读政策措施。

2. 强化对外宣传

一是利用国家版权局英文网站，坚持贴近国际关切、贴近国外受众，及时有效地将国内版权最新动态介绍给国外受众，发出权威声音。二是围绕《视听表演北京条约》生效，开展一系列庆祝宣传活动，通过线上、线下、文字、海报、视频、展览等方式全面、真实、立体展现中国版权事业成就，以及中国为国际版权治理作出的贡献。三是利用会议、会谈、会见等场合开展对外宣传。认真了解外方关注点，寻找与我国版权工作实际的契合点，主动讲好中国版权制度建设与版权保护的故事。

供稿：中央宣传部版权管理局

科技创新知识产权工作

一、加强知识产权战略研究

在国家中长期科学和技术发展规划编制研究中，专门设置“面向2035年的知识产权和技术标准战略”专题，围绕促进科技创新知识产权高质量创造、促进科技成果知识产权高效运用等方面开展研究，提出对未来15年我国科技创新知识产权事业发展方略和战略措施的建议。同时，配合国家知识产权局开展面向2035年的知识产权强国战略纲要制定工作，注重两个规划内容的有机衔接，按要求提交部门研究报告，并多次参加专家咨询委员会全体会议等。

二、建立健全国家科技计划项目全周期的知识产权管理与服务工作

完善国家科技重大专项、重点研发计划和科技创新2030重大项目等中央财政科技计划形成的知识产权管理、保护和转化运用政策。制定完善科技计划管理配套细则，进一步明确过程管理、验收、评估工作中的知识产权管理和评价举措。建立专利申请前评估制度，加大高质量专利转化运用绩效的评价权重，杜绝简单地以申请量、授权量为评价指标。开展科技计划专利预警和导航服务，引导创新主体在关键前沿领域加强核心专利布局。建设完善国家科技成果项目库，推动财政性资金支持形成的非涉密科技成果信息开放共享。

三、继续推动知识产权转化运用工作

贯彻落实《中共中央　国务院关于构建更加完善的要素市场化配置体制机制的意见》，加快发展技术要素市场，研究编制“十四五”国家技术要素市场发展规划，修订发布《技术合同认定登记管理办法》《技术合同认定规则》等，加强对技术合同的规范管理，完善国家层面技术要素市场政策法规体系，创新科技成果转化机制。联合印发《关于提升高等学校专利质量　促进转化运用的若干意见》（教科技〔2020〕1号），共同推动高校知识产权高质量创造和高价值转化。为深化科技成果使用权、处置权和收益权改革，会同相关部门制定《赋予科研人员职务科技成果所有权或长期使用权试点实施方案》（国科发区〔2020〕128号），并开展赋予科研人员职务科技成果所有权或长期使用权试点工作，对科研人员实施产权激励，完善科技成果转化激励政策，激发科研人员创新创业积极性，促进专利等各类科技成果转化运用。会同教育部开展高校专业化国家技术转移机构建设试点，推动社会化技术转移机构发展，培育技术经理人队伍。2020年，全国技术市场共签订技术合同549 353项，成交额28 251.5亿元，同比分别增长13.48%、26.13%。按合同类型统计，涉及知识产权的技术合同185 993项，成交额11253.8亿元，同比增长21.2%，占全国技术合同成交总额39.8%。

四、完善科技创新与知识产权相关立法

配合国家知识产权局开展《专利法》修订工作。组织开展《科技进步法》的修订工作，完善科技法律制度体系，强化科技创新知识产权保护。研究制定商业秘密保护法，完善商业秘密保护法律制度。推进部署基因技术、人工智能、大数据、互联网等领域的科技和知识产权法律规则和伦理规范的研究制定。

五、改革完善科技成果奖励体系

坚持以科技创新质量和贡献为导向的评审标准和评价指标体系。优化科技奖励项目，科学定位国家科学技术奖和省部级科学技术奖、社会力量科学技术奖，构建结

构合理、导向鲜明的科技奖励体系。在国家科学技术奖提名工作中，把拥有知识产权作为重要提名条件之一，明确规定核心技术发明点必须取得授权知识产权，并规定凡存在知识产权等方面争议的，在争议未解决前不得被提名参加国家科学技术奖的评审。在《国家科学技术奖励条例》及其实施细则中，把剽窃、侵夺他人科技成果的侵权行为列为撤销奖励的情形之一。继续强化激励创新的政策导向，加大对基础研究和应用基础研究成果的奖励力度。

六、持续推动知识产权相关基础性工作

推进科技成果转化年度报告制度，对高校院所提交的科技成果转化数据开展分析研究。配合开展知识产权质押融资、知识产权宣传周等方面的工作。加强对地方科技部门开展知识产权创造与运用工作的指导。

七、加强科技创新领域国际合作

深入开展包括知识产权合作在内的国际科技合作，加强在国际热核聚变实验堆(ITER)、地球观测组织(GEO)、平方公里阵列射电望远镜(SEA)等大科学计划中的知识产权相关工作，参与计划中的知识产权数据库建设、背景知识产权和新增知识产权共享等工作，维护我国合法权益，增强我国在国际知识产权事务中的话语权。推进共建"一带一路"国家在中国的专利申请和公开。签署关于结束中欧地理标志保护与合作协定谈判的联合声明、中法地理标志合作议定书等知识产权文件。

供稿：科技部成果转化与区域创新司

农业植物新品种工作

一、农业植物新品种工作

2020年，农业农村部深入贯彻落实《种子法》《植物新品种保护条例》(以下简称《条例》)和《"十三五"国家知识产权保护和运用规划》，强化体系建设和技术支撑，加强宣传培训和国际交流，植物新品种申请量再次位居国际植物新品种保护联盟(UPOV)成员第一。

1. 持续推进制度建设

一是推进《条例》的修订。收集并整理社会各界征求意见281条，遴选并提供具有代表性的科研机构、教学单位、种子企业及相关专家，配合司法部对征求意见情况开展调研、论证，根据反馈意见，对《条例(送审稿)》进行修改。二是试点实施实质性派生品种制度。制定水稻、玉米等作物实质性派生品种审查指南及鉴定技术规范，在国家水稻良种重大科研联合攻关组内率先试点实施实质性派生品种制度，约定实质性派生品种判定阈值为遗传相似系数92%，鉴定方法为《植物品种鉴定MNP标记法》(GB/T 38551—2020)。三是编制并发布《植物新品种复审申请指南》，提高复审案件受理效率。四是开展品种管理相关研究。开展《农业植物品种命名规定》修订工作，开展品种分子鉴定新技术应用研究等。

2. 全面提高受理审查工作水平

一是品种权受理审查量再创新高。2020年，共受理品种权申请7913件，同比增长12.5%，申请总量达到41 716件；授予农业植物新品种权2549件，同比增长11.4%，授权总量达到16 508件；收到38件复审案件，办结31件，截至2020年底，有57件案件正在办理中。二是大幅提升政务服务水平。根据国务院深化"放管服"改革和推进政务服务"一网、一门、一次"改革要求，将农业品种权申请系统纳入农业农村部政务服务平台统一管理，在农业农村部政务服务大厅增设种业窗口，并将申请入口变更为农业农村部政务服务平台。三是妥善应对新冠肺炎疫情。第一时间在农业农村部官网发布《关于新冠肺炎疫情防控期间农业植物新品种保护相关工作事项的通知》，并就疫情期间申请材料、繁殖材料提交可能导致的延误，做好沟通解释，降低申请人利益受损风险。

3. 夯实体系建设、质量管理和技术能力

一是测试机构建设取得重要进展。国家植物品种测试徐州中心建设项目被列为农业农村部"十四五"直属单位重大项目，已完成投资需求申报、前期工作费用申报、项目管理办法起草等工作；推动植物新品种测试昆明分中心正式投资；推动植物新品种测试锦州、广州分中心项目配套的工程建设。二是测试质量管理更加规范。发布《2020年自主开展农业植物新品种特异性 一致性 稳定性测试管理工作方案》和《2020年DUS测试工作要点》；开展自主测试品种备案、报告复核和现场检查，强化对委托测试和自主测试的监管。三是信息化建设成效明显。完善农业品种权申请和审查系统，对接农业农村部政务服务平台和种业大数据平台，实现数据融合；优化审查收发文和委托测试模块，提高审查效率；推动与国际品种权申请平台对接。四是标准化体系建设不断完善。2020年，发布农业行业标准37项，申报立项农业行业标准55项，为进一步扩大保护名录提供支撑。五是DNA指纹数据库更加充实。2020年，共完成13个作物、26 497个品种的DNA指纹数据采集。

4. 推动解决"维权难"问题

与最高人民法院知识产权法庭组成调研组，开展农业植物新品种保护调研；与部分省级科技机构、种业企业代表就农业植物新品种保护相关规范问题召开座谈会，为下一步解决品种权维权"调查难、取证难、索赔难"等问题打下基础。

5. 全面增强保护意识

一是加强维权指导。发布《农业植物新品种保护十大典型案例》《农业植物新品种权转让合同范本》，引导权益人正确维权。二是强化行政执法能力。在山东寿光召开"2020全国农业植物新品种权保护研讨会"，在海南举办"2020年农业植物新品种权行政执法和司法保护培训班"，提高执法人员执法能力。三是提高全社会知识产权保护意识。组织举办全行业参与、多主题研讨的知识产权保护线上论坛，近7万余人同时在线参与。举办3期全国农业植物新品种保护培训班、3期品种DUS测试与植物新品种保护能力提升培训班、2期农业植物新品种权维权执法能力提升培训班，累计培训学员500余人。此外，通过《人民日报》《农财宝典》及"学习强国"等媒体，以及微信公众号、小程序，微博和App客户端，分内容、多渠道、多形式宣传农业植物新品种保护法律法规、典型案例、经验做法。

6. 稳步提升国际话语权

一是提高缴纳会费额度。我国自1999年加入UPOV以来，首次将向UPOV缴纳的会费增加到2个额度，为107 282瑞士法郎，约合人民币75万元。二是推进UPOV使用中文工作。我国代表在UPOV线上系列会议上提出的"探索UPOV使用中文的可行性"建议被列入次年会议议题，推动UPOV使用中文工作正式进入新阶段。三是履行国际约定。组织召开品种权实施与维权线上国际研讨会、主要国家种业政策交流视频会议、DUS测试线上国际培训班等外事会议和活动，参加多个国际或区域组织品种保护线上国际会议。四是加强中日交流。完成《中日植物新品种保护合作备忘录》文本工作层面的磋商，为加强中日品种保护合作奠定基础。

二、农产品地理标志工作

2020年，继续实施地理标志农产品保护工程。全国各地共落实专项资金7.8亿元，支持了242个地理标志农产品的发展，特色品种保护繁育、绿色化标准化生产、绿色优质和特色农产品供给能力进一步提升，地理标志农产品知名度、美誉度和市场占有率进一步提升，有力促进了乡村特色产业发展和农民脱贫增收。

供稿：农业农村部科技教育司

工业和信息化领域知识产权工作

2020年，工业和信息化部认真贯彻落实国家知识产权战略，与国家知识产权局联合实施制造业知识产权行动计划，组织行业、地方开展知识产权推进工作。建立制造业知识产权发展状况跟踪机制，加强人工智能、工业互联网、车联网、集成电路、5G等领域知识产权布局，促进标准与专利结合；严格知识产权保护，强化互联网领域侵权假冒专项治理；实施制造业知识产权协同运用推进工程，推动知识产权共享、转化与运用；加强中小企业知识产权能力培育，开展工业企业知识产权运用试点工作，营造尊重创新、公平竞争的创新创业环境。结合新形势，加大知识产权风险防控、疫情防控中的知识产权保护等方面的工作力度，取得积极成效。

一、制造业知识产权创造能力显著提升

根据国家统计局有关数据测算，截至2019年，我国规模以上制造业企业每亿元营业收入有效发明专利数为1.25件，较“十三五”原预期目标高出78.6%。2020年7月，印发《2020年工业和信息化部知识产权推进计划》，以提升制造业企业知识产权保护意识与能力为主线，从强化知识产权布局、保护、运用、服务、重大问题研究5个方面，持续增强制造业知识产权布局与协同运用能力，营造公平有序的创新创业和营商环境。

二、制造业知识产权运用效益稳步提高

实施制造业知识产权协同运用推进工程，在制造业创新中心建设等重大工程实施中支持骨干企业、高校、科研院所协同创新、联合开发，形成一批产业化导向的专利组合，强化创新成果转化运用。推动重点领域知识产权协同运用。支持国家、省级制造业创新中心加强知识产权协同运用机制研究与实践。支持部属高校、部属单位和行业协会加强制造业重点领域知识产权服务平台和成果转化机构建设，实现科技成果与地方经济企业发展的落地对接，促进专利等成果转化为现实生产力。

三、制造业知识产权保护基础环境明显优化

指导计算机和操作系统厂商做好正版操作系统预装工作，并开展相关统计。2018年、2019年国内较大品牌计算机正版操作系统预装率达到100%。积极配合国家版权局等部门开展“剑网”等一系列专项整治行动。组织各省、自治区、直辖市通信管理局加强与属地版权管理、市场监管部门的协同配合，依法处置从事网络侵权盗版的网站和App。2020年，部省两级电信主管部门依法依规处置经版权管理、市场监管部门认定的违法违规网站187个。

四、制造业知识产权国际合作不断深化

加强与有关国际组织和机构的合作，与世界知识产权组织围绕人工智能知识产权政策、成果转化中的知识产权纠纷解决问题等开展研讨交流。支持研究机构开展重点领域海外知识产权风险应对，以及制造业重点领域知识产权保护状况跟踪与机制研究工作。

五、制造业企业知识产权建设持续推进

通过实施《制造业知识产权行动计划

(2018—2020 年)》,深入开展工业企业知识产权运用试点工作。遴选 702 家知识产权运用试点企业,制定企业知识产权运用能力评估指标,指导企业建立知识产权管理制度,组织开展企业经验交流活动。支持专业机构面向企业开展“知识产权大课堂”系列活动。围绕“知识产权保护与科技成果转化”“LED 企业知识产权之路”“信息技术创新发展与知识产权保护”等主题,累计培育 2000 余人次。实施中小企业知识产权战略推进工程,加大知识产权保护援助力度,构建服务支撑体系,扶持中小企业发展。联合出台《关于健全支持中小企业发展制度的若干意见》(工信部联企业〔2020〕108 号),将“健全中小企业知识产权保护制度”写入文件。开展第二批专精特新“小巨人”企业培育工作,继续培育具有知识产权优势和创新能力的企业,提升中小企业专业化能力。

供稿:工业和信息化部科技司

公安机关保护知识产权工作

一、持续高压严打震慑

2020 年,全国公安机关共侦破侵犯知识产权和制售伪劣商品犯罪案件 2.2 万起。开展“昆仑 2020”等专项行动,将打击侵犯知识产权犯罪作为重要内容,坚持以人民为中心,突出打击犯罪主责主业,侦破了一批大要案件;会同有关部门针对实体市场开展执法行动 4.1 万余次,组织开展销毁侵权假冒商品活动 260 余次,切实维护了良好市场秩序;挂牌督办 168 起重特大案件,专人跟踪盯办,定期调度督导,确保一查到底,有力打击震慑了侵权假冒违法犯罪。坚持依法平等保护,对国内外企业的知识产权按照相同标准、相同要求进行刑事保护,侦破一批涉及国外品牌的刑事案件,切实保障企业合法权益,营造良好营商环境,70 余家国内外企业致信公安机关表示感谢,对中国市场的健康发展更加充满信心。

二、强化部门协作配合

积极配合相关行政监管、执法部门联合开展互联网领域侵权假冒治理、进出口领域知识产权执法、打击网络侵权盗版、外商企业知识产权保护等专项整治行动,对 115 起重点案件进行联合挂牌督办,切实形成部门联动工作合力。指导各地公安机关主动加强与知识产权、市场监管、海关、版权、食药监、烟草等部门的沟通联系,不断完善线索通报、案件移送、信息共享、联合执法等合作制度,着力提升综合执法效能。各级行政执法部门共向公安机关移送涉嫌侵犯知识产权和制售伪劣商品犯罪案件 3780 起。

三、推进警企合作交流

加强与企业的沟通合作,切实增强知识产权刑事保护工作的针对性和实效性,积极构建社会共防共治格局。一是开展“惠民利企大调研大走访”活动,组织全国公安食药侦部门主动走访人大代表、政协委员、权利人企业和各界群众,了解掌握突出问题,畅通线索发现渠道,加强法律政策宣讲,听取各方意见建议,推动工作深入开展,在国内外企业特别是外商投资企业圈内引起积极反响。二是推出《公安机关依法打击食药环和知识产权领域犯罪 保障疫情防控期间复工复产十项措施》,建立涉企案件快速侦办机制,快侦快破案件,快速追赃挽损;开展涉企积案清理,加快办理进度,提升办案质量;进一步改进和规范执法办案行为,严格适用强制措施,依法保障企业正常生产经营秩序。三是主动加强与互联网平台公司的沟通协作,积极构建打击防范利用互联网实施侵权假冒活动、共建共治工作格局。各互联网平台公司先后协助公安机关破获 870 余起刑事案件，共同营造良好的网上购物环境。

四、务实开展国际合作

按照“以合作促共识、以合作谋共赢”的工作思路，主动加强与各国执法部门的沟通协调，围绕 46 起重点跨国境案件与相关国家执法部门开展线索核查、证据交换、联合行动、司法协助等多层面执法合作。应国际刑警组织邀请，继续深入参与打击食品犯罪“奥普森”行动、打击药品犯罪“盘古”行动、打击互联网知识产权犯罪“网鹰”行动，取得积极成效，赢得国际社会的理解与支持。

五、注重社会宣传教育

将宣传工作作为知识产权刑事保护的重要内容，与打击破案同部署、同推进。一是围绕“4·26 世界知识产权日”“双 11 购物节”等时间节点，通过新闻媒体发布总体工作成效和预警提示，公布打击制假售假犯罪十大典型案例、打击互联网侵权假冒犯罪 8 起典型案例等。二是依托微信公众号“公安部食药侦局”和各地公安警务新媒体账号，持续发布各地公安机关工作成效、典型案例和假冒伪劣商品识别技巧及常识，持续传递公安机关强化知识产权刑事保护的“好声音”。三是指导各地因地制宜地开展丰富多彩的宣传活动，先后开展现场讲解 12 000 余次、制作发放宣传资料 20 万余份、开展销毁侵权假冒商品活动 140 余次，形成上下一体、全国联动的宣传氛围。

供稿：公安部食品药品犯罪侦查局

商务知识产权工作

一、务实开展知识产权双边对话

与欧盟委员会贸易总司共同主持召开第二十三次中欧知识产权工作组会议，双方就议定的优先工作领域，包括立法进展、打击商标恶意注册、知识产权执法、商业秘密保护 4 个方面的内容进行了富有成效的交流。

与俄罗斯知识产权局共同主持召开第十一次中俄知识产权工作组会议，双方交流了在专利、商标、著作权及邻接权领域立法和执法方面的最新进展，并就加强原产地和地理标志合作等达成共识。

二、持续推进知识产权多双边合作

继续牵头稳步落实第四期中欧知识产权合作项目“IP Key 中国”，持续加强与欧盟有关部门在知识产权立法、执法、企业知识产权风险防范、国际知识产权规则等方面的合作。

继续参加金砖国家知识产权合作机制会议、亚太经合组织知识产权专家工作组会议，加强相应机制下知识产权交流，阐明中国知识产权立场。

三、牵头开展多双边知识产权规则谈判

正式签署《中欧地理标志保护与合作协定》。该协定是中国对外商签的第一个全面的、高水平的地理标志保护协定，对扩大中欧贸易、加强知识产权保护、巩固与欧盟的经贸关系具有重要意义。

先后牵头《组织区域全面经济伙伴关系协定》以及中日韩、中国—秘鲁、中国—以色列、中国—挪威等多个自贸协定知识产权章节谈判，推动谈判取得积极进展。其中，《区域全面经济伙伴关系协定》已于 11 月 15 日正式签署，我国已率先核准该协定。这标志着我国知识产权缔约实践达到了新水平，实现了新突破。

四、加强知识产权海外维权援助机制建设

2020年，中国保护知识产权网(以下简称保知网)的功能进一步完善，知识产权海外维权援助系统建设完成。利用保知网及时、全面地发布知识产权最新动态，针对不同群体发布 IPR Focus、知识产权国际快讯月刊等电子期刊，开发建立海外知识产权服务机构名录和案例库、海外维权案件信息报送平台等，不断更新和扩充知识产权国别环境指南，为中国企业“走出去”提供知识产权相关的指导和帮助。结合知识产权热点，保知网建设完成“世界各国家/地区应对新型冠状病毒措施”“RCEP 与 CPTPP 知识产权章比较”等中英文双语专题。

在国际消费类电子产品展览会(CES)等国际知名展会上设立中国参展企业知识产权服务站，聘请专家为我国参展企业提供免费法律咨询与协调服务，有效维护我国企业合法权益。此外，由于新冠肺炎疫情影响，在国际知名展会陆续线上举办的情况下，会同有关部门积极探索在新形势下为中国参展企业提供知识产权法律服务的新方法。

供稿：商务部条法司

海关知识产权工作

2020年，全国海关共采取知识产权保护措施6.53万次，实际扣留进出口侵权货物6.19万批，扣留侵权货物数量5618.19万件，保护了涉及45个国家和地区的近千家知识产权权利人的合法权益。海关总署共审核通过知识产权海关保护备案申请15 163件。

一、强化顶层设计，确保工作稳步推进

从国家战略高度和进入新发展阶段要求出发，紧紧围绕促进现代化经济体系建设、激发全社会创新活力、推动构建新发展格局等目标，坚持以我为主、平等有效、公正合理等原则，积极筹划组织、督导落实知识产权海关保护各项工作。

1. 加强统筹，明确目标任务

参与研究起草《国务院关于修改〈行政执法机关移送涉嫌犯罪案件的规定〉的决定》(国务院令第730号)、《关于加强侵权假冒商品销毁工作的意见》(打假办发〔2020〕3号)等政策法规。明确全国海关年度工作目标，通过持续加大执法力度，进一步加大对全国海关进出口侵权货物的查验力度；进一步完善知识产权海关保护执法体制机制，使海关查验、监管、风控、调查等各个环节更加高效协调运行；探索多元知识产权海关保护执法手段和工作方法，进一步提升执法威慑力；提升知识产权海关保护治理体系和治理能力现代化，进一步凸显知识产权海关保护服务构建以国内大循环为主体、国内国际双循环相互促进的新发展格局的作用。

2. 专项部署，提升执法效能

聚焦问题，关注热点，积极回应国内外企业知识产权保护诉求，针对关键领域、重点环节、重点行业密集部署开展专项执法行动。先后部署开展全国海关知识产权保护“龙腾行动2020”、寄递渠道知识产权保护“蓝网”行动、出口转运货物知识产权保护“净网”行动等专项执法行动。会同国家市场监督管理总局等部门联合开展“2020网络市场监管专项行动”(“网剑”行动)、打击跨境电子商务领域侵权违法活动。结合新冠肺炎疫情防控形势，加强对进出口防疫物资的知识产权保护。

3. 强化督导，狠抓工作落实

2月，海关总署召开全国海关“龙腾行动2020”电视电话动员会，明确年度知识产权工作方向、任务、思路，确保新冠肺炎疫情期间全国海关各项知识产权保护工作稳步有序推进。8月,组织全国层面督导推进集中工作,总结全国海关前一阶段专项行动工作成绩,交流经验,找准问题,对行动再推进、再落实,确保完成2020年度既定工作目标。抽调全国部分业务骨干组建知识产权风险防控工作专班,加大与风险防控部门的联系配合,同时实行全国海关"查获侵权货物情况周报"制度,对重点口岸海关实行"窗口指导",压紧压实责任。上线新一代知识产权海关保护执法系统,通过案件全过程无纸化流转,实现业务职能部门对隶属海关办理的侵权案件从线索移交到立案办案的全流程监控。疫情防控期间,海关总署指导各地海关采用网络远程办案模式,视频调查、视频合议、文书寄递,减少人员流动,确保防疫不放松、办案不间断。在全国海关推动落实《海关行政执法公示实施办法》《海关行政执法全过程记录实施办法》《海关重大执法决定法制审核实施办法》,确保全国海关知识产权执法工作高效、规范、统一。

二、加大执法力度,重拳打击进出口侵权行为

1. 全国海关执法"一盘棋"网络更加稳固

2020年,93%的直属海关查获过侵权货物,其中15个直属海关扣留侵权货物超过1000批,较2019年增加3个。北京海关聚焦空运"双枢纽",在首都国际机场、大兴国际机场口岸扣留侵权货物69批,数量57万余件;宁波海关聚力海港"大要案",连续扣留侵权香烟102万支、茶叶278万包、除锈剂1440万毫升;深圳、拱北海关立足陆运口岸,共扣留运往港澳地区侵权货物268批,数量1007.5万件。针对部分侵权货物出现明显的"口岸漂移"现象,相关海关加大执法力度,实现全区域监管不留死角。南宁海关2020年扣留侵权货物4303批;重庆海关在寄递渠道扣留侵权货物238批。

2. 侵权高风险领域监管更加严密

针对邮寄、快件、跨境电商等渠道侵权风险,海关总署于3月15日开展寄递渠道知识产权保护"蓝网"行动。行动期间,全国海关共在进出境邮件、快件渠道中扣留侵权货物5.55万批,有力打击了"化整为零""蚂蚁搬家"式的侵权行为。全国海关加强政策宣讲,督促寄递企业规范收寄验视、及时如实申报货物信息,进一步深化与电子商务平台合作,通报来自电商平台的侵权商品,约谈多次被扣留侵权货物的电商企业,支持有关方面"下架""断链""关店"。例如,南宁海关与跨境电商平台建立信息通报机制,通报海关扣留的侵权商品情况,督促电商平台下架131类涉嫌侵权商品,对90个卖家作暂停业务处理。各地海关结合各自业务特点,开展对非传统渠道侵权违法行为的综合治理,全面促进进出口业态健康发展。例如,杭州、宁波、厦门和广州海关聚焦市场采购贸易方式,查发侵权案件381起,扣留侵权货物1299.51万件;昆明、哈尔滨、南宁海关加强边民互市模式监管,扣留侵权货物364批,涉及侵权货物73.49万件。

3. 针对重点侵权商品的打击更加有效

将侵权食品、药品、日用品作为打击的重中之重,有效堵截"入口""贴身"等直接关系生命健康安全的侵权假冒货物进出境。例如,深圳海关扣留侵犯"unifrutti及图形"商标权的鲜柠檬2批,数量54 450千克;厦门海关先后扣留卫生巾、纸尿裤、湿纸巾等侵权货物300万余件;杭州海关扣留瞒报夹藏出口侵犯"Pfizer(图形)"商标权的药品胶囊69.02万颗。部分海关重点打击危害安全生产的侵权货物。例如,天津海关扣留侵犯中国重汽"斯太尔"商标权机油滤清器15 000个;广州海关扣留侵犯"Shell""羽翼 HONDA 图形"商标权机油2968瓶;黄埔海关先后扣留侵犯"康明斯""宇通"商标权汽车滤清器1600个。部分海关加大进口侵权货物的打击力度。例如,北京海关扣留侵犯国内企业自主品牌"INVICTUS"的进口过滤烟管48万支;拱北海关扣留进口侵权LED射灯10 992个。

4. 强化中欧班列知识产权保护，营造良好营商环境

聚焦中欧班列运输的铁路货物知识产权保护，是确保中欧班列健康发展，营造“一带一路”建设良好外部环境的内在要求。2020年，全国海关在中欧班列渠道扣留侵权货物53批，涉及侵权货物16.25万件。满洲里海关发挥陆路口岸的优势，加强对中欧班列的实货监管，连续查获多起侵权案件，查扣侵权货物7万余件。

三、拓展关际合作，打造一体化保护格局

1. 联合风险研判，提升布控准确性

针对海运口岸侵权态势，依托“大数据+人工智能+专家智慧”，优化、调整和新增涉及知识产权查验内容的布控规则。针对一般贸易、市场采购、跨境电商等不同贸易类型侵权特点，共新增知识产权专项布控规则5164条，提高打击侵权精准度。例如，上海海关发挥“跨境贸易大数据平台”信息和数据资源优势，构建侵权高风险集群大数据模型2个，扣留侵权纺织品、轴承等高风险货物36.7万余件，案值255.6万余元；厦门海关通过“通关大数据+侵权案件”关联性排查等手段，精准构建“高仿商标影子库”，形成布控规则56条，扣留出口侵权货物26批，涉及侵权货物375万件；深圳海关针对证明商标侵权开展专项布控打击，扣留侵权“UL”等认证标识货物73.3万件，案值840万余元。

2. 联合执法，提升打击针对性

进一步深化跨关区作战执法模式，通过“共享线索”“共析案情”“共商策略”等开展各层级关际合作254次。例如，南京、郑州、合肥、南昌等海关针对邮递渠道侵权货物“漂移”的潜在风险，通过对揽件人、寄件人等相关信息的精准摸排分析，开展联合执法。合肥海关共扣留侵权货物3388批，郑州海关共扣留侵权货物4031批，南昌海关共扣留侵权货物445批。南京、郑州、合肥、南昌四个海关2020年累计扣留侵权货物11 095批。

3. 联合行动，提升保护合力

不同片区海关针对区域知识产权保护工作特点，加强交流，共享资源，联合开展专项工作，形成保护合力。例如，兰州海关牵头西安、西宁、银川等海关，举办西北片区海关知识产权保护研讨会，稳固西北片区海关拦截侵权货物的防线；南京关区连云港海关与济南关区潍坊海关联手推动知识产权重点企业跨关区服务，为各自属地企业开展维权提供针对性指导和支持；广东分署牵头广东省内海关与香港、澳门海关开展联合执法行动3次，扣留侵权货物290万余件，形成大湾区知识产权保护合力。

4. 联合培训，提升执法水平

结合一线实际执法需求，创新培训模式，利用各类线上平台，结对开展联合培训，实现直属海关之间培训资源共享，节约培训时间，提升培训效率。青岛、汕头、乌鲁木齐海关结对，南京、厦门海关结对，成都、重庆、拉萨海关结对，长沙、南宁、昆明、海口海关结对，联合开展网络在线真假商品辨别培训，累计在线参训人员超过3000人。联合培训中，针对不同岗位，分别侧重知识产权政策法规理论、执法办案技能等不同层面的知识培训，形成覆盖直属海关、隶属海关、业务现场的多层级培训体系，有效提升知识产权执法能力。

四、加强协同配合，促进全链条综合治理

1. 密切行政司法保护联动

积极发挥打击侵权假冒工作协调机制作用，深化与市场监管、食药监、烟草专卖部门、法院等行政、司法机关的合作，强化知识产权侵权立体防控体系。例如，黄埔海关与烟草专卖部门、地方公安机关建立三方打击进出口假烟协调机制，与烟草专卖部门合作在口岸拦截假冒注册商标香烟4个集装箱；福州、广州海关与法院建立知

识产权纠纷调处化解工作机制，推动知识产权纠纷“繁简分流、多元化解”；拱北、大连海关积极配合法院证据调取和提供执行协助；呼和浩特、沈阳、南昌、汕头、海口、兰州等海关与地方市场监管局签署加强知识产权保护合作协议，在执法协作、重大复杂疑难问题研究、案件线索通报移送、企业服务等方面进一步密切协同配合。

2. 畅通行政刑事保护衔接

按照实行严格的知识产权保护要求，不断完善与公安机关的合作，协同公安机关“挖源头、打网络、破渠道、毁链条”。例如，济南、青岛海关与山东省公安厅联合签署执法合作协议，规范线索通报、案件移送等工作流程；南京海关与公安机关建立定期研判形势、联合监督检查等执法协作、会商机制；上海海关与公安机关将防疫医疗物资作为“行刑衔接”合作重点，连续移送侵权口罩等案件 5 起；杭州海关与公安机关组成专案组，对侵权卷烟纸的生产、批发环节进行摸排和取证，推动案件深挖扩线；宁波海关向公安机关通报侵权案件线索 27 条，协助公安机关抓获犯罪嫌疑人 9 人。

3. 推动信息共享，强化联合惩戒

依法及时公开海关知识产权处罚案件信息，切实发挥“处罚一个，震慑一片”的警示作用。2020 年，共计公开行政处罚信息 1360 条，联合政府相关部门依法对失信违法企业实施联合惩戒。将知识产权保护要求纳入企业信用管理、资信认证、业务试点等工作中，推动行业协会、进出口企业、报关企业、电子商务企业等市场主体建立知识产权保护自律机制。例如，太原、大连、郑州海关与邮政监管部门合作，督促邮政、快递企业认真落实实名收寄制度和验视管理，从揽收环节杜绝侵权情况的发生；杭州海关探索建立与电子商务平台联合工作站，通过一体化平台实现侵权线索协查数据的自动化匹配与溯源，持续推进互联网跨境电子商务重点领域侵权治理与知识产权侵权风险防范。

4. 积极开展宣传，增强公众意识

不断拓展宣传渠道、创新宣传方式，通过集中发布海关执法数据和典型案例、公开销毁侵权货物等宣传活动，增强全社会尊重和保护知识产权的意识。例如，北京、青岛、宁波等海关积极开展“4・26 世界知识产权日”“8・8 海关法制宣传日”“12・4 国家宪法日”知识产权保护宣传工作；厦门海关举办知识产权保护“云课堂”，建设自贸区海关知识产权保护“云展厅”，通过“云系列”宣传活动向企业介绍知识产权海关保护规定及防范侵权风险的方法和途径；天津、黄埔海关针对创新型科技企业、知识产权优势企业开展专题政策宣传，引导企业完善知识产权布局，提升企业知识产权保护能力；郑州海关结合河南优势产业、特色产品，常态化开展知识产权海关保护“送法上门”工作；拉萨海关制作藏汉双语知识产权宣传材料，向进出口企业和边民介绍海关知识产权保护政策法规，传播以“尊重知识、崇尚创新、诚信守法”为核心理念的知识产权文化。

五、服务企业创新，助推外贸高质量发展

1. 助力企业提升创新和维权能力

持续优化服务内涵，完善帮扶措施，不断提升辖区出口知识产权优势企业的维权能力。2020 年，全国新增知识产权海关保护备案企业 4263 家，其中国内企业 2710 家；新增重点服务企业 261 家，累计确定重点服务企业 807 家。企业分布由原来的多集中在经济较发达的东南沿海省份向中西部地区扩散，多个内陆企业实现了进出口环节侵权货物查发的“零突破”。例如，兰州海关协助具有 89 年制药历史的“中华老字号”企业兰州佛慈制药股份有限公司申请知识产权海关保护备案，联合天津、上海、深圳等海关开展执法协作，助力上海海关首次在出口环节扣留侵犯其“慈”牌商标的中成药 7344 瓶；大连海关派员参加第十二届中国国际专利技术与产品交易会，与大连市知识产权局等部门对 60 余家高新

技术企业开展联合宣讲、海关备案政策答疑；哈尔滨、青岛海关在自贸区内创新出口货物专利纠纷担保放行方式，引入第三方为发货人提供反担保金后放行货物，缓解企业资金压力；深圳海关针对关区高新技术创新企业聚集、专利权保护需求迫切的特点，持续完善“主动保护、协同打击、专业标准”的专利权保护模式，查办专利侵权案件 11 批；上海海关以著作权法的修订为契机，有针对性地加大对著作权的保护力度，扣留侵犯《喜羊羊与灰太狼》动漫作品著作权的自行车头盔 700 余个；北京、宁波海关持续关注具有广泛市场认知度的品牌，扣留印有“抖音短视频”标识的侵权服装、背包 1272 件。

2. 支持企业复产达产

统筹推进疫情防控和稳外贸稳外资工作，加强分析研究，制定“一企一策”帮扶措施，为企业提供政策宣讲、风险预警、预确认等服务，助力重点企业实现复产达产。例如，济南海关主动问需、强化侵权布控，支持潍柴动力等自主品牌企业发展；南京海关助推笔记本计算机全产业链有效达产，为光宝科技公司量身定制知识产权状况预确认快速通关方案，仅 2020 年 4 月至 5 月，该企业进口计算机原材料 1.2 亿美元；拱北海关帮助珠海方正印刷电路板公司完善知识产权内控机制，助力该公司 2020 年前三季度业务量实现逆势增长，销售额达 24 亿元；太原、杭州、武汉、黄埔海关开展“抗疫”和复产达产专题培训，受到企业好评。

3. 指导企业开展海外维权

密切关注国际知识产权保护最新动向，深入了解企业经营和维权困难，鼓励企业积极应对侵权纠纷，为企业“走出去”保驾护航。例如，北京海关联合北京海外知识产权保护联盟开展培训，向广大进出口企业普及知识产权海关保护知识，帮助企业了解目标国家海关政策和维权措施；天津海关针对海外侵权纠纷取证困难且诉讼耗时长、成本高的特点，积极协助权利人调查取证；上海海关围绕《全面与进步跨太平洋伙伴关系协定》以及《区域全面经济伙伴关系协定》等涉及知识产权边境保护相关内容，撰写分析报告，为企业提供指引；江门海关联合江门市市场监管局开展“知识产权海外护航”项目，为重点行业企业提供商标海外布局指导、产业专利预警分析服务。

六、推进国际合作，参与全球知识产权治理

1. 积极开展打击侵权国际联合行动

为支持世界各国开展疫情防控，有效制止非法假冒药品和医疗物资跨境流动，海关总署组织全国海关积极参加世界海关组织（WCO）于 2020 年 5 月至 7 月开展的打击非法、假冒和不符合标准药品及医疗物资进出口的国际联合执法行动（“STOP”行动）。行动期间，全国海关对进出口侵权高风险防疫物资及药品等商品加强布控和查验，有效震慑了侵权违法活动。

2. 持续推进双边多边执法交流与合作

与欧盟、美国、俄罗斯、日本、韩国等国家和地区的海关部门在知识产权保护合作框架下持续开展数据交换、案件信息共享、立法及执法实践交流等合作。2020 年，分别与欧盟、美国、俄罗斯的海关部门通过电话、视频等形式召开工作组会议，推动落实双边执法合作文件，制定下阶段合作规划。参加中韩自贸协定知识产权委员会会议，交换知识产权保护领域的最新执法信息。推动《区域全面经济伙伴关系协定》知识产权章节内容的谈判和共识达成。

供稿：海关总署综合业务司

反不正当竞争工作

一、配合全国人大执法检查，积极开展反不正当竞争执法工作

1. 落实党中央、国务院领导批示精神，查办重大案件

4月，按照瑞幸咖啡财务造假事件联合调查处置工作机制工作安排，对瑞幸咖啡（中国）有限公司、瑞幸咖啡（北京）有限公司涉嫌虚假交易等不正当竞争行为开展调查。成立专案组，于4月26日起出动执法人员100名，在北京、福建、上海三地同时对21家涉案主体启动调查。9月18日，国家市场监督管理总局及北京、上海市场监管部门对瑞幸咖啡（中国）有限公司、瑞幸咖啡（北京）有限公司等45家涉案公司作出行政处罚决定，处罚金额共计6100万元。案件调查取得良好社会反响，并得到联合调查处置工作机制牵头部门及相关领导高度赞扬。

2. 全力配合全国人大开展反不正当竞争法执法检查

积极做好相关准备，成立工作领导小组和专班，加强工作统筹协调，提前安排部署。梳理党中央、国务院有关反不正当竞争的重要批示指示文件，结合各地上报的工作情况、典型案例、法律实施推进情况等，以及近年来与反不正当竞争工作相关的人大建议、政协提案，汇编成册，为全国人大常委会提供参考。派员赴四川、上海、广东、湖南、北京、黑龙江开展实地检查，赴浙江、江苏开展网络不正当竞争专项检查。积极向全国人大常委会提供各地执法检查分报告素材稿，并配合全国人大常委会起草执法检查总报告。接受全国人大常委会委托，开展反不正当竞争法法律评估工作，委托国家信息中心利用大数据对反不正当竞争法实施效果开展监测分析，形成《大数据分析反不正当竞争实施效果报告》。针对政府机关、消费者、经营者发放调查问卷，共回收有效问卷135 661份，形成《反不正当竞争法实施评估报告》，提交全国人大常委会。落实反不正当竞争法执法检查关于建立反不正当竞争工作协调机制的要求，积极协调相关部门上报请示，11月12日，国务院同意建立由国家市场监督管理总局牵头、17个部门组成的反不正当竞争部际联席会议制度。

3. 开展重点领域反不正当竞争执法专项行动

6月11日，印发《关于加强反不正当竞争执法　营造公平竞争环境的通知》（国市监竞争〔2020〕94号），加强对防疫物资、生活消费、互联网、电子商务、直播平台、医药购销、要素市场等重点领域的监管执法。2020年，全国各级市场监管部门共查处各类不正当竞争案件6157件，罚没金额3.47亿元。在国家市场监督管理总局开展的整治冒用知名医院名称、电子烟治理、长江流域禁捕、保健食品专项整治、平台“二选一”治理、规范网络经济、制定强化竞争政策基础地位指导意见、平安医院表彰等重点任务中，充分发挥反不正当竞争法的衔接、融贯作用，做好配合工作，与电子商务法、产品质量法、食品安全法等共同发挥监管合力，有效提升市场综合监管效能。

二、加强知识产权保护，积极开展反不正当竞争相关工作

1. 加大商业秘密保护工作力度

部署、指导各地市场监管部门加强企业商业秘密保护工作。全国建立商业秘密保护指导站（联系点）、示范企业、示范基地2267个。浙江率先在全国制定了商业秘密保护的地方标准——《商业秘密保护管

理与服务规范》。吉林、辽宁、广东等地印发了《商业秘密保护工作指引》《关于开展商业秘密保护对企指导的工作意见》《加强商业秘密保护工作指导手册》等。起草制定《商业秘密保护规定(征求意见稿)》,已向社会公开征求意见。

2. 完善执法依据,持续推进能力提升工作

发布《规范促销行为暂行规定》(国家市场监督管理总局令第32号),聚焦"促销"这一热点现象,规范经营者行为,维护市场公平竞争,保护消费者利益,不断优化营商环境。巩固"百日行动"及反不正当竞争执法行动成果,印发《关于反不正当竞争执法暨"百日行动"典型案件评审结果的通报》(市监竞争〔2020〕404号),向全国市场监管系统通报全国十佳案件10件、典型案件19件、优秀案件10件,鼓励各地研讨破解反不正当竞争执法办案中的疑难复杂问题,带动、引导和帮助各地市场监管部门强化执法办案,提升能力水平。

三、服务现代化市场体系建设,推动反不正当竞争工作再上新台阶

1. 完善反不正当竞争执法工作机制

落实全国人大反不正竞争法执法检查要求,在工作机制、规则体系上有所突破。筹备召开反不正当竞争部际联席会议联络员会议及第一次全体会议,加大部门协调联动力度,共同推进反不正当竞争重大事项,强化竞争政策基础性地位。针对全国人大反不正竞争法执法检查中的意见建议提出具体落实举措,提升竞争执法水平。举办反不正当竞争执法大讲堂活动。

2. 加强新型不正当竞争行为监管执法,服务新经济、新业态、新模式发展趋势

在加大打击传统不正当竞争行为的同时,把新型不正当竞争行为作为重要着力点,组织开展专项执法行动,着力在一些重点难点上取得突破。聚焦互联网、医药等重点领域,重点打击违法促销、侵犯商业秘密等行为,持续深入开展专项执法行动。梳理典型案例,适时公开发布,加强以案释法,营造公平竞争良好氛围。

3. 将商业秘密保护关口前移,建立国家商业秘密保护基地

借鉴各地经验,创新商业秘密保护方式方法,建立一批行业性、区域性商业秘密保护基地,发布商业秘密保护行政指引,发挥社会各界力量,探索建立社会共治保护机制。同时,加强侵犯商业秘密行为的执法力度,加强对行业领军企业、"老字号"企业、科技密集型企业、中小企业等市场主体商业标识、商业秘密的保护,激发企业创新,维护企业核心竞争力。

4. 加强国际趋势跟踪研究,加大反不正当竞争政策工具储备

加强对国际网络经济、数字经济等新型不正当竞争行为执法趋势的跟踪分析,研究新一代贸易规则对反不正当竞争执法提出的新要求。选择1—2家科研机构作,建立国际反不正当竞争趋势研究中心,跟踪网络经济、数字经济等新产业、新业态的不正当竞争趋势和国际监管规则。

供稿:国家市场监督管理总局
价格监督检查和反不正当竞争局

林草植物新品种保护工作

一、林草植物新品种保护法规与政策

召开专家咨询会,研讨《植物新品种保护条例》修订草案,对实质性派生品种保护、品种权的保护范围和保护期限、农民特权的规范、建立审查员队伍等重点内容进行讨论。发布《中华人民共和国植物新品种保护

名录（林草部分）（第七批）》，包括百子莲属、冰草属和椴木属等78个属（种），重点加强对草品种的保护，进一步扩大林草植物新品种保护范围，满足培育者申请品种保护需求。修订发布的《林草植物新品种权申请审查规则》自2020年1月1日起实施。制定发布《植物新品种DUS现场审查组织、工作规则》，自2021年1月1日起实施。

二、林草植物新品种审查和授权

2020年，共受理国内外林草植物新品种权申请1047件，授权林草植物新品种权441件，启用新版植物新品种权证书。全年共完成6批1100件申请品种的初步审查并公告，300件申请品种的DUS（特异性、一致性、稳定性）专家现场审查，购买DUS测试报告35份，转田间测试404件。开通品种权申请智能电话机器人咨询系统，林草植物新品种信息管理系统（2.0版）上线试运行。截至2020年底，共受理国内外植物新品种申请5566件，授予植物新品种权2643件。

三、林草植物新品种权行政执法

开展专项行动，打击侵犯植物新品种权行为，净化植物新品种保护环境。结合全国林草知识产权宣传周活动，研究制定打击侵犯植物新品种权行为实施方案，组织全国林草系统开展行动。各级林草主管部门加大植物新品种权行政执法体系建设，加强培训，提高执法人员素质，强化宣传引导，形成打击侵犯植物新品种权的强大态势。

四、林草植物新品种测试体系建设

2020年，命名6个林草植物新品种综合性测试站，即国家林草植物新品种昆明测试站、上海测试站、菏泽测试站、太平测试站、北京测试站、杭州测试站，并明确了测试站、依托单位、各级林草主管部门相应的建设、指导等职责。各测试站在国家林业和草原局科技发展中心（植物新品种保护办公室）、地方林草主管部门的指导下，开展林草植物新品种特异性、一致性和稳定性测试（DUS测试）工作，同时接受执法部门委托，对有关涉嫌侵权品种进行技术鉴定。

编制完成紫荆属、绣球属、金缕梅属等15个属（种）的DUS测试指南并上报林业标准审批部门审查发布。启动乌桕属、石楠属等5项植物新品种的测试指南编制工作。

五、林草植物新品种宣传培训

组织开展全国林草知识产权宣传周系列活动，于“4·26世界知识产权日”在《中国绿色时报》发表专栏文章《知识产权保护，托起林草美好未来》，全面介绍2020年中国林草知识产权工作进展和主要成就。

在“国务院知识产权战略实施工作部际联席会议工作动态”上发表战略信息1篇。在《中国绿色时报》头版头条发表文章《林业植物新品种，惠农新担当》，并与中国绿色时报社联合推出“中国林草植物新品种”大型传播行动。在《中国绿色时报》开辟“中国林草植物新品种”专栏，集中报道部分植物新品种典型案例，讲述新品种的创新历程与传奇故事，提升全社会植物新品种保护意识，推动现代林草业高质量发展和美丽中国建设。先后发表《枸杞新品种，演绎中国红》《盛春8号，美艳杜鹃赛西施》《中华金叶榆，千亿黄金树》《京仲育成，产业提升》等专栏文章。

围绕“林草知识产权保护与管理”“林草植物新品种保护”“林草植物新品种行政执法”等主题举办培训班，讲解国家知识产权保护战略实施进展情况、林草知识产权保护与管理主要措施及现状、林草植物新品种应用与实施、林草植物新品种权行政执法有关法规等。

六、国际履约和合作交流

积极履行《国际植物新品种保护公约》（UPOV），参加UPOV2020年年会和相关技术工作组会议。举办中欧植物新品种权实施与维权国际研讨会。联合欧盟植物品种局(CPVO)开展DUS线上培训,并组织18位新品种测试技术骨干参加。参加在越南河内召开的植物新品种保护东亚论坛视频会议。组织36人参加UPOV远程培训,为未来的林草植物新品种保护国际合作奠定人才基础。与欧盟、东盟、日本、韩国等不断深化合作,组织专家启动银杏UPOV国际测试指南制定,进一步增加我国在植物新品种保护领域的国际话语权。

供稿:国家林业和草原局科技发展中心

知识产权司法保护工作

一、妥善审理案件,提升服务大局能力

紧紧围绕“努力让人民群众在每一个司法案件中感受到公平正义”目标,坚持服务大局、司法为民、公正司法。2020年,新收一审、二审、申请再审等各类知识产权案件525 618件,审结524 387件(含旧存,下同),比2019年分别上升9.1%和10.2%。

(一)强化知识产权民事司法保护

2020年,最高人民法院新收知识产权民事案件3470件,审结3260件,同比分别上升38.58%和64.98%。地方各级人民法院新收知识产权民事一审案件443 326件,审结442 722件,同比分别上升11.1%和12.22%。其中,新收专利案件28 528件,同比上升28.09%;商标案件78 157件,同比上升19.86%;著作权案件313 497件,同比上升6.97%;技术合同案件3277件,同比上升4.53%;竞争类案件4723件,同比上升14.41%;其他知识产权民事纠纷案件15 144件,同比上升34.96%。地方各级人民法院新收知识产权民事二审案件42 975件,审结43 511件,同比分别下降13.54%和10.67%。

2020年,人民法院审理的具有较大影响的知识产权民事案件有:华为技术有限公司等与康文森无线许可有限公司确认不侵害专利权及标准必要专利许可纠纷系列案,红牛维他命饮料有限公司与天丝医药保健有限公司商标权权属纠纷上诉案等。

(二)妥善审理知识产权行政案件

2020年,最高人民法院新收知识产权行政案件1909件,审结1735件,同比分别上升79.08%和96.27%。地方各级人民法院新收知识产权行政一审案件18 464件,同比上升14.44%;审结17 942件,比2019年增加4件。其中,新收专利案件1417件,同比下降14.69%;商标案件17 035件,同比上升17.83%;著作权案件12件,比2019年减少4件。地方各级人民法院新收知识产权行政二审案件6092件,审结6183件,同比分别下降16.59%和上升4.06%。其中,维持原判4828件,改判1214件,发回重审2件,撤诉114件,驳回起诉4件,其他21件。

2020年,人民法院审理的具有较大影响的知识产权行政案件有:苹果电脑贸易(上海)有限公司与国家知识产权局、上海智臻智能网络科技股份有限公司发明专利权无效宣告请求行政纠纷再审案,百威哈尔滨啤酒有限公司与国家知识产权局商标申请驳回复审行政纠纷案等。

(三)加大知识产权刑事打击力度

2020年,地方各级人民法院新收侵犯知识产权刑事一审案件5544件,审结5520件,同比分别上升5.76%和8.77%。其中,新收侵犯注册商标类刑事案件5203件,同比上升4.44%;侵犯著作权类刑事案件288件,同比上升37.14%。在审结的侵犯知识产权刑事一审案件中,假冒注册商标

刑事案件2260件，同比上升5.90%；销售假冒注册商标的商品刑事案件2528件，同比上升10.93%；非法制造、销售非法制造的注册商标标识刑事案件395件，同比下降6.62%；假冒专利刑事案件2件；侵犯著作权刑事案件273件，同比上升42.93%；销售侵权复制品刑事案件17件，比2019年增加9件；侵犯商业秘密刑事案件45件，比2019年增加6件。地方各级人民法院新收涉知识产权的刑事二审案件869件，审结854件，同比分别上升7.55%和5.82%。

2020年，人民法院审理的具有较大影响的知识产权刑事案件有：李某鹏等9人侵犯著作权罪案，镇江华业汽车用品有限公司、丹阳市丰溢塑料制品有限公司、蒋某华等6人销售假冒注册商标的商品罪案，姜某辉等6人侵犯商业秘密罪案等。

2020年，知识产权审判工作呈现出以下特点。

1. 案件数量增速放缓

由于多元解纷机制不断完善，越来越多的矛盾纠纷尚未进入诉讼程序就得到化解，加之受新冠肺炎疫情影响，2020年人民法院新收和审结知识产权案件的数量增速有所放缓，但仍保持10%左右的较高增长率。从案件类型来看，著作权案件在知识产权案件中占比最大。2020年，人民法院新收和审结著作权民事一审案件占全部知识产权民事一审案件的比重超过70%。从地区分布看，东部发达地区收结案数量稳步增长。例如，上海法院受理知识产权案件40 214件，审结37 514件，同比分别增长70.54%和59.57%；广东法院新收知识产权案件196 070件，审结193 019件，同比分别增长24.6%和26.07%。部分中西部地区收结案增幅较大。例如，四川法院受理知识产权案件16 867件，审结16 007件，同比分别增长44.96%和61.36%；云南法院受理知识产权案件6262件，审结5540件，同比分别增长125.46%和125.45%；贵州法院受理知识产权案件2681件，审结2118件，同比分别增长59.58%和28.44%。

2. 保护力度不断加大

人民法院认真贯彻《关于加强知识产权审判领域改革创新若干问题的意见》和《关于强化知识产权保护的意见》，探索建立体现知识产权价值的侵权损害赔偿制度，让权利人得到充分补偿，让侵权人付出最大代价。以尊重知识产权、鼓励创新运用为导向，努力实现侵权损害赔偿与知识产权市场价值相协调。积极适用惩罚性赔偿，对故意侵害知识产权且情节严重的，依法支持权利人的惩罚性赔偿请求，遏制和威慑严重侵害知识产权行为。江苏省高级人民法院在小米科技公司等与中山奔腾公司等侵害商标权及不正当竞争纠纷案中，对权利人主张的5000万元赔偿额予以全额支持，充分体现了严厉打击严重侵害知识产权行为的鲜明导向。合理分配举证责任，依法适用举证妨碍排除等制度，支持当事人通过区块链等方式保存、固定和提交证据。北京市高级人民法院在北京国瑞升科技股份有限公司诉金某芳等侵害经营秘密纠纷案中，通过合理分配举证责任，降低举证难度，及时有效地保护了商业秘密权利人的合法权益。

3. 服务大局成效斐然

人民法院切实发挥知识产权审判激励创新创造、维护公平竞争、促进文化繁荣的重要作用，全面贯彻新发展理念，积极为构建新发展格局、推动高质量发展提供有力的司法服务和保障。加强对各类市场主体知识产权的依法平等保护，持续营造市场化、法治化、国际化营商环境。最高人民法院二审审结的红牛维他命饮料有限公司与天丝医药保健有限公司商标权属纠纷案，通过依法阐明商标权取得和许可使用法律适用问题，向全社会释放了平等保护中外当事人合法权益的信号。杭州知识产权法庭对恶意侵害国际知名品牌“惠氏”商标的侵权行为人适用惩罚性赔偿，一审判赔数额高达3055万元，引起社会广泛关注。新冠肺炎疫情发生后，各级法院加强在线诉讼服务，最大限度方便当事人远程参加诉讼，确保疫情防控和司法审判两不误。建立涉药品专利、复工复产案件“快车道”，全力保障疫情防控科技攻关和技术创新。依法严惩涉疫情防控的商标抢注、假冒商标、商业诋毁、虚假宣传等扰乱市场秩序的行为，保障疫情防控工作顺利开展。湖北省高级人民法院在一起侵害商业秘密纠纷中及时变更保全标的物，保障企业在疫情期间的正常生产经营，取得良好社会效果。江苏法院共审结涉新冠肺炎疫情知识产权刑事案件 11 件，严厉打击生产、销售假冒“3M”品牌口罩等犯罪行为，服务统筹推进疫情防控和经济社会发展大局。

4. 激励创新效果明显

人民法院通过公正裁判，积极引导企业聚焦核心技术研发，鼓励科技创新，促进解决“卡脖子”问题。妥善审理涉及专利、集成电路布图设计、计算机软件等相关纠纷，引导企业突破核心技术，带动技术和产业不断升级。高度重视互联网、人工智能、大数据等技术发展新需求，依法妥善审理涉体育赛事、网络游戏、网络直播、数据侵权等新类型案件，促进新兴业态规范发展。最高人民法院审结的深圳裕昇科技有限公司等与苏州赛芯电子科技有限公司侵害集成电路布图设计专有权纠纷案，明确了集成电路布图设计保护范围和侵权对比方法，加大集成电路产业的知识产权司法保护力度。天津法院在一起涉外专利权属系列纠纷案中，促成双方和解，以许可使用的方式开展长期技术合作，有力助推我国相关行业技术进步。

5. 智慧法院建设成果突出

2020 年，各级人民法院全面深化智慧法院建设，突出司法数据中台、智慧法院大脑的智慧引擎作用，探索知识产权司法大数据实现数据共享和深度应用。积极推进跨区域的知识产权远程诉讼平台建设。大力推进信息化技术普及应用，提高司法解决知识产权纠纷的便捷性、高效性和透明度。北京法院 2020 年线上审理知识产权案件近 4 万件，全力推进“云司法”，打造全流程在线诉讼模式，推出在线诉讼服务平台，为当事人提供一站式线上诉讼服务。浙江省高级人民法院出台知识产权民事案件在线庭审规程（试行），“移动微法院”小程序运用率和诉讼文书电子送达率均达 85%以上；研发以 3D 扫描技术为基础的电子物证保存应用管理系统，建设“云上物证室”，解决物证积压严重问题。广州知识产权法院实现诉讼服务全流程“一网通办”，网上立案审查 8651 件，电子送达 6153 次，送达诉讼文书 44 407 份，提供电子版案件生效证明，新增网上见证授权委托等诉讼服务。

二、坚持改革创新，完善体制机制建设

（一）专业化审判体系建设成效显著

12 月 26 日，第十三届全国人民代表大会常务委员会第二十四次会议通过了《全国人民代表大会常务委员会关于设立海南自由贸易港知识产权法院的决定》，决定设立海南自由贸易港知识产权法院。以最高人民法院为龙头，以北京、上海、广州、海南自贸港知识产权法院为示范，以 22 家地方法院知识产权法庭为重点，以高、中级法院和部分基层法院知识产权审判庭为支撑的知识产权审判格局已经形成。2020 年，最高人民法院知识产权法庭新收技术类知识产权案件 3176 件，审结 2787 件，同比分别增长 63%和 95%，案件数量增长迅猛，涉新领域、新业态案件居多，社会关注度较高；持续推进技术类知识产权案件裁判标准的统一，努力促进行政执法与司法保护形成合力，中国知识产权司法国际影响力不断提升。知识产权法院不断深化司法体制综合配套改革，推进审判机构专门化、审判人员专职化和审判工作专业化，充分发挥了引领示范作用。地方法院知识产权法庭跨区域集中管辖技术类知识产权一审案件，在服务区域发展中发挥了重要作用。

（二）知识产权大保护工作格局正在形成

最高人民法院积极推动与国家知识产权局建立数据信息交换网络专线，持续开展与国家知识产权局专利人才交流合作，完善对接机制。陕西省高级人民法院与省知识产权局等部门联合出台《中国（陕西）自由贸易试验区跨部门知识产权执法协作指导意见》，与省检察院、公安厅、市场监管局制定《陕西省市场监督管理综合行政执法与刑事司法衔接工作规定》，强化行政执法与司法保护的良性互动。吉林省高级人民法院与省检察院、公安厅、市场监管厅建立知识产权联席会议制度，完善线索通报、案件协办、联合执法、案件移送等机制。昆明市中级人民法院与市知识产权局签订加强知识产权保护合作框架协议，健全促进行政执法与司法保护衔接工作机制。丹东市中级人民法院与市知识产权局、市场监管局等部门签署加强进出口环节知识产权保护工作合作备忘录。抚州市中级人民法院与该市台湾同胞投资企业协会、民间文艺协会等机构形成联动机制，推动构建涉台知识产权和民间文学艺术著作权协同保护格局。瑞安市人民法院协同相关职能部门建立知识产权严重侵权企业“黑名单”制度，合力惩戒知识产权侵权行为。

（三）“三合一”审判改革有序推进

最高人民法院加强对知识产权民事、行政、刑事审判“三合一”改革指导工作，先后批复同意安徽、新疆、河南三省区高级人民法院的“三合一”实施方案，指导江西省高级人民法院完善“三合一”工作实施方案。安徽省高级人民法院与省检察院、公安厅出台《关于办理知识产权刑事案件若干程序问题的意见》，建立知识产权民事、行政和刑事案件统一管辖格局。新疆维吾尔自治区高级人民法院会同自治区检察院、公安厅制定《新疆维吾尔自治区知识产权刑事司法保护联席会议制度》，联合签署《关于对知识产权审判“三合一”改革中刑事司法保护若干问题的意见（试行）》，进一步加强公检法机关在打击侵犯知识产权犯罪方面的协调配合。河南省高级人民法院加大与省检察院、公安厅的协调力度，进一步明确知识产权刑事案件的管辖原则。沈阳市中级人民法院与市检察院、公安局联合印发《关于知识产权刑事案件集中管辖问题的通知》，针对沈阳市辖区内知识产权刑事案件实行集中管辖。海口市中级人民法院与市检察院、公安局联合签署《关于办理知识产权刑事、民事、行政案件“三合一”审理若干问题的意见（试行）》，推动民事维权、刑事打击、行政审查形成整体合力，发挥整体效能。

（四）知识产权诉讼机制不断完善

最高人民法院积极探索符合知识产权案件规律的诉讼规范，加快起草知识产权诉讼特别程序法立法建议稿。不断完善以技术调查官制度为基础，以技术咨询、专家陪审、专家辅助、技术鉴定为重要组成部分的多元化技术事实查明机制，建立全国法院技术调查人才库和全国共享机制，已入库 450 余名技术调查官，覆盖 30 多个技术领域，初步实现了技术调查人才在全国范围内“按需调派”和“人才共享”，有效缓解技术事实查明难问题，提高了技术事实查明的客观性、公正性、科学性。推进知识产权案件繁简分流，破解案多人少矛盾。青海省高级人民法院出台《关于技术调查官参与诉讼活动若干问题的规定（试行）》《技术调查官职责任务及相关要求》《关于专门知识的人参加司法技术活动的实施细则（试行）》《关于采集司法技术证据材料的工作规则》《关于确认技术性证据材料的规则》，推动建立多元化技术事实查明机制。

（五）知识产权纠纷多元化解机制落地见效

最高人民法院与国家知识产权局共同出台《关于建立知识产权纠纷在线诉调对

接机制的通知》，建立知识产权纠纷在线诉调对接机制，应用人民法院调解平台，开展知识产权纠纷在线诉调对接，为当事人提供一站式服务。河北省高级人民法院制定《关于在全省法院推广"知识产权类型化案件快审机制"的实施意见(试行)》，进一步推进知识产权案件繁简分流，优化司法资源配置。山西省高级人民法院与省司法厅、市场监管局、版权局联合制定《关于建立知识产权司法审判与行政执法协调和多元化纠纷解决机制的意见》，充分发挥行政部门在预防和化解知识产权纠纷方面的作用。江苏省高级人民法院与省委宣传部版权管理处联合召开诉调对接工作座谈会，推动将音乐电视作品著作权案件等交由江苏版权调解中心、娱乐业协会等组织调解，成功化解知识产权纠纷 2701 件。新疆维吾尔自治区高级人民法院生产建设兵团分院加强与知识产权行政部门、人民调解组织等协调配合，邀请人大代表、政协委员等协助开展调解工作，2020 年调撤率为 35.14%。杭州市中级人民法院开通"中国(杭州)知识产权・国际商事调解云平台"，整合中国国际贸易促进委员会、杭州市中小企业协会等组织调解力量，成功调解知识产权纠纷 1395 件。上海市浦东新区人民法院和世界知识产权组织仲裁与调解上海中心合作，成功调处全国首例境外争议解决机构参与调解的涉外知识产权纠纷。包头市中级人民法院制定《知识产权案件证据保全及管理规范》，完善知识产权案件证据保全和管理工作机制。

三、加强监督指导，促进法律适用统一

(一)进一步明确今后工作总体要求

11 月 12 日，最高人民法院在广州召开全国法院知识产权审判工作座谈会，全面总结成绩和经验，深入分析形势和任务，结合知识产权审判实际，明确当前和今后一个时期知识产权审判工作的总体要求。面对新形势和新要求，人民法院坚持以习近平新时代中国特色社会主义思想为指导，增强"四个意识"、坚定"四个自信"、做到"两个维护"，全面贯彻落实党的十九大和十九届二中、三中、四中、五中全会精神，坚持党对司法工作的绝对领导，坚持稳中求进工作总基调，坚持贯彻新发展理念，坚持以人民为中心，围绕推动高质量发展、构建新发展格局，不断加强知识产权司法保护，切实做到服务大局、严格保护、循序渐进、改革创新，不断优化有利于创新的知识产权法治环境，为实现科技自立自强提供坚实法治保障，为建设知识产权强国和世界科技强国、全面建设社会主义现代化国家提供坚实司法服务和保障。

(二)高质量完成司法解释清理

2020 年，最高人民法院针对知识产权审判遇到的新问题、新要求，密集出台涉及商业秘密保护、专利授权确权、网络知识产权侵权、知识产权刑事保护、知识产权民事诉讼证据、电商平台知识产权保护、加大知识产权侵权行为惩治力度、加强著作权和相关权利保护等 10 个司法解释和规范性文件。

发布《关于修改〈最高人民法院关于审理侵犯专利权纠纷案件应用法律若干问题的解释(二)〉等十八件知识产权类司法解释的决定》，清理修改知识产权类司法解释，与民法典同步施行。根据审判实践发展变化，废止 4 件知识产权类司法解释，保证民法典和知识产权部门法在审判实践中得到准确适用。

(三)做好案例指导、司法调研等工作

2020 年，最高人民法院发布 2019 年度中国法院十大知识产权案件和 50 件典型知识产权案例、知识产权案件年度报告(2019)等，总结 2019 年度具有重大影响和对司法裁判具有普遍指导意义的案件，提炼明晰司法裁判标准。各地法院充分利用"4・26 知识产权宣传周"，结合辖区案件特点，开展典型案例宣传。

最高人民法院举办第四届全国知识产权优秀裁判文书评选和第二届全国知识产权优秀调研成果评选活动，对全国法院146篇知识产权优秀裁判文书和64篇优秀调研成果进行表彰。深入开展惩罚性赔偿、反垄断、国防专利、数据产权保护、中医药、植物新品种、集成电路等专题调研，形成多篇优秀调研成果。广东省高级人民法院举办“涉外高层次人才引进中知识产权法律风险”调研座谈会，与辖区内高新企业深入交流，服务企业海外维权需求。针对网络新型不正当竞争行为日益多样化和复杂化的现状，浙江省高级人民法院牵头开展重点课题“关于网络新型不正当竞争行为及其法律规制问题的调研”。重庆市高级人民法院举办“网络游戏知识产权司法保护研讨会”，就网络游戏知识产权司法保护问题进行了深入探讨。四川省高级人民法院联合相关单位共同举办“地理标志及非遗案件审判难点研讨会”，在地理标志及非遗知识产权的应用、推广、扶贫、纠纷解决等方面问题进行深入探讨，加强四川地理标志和非遗产品保护。黑龙江省高级人民法院连续九年与省法学会知识产权法学研究会联合举办“黑龙江省知识产权司法保护论坛”，围绕“民法典与知识产权制度的变革”“地理标志的司法保护”等议题进行研讨，共同提升知识产权保护效果。

积极参与民法典编纂和专利法、著作权法、反垄断法、刑法修正案（十一）的修改制定工作，多次派员参加立法机关召开的研讨会，提出修改建议。积极配合相关行政机关做好药品专利纠纷早期解决机制实施办法的制定工作。

（四）加大司法公开力度

人民法院认真落实司法责任制改革要求，大力推进知识产权审判信息公开、庭审公开、裁判文书公开，最大限度满足人民群众知情权、参与权。最高人民法院审判委员会讨论《关于加强著作权和与著作权有关的权利保护的意见》时，邀请全国人大代表、全国政协委员列席并发表意见。最高人民法院知识产权法庭开展成立一周年主题发布活动。新疆维吾尔自治区高级人民法院在“4·26知识产权宣传周”期间，组织人大代表、政协委员、特约监督员、媒体记者和学生代表旁听案件审理，将知识产权宣传周庭审纳入高校网课课程。山东法院充分发挥互联网审判优势，组织30余位知识产权审判庭庭长同时敲响法槌开启在线“云庭审”，部分案件当庭宣判。甘肃法院对30余起侵犯知识产权案件集中开庭审理、宣判。湖北省高级人民法院组织开展“4·26世界知识产权日侵权假冒商品集中销毁活动”。西藏自治区高级人民法院和拉萨市中级人民法院在世界知识产权日组织干警发放5000余册商标法、著作权法等方面的宣传手册，解答群众相关问题100多个。中央电视台《法治在线》节目对银川市中级人民法院审理的一起侵害实用新型专利权纠纷案件进行了专题报道。

四、广泛开展国际交流合作，统筹推进国内法治和涉外法治

（一）加强与国际组织交流合作

2020年，完成世界知识产权组织法律与条约数据库30份中英文裁判文书录入工作，派员参与《世界知识产权组织全球专利案件管理司法指南》编写工作，并参加多个网络研讨会。此外，参加国际保护知识产权协会（AIPPI）全球会员线上大会、国际商标协会2020年年会，以及品种实施与维权国际研讨会、第三届中国国际进口博览会打击侵权假冒国际合作论坛等国际会议，积极发出知识产权司法保护的“中国声音”。

（二）维护公平的国际竞争秩序

人民法院依法公正、高效审理了一大批备受国内外关注的大案要案，取得良好法律效果和社会效果。在华为技术有限公司等与康文森无线许可有限公司系列纠纷

案中，最高人民法院作出具有禁诉令性质的行为保全裁定，为我国探索禁诉令制度积累了有益经验，最终促成双方当事人达成全球和解。深圳市中级人民法院在OPPO广东移动通信有限公司等诉夏普株式会社等标准必要专利许可纠纷案中，通过禁诉令有效化解国际平行诉讼问题，维护了我国司法主权和当事人合法权益。

五、注重人才培养，打造国际一流审判队伍

（一）加强思想政治教育

始终把政治建设摆在首位，牢记人民法院首先是政治机关，坚持以习近平新时代中国特色社会主义思想武装头脑、指导实践、推动工作，把增强“四个意识”、坚定“四个自信”、做到“两个维护”落实到知识产权审判实践中。牢牢坚持党对司法工作的绝对领导，坚定不移走中国特色社会主义法治道路，树立新时代正确司法理念，确保知识产权审判工作始终沿着正确方向前进。

（二）提升拒腐防变能力

深入推进党风廉政建设和反腐败斗争，坚持反腐败无禁区、全覆盖、零容忍。扎实开展“三个规定”专项整治活动，有效预防、及时处理领导干部干预司法活动、插手具体案件以及内部人员违反规定过问和干预案件，规范司法人员与当事人、律师、特殊关系人、中介组织的接触交往行为。加强警示教育，使干警强信念、明法纪、知敬畏、守底线。持续推动党员干部不忘初心、牢记使命，不断提升自身政治境界、思想境界、道德境界。全面落实司法责任制改革，完善知识产权领域审判权运行和监督制约机制，确保公正廉洁司法。

（三）创新人才培养模式

以加强“七种能力”建设为指引，检视存在的不足和差距，立足知识产权审判实际和岗位职责，提高应对当前复杂形势、完成艰巨任务、解决实际问题的能力。创新人才培养机制，加强与有关国际组织、科研院所、高科技企业的合作，开展形式新颖、内容活泼的教育培训。通过人员借调、挂职、遴选等方式，积极开展不同层级、不同地域法院之间的人才交流共享，实现优势互补，为干警提供更多实践锻炼和相互学习的机会，夯实知识产权审判事业长远发展的人才基础。

供稿：最高人民法院民三庭

检察机关保护知识产权工作

一、坚持以办案为中心，全面履行职能

一是严厉打击侵犯知识产权犯罪。2020年，全国检察机关共审查逮捕侵犯知识产权犯罪案件3918件7155人，同比分别下降9.8%和3.7%；审查起诉5847件12 163人，同比分别上升7.6%和10.5%。其中，审查逮捕假冒注册商标罪、销售假冒注册商标的商品罪，以及非法制造、销售非法制造的注册商标标识罪等侵犯商标权类犯罪3512件6328人，审查起诉5187件10 819人；审查逮捕侵犯著作权罪203件366人，审查起诉274件653人；审查逮捕销售侵权复制品罪12件19人，审查起诉16件26人；审查逮捕侵犯商业秘密罪30件52人，审查起诉30件50人；审查逮捕数罪或他罪中含侵犯知识产权行为161件390人，审查起诉339件614人。

二是依法履行法律监督职责。2020年，共办理知识产权与竞争纠纷类民事检察监督案件146件。经检察机关法律监督，行政执法机关移送侵犯知识产权涉嫌犯罪案件228件262人；公安机关立案181

件230人，监督撤案243件304人；提出二审抗诉、审判监督抗诉共计57件，法院改判15件18人。

三是编写知识产权指导性案例，加强案例指导工作。4月，最高人民检察院从各级检察机关办理的知识产权检察案件中精选9件，向最高人民法院、公安部、中宣部、国家知识产权局等相关部委以及法学专家广泛征求意见。在吸收各方意见的基础上对案例作出认真修改，提交案例指导工作委员会讨论，最终确定5件作为指导性案例发布。

二、立足职能定位，服务保障大局

一是依法履职抗疫，服务保障“六稳”“六保”。为贯彻落实党中央关于做好“六稳”工作、落实“六保”任务的重大决策部署，主动服务统筹推进疫情防控和经济社会发展工作，制定下发《关于充分发挥检察职能服务保障“六稳”“六保”的意见》，其重要举措之一是强调加大知识产权司法保护力度。该意见充分考量知识产权保护在疫情防控常态化条件下对企业生存发展、创新创业的重要意义，重点围绕依法着力保护与疫情防控相关的诊断检测技术、抗病毒药物、医用呼吸防护产品、环境消毒与废物处理、疫苗研制等领域的知识产权，重点打击涉及高新技术、关键核心技术侵权，以及网络侵权、链条式产业化有组织侵权等严重侵权假冒犯罪，强化对商业秘密的保护，以及依法妥善办理科研人员涉嫌职务犯罪案件等工作提出要求，充分发挥检察职能，促进恢复正常经济社会秩序。

二是及时回应司法实践需求，健全完善法律法规。积极参与《刑法修正案（十一）》相关立法工作，就其中涉及侵犯知识产权犯罪部分，组织专门力量分别从司法实践、法律政策两个层面审慎研判、建言献策，多次参加全国人大常委会法工委组织的研讨会并对《刑法修正案（十一）（草案）》提出书面修改意见，为完善知识产权犯罪立法、提高我国知识产权司法保护水平贡献检察智慧。为满足司法实践需求，与最高人民法院联合起草《关于办理侵犯知识产权刑事案件具体应用法律若干问题的解释（三）》；会同公安部制定《关于修改侵犯商业秘密刑事案件立案追诉标准的决定》。

三是立足大保护格局，汇聚知识产权保护合力。与有关机构密切合作，共同推进打击侵权假冒领域信息共享平台的建设应用，进一步做实“两法衔接”工作；参与起草全国“双打办”牵头、九部委联合制定的《关于加强侵权假冒商品销毁工作的意见》，对销毁假冒注册商标的商品、非法制造的注册商标标识、侵犯著作权的复制品以及主要用于生产或制造假冒或盗版商品的材料和工具的工作予以规范；参与制定《行政执法机关移送涉嫌犯罪案件的规定》，对知识产权案件行政执法移送刑事司法标准的修改作出积极贡献；全程参与中美第一阶段经贸协议涉知识产权章节落实的中美磋商会，对中日韩自贸区协议知识产权条款及其他重要自贸协定知识产权章节进行深入研究，提交高质量的研究报告；积极协助、配合国家知识产权局、商务部等部委，撰写检察机关实施“十三五”国家知识产权保护和运用规划总结评估工作情况、检察机关贯彻落实《〈关于强化知识产权保护的意见〉推进计划》自查总结、中国知识产权白皮书、《中国知识产权年鉴》等涉知识产权文稿。

四是做好知识产权检察宣传工作，推动营造保护知识产权的良好社会氛围。通过新闻发布会、专家论证、公开听证、制发典型案例等多种方式，密集开展知识产权检察新闻宣传，增加覆盖面，提高曝光率，提升社会认知度。“4·26世界知识产权日”宣传期间，最高人民检察院发布2019年检察机关加强知识产权司法保护工作情况和2019年度检察机关保护知识产权典型案例，宣传我国知识产权司法保护的新举措、新进展，传播知识产权文化理念，增强全社会知识产权意识，取得良好社会效果。

三、创新体制机制，提升履职能力

一是整合知识产权检察职能，提升综合保护质效。为充分发挥知识产权检察职能，全面加强对知识产权的综合性司法保护，最高人民检察院对全国检察机关近5年的知识产权检察工作情况作了全面系统的梳理，对知识产权检察工作面临的形势任务、存在的突出问题以及推动工作的举措等作了深刻剖析，明确了整合知识产权检察职能的思路。11月，组建知识产权检察办公室，整合刑事、民事、行政检察职能，加强知识产权检察工作的顶层设计和战略规划，统筹推进知识产权检察各项工作，强化检察履职，打好检察"组合拳"，实现对知识产权综合性、多层次、全方位的司法保护。

二是开展集中统一履职试点，深入推进综合履职工作。为进一步统筹加强全国知识产权检察工作，最高人民检察院于11月底下发通知，决定在北京、天津、上海、江苏、浙江、福建、重庆、四川以及海南九省（直辖市）开展集中统一履职试点工作。要求试点检察院整合知识产权刑事、民事、行政检察职能，组建内部综合办案组织，专门从事知识产权检察工作。各试点单位积极探索创新，办理了一批典型案件，积累总结了一批可复制推广的经验做法，试点工作取得阶段性成果。

三是扎实推进侵犯知识产权刑事案件权利人诉讼权利义务告知试点工作，提升知识产权司法保护质效。2019年12月，最高人民检察院在北京等六省（直辖市）检察机关开展侵犯知识产权刑事案件权利人诉讼权利义务告知试点工作。2020年5月，最高人民检察院对试点工作进行中期总结，研究解决司法实践中的问题和难点，推广好的经验做法。7月，最高人民检察院又下发《关于进一步规范侵犯知识产权刑事案件权利人诉讼权利义务告知试点工作的几点意见》，对告知范围、告知对象、工作文书等内容作了进一步规范，并组织开展了针对这项工作的网络培训。试点工作积累了丰富经验，受到知识产权权利人广泛好评和社会公众高度认可。

四是注重智慧借助，提升知识产权保护专业化水平。知识产权检察工作专业性强，对检察人员履职能力要求较高。为克服力量不足短板，检察机关积极借助"外智"。最高人民检察院在中国人民大学知识产权学院建立了知识产权检察研究基地，重点围绕如何完善知识产权检察履职、加强检校合作互动、推动知识产权教学研究成果和检察实践成果相互转化等问题进行研究；参加中国法学会知识产权法学研究会年会，加强与知识产权法学界沟通交流，为"外脑智库"建设奠定坚实基础。各地检察机关也都结合当地实际，积极加强与高校、科研院所以及专业机构的沟通交流，实现"外智"借助。

供稿：最高人民检察院知识产权检察办公室

全国知识产权社团工作

中国知识产权研究会

一、筑牢制高点，坚定不移守阵地

一是强化意识形态，严把政治关，建立覆盖全出版流程的政治审查制度。二是立足高质量发展，严把内容关，制定杂志出版质量管理办法，建立初审匿名审稿制度和专家匿名外审制度等，多措并举提高杂志质量。三是完善规范流程，严把审校关。不断细化完善“三审三校”工作流程，严格执行政治审查一票否决制，筹建知识产权投稿审稿网站。四是加强监督管理，严把责任关。制定杂志阅评实施办法，实行内部监督和外部监督相结合，加强出刊后的质量检查工作。

二、扭住根本点，铸魂育人助职称

一是组织专家制定完成初级、中级、高级三个级别的知识产权师职称考试大纲；二是组织编写并出版6册职称考试相关书籍，累计达204万字；三是组织专家根据考试大纲完成近600道命题工作；四是组织专家完成高级职称考试的人工阅卷工作；五是搭建完成线上职称考试学习交流平台“知识产权师之家”，访问量超10万人次；六是通过线上和线下两种方式完成职称考试的政策宣讲、辅导培训近10场，3000余人次参加。

三、紧抓增长点，与时俱进谋规划

一是加强顶层设计，高质量完成“十四五”国家知识产权保护和运用规划及“十四五”知识产权公共服务分项规划的基础研究工作。二是助力地方规划制定和强化区域指导，为地方规划制定提供支撑。

四、突出关键点，紧锣密鼓强保护

一是为国家知识产权局有关知识产权纠纷机制建设、加强知识产权侵权鉴定指导意见等文件的出台提供基础支撑。二是大力推进全国海外知识产权纠纷应对指导体系建设。三是面向22家国内企业提供海外纠纷应对指导服务，面向近百家企业提供其他咨询服务。四是完成2019年中国企业在美国遭遇的“337调查”研究报告等并向社会公众发布。五是服务地方政府和创新主体加强知识产权保护布局。

五、找准着力点，扎实推进促运用

一是继续协助国家知识产权局做好知识产权运营服务体系重点城市的遴选和中期绩效评估工作。二是针对地方特色优势产业精准开展专利导航。三是积极发挥知识产权研究会整合资源的功能作用，全方位推进知识产权转化和高质量运用。

六、夯实基础点，多措并举谋学术

一是2020年承担国家知识产权局各职能部门和中国科学技术协会等委托的项目27项，共43个课题。二是积极与中国社会科学院等国内顶级智库和研究机构深度合作。三是针对社会所关注的知识产权领域热点和难点问题，举办近20场专题讲座和学术研讨。四是成功举办“第一届中国知识产权学术年会”和“2020中日韩知识产权国际学术研讨会”。

七、强化结合点，加快发展扩影响

一是通过实地走访、座谈、访谈等方式开展调研活动10余次，找准各方在知识产权领域面临的难点问题和迫切需求并协调解决。二是先后走进南京大学等8所高校，开展讲座3场，组织座谈5场。三是在安徽、江苏等地助力地方政府开展各类干部培训、高层论坛等5场。

八、发挥优势点，助力司法强鉴定

一是累计完成来自全国司法系统、市场监管系统，以及企事业单位专利、商标、商业秘密等委托鉴定30余项，出具50余份鉴定意见书，其他各种形式鉴定咨询200家次。二是成功入驻最高人民法院有关专业机构库。三是积极协调相关人大代表提交关于加强知识产权鉴定行业管理的建议。

九、加强会员服务，拓展会员有活力

一是组织抗疫成效显著，被中国科学技术协会评为“优秀抗疫学会”。二是服务模式积极创新，2020年开展线上各类知识产权实务培训10期，培训人数超过2000人次。三是服务项目不断扩展，全新开展知识产权专业职称考试、创新方法等高端培训，组织全国创新争先奖等推荐工作。四是成功申报中国科学技术协会“科普中国”共建基地项目。

十、加强分支机构建设，各项工作有支撑

2020 年下半年，高校知识产权专业委员会和知识产权鉴定专业委员会相继正式成立。高校知识产权专业委员会聚集了近 70 所高校的 200 余名学界专家，承担了 4 项课题研究，协办、承办了线上线下交流活动 14 次，赴华为等开展实地调研 20 次。知识产权鉴定专业委员会在强化机构职责、加强行业管理、组织制定鉴定行业标准等方面取得突出成效。

供稿：中国知识产权研究会

中国专利保护协会

一、综合服务工作

启动第五届换届筹备工作，制定换届方案，有序推进工作开展。拟定《中国专利保护协会章程》修改初稿及其他文件。

加强与地方交流合作，构建协同发展机制，起草《中国专利保护协会与长春新区战略合作协议》《中国专利保护协会与云南省知识产权局战略合作协议》等文件；推动与长春新区、云南省知识产权局、宜昌市市场监督管理局等的合作事宜。

向全体知识产权服务机构会员单位发出《关于向全国抗击新冠肺炎一线医务工作者提供免费知识产权服务的倡议书》，遴选出 17 家知识产权机构为全国抗击新冠肺炎的一线医务工作者提供免费知识产权服务。

以微信公众号“中国专利保护协会”运营为核心服务措施，积极做好各项对外宣传联络工作，为广大会员企业和订阅者提供内容新颖、时效性强的知识产权资讯和优质的用户体验。2020 年，总计发布公众号文章 355 篇，实现 28.3 万人次阅读，成为会员服务、业务推广和对社会公众提供知识产权教育的重要阵地。

二、培训工作

一是企业知识产权人才培训。与中国知识产权培训中心合作举办企业知识产权管理实务能力提升培训班；指导举办企业知识产权管理体系内审员培训班。举办中国专利奖申报经验闭门交流会，为会员解读中国专利奖申报通知变动情况，协助邀请历年获奖企业进行经验交流分享。受新冠肺炎疫情影响，共举办线上培训 34 次，涉及国际知识产权制度、专利申请、专利复审与无效、商标等方面的内容，共计参与人数 3012 人，其中会员参与 1607 人次。举办高价值专利筛选与申报培训线下培训，参与人数 86 人。

二是涉外培训项目。7 月至 8 月，邀请国外专家组织 3 场涉外培训，包括韩国专利布局策略和诉讼实务、泰国专利保护及法制体系、新加坡（东南亚）知识产权申请和保护制度。

三、承担各类知识产权课题委托工作

一是承担多项知识产权课题研究工作。承担的课题研究工作包括《专利审查指南》的修订调查、知识产权维权援助工作手册的编制、专利法及其实施细则修改的论证调研等。

二是承担企业知识产权调研工作。为会员企业提供知识产权规划专题研究及专利布局项目、专利检索项目、高价值专利项目综合评价工作项目等多项知识产权调研与研究服务，并承担北京互联网法院委托的专利纠纷调解等 2000 多件诉前调解案件的分配工作。

四、专利运营工作

2020 年，中国专利保护协会开展以下专利运营工作：全国知识产权管理体系贯标认证扶持政策调研；知识产权认证工作跟踪调查项目；专利密集型产品支持系统建设；知识产权运用决策咨询活动项目；知识产权运营平台评价方案制定；建立知识产权服务社会公众监督机制工作项目；山东省、安徽省、山西省、潍坊市专利奖评选工作及广西壮族自治区高质量专利评选等。

五、国际合作工作

一是组织会员企业参与五局合作产业界活动。组织2次中国企业内部沟通会，征求中国企业对五局合作重点议题的意见和建议，提出中国企业关心的议题。组织召开2次五局合作产业界会议，确定拟向五局提出的重点议题。

二是其他涉外工作。组织中国企业参加WIPO主办的可持续发展技术侦测与部署会议。参加中欧两局共同主办的中欧两局PCT国际检索单位试点项目在线研讨会。组织会员企业参加日内瓦发明展。

供稿：中国专利保护协会

中华全国专利代理师协会

一、加强自律监督，维护有序竞争的行业秩序

一是完善行业自律规范。开展《专利代理职业道德与执业纪律规范》修订工作，研究制定《专利代理行业自律公约》。二是强化自律协同治理。进一步配合做好行业监管，围绕“蓝天”行动，加大对专利代理机构规范经营的宣传力度。三是进一步拓宽自律方法。运用谈话、约谈、发布典型案例等方式，丰富行业自律工作方法。四是健全会员诚信档案和公示制度，加大对违规行为的曝光力度。五是做好投诉查处工作。2020年，共收到投诉55起，已办理完结52起。

二、加大人才培养力度，提升专利代理质量

2020年，共举办各类培训50期，线上线下培训学员超3.4万人次。

一是统筹疫情防控与业务培训工作，开展线上系列公益讲座38期，助力知识产权服务业复工复产。二是强化审查专家与专利代理师的业务联动，及时传达最新审查宏观政策，解决代理实务疑难问题。三是发挥网络平台优势，开展专利代理师和诉讼代理人远程教育培训，培训学员1.5万人次。四是举办涉外业务研讨培训班，加强涉外人才培养。五是优化师资队伍结构，完善协会培训师资库，开展师资试讲评审工作。六是完成《中国专利代理行业发展状况报告(2019年)》，推进专利代理质量分析和服务能力现状分析工作。七是推进专利代理执业培训系列教程的适应性修订，完成电学领域教程第一阶段修订。

三、做好行业服务工作，加强行业宣传与文化建设

一是开展多次调研活动，了解会员需求以及在实际工作中遇到的困难和问题，通过发布《助力新冠病毒肺炎疫情阻击战倡议书》《关于引导专利代理机构加强疫情防控、有序复工复产的通知》，收集转发全国各省市在抗击新冠肺炎疫情期间出台的针对中小企业减负政策，整理疫情防控期间国外知识产权机构相关政策等，指导帮助会员在疫情期间全面复工复产。二是加大对诉讼代理人的监督管理力度。规范专利代理师诉讼业务培训课时管理办法，修订《中华全国专利代理师协会诉讼代理管理办法》等文件。三是进一步优化工作流程，上线“会员中心”专栏，做好执业会员和非执业会员入会退会管理和服务。四是继续实施专利代理职业责任保险方案，2020年，全国共1026家代理机构的1 1163名代理师办理了投保手续，理赔金额47万余元。五是做好智能审查系统之EAC系统的升级改造工作。六是发挥协会网站、微信公众号、《专利代理》杂志的宣传阵地作用。截至2020年底，中华全国专利代理师协会网站访问量已突破2300万次,微信公众号关注人数达2万余人,杂志发表学术论文70余篇。七是开展远程教育培训系统升级改造,满足会员多样化需求。八是在行业内开展扶贫倡议,专利代理机构共出资42万元支持建成湖南省桑植县陈家河镇仓关峪村甘溪余子忠桥等多个扶贫项目。

四、深化对外交流,提升行业国际影响力

一是派员参加WIPO成员国大会第六十一届系列会议、第六届多国代理师协会会长会、AIPPI NGO协调会、FICPI执委会会议、国家知识产权从业者协会全球网络峰会等国际知识产权会议。二是作为国际商事争端预防与解决组织的发起单位之一,顺利召开首届会员大会和成立大会,并成为其咨询委员会成员。

五、支撑标准贯彻和实现机制运行管理

一是加强贯标认证服务。2020年,中规(北京)认证有限公司审核企业5300余家,服务范围覆盖全国30个省市。二是提升服务质量。加大对政府、机构、企业走访力度,深入了解客户在疫情期间复工实际需求,打造具有针对性的服务举措。三是综合运用线上线下培训手段,切实提升审核员业务能力。截至2020年底,已拥有国家专职注册审核员190余名。

供稿:中华全国专利代理师协会

中华商标协会

一、响应中央号召,抗击新冠肺炎疫情

一是组织学习《关于加强党的领导、为打赢疫情防控阻击战提供坚强政治保证的通知》文件精神,制定《中华商标协会疫情防控工作预案》,严格落实疫情防控具体要求,采用视频会议、网络培训、在线论坛等方式开展工作。二是针对商标代理机构因疫情办理业务困难等问题,广泛征求意见,积极协调解决。共同举行座谈会,研究解决方案。发布《关于错峰前往商标局商标注册大厅报送商标文件的倡议书》《关于采用多种方式办理商标业务的倡议书》。三是减免会员单位2020年度会费,减免湖北省企业参加2020年中华品牌商标博览会展位费用,发布《中华商标协会关于商标代理行业"防疫情 稳就业 促发展"的倡议书》。

二、服务经济发展,推进商标品牌建设

一是加强商标品牌理论研究。编印《中国商标品牌发展报告(2017—2019)》,承接国家知识产权局"商标一般违法判断""海外重点国家商标维权指南""知识产权纠纷人民调解"等11个课题项目。二是关注社会热点问题。在第三届中国国际进口博览会期间举办"第三届贸易与商标品牌论坛",在2020年中国商标年会上举办"中国上市公司品牌价值成长论坛"。三是聚焦区域品牌经济发展。编制发布《中国商标品牌发展指数(2020)》,举办"区域品牌发展市县长论坛"。四是克服疫情影响,成功举办商标品牌节。与南昌市人民政府共同主办第十二届中国国际商标品牌节以及"2020中国商标年会""2020中华品牌商标博览会"等一系列主题活动,来自国家市场监督管理总局和国家知识产权局等相关部委、各级法院等3000余名代表参会参展。

三、倾听会员心声,加强会员服务

一是走访同仁堂、天津医药集团、北京万慧达知识产权代理公司、深圳市精英知识产权集团公司等会员单位,听取会员意见和建议,解决会员实际困难。二是完成4期线上班、1期线下班、2期高级研修班培训,国家知识产权局条法司、知识产权保护司、商标局等相关司局委派专家20余人次。全国各地市场监管部门的执法干部、商标代理人、律师及企业法务人员等6000余人次参加培训。三是收集整理会员单位抗击疫情先进事迹，在协会网站、微信等媒体平台进行报道；在商标品牌节期间举办会员单位品牌文化展，展示会员风采。四是举办“企业商标海外布局与维权”系列网上直播课，发布《中华商标协会会员企业商标海外监测预警报告》。

四、履行自律职能，规范商标代理行业发展

一是发布《关于进一步加强商标代理行业自律的倡议书》《关于支持全面抗击疫情、加强商标代理行业自律的声明》；对国家知识产权局商标局公布的具有不良影响商标代理行为的8家商标代理机构会员单位，予以不良信用信息记录。二是发布《合力遏制商标抢注乱象》声明，号召商标代理机构以此为戒，自觉维护行业声誉。三是配合国家知识产权局开展“蓝天”行动，主动查处和惩戒违反行业自律规范的行为。中华商标协会商标代理分会对违规会员进行约谈3次，对虚假宣传的代理机构作出惩戒处罚1份。

五、发挥桥梁纽带作用，推动各方跨界合作

一是加强与地方政府和行业协会的合作，拓宽服务领域。与北京市丰台区市场监督管理局（知识产权局）联合设立调解工作室，与中国服装设计师协会联合成立知识产权保护中心，与中国酒业协会共同成立知识产权保护委员会。二是加强与各省市商标品牌协会的联系，发挥区域整合优势。邀请全国商标协会联席会议成员单位参加商标品牌节等活动；召集江苏省、安徽省、浙江省、上海市商标品牌协会，召开“长三角地区商标品牌协会联席会议”。三是与工信部工业文化发展中心、中国安全品牌协会等共同主办第七届中国品牌口碑年会，推出快速消费品、耐用消费品、生活服务及数字经济品牌四大类39个品类的“年度中国好口碑品牌榜单”。

六、拓展沟通渠道，促进商标品牌国际交流

一是参加2020年国际商标协会（INTA）线上年会并举办“CTA论坛”。二是与日本贸易振兴机构北京代表处共同举办“第二次中日商标制度研讨会”。三是组织会员单位参与“2020中美欧日韩商标五局（TM5）合作”、中美商标保护研讨会、第八次中日韩知识产权用户研讨会等线上会议。四是举办“国际商标法律动态论坛”；邀请WIPO、日本专利律师协会（JPAA）等国际组织继续在商标年会上举办马德里体系圆桌会议、中日商标交流会。

七、发挥平台优势，宣传商标法律法规

一是加强网站、微信公众号等新媒体建设。截至2020年底，中华商标协会网站浏览量达15万人次、微信公众号订阅人数达3.9万人、《中华商标》杂志社微信公众号订阅人数达6.6万人。二是发挥《中华商标》杂志专业期刊平台作用。开设“审查之窗”“精读异议、评审案件”“商标执法与保护”等专栏，邀请专家学者就商标恶意注册、商标侵权判定标准等问题发表观点。三是创新和优化宣传形式。采用图片直播和视频直播，全程报道商标品牌节精彩内容；在南昌市地铁、公交等投放商标品牌节广告。

供稿：中华商标协会

中国版权协会

一、围绕版权中心工作，积极开展培训、研讨等相关工作

2020年，共举办10期线上专题讲座，为会员和版权相关行业人士带来了精彩的演讲。专题讲座从第五期开始并入远集坊，成为“远集坊创新与发展”系列讲座。

收集会员单位关于新冠肺炎疫情期间的工作意见及建议。制作完成《中央有关部委并北京等5省市支持企业防疫、复工政策汇编》和《复工防疫须知》。

携手会员单位制作完成京剧抗疫曲目《梨花新颂》。主办“新作品・新阅读”读书活动之“揭秘中国疫苗——与新冠病毒疫苗专家面对面”活动,并在互联网直播平台与广大读者见面,在线访问量高达 600 万人次。携手抖音发起“全民知识守护者”活动,通过短视频宣传普及知识产权知识,话题页播放量突破 3 亿次。

主办纪念《著作权法》颁布三十周年暨中国版权协会成立三十周年座谈会。在珠海海湾大酒店举办 2020 年中国版权年会。在年会中举办了主题为“版权赋能:推动文化高质量发展”的“远集坊”高峰论坛。“中国版权链”启动、“2020 年度最具版权价值排行榜”发布、《远集坊:阅读的态度》新书发布会等多项精彩活动同时举行。

开展第一届全国中小学生版权征文活动;组织编写《版权我懂》一书;整理编辑“难忘的历程——《视听表演北京条约》从缔结到生效”纪念画册。

与成都市版权局联合主办主题为“版权新生态、数字新经济”的 2020 年成都数字版权交易博览会。考虑防疫问题,本次博览会采用“线下+线上”的方式举办,展会期间超过 2 万人次观众到场参观,近 300 万人次观众线上观展,近百家媒体对展会进行了相关报道,50 余家企业达成合作签约。

二、积极协助国家版权局推进各项版权工作

承办“2019 年中国版权十件大事”评选活动。该活动面向社会征集备选材料,邀请全国司法、立法、行政、学术、行业著名专家进行评选,并在各大媒体上对评选结果进行宣传。

组织版权领域专家学者、版权各行业中具有“走出去”成功经验和有海外版权交易需求的企业代表等进行座谈研讨,听取各企业在“走出去”过程中版权保护方面的诉求,介绍海外版权保护中的有关案例和经验,汇总分析多家企业“走出去”过程中遇到的实际问题和解决方式,形成相关报告材料。

三、开展国际及港澳台地区版权交流

在瑞士日内瓦举行的 WIPO 成员国大会第六十一届系列会议上,阎晓宏理事长当选为《视听表演北京条约》首届缔约方会议主席。这是我国代表首次在世界知识产权组织担任版权领域条约缔约方会议主席职务。

与海峡两岸商务协调会、台湾著作权保护协会形成互访机制,并已在北京、西安、银川、长春等地成功举办了 11 届海峡两岸版权保护研讨会。形成务实合作的有效机制,成为推动两岸版权交流的良好平台。

四、举办“远集坊”系列讲座及相关活动

截至 2020 年 10 月 18 日,共举办远集坊文化讲坛 32 期。

2020 年,举办远集坊文化讲坛 6 期,“远集坊创新与发展”系列讲座 10 期,17 位主讲嘉宾为远集坊带来了精彩演讲,200 余位特邀嘉宾与主讲嘉宾积极互动,发表了他们的真知灼见。

自首期讲坛起,远集坊坚持制作短视频,在腾讯、爱奇艺、抖音、快手等多家新媒体平台进行同步直播,每期活动在线观看人数稳定在 50 万人以上。

供稿:中国版权协会

中国音乐著作权协会

一、会员服务

慰问、救助会员。在新冠肺炎疫情暴发初期,一方面向全体会员发出慰问短信并通报协会办公情况;另一方面了解全体会员,特别是湖北会员受疫情影响情况。

组织员工捐款，由会员部代表联系受疫情影响严重的会员进行慰问。

整理、展示会员抗疫歌曲。通过官网、微信公众号、“音著协”App对众多会员创作和制作的以“抗疫”为主题的歌词、歌曲进行宣传展示。2020年下半年，对这些作品进行汇集整理，并编辑成册。

二、音乐作品版权信息管理

一是音乐版权信息管理大数据系统。通过全球最大的中文音乐作品版权信息系统DIVA（Documentation Innovation Visionary Art）对海量的音乐作品进行版权管理。DIVA可凭借其强大而完善的数据库处理会员信息、作品资料及版税分配等工作内容。截至2020年底，DIVA数据库系统内音乐作品总数为1269万余首。

二是歌曲信息大数据系统。为减少词曲作者因登记作品不及时给自身版税分配带来的影响，着手开发基于互联网技术的歌曲信息大数据系统，及时获取更多的音乐作品信息，配合完善会员的登记资料。2020年，基于对该技术引擎的建设和维护，音乐作品库新增200万余首歌曲。对这些音乐作品资料予以整理，利用技术手段补全DIVA版权信息数据系统中的歌曲信息，用以辅助著作权使用费的分配。

三、音乐作品使用许可

2020年，许可总收益约为4.08亿元（含海外收益约1050万元），较2019年增长约1%，保持连续12年的增长趋势。截至2020年底，许可收费总额约25.86亿元，参与分配金额约21.33亿元。

1. 表演权许可

2020年，表演权许可收入约11 722万元，较2019年增长约32.4%。面对疫情带来的影响，逐一与相关使用者充分沟通协商，取得相互理解和支持，并根据实际情况出台了一些优惠措施，加上对新许可客户的持续拓展，成功稳定了许可工作的大局。

现场表演许可收入费约574万元，较2019年减少约58%。背景音乐许可收入约4400万元，较2019年减少约14%。考虑因疫情因素施行的优惠措施，整体许可态势仍然保持上升趋势。截至2020年底，获合法使用音乐许可的四星及以上酒店近500家；2020年，开拓了体检中心、健身房、办公楼等领域的背景音乐许可；此外，同150个品牌的专卖店达成了许可合作协议，基本覆盖了业界知名的商业品牌。卡拉OK方面，许可收入约6700万余元。

2. 广播权许可

2020年，广播权许可收入约4542.8万元，较2019年减少约20%。其中，广播电台缴纳许可使用费1015.2万元，电视台缴纳许可使用费3527.5万元。由于网络业态的高速发展，传统广播权许可业务受到一定的冲击，加之我国仍有大量广播电视组织处于侵权使用音乐的状态，疫情影响了许可谈判及维权工作的推进，广播权许可收入有所下滑。截至2020年底，达成许可付酬协议的电视台51家，电台71家，共计122家。

3. 复制权许可

2020年，复制权许可收入约1296万元，较2019年减少约40%。这主要由于2019年庆祝中华人民共和国成立70周年期间爱国主义主题歌曲的广泛使用，使得许可数额呈现激增。2020年，复制权许可业务回归常规状态。

4. 信息网络传播权许可

2020年，信息网络业务许可继续保持较高的许可收入水准，总额达到2.21亿元，与2019年基本持平。至2020年，达成许可合作的大型网络音乐平台包括腾讯音乐、网易云音乐、苹果音乐、字节跳动、快手等，基本涵盖了我国最主要的音乐使用平台。

四、音乐作品许可使用费分配

2020年，音乐作品许可使用费共进行

13次分配，涉及许可收入金额约2.24亿元，扣除增值税后约为2.11亿元，管理费约占16.55%。

五、诉讼维权

2020年，共办理民事诉讼案件185件。通过诉讼方式获得判赔、调解及和解金计346万余元。

重点案例包括：表演权方面，华润万家宁波鄞州店、宁波乐购天一店、北京沃尔玛百货有限公司宣武门分店北京盒马鲜生大成路店背景音乐侵权案；董酒悠董2017年天王天后（张家港站）大型演唱会、蔡琴《琴暖羊城》经典金曲演唱会现场表演侵权案等。广播权方面，南昌广播电视台、贵州广播电视台、湖南广播电视台广播传媒中心、广州市广播电视台、江西广播电视台、杭州文化广播电视集团侵权案。复制权方面，米兔早教故事机侵权案等。信息网络传播权方面，华为音乐、小米音乐、咪咕音乐侵权案等。

六、国际事务

2020年，在国际作者和作曲者协会联合会（CISAC）的国际版权保护体系下，与76家海外同类组织签订了相互代表协议。

七、信息公开及宣传

2020年，通过网站、微信公众号、《理事工作简报》，以及会讯、年报等形式，向政府、会员、使用者、社会公众通报具体工作，主动做到公开、透明。

“音著协”App于2020年5月29日正式上线，是我国集体管理领域内的第一个手机App应用程序。通过“音著协”App，会员可使用手机便捷地完成申请入会、个人信息变更、音乐作品登记、著作权使用费分配查询等操作，业界相关人也可及时了解协会的各类公示信息和工作动态。

供稿：中国音乐著作权协会

中国音像与数字出版协会

一、加强机构建设，完善内部管理制度

一是成立动漫工作委员会。正式成立中国音像与数字出版协会动漫工作委员会，会员涵盖动漫领域的内容生产、平台运营、版权管理和衍生品制造等产业链各环节。截至2020年11月底，会员单位数量达50余家。

二是完成部分分支机构的换届工作。中国音像与数字出版协会音视频工程专业委员会召开换届大会暨四届一次常务理事会议，选举产生第四届理事会领导机构。

二、组织开展抗疫活动，发挥行业引领作用

一是积极组织会员单位开展抗疫活动。新冠肺炎疫情暴发初始，向行业共发出8封倡议书。截至3月5日，200余家会员单位及行业相关单位通过捐款捐物、免费提供相关内容资源等方式，为抗击疫情作出贡献。其中，有120家会员单位及相关单位提交了与抗击疫情有关的资源信息，涵盖图书、电子书、有声书、网络文学、音乐、曲艺、动漫、游戏等多种资源类型，同时设立免费阅读专区，发布各类免费阅读作品超100万本，音频超40万个，近百首公益歌曲以及90余幅漫画作品等。据不完全统计，在集中提供免费阅读的一个月时间内，阅读专区用户总浏览量超过52.8亿人次，总阅读量超过72.2亿人次，总阅读时长超过3.3亿小时，总下载量超过2.4亿次，新增用户突破1亿人。此外，有80余家企业开展了捐款捐物的活动，合计捐款超过22.3亿元。同时，发起、指导“相信未来”在线义演、“音乐点亮希望”等活动。

二是广泛宣传抗疫活动。通过官网、元数据平台、微信公众号、新媒体平台及合作的主流媒体和行业媒体22家，对会员单位及相关企业的抗疫活动、经验做法和相关成果进行广泛宣传报道。截至2月13

日 20 点，总浏览量约 500 万余次。

三是指导支持会员单位有序复工复产。积极响应党中央、国务院关于新冠肺炎疫情防控工作精神，决议免收 154 家会员单位会费，免收会费金额共计 972 000 元。对相关会员单位进行调研，了解复工复产情况。支持出版单位通过开发数字资源、利用远程服务、网络办公、线上销售等方式，提升信息化管理水平和服务水平，有序开展生产经营活动，逐步减少疫情对本行业经济的影响。指导游戏企业在春节后实行远程办公。整体来看，疫情对游戏企业的生产经营活动影响较小。依托各分支机构，通过官网、微信公众号等渠道同步传达党中央、国务院和地方政府关于应对新冠肺炎疫情影响，促进文化企业健康发展的政策和措施。

三、承接政府委托项目，发挥桥梁纽带作用

一是组织召开数字阅读云上大会。受新冠肺炎疫情影响，2020 年第六届中国数字阅读大会开启首次云端办会模式。大会以“e 阅读，让生活更美好”为主题，以“5G+，新阅读新体验”为年度办会方向，云集了全国数字阅读重点企业及业内名家资源。大会邀请主流媒体、行业具有影响力的媒体、行业“大咖”、作家等为优质的数字内容作推介；发布了《2019 年度中国数字阅读报告》；评选揭晓了 2019 年度中国十佳数字阅读作品、十佳数字阅读城市、十佳数字阅读项目及数字阅读技术应用创新奖等。

二是组织有声读物精品工程项目征集和评审工作。承担 2020 年全国有声读物精品出版工程的组织服务和评审工作。项目共收到中央在京及 29 个省、自治区和直辖市 284 家单位，共计 694 个项目申报材料，经过评审，共推选出 55 个项目入选。配合相关单位完成对入选项目的后期宣传和发布仪式等工作，展示有声行业风采。

三是承担相关课题应用研究工作。联合中国传媒大学完成《录音制作者广播获酬权问题研究报告》的编制工作；联合中版集团数字传媒公司和北京师范大学，开展“新闻出版业科技发展趋势”的课题研究工作，已完成子课题“区块链技术与新闻出版行业的融合应用调研报告”的编制工作；组织会员单位填报《数字出版领域版权问题调查问卷》，共收到 60 家会员单位的反馈。

四是承担 ISLI 国际标准项目。承担 ISLI（International Standard Link Identifier）国际标准项目，开展注册登记、应用研究和宣贯培训等工作。在注册登记方面，截至 2020 年底，ISLI 注册系统共发放 ISLI 标志码 14 968 个，发放 ISLI 编码数量为 339.88 万余个，共有 212 家新闻出版单位接入元数据管理系统；在应用研究方面，完成《ISLI 在数字资源关联的应用模式研究报告》和《AR 出版物通用制作过程（技术标准）》的编写和制定；在宣贯培训方面，面向行业和社会公众开展线上线下相结合培训，累计在线听课人数达到 1600 人次。

五是编制关于出版业“十四五”规划的建议。根据《关于就编制出版业“十四五”规划征求意见建议的函》的文件要求，精心组织、积极参与行业发展规划，在广泛调研的基础上，就“十四五”时期出版业发展目标、重点任务、重点领域相关支持等方面提出基本思路和建议，供主管部门参考。

六是组织开展“2020 年中国版权金奖”提名推荐工作。根据国家版权局《关于开展 2020 年中国版权金奖评选表彰工作的通知》（国版发函〔2020〕7 号），开展对游戏领域会员相关产品的征集工作，经审核，推荐了 3 个符合评选标准的作品到国家版权局参与评选，并有 1 个作品最终入选。

四、开设在线公益直播课和培训，创新服务模式

以线上线下相结合的方式举办了相关的公益直播课程和培训共计 10 余场，内容涵盖网络文学、知识产权保护、动漫、

数字音乐版权、数字出版、网络游戏和音视频等多个领域，累计在线听课人数近3000人次。

组织开展列入中宣部干部局继续教育培训计划的“出版业融合发展模式创新培训”活动，以在线方式进行，共有54家单位参与，培训学员1300名。

此外，通过官网、bilibili网站、抖音政务号和《中国新闻出版广电报》等宣传渠道对相关课程进行宣传。

五、深入开展标准化建设工作，助力行业高质量发展

通过征集评审，新立项《有声读物分类与代码》《数字出版资源管理通则》等15项团体标准，涵盖数字阅读、有声读物、数字音乐、网络文学、游戏、动漫等多个领域。截至2020年底，已正式立项团体标准42项，正式发布《网络百科质量规范》《网络游戏适龄提示》等14项团体标准，正式出版《网络游戏术语》等6项标准。

六、发挥专业和资源优势，组织开展具有行业重大影响力的工作和活动

一是组织行业重大会议和活动。指导、组织了一系列在行业内有重大影响力的会议和活动。包括“中国数字阅读大会”“‘网络文学+’大会”“中国国际数码互动娱乐展览会（China Joy）”“中国游戏产业年会”“2020中国（北京）音乐产业大会”“2020中国数字音乐产业发展峰会”等会议，以及“中国游戏十强”等活动。

二是形成并发布权威性产业报告。组织部分企业研究机构、高等院校和第三方数据机构等编制和发布相关产业研究报告。包括《2019年度中国数字阅读报告》《2020年度中国游戏产业报告》《2019中国网络文学发展报告》《2019—2020中国音乐产业发展报告》和《2020—2025中国数字音乐产业十大发展趋势研究报告》等。

三是开展专业领域研究工作。成立中国游戏产业研究院。截至2020年底，研究院已完成9期游戏产业资讯的编制和发布工作，邀约部分会员单位共同参与《2020年中国云游戏产业研究报告》《2020年中小游戏企业发展报告》的研究。

四是开展数字出版企业走访调研工作。通过走访、座谈、考察等多种形式先后走访调研了北上广等多地30余家会员单位，包括游戏公司、网络文学作品运营平台、音乐公司、出版社等单位，及时了解行业发展现状和痛点，听取各会员单位的诉求和建议。

供稿：中国音像与数字出版协会

中国发明协会

一、找准新定位，以召开“5+1”会议为契机推动工作创新发展

采取“5+1”会议模式，通过线上线下方式在中国科技会堂召开一届六次党委会、七届八次常务理事会、七届五次理事（扩大）大会，举行“第十四届中国发明家论坛暨第十一届发明创业奖·人物奖”颁奖典礼，举办中国发明协会新会员座谈会。

二、巩固老品牌，成功举办第二十四届全国发明展览会——“一带一路”暨金砖国家技能发展与技术创新大赛

11月19—21日，第二十四届全国发明展览会——“一带一路”暨金砖国家技能发展与技术创新大赛在佛山成功举办。本届展会以“发明创新、共惠共赢”为主题，设置了科技助力扶贫、非遗智慧与创新发展、高端装备制造、节能环保、生物医药、智能家居、粤港澳大湾区、青少年发明创新、综合等展区，来自全国各地超过2050个发明创新项目参展，800多家企业、高校和科研院所等共5000多人参加展会活动。

举办“一带一路”暨金砖国家技能发展与技术创新大赛。通过前期24个赛项分项选拔出9个赛项，通过网络直播平台观看决赛、论坛人员达 200 万人次。举行 2020 年科技成果直通车（佛山站智能制造领域）活动。举办知识产权双向转化路演对接会，吸引了一批创新项目，促进来自佛山及全国的投资人、企业家相互对接与洽谈。第三届“最受欢迎发明之星”网络评选活动成为展会的一大亮点，访问量累计超过 800 万人次。

“一种钢结构连接机构的工装方法及应用”等 1295 个项目获得“发明创业奖·项目奖”，“震爆技术及其工程应用”等 140 个项目获得“发明创业奖·创新奖”。评选出“佛山未来技术技能国际挑战赛单项”特等奖 16 名、一等奖 20 名、二等奖 27 名、三等奖 44 名。张日耀等 10 位发明人收到超 350 万张选票，最终获得“最受欢迎发明之星”奖项。

三、迎难而上，开拓创新国际发明展览会新路径

一是发掘线上国际发明展信息。2020 年，共成功组织参加英国、新加坡、俄罗斯、韩国（妇女发明展、首尔发明展、青少年竞赛）、泰国等 12 个国家和地区举办的国际发明展览会线上展及线下展，遴选 182 个优秀发明项目参展，取得 103 金、20 银、11 铜的优异成绩，12 个展团总收入约 76.3 万元，比 2019 年增长 14%。

二是成立 WIIF 各项筹备工作稳步推进。在成功举办三届世界发明创新论坛基础上，根据有关国家代表倡议，共同发起成立世界发明创新联合会（WIIF），以更好促进发明成果转化国际合作。自 3 月中旬以来，经与相关国际团体积极沟通，得到众多国际发明创新组织大力支持，WIIF 筹备工作稳步有序推进。

四、依托课题研究，积极开展发明成果转化、对接工作

一是圆满完成国防知识产权局委托的两个研究课题。及时完成深入挖掘民间原创性、颠覆性发明创造，原创性、颠覆性项目挖掘两个课题的报告撰写、项目汇编、项目论证、专家研讨等诸多工作，顺利提交结题报告。承接“知识产权双向转化需求库、技术库建设、信息筛选及对接活动”课题。

二是成功组织第三届发明创新奖评审工作。共收到参评项目 626 项，包含专利及自主知识产权项目 5600 件。其中，68 个项目被评为一等奖，72 个项目被评为二等奖，并在第二十四届全国发明展览会上举行了颁奖仪式，产生了良好的社会影响。

五、培养创新人才，奖励、举荐和培训工作成效显著

组织开展“发明创业奖·成果奖”的评选。“第二届发明创业奖·成果奖”共有 200 个项目参评，评出一等奖项目 59 项、二等奖项目 67 项。推荐申报 2020 年中青年科技创新领军人才；经民主推荐、专家评议，共推荐 4 名个人、1 个团队参选“第二届全国创新争先奖”。举办“一带一路”背景下企业“走出去”知识产权战略研修班。加强与国家知识产权局领导、国家人力资源与社会保障部相关部门的沟通联系，进一步畅通培训工作任务渠道。

六、加强交流分享，宣传报道工作成效突出

一是精心策划张伯礼院士主旨报告，“第十四届中国发明家论坛暨第十一届发明创业奖·人物奖”颁奖典礼的宣传报道。参与报道媒体共 18 家，其中电视台发布 2 家、网络视频发布 2 家、报纸发布 3 家、网络媒体发布 11 家。

二是精心提炼展会亮点，召开新闻发布会，积极为招展预热。在中国科技会堂举行“第二十四届全国发明展览会——‘一带一路’暨金砖国家技能发展与技术创新大赛”新闻发布会，参与报道媒体共 24 家，其中电视台发布 3 家、网络视频发布 2 家、报纸发布 3 家、网络媒体发布 16 家。累计播放量 123 万次。新华社通稿《第 24 届全国发明展览会助力推动发明创新成果转化运用》总计被 56 家媒体采用，新华社通稿英文稿《24th National Exhibition of Inventions to be held in south China》总计被 9 家媒体采用。

三是央视新闻直播、央视财经、新媒体直播助力。“第二十四届全国发明展览会——‘一带一路’暨金砖国家技能发展与技术创新大赛”共邀请 16 家中央媒体参与现场报道，网络报道 5 篇，报纸报道 8 篇，网络图文报道 40 篇。图片直播 3 天 3 个相册浏览量 6.5 万人次、科界视频直播观看超过 70 万人次。新华社通稿中文稿被 41 家媒体采用，英文稿被 5 家媒体采用。

供稿：中国发明协会

国际保护知识产权协会（AIPPI）中国分会

一、举办 AIPPI 中国分会商标热点沙龙

在北京成功举办 AIPPI 中国分会商标热点沙龙，会议吸引了 AIPPI 会员及非会员 160 余人参会。本次沙龙以“商标延续性注册”和“商标显著性部分识别与非显著部分排除”为主题进行讨论。沙龙讨论的过程也全程全方位在线上通过图片和视频的方式直播，在线人数超过 3000 人。

二、举办 2020 年 AIPPI 世界知识产权线上大会

成功举办 2020 年 AIPPI 世界知识产权大会。本次大会首次采取线上的方式进行，并免费向会员开放注册，会期长达 8 天，来自世界各地的 AIPPI 会员可通过网络共同参与。大会期间，共举办 2 场执委会、4 场专题讨论会议及 25 场专题论坛和 38 场圆桌会议。执委会投票通过了数据权利、使用人工智能作出的发明的发明人身份、商标侵权抗辩之描述性使用、原告诉讼主体资格与对救济的影响等方面的决议。

三、协助 AIPPI 组织网络研讨会

协助总会组织 2 场关于中国版权实务和 AI 主题的网络研讨会。邀请北京市海淀区人民法院知识产权法庭的法官作演讲嘉宾。推荐几位会员代表在会上发表演讲。

四、参加深圳高交会知识产权国际论坛

参加“第三届科技创新与知识产权保护国际论坛”并发言，向现场和线上听众介绍 AIPPI 的使命、历史、专题研究、法律和实践协调统一方面开展的工作以及 AIPPI 国际会议等，特别向与会听众宣传和推介定于 2023 年举办的 AIPPI 杭州世界知识产权大会。在深交会上布置展位，吸引更多参会人了解 AIPPI 及 AIPPI 杭州世界知识产权大会。

五、参加中国国际商标品牌节

参加中国国际商标品牌节。期间，AIPPI 中国分会在现场特设展位，向与会者介绍 AIPPI、宣传 2023 年 AIPPI 杭州世界知识产权大会。

六、举办 2020 年 AIPPI 中国分会版权热点论坛

成功举办版权热点论坛，国内版权界专家、学者、政府官员、法官、律师、知识产权从业者及企业的代表等 150 余人就版权领域本年度的热点、难点问题进行研讨，就理论和实务问题进行深入交流。发布 2020 年度 AIPPI 中国分会版权十大热点案件，案件在版权保护、法律理论与实务层面具有一定典型性和关注度。

供稿：国际保护知识产权协会中国分会

地方知识产权工作概况

北京市

知识产权工作

2020年，印发《关于强化知识产权保护的行动方案》《关于加强版权保护的意见》《北京海关知识产权保护工作办法》等一系列文件，营造良好政策环境。

知识产权综合实力持续排名全国第一。年度优化营商环境评价知识产权指标获评全国“标杆城市”。技术分析师制度入选国家知识产权局“知识产权强国建设典型经验”。知识产权纠纷多元化调解机制得到商务部、国家知识产权局等11部门联合向全国推广。中关村知识产权促进局“专利质押融资助力知识产权变‘资本’”入选商务部《北京市服务业扩大开放综合试点第三批最佳实践案例》，向全国推广。

一、知识产权创造质量持续提升

2020年，专利授权量16.3万件，同比增长23.62%，其中发明授权量6.3万件，同比增长19.08%；PCT申请量8283件。截至2020年底，有效发明专利量33.6万件，每万人口发明专利拥有量155.8件，居全国首位，约为全国平均水平的10倍。2020年，商标申请量56.5万件，商标注册量36.3万件；截至2020年底，商标有效注册量222.3万件。共有平谷大桃、大兴西瓜等地理标志保护产品13件，地理标志集体商标、证明商标18件。

2020年，北京知识产权保护中心专利申请预审案件接收量、合格量均居全国保护中心首位，共计接收专利申请预审案件4280件，预审合格进入国家知识产权局快速审查通道的专利申请3017件，获得授权1506件；建立疫情防控专利申请“绿色服务”通道，对疫情防控相关专利优先审查申请当日办结，共为46个申请人的92件与新冠肺炎疫情相关的专利申请予以优先审查推荐，其中51件当年已获授权。

第二十一届中国专利奖评选中，获奖135项，其中金奖7项，约占金奖总数的1/5，北京市知识产权局荣获中国专利奖最佳组织奖。

二、统筹强化知识产权保护

2020年，查处知识产权行政案件3580件。完成2020年中国国际服务贸易交易会等20余次大型展会知识产权保护工作，完善《展会知识产权保护手册》《展会知识产权投诉处理程序》，实现“零容忍、零投诉”目标。完善电商领域知识产权保护联盟工作机制，发挥联盟行业治理和行业监督作用，对2022年北京冬奥会和冬残奥会奥林匹克标志、吉祥物标志保护开展电商平台侵权监测，形成《电商知识产权保护状况报告（2020）》。规范地理标志专用标志使用，完成北京市地理标志信息摸底及专用标志换标工作，新增延庆香白杏、昌平高口红椿、西峰山小枣3件证明商标。

积极对接行政、司法、仲裁、调解、检验鉴定、公证等知识产权保护渠道和环节，构建“一站式”知识产权纠纷解决机制，助力创新主体快速维权。制定《专利纠纷行政裁决工作流程管理办法》，与国家知识产权局专利局复审和无效审理部开展联合口审，提升侵权确权联动效率。

印发《北京市加强知识产权纠纷多元调解工作的意见》。15家知识产权纠纷人民调解组织共受理知识产权纠纷10 070件，调解成功率为63.32%。

三、大力促进知识产权价值实现

修订《北京市知识产权运营试点示范单位认定与管理办法》，认定运营试点单位157家，首批示范单位年知识产权运营金额12亿元。印发《北京市知识产权军民融合试点实施方案（2020—2021）》，扩充北京军民融合知识产权协同创新联盟成员，形成北京市军民两用技术高价值专利需求数据库和供给数据库。印发《北京市中小企业知识产权集聚发展示范区认定和管理办法（试行）》，认定知识产权试点、示范单位443家。

发布《关于征集中关村企业知识产权质押融资需求的通知》，帮助企业对接协调金融机构，促成7家中关村高新技术企业办理新增授信或续贷项目，总授信额度超过2亿元。

发布《北京市知识产权保险试点工作管理办法》，为142家企业的1660件专利投保，覆盖智能制造、信息技术等北京市“高精尖”产业。

四、加强行业监管，促进知识产权服务业健康发展

截至2020年底，共有专利代理机构737家，占全国23%，执业专利代理师9430人，占全国40.7%，均居全国首位；商标代理机构共6923家（其中企业5666家、律师事务所1257家）。

制定知识产权代理机构“双随机”抽查程序，完成对120家专利代理机构的检查，指导督促13家机构进行整改；开展三次大规模商标代理执法专项行动，打击与新冠肺炎疫情相关的非正常商标申请代理，加大对商标代理机构的行政指导力度。

2020年，全国专利代理师资格考试北京考点报名人数5611人，共设置6个考站83个考场。建立疫情联防联控机制，成立考试工作领导小组、考试应急工作领导小组，组织全体考务工作人员和北京工商大学嘉华学院考生进行核酸检测，保障考试工作顺利完成。

五、深化知识产权国际合作，支持企业加强海外知识产权保护

成立“一带一路”首都知识产权发展联盟，指导联盟成员单位成功举办中意知识产权专家论坛、海外商标布局与规划交流等系列活动。依托14家“首都知识产权国际交流合作基地”单位在亚洲、欧洲、北美洲、南美洲、大洋洲建立的39家海外站点开展制度研究、实务培训。与香港特别行政区政府知识产权署、香港贸易发展局共同主办以“强化知识产权保护，激发创新创业活力”为主题的第二十三届京港洽谈会知识产权保护合作专题活动。

北京市知识产权维权援助中心获批成为首批国家海外知识产权纠纷应对指导中心地方分中心，为北京市6家企业的海外知识产权纠纷提供应对指导服务。持续优化北京市海外知识产权公共服务信息库，包含98个国家和地区的6万余件海外诉讼案件，并定期更新。

六、多措并举提升知识产权治理效能

完善市区两级知识产权公共服务事项，依申请政务服务事项共精简申报材料7份，总体压减15%以上，办理时限压减175个工作日，总体压减13%以上；受理时限最长的“北京市发明专利奖申报及评选”事项由原来的333个工作日压减到288个工作日；开通“早中晚”延时服务和“周六不打烊”服务，鼓励和引导申请人提交专利电子申请，让办事企业和群众获得实实在在的“秒批”感受。

依托“接诉即办”工作机制做好知识产权咨询和举报投诉工作，通过日报、周报、月报制度总结经验做法和典型案例，推动“未诉先办”。与国家知识产权局、国家版权局咨询服务部门建立沟通机制。2020年，“010－12330”热线共呼入来电3245个，通过现场解答或办理的占来电98％以上。

进一步完善市、区、创新创业载体三级知识产权公共服务体系，实现了北京市知识产权公共服务区中心在全市16区及经济技术开发区全覆盖，全市知识产权公共服务区中心、工作站数量达到83家。

供稿：北京市知识产权局

版权工作

一、版权社会服务

1．开放版权，配合防疫抗疫工作

防疫抗疫期间，指导协调首都版权协会发出《关于疫情防控期间丰富人民群众居家精神文化生活的倡议》，组织会员企业及时开放优质版权资源，开设防疫抗疫专栏专题，通过提供优质内容资源，丰富人民群众居家精神文化生活，支持配合正面宣传报道。

2．主动作为，提升出版业国际传播能力建设

为发挥首都全国文化中心示范作用，加强国际传播能力和对外话语体系建设，结合近几年出版行业发展态势，修订管理办法，完成征集评审并及时进行结项验收。管理办法定名为《北京市提升出版业国际传播能力奖励扶持项目管理办法（试行）》，于2020年8月13日正式印发。2020年，共有123个项目入围奖励扶持名单，奖励扶持金额共计1710.10万元。

二、版权宣传

1．创新推出版权宣传系列活动

围绕“4·26世界知识产权日”“4·28《视听表演北京条约》生效日”“6·26《视听表演北京条约》缔结日”等重要时间节点，创新推出版权宣传系列活动。

一是组织各类线上宣传活动。严格遵守防疫期间特殊要求，召开线上新闻发布会，发布2019年北京市版权保护状况；通过各类新媒体渠道广泛推出版权知识挑战赛、条约纪念征文、网上倡议征集等活动；面向京津冀科研院所组织版权保护线上培训；聚焦影视行业版权保护举办“版权大讲堂”等。二是投放版权宣传公益广告。通过市属媒体及17家区级融媒体，集中推送国家版权局及北京市版权局制作的各类版权宣传公益广告，并利用地铁、公交媒体和楼宇媒体开展为期2个月的户外宣传，营造了尊重版权、保护版权的良好社会氛围。

2．宣传解读《视听表演北京条约》

一是举办户外宣传展示活动。以线上宣传互动为主、以非聚集性户外宣传展示活动为辅，在颐和园举办《视听表演北京条约》户外宣传展示活动，并与《北京日报》联合发起“《视听表演北京条约》正式生效，保护表演者权益从我做起”倡议。二是举行“表演的力量——《视听表演北京条约》生效庆祝活动”。在疫情防控常态化背景下，该庆祝活动在北京广播电视台采取云录制的方式播出。三是举办《视听表演北京条约》线上课堂，三期线上课堂总访问量达56万人次。另外，通过在“学习强国”平台投放相关题目和知识的方式，大力宣传《视听表演北京条约》。四是出版发行《〈视听表演北京条约〉释义》《〈视听表演北京条约〉与产业发展》等解读图书，扩大条约宣传的普及范围。五是参加2020年中国国际服务贸易交易会，设置《视听表演北京条约》展区集中进行宣传展示。

3．强化技术支撑，搭建版权保护平台

联合北京互联网法院规范互联网版权秩序，主动对接行政、司法确权标准，共同建立数字版权区块链确权机制、线上调解诉非分流机制和侵权风险智能评估监管（诉源治理）机制。完成版权链—天平链区

块链服务平台对接，推动行政调解直接对接法院受理平台，指导企业利用技术手段防控版权风险。为解决因用户上传侵权作品造成平台承担连带侵权责任的诉讼问题，在互联网平台植入事前监管技术和确权服务。

三、版权执法监管与软件正版化

1. 加强版权执法监管，打击侵权盗版

一是制定印发《关于加强版权保护的意见》，进一步增强行政、司法部门沟通协作，推动建立严、快、大、同的版权保护格局。二是启动“剑网 2020”专项行动。完成专项行动动员部署，协调各成员单位推动有关工作，全面开展网络版权监测、数字指纹技术运用、专项行动调查取证等工作。北京网络版权监测中心运用联合监测机制，对网络版权状况实施全方位、多侧面监测，主要监测领域包括重点自媒体平台、热门影视作品、漫画、游戏、新闻等。2020 年，在网络版权监测中发现侵权数据约 1190 万条，发起“通知—移除”维权行动超过 830 万条，下线率约 93%。“剑网 2020”行动期间，通过监测发现侵权数据约 760 万条，发起“通知—移除”维权行动超过 305 万条，下线率约 94%。三是加强版权纠纷调解工作。指导支持北京版权调解中心与北京互联网法院协作上线北京版权矛盾纠纷多元化解调解平台，并开通案件受理线上通道；指导支持首都版权协会成立人民调解委员会，全面加强版权纠纷调解工作力度。截至 10 月底，北京版权调解中心共受理行业、行政、司法等机构委托的信息网络传播权纠纷、合同纠纷、著作权纠纷、侵权纠纷等各类案件共计 5803 起，累计涉案金额 6.4 亿余元，累计处理完结案件 5713 起，成功为权利人挽回经济损失达 2526 万余元。四是加强版权示范体系建设。2020 年，新建 14 家版权工作站，为 14 家版权密集型园区挂牌市级版权示范园区（基地），为 21 家企业挂牌市级版权示范单位，推荐 5 家单位获得“全国版权示范单位”称号。同时，与北京版权保护中心等联合开展现场调研和专项督导，分类引导和监督版权示范园区健全版权监管制度、规范作品登记服务、提升维权服务能力。

2. 强化落实，推进软件正版化

一是加强组织领导。北京市使用正版软件工作联席会议办公室通过视频会议的形式组织召开 2020 年全市软件正版化工作推进会，设置 106 个分会场，共有 232 个单位、437 人参加。二是广泛宣传培训。各地区、各单位先后举办培训班 56 场，共 3000 余人参加。三是优化服务管理。坚持“人防”与“技防”并重，实现正版化工作精细化管理。研发的软件正版化检查服务系统，将正版软件纳入资产的生命周期管理，从源头上解决软件风险预警问题，规避存在盗版软件的法律风险；协调中望龙腾公司以“免费授权+远程支持”的工作模式，为市属国企免费提供工业设计类软件使用权限，满足企业用户在使用软件过程中的“商务咨询、安装部署、授权激活、技术培训”等诸多迫切的应用需求。四是严格督查考核。分门别类制定年度考核标准，力求内容更细致、权重更合理、标准更量化、针对性更强。严格查阅年度计划报告、宣传培训、日常管理、软件台账、软件采购合同等资料，现场通过运用国家版权局正版软件检查工具（网络版）进行上机检查等方法，对 10 家市级党政机关进行重点抽查，对 48 家（每区随机抽查 3 家）区级机关、138 家市属国企、90 家（每区随机抽查 3 家）市区两级卫生健康系统进行全覆盖式督查。

供稿：北京市版权局

司法工作

一、优质高效完成审判任务，充分发挥知识产权司法保护职能

一是除知识产权刑事案件外，2020

年，北京三级法院共受理各类知识产权案件66 710件，同比下降16.8%。其中，知识产权民事案件共42 330件，占比63.5%；知识产权行政案件共24 380件，占比36.5%。共审结各类知识产权案件66 973件，同比下降16%。其中，知识产权民事案件42 983件、知识产权行政案件23 990件。

二是从案件审级情况看，北京三级法院2020年共受理一审知识产权案件56 511件，同比下降17.9%，其中民事案件38 208件、行政案件18 303件；审结一审知识产权案件55 719件，同比下降21.1%，其中民事案件37 899件、行政案件17 820件。共受理二审知识产权案件9695件，其中民事案件3650件、行政案件6045件；审结二审知识产权案件10 806件，其中民事案件4672件、行政案件6134件。

三是依法保护科技创新成果，服务北京科技创新中心建设。依法审理专利等技术类授权确权行政案件，促进我国专利审查质量的提升；依法审理涉及"卡脖子"关键核心技术的专利侵权案件以及计算机软件等其他技术类案件，促进高新技术的转化、运用及规范运营。如妥善审理百度公司与搜狗公司输入法发明专利无效案、大唐公司与展讯公司标的额逾5亿元的芯片技术开发合同纠纷案等国内外高度关注的重大疑难案件。

四是依法保护文化创意成果，促进文化创新和新业态健康有序发展。通过新浪网诉凤凰网、NBA诉爱奇艺及PPTV等一系列涉体育赛事节目视频直播著作权案的审理，明确体现独创性智力劳动成果的体育赛事节目视频可以作为类电影作品予以保护，受到产业界及学术界的高度肯定；通过相关案件的审理，明确体现独创性劳动的百科词条、延时摄影、回文诗以及游戏形象、舞蹈设计等可以作为作品予以保护。在涉互联网直播等新业态纠纷案件处理中，合理划分相关行为主体的责任边界。

五是依法保护商标权，惩治不正当竞争行为，培育稳定、公平、透明、可预期的营商环境。妥善审理了天丝集团与红牛集团"红牛"商标权属案、炎黄盈动公司与亚马逊通公司等商标侵权案，以及全国首例提供在线文库文档下载服务、首例涉智能产品语音指令以及刷宝App非法抓取抖音App短视频等一批具有广泛社会影响的不正当竞争纠纷案件。

二、创新知识产权审判工作机制，破解知识产权司法保护难题

一是充分运用信息化技术，保障助力提速知识产权审判。通过移动微法院、"云开庭"、诉讼服务微信公众号、电子卷宗同步生成和深度应用等措施，开展线上立案、线上送达、线上开庭。开展各具特色的"云庭审""云审判"，确保疫情防控与审判工作两不误。2020年，线上审理知识产权案件近4万件，全力推进"云司法"，积极开展"云立案""云庭审""云公开"，打造全流程在线诉讼模式，并推出全国首个在线诉讼服务平台。

二是扎实推进繁简分流改革工作，破解"维权周期长"难题。根据案件情况实施繁简分流，设立速裁组、快审组等新型审判团队。例如，北京市高级人民法院继续优化商标行政快审合议庭工作机制，3名员额法官人均结案数均超400件；北京知识产权法院立案庭完善速裁工作模式，平均审理期限缩短至23天。

三是依法加大制裁力度，破解"侵权成本低"难题。积极探索惩罚性赔偿的司法适用规则，在炎黄盈动公司诉亚马逊通公司等侵害商标权案中适用惩罚性赔偿，判决被告赔偿原告经济损失7646万元；在云霄飞车公司诉失重餐厅发明专利侵权案中规范保全标准和程序；在北京国瑞升科技公司诉金某芳等侵害经营秘密纠纷案中，通过合理的举证责任分配，降低商业秘密权利人举证难度。

四是注重参与知识产权全链条保护，

共同推进"知识产权大保护"体系建设。在北京市知识产权保护中心设立知识产权巡回审判庭；积极参与国家市场监督管理总局的全国知识产权保护工作测评工作、北京市知识产权办公会议工作会以及与知识产权保护相关的地方立法工作；高质量完成知识产权保护相关工作或意见回复约10余次；构建专利行政案件全流程审理机制。

三、多措并举实现各级联动，统一知识产权案件裁判标准

一是完善法官会议制度，充分发挥审判业务骨干在统一裁判尺度上的主导作用。在坚持法官会议制度的同时，由主管副庭长和各合议庭审判长、调研骨干共同参与拟发改案件、重大疑难案件以及与在先同类案件裁判标准冲突案件的会商研讨。

二是完善审判工作沟通机制，创新研讨交流方式。针对案件审理中发现的典型问题，组织业务骨干进行研究总结，形成发回改判案件年度调研报告，已经成为统一裁判标准、实现类案同判的长效机制；举办两次知识产权专题培训；继续以北京法院版权沙龙的形式加强对全市著作权审判工作的指导，成功举办网络直播平台法律责任研讨活动。

三是完善审判管理监督机制，不断加强审判质量规范化建设。出台规范审限管理办法、诉讼财产保全实施细则、专业法官会议制度实施细则等工作文件；组织开展关联案件筛查和类案检索工作培训，统一专门的类案检索报告模板，规范类案检索报告的制作和运用；每月开展案件常规评查工作，针对发现的问题线索开展履职监督。

四是开展专题调研，解决重点领域裁判标准统一问题。北京市高级人民法院发布《关于侵害知识产权及不正当竞争案件确定损害赔偿的指导意见及法定赔偿的裁判标准》，统一知识产权损害赔偿问题的裁判尺度。北京互联网法院编写《互联网法院图片类著作权纠纷审理问答》，统一、确定审理图片类案件的基本原则与裁判规则。西城区人民法院形成《关于西城区"老字号"企业商标权司法保护情况的调研报告》。海淀区人民法院形成《关于网络不正当竞争纠纷案件的调研报告（2012—2019）》。

四、周密组织落实重点工作，积极延伸司法职能

一是牵头拟订《关于贯彻落实〈中共北京市委全面依法治市委员会关于加强知识产权审判领域改革创新的实施意见〉任务分工方案》，2020年4月由中共北京市委全面依法治市委员会办公室正式发布。

二是发挥司法引领作用，深化知识产权诉源治理工作。通过搭建治理平台、设置法官工作站、"多元调解+速裁"等方式将诉源治理相关工作下沉、前移。北京互联网法院联合北京市版权局发起"规范图片版权市场　共促产业健康发展"倡议，并与北京版权保护中心签署战略合作协议；探索建立"e版权诉源共治体系"，形成涉版权纠纷多元化解新模式。

供稿：北京市高级人民法院
知识产权审判庭

检察工作

一、充分履行检察职责，加大知识产权保护力度

2020年，依法审查逮捕涉及侵犯知识产权犯罪案件116件179人，依法审查起诉131件216人，成功办理全国扫黄打非工作小组办公室挂牌督办的宋某某等二人销售侵权盗版图书案、谭某某等八人制销假冒全聚德烤鸭案等具有重大社会影响的案件，以及假冒伪劣口罩等医疗物资、器械等一批涉疫案件。建议行政执法机关移送涉知识产权案件48人，行政执法机关已移送48人，监督行政移送后公安机关立案43人；受理知识产权行政诉讼监督案件72件，其中商标案件48件、专利案件24件，办结案件中，提请最高人民检察院抗诉2件；受理知识产权民事诉讼监督案件31件，审结25件，提出抗诉1件。受理的案件中，有2起刑事案件获评2020年度检察机关保护知识产权典型案例。

二、依法履行法律监督职能，促进公正司法和裁判标准的统一

不断强化“精准监督”理念，通过召开案件论证会，积极组织学术界、实务界等专家学者对案件涉及的专业性问题进行把关，强化事实证据认定标准和准确性，确保案件经得起检验。针对深圳市博众节能工程技术有限公司与广东金信方正律师事务所、国家知识产权局原专利复审委员会实用新型专利权无效行政纠纷案、杭州琴侣高新技术有限公司与国家知识产权局商标权撤销复审行政纠纷案组织公开听证，不仅为依法公正办理案件提供了重要参考和帮助，同时获得了申请人对检察机关的理解与信任，有效促进了行政争议实质性化解，提升了司法公信力。

三、完善有专门知识的人辅助办案机制，积极应对新型疑难复杂案件

为积极应对知识产权案件中疑难复杂的技术性问题，推出专业同步辅助审查机制，在新型、疑难、复杂案件中，指派专门的检察技术人员作为辅助人员，以“有专门知识的人”的身份，随办案组全程参与案件办理。检察技术人员依法可以协助制定引导侦查提纲，协助讯问嫌疑人、证人，协助开展电子数据收集和提取，进行技术性证据审查等，为办案人员提供内部参考意见。在办理上海某信息技术有限公司及李某明等三人侵犯商业秘密案时，面对涉案商业秘密为技术性较强的金融信息监管系统，关键性证据存在灭失风险的情况，检察机关及时申请检察技术专家同步辅助案件办理，取得关键性证据。

四、合理制发检察建议，强化社会综合治理

对于办案中发现的其他相关人员违法线索，移送行政违法线索并制发检察建议，汇聚首都知识产权保护合力。例如在办理谭某某等八人制销假冒全聚德烤鸭案时，检察机关认真梳理涉嫌行政违法的导游信息，与北京市文化和旅游局开展座谈，将行政违法线索积极移送处理，并提出加强对旅行社宣传指导和执法监督、加强与相关部门沟通协作、引导旅游企业发展与老字号保护合作共赢等5项建议，受到高度评价。

五、全面推广知识产权违法线索移送行政处罚制度，提升知识产权保护效能

发布《北京市检察机关经济犯罪案件不起诉移送行政处罚办案指引（试行）》，针对情节轻微作出不起诉决定案件，以及办案中发现的行政违法线索，主动与监管部门对接，提出行政处罚的检察意见。例如办理的谭某某等八人制销假冒全聚德烤鸭案中，涉案团伙形成“上游假冒包装—中游加工制作—下游向导游销售—末端经由导游向游客出售”的制产销链条，检察院将涉嫌行政违法的导游人员线索积极移送处理，相关部门在一个月内全面调查核实，依法给予行政处罚。再如办理的孙某某等四人假冒注册商标案，在宣告不起诉决定后，将线索移送本区市场监督管理局并提出处罚建议，后者依法作出销毁侵权产品、罚款等处罚决定。

供稿：最高人民检察院
知识产权检察办公室

天 津 市

知识产权工作

2020年，印发天津市《关于强化知识产权保护的实施意见》《2020—2021年天津市强化知识产权保护推进计划》《天津市知识产权“十四五”规划》编制工作方案，研究起草《天津市知识产权“十四五”规划》基本框架，制定出台《天津市知识产权局关于知识产权强区建设的意见》《天津市知识产权特色小镇建设行动方案》《天津市知识产权局支持复工复产企业高质量发展措施》《关于进一步促进民营经济发展支持政策配套细则》《关于新型冠状病毒感染肺炎疫情防控期间打击侵犯注册商标专用权违法行为的通知》和《天津市知识产权局关于做好2020年商标专用权保护工作的通知》。

推进中国(天津)知识产权保护中心建设。2020年10月9日，国家知识产权局正式批准同意建设，12月30日，天津市知识产权保护中心试运行。构建知识产权大保护工作体系，构建保护协调机制，组织公检法、版权、海关、文化行政执法等部门定期交流，推动司法机关与行政执法的衔接。畅通多元化解渠道，联合签署《关于深入推进知识产权纠纷多元化解工作的实施意见》。组织京津冀蒙四省市知识产权行政执法及保护交流座谈会，签订《华北五省市区知识产权行政保护协作协议书》，吸纳京津冀知识产权保护专家资源，充实完善天津市知识产权保护专家库，首批入选专家共86人。

多措并举助力企业复工复产。开展“总体+特色”和“政策+技术”服务，8支服务队为企业解决问题333个。开展高价值专利培育工作，加强基础和应用前沿领域专利布局，集中力量突破一批“卡脖子”关键技术，提升产业竞争优势。继续落实知识产权强企、强区工作。加快推进国家知识产权运营服务体系建设，优化完善华北知识产权运营网，升级改造政务服务、IP交易、服务机构、政策资讯、专题活动等模块。落实专利权质押贷款评估费补贴政策。举办2020年天津市知识产权创新创业发明与设计大赛及成果推介会。深化知识产权“放管服”改革，全面提升知识产权服务能力，纸件专利申请受理由3个工作日压缩到1个工作日，专利费用减缴备案审核时间由25个自然日压缩到5个工作日。加快高水平专业化人才培养，组织开展2020年度全市知识产权高级职称评审工作，9人通过知识产权专业副高级职称评审。邀请国家知识产权局领导开展政策辅导讲座，举办知识产权行政执法培训班、知识产权专题培训班。编制印发《“走出去”企业海外知识产权保护》和《“一带一路”国家知识产权保护政策概览》服务手册。组织编写《2019年天津市知识产权发展状况白皮书》《2019年天津市知识产权保护状况白皮书》《2019天津市知识产权年报》，在“4·26世界知识产权日”向社会正式发布。

2020年，天津市专利授权量达到75 434件，同比增长30.5%，其中企业专利授权63 888件，同比增长31.1%，占比84.7%。有效专利拥有量24.6万件，同比增长23.4%；职务发明有效专利235 328件，同比增长23.7%。每万人口发明专利拥有量24.4件，较上一年度净增2.1件。2020年，天津市提交商标注册申请85 096件，核准注册量51 092件，有效注册商标达到288 949件，同比增长17.5%，各类集体商标953件，地理标志证明商标27件，地理标志保护产品13件，驰名商标156件，国外注册商标353件。截至2020年底，累计登记作品达到213 415件，同比增长266.9%，总量位居全国第四。获得授权植物新品种21个，同比增长90.9%，累计获得授权植物新品种177个。中国(滨海新区)知识产权保护中心全年完成备案创新主体619家，受理专利预审案件1299件，审结预审案件1284件，预审合格754件，获得国家知识产权局授权专利543件。

全市累计开展执法行动近万次，出动执法人员3万余人次，立案417件，涉案金额668.97万元，罚没款合计2205.74万元，移送公安机关19件，通过“津云”等媒体共计曝光涉及知识产权的典型案例101件。开展“知识产权执法保护百日专项行动”期间，市区两级市场监管部门累计出动执法人员5900余人次，立案102件，涉案金额146.4万元，罚没款合计162.2万元，移送公安机关2件，查扣涉案产品1万余件。2020年，天津市知识产权局调处各类专利纠纷103件，结案103件，受理来自各区的知识产权行政复议案件4件，处理行政诉讼案件8件。建设保护中心2家，认定国家级知识产权保护规范化市场6家。

培育国家知识产权示范城市2家，国家知识产权示范培育城市4家，国家知识产权试点城市1家；国家知识产权示范企业4家，国家知识产权优势企业试点66家；天津市知识产权教育示范学校51家，全国中小学知识产权教育示范学校2家，全国中小学知识产权教育试点学校6家。天津大学成功获批国家知识产权示范高校，南开大学、天津科技大学、天津工业大学、天津理工大学入选国家知识产权试点高校，天津科技大学获批高校国家知识产权信息服务中心。

推进知识产权运营服务体系国家试点城区2家，办理专利质押50项，质押金额12.8亿元，商标专用权质押4件，融资额6.4亿元。华北知识产权运营中心共开展业务4976笔，运营收入合同金额7335.05万元；共获得运营委托权专利数量65 784件，促成专利质押融资1.14亿元，开展专利评估项目数70项。第二十一届中国专利奖评选中，天津共获得18项奖励，其中金奖1项，优秀奖14项，外观设计优秀奖3项；2020年天津市专利奖评选专利金奖12项，专利优秀奖37项，专利创业奖1项。

组织受理企业电子申请107 582次，开展专利优先审查550次。万家企业完成费减备案审核，减缴专利费用近1.5亿元。开设商标受理窗口8个，开展商标申请、续展、转让等24项业务。

协调《中国知识产权报》《天津日报》和北方网等主流媒体对知识产权工作报道33篇，协调天津电视台、天津广播电台对知识产权专题报道10次，全市相关媒体刊发知识产权工作宣传稿件500余篇。

供稿：天津市知识产权局

版权工作

一、打击网络侵权盗版

按照《关于开展打击网络侵权盗版“剑网2020”专项行动的通知》要求，会同天津市公安局等五部门开展为期4个月的“剑网2020”专项行动。专项行动期间，市区两级相关部门协同配合，对天津市51 040家备案网站摸底调查。文化执法部门共出动执法人员1174人次，开展网络巡查100家次，实地检查、巡查356家次，约谈网络文化企业负责人30余人次，查办网络侵权盗版行政案件12起，关闭6家网站，行政罚款13.2万余元。协助公安机关查办侵犯著作权刑事案件3起，缴获侵权复制品20万余册，依法对8名涉案人员采取刑事强制措施。持续跟踪督办国家版权局移交的天津市5起版权刑事案件。

1. 按时启动，全面部署

接到《关于开展打击网络侵权盗版“剑网2020”专项行动的通知》后，联合印发《关于开展打击网络侵权盗版“剑网2020”专项行动的实施方案》，召开全市“打击网络侵权盗版‘剑网 2020’专项行动启动会”。市区两级专项行动协调小组成员单位共计 85 人以视频会议的形式参加专项行动启动会，天津市“剑网 2020”专项行动正式启动。

2. 联合检查，加强监管

专项行动成员单位组成联合检查组，组织开展 4 次网站检查活动，分别对天津市津南融媒体中心、今日头条天津运营中心、天津女性网、视觉中国 4 家网站，以及图书大厦、新华书店课本中心 2 家具有图书销售网站的书店开展随机抽查。

3. 开展培训，源头治理

举办线上网络版权保护培训会，共计 200 余人参加。培训以“涉网络平台著作权侵权热点问题研究”为题，对进一步构建规范有序的网络版权环境，提高网站等经营者的版权意识起到很好的促进作用。

二、版权公共服务

一是启动天津市 2020 年版权示范单位推荐工作，评选出 4 家单位为天津市的版权示范单位，推荐 8 家已获得市级“版权示范单位”称号企业参加全国版权示范单位的评选。二是组织参加中国版权金奖评选活动。按照国家版权局的评选要求，组织市 16 个版权、公安、海关等单位参加中国版权金奖评选申报工作，推荐百花文艺出版社的《海边春秋》等 8 个候选作品参加中国版权金奖的评选。三是首批 3 家版权服务工作站挂牌成立；制定《天津市版权服务工作站工作指南》，明确版权服务工作站的工作职责。四是增设天津青年创业园为天津市第四家作品登记初审机构。五是建设并投入使用“天津市作品著作权登记系统”，组织召开 5 次由作品登记初审部门和终审部门参加的平台试运行碰头会议，实现全市作品登记业务网上办理。六是加强作品登记的意识形态管理。组织召开 10 次作品登记机构工作会议，起草印发《天津市作品著作权登记工作管理办法》。七是加强作品登记服务。截至 2020 年底，天津市作品著作权登记共计 213 288 件，同比增长 266.91%，为企业节约作品登记成本约 6688 万元。八是强化版权管理。制定印发《天津市图书版权输出合同备案制度》《天津市出版外国图书合同登记的相关规定》。截至 11 月 26 日，累计办理涉外版权合同登记 397 份，处理涉外网络游戏软件认证业务 11 件次，处理境外委印业务 8 件次。

三、系列版权工作

一是做好日常版权监管，及时关注国家版权局发布的重点作品版权保护预警名单，全年共转发 6 批预警名单。二是与检察、知识产权等部门签订三方框架协议，形成司法、行政知识产权联合保护的大格局。三是完成 3 批次共 7 种涉嫌侵权盗版出版物的认定，并出具认定意见。四是完成 2019 年“双打”工作考核。五是贯彻落实《优化营商环境条例》，起草完成《完善版权社会服务，营造一流营商环境》的工作汇报，积极协助市政务服务办完成全国营商环境考核。六是组织开展 2020 年天津市大学生版权征文活动。

四、版权调研与培训

一是对 16 个区的版权工作情况开展调研。调研采取专项座谈、实地走访和现场培训等方式，帮助基层版权管理者厘清工作思路，提高专业技能和工作水平。二是调研并起草《推动天津版权产业发展，增强版权产业整体实力和竞争力》专题报告，分析天津市版权产业发展现状及存在问题，梳理发展优势，提出对策措施。三是组织召开各区版权管理工作专项培训。通过电视电话会议形式，对 16 个区开展政策宣讲及业务培训。

五、软件正版化

一是加强推进软件正版化工作指导。制定《天津市 2020 年推进使用正版软件工作计划》，指导市级机关和各区版权局制定本单位、本系统和本地区的软件正版化工作计划。二是开展软件正版化工作调研。对16个区的软件正版化推进工作进行调研，提出指导意见与建议。三是组织开展推进软件正版化工作培训。采用视频会议方式，举办软件正版化工作培训，解读软件正版化工作相关政策措施，并提出工作要求。四是开展“回头看”检查。对8个单位进行了“回头看”检查。五是扩大推进范围，加强重点工作引导。指导市教委、市交通运输委和市卫生健康委等部门开展推进本系统软件正版化工作。全年采购操作系统和办公软件2.58万套，满足了计算机软件正版化、国产化的使用需求，同时为以后计算机设备的更新预留了使用授权空间。强化与市工商联的工作沟通协调，将推进软件正版化工作逐步纳入市区两级工商联工作评价体系。

六、推动版权产业复工复产

一是开启“电话调研+视频会议+网上办公”的“互联网+办公”模式，全力助推天津版权行业精准复工复产。组织版权管理部门、版权行业相关单位，开展6场次网络视频业务培训。二是结合疫情防控和复工复产实际需要，制定全市及各区版权工作计划，确保重点工作切实围绕中心服务大局。三是“天津市作品著作权登记系统”试运营上线，并开辟“绿色通道”专门办理抗疫主题作品的登记服务。2020年第一季度，天津市作品登记45 749件。四是助力天津市出版单位复工复产。疫情期间，《新型冠状病毒肺炎防控指南（漫画版）》已经被翻译成10个语种，制成电子书输出到海外市场。

七、加强版权普法宣传

一是做好新闻宣传。以“强化版权治理，优化版权生态”为主题，组织开展“4·26”版权宣传活动。在重要户外场地投放15 000张宣传海报，借助1400多辆公交车车载屏幕、7个重点公交车站、7000余块地铁宣传屏、滨海国际机场及交通中心电子屏循环播放主题宣传视频，累计超过1000万人次观看版权主题宣传短片，中央和市级媒体共计刊发、转发天津版权宣传工作报道30条次。二是开展社会宣传。开展版权宣传“进社区”活动，与梅江天涛园社区居民开展“送温暖·送文化·普法律”共建活动；深入南开区C92文化创意产业园，开展送温暖、送服务活动；举办天津版权网络论坛。

供稿：天津市版权局

司法工作

一、抓好执法办案第一要务，发挥司法保护作用

一是公正高效审理各类知识产权案件。2020年，天津法院新收知识产权民事、刑事、行政案件9079件，同比增长31.39%；审结8820件，同比增长37.88%。其中，新收知识产权民事案件9017件，审结8755件，同比分别增长31.5%和37.79%；新收知识产权刑事案件58件，审结64件；新收知识产权行政案件4件，审结1件。

二是注重知识产权纠纷多元化解。联合会签《关于深入推进知识产权纠纷多元化解工作的实施意见》，组织召开主题座谈会，共商共建天津市知识产权纠纷多元化解长效机制；与中国国际贸易促进委员会天津市分会签订《关于建立完善知识产权纠纷诉调对接机制合作备忘录》，建立知识产权诉调对接机制；与天津市娱乐场所协会签署《关于建立音乐作品等著作权侵权纠纷多元化解工作机制的意见》，聘请娱乐场所协会调解员作为特邀调解员参与相关案件诉前、诉中调解。在涉阿克苏诺贝尔化学品公司专利权属系列纠纷案中，通过和解促成双方以许可使用的方式开展长期技术合作，对于突破国外技术壁垒和促进我国相关化工行业的技术进步作出贡献。在三个渔夫(天津)餐饮公司与北京老葛家餐饮公司商标权纠纷中,不仅化解了双方在天津法院成讼的民事纠纷,同时还化解了双方在其他省市和国家知识产权局的相关纠纷,实现了保护注册商标专用权与维护在先使用人合法利益的平衡。2020 年,天津法院审结的知识产权民事案件中,调解结案 450 件,撤诉结案(含按撤诉处理)5536 件,调撤率为 68.37%,其中一审民事案件调撤率达到 74.4%。

三是知识产权审判服务保障疫情防控成绩突出。充分利用智慧法院建设成果,通过在线诉讼服务、互联网庭审等方式最大限度方便当事人远程诉讼。建立涉疫知识产权案件审理"快车道"。严厉惩处与疫情防控相关的刑事犯罪行为。

二、统一司法裁判尺度,增强知识产权审判能力

一是发布多项审判指引文件,明晰裁判标准。出台《关于知识产权侵权案件惩罚性赔偿适用问题的审判委员会纪要》,细化惩罚性赔偿制度的适用条件。出台《关于商业标识权利冲突纠纷案件审判指引(试行)》,对商业标识权利冲突纠纷案件的审理原则、审理思路、抗辩事由、责任承担及具体商业标识权利冲突的处理等内容进行了规范。这两个文件与之前发布的《关于侵害信息网络传播权纠纷案件审理指南》《关于侵害外观设计专利权纠纷案件的审判指南》《关于知识产权案件技术事实查明相关问题的解答》等文件,形成了覆盖知识产权各审判领域的完整的规范性文件体系。

二是实施精品战略,发挥司法裁判引领作用。2020 年,北京众得文化传播公司与万达影视传媒公司、岳某刚等侵害作品改编权纠纷案,深圳市腾讯计算机系统公司等与洪某不正当竞争纠纷案入选 2019 年中国法院 50 件典型知识产权案例。调研报告《自媒体平台转载行为的著作权保护研究——以微信公众号转载文字作品著作权案件的司法实践为视角》获得第二届全国知识产权优秀调研成果评选一等奖。天津市第三中级人民法院(2019)津 03 知民初 450 号民事判决书、天津市高级人民法院(2019)津 0116 民初 697 号民事判决书分获第四届全国知识产权优秀裁判文书评选二等奖、三等奖。

三是针对疑难问题和新类型案件,坚持专项调研机制。2020 年,完成最高人民法院司法案例重点课题"服务创新驱动发展司法案例研究",为构建科学、合理、高效、规范的科技保护法律体系,改善当前的科技创新体制提供了良好建议;完成天津法院重点课题"涉网络平台著作权侵权新型疑难问题研究"、专项课题"互联网黑灰产业反不正当竞争研究",为解决涉网络平台著作权侵权新型疑难问题提供新思路。天津市高级人民法院每年编纂并印发 2 期《天津知识产权审判》,为三级法院之间的交流学习提供了良好平台。

三、持续优化知识产权审判机制,服务和保障大局

一是健全专门化审判体系,发挥优势引领作用。2020 年,天津知识产权法庭新收知识产权案件 2336 件,同比增长 30.14%;其中新收专利权纠纷案件 160 件,同比增长 29.98%。与专利审查协作中心天津中心签订合作协议,聘请覆盖 11 个技术领域的 16 名专利审查员作为技术调查官,构建包括技术调查官、技术咨询专家、专家陪审员在内的技术事实审查专门人才库,发布《技术调查官参与诉讼活动工作规则》《技术调查官管理办法》《知识产权诉讼证据指引》等文件。

二是积极营造有利于创新的大背景、大环境。出台《关于为创新驱动发展提供知识产权司法保障的若干意见》《关于加强知识产权司法保护的实施意见》,提出 40 余项具体措施。通过"运用证明妨碍排除

规则”“推进案件繁简分流，简化类案审理程序，推行示范性判决，引入先行判决机制”“依法适用惩罚性赔偿制度”等一系列举措切实增强司法保护的实际效果。

三是深化司法公开，培育知识产权法治文化氛围。“4·26世界知识产权日”期间，公开审理“小贵族童车”发明专利权纠纷案、涉“快手”“字节跳动”信息网络传播权纠纷案，放大司法裁判的社会效应。天津市高级人民法院召开专题发布会2次，向社会发布2019年度天津法院知识产权司法保护白皮书和司法保护典型案件21件；天津市第二中级人民法院召开新闻发布会，通报近三年辖区音乐作品著作权侵权案件审理情况及典型案例；等等。

供稿：天津市高级人民法院
知识产权审判庭

检察工作

一、高度重视知识产权检察工作，加强总体统筹谋划，落实各项改革举措

制定《天津市检察机关打击侵权假冒工作要点》《贯彻落实〈关于强化知识产权保护的意见〉具体工作措施》等重要文件，明确工作重点。在全面准确评估“十三五”规划实施取得的实际效果基础上，参与天津市知识产权“十四五”规划编制工作，结合检察职能，提出工作发展方向、目标、路径和举措，提升知识产权司法保护水平。开展为期一年的知识产权检察职能集中统一履行试点工作，组建知识产权检察办案组织，整合刑事、民事、行政检察职能，树立系统、整体、全面理念，形成专业化办案优势。

二、健全办案机制，依法严厉打击侵犯知识产权犯罪

2020年，检察机关共审查逮捕侵犯知识产权犯罪案件41件74人，提起公诉47件121人，监督公安机关立案5件，对重大、疑难、复杂案件提前介入、引导侦查取证21件次，纠正侦查行为违法1件次，提出抗诉1件。指导办理“4·29”“9·09”等3件社会影响较大的重大侵犯知识产权案件，及时跟踪了解进展，加强办案指导，确保办案“三个效果”相统一。为解决知识产权刑事案件捕诉分离问题，制定《关于建立捕诉分离案件双向通报听取意见机制的意见》，充分发挥“捕诉一体”制度改革优势，确保案件质量。制定《办理侵犯商标权类犯罪案件指引》《办理侵犯著作权罪案件指引》，统一办案标准。大力推行公开听证制度，增强办案透明度和监督公信力。通过依法提出抗诉等方式开展对法院审判活动的监督，保证法律正确实施。

三、深入推进侵犯知识产权犯罪案件行政执法与刑事司法衔接工作，形成工作合力

加强与行政执法部门的沟通协调，会签相关文件，建章立制。与天津市烟草专卖局、天津市市场监督管理委员会等建立联合打击涉烟违法犯罪协作机制、侵权假冒商品销毁工作制度。成立天津首家知识产权刑事案件研究中心，与中国(天津)知识产权保护中心会签《知识产权刑事保护合作框架协议》。与中国(滨海新区)知识产权保护中心会签《关于加强滨海新区知识产权保护工作合作备忘录》，在加强专业领域合作、建立专家库、推进“两法衔接”及“两项监督”工作等方面达成共识，形成保护知识产权的合力，提升办案法治化水平。细化知识产权案件涉嫌犯罪移送司法机关处理的标准，拓展“行刑衔接”信息共享平台的使用范围；充分利用已有电子政务网络和信息共享公共基础设施等资源，整合平台功能，搭建“行刑衔接”桥梁。例如，充分利用“天津市打击侵犯知识产权和制售假冒伪劣商品行政执法与刑事司法衔接信息共享平台”，及时掌握信息，监督行政执法机关及时移送涉嫌犯罪案件。2020年，经检察机关建议，行政执法机关共移送涉

嫌侵犯知识产权犯罪案件 4 件。

四、转变司法理念，做强做实涉知识产权民事行政检察工作

积极发挥检察职能，着力保障企业创新主体地位和创新收益，激发创新活力，营造创新环境，加大对典型案件宣传力度，增强企业知识产权自我保护意识。积极拓宽线索来源，畅通申请监督渠道，保障当事人行使申请检察监督的权利，从受理的侵犯知识产权重点领域申诉案件入手，深入挖掘立案监督线索。聚焦行政执法与司法衔接机制建设，研究知识产权授权确权审查标准、行政执法标准、司法裁判标准与监督标准统一等问题，充分发挥检察工作整体效能，为诉讼监督工作提供有力支撑。积极与天津市文化和旅游局、天津市市场监督管理委员会等涉及知识产权保护的单位沟通，了解涉知识产权行政诉讼案件的相关情况，履行法律监督职责，强化知识产权保护。

五、加强专业化建设，加大宣传力度，提供人才队伍和社会舆论的有力保障

聘请相关人员组建“天津市检察机关有专门知识的人推荐名单库”，根据办案需要扩充知识产权领域专家名单，助推知识产权检察队伍的职业化专业化建设。以榜样带动检察人员争先创优，3 名检察官被最高人民检察院确定为“首批全国经济犯罪检察人才”，天津市人民检察院第一分院、宝坻区人民检察院及相关办案人员被国家版权局评为“2019 年度查处重大侵权盗版案件有功单位及有功个人”。办理的“12·13”侵犯著作权案，被全国扫黄打非工作小组办公室评为“2019 年全国‘扫黄打非’十大案件”，办理的苗某某等人疫情期间生产销售假冒知名商标口罩案件被最高人民检察院刊发。对企业进行普法宣传，就互联网企业运营中的知识产权保护、构建良好营商环境等相关问题进行交流，切实提高企业自身知识产权保护意识。制作的“二伯”系列知识产权普法动漫被最高人民检察院微信公众号、新华社等媒体刊发，播放量达数十万次，并被评为“全国检察新媒体作品三十佳”。

供稿：最高人民检察院
知识产权检察办公室

河北省

知识产权工作

一、主要工作成绩

2020 年，专利申请量 13.14 万件，专利授权量 9.22 万件，同比分别增长 29.72% 和 59.49%。截至 2020 年底，有效发明专利量 34 147 件，万人发明专利拥有量 4.38 件。2020 年，新增商标申请 28.39 万件，商标注册 17.56 万件。其中，新增地理标志商标注册 61 件，新获认定驰名商标 6 件。累计有效注册商标 83.79 万件。2020 年，新增省级评定试点县（市、区）13 个，示范县（市、区）1 个，示范企业 30 家，优势企业 244 家。获批技术与创新支持中心（TISC）正式机构 1 家、筹建机构 1 家。燕山大学获批高校国家知识产权信息服务中心，河北工业大学、燕山大学被认定为“2020 年度国家知识产权试点示范高校”。

二、主要工作举措

1. 进一步加强知识产权战略实施统筹协调

一是制定河北省 2020 年推动知识产权高质量发展年度工作指引。二是组织召开机构改革后首次河北省知识产权战略实施工作领导小组会议，制发《河北省知识产权战略实施工作领导小组工作规则》《河北省知识产权战略实施工作领导小组办公室工作细则》。三是“京津冀科研院所知识产权运用联盟”和“京津冀高校知识产权运用联盟”成立。

2. 持续优化知识产权保护环境

一是认真贯彻落实知识产权保护决策部署。印发《关于强化知识产权保护的若干措施》《河北省2020—2021年知识产权保护推进计划》。开展防疫物资产品知识产权保护专项行动，累计查处涉防疫物资知识产权违法案件168件，罚没款575.51万元，移送公安案件4件。开展电商和进出口领域知识产权百日行动。二是着力健全完善知识产权保护工作体系。牵头建立由33个部门组成的河北省知识产权保护联席会议制度，印发《河北省知识产权保护联席会议工作制度》。签订《中国(河北)自由贸易区试验区正定片区知识产权执法协作机制合作备忘录》。签署《华北五省市区知识产权行政保护协作协议书》，提升了知识产权保护合力。组建中国(河北)知识产权保护中心。石家庄市市场监督管理局、河北省知识产权保护中心被国家知识产权局确定为知识产权侵权纠纷检验鉴定技术支撑体系建设试点单位。三是持续加大奥林匹克标志行政保护力度。印发《关于加强2022年冬奥会冬残奥会吉祥物、会徽等知识产权保护的通知》《河北省2020年奥林匹克知识产权保护方案》等多个文件，检查商户8000余户次、市场100多个次，整治规范使用奥林匹克标志行为75起。

3. 大力促进知识产权创造

一是进一步推动全省企业境外商标注册。组织开展全省国际商标注册资源普查，印发《关于开展全省境外商标申请培育单位精准对接帮扶专项工作的通知》，开展出口企业境外商标注册申请“三个一”精准对接帮扶专项工作。二是2020年专利资助工作圆满完成。受理申请3954项，资助2002件，金额919.9万元，其中包括PCT途径国外授权发明专利65件、269万元，为河北省“走出去”企业海外专利布局提供有力支撑。三是专利代办服务工作卓有成效。即时启动“网上办”“掌上办”“指尖办”等保障措施，此后采取划时段、分业务预约方式，确保窗口正常运转。对涉疫专利、商标优先审查请求给予优先快办。制发《河北省办理推荐专利优先审查工作规程(试行)》，共办理推荐优先审查专利申请384件。印发《河北省市场监督管理局关于进一步遏制和防范非正常专利申请的指导意见》《关于加强商标恶意注册行为规制工作的通知》。

4. 强化知识产权转化运用

持续推行《企业知识产权管理规范》认证工作，组织108家企业开展贯标培育工作。围绕河北省重点技术领域，实施生命健康先进产业专利导航等产业规划类专利导航计划项目，耐磨钢等企业运营类专利导航计划项目。做好第二十二届中国专利奖组织推荐工作，向国家知识产权局推荐18项参评项目。推进知识产权金融创新工作，70余家企业实现知识产权质押融资超过25亿元，130余家企业专利保险风险保障金额达到1.5亿元。启动石家庄市高新区知识产权运营服务聚集区(高新区)建设。推进地理标志产品专用标志核准改革试点工作，制定《河北省地理标志产品专用标志使用核准改革试点方案》和《河北省地理标志保护产品专用标志使用核准工作规范(试行)》等。发布2批用标核准公告，累计核准6个地理标志保护产品的15家生产者使用专用标志。

5. 进一步提升知识产权公共服务能力

一是组织开展“知识产权信息进企业促创新”服务活动，点对点服务企业129家，召开现场服务对接座谈会26场，为企业提出建设性建议379条，为企业检索专利信息119次，帮助企业确定和调整研发方向9个，提出侵权风险预警43个，跟踪专利申请74个，帮助企业培训知识产权人员 585 名，形成知识产权专题分析报告 14 篇。二是推进知识产权服务机构监管工作。雄安新区 2 家知识产权服务机构被认定为省级知识产权服务品牌培育机构。组织开展知识产权服务业“蓝天”行动，督促已备案的商标代理机构签订信用承诺书 1096 份。立案查处擅自开展专利代理案件 3 起，结案 2 起，罚没款 74 400 元。三是成功举办“4·26 世界知识产权日”宣传活动，累计举办案件审理、项目路演、公益广告、现场执法等线上线下活动 84 场次。四是举办 3 期线下全省知识产权高级培训班、涉外知识产权申请业务培训班、知识产权运用实务培训班、知识产权贯标培训班，依托知识产权远程教育河北子站分站，累计培训全省系统知识产权管理干部 1865 余人。组织开展中小学知识产权教育试点示范工作，认定 12 所中小学作为省级知识产权教育试点。

供稿：河北省知识产权局

版权工作

一、工作体制机制建设

联合印发《河北省“扫黄打非”工作举报奖励办法》，将侵犯著作权行为列为举报奖励重要内容。建立完善知识产权评估机制，印发《河北省版权局关于印发〈河北省级版权资产评估机构指导名录（第一批）〉〈河北省级版权资产评估专家指导名录（第一批）〉的通知》。印发《河北省版权局关于加强版权服务站管理的通知》，对各地版权服务机构从事作品版权登记工作的条件、完成时限提出要求。对河北省版权服务平台进行提档升级改造，加强版权服务工作信息化、数字化、数据化、智能化建设。实现全省版权服务机构全覆盖，作品版权登记数量呈爆发式增长。

二、版权行政执法

一是深入开展“剑网 2020”专项行动。“剑网 2020”专项行动期间，开展各类执法检查 2021 次，出动执法人员 10 978 人次，检查各类经营场所 11 231 家次，网上主动巡查网站和自媒体 151 477 家次，屏蔽、过滤、删除违法有害信息 146 537 条，约谈自媒体 515 家次，依法查处违法违规网站 361 家，依法处置各类违法违规账号群组 112 个，查办各类违法违规案件 63 件，移交公安、国安等部门信息线索 415 条。二是组织开展规范摄影作品版权秩序等专项行动。印发《关于开展规范摄影作品版权秩序专项整治行动方案》，开展规范摄影作品版权秩序专项整治行动，净化版权市场。三是做好侵权盗版案件查处工作。查办各类侵权盗版案件 27 件，其中行政案件 17 件（办结 15 件，其中应公开 13 件全部依法公开），刑事案件 10 件（办结 5 件）。2020 年，全省版权保护工作在国家知识产权局、中央宣传部、国家市场监督管理局组织的知识产权保护工作检查考核中获得优秀等级。版权管理处及河北省有关单位获“2019 年度查处重大侵权盗版案件有功单位”荣誉。

三、软件正版化

一是加强政府机关和企业单位软件正版化业务培训。先后组织专家为唐山市、石家庄市栾城区等地的政府机关和张家口农村商业银行股份有限公司等企业开展软件正版化业务培训，参训人员达 200 余人。二是印发《关于组织开展软件正版化督导检查工作的通知》，抽查了 10 家省直机关、6 家省级国有企业、4 家金融机构、2 家医院、2 家院校、2 家交通行业企业和 24 家市县级机关。三是积极引导各地采购和使用国产软件。全省有 99 个市、县政府以场地授权模式完成国产办公软件全覆盖工作，衡水市的部分县级政府和定州市还以场地授权模式完成了国产操作系统全覆盖，实现了国产操作系统的部分替代工作。省、市、县三级政府共采购操作系统、办公软件和杀毒软件 23 万余套,采购金额 4121 万余元。

四、版权社会服务

一是推动全省版权服务机构建设,2020 年实现了版权服务机关全省全覆盖,为河北省作品版权登记提供了组织保证。二是积极组织开展全省作品登记人员业务培训,实现了全省所有版权服务机关从业人员全员培训并全部合格。三是作品登记数量再创新高,全年完成作品版权登记 25 967 件。四是扎实开展涉外著作权登记,全年完成涉外著作权登记 253 件。五是版权示范单位创建工作成绩突出,3 家单位被国家版权局授予“全国版权示范单位”称号。六是巩固廊坊全国版权示范城市创建工作成果,指导廊坊市积极开展版权产业统计工作、软件正版化工作、案件查办工作。

五、版权宣传

在全国知识产权宣传周期间,充分发挥网络、云端等新技术、新业态的功能和作用,强化宣传效果。充分利用传统媒体开展版权宣传,联系河北新闻网等有关新闻单位制定融媒体宣传方案;运用网站、客户端等自有平台和微信、微博、今日头条、抖音等第三方平台,按需制作推出新媒体产品,实现多平台发布。在河北新闻网组织版权宣传周视频访谈,采用网络直播的形式,向网民普及版权知识,视频访问量超过 10 万次。在各大媒体发布“抗疫战役·有你有我”优秀原创作品征集活动启事。开展版权知识移动端有奖竞答活动,与“绿书签”购书优惠活动相结合,共有 15 000 多人参与线上答题。

供稿:河北省版权局

司法工作

一、妥善高效审理各类案件,执法办案成绩卓越

2020 年,新收一审知识产权民事案件 4517 件,审结 4080 件;新收案件中,涉及专利权 727 件、商标权 2203 件、著作权 941 件、不正当竞争 55 件、技术合同 80 件、特许经营 162 件、植物新品种 7 件、其他 342 件。新收知识产权一审刑事案件 222 件,审结 226 件,新收案件主要集中在假冒注册商标罪和销售假冒注册商标的商品罪两个罪名,分别为 98 件和 82 件。审结了一批社会影响较大的疑难复杂案件,始终重视打造具有典型指导意义的精品案件。河北省人民法院审理的克诺尔侵害商标权及不正当竞争纠纷案入选 2019 年中国法院 50 件典型知识产权案例,二审判决书(涉外侵害商标权及不正当竞争)获第四届全国知识产权优秀裁判文书三等奖。

二、完善审判体制机制,推进各项工作顺利开展

1. 持续加强机制建设

一是指导各中级人民法院认真贯彻落实最高人民法院关于知识产权案件集中审理的有关要求,设立专业审判庭或专门审判团队。

二是持续推进知识产权民事、刑事、行政案件“三合一”审判,邢台、廊坊、保定等中级人民法院已在积极探索试行“三合一”审判模式。

三是根据雄安新区知识产权司法保护的需要,在雄安新区中级人民法院综合审判庭增挂“知识产权审判庭”及“知识产权保护司法研究中心”牌子。

2. 积极破解审判难题

一是解决技术查明难问题。制定《关于引入技术调查官参与知识产权诉讼活动的实施意见》;与河北省市场监督管理局等相关部门联系沟通,从相关专业领域中选定符合条件的技术专家建立技术调查官人才库,并印发《河北省高级人民法院关于聘任首批兼职技术调查官的决定》。

二是破解“周期长”问题。制定《关于在全省法院推广“知识产权类型化案件快审机制”的实施意见（试行）》，大力倡导庭前调解和当庭宣判，积极推进实施意见的落地。石家庄市中级人民法院成立知识产权速裁团队，并制定《关于知识产权民事案件繁简分流工作规程》。

三是探索符合知识产权案件特点的诉讼证据规则，合理分配举证责任，破解“举证难”问题；力求赔偿数额与市场价值相统一，破解“赔偿低”问题。

四是积极推进智慧平台建设。根据现有电子诉讼平台，实现知识产权案件网上立案、网上缴费、网上送达等诉讼业务。保定市中级人民法院首创知识产权远程诉讼服务平台，建立以点带面的知识产权远程诉讼工作站。

五是不断创新矛盾化解方式，促进案结事了。始终贯彻“调解优先、调判结合”原则，一审知识产权案件调撤率达 75%以上。石家庄市中级人民法院与石家庄市市场监督管理局签署《关于建立知识产权（专利）纠纷诉调对接机制合作备忘录》；保定市中级人民法院调撤率达 81.52%；承德市中级人民法院调撤率达 83.82%；沧州市中级人民法院建立网上立案制度和案件集中排期制度，调撤率达 88.29%。

三、坚持调查研究，加强审判业务指导

一是建立沟通反馈机制。组织召开专门法官会议，建立案件发回、改判沟通反馈制度。分别与保定、承德中级人民法院等多个中级人民法院知识产权审判部门召开交流座谈会，切实解决审判难题。

二是拓宽指导途径。通过法院内网发布典型案例，充分发挥典型案件的导向功能。通过微信工作群等方式加强沟通指导，发布最新司法解释、政策文件等。通过类案检索，统一裁量尺度，避免类案判赔数额畸高或畸低。

三是举办全省法院知识产权审判业务培训班。邀请最高人民法院及北京知识产权法院的审判业务骨干，就知识产权审判实务及热点问题授课培训。

四是完善相关案件逐级报核制度。为妥善处理重大敏感案件及相关涉外知识产权案件、仲裁司法审查、承认和执行外国法院生效判决（裁定）等案件，起草《关于严格落实请示报告（报核）制度的通知》并下发执行。

四、主动作为，服务经济高质量发展大局

一是高标准开展“4·26 世界知识产权日”宣传活动。其间，以“知识产权与健康中国”为主题，开展内容充实、丰富多彩的系列宣传活动。通过召开新闻发布会、发布知识产权审判白皮书及典型案例、远程公开开庭、在线网络视频宣传、网上微课堂等多种形式，全面展示全省法院知识产权司法保护成效。《人民法院报》、人民网、《河北日报》、河北省电视台等多家媒体同步报道。

二是高站位服务自贸区建设。成立服务保障自贸区建设工作领导小组。组织石家庄市、廊坊市中级人民法院等涉自贸区法院在大兴机场片区召开现场座谈会。廊坊市中级人民法院出台《关于为全面加快临空经济区规划建设提供司法服务和保障的实施意见》；石家庄市中级人民法院与相关单位签署《中国（河北）自由贸易区试验区正定片区知识产权执法协作机制合作备忘录》。

三是高质量服务营商环境建设。积极回应辖区企业需求，深入企业进行调研指导。出台《关于加强知识产权审判领域改革创新　积极为廊坊实施创新驱动发展战略和建设知识产权强市提供有力司法保障和服务的意见》和《河北雄安新区中级人民法院关于充分发挥知识产权审判职能　为新区建设发展提供良好司法保障的若干意见》。

四是完善多元化纠纷解决机制。保定市中级人民法院向部分案件多发地区的市场监督管理部门提出司法建议。秦皇岛市中级人民法院与市商务局进行沟通，制定有效预防措施，特许经营案件从2018年的收案374件降到2020年的收案85件。

供稿：河北省高级人民法院
知识产权审判庭

检察工作

一、忠实履行检察职责，加大打击侵犯知识产权犯罪力度

2020年，审查逮捕侵犯知识产权犯罪案件145件231人，审查起诉226件421人，监督公安机关立案8件8人，监督撤案4件6人。同时，完善各项机制，保障检察职能履行顺畅。一是建立专业化办案机构和团队，高效、精准办理侵犯知识产权案件。设立知识产权办案组，负责全省知识产权保护的宣传、培训、对下指导等工作；市、县级人民检察院确定专门办案组织或办案人员，如河北省人民检察院雄安新区分院成立知识产权办公室；聘请知识产权领域的专家、学者成立专家咨询委员会，为案件精准办理提供专业支持。二是完善提前介入引导侦查工作机制。引导公安机关明确取证方向，以审判为中心，合法有效地收集、固定、完善证据体系，确保案件质量。三是加强对大要案的工作指导，注重培树优秀典型案例。加强对全省各级检察机关的业务指导，力争做到“指导一案、影响一片”，指导办理的于某等人假冒稻香村注册商标案入选2020年度检察机关保护知识产权典型案例。

二、充分发挥检察职能，全方位保护知识产权人合法利益

加大对民事、行政生效判决裁定的法律监督力度，2020年审查涉知识产权民事案件1件；探索建立知识产权案件民事、行政检察专业化检察官人才库和专业技术人才库，提高办案质量和效果；规范民事诉讼监督案件的受理和审查程序，畅通申请监督渠道；深入开展民事虚假诉讼监督专项活动，严厉打击涉知识产权案件虚假诉讼、恶意诉讼等行为。综合运用民事检察、公益诉讼检察，积极探索对侵害国家利益、公共利益等的侵犯知识产权案件适用惩罚性赔偿金，提高违法犯罪成本，加大打击力度；对作不起诉处理的案件，依法移送行政机关处理，实现行刑“无缝”衔接。

三、加强多方交流协作，积极发挥检察机关主导作用

一是主动加强与公安机关、行政执法机关的协作，畅通“行刑衔接”沟通渠道，统一证据收集要求，行政执法部门收集的证据能够依法转化，为刑事犯罪案件办理奠定坚实基础。二是充分发挥“两法衔接”功效，重点加强对侵犯知识产权犯罪行为的分析研判，同步审查行政处罚信息，主动寻找犯罪线索，特别是在新冠肺炎疫情防控中，运用大数据筛查功能，对多起扰乱防疫秩序，涉嫌制造、贩卖假冒口罩案件进行立案监督。三是配合行政执法部门开展专项检查，对检查中发现的涉嫌犯罪案件线索，安排专人与行政执法部门会商，明确取证要求，借助“两法衔接”平台，监督行政执法部门对于涉嫌犯罪案件线索及时移送公安机关立案侦查。

四、加大普法宣传力度，营造良好的法治环境

为进一步提高社会公众保护知识产权的意识，充分利用检察工作平台进行宣传。于“4·26”期间集中开展知识产权宣传活动，通过门户网站、“两微一端”新媒体平台、设置宣传点、进社区进企业等多种形式，宣传知识产权保护。召开新闻发布会，向社会通报近年来检察机关知识产权保护工作开展情况，并发布“检察护航创新发展”典型案例。

供稿：最高人民检察院
知识产权检察办公室

山 西 省

知识产权工作

一、完善知识产权法规制度，健全知识产权工作机制

印发《关于强化知识产权保护的实施意见》，从完善法规制度、健全工作机制、加大执法力度、加强基础建设、强化保障措施5个方面，制定了90条强化知识产权保护的具体措施。制定《2020—2021年贯彻落实〈关于强化知识产权保护的实施意见〉推进计划》，明确任务分工和责任单位。组织起草《山西省知识产权保护条例（草案）》，并已通过山西省人大常委会一审。

充分发挥山西省知识产权战略实施工作领导小组办公室统筹协调作用，牵头制定相关政策和工作计划，组织开展考核和培训工作，及时编印工作动态。与省高院、省司法厅、省版权局建立知识产权司法审判与行政执法协调和多元化纠纷解决机制。华北五省区市知识产权行政保护协作会在太原召开，签订《华北五省市区知识产权行政保护协作协议书》，增强了跨区域知识产权保护工作协作交流。

二、激发知识产权创造活力

组织完成山西省发明专利奖补，对2018年和2019年1—9月授权的山西省发明专利按政策下发奖励补助资金。开展第二届山西省专利奖评审，对获省专利奖的45个项目和获第二十一届中国专利优秀奖的5个项目进行奖励。

2020年，专利授权27 296件，其中发明专利授权2987件。截至2020年底，有效发明专利16 471件；每万人口有效发明专利拥有量4.42件。2020年，商标注册量48 021件。截至2020年底，有效商标注册量223 410件。地理标志商标总量达到81件，比上年新增地理标志商标13件。

三、提高知识产权运用转化能力

完善知识产权运用转化机制，对2020年37个省级专利推广项目实施专项资助。加强知识产权金融支持，对10个2017—2018年专利权质押贷款进行一次性补助192.21万元。2020年，山西省专利权质押登记27笔，质押金额21 113.8万元。召开地理标志助推产业发展精准扶贫交流推进会，“大同黄花”被确定为2020年地理标志运用促进工程项目。“山西老陈醋”“吉县苹果”成为首批中国100个地理标志产品获欧盟保护。

四、强化知识产权行政保护

中国（山西）知识产权保护中心获批建设，这是中部地区第一家可面向山西省服务的知识产权保护中心。组织开展元旦、春节、广交会等重要时段、重点环节知识产权专项保护行动。在太原、忻州、吕梁、长治、晋城、临汾、运城设立中国（山西）知识产权维权援助7个分中心及太原万柏林、综改区晋中开发区（智创城四号基地）、忻州河曲、长治潞州、晋城城区、晋城泽州知识产权维权援助6个工作站。2020年，办理专利侵权调处案件14件，相比2019年（4件）有很大进步。牵头完成中央考核办对山西省委、省政府2020年知识产权保护工作的考核资料收集、汇总、上报等工作，并以国家考核指标为基础，结合山西省实际对11个市党委、政府进行知识产权工作绩效考核。

五、提升知识产权管理服务水平

太原市被确定为国家知识产权运营服务体系建设重点城市，获中央财政1.5亿

元资金支持。太原理工大学被确定为首批国家知识产权试点高校和第二批高校国家知识产权信息服务中心。山西省知识产权技术服务中心被列入第四批技术与创新支持中心(TISC)筹建名单。太原代办处获批成为全国首批专利、商标“一窗通办”的综合业务受理窗口。召开知识产权服务业发展座谈会和专利商标代理机构约谈会，联合查处 8 个案件，促进知识产权服务行业规范发展。

六、加大知识产权培训宣传力度

举办山西省知识产权专题讲座(视频会议)；组织举办全系统知识产权执法办案业务培训班；举办山西省知识产权保护与运用高级研修班。联合山西省教育厅开展中小学知识产权教育试点示范工作，命名首批示范学校试点学校 18 个；联合山西大学(国家知识产权培训基地)完成国家知识产权局专利代理师资格考试山西考务工作。开展知识产权战略巡讲、地理标志专用标志使用管理线上培训、专利侵权诉讼和专利复审无效等培训。利用“4·26 世界知识产权日”“知识产权服务万里行”等时机，大力宣传知识产权工作，营造良好的知识产权舆论环境。

供稿：山西省知识产权局

版权工作

一、版权行政执法监管

联合下发《关于开展山西省打击网络侵权盗版“剑网 2020”专项行动的通知》(晋宣明电〔2020〕4 号)，成立山西省“剑网 2020”专项行动领导小组，联合开展第 16 次打击网络侵权盗版专项治理“剑网”行动。此次专项行动以查办案件为重要抓手，高度关注权利人和群众反映强烈的网络侵权盗版问题，针对摄影作品、视听作品、电商平台、社交平台、在线教育以及其他重点领域开展专项整治行动，查办较大网络侵权盗版案件 8 起。

二、版权宣传教育

1. 传统媒体宣传

协调山西广播电视台和太原、大同等地方广播电视台滚动播放版权公益宣传片。利用《山西日报》《太原日报》《大同日报》等多家传统媒体全面开展版权宣传活动。

2. 网络媒介宣传

在“学习强国”学习平台山西频道、“新华 e 在线”山西中小学教育学习平台开设版权专栏，向社会公众广泛进行版权知识和法律法规宣传。充分利用微信公众号、今日头条等多种线上媒介组成网络矩阵宣传版权法律法规、政策措施。太原新闻网开设“版权太原”专栏，集中报道版权相关信息。

3. 新兴媒体宣传

太原、晋城等市利用街头广告栏、户外大屏幕等传媒设施，集中投放版权公益广告、海报等宣传资料。晋中、长治等市利用抖音短视频等新媒体宣传著作权法律法规。太原市通过编写《小学生漫画版权读本》，以及联合太原移动、《太原晚报》举办有奖问答、版权新闻专访等活动开展宣传活动。大同市通过大同在线短信平台发布 30 000 条宣传短信。

此外，各市还编印版权法律法规系列漫画、海报等宣传资料向企业、学校、社区等投放。部分市、县举办版权宣传周启动仪式，现场设立版权咨询台、发放版权宣传册、受理版权登记等。

三、软件正版化

1. 严格督促检查

对全省 94 个省级政府机关软件正版化工作进行检查，主要检查以下三个方面的内容：一是软件正版化工作机制、软硬件采购制度、软件管理制度、考核评议制度等制度建设和责任落实情况；二是正版软件台账、软件采购合同和软件授权协议等日常管理维护情况；三是计算机软件安装情况。对全省省属国有企业软件正版化工作进行全面督促检查，检查内容在参照政府机关的基础上加入了对工业软件的要求。

2. 组织自查

省级政府机关、省属国有企业和各市严格依照《政府机关使用正版软件管理办法》《正版软件管理工作指南》《山西省政府机关使用正版软件工作考核办法（试行）》等文件的要求，逐项自查本市、本单位的责任制度、日常管理、软件配置、软件台账、安装维护等方面的工作。在此基础上，形成年度报告并填报《软件正版化工作情况统计表》，书面报送至山西省推进使用正版软件工作领导小组办公室，最终形成全省使用正版软件工作年度报告，提交国家版权局。

3. 统筹安排推进

注重软件正版化工作与信息化工作相结合。按照山西省高标准打造“数字化政府”和“一朵云、一张网、一平台、一系统、一城墙”的工作要求，统筹做好软件配置工作。在新采购的符合安全可控标准的办公用计算机中，全部预装符合标准的操作系统、办公软件和杀毒软件，并将安装资源全部上传云平台。

由第三方检查机构和推进使用正版软件工作部际联席会议联合督查组对山西省6家省直机关和4家国有企业使用正版软件情况进行2次全覆盖检查。

四、版权公共服务

1. 加强版权工作能力建设

开展2020年全省版权执法工作培训，近150名市、县两级版权执法人员参加培训。组织50余个省直机关和7个省属国有企业软件正版化工作负责同志参加国家软件正版化工作培训。组织全省版权执法人员参加国家版权局和中国版权协会举办的线上版权培训课程达10余次。

2. 超前服务预防侵权

充分发挥作品版权登记在预防纠纷、厘清权属等方面的有效作用，全面加强作品版权登记工作，2020年，完成作品版权登记1486件。山西省软件著作权登记迅速增长。

3. 加强版权示范创建工作

在修订《山西省版权示范城市、示范单位和示范园区（基地）创建管理办法》的基础上，2020年创建全国版权示范单位1家，创建省级版权示范单位11家、省级版权示范基地1个。创新政策手段，对获评的全国版权示范单位给予一次性奖励。

4. 注重通过调解方式化解著作权纠纷

针对《山西票庄考略》《钢铁是怎样炼成的》《大尉的女儿》中文译本等省内重点作品被侵权事件，积极对接权利人和侵权人了解侵权细节，向其说明著作权法的相关规定并依法进行调解处理，在节约行政和司法资源的同时，有效实现了定纷止争，保护了重点作品权利人的合法权益。

供稿：山西省版权局

司法工作

一、2020年审判工作情况

受理知识产权案件2421件，结案2286件，结案率94.42%；调撤1249件，调撤率54.63%。其中，受理一审案件2168件，结案2038件，调撤1234件；受理二审案件248件，结案244件，调撤15件；受理再审案件5件，结案4件。

二、2020年重点工作情况

一是保障著作权集体管理市场秩序，合理平衡保护各方利益。下发《关于妥善审理卡拉OK著作权纠纷案件的通知》，要求各中级人民法院严格按照《中华人民共和国著作权法》《最高人民法院关于审理著作权民事纠纷案件适用法律若干问题的解释》《著作权集体管理条例》等，结合本省实际，进一步规范卡拉OK著作权纠纷案件的处理。对收费标准、使用费期限、未向中国音像著作权集体管理协会转让著作权的其他著作权人（小权利人）的保护等提出明确具体的实务操作指引。

二是加强与行政机关的协调配合与工作衔接，形成解纷合力。联合制定《关于建立知识产权司法审判与行政执法协调和多元化纠纷解决机制的意见》，在依托司法、行政机关职责强化知识产权保护的基础上，充分发挥行政部门在预防和化解知识产权纠纷方面的作用。通过整合资源、共享信息、志愿服务、多元解纷等形式，提高处理化解知识产权纠纷的能力和水平。

三是规范知识产权滥用行为，平衡保护市场各方主体。制定下发《关于依法妥善审理知识产权批量维权案件的通知》，依法平衡保护各方利益，有效规制以牟取高额赔偿为最终目的的滥诉异化行为，确保审判标准统一，防止知识产权滥用。

四是主动为科技创新企业提供释法服务，助力综改示范区转型高质量发展。与山西转型综合改革示范区管理委员会建立常态化沟通会商机制，对 2 家创新型企业进行调研，并举行专题座谈会，了解创新型企业在知识产权创新、运用、保护中遇到的新情况、新问题；与上海凯赛生物技术研发中心等 7 家创新型企业就相关法律问题和困惑进行深入的沟通交流，建立一对一、一帮一的精准对接法律服务关系。

五是省市联动，构建知识产权司法服务大格局。要求辖区内各中级人民法院与开发区、创新型企业建立常态化沟通会商机制，定期不定期通报交流相关信息；主动了解掌握辖区创新型企业遇到的法律问题和法律困惑，尤其是知识产权保护法律问题和实务问题，进行专题研究，提出切实可行的解决方案，主动为创新型企业释法解困。

六是召开新闻发布会，发出保护知识产权最强音。发布全省法院 5 年来知识产权审判工作成效及 2020 年知识产权审判工作思路和工作措施，并向社会公开发布《山西法院知识产权司法保护状况白皮书（2015.1—2019.12）》《关于加强知识产权司法保护　促进创新发展的若干意见》和山西法院知识产权审判十大典型案例。

七是编写案例评析，进行案例指导。坚持问题导向，从全省法院已作出的生效判决案件中逐期选编部分典型案例，将办理的有一定独特价值的案例呈现出来，就适用的法律和司法政策、裁判理念与司法智慧等进行研究评析。2020 年编写案例评析 5 期，收到良好成效。

八是获奖情况。与北京知识产权法院共同撰写的《技术类民事案件适用先行判决的正当性思辨与规则构建》，获得全国法院系统第三十一届学术讨论会论文评选二等奖；撰写的《医疗损害纠纷调研分析报告》，获得山西省政法委与山西省法学会开展的小微课题研究论文评选三等奖。

九是强化府院沟通，共享经验知识。参加山西省市场监督管理局、山西省版权局举行的全省知识产权培训班，并应邀授课。在培训班上，介绍了近年来全省法院知识产权案件受理情况、知识产权审判工作取得的成效、2020 年知识产权审判工作思路和工作措施、知识产权审判典型案例。

供稿：山西省高级人民法院
知识产权审判庭

检察工作

一、聚焦主责主业，加强侵犯知识产权案件打击力度

2020 年，审查逮捕侵犯知识产权类犯罪 80 件 143 人，审查起诉 109 件 225 人。其中，批捕假冒注册商标罪 30 件 63 人，起诉 37 件 97 人；批捕销售假冒注册商标的商品罪 45 件 68 人，起诉 63 件 111 人；批捕非法制造、销售非法制造的注册商标标

识罪 4 件 11 人，起诉 8 件 16 人；批捕侵犯著作权罪 1 件 1 人，起诉 1 件 1 人。

决定不起诉案件 14 件 20 人。其中，法定不起诉 2 件 2 人；情节轻微不起诉 9 件 11 人；证据不足不起诉 3 件 7 人；提起抗诉 3 件；建议行政执法机关移送刑事案件 5 件 5 人，公安机关立案侦查 2 件 2 人；监督公安机关立案 6 件 6 人，公安机关主动立案 6 件 6 人，要求说明不立案理由 7 件。

二、加强知识产权司法队伍人员配备和职业化、专业化建设

将强化知识产权保护、探索创新完善一体化知识产权办案新机制作为一项重要工作来抓，并列入《山西省人民检察院“蹚出服务保障转型发展新路、推动整体工作迈进全国第一方阵”领导小组重点任务分工》进行安排部署。赴山西省高级人民法院详细了解“三合一”审判制度的设立及运行情况，并就知识产权一体化办案机制进行交流探讨，参照人民法院推进知识产权民事、行政和刑事审判“三合一”工作情况，起草《关于成立山西省人民检察院知识产权专门办案组的意见》，为成立知识产权检察办公室奠定基础。

三、推动建立知识产权保护衔接机制，提升“两法衔接”工作能力

联合出台《联动机制暂行规定》，进一步明确细化加强“行刑衔接”的联席会议、线索通报协查、涉案物品检验鉴定等 8 项工作机制，为促进全省市场监督行政执法与刑事司法工作的全面、有序开展提供制度保障。同时，在对 101 个市、县人民检察院使用行政执法与刑事司法衔接信息共享平台情况调研摸底的基础上，举办全省检察机关行政执法与刑事司法衔接信息共享平台应用操作专题培训。

四、强化知识产权制度性保障，服务优化区域营商环境

为深入贯彻落实中央支持民营企业经济发展重大决策部署和山西省委《关于支持民营经济发展的若干意见》，进一步加大保护民营企业财产权、知识产权力度，结合工作实际，制定并下发《山西省检察机关开展保护民营企业财产权、知识产权专项行动工作方案》，部署开展专项行动，进一步提升办案质效，强化法律监督，提升专业化办案水平和精准化服务水平。

供稿：最高人民检察院
知识产权检察办公室

内蒙古自治区

知识产权工作

一、加强知识产权研究部署

印发《关于强化知识产权保护的实施方案》并贯彻执行；印发《内蒙古自治区知识产权战略实施工作厅际联席会议制度》；制定知识产权保护检查考核清单，统筹督导、调度各成员单位工作推进和落实情况。

二、强化执法保护体系建设

一是开展知识产权执法保护专项行动。2020 年，查处商标侵权假冒案 287 件，案值 791 万元，罚没金额 434 万元。其中，查处侵犯驰名商标案 222 件，案值 372.10 万元，罚没金额 333.71 万元；查处侵犯涉外商标案 53 件，案值 216 万元，罚没金额 76 万元；移送司法机关 4 件，案值 192 万元；查处假冒专利案 41 件，办理专利侵权纠纷案 72 件。二是开展专利代理行业“蓝天”专项整治。

重点整治无资质专利代理、代理非正常专利、专利代理"挂证"和以不正当手段招揽业务等行为，有效遏制各类专利代理违法行为。2020 年，办理无资质专利代理、商标代理违法行为 4 件。三是开展查处侵权假冒防护用品专项行动。2020 年，查处侵犯"飘安""3M"商标专用权口罩案 39 件，案值 29 万元，罚没金额 116 万元。四是严厉查处地理标志侵权违法行为。查处冒用"兴安盟大米"地理标志证明商标标识案 1 件，罚没金额 1 万元；查处冒用"中国地理标志"认证产品案 1 件，罚没金额 1 万元；联合开展查处假冒"磴口华莱士瓜"的专项行动，有效维护了地理标志保护产品和地理标志注册商标专用权权利人的合法权益。五是主动为知名企业提供快速维权保护。协调快速查处赤峰、包头的 3 个侵权假冒鄂尔多斯专卖店铺销售侵权假冒"鄂尔多斯"注册商标羊绒制品案，现场查获侵权假冒"鄂尔多斯"羊绒制品 1600 余件。

三、扎实推进商标品牌战略

一是实施商标品牌建设工程。召开呼包鄂乌商标品牌和区域品牌建设座谈会，上报《内蒙古自治区区域品牌建设三年行动方案》，并委托 8 个盟市局开展商标品牌和区域品牌建设工作。二是实施地理标志运用促进工程。指导兴安盟大米、太和小米的国家级地理标志运用促进工程项目开展工作，重点对商都西芹、突泉小米、突泉绿豆的精准扶贫工作进行总结。2020 年，有 7 件地理标志确定为自治区 2020 年度地理标志运用促进工程项目，鄂托克阿尔巴斯山羊肉、扎兰屯黑木耳、阿拉善白绒山羊、阿拉善双峰驼、鄂托克螺旋藻 5 件地理标志入选中欧地理标志协定的地理标志产品。

四、实施知识产权强区战略

一是加强顶层设计，提供政策支撑。印发《内蒙古自治区〈关于深化知识产权领域"放管服"改革营造良好营商环境实施意见〉分工方案》《内蒙古自治区推动知识产权高质量发展年度工作方案(2020)》。二是继续推进知识产权便利化改革。"一窗通办"窗口——国家知识产权局内蒙古业务受理窗口和商标业务包头受理窗口获得批准。2020 年，各业务窗口共受理专利申请、商标注册 11 391 件，办理专利商标质押登记 108 件，质押金额 25.99 亿元。三是强化知识产权公共服务工作。积极筹建内蒙古知识产权公共(运营)服务平台，建设完成集专利、商标、地理标志于一体的知识产权信息检索查询共享和知识产权示范企业、优势企业申报系统。组织开展知识产权人才智库专家征集工作，面向全社会征集知识产权人才智库专家 400 名。四是加强中小学知识产权教育工作。承办全国中小学知识产权教育培训班并取得良好效果，评定全区青少年知识产权教育示范基地(筹建)4 家。

五、加强学习调研宣传

一是主动开展知识产权工作专题调研。形成并上报《当前全区知识产权保护工作存在的困难和问题及对策建议》《关于打造区域公用品牌助推呼包鄂及乌兰察布区域经济高质量发展报告》。二是全方位加强知识产权保护宣传。深入呼和浩特、包头、鄂尔多斯、巴彦淖尔等盟市开展调研采访，指导自治区商标注册便利化改革提质增效工作，先后刊发 17 篇宣传稿件。与自治区政府新闻办联合发布全区知识产权保护十大典型案例和疫情防控期间典型案例，国家级、自治区级 30 多家新闻媒体集中进行了宣传报道。

供稿：内蒙古自治区知识产权局

版权工作

一、版权公共服务

1. 延伸服务触角，健全服务体系

依托各级版权管理部门、新时代文明

实践中心和志愿者队伍，先后建立版权服务机构 156 个。版权服务机构服务触角延伸至盟市、旗县、园区、企事业单位等，不断满足人民群众对版权保护的新需求，较好解决了服务群众最后“一公里”的问题。

2. 开通“绿色通道”，登记量稳步增长

指导版权工作站网络平台开通“绿色通道”，为抗击疫情作品提供专门登记服务。2020 年，自治区版权作品登记 3560 件，同比增长 152%。

3. 开展宣传培训，普及版权知识

围绕全国版权宣传活动主题，印发知识产权宣传周版权宣传活动方案和通知。发放宣传资料 3 万余份，销毁侵权盗版和非法出版物 72 825 件，线上线下答复群众咨询 4000 余人次，先后开展 2 次在线版权讲座和有奖知识问答，组织参加国家相关机构举办的版权在线培训和讲座 6 次，组织社会公众参加第三届全国知识产权公益广告作品征集活动，组织自治区高校参加第十二届全国大学生版权征文活动，积极推荐申报 2020 年中国版权金奖评选活动。

二、软件正版化工作

1. 加强机制建设，强化工作落实

印发《关于调整内蒙古自治区推进使用正版软件工作联席会议成员的函》，第五次调整完善成员单位工作职责，形成以联席会议为主导，相关管理部门密切协作，自治区、盟市、旗县层级推进的工作格局。

2. 推广管理系统，提升工作效能

制定《内蒙古自治区 2020 年推进使用正版软件工作计划》，推广使用软件资产管理系统，推动正版软件管理实现信息化、网络化、标准化、规范化，以“互联网+”的方式建立健全正版软件管理长效机制。

3. 配合工作督查，推动整改落实

推进使用正版软件工作部际联席会议联合督查组对内蒙古自治区正版化工作进行督查，召开督查情况反馈会。针对督查组提出的整改意见，立即开展整改工作，举一反三，制定措施，加强督导，集中解决，对相关问题单位印发整改通知书限时整改，并将督查结果直接运用于相关单位年度绩效考核。

4. 细化分解指标，以考核促提升

结合软件正版化工作实际，第四次修改《软件正版化评分细则》，形成平时监控加年终评价的综合考核体系。印发《2020 年度绩效考核指标》，连续 6 年将软件正版化工作列入党政班子实绩考核范围，考核范围逐步扩大，指标权重逐步上调，推进力度逐步提升。

5. 聘用专业机构，加强督查力度

推进使用正版软件工作联席会议成员单位组成 18 个督查组，进行全覆盖检查。继续采取购买社会服务的方式，运用第三方专业机构的技术优势，配合开展软件正版化工作检查。2020 年，检查 74 家自治区直属机关、12 个盟市 235 家单位、16 家国有企业，以及 23 家教育、医疗、金融机构，现场检查计算机设备共计 3400 台。

6. 加强工作指导，推动覆盖延伸

指导行业主管部门按照《内蒙古自治区推进企事业单位使用正版软件工作规划(2017—2021)》，推动正版化软件继续向国有企事业单位延伸。截至 2020 年底，已有 8 家国有企业完成软件正版化全覆盖，3 家国有企业完成计划任务。

7. 组织宣传培训，提高工作能力

针对软件正版化工作专业性强、易懂难精的情况，组织开展软件正版化工作培训，覆盖范围包括各盟市和部分旗县、自治区直属机关、国有企业、高等院校和医疗机构，并将参加培训作为软件正版化工作考核的一项重要内容。2020 年，自治区本级组织 3 次正版化业务培训，参训单位达 186 家，参训人员 350 余人。

三、版权执法监管

1. 开展专项整治，启动“剑网 2020”行动

联合印发《内蒙古自治区开展打击网

络侵权盗版“剑网2020”专项行动的通知》（内版权发电〔2020〕1号），制定行动方案，成立领导小组，召开部署会议。联合召开“剑网2020”专项行动电视电话会议。专项行动中，督办查处了“保罗装饰壁纸侵权案”，取得良好的办案效果和示范作用。

2. 开展日常执法，打击侵权盗版

联合市场监管、公安等部门开展打击侵权假冒工作，严厉打击侵犯著作权违法行为。2020年，查处侵权盗版案件28起，共处罚金10.7万元。

3. 加强业务指导，规范执法行为

一是规范案件报送奖惩和考核工作。将查处重大侵权盗版案件有功单位和有功个人推荐与信息报送工作相结合，对于未及时报送案件信息的单位和个人，不推荐参加国家版权局的评选活动。二是加大版权执法督查力度。将“剑网2020”专项行动列入自治区打击侵权假冒工作督查内容，完成对12个盟市的督查工作。对出版物市场进行明察暗访，开展印刷、复制、销售企业专项检查。三是推进版权行政案件信息公开。要求各级版权部门对于按照一般程序查办的版权行政处罚案件，在作出行政处罚决定以及行政处罚决定变更或者撤销之日起20个工作日内，将案件信息依法进行公开，并在年底对信息公开工作进行专项检查。

4. 加强宣传培训，提升监管能力

根据疫情防控形势要求，将版权宣传阵地由线下转移到线上，结合“剑网2020”专项行动各项要求，建立集版权执法宣传、投诉举报、作品预警的常态网络宣传机制。在内蒙古自治区（工作站）版权公共服务平台开设版权执法监管专栏，定期发布打击侵权工作进展情况，受理侵权投诉举报。组织开展内蒙古自治区版权执法工作培训，14个盟市版权执法工作负责同志参加培训。

供稿：内蒙古自治区版权局

司法工作

一、知识产权审判工作基本情况

2020年，受理各类知识产权案件1735件，其中，知识产权民事案件1707件、知识产权刑事案件27件、知识产权行政案件1件；审结各类知识产权案件1615件，结案率93.1%，其中，知识产权民事案件1590件、知识产权刑事案件24件、知识产权行政案件1件。审结的知识产权民事案件中，商标权纠纷案件830件，占比52.2%；著作权纠纷案件508件，占比31.9%；专利权纠纷案件122件，占比7.7%；技术合同纠纷案件69件，占比4.3%；特许经营纠纷案件18件，占比1.1%；其他知识产权民事纠纷案件43件，占比2.7%。

二、亮点工作及成效

1. 聚焦主责主业，着力提升审判质效

一是提高审判效率，提升司法保护知识产权的及时性。2020年，自治区知识产权案件的结案率为93.1%，较2019年上涨3个百分点。疫情防控期间，率先开展线上办案，最大限度提高审判效率。二是加大侵权损害赔偿力度，严厉打击知识产权刑事犯罪。在江某犯假冒注册商标罪一案审理中，被告人返还全部违法所得后，仍对被告人判处有期徒刑，并判处较高数额的罚金。三是建章立制，强化临时保护措施。包头市中级人民法院制定《知识产权案件证据保全及管理规范》。

2. 履行指导职能，提升专业化审判能力

一是案例指导。于“4·26世界知识产权日”宣传期间发布10件知识产权典型案例。2020年下半年，从2019年审结的各类案件中，精选出20件具有代表性的案件，编写成典型案例，供各级法院在审判类似案件时借鉴参考。

二是巡回审判+调研指导。持续开展“巡回审判+对下指导+队伍建设”活动，先后对兴安盟、阿拉善盟中级人民法院就知识产权案件的审理开展专项调研，围绕审判实践中存在的重点、难点问题与两级法院开展交流座谈。

三是讲座指导。在包头、兴安盟、呼伦贝尔、阿拉善盟开展专题讲座，就审判实践中遇到的难点问题、知识产权案件裁判要点进行解析。

3. 加强与知识产权行政执法机构的沟通联动，建立多元化知识产权保护机制

主动与自治区知识产权局对接，双方就如何形成知识产权保护合力开展交流座谈，同时达成支部共建协议，以支部共建的形式促进双方资源共享、互相学习和进步。多次派法官参与自治区版权保护座谈会，就知识产权案件繁简分流与相关部门进行交流。各级法院加强与当地行政执法部门的沟通联动。通辽市中级人民法院、鄂尔多斯市中级人民法院与当地的行政执法部门开展联合执法活动。

4. 立足审判，加强理论研究和调研成果的转化能力

审理的刘某平与阿儿含只公司等侵害著作权纠纷案被最高人民法院评选为2019年中国法院50件典型知识产权案例；调研文章《知识产权损害赔偿相关问题研究》在第二届全国知识产权优秀调研成果评选活动中荣获三等奖。此外，向最高人民法院报送《内蒙古自治区高级人民法院关于辖区法院审理反不正当竞争案件基本情况的报告》《内蒙古自治区高级人民法院关于辖区法院劳动争议工作情况的报告》。

5. 发挥司法能动作用，提升服务大局的主动性和有效性

一是以“4·26世界知识产权日”为契机，精心筹备、周密部署知识产权宣传活动。召开知识产权审判情况暨典型案例发布会，通报了2019年自治区法院知识产权审判工作情况并公布了知识产权典型案例。内蒙古广播电视台、《内蒙古日报》和《内蒙古法制报》等媒体对发布会进行了集中报道。包头市中级人民法院发布《2019年知识产权保护白皮书》，开展知识产权案件集中宣判；鄂尔多斯市中级人民法院与相关部门联合开展集中销毁盗版音像制品活动；巴彦淖尔市、阿拉善盟、乌海市等中级人民法院开展了知识产权进企业、进学校、进商场、进社区等宣传活动。其中，阿拉善盟中级人民法院的宣传活动均以蒙汉双语的形式进行，向少数民族人民群众宣讲了知识产权保护司法政策。

二是持续开展“知识产权进企业”活动。走进呼和浩特市墩布仁钦香业有限公司，从商标维权、专利保护、中小企业发展中的诉讼挑战和困局等多个角度，为企业提出合理化建议。

三是加强司法建议工作，积极参与社会管理。围绕知识产权案件审判过程中发现的证据保全公证书存在的瑕疵，提出司法建议，并开展公证质量专项检查。起草《内蒙古自治区办理保全涉及知识产权保护证据公证指南》。

四是开展巡回审判+代表联络工作。先后在兴安盟、阿拉善盟开展巡回审判，邀请当地自治区人大代表、政协委员旁听庭审。

供稿：内蒙古自治区高级人民法院
知识产权审判庭

检察工作

一、依法充分履职，做好知识产权司法保护

一是保持严厉打击的态势，严把事实关、证据关、法律适用关，以“零容忍”的态度严肃查办涉嫌侵犯知识产权案件。二是加大提前介入力度，主动、适时介入案件，做到依法、依规、适时、适度，通过捕诉一体的办案机制，切实提高办案效率。加强对公安机关的立案监督，防止当立不立、不当立而立的情形。三是与法院建立案件会商机制，对知识产权案件办理工作中的重要

问题、重要事项、重点案件进行会商，对疑难案件的定性、量刑进行研判，达成一致意见，形成整体合力。2020 年，共批准逮捕侵犯知识产权类案件 13 件 17 人，起诉 37 件 52 人。

二、创新工作机制，服务知识产权保护工作大局

一是加强检察官队伍建设，培养专家型检察官。开展业务培训，加强业务指导，提升办案能力，打造专业队伍，不断提升专业化水平。积极依靠“外脑”，邀请知识产权专家、技术专家授课，通过召开研讨会等形式提升专业素质。二是依法适用认罪认罚从宽制度，发挥审前主导作用，鼓励犯罪嫌疑人自愿认罪，弥补权利人经济损失，积极促成侵权人与权利人达成和解，争取达到案结事了，防范化解社会矛盾。三是加强检察宣传，通过检察开放日、座谈会、法治宣讲等形式宣传检察机关业务职能，倾听企业法律需求，加强知识产权检察保护。

三、跨部门联动，形成知识产权保护合力

一是完善行政执法保护和司法保护的协调运作机制。进一步加强执法督导工作，完善执法管理机制，建设知识产权维权服务系统，促进市场主体自我维权能力不断提高。二是加强知识产权行政执法与刑事司法衔接。进一步加强与公安、法院等部门的协作配合，完善案件线索通报、复杂疑难案件会商、重大案件联合督办等制度，加大对涉嫌违法犯罪案件的双向移送和配合查处力度，有力震慑违法犯罪分子，为企业创新发展营造良好的市场环境。三是加强打击侵犯知识产权案件信息通报制度建设。建立长效沟通机制，进一步加强与知识产权局等相关部门的交流沟通、互通信息、互动协作，构建司法与行政知识产权保护工作协调机制，共同促进知识产权保护工作。对于办案过程中发现的行政主管部门监督、管理等工作中存在的问题，通过制发检察建议书，向相关单位、部门提出切实有效并具有可操作性的检察建议。

四、加大宣传力度，营造保护知识产权法治环境

一是各级检察院通过“两微一端”平台等方式提升社会认知度，鼓励人民群众举报违法犯罪行为，使检察监督职能落到实处，并取得实效。二是紧紧围绕“严格知识产权保护”开展形式多样的宣传活动，通过宣传活动鼓励创新主体自觉依法维权，增强全民知识产权保护意识，营造良好的营商环境。三是将知识产权检察工作作为检务公开的重要组成部分，开展法治宣讲活动，走进企业进行专题普法宣传。发布检察机关保护知识产权典型案例，加强普法宣传，强化业务指导，努力营造尊重知识、保护产权的良好社会氛围。

供稿：最高人民检察院
知识产权检察办公室

辽宁省

知识产权工作

一、专利

2020 年，专利授权 60 185 件，同比增长 50.3%。其中，发明专利、实用新型专利、外观设计专利分别授权 7936 件、46 681 件、5568 件，同比分别增长 5.8%、65.3%、29.5%。截至 2020 年底，专利有效量 196 225 件，同比增长 28.7%。其中，发明专利、实用新型专利、外观设计专利有效量分别为 47 788 件、131 833 件、16 604 件，同比分别增长 13%、36.6%、22%。每万人口发明专利拥有量达 10.98 件，比上年末增加 1.28 件。全省专利授权中，职务发明创造授权 48 812 件，同比增长 47.5%。其中，工矿企业、大专院校、科研单位、机关团体分别授权 35 283 件、10 583 件、1893 件、1053 件，同比分别增长 55.5%、40.6%、0.6%、7.4%；非职务发明创造授权 11 373 件，同比增长 63.6%。

2020 年，首届辽宁省专利奖奖励大会在辽宁人民会堂成功召开，表彰专利项目 50 个，发放奖金 370 万元；在第二十一届中国专利奖评选中，18 个项目获奖，获奖数量和质量创辽宁省历史新高。中国国际专利技术与产品交易会由两年一届调整为一年一届，大连成为永久会址，成功举办第十二届中国国际专利技术与产品交易会，首次搭建线上线下一体化展示交易平台，吸引 30 多个国家和地区近 3.7 万个项目参展。

2020 年，辽宁省信息中心和中国科学院大连化学物理研究所获批为第四批技术与创新支持中心（TISC）筹建机构，实现辽宁省 TISC 零的突破。遴选东北大学、大连理工大学等 14 家单位作为辽宁省第一批高价值专利培育中心。运用新一代专利信息检索与分析系统为全省企事业单位、高校及科研院所等创新主体提供免费知识产权信息服务。2020 年，共开展专利检索 10 192 次，下载专利文献 421 334 条，开展各类专利分析 1714 次；截至 2020 年底，共有高级用户 54 人，普通用户 487 人。

2020 年，开展与新冠肺炎疫情相关的非正常商标申请代理行为自查自纠，制定知识产权代理行业“蓝天”专项整治行动工作方案，组织全省备案商标代理机构开展自查整改和信用承诺工作，查处专利代理违法行为 2 件，依法公示检查结果。开展第三批知识产权服务品牌机构培育工作，9 家机构入选。

组织世界知识产权日宣传活动，官方网站发布相关信息 52 篇，微信公众号平台发布信息 21 篇，综合各类媒体刊载知识产权宣传信息达 190 余篇次。

依托中国知识产权远程教育辽宁平台开展系统远程教育培训，辽宁平台被国家知识产权培训中心评为远程教育优秀子平台。评选全国首批高级知识产权师 5 名、正高级知识产权师 3 名。151 人通过全国专利代理师资格考试，创辽宁省历史新高。

二、商标

2020 年，新增商标注册申请 13.1 万件，有效注册 8.1 万件，有效注册商标总量 46.3 万件，增长 16.4%。评选省级知识产权优势企业 64 家。组织盘锦大米等 16 个优秀地理标志产品参加“辽宁首届电商直播节”，推广辽宁地标品牌。联合出台关于支持复工复产的若干意见，开通专利商标申请等知识产权“绿色通道”，在新冠肺炎疫情初期，成功助力辽宁振兴实业集团等单位的医疗产品快速获得商标注册，“绿色通道”共审核办理知识产权申请 408 件。

三、地理标志

2020 年，地理标志保护产品总量 89 个；使用地理标志专用标志的市场主体共计 381 家；地理标志商标总量 139 件；农产品地理标志登记产品总量 98 个。

四、其他工作

2020 年，沈阳市入选第四批国家知识产权运营服务体系建设重点城市，获中央财政 1.5 亿元专项扶持资金。辽宁省知识产权局等单位联合印发《关于推动科技企业金融服务高质量发展的指导意见》，建立知识产权融资需求企业“白名单”，举办知识产权质押融资业务培训和银企对接活动，帮助 5 家生物医药企业质押融资 2.4 亿元。2020 年，专利商标累计质押 988 件，实现质押金额30.96亿元。截至2020年底，辽宁省知识产权信贷余额12.85亿元，当年累计发放7.25亿元。

供稿：辽宁省知识产权局

版权工作

一、版权执法监管

1. 组织开展“剑网2020”专项行动

联合开展打击网络侵权盗版“剑网2020”专项行动，高度重视广大权利人和人民群众反映强烈的网络侵权问题。排查网站12 000余家次，查处案件81起，依法删除侵权盗版链接52个，关闭侵权网站23家。全省公安机关立案10起，破案8起，抓获犯罪嫌疑人10余人，总涉案金额4350万余元。

2. 部署重点作品版权保护预警

通过全省版权工作微信群、省内主要网站、省内重点院线影院等，对热映影视作品、重大赛事等8批次71个重点作品予以版权保护预警。

3. 加强对重大案件查办督促指导

2020年，共提请3起重大侵权盗版案件作为中宣部版权局等四部门挂牌督办案件。督促指导全省公安部门在2020年成功侦办10起侵权盗版案件。

4. 组织开展奖励推荐

组织开展全国2019年度查处重大侵权盗版案件有功单位和有功个人奖励推荐工作。辽宁省荣获2019年度全国查处重大侵权盗版案件有功单位6个、有功个人10个。

二、软件正版化

1. 发挥联席会议制度优势，提升工作合力

一是强化部署，明确任务。制定《辽宁省推进使用正版软件工作联席会议工作规则》《辽宁省推进使用正版软件工作联席会议办公室工作细则》《辽宁省2020年推进使用正版软件工作计划》并印发各成员单位。开展宣传培训、调研督查，聘请第三方机构对省级党政机关软件正版化工作进行全覆盖检查。

二是各成员单位密切协作。辽宁省国资委专门印发督促各市国资委加快推进市属国有企业软件正版化工作的通知。辽宁省审计厅组织各级审计机关充分发挥审计监督职能，积极推进软件正版化审计工作融入年度预算执行审计项目。辽宁省工商联利用网站、微信等多种渠道宣传有关政策，发出民营企业使用正版软件倡议。辽宁省教育厅利用层级化培训体系，深入开展宣传培训。

2. 发挥督促检查效能，巩固扩大工作成果

一是开展省级机关全覆盖检查。委托第三方对79家省级党政机关进行全覆盖检查。辽宁省级党政机关整体操作系统正版化率达96%，办公软件正版化率达95%。对检查中发现的问题，跟踪督导相关单位进行整改，且全部整改到位。

二是开展市县级机关督查。督查组随机抽查了14个市的26个市直机关、66个县区机关共370余台计算机安装使用软件情况，查阅了各受检单位软件正版化工作管理制度、软件资产台账、年度报告等基础材料。通过抽查发现部分市、县级机关单位存在正版软件采购数额不足、正版软件使用管理制度落实不到位等问题。

3. 线上线下并举开展培训

线上线下并举开展培训。通过编写培训手册、制作小视频等在线上推送和电话受理咨询、召开座谈会等方式，传达中央决策部署和省委工作安排，强化业务指导，突出国产优先。

4. 进一步拓展工作覆盖面

省市国资委和版权局密切配合，通过入企调研督导，以及召开座谈会、现场推进会等方式，加快省属、市属国有企业软件正版化工作进程。2020年，省属国有企业共

采购正版软件600余套，省属国有企业总部正版化率达70%；各市属国有企业共采购正版软件3200余套，正版化率大幅提升。积极推进省内金融、民营企业，以及建筑设计、教育、医疗卫生、交通等重点行业企业软件正版化工作。

三、版权产业发展

1. 精心组织参加国际展会

组织辽宁展团积极参加第二十七届北京国际图书博览会（BIBF）云书展。辽宁共有23家单位参展，上传版权推介图书2000余种，推出重点活动48场，实现版权交易成果144项。

2. 积极拓展渠道开展版权服务

主动为优质作品提供有针对性的版权服务，推动优质资源进入流通环节。为抗疫题材作品开通快捷办理登记服务的"绿色通道"，并在展会和版权贸易活动中重点推介。与北方国家版权交易中心通过签订协议的方式合作办理登记业务。

2020年，共办理作品自愿登记12 072件；著作权合同备案登记19件；审核出版境外图书著作权合同登记251件。

3. 扎实开展版权示范创建活动

向国家版权局推荐东软集团等8家单位为版权示范单位、大连水务集团为软件正版化示范单位、北方国家版权交易中心为版权示范基地（园区）。

四、版权宣传教育

1. 组织开展集中宣传活动

以"强化版权治理，优化版权生态"为主题，以4月20日至27日为重点宣传时段开展版权集中宣传活动。全省版权部门上下联动，通过投放宣传册和宣传片、策划制作版权小视频、举办座谈等活动，广泛宣传中央和省委关于加强知识产权保护的部署要求，阐释版权相关法律法规。

2. 开展法律法规学习宣传活动

及时组织召开版权工作座谈会，学习《全国人民代表大会常务委员会关于修改〈中华人民共和国著作权法〉的决定》，同时组织媒体进行广泛宣传。

3. 组织开展"学雷锋辽宁版权服务月"活动

在第57个"学雷锋纪念日"，向各市版权局发出开展"学雷锋辽宁版权服务月"活动倡议。活动以版权核心产业，特别是文创企业、文联和作协部门所属创作群体等为重点对象，以版权知识答疑解惑、搭建业界交流平台为重点内容。

供稿：辽宁省版权局

司法工作

一、注重发挥审判职能作用，全面加强知识产权司法保护

2020年，受理各类知识产权案件5389件，审结5099件，结案率为94.62%。其中，受理知识产权民事案件5252件，刑事案件129件。受理的知识产权民事案件中，著作权纠纷案件2472件，商标权纠纷案件1503件，专利权纠纷案件320件，其他知识产权案件957件。2020年，全省法院知识产权案件审判呈现以下特点。

一是案件数量受疫情影响变化明显。2018年、2019年、2020年受理的知识产权民事案件分别为5662件、5842件、5252件，2020年受理与2019年相比，降幅为10%。

二是案件审判质效持续向好。大连市中级人民法院受理知识产权民事一审案件193件，二审案件134件，审结312件，案件审结率为95.41%。沈阳高新技术产业开发区人民法院受理知识产权民事案件1245件，审结1202件，结案率接近97%。大连经济技术开发区人民法院受理知识产权民事案件301件，全部审结。案件服判息诉率稳步向好，全省知识产权一审案件服判息诉率为91.48%，申诉信访率为0.2%。案件调撤率再创新高，全省审结知识产权

民事案件4936件，调解171件，撤诉3595件，调撤率为76%。

三是集中商业性维权案件仍占较大比例。2020年，全省法院受理商业性维权案件超过2700件，涉及的案件类型有侵害外观设计专利权纠纷、侵害作品信息网络传播权纠纷、侵害商标权纠纷等，绝大多数案件都以调撤方式结案。

二、切实发挥服务保障作用，助力经济社会高质量发展

一是聚焦营商环境优化，彰显司法服务职能。制定《辽宁省高级人民法院关于强化知识产权司法保护、推进法治化营商环境建设的实施意见》。营口市中级人民法院出台《营口市中级人民法院关于为中国（辽宁）自由贸易试验区营口片区提供民商事审判服务的指导意见（试行）》。沈阳市中级人民法院针对知识产权维权"举证难、周期长、成本高、赔偿低"等制约营商环境建设的问题，制定《沈阳市中级人民法院知识产权涉营商环境案件操作指引》。

二是加强司法行政协作，切实增强保护合力。大连市中级人民法院密切配合知识产权局等部门，为第十二届中国国际专利技术与产品交易会的成功举办贡献力量；组织召开"大连市保护知识产权工作联席会议"，邀请辽宁省人民法院和大连市、区两级检察院，以及大连市知识产权局、发改委等部门，就知识产权案件繁简分流、简案快审速裁等问题进行深入研讨。丹东市中级人民法院联合签署《加强进出口环节知识产权保护工作合作备忘录》。

三、深入推动司法改革创新，努力促进知识产权审判体系和审判能力现代化

一是深入推进知识产权案件繁简分流。沈阳高新技术产业开发区人民法院和大连经济技术开发区人民法院在知识产权审判领域施行要素式审判和适用简易程序，针对事实清楚、权利义务关系明确、当事人争议不大的知识产权案件，适用要素式审判直接进行速裁。大连市中级人民法院出台《知识产权速裁案件要素式审判若干规定（试行）》。大连市西岗区人民法院自推行知识产权速裁案件要素式审判以来，采用该审判模式审理侵害商标权纠纷案件60余件，审限平均缩短16天。

二是努力推动知识产权审判"三合一"改革。进一步完善与知识产权民事、刑事、行政诉讼"三合一"审判机制相适应的案件管辖制度。梳理汇总已初步实现"三合一"审判机制的大连地区的成功经验和有益做法。联合印发《关于知识产权刑事案件集中管辖问题的通知》，针对沈阳市辖区内知识产权刑事案件实行集中管辖，一审知识产权刑事案件指定由沈阳高新技术产业开发区人民法院集中管辖。施行以来，受理并审结刑事案件7件。

三是积极促进知识产权纠纷多元化解。大连市中级人民法院积极探索利用"穿透式"的调解路径，成功调解109件侵害外观设计专利权纠纷系列案件。丹东市中级人民法院强化在线音视频调解，加强对调解员的培训指导，全年共受理诉前调解案件57件。大连经济技术开发区人民法院全年共诉前调解知识产权案件281件。大连市中级人民法院与大连市知识产权局等会签《关于推进知识产权纠纷多元解决机制建设备忘录》，正式启动有知识产权特色案件的诉调对接工作。大连市西岗区人民法院与大连市仲裁委员会签署《关于建立知识产权案件仲裁与诉讼相衔接工作机制的若干意见》，2020年，委托大连市知识产权纠纷调解委员会调解知识产权纠纷案件169件，成功调处66件。

四是探索落实技术调查官制度。沈阳市中级人民法院落实《沈阳市中级人民法院技术调查官选任和管理办法》《沈阳市中级人民法院技术调查官参与知识产权案件诉讼活动的办法》中关于建立技术调查官专家库的要求。丹东市中级人民法院根据《关于建立知识产权保护专家库的决定》，以丹东市知识产权司法保护基地为依托，建立了知识产权保护专家库。

四、始终突出价值引领，积极营造知识产权司法保护氛围

一是深化司法公开，促进司法公正。充分利用审判流程公开、庭审活动公开、裁判文书公开、执行信息公开四大平台，深入推进知识产权案件审判流程公开、庭审直播、裁判文书上网和执行信息公开工作。积极参加全省法院开展的庭审直播“百日竞赛”“百篇优秀裁判文书”“百场优秀庭审”评选活动。进一步加大裁判文书上网力度，2020 年知识产权案件文书上网率为 100%。

二是加大宣传力度，提高司法影响力。坚持重大案件审判活动邀请人大代表、政协委员、律师代表和行业协会代表等参加旁听和座谈交流。开展“法官进校园”“法官进社区”“法官进企业”等活动。充分运用“两微一端”等新媒体、自媒体，全方位、多层次、多角度地宣传法院知识产权司法保护的成功经验。

三是开展“4·26 世界知识产权日”主题活动，扩大宣传效果。精心筹划和严密实施知识产权宣传周各项活动。召开知识产权新闻发布会，发布年度知识产权司法保护白皮书，通报本辖区知识产权司法保护工作开展情况，公布典型案例。沈阳市、大连市中级人民法院开展知识产权行政案件和刑事案件的庭审观摩。丹东市中级人民法院举行知识产权专家证书颁发仪式暨视频会议。

供稿：辽宁省高级人民法院
知识产权审判庭

检察工作

一、依法履行刑事检察职能，严厉打击侵犯知识产权犯罪

2020 年，辽宁省检察机关严厉打击侵犯知识产权刑事犯罪，共受理审查逮捕案件 59 件 109 人，受理移送审查起诉案件 187 件 404 人。

办理的李某销售假冒注册商标的商品案中，检察机关立足检察职能，通过提前介入引导侦查，及时锁定案件重要证据，完善证据体系，为案件顺利进行打牢基础，也有力保护了商标权人的合法权益，有效维护了市场经济秩序。办理的张某侵犯商业秘密案中，检察机关对法院判决审查后认为法院对两份鉴定认定错误，导致判决确有错误，量刑畸轻，连续两次提出抗诉，后法院以侵犯商业秘密罪判处被告人张某有期徒刑五年，并处罚金 200 万元，有力保护了涉案公司的商业秘密和市场竞争优势。

二、充分发挥民事检察职能，为产权保护提供有力司法保障

检察机关民事检察部门切实加强对涉及非公企业财产权、知识产权保护，充分运用抗诉、检察建议等监督方式，依法保障民营企业的合法权益。2020 年，受理涉民营企业案件 1000 余件，为企业挽回经济损失 2 亿余元。将“办准办好涉企产权保护案件”作为工作重点，对于符合监督条件的涉企产权保护案件，把准方向，依法纠正产权纠纷错案，有效保护企业健康发展。

三、加强与行政、司法部门配合，健全完善工作机制

积极推动行政执法与刑事司法信息共享平台的建设和深度运用。要求全省各级检察机关充分运用已经建成的信息共享平台，做到对网上录入的案件凡录必审、认真核查、同步反馈，切实强化案件的及时审查和有效办理；对各地的审核率进行网上巡查并适时通报，并要求各地将对信息共享平台的运用与案件办理有机结合起来，力争依托平台有效办理一批有影响力的案件。

与沈阳市中级人民法院、沈阳市公安局联合发布《关于知识产权刑事案件集中管辖问题的通知》，明确知识产权刑事案件涉《中华人民共和国刑法》规定的八个条文、七个罪名时，统一由沈阳高新技术产业开发区人民检察院、沈阳高新技术产业开发区人民法院管辖。与大连市中级人民法院、大连市公安局会签印发《关于知识产权刑事案件集中管辖问题的补充通知》，进一步优化司法资源；与西岗区公安分局会签《侦诉联动工作办法》，设立驻派出所检察官，由知识产权员额检察官专案组负责办理此类案件。与12家行政执法单位建立联席会议制度，就知识产权保护过程中信息沟通、线索移送等具体问题达成共识。以协调、引导和监督为手段，树立起检察机关在衔接机制中的主导地位；完善重大案件介入侦查、引导取证机制；重点案件提前介入，引导侦查取证，确保案件效果；通过听取案情、派员参与勘验检查、参与案件讨论、提出侦查取证意见等方式，做好引导取证和侦查活动监督工作。

四、加强保护知识产权宣传，引导社会广泛关注

采用三级联动的形式，创新运用微博、抖音、微信等宣传平台，通过短视频普法、直播连线解答、专家专题座谈等形式推动构建便于广大群众参与的普法大格局。在“大连检察”微信公众号发布宣传文章，介绍大连检察机关多年来通过加大立案监督、侦查监督和审判监督力度等方式为大连发展营造法治化营商环境发挥的积极作用，进一步加强知识产权保护联动，加快构建行政和司法两条途径优势互补、有机衔接的保护模式。加大对侵犯知识产权案件打击力度、依法维护民营企业合法权益的做法，被正义网、中国交通在线、辽宁长安网、今日头条等多家媒体宣传报道。利用检察开放日进行预防知识产权犯罪的专题讲座，同时进行新媒体宣传，以浅显易懂的内容，促进社会公众懂法、尊法、守法。主动向当地记者站、新闻媒体提供专项活动宣传素材，通过专访、在新闻媒体开辟专栏、召开新闻发布会等多种方式和渠道宣传，提升社会公众对检察机关打击侵犯知识产权工作的认知度。利用到北票市西官营镇勿拉汗村扶贫入户对接时机，就如何打击制售假劣种子、化肥、农药、农膜等农资违法犯罪活动，如何维护自身合法权益等进行相关法律法规知识宣讲，并印发宣传单100余份。

供稿：最高人民检察院
知识产权检察办公室

吉林省

知识产权工作

一、专利

2020年，专利申请量35 418件，同比增长14.1%；专利授权量23 951件，同比增长53.7%；有效发明专利17 260件，同比增长17.4%；万人拥有量6.42件，万人高价值发明专利拥有量2.26件。在抗击新冠肺炎疫情期间，长春专利代办处推行“五化”、网上申请、网上审查、接收邮寄材料办理等一系列措施，做到窗口一线防控疫情与提供服务两不误，工作人员与数据信息双安全。制定规制非正常专利申请行为内部工作制度，规范专利申请。印发《2020年度吉林省知识产权优势示范企业认定工作方案》，确定84家省级优势示范企业，其中示范企业10家、优势企业74家。印发《2020年度吉林省知识产权项目申报指南》，引导15家企业开展专利导航项目。拥有高校国家知识产权信息服务中心 1 家、全国专利文献服务网点单位 5 家、省级专利文献服务网点单位 17 家、全国知识产权服务品牌培育机构 2 家、省级知识产权服务品牌培育机构 8 家。

二、商标

2020 年，商标申请量 75 384 件，同比增长 16.98%；新增商标注册 45 193 件，同比下降 20.8%；截至 2020 年底，有效商标注册量 253 691 件，同比增长 17.31%。制定规制商标恶意注册内部工作制度，规范商标注册申请。完成对 355 家商标代理机构和 31 家专利代理机构信息核查。开展“双随机、一公开”专项检查，检查 9 家代理机构和商标印制企业。

三、地理标志

截至 2020 年底，拥有地理标志商标 90 件，地理标志保护产品 57 个。印发地理标志使用管理工作方案，组织 281 家企业开展地理标志换标工作。推动白城绿豆、露水河红松母林籽仁 2 个地理标志获得欧盟认证保护。修订的 2 项地理标志地方标准获省级科技成果认定。开展地理标志标准符合性监督抽检工作，督促专用标志使用企业按标准进行加工生产。

四、其他

2020 年，吉林省在国家知识产权保护工作检查考核中获得优秀等次。成立吉林省知识产权工作领导小组，出台《全面加强吉林省知识产权保护工作方案》《吉林省贯彻落实〈关于强化知识产权保护的意见〉的实施意见》《关于推进知识产权强省建设的实施意见》。将知识产权保护纳入市（州）政府绩效考评体系和省管领导班子、领导干部年度考核内容。长春市获批第四批国家知识产权运营服务体系建设重点城市，获得 1.5 亿元中央资金支持。一体推进中国（吉林）知识产权保护中心、中国（长春）知识产权保护中心建设。

推动知识产权维权援助机构建设，加强维权援助服务，在各市（州）共建立 36 家知识产权维权援助工作站。成立吉林省知识产权服务机构联盟，搭建交流合作平台。与司法部门联合印发《侵犯知识产权刑事案件证据收集指引》《关于适用要素式方式审理知识产权民事案件的工作指引》。与其他省区共同签署知识产权执法协作协议，建立健全跨区域执法协作联动机制，推动跨区域执法联动。与长春市中级人民法院联合印发《关于建立知识产权诉调对接工作机制的实施办法》，完善多元纠纷解决机制。开展知识产权服务基层活动，举办 5 场大学和 11 场企业专题培训，深入 61 家企业开展现场指导咨询，活动参与人数共计 1800 余人。

中国（长春新区）知识产权运营服务中心获批建设，着力打造长春知识产权生态小镇。印发疫情防控期间推进中小企业知识产权质押融资工作通知，对与疫情防控有关的医药企业进行定向支持，质押贷款完成时限缩减 50%。2020 年，知识产权质押融资额 24.3 亿元，为企业节约成本 540 万元。投入资金 130 万元支持新获批 12 户国家知识产权优势企业、示范企业和 1 个国家知识产权示范区发展。支持国家知识产权培训（吉林）基地开展 2 期培训，申请设立东北师范大学远程教育分站。

2020 年，吉林大学、吉林省知识产权保护中心被批复为技术与创新支持中心（TISC），吉林大学获批国家级知识产权试点高校。开展知识产权服务“双创”“知识产权服务万里行”活动，培训知识产权管理和科研人员 1858 人。举办 2020 年吉林省青少年发明创造大赛，共有 349 所学校的 746 件作品申报，评审出金、银、铜奖共 180 项。

供稿：吉林省知识产权局

版权工作

一、版权执法监管

2020年，版权行政执法部门累计向国家版权局上报行政执法案件11起，行政处罚8.88万元，与公安机关联合行动33次，向公安机关移交案件线索3件，司法机关判决案件1次，接受国家版权局移交案件1起，由国家版权局等四部委联合督办案件1起，向市（州）版权执法部门移交案件线索并督办案件5起。

1. 明确任务分工，统一协调部署行动方案

为有效落实《关于开展打击网络侵权盗版"剑网2020"专项行动的通知》要求，联合印发《吉林省2020年打击网络侵权盗版专项治理"剑网"行动工作方案》，对全省"剑网2020"专项行动进行统一部署，并启动专项行动。

2. 强化监管措施，有效规范网络版权秩序

一是巡查重点领域，主动进行监管。对省内主要新闻信息类网站进行定期巡查监控，梳理存在的问题及实施侵权行为风险点，对相关负责人进行约谈，指导其进行整改，规范使用他人新闻作品的行为。

二是组织开展对重点城市互联网视听网站和微信公众号进行专项治理。指导查办长春知语公司擅自从事互联网视听节目服务案件，对涉案人处以警告、责令改正违法行为，并关闭其网站。对"长春在线"微信公众号假冒新闻单位驻地方机构开展活动、转载主流媒体新闻作品的行为进行了查处，责令当事人立即停止侵权行为，并对其处以罚款。

三是积极督导查办涉电商平台侵权案件。积极发挥查处侵权盗版案件的主体作用，指导长春市文化市场综合执法支队的案件查处工作。

二、软件正版化

1. 加强组织协调，安排部署全省软件正版化工作

制定《2020年吉林省推进使用正版软件工作计划》，并印发给全省各级政府及有关部门，部署本年度全省软件正版化工作，明确工作目标任务，指导各级政府开展软件正版化工作。

2. 加强督促检查，完善软件正版化长效工作机制

持续跟进、督导省级政府机关软件正版化工作。指导全省市、县级政府机关建立和完善软件正版化长效工作机制。派出工作组实地检查、调阅有关软件资产管理台账、软件正版化管理制度等文件资料，对于检查中发现的问题，现场及时反馈，并提出整改要求。

3. 落实整改采购要求，确保机关单位正版软件全覆盖

2020年，全省各级政府机关单位、国有企业和其他行业共采购正版操作系统475套，采购金额60.88万元；采购通用办公软件112 240套，其中国产办公软件112 100套，国产率达99.88%，采购金额3598.7万元。

4. 加强宣传培训，提高软件正版化工作水平

制定切实可行的宣传培训计划，举办专题培训，创新和强化软件正版化宣传手段，不断扩大软件正版化工作的社会影响，进一步提高各级政府机关及企事业单位对软件正版化工作的认识和业务能力，增强使用正版软件的积极性和主动性。

三、版权示范创建

对获得全省版权保护示范称号的单位、园区（基地），在作品登记方面开通"绿色通道"。截至2020年底，创建17个版权保护示范单位、1个版权保护示范园区（基地）。吉林省吉动文创动漫游戏产业园被评为全国版权示范园区。

四、农村版权保护试点

2020 年，全省首批设立 8 个农村版权服务工作站。农村版权服务工作站成立以后，涌现出许多农民作品版权保护和推广运用工作创新亮点。这是新时代吉林版权拓宽服务范围的积极探索，在全国属于首创。

在桦甸市组织召开全省农村版权保护试点工作经验交流会。各市（州）党委宣传部负责版权管理工作的领导和同志，首批农村版权服务保护工作站的负责人参加了会议。

首次面向全省乡村学校少年宫的校长开展版权培训活动。通过培训，具备条件的乡村学校少年宫积极策划开展版权宣传教育活动，收集整理校内符合要求的学生作品，推荐进行版权登记。

五、版权宣传教育

全省版权管理部门通过开展“4·26 世界知识产权日”主题宣传活动、制作播放版权公益宣传片、配合“剑网 2020”行动开展专题宣传、公开发布指导性案件，不断拓宽宣传渠道，提高宣传工作效率。

在版权宣传工作中创新引入主题采访。在大量前期走访调研考察的基础上，选取全省农村版权推广运用工作突出的桦甸市和磐石市，邀请人民网、中华工商网、《法制日报》和《科技日报》等媒体单位组成记者团进行采访报道，刊发一系列主题宣传文章。

六、作品登记

2020 年，全省作品登记数量达到 12 363 件，出版外国图书合同登记 107 件。

供稿：吉林省版权局

司法工作

一、发挥审判职能，公正高效地审理知识产权案件

2020 年，共受理各类知识产权案件 5594 件，审结 5448 件，结案率 97.39％。

妥善审理知识产权民事案件，依法维护权利人合法权益。2020 年，主要审理了“吉宏 6”水稻、“凤杂 4 号”高粱植物新品种侵权，人参播种机、日光温室大棚、风湿痹康胶囊等发明专利侵权，纳米负离子节油设备实用新型专利侵权等一批技术性较强案件；审理了新疆阿克苏、北京小罐茶、广州蓝月亮、泸州老窖、晨光文具、小米科技等一大批侵害商标权案件和重庆索隆、平安人寿保险等一大批著作权纠纷案件。

妥善审理知识产权刑事案件，严厉惩治侵犯知识产权犯罪。2020 年，新收知识产权刑事一审案件 19 件，审结 23 件。其中，受理假冒注册商标罪案件 2 件，销售假冒注册商标的商品罪案件 16 件，侵犯著作权罪案件 1 件。

2020 年，知识产权审判工作呈现出以下特点：一是民事案件数量激增。二是审判质量稳中向好。连续八年有案件入选最高人民法院发布的全国 50 件典型知识产权案件，一审案件的上诉率仅为 0.94％。三是案件调撤率大幅上升，知识产权民事一审案件调撤率达到 66.55％。

二、完善审判机制，打造知识产权审判的吉林品牌

一是多措并举，实现知识产权案件简案快审、繁案精审。出台《关于适用要素式方式审理知识产权民事案件的工作指引》，并在长春知识产权法庭试点适用速裁方式审理知识产权民事案件。长春知识产权法庭组建“技术类精审团队”，对社会影响大、涉及前沿核心技术的新型、疑难、复杂案件进行精细化审理，实现繁案精审，积极培育打造精品案例。针对技术性较强的知识产权案件，长春知识产权法庭开展技术调查官制度试点，制定《关于技术调查官参与诉讼活动的暂行规定》《关于技术调查官选任及参与诉讼活动的规定（试行）》。2020 年，利用技术调查官审理知识产权案件 9 件。发布《管辖第一审技术类知识产权民事案件的公告》。

二是完善证据规则，切实提高知识产权案件审判质效。探索完善符合知识产权民事案件特点的诉讼证据规则，根据举证难易程度，合理分配举证责任。在审理音乐作品集体管理协会起诉的案件中，适用“适当放宽原告主体资格认定标准”规则，合理推定当事人相关权利的存在，减轻了当事人的诉讼成本负担。积极运用文书提供命令、证明妨碍等制度，引导当事人全面、诚实地提交证据。在长春知识产权法庭积极推行律师调查令制度。借助长春知识产权法庭力量，起草完成知识产权刑事证据标准，审慎审理知识产权刑事案件。

三是创新知识产权培训方式。在传统法官教法官的基础上，重点依托互联网平台，采取线上培训的方式，交流学习先进地区审判经验和理论创新成果的转化运用。完成“商业秘密热点与难点”“电商平台知产纠纷”“知产民事证据热点”等 11 期线上培训。

三、优化营商环境，探索知识产权司法保护的吉林特色

一是加大知识产权宣传力度。召开知识产权新闻发布会，介绍 2019 年吉林省法院知识产权司法保护状况，并公布十大知识产权典型案例。联合召开知识产权新闻发布会，重点介绍长春知识产权法庭审理技术类知识产权案件的审判职能。联合组织开展主题为“知识产权与健康中国”的宣传周活动。与海峡两岸青年创业园、吉林省民营企业联合会召开“进一步优化营商法治环境，服务民营企业发展”知识产权座谈会。

二是探索建立符合吉林特色的知识产权司法保护体系。梳理吉林知识产权司法保护的基本特点和经验，重点关注吉林中医中药、珲春跨境电商等领域的知识产权基本特点。深入推动知识产权司法保护融入中韩（长春）国际合作示范区、珲春海洋城市、梅河口先行示范区、长春新区等的建设。严格执行外商投资法及其实施条例和技术进出口管理条例，妥善审理涉外技术转让纠纷。准确适用平行进口、定牌加工、货物转运等贸易中的知识产权司法政策。研究起草知识产权司法服务和保障吉林高质量发展的指导意见。

三是逐步完善知识产权司法保护合作机制。建立知识产权联席会议制度，建立跨部门、跨区域执法协作联动机制，建立完善线索通报、案件协办、联合执法、案件移送等制度。完善知识产权保护定期合作会商机制，通过案件协查通报、信息互换、风险预警等措施，积极沟通协作。完善多元化纠纷解决机制，将矛盾纠纷化解在源头。2020 年，全省法院通过多元化纠纷解决机制化解知识产权民事案件 1000 余件。

供稿：吉林省高级人民法院
知识产权审判庭

检察工作

一、提升政治站位，主动担当作为

2020 年，受理提请批捕侵犯知识产权犯罪 35 件 70 人，批准和决定逮捕侵犯知识产权犯罪 14 件 26 人，不批准逮捕 18 件 44 人。受理移送起诉侵犯知识产权犯罪 47 件 98 人，起诉 25 件 63 人，不起诉 12 件 18 人。提前介入引导取证重大、疑难、复杂侵犯知识产权犯罪案件 1 件。监督公安机关立案 3 件 6 人。监督公安机关撤案 2 件 4 人。对侵犯知识产权犯罪案件提出抗诉案件 3 件，其中审判机关采纳检察机关建议 1 件 2 人。积极参与社会综合治理工作，提出检察建议 1 份。

二、立足检察职能，积极融入和参与社会治理

在依法办理打击侵犯知识产权犯罪案件的同时，检察机关认真分析监管环节存在的突出问题，督促监管部门依法履行监管职责。认真落实“谁执法、谁普法”的责任制，聚焦“3·15 国际消费者权益日”“4·26 世界知识产权日”等重要时间节点，集中报道检察机关典型案例和重大活动，积极传播法律知识，提升社会公众维权意识。例如假茅台案庭审、地摊经济知识产权海报等，收到“办理一案、普法一遍、教育一片”的效果。在认真研究《关于强化知识产权保护的意见》基础上，形成《关于侵犯知识产权刑事案件法律适用问题的研究报告》，为立法完善提供参考。

三、加强沟通协作，形成打击合力

积极与法院、公安、市场监管、农业农村等部门构建良性互动关系。在加强知识产权协作方面，与省市场监督管理厅联合制定《侵犯知识产权刑事案件证据收集指引》，指导全省检察机关和行政执法部门全面提升工作标准和办案效果。为切实提升打击侵犯知识产权犯罪工作能力和水平，与省公安厅侦查总队签订《办理食品药品和侵权假冒犯罪案件协作机制》。

四、开展知识产权检察职能集中统一履行试点工作

为贯彻落实最高人民检察院《关于在部分地区开展知识产权检察职能集中统一履行试点工作的通知》精神，优化吉林省营商环境，在充分论证和调研的基础上，在部分检察院开展知识产权检察集中统一履职试点工作，提升专业化能力。

供稿：最高人民检察院
知识产权检察办公室

黑龙江省

知识产权工作

一、专利

2020 年，专利授权量 28 475 件，同比增长 42.45%。截至 2020 年底，拥有发明专利 27 336 件，每万人口发明专利拥有量达到 7.245 件，较“十二五”期末增长 1.14 倍。PCT 专利申请量 78 件，同比增长 21.88%。

知识产权保护不断加强。印发《关于强化知识产权保护促进高质量发展的实施意见》。召开黑龙江省知识产权战略制定和实施工作领导小组全体会议，研究部署全省知识产权保护工作。积极推进《黑龙江省“十四五”知识产权保护和运用规划》编制工作。中国（黑龙江）知识产权保护中心获批建设。持续开展“蓝天”专项整治行动。开展专利代理机构“双随机、一公开”检查，检查结果及时向社会公布。深入开展知识产权保护专项行动和维权援助服务。2020 年，办理专利侵权纠纷案件 78 件，同比增长 18.18%。

知识产权综合运用持续发力。国家知识产权试点、示范城市形成以示范城市哈尔滨为龙头，示范培育城市牡丹江、新一轮试点城市大庆、伊春三级梯次建设。新培育牡丹江经济技术开发区、七台河高新技术产业开发区 2 家省级知识产权试点园区，省级试点园区增至 6 家。236 家企业通过国家标准《企业知识产权管理规范》认证。哈尔滨工业大学、哈尔滨工程大学分别进入国家知识产权示范、试点高校行列。设立黑龙江省专利奖。3 所高校开设知识产权本科专业，累计招收本科生 605 名。2020 年，新增 3 所省级知识产权教育试点学校。截至 2020 年底，拥有国家级知识产权教育试点学校 5 所、国家级知识产权教育示范学校 1 所、省级知识产权教育试点学校 14 所。召开锅炉行业专利预警分析报告线上应用培训会。举办 2 个知识产权分析评议项目报告应用培训会。出台 12 条支持服务自贸试验区措施，打造自贸试验区知识产权保护高地。2020 年，专利权质押融资金额 6.44 亿元。

知识产权服务效能有序提升。哈尔滨代办处综合业务继续保持“零差错”，先后被评为“国家知识产权局青年文明号”“省级文明窗口标兵”“全省五四红旗团支部”。专利代理(分支)机构达到 32 家，其中品牌机构和品牌培育机构 3 家，具有专利代理师资格证 461 人，执业 131 人。2020 年，全国专利代理师资格考试哈尔滨考点 360 人成功报名，同比增长 10%。第一时间推出提供“网上办、不见面”指导服务、支持疫情防控一线企事业单位发展、建立知识产权质押登记“绿色通道”、依法从严从快办理知识产权违法案件、畅通知识产权维权援助救济渠道、保障疫情防控知识产权信息供给等“八条措施”。积极了解各银行疫情期间融资贷款政策，开展知识产权质押融资需求全面摸排，为企业与银行、保险机构之间搭建知识产权质押融资平台。黑龙江省知识产权远程教育平台在线学习人数近 3 万人。黑龙江省知识产权公共服务(运营)平台为企事业单位开设与发放免费账号 3000 余个。

二、商标

2020 年，商标申请量 93 939 件，同比增长 9.51%；商标注册量 58 824 件，同比下降 16.12%。截至 2020 年底，商标有效注册量 321 190 件，较“十二五”期末增长 1.8 倍，万户市场主体注册商标量 1305 件，驰名商标达到 103 件。2020 年，商标专用权质押融资金额 1.55 亿元。

哈尔滨、七台河、鹤岗、黑河 4 个市地增设商标受理窗口，为市场主体就近申请商标注册提供了便利化条件。开辟商标注册申请“绿色通道”，为“爱比达”等 4 个涉及疫情防控口罩商标快速受理审核。强化新冠肺炎疫情防控期间涉嫌恶意申请商标注册违法行为线索转办督办力度。对“玉泉及图”实施驰名商标跨类保护。积极协调解决“龙江和牛”商标纠纷，依法依规维护企业合法权益。在商标代理机构中开展告知承诺活动，掌握全省近 300 家商标代理机构的基本情况。

三、地理标志

截至 2020 年底，地理标志保护产品累计 73 件，地理标志商标 102 个，地理标志专用标志使用企业共计 545 家。地理标志专用标志使用核准改革试点顺利推进，2020 年核准 130 家企业使用地理标志专用标志，其中试点核准企业 109 家。

进一步加强地理标志等区域公共品牌培育，将 79 件特色产品及区域品牌纳入地理标志等区域公共品牌培育名录，完成 2 件地理标志产品保护申请初审工作，其中符合条件的 1 件申请报国家知识产权局审查。组织参加 2020 年中国品牌价值评价活动，有 5 个地理标志品牌价值超过百亿元，其中“五常大米”品牌价值达 703.27 亿元。组织开展 2020 年秋季地理标志保护专项行动，规范专用标志使用行为，强化地理标志保护工作。

供稿：黑龙江省知识产权局

版权工作

一、版权执法

2020 年，开展版权执法检查 2559 次，出动检查执法人员 14 050 人次，取缔违法窝点 3 个，对 9 起图书、软件等侵权盗版案件予以行政处罚(调解)或移送司法机关。2 家执法单位和 11 名执法人员分别荣获国家版权局 2019 年度查处重大侵权盗版案件有功单位和有功个人奖项。

全省各级版权行政管理部门对出版物及计算机软件市场开展检查，加强日常监管。开展打击网络侵权盗版“剑网 2020”专项行动，召开工作协调推进会，将教育、商务、文旅、广电等行业主管部门纳入专项行动中。累计配合关闭各类违法违规网站 7 个；组织省内互联网接入企业对所接入网站发布的信息进行拨测，累计拨测页面链接数量近49万条，封堵18 770条有害URL链接；依法查办“716”“805”“来OFFER”等侵权复制品案。

二、软件正版化

研究制定《黑龙江省2020年推进使用正版软件工作计划》，召开省推进使用正版软件工作联席会议联络员工作会。重新确认联席会议18家成员单位的成员和联络员。联合印发《关于推进省属出资企业软件正版化工作的通知》，指导国资委出资企业摸清采购底数，落实软件安装使用、长效机制建设等工作。召开黑龙江省国资委出资企业软件正版化推进会。国资委出资企业本部基本完成软件正版化工作。

三、宣传培训

围绕“强化版权治理，优化版权生态”活动主题，结合疫情防控情况，灵活运用互联网资源，开展了系列版权宣传活动。创新宣传形式载体，制作宣传周公益宣传片、海报和H5作品，省市广播电视、网络、手机客户端等平台对国家和省里素材进行重点宣传。“学习强国”黑龙江平台、“黑龙江宣传”公众号、“文明龙江”公众号同步发声，省市媒体积极响应，市（地）媒体和平台积极转发，营造了浓厚的宣传氛围。

举办版权业务云端培训，围绕文学、艺术和科学领域作品的著作权法律保护进行专题讲座，组织各市（地）版权工作人员在线学习观看。依托中国人民大学和中国版权协会线上讲座平台，组织全省版权工作人员参加版权线上培训7期。举办版权工作业务培训班，培训人员240余人。

四、版权示范

开展全国版权示范单位核查工作。对42家省级重点版权示范单位进行实地核查，确保版权示范创建工作可持续发展。2020年，哈尔滨工程大学出版社有限公司、黑龙江琪鹤源文化创意有限公司、伊春永达工艺品有限公司3家企业被国家版权局批准授牌为全国版权示范单位。

五、社会公共服务

2020年，受理审核作品著作权登记909件，涉外合同备案210件。在2020年首届黑龙江冰雪非遗节展会上设立版权工作服务站，针对展会构建版权咨询、普法、调解等快速处理渠道。

六、组织参展北京国际图书博览会

组织省内13家图书出版单位等参加第二十七届线上北京国际图书博览会，展示书目1000余种，组织网上宣传活动29场。

七、版权征文活动

组织开展第一届全省大学生版权征文活动，推动版权进校园。中共黑龙江省委宣传部荣获第十二届全国大学生版权征文活动优秀组织奖。

供稿：黑龙江省版权局

司法工作

一、妥善审理各类案件，发挥司法保护主导作用

2020年，受理知识产权民事一审案件1585件，审结1508件，结案率95.1%，调撤率73.7%；受理知识产权刑事一审案件49件（含旧存7件），审结38件；受理知识产权行政案件7件，审结6件。

加大知识产权保护力度和水平，尤其是加大对知识产权重复侵权、恶意侵权行为的惩罚性赔偿力度。依法妥善审理了一批具有广泛影响力和典型示范效应的知识产权案件，如涉“金士顿”“香奈儿”“三环”“周黑鸭”等知名品牌的侵权案件。

不断总结新类型、疑难复杂案件的裁判思路和审理经验，加强对涉“一带一路”知识产权和涉农业机械专利产品、地理标

志产品、植物新品种及品牌商标的保护，撰写典型案例审判指导。

加大对知识产权刑事犯罪行为的打击力度，依法从严从快惩处危害食品药品安全领域知识产权犯罪，严格把握缓刑、免予刑事处罚的适用条件，加大财产刑的适用与执行力度，突出打击农村地区假种子、农药、化肥等假冒伪劣犯罪行为。

积极克服新冠肺炎疫情对审判工作的影响，加强在线诉讼服务、线上开庭、网络直播的推进。互联网云间庭审系统利用率在90%以上。

积极贯彻落实最高人民法院关于保民生、稳就业的政策，在审理涉及KTV经营者、餐饮、住宿等行业及其他受疫情影响较大的行业市场主体侵权案件时，依法适当降低赔偿数额标准，同时加大调解力度，最大限度促成双方和解。

二、加大司法宣传，展示司法保护新成果

通过“两微”平台，发布全省知识产权司法保护白皮书及典型案例。在黑龙江省高级人民法院微信公众号、微博平台发布《2019年全省知识产权司法保护状况白皮书》，发布2019年全省知识产权司法保护十大典型案例。审理的涉“库尔勒香梨”地理标志证明商标侵权案，入选2019年中国法院50件典型知识产权案例。

灵活采用多种方式，扩大宣传效果。在“4·26世界知识产权日”宣传活动期间陆续发布《重磅！黑龙江知识产权审判领域改革创新迎来新契机！》《“剁手”的糟心事！冒牌货商标大“碰瓷儿”，知识产权法官告诉你怎样擦亮眼！》等知识产权普法宣传文章。

深入企业调研普法。按照《关于开展“万名干警走访万家企业”活动实施方案》的总体部署，有针对性地分批次走访本省企业，了解企业关于知识产权司法保护的意见建议和司法需求，解答企业在知识产权维权等方面的困惑。

三、加强调研，全面提升审判服务质效

出台《关于审理涉新型冠状病毒肺炎疫情民商事纠纷若干问题的指导意见（试行）》，强化对涉疫情知识产权案件的裁判指引，维护公平稳定、可预期的法治营商环境。

积极协助最高人民法院调研，加强疑难案件沟通。参与最高人民法院组织的知识产权典型案例报送工作，2015—2020年，全省共有5件案例入选中国法院50件典型知识产权案例。

强化知识产权学术理论调研，连续9年与黑龙江省法学会知识产权法学研究会联合举办“黑龙江省知识产权司法保护论坛”，2020年，论坛围绕“民法典与知识产权制度的变革”“地理标志的司法保护”等议题进行研讨。

代为起草《加强知识产权审判领域改革创新实施方案》。就知识产权司法保护与创新驱动发展开展调研，该调研报告获第二届全国知识产权优秀调研成果三等奖。

供稿：黑龙江省高级人民法院
知识产权审判庭

检察工作

一、以司法办案为中心，严厉打击侵犯知识产权犯罪

2020年，受理审查逮捕侵犯知识产权案件42件86人，批准逮捕33件89人，受理审查起诉51件158人，提起公诉47件150人，提前介入3件，有力地打击了侵犯知识产权犯罪行为。

二、平等保护企业合法权益，营造良好营商环境

坚持知识产权保护，坚决杜绝差异性、选择性司法。注重办案方式方法，严格把握逮捕、起诉标准，充分考虑企业正常经营发展和职工就业保障，为企业发展营造良好法治环境。在世界知识产权日，编发黑龙江省知识产权保护典型案例，抓住关键节点开展法治宣传教育，以案释法，提升全民知识产权保护意识，预防侵权违法行为发生，彰显检察机关客观公正履行义务，维护知识产权保护的良好国际形象。

三、举办专题培训班，提高监督能力

知识产权犯罪专业性强，犯罪手段隐蔽且不断翻新。为了解决司法实践中取证难、定性难、数额认定难等突出问题，举办打击侵犯知识产权和生产伪劣商品犯罪专项业务培训班，检察机关经济犯罪检察部门 200 余人参训。

大庆市人民检察院组成以主管副检察长为组长、经济部门负责人为副组长，2 名员额和 2 名助理为组员的侵犯知识产权专项行动专班，结合大庆地区实际情况，针对以下问题对基层法院进行集体培训：如何与公安机关沟通，争取得到配合；如何提前介入，引导公安机关在最短时间内收集固定关键性证据；如何加强跟踪监督，避免案件久拖不决。

四、聚焦主责主业，提升监督质效

积极参与行政执法与刑事司法信息共享平台建设，建立行政机关、公安机关及检察机关行政执法与刑事司法衔接长效机制，有效形成打击侵犯知识产权犯罪合力。制发《关于开展强化知识产权保护专项工作的实施方案》，积极开展打击制售假冒伪劣产品和侵犯知识产权专项活动。形成《黑龙江省检察机关打击侵犯知识产权工作情况》成果，为完善黑龙江省知识产权建设建言。对最高人民检察院保护知识产权指导性案例提出修改意见，推动知识产权违法犯罪综合治理体系建设。

大庆市人民检察院对行政机关知识产权治安处罚台账，以及公安机关已经受案、立案、在侦案件进行分析研判，坚持同步阅卷、同步与公安机关进行会商、同步研究推进办法，保证在检察机关阶段的案件快速、高效推进。

五、加强法律宣传，延伸监督触角

为增强全社会知识产权保护意识，推动形成新时代知识产权保护工作新局面，检察机关开展多种形式的法治宣传活动，延伸法律监督触角。走进牡丹江师范学院开展知识产权法治宣传活动。由检察官讲授我国知识产权发展战略、知识产权制度和最高人民检察院颁布的有关知识产权典型案例，让大家深刻认识到知识产权在促进国内经济发展和国际经贸合作中的重要作用。

发挥乡镇检察室贴近基层、服务群众的一线平台作用，对基层群众大力开展知识产权相关法律规定、典型案例的宣传，对群众进行法治教育，预防此类违法行为的发生；鼓励群众积极进行监督举报，对可能涉嫌侵犯知识产权的线索信息及时移送，增加案件查处的及时性，使知识产权保护观念深入人心，发挥人民群众的力量，让侵权假冒产品无处遁形，取得良好的效果。

供稿：最高人民检察院
知识产权检察办公室

上海市

知识产权工作

一、知识产权顶层设计持续优化

首次召开全市知识产权保护大会，印发《关于强化知识产权保护的实施方案》，首次将知识产权保护工作纳入年度区党政领导班子绩效考核。《上海市知识产权保护条例》经上海市人大常委会全票表决通过。在上海自贸试验区临港新片区、虹桥商务区设立知识产权综合服务窗口。携手苏、浙、皖强化长三角知识产权保护协作，签署《长三角三省一市知识产权信用体系建设协议书》《地理标志运用促进合作协议书》等。加强科创板企业知识产权服务，办理科创板拟上市企业专利优先审查推荐 478 件。圆满完成第三届中国国际进口博览会知识产权保护服务任务。统筹疫情防控和复工复产，出台专门政策，推出建立申请注册“绿色通道”等 7 项具体举措，开通 6 条行政服务热线和企业微信服务群。

二、知识产权创造质量稳步提升

2020 年，专利申请量和授权量分别为 21.46 万件和 13.98 万件，同比分别增长 23.63%和 38.96%。其中发明专利申请量和授权量分别达到 8.28 万件和 2.42 万件，同比分别增长 16.01%和 6.48%；PCT 专利申请量 0.36 万件，同比增长 29.85%；有效发明专利拥有量达到 14.56 万件，同比增长 12.20%；每万人口发明专利拥有量 60.21 件。商标申请量为 50.53 万件，同比增长 15.14%，新增注册商标 30.74 万件；有效商标注册量 173.74 万件，同比增长 17.98%；平均每 1.69 个市场主体拥有 1 件注册商标。共拥有地理标志商标 17 件，地理标志保护产品 8 个，使用地理标志专用标志企业数 92 家，农产品地理标志登记产品 15 个。

三、知识产权保护环境不断优化

在 2020 年国家知识产权保护工作检查考核中位列优秀等级。知识产权执法“铁拳”行动共立案 2555 件，办结 2450 件，涉案经营额 6264 万元。立案受理专利侵权纠纷案件 468 件，结案 483 件，同比分别增长 60.30%和 72.5%。上海市知识产权保护中心获批筹建。率先探索建立知识产权行政调解协议司法确认机制。持续强化展会、电子商务、流通领域等知识产权长效保护机制，修订《〈上海市重点商标保护名录〉管理办法》。国家级知识产权保护规范化市场达 13 家。在浦东新区等 11 个区知识产权局开展专利纠纷委托调解试点。推动在各相关行业协会、园区、产业集聚区等设立纠纷调解工作室，知识产权仲裁调解机构总数达 150 家。在临港新片区设立中国(上海)知识产权维权援助中心分中心，在虹桥商务区等 11 个园区建立维权援助工作站。

四、知识产权综合运用日趋活跃

加强国家知识产权运营公共服务平台国际运营(上海)试点平台建设。2020 年，上海知识产权交易中心完成知识产权成果交易及服务项目 128 宗，金额 10.5 亿元。浦东新区、徐汇区扎实推进国家知识产权运营服务体系建设重点城市项目，浦东科创知识产权资产支持专项计划在上海证券交易所鸣锣开市。启动商标保险试点工作。2020 年，知识产权质押融资项目 107 项，质押总额 38.41 亿元，同比增长 42.95%；有 185 家企业参加专利保险。复旦大学等 7 所在沪高校入选首批国家知识产权试点示范高校。累计超 1000 家企业通过知识产权管理体系贯标认证。新认定市级专利工作试点示范单位 132 家、知识产权试点示范园区 6 家。在徐汇区漕河泾新兴技术开发区等 6 个园区设立商标品牌创新创业基地，截至 2020 年底，商标品牌指导站总数达 53 个；在崇明区现代农业园区开展以地理标志产业为特色的市级知识产权试点园区建设。

五、知识产权服务能级显著提升

深化知识产权“放管服”改革，优化一般专利资助事项等接入“一网通办”模式，新增知识产权公共服务事项 11 项，实现免于提交材料 29 份。设立专利、商标业务“一窗通办”综合性服务窗口，推动知识产权质押登记、专利优先审查推荐办理时限分别压缩至 3 个工作日和 5 个工作日。高校国家知识产权信息服务中心总数达 4 家,技术与创新支持中心(TISC)机构达 6 家(含筹建)。促进知识产权信息传播利用,实施了一批专利导航、知识产权评议、信息服务能力建设、风险预警等试点项目。漕河泾新兴技术开发区国家知识产权服务业集聚发展示范区完成建设。推进证照分离改革,3 家自贸区机构通过告知承诺获取专利代理执业许可证。深入开展知识产权代理"蓝天"专项行动。截至 2020 年底,专利代理机构数达 215 家,执业代理师 1516 人;在国家知识产权局备案的商标代理机构达 2834 家。

六、知识产权支撑体系不断强化

上海市政府和世界知识产权组织(WIPO)共同颁发上海知识产权创新奖,上海微电子装备(集团)股份有限公司等 7 家单位获表彰。推动 WIPO 仲裁与调解上海中心听证设施正式启用,并成功调解多件涉外纠纷案件。以"推动后疫情时代经济高质量发展　全力打造国际知识产权保护高地"为主题的第十七届上海知识产权国际论坛成功举办。组织开展以"知识产权与健康中国"为主题的知识产权宣传周活动,举办专题新闻发布会,发布《2019 年上海知识产权白皮书》、2019 年上海知识产权保护十大典型案例。举办中国品牌经济(上海)论坛。推进中小学知识产权教育示范学校创建,在青少年科技创新大赛活动中评选知识产权"小达人"。上海国际知识产权学院首届 WIPO 知识产权法(设计法)硕士项目、国家"一带一路"知识产权硕士项目学员顺利毕业。首次将知识产权服务业纳入人才引进落户重点产业支持范围。新增 53 人通过评审获专利管理工程师中级职称。

供稿:上海市知识产权局

版权工作

一、版权行政监管

1. 突出长效机制,实现版权保护综合治理

充分发挥版权综合治理机制作用,主动联合市扫黄打非办公室、市公安局、市检察院等部门,有效推进案件集中查处,配合做好作品版权认证、案件协调等工作。积极联合市公安局成功侦破陈某等人非法复制发行图书侵犯著作权案。

2. 精心部署实施"剑网 2020"专项行动

联合制定"剑网 2020"行动实施方案。聚焦与广大网民密切相关的网络视听、网络游戏、在线教育等热点问题,重点开展视听作品、电商平台、社交媒体、在线教育等领域的专项整治工作。加大对网络侵权盗版行为的行政监管力度,加强"两法衔接",对构成犯罪的侵权盗版案件,及时移交公安机关立案查处。强化企业主体责任,督促企业完善内部版权管理机制,做好自查自纠工作。鼓励权利人积极投诉举报,依法主动维权。

3. 聚焦重点,有效开展网络版权主动监管

从源头防控影视剧作品被侵权盗版风险,以国家版权局公布的重点影视剧作品名单为监测重点,包括 53 部作品、9 部上海地区同期热播作品、49 部主流视频平台版权作品等,覆盖了电影、电视剧、综艺节目、动漫、在线教育等领域。针对上述重点监测作品,加大线索搜集力度,及时向执法部门移送侵权线索。累计监测网络传播链接 107.81 万条,其中上海地区平台共监测到 3.83 万条,重点作品侵权链接通知下线率达到 90%,有效净化了上海地区网络版权环境。

4. 落实企业主体责任,开展自查自纠工作

组织哔哩哔哩、PPTV、SMG、喜马拉雅等上海主要互联网企业开展自查自纠工作,针对发现的问题,及时要求企业作出整

改。联合市公安局等部门，现场指导上海人民出版社、上海社会科学院出版社等单位进行维权，并赴淘宝等知名电商平台进行调研，寻求建立工作协作机制。积极协助兄弟省市文化执法部门，合力整治针对沪版图书的盗版行为。

二、版权管理与公共服务

1. 自贸区版权服务中心有效开展工作

中国(上海)自贸区版权服务中心成立一年来，累计为上海自贸区、临港新片区内的创新主体办理作品登记 19 万余件，其中快速登记作品近 2 万件。开设“自贸区版权”微信公众号，汇编《自贸区版权》刊物，开展“版权进园区、进企业、进广场、进楼宇”宣传活动。

2. 改造升级作品登记平台

2020 年，全市作品登记总量达 318 906 件，同比增长 9.3%。登记量最大的是美术作品 183 460 件，占登记总量的 57.5%；其次是摄影作品 49 483 件，占登记总量的 15.5%；排在第三位的是文字作品 27 013 件，占登记总量的 8.5%。共有 2208 个权利主体进行了作品登记，其中企业登记主体 1407 个，占比 63.7%；个人 801 个，占比 36.3%。

新冠肺炎疫情期间，为 8000 余件新创作的抗疫主题作品版权登记开辟“绿色通道”。完成上海版权综合服务平台(一期)建设，整合了与作品登记相关的转让、许可合同备案等业务。按照“一网通办”要求，规范作品登记工作业务流程，实现数据协同。

3. 推进上海影视版权服务中心建设

上海影视版权服务中心通过举办线上“影视版权讲堂”、成立法律援助团、编发《上海影视版权观察》等工作，提高企业的版权意识，提供公司运营、员工权利、纠纷调解等方面的法律服务；增设服务点，提供快速办理版权登记通道。

4. 开展区版权工作站评估工作

新增徐汇区(上海西岸)版权工作站，截至 2020 年底，全市共有版权工作站 20 个。从人员、经费、建章立制等基础建设，为企业提供培训、促进版权转化应用等版权服务，以及开展版权宣传等方面，对各区版权工作站工作绩效进行评估，并将评估结果纳入上海市政府对各区营商环境考核指标体系。

5. 做好版权保障服务工作

会同中国国际进口博览局完善知识产权保护、起草版权保护工作方案。联合中国版权保护中心、中国音著协等单位组建中国国际进口博览会现场工作组，配备版权专业工作人员 11 名，具体负责提供版权业务咨询指导、投诉处理、纠纷调解、宣传报道等现场服务。

6. 履行行政审批职能

1—9 月，完成各类行政审批工作 1663 件，其中，境外图书出版合同登记 1257 件。

三、版权产业发展

1. 扎实推进版权示范创建培育工作

2020 年，认定 6 家上海版权示范单位和 3 家版权示范园区(基地)为第 8 批上海版权示范单位、示范园区(基地)。指导优秀版权企业申报上海市知识产权创新奖、全国版权示范单位。普元信息技术股份有限公司等 2 家单位被授予“2020 年度全国版权示范单位”称号，上海游戏电竞产业孵化基地被授予“2020 年度全国版权示范园区(基地)”称号。开展了第 1～7 批上海版权示范单位、示范园区(基地)的自查工作。

2. 大力实施版权产业扶持政策

一是做好文创资金(版权产业类)项目申报、评审等工作。2020 年，资助 15 家企业 18 个项目，包括 9 个图书版权“走出去”项目和 11 个版权保护及应用项目，资助总金额 100 万元。

二是开展 2019 年度版权优秀项目推荐。“2019 年上海 IP 授权训练营”“金山农民画版权维护”“SMG 纪录片全流程版权管理服务”“紫竹版权企业金融服务信息平台”等项目获评版权优秀项目。

三是实施上海翻译出版促进计划。《战“疫”天使日记》《封锁》《图说中国瓷器简史》《上海纪实:社会空间的视角》4 种图书的英文版获得“2020 年上海翻译出版促进计划”翻译资助。2020 年,共收到 16 家单位申报的 26 个项目。

四是组织申报中国版权金奖。经组织评议,共向国家版权局推荐 5 家企业及作品参与评选。上海电影集团《攀登者》荣获中国版权金奖。

3. 组织参加线上展会,积极推动版权转化运用

在第二十七届北京国际图书博览会(BIBF)网上展会中,首次设立上海分会场,遴选近 2000 种精品力作,集中展示了上海在主题出版、重大出版工程和“走出去”等方面的优秀成果。

4. 有效开展版权产业统计

一是开展上海版权产业统计。继续与市统计局、上海海关等加强对接,完成上海版权产业数据收集工作。指导上海知识产权研究所对数据进行科学、严谨的统计与分析,开展上海版权产业(2018)统计与分析工作。

二是开展上海版权贸易统计。2020 年,上海共引进各类版权 1658 种,其中,图书版权 1451 种,录音录像制品版权 45 种,软件版权 27 种,电影版权 4 种,电视节目版权 125 种。共输出各类版权 1502 种,其中,图书版权 594 种,电影版权 1 种,电视节目版权 907 种。

四、版权宣传教育

一是发布年度十大版权典型案例,以案说法,集中展示上海在打击盗版侵权、强化版权治理方面所取得的最新成果,向市民大力普及版权保护知识和相关法律法规,提高社会公众对版权的关注度。

二是加强市区联动,加大宣传覆盖面和影响力。普陀区版权工作站开展知识产权金融服务专题活动。嘉定区版权工作站制作动画宣传片《鼠宝真棒》和《森林版权登记》,创作快板《版权关联你我他》,进入企业社区宣讲。杨浦区版权工作站举办线上沙龙和服务之星评选活动。虹口区版权工作站联合虹口区市场监管局,将版权宣传海报进行公益投放,共计 1083 个广告点位,覆盖 163 个社区。

三是创新方法手段,开拓线上宣传阵地。精心制作版权保护公益宣传片,在地铁、楼宇、火车站等人流密集区域集中播放。与市检察院等部门合作,开展侵犯著作权典型案件庭审直播。在年轻人高度聚集的文化社区平台开设官方账号,开展“守护原创,拥抱绿色”主题月活动,发布公益宣传海报、公益宣传片,链接“文化产业版权保护与管理”等公益直播课,开展“版权保护大家说”原创作品征集活动。

供稿:上海市版权局

司法工作

一、积极克服疫情影响和收案压力,抓好执法办案第一要务

2020 年,受理各类知识产权案件 40 214 件,审结 37 514 件,同比分别增长 70.54%、59.57%。其中,受理一审民事案件 38 778 件,审结 36 204 件,同比分别增长 72.45%、60.94%;受理一审刑事案件 646 件,审结 551 件,同比分别增长 27.42%、27.25%;受理一审行政案件 3 件,比 2019 年减少 5 件,审结 6 件,与 2019 年持平。一审服判息诉率为 97.08%,同比上升 0.83%;审限内结案率 99.63%,同比上升 0.44%;民商事案件调撤率 67.41%。

审理了一批影响重大和新类型案件。一是大标的额案件。受理的上海智臻智能公司诉苹果电脑上海公司、苹果公司和苹果贸易上海公司侵害发明专利权纠纷案,标的额达 100 亿元。二是社会影响力较大的案件。审理的李某鹏等 9 人侵犯乐高玩

具著作权案，犯罪金额达3.3亿余元。审理的瓦莱奥清洗系统公司与厦门卢卡斯公司等侵害发明专利权纠纷案，判赔经济损失及合理费用合计700万元。审理的家电品牌戴森“全国打假第一案”，判处35名被告人实刑，刑期从6年到1年6个月不等，罚金总额达1008万元。三是新类型案件。受理李某诉支付宝中国公司等垄断纠纷两案，涉及互联网金融服务公司垄断行为的认定。受理的烙克赛克公司与上海怡博公司侵害商标权纠纷案，是上海市首例涉及颜色商标侵权的案件；受理并审结上海市首例知识产权刑事附带民事公益诉讼案件。

深入推进精品案例建设。审理的平衡身体公司与永康一恋公司侵害商标权纠纷案入选“2019年中国法院十大知识产权司法案件”。审理的陈某等8人侵犯著作权案被评为“全国打击侵权盗版十大案件”。另有4件案件入选“2019年中国法院50件典型知识产权案例”；3个技术类知识产权案例入选2019年中国法院技术类知识产权典型案例；3件案件入选“2019年上海知识产权保护十大典型案例”，8件案件入选“2019年度上海十大版权典型案件”。

二、深入推进调研工作，进一步完善裁判规则

针对知识产权审判中出现的新情况、新问题，组织开展专题研讨会。一是就当前知识产权刑事案件法律适用问题进行专题调研。组织4家基层法院知识产权法庭就知识产权刑事案件可否提起刑事附带民事诉讼和附带民事公益诉讼问题、涉电子商务平台销假案件中“虚假刷单”引发的犯罪金额认定问题等进行研究讨论。二是举办反垄断研讨会。邀请国家市场监督管理总局及对外经贸大学、武汉大学等的专家学者，围绕反垄断法纵向协议之相关条款理解、纵向协议排除和限制竞争效果之经济学分析等议题，进行深入交流和探讨。三是会同华东政法大学知识产权学院召开知识产权刑事附带民事诉讼研讨会，围绕检察院提起知识产权刑事附带民事诉讼的前提条件、民事责任的承担等问题进行研讨交流。

推进WIPO政策法律文本库建设。联合华东政法大学知识产权学院，对WIPO主管的26项国际条约的法律文本、外交文献进行收集、筛选、编译。在第一阶段，完成关于《视听表演北京条约》及15个相关会议共计53份文献资料的编译通稿。

加大审判规范化建设，促进法律适用统一。完成《外观设计专利侵权类案办案要件指南》和《侵害商标权类案办案要件指南》的编撰工作，已出版发行。启动《著作权纠纷类案办案要件指南》和《特许经营合同纠纷类案办案要件指南》的编写工作。

三、深入推进各项改革措施，不断优化知识产权审判体制机制

持续创新庭审和裁判方式。继续推广完善“书状先行”庭审方式、“要素式”裁判文书和证据出示令的经验，探索就部分案件进行“先行判决”。探索运用高清全景远程示证平台进行专利案件的远程在线审理，解决在线审理中的证据原件核对和实物证据侵权比对难题。

深化案件繁简分流机制。通过组建速裁团队，探索先行判决、附条件调解，简化裁判文书等方式实现“简案快审、繁案精审”。

深入推进多元纠纷解决机制。与世界知识产权组织仲裁与调解上海中心合作，共委托其调解案件17件。

完善技术事实查明机制。探索技术调查官同法官参与鉴定专家会议，开拓“四位一体”技术事实查明手段新成果。首次在全国范围内公开招录具有聘任制公务员身份的技术调查官，并新增1名常驻技术调查官和2名兼职技术调查官。

四、充分发挥司法职能，加强交流协作与司法宣传

优化法治化营商环境，服务保障三项新的重大任务。赴上海自贸区临港新片区管委会调研座谈，加强对接合作。上海知识产权法院“凌崧法官工作室”分别与临港新片区管委会和中国（浦东）知识产权保护中心合作举办了“职务技术成果纠纷”“标准必要专利和企业创新发展”两个专题调研座谈会，并参加中国（浦东）知识产权保护中心组织的走访高新技术企业调研活动。浦东新区人民法院依托“倪红霞法官工作室”开展巡回审判，在“上海临港”官方微信上开设知识产权宣传专栏。

完善司法保障体制机制，为中国国际进口博览会提供有力司法保障。建立案件立、审、执快速通道及专项审理制度。采用线上线下结合的方式，解答参会人员遇到的相关法律问题。组建专门审判团队，设立巡回审判点，配备资深法官，依法公正高效审理在博览会筹办、举办和撤展中发生的各类案件。做好现场知识产权司法服务保障和宣传工作。

继续推进与同济大学上海国际知识产权学院的合作教学项目。整合上海法院知识产权审判力量，选派业务素质高、综合能力强的法官和法官助理，为同济大学WIPO国际班的中外学生进行英语授课。2020年上半年，共派出12人进行了20余次线上授课。

开展司法宣传活动。在第20个世界知识产权日期间，开展了一系列宣传活动。召开新闻发布会，发布《2019年上海法院知识产权审判白皮书》《上海法院专利审判白皮书》《上海知识产权法院2019年度知识产权司法保护状况》和“2019年上海法院知识产权司法保护十大案件”“2019年上海法院加强知识产权保护力度典型案件”。发布《上海知识产权法院知识产权司法保护状况（2015—2019）》《上海市第三中级人民法院知识产权刑事司法保护状况（2015—2019）》。

供稿：上海市高级人民法院
知识产权审判庭

检察工作

一、精准从严惩治犯罪，夯实专业理论研究

一是高质效办理新型疑难复杂案件。2020年，上海检察机关受理审查逮捕侵犯知识产权犯罪案件866件2139人，受理审查起诉671件1436人，案件数同比分别上升95.5%和40.1%。妥善办理全国首例侵犯“乐高”著作权案等一批首例新类型、大要案。其中6起案件入选2019年度各类典型案例。二是加强研究加速成果转化。围绕知识产权检察办案疑难问题，先后承担了“侵犯商业秘密刑事犯罪研究”“网络环境中的著作权刑事保护研究”“知识产权刑事犯罪热点问题研究”等6项重点课题。开展知识产权刑民交叉和上下游犯罪认定问题的专项研讨，形成《涉深度链接犯罪刑法规制与证据研判》研究成果。组织“著作权司法保护实务问题”研讨会，探讨新著作权法视角下“视听作品”的内涵外延和法律适用，实现检察理论与检察实务的双向转换。

二、聚焦国家战略大局，提供坚强检察保障

一是推动跨区联动，探索长三角知识产权一体保护。与长三角生态绿色一体化发展示范区执委会磋商区域知识产权保护措施，联合出台示范区强化知识产权保护、推进先行先试的若干举措。二是服务营商环境，设立知识产权服务保护综合研究平台。在临港新片区与虹桥商务区先后成立知识产权保护中心，入驻“检察办案精英团队”，上线知识产权检察服务平台。三是以宣带练、创新宣传，助力知识产权全方位保护。与《检察风云》杂志社联合推出4期

《庭审直击》节目，检察官在线以案释法预防犯罪。4期直播点击量已逾200万人次。开展涉“老品牌”、商业秘密保护专题活动，联合多个行政部门共同开展专项保护与集中宣传活动。四是延伸检察办案职能，主动参与社会治理。在办理假冒品牌酒系列案件中，发现餐饮、酒店会所从业人员私自贩卖酒瓶等包装材料，帮助侵权行为人制假售假等情况，分别向上海市酒类流通行业协会、餐饮烹饪行业协会制发检察建议，督促行业自律管理。

三、以告知工作为抓手，深度推进权利人保障

一是健全告知程序，完善实体程序权利保障。主动将知识产权权利人刑事诉讼权利义务告知范围扩展至其他竞合罪名、前移至审查逮捕阶段。2020年，累计告知1169名权利人，告知率达到99.69%。通过邀请权利人参与案件审查逮捕公开听证、庭前会议、庭审等方式，确保权利人充分主张自身合法权益。二是探索合理赔偿，注重权利人损失赔偿和权利“恢复”。依托认罪认罚从宽制度，专业检察官居间调解，督促及时赔偿权利人损失。三是回应权利人诉求，及时召回问题产品。如对上海市首例假冒核准在我国领土延伸保护的国际注册商标案作出批准逮捕后，及时告知权利人相关权利义务，第一时间掌握权利人关于消除市场上假冒涉案巧克力的诉求，会同多部门、多平台及时召回部分问题巧克力。四是力求正本清源，同步促进民事争议解决。例如在办理销售假冒“野格”酒案中，促成双方达成和解协议，被告人承诺注销“近似”商标，实现在刑事案件办理中同步解决民事争议，降低权利人维权成本，节约司法资源。

四、发挥专业办案组织优势，全方位打造人才梯队

一是发挥培训实效。以干警需求为导向，科学设计培训制度及内容。紧密围绕当前热点疑难问题，邀请知识产权领域实务、理论专家专题授课、答疑解惑，全面提升一线办案人员的知识产权储备和实践技能。二是发挥团队引领作用。构建跨院跨级、汇聚全市办案精英力量的知识产权检察专业化办案团队，2020年，团队成员办理各类大要案17件，开展全市案件会诊20余次，为上海市疑难复杂案件办理提供有力支援。就不同知识产权类别案件业务基础研发多项检察课程，其中，“商业秘密案件办理要点”视频课程入选最高人民检察院第八批检察战“疫”业务课程、第七期《民法典》理解与适用专题培训班在“中国检察教育培训网络学院”上线。三是发挥专家支持。持续建设上海检察机关专家咨询库，邀请专家担任特邀检察官助理，直接参与个案办理，协助检察官解决技术问题或法律争议，在提升办案精准度的同时促进办案人员业务能力的提高。

供稿：最高人民检察院
知识产权检察办公室

江苏省

知识产权工作

一、知识产权强省建设

圆满完成江苏省政府和国家知识产权局合作会商年度重点任务，引领型知识产权强省试点取得实质性进展。印发《2020年江苏省知识产权强省建设工作计划》。16所高校入选首批国家知识产权试点、示范高校。出台省属企业知识产权高质量发展22条措施。在第二十一届中国专利奖评选中荣获3金14银，获奖总数113项。

二、知识产权创造

2020年，专利申请量751 654件、授权量49 9167件，PCT专利申请量9606件，万人发明专利拥有量达36.14件。新申请商标604 095件，新增注册商标378 754件，有效商标注册量1 911 524件；马德里国际商标注册申请新增1398件。新增地理标志商标26件，新增农产品地理标志19个；截至2020年底，地理标志商标注册总量达349件，有效地理标志产品91件，登记保护农产品地理标志总量98个。

三、知识产权保护

将知识产权保护绩效纳入全省营商环境评价体系。印发《关于强化知识产权保护的实施意见》和《江苏省专利商标行政执法规程（暂行）》，组织编写并出版《专利商标行政执法实务》。举办4期行政执法人员培训，培训执法人员430人次。在全省范围内部署开展专利、商标行政执法专项行动，组织开展省市县三级联合执法。专利商标行政执法立案12 152件，实现正增长。会同北京、天津、河北、上海等12省市，在无锡举办知识产权行政保护协作会议。联合上海、浙江、安徽共同签署《长三角区域人民法院和知识产权局关于推进长三角一体化科技创新知识产权保护备忘录》。成功获批江苏省知识产权保护中心、国家海外知识产权纠纷应对指导中心江苏分中心以及中国（南通）、中国（徐州）知识产权保护中心，全省国家级知识产权保护中心达到5家。

四、知识产权运用

2020年，完成专利转让36 486件，其中高校院所专利转让6337件。知识产权质押融资金额达152.72亿元，同比增长72.37%；质押项目数1799笔，同比增长60.91%。推进金融产品创新，发行全国首单知识产权质押创新创业疫情防控债券；“东台西瓜”“镇江金山翠芽”“阳山水蜜桃”等成功签约地理标志被侵权损失保险项目；全省首单海外侵权责任保险落户苏州吴江；全国首单知识产权资产评估责任险落地无锡。围绕省重点产业中的海洋工程装备、智能电网、新能源汽车等10个技术领域开展重点产业专利导航项目。举办6场专利预警分析成果发布会，为近300家企业提供专利预警分析报告和专利数据库。

五、知识产权服务

印发《关于切实加强知识产权服务行业疫情防控工作的通知》《关于方便基层服务企事业单位坚决打赢疫情防控阻击战有关举措的通知》《关于大力支持和引导知识产权服务业积极应对疫情影响稳定和扩大就业的通知》。上线新冠病毒防控知识产权公共服务平台，为全省抗疫科研生产提供专利信息服务和优先审查“绿色通道”。在全国率先实现专利、商标、地理标志业务综合窗口办理，注册商标申请受理窗口增加至8个；2家机构入选第四批技术与创新支持中心（TISC）筹建机构；6家高校入选第二批高校国家知识产权信息服务中心。开展专利代理行业“蓝天”专项整治行动，严厉打击疫情期间非正常商标申请代理行为。开展商标代理机构自查行动，全省2257家代理机构签署自查表，2156家代理机构签署信用承诺书。严密组织“双随机、一公开”抽查，对随机抽取的15家专利代理主营机构、13家专利代理分支机构和192家商标代理机构展开检查。对国家知识产权局转送的与疫情相关的31条商标代理线索开展排查。

六、企业知识产权

新增66家企业承担省企业战略推进

计划项目，新立项高价值专利培育示范中心14家，新增贯标企业4593家，累计获批国家知识产权示范企业159家、优势企业487家，总数达646家。支持泰州市烹饪餐饮行业协会等10家单位牵头注册地理标志商标，支持江苏中洋集团股份有限公司等10家单位进行地理标志保护和运用。创新开展“苏地优品”网络直播活动。扬州漆器、东海水晶、宜兴紫砂等14件地理标志产品先后入选中欧地理标志保护协定。在《江苏省电子商务平台管理规范（试行）》中设立知识产权保护专章，明确电子商务平台经营者的知识产权管理职责。

七、知识产权区域试点示范建设

2020年，组织全省县（市、区）开展知识产权强省建设区域示范创建，组织省级以上园区开展知识产权试点示范单位培育。累计获批江苏知识产权强省建设区域示范县（市、区）57个，累计获批省级知识产权试点园区53家、示范园区100家。

八、知识产权宣传和人才培养

组织“4·26世界知识产权日”“5·10中国品牌日”系列宣传活动，向社会发布江苏省知识产权年度十大典型案件、知识产权保护十大典型案例、知识产权涉外十大典型案例等。积极组织开展知识产权培训，培训企业高管2658人。举办2期全省知识产权系统行政管理干部培训班，培训知识产权系统干部280余人；举办专利代理师资格考试考前培训班，参训人员379人；培训创新创业导师100余人、中小学知识产权教育师资120余人。加强知识产权人才培训基地建设，印发《江苏省知识产权研究和人才培养机构管理办法（试行）》，新增2个省级知识产权培训基地。

九、知识产权国际交流合作

成功举办第十六届中国（无锡）国际设计博览会。分类组织涉及江苏13个先进制造业领域的海外知识产权风险防控线上培训，探索建立江苏企业涉外知识产权纠纷信息收集和预警推送机制。疫情防控期间，向呼吸机等医疗器械生产企业发送涉外知识产权风险提醒函，不断提升企业防范化解海外知识产权风险的意识和能力。

供稿：江苏省知识产权局

版权工作

一、版权产业发展

1. 世界知识产权组织版权保护优秀案例示范点（吴江丝绸产业）调研项目工作取得阶段性成果

先后设立省、市、区、镇四级创建机构，落实配套人员和资金保障。完善市、区两级对丝绸等相关版权企业的产业扶持政策。开通吴江区丝绸企业申报省版权示范单位“绿色通道”。苏州市吴江区着力实施十大重点工程，打造三大版权工作站，上线绸都版权交易网，规模以上丝绸企业基本建立版权管理制度。项目组多次赴吴江开展驻点调研，对吴江丝绸产业基础数据、吴江版权工作现状进行全面分析，完成了《版权保护助推吴江丝绸纺织产业高质量发展调研报告》。12月9日，国家版权局和世界知识产权组织联合召开世界知识产权组织版权保护优秀案例示范点（吴江丝绸产业）调研项目成果结项专家论证会，充分肯定调研项目的实施。

2. 着力推动优秀版权作品产业转化

2020年，创新性开展“优秀版权作品产业转化重点培育项目”遴选活动，以推动传统产业提质增效和转型升级。活动共收到申报项目186个，共有36个项目获得通过，涉及投资6亿元，销售22.08亿元。

3. 加大江苏国家版权贸易基地建设力度

江苏国家版权贸易基地采取创新性构架和市场化运作，截至2020年底，基地成员单位有11家，全年贸易总额17.87亿元，同比增长 4.6%。江苏版权服务平台注册用户达 6800 多个。运用区块链、时间戳、数字指纹、大数据及人工智能等先进技术研发建设了监测取证中心，有效解决著作权人举证取证难题。图书版权管理平台 Coplat1.0 版累计管理涉外图书合同 680 多件。

4. 有力推进全省版权示范创建

指导各地发展地方特色版权产业，形成南通家纺、吴江丝绸、南京网络文学、扬州毛绒玩具、泰州壁纸、苏州刺绣、连云港水晶等一批地域特色明显、知名度高的版权密集型产业。全省共有 3 个城市荣获国家版权示范城市，1 个城市(南通)获批创建，20 家园区(基地)和单位获批全国版权示范园区(基地)和单位。开展省级版权示范单位、示范园区(基地)创建工作，17 家单位和 1 个园区通过验收，被认定为江苏省版权示范单位和园区。

5. 发布 2018 年度版权产业经济贡献率调查报告

连续 7 年开展版权产业经济贡献率调查，2018 年江苏版权产业的行业增加值为 7997.50 亿元，占江苏省当年 GDP 的 8.58%。其中，核心版权产业的增加值占当年江苏省 GDP 的 6.04%，相互依存版权产业增加值比重为 2.05%，部分版权产业增加值比重为 0.48%。

6. 大力推动版权输出

精心组织第二十七届北京国际图书博览会网上展会江苏分展场。举办“抗疫”图书主题日、“大运河”图书主题日和《武汉 71 日》英文版新书发布会暨电子书全球上线仪式等 10 多场线上线下国际文化和版权贸易洽谈活动。

二、版权执法监管

2020 年，江苏省侵权盗版案件立案 390 起，其中行政处罚案件 127 起，刑事案件 40 起，调解案件 223 起。国家四部门联合督办案件 7 起，国家版权局督办案件 2 起，江苏省版权局挂牌督办案件 6 起。13 个设区市和 3 个省管县(市)实现查办版权案件全覆盖，查办侵权盗版案件的数量和质量实现了新的突破。南京“韩剧 TV” App 侵犯影视作品著作权案、徐州“5·10”侵犯图片作品著作权案被列入“2019 年度全国打击侵权盗版十大案件”。连续 3 年开展江苏省打击网络侵权盗版集中办案周行动，摸排疑似案件线索 4000 余条，筛查整理出侵犯著作权案件线索 67 条。与省公安厅等联合开展“剑网 2020”专项行动。与爱奇艺、腾讯等视频平台，网易等作品权利人机构，微信、支付宝等支付平台，字节跳动、百度等广告平台建立沟通协查机制，累计发出协查函 30 余次，协调涉案信息 500 余条。

三、软件正版化

制定并完善《江苏省推进使用正版软件工作计划》，严格对照《正版软件管理工作指南》，落实软件采购、安装使用、升级维护、监督检查、资产管理和考核追究等制度。认真落实《政府机关使用正版软件管理办法》和全国打击侵权假冒工作检查考核要求，结合部门预算执行项目和部分相关审计项目，对党政机关软件采购资金管理使用和软件资产管理情况进行审计监督，审计结果报送省推进使用正版软件工作领导小组。

四、版权公共服务

2020 年，新建 13 家基层版权工作站，总数已达 183 家，专兼职工作人员 400 余人。举办作品登记培训班，进一步提升全省作品登记工作能力。完成作品登记 28.19 万件，同比增长 14.35%。接受查档申请 2346 批次，涉及作品 2867 件。进一步完善作品登记系统功能，优化更新省内登记查重数据库，有效阻止重复及侵权作品登记，保障作品登记工作有序开展。作品著作权登记系统累计注册用户 6.25 万个。境外图书出版合同登记工作实现线上全流程操作，登记图书进口合同586份。

五、版权宣传教育

一是全面部署版权宣传活动。制作设计版权保护、软件正版化宣传公益视频和海报等，深入部分优秀版权企业，策划拍摄"我与版权的故事"系列宣传片。统筹各类宣传阵地，加强内容策划，创新宣传方式，拓宽宣传渠道，扩大宣传活动影响力，引导正面舆论氛围，提高全社会的版权意识。

二是积极开展版权进园区活动。举行2020年江苏省暨苏州市版权宣传周现场活动。积极开展版权宣传进园区活动，把版权宣传和推动产业发展相结合，普及版权保护知识，提升企业版权创造、保护、运用、转化的能力。

三是普及推广版权知识。在电视台、网络、户外大屏等平台投播版权保护视频公益广告，在收听率较高的电台播放音频公益广告，在新浪微博、网易、凤凰、央视频、江苏视频快报等客户端推出9个系列宣传片等。"4·26世界知识产权日"版权宣传周活动期间，全省版权宣传线上活动累计点击量超3100万次。

供稿：江苏省版权局

司法工作

一、充分发挥审判职能，切实担负推动创新发展职责使命

2020年，审理各类知识产权案件24 869件，同比增长22.88%，其中，民事案件23 965件，刑事案件834件，行政案件70件；审结20 859件，同比增长17.81%，其中民事案件20 149件，刑事案件654件，行政案件56件。

2020年，江苏法院审理的知识产权案件呈现如下特点：一是从案件类型来看，民事案件数量激增，其中涉著作权纠纷占比仍居首位，涉商标权及特许经营权纠纷案件增幅尤为明显；二是从地区分布来看，案件仍然集中在经济相对发达地区；三是从法院层级来看，五成以上案件集中在基层法院。

多起案件被评为全国典型案例。2020年，江苏法院共有11件案例入选最高人民法院公报案例、中国法院十大知识产权案件和50件典型知识产权案例、技术类知识产权典型案例、农业植物新品种保护十大典型案例、全国打击侵权盗版十大案件、中国十大最具研究价值的知识产权案例；2篇文书入选第二届、第三届全国百篇优秀裁判文书，12篇文书在第四届全国知识产权优秀裁判文书评选中获奖。

二、紧紧围绕重大决策部署，切实增强司法保护服务的针对性、实效性

一是围绕推动创新驱动发展战略实施出台司法政策。制定促进产业基础能力和产业链水平提升、服务新兴科创名城建设的具体措施；出台服务保障中国（江苏）自由贸易试验区苏州片区建设发展和苏州开放再出发、促进开放型创新型经济发展的实施意见。

二是围绕长三角一体化战略开展地区协作。积极推进长三角地区知识产权司法执法协作机制建设。承办推进长三角一体化科技创新知识产权保护工作座谈会，签署《长三角区域人民法院和知识产权局关于推进长三角一体化科技创新知识产权保护备忘录》。

三是围绕助推国家核心技术攻关开展调查研究。联合开展涉外技术类案件的调研，并形成《关于涉外技术类知识产权案件中涉"卡脖子"技术的报告》。研究制定《江苏省高级人民法院关于进一步加强涉外知识产权审判工作的纪要》，就加强涉外知识产权审判工作、维护知识产权领域国家安全提出15项措施。

四是围绕推动疫情防控和经济社会发展"双胜利"创新科学举措。制定《为推动

疫情防控和经济社会发展提供司法服务和保障的意见》，快审快结复工复产案件，在26件系列案中加强判后指导，协调双方分期支付、延长付款期；共同就江苏KTV行业受疫情影响情况进行专项调研。制定《“服务疫情防控促进经济发展”法律知识问题解答42问》。审结涉疫情知识产权刑事案件11件。

三、持续推进最严格保护工作，不断加大惩罚力度

一是强化保护理念。召开全省法院落实最严格知识产权司法保护工作推进会，总结最严格保护理念的落实情况，进一步明确思路，就完善侵权赔偿机制、高效解纷机制、刑事惩罚机制、临时救济适用机制等提出明确要求。

二是积极适用惩罚性赔偿。2020年，江苏法院适用惩罚性赔偿判决案件50余件，最高判赔4000万元。在涉“新百伦”商标侵权及不正当竞争纠纷案中，精细化裁量确定权利人实际损失，明确适用惩罚性赔偿，判决全额支持了新百伦公司1000万元高额赔偿的诉讼请求。

三是不断加大判赔支持力度。在联慧公司诉上海环境研究院等侵害发明专利权纠纷案中，对于尚未规定惩罚性赔偿制度的故意侵犯专利权行为，按照专利法规定的法定赔偿最高限额100万元确定赔偿额，并全额支持原告主张的律师费12万余元。在涉“Burberry”商标侵权案中，全额支持了原告依照和解协议约定的侵权损害赔偿数额索赔100万元的诉讼请求。2020年，江苏法院判决赔偿数额在50万—100万元的有64件，100万—300万元的有59件，300万—500万元的有18件，500万—1000万元的有7件，1000万元以上的有9件。

四是发挥刑罚威慑作用。扬州市中级人民法院审结公安部挂牌督办的“幽灵机”盗录《流浪地球》等数百部春节档院线电影案。淮安市中级人民法院审结国家版权局等四部门挂牌督办的“童话大王”郑渊洁实名举报的特大制作、销售盗版图书案。泰州市中级人民法院在11件刑事案件中对18名被告人全部适用从业禁止令。淮安市中级人民法院对87名被告人判处刑罚，合计判处罚金8085万余元。

四、努力完善保护机制，不断提升司法保护效能

一是提升司法能力，统一裁判标准。修订完成《侵害商标权民事纠纷案件审理指南(修订版)》《侵犯商业秘密民事纠纷案件审理指南(修订版)》，完成并下发审判工作运行态势分析报告及发改案件评查报告。举办江苏知识产权条线审判业务培训班，对江苏知识产权审判条线全部法官、法官助理进行培训。

二是健全技术事实查明机制。南京市中级人民法院在全部续聘前期招录的5名技术调查官的基础上，增招1名技术调查官。苏州市中级人民法院积极探索推行技术调查官“一官二员”新机制，拓展技术调查官作为“特邀调解员”和“人民陪审员”的工作职能；出台技术调查官管理办法，为入库技术调查官建立完整的背景信息档案；与专利审查协作江苏中心、中移(苏州)软件技术有限公司、苏州大学知识产权研究院建立合作关系，充实专家智库；与无锡、南通、常州市中级人民法院建立专家资源库共享机制。南京、苏州技术调查官全年累计出具书面技术意见261份。

三是优化中基层法院管辖布局。经最高人民法院批准，新增南京江北新区人民法院等4家基层法院管辖非技术类一审知识产权案件。截至2020年底，江苏共有38家基层法院具有知识产权案件管辖权。

四是完善多元解纷机制。联合召开诉调对接工作座谈会，推动江苏法院将卡拉OK案件、涉医药纠纷案件、商业维权类案件等交由江苏版权调解中心、娱乐业协会及其他相关组织调解。2020年，江苏通过诉调对接方式化解知识产权纠纷2701件。南京市中级人民法院制定出台知识产权纠纷诉调对接管理办法。苏州市中级人民法院发挥技术调查官作为特邀调解员作用，推动知识产权纠纷多元化解。泰州市中级人民法院联合市场监管局、司法局建立“王小莉工作室”。

五、着力优化营商环境，积极扩大司法保护的社会影响力

一是强化司法保护协同性。与省版权局共同推动吴江丝绸成为世界知识产权组织版权保护优秀案例示范点。组织法官对行政执法机关、知识产权代理人进行知识产权法律和典型案例宣讲28期。无锡市中级人民法院针对惠山泥人等非物质文化遗产的知识产权保护问题，向商务局等部门发出司法建议。

二是加强法律服务针对性。与省工商联、省知识产权局等建立企业知识产权保护常态联系机制，向工商联等部门发送审判信息、典型案例36篇；组织法官走访高新科技企业，了解其知识产权状况及司法保护需求。苏州市中级人民法院倾力打造“苏知最舒心”亲商法律服务品牌，构建“苏知倾听热线”法企对接平台，组建亲商法律服务团队。泰州市中级人民法院联合开展“法律服务台企行”专项行动。宜兴市人民法院多次走访陶瓷行业协会及相关企业，组织法官为陶瓷创作家开展知识产权相关讲座培训。

三是提升司法宣传影响力。继续维护并运营好官方微信公众号“江苏知产视野”，2020年，共推送13期消息，推送8篇典型案例。通过抖音等新媒体平台，集中开展“4·26世界知识产权日”系列宣传活动。

供稿：江苏省高级人民法院
知识产权审判庭

检察工作

一、全面部署推进，加强知识产权司法保护

全面贯彻落实《江苏省检察机关加强知识产权司法保护　服务科技创新工作的实施意见》，在强化专业化建设、加强办案协作沟通、构建多元化监督体系、强化保护服务工作、大力开展服务和宣传等方面进行规范，推动检察机关依法、平等、全面保护知识产权。新冠肺炎疫情暴发后，制定出台疫情防控期间办理生产、销售假口罩类案件的十条意见，与江苏省人民法院、江苏省公安厅会签关于依法惩治妨害新冠肺炎疫情防控违法犯罪的会议纪要，对疫情防控中包括侵犯知识产权在内的刑事案件法律适用、刑事政策把握等有关问题达成一致意见。

二、加大刑事办案力度，严厉打击侵犯知识产权犯罪

2020年，批准逮捕侵犯知识产权案件194件329人，提起公诉725件1793人。强化全省知识产权挂牌督办和重大案件办理，先后多次对春节档电影版权盗版“2·15”系列专案、郑渊洁系列图书被侵犯著作权案等重大案件进行指导，加强督办，最终全部指控意见均获法院采纳，取得良好的法律效果和社会效果。办理的多起案件入选2020年度检察机关保护知识产权典型案例。

三、积极推动试点工作，通过权利义务告知充分保障权利人权益

作为首批试点省份，积极开展侵犯知识产权刑事案件权利人诉讼权利义务告知工作，对每一起侵犯知识产权刑事案件的权利人能告尽告，力争每一名权利人知悉其诉讼权利义务。试点工作开展以来，受理审查起诉相关案件1007件2716人，告知1804名权利人，除因权利人无法联系外，基本实现应告尽告。告知过程中不仅注重权利义务的告知，也注重保障权利义务的实现。在办理“菠萝小说网”侵犯著作权案过程中，向阅文集团的代表当面送达告知书时了解到权利人实际被侵权数量远超报案数量后，办案检察官通过一个多月的引导补充侦查，查明阅文集团被侵权小说12万余部，点击数7亿余次。该案获评2020年度全国十大法律监督案例。

四、加强部门联动，完善工作机制，增强打击合力

依托“两法衔接”机制，加强与知识产权行政执法部门沟通协作，对案件的证据收集、证据的合法性和关联性等方面加强沟通协调，引导行政机关积极向公安机关移送刑事案件。淮安市清江浦区人民检察院每个月都与工商、质监等行政执法部门保持电话或会议联系沟通，各行政执法机关也定期向该院通报可能涉嫌侵犯知识产权犯罪的行政执法案件案情，并共同对部分疑难复杂案件展开讨论，研究处理方式。江苏省人民检察院会同江苏省高级人民法院就侵犯商业秘密犯罪案件办理中存在的需要统一和加以解决的实体及程序等问题的解决思路及其法律、理论依据等内容深入研究，并共同完成侵犯商业秘密专题调研报告，作为上级机关制定司法解释的参考资料。

五、推进专业化建设，不断提升队伍业务能力

一是积极打造专业化办案团队。南京铁路运输检察院设立知识产权检察部，配齐配强办案力量，强化引导公安侦查，结合所办案件特点及遇到的问题，加强理论研究和业务指导。二是不断加强专业化研究。在全省经济犯罪检察条线范围组建知识产权专业化研究小组，积极培养知识产权检察业务人才，推进办案专业化建设。无锡市新吴区人民检察院成立知识产权案件办理专业委员会，组成三个业务方向的办案组群，形成“多点式办案单元”，集思广益会商案件、研究难点和共性问题。三是积极借助“外脑”。通过聘请知识产权领域专家运用专业知识协助解决办案中的专业问题，全面提升检察办案质效和司法能力。苏州市虎丘区人民检察院聘请知识产权法律专家学者，成立知识产权保护检察法律服务专家咨询团，为知识产权保护提供高端智库支持。

六、加强宣传工作，营造全社会保护知识产权氛围

开展检察官进企业、学校、社区，采用微信、微电影、案例展板、以案说法、座谈会等形式多样的知识产权保护宣传活动，宣传知识产权法律，营造知识产权保护的氛围。无锡市检察机关组织干警定期走访企业，开展“送法进企业”活动，为企业提供知识产权法律服务，制作、汇编《涉企知识产权案例选编》《为民营经济服务法制宣传读本（保护知识产权专辑）》送发相关企业单位。

供稿：最高人民检察院
知识产权检察办公室

浙 江 省

知识产权工作

一、深化知识产权领域改革创新

连续两年将知识产权列为全省经济体制改革重点。将《浙江省知识产权发展“十四五”规划》列入省级重点专项规划。浙江省政府与国家知识产权局开展局省合作会商，联合印发实施《共建引领型知识产权强省2020—2021年工作要点》。

二、推动知识产权高质量科学布局

2020年，专利授权39.2万件，同比增长37.3%，发明专利授权占比达12.7%。新增PCT国际专利申请量4307件，同比增长70.6%，数字经济、生命健康领域国际专利布局占比达52.6%。有效发明专利总量达20万件，每万人口发明专利拥有量达34.1件，数字经济有效发明专利达6.5万件，占有效发明专利的32.5%。58件专利获得中国专利奖。商标注册登记56.6万件，商标累计有效注册量达297.5万件。新申请马德里商标国际注册740件，占全国总量近1/10，累计申请量达6535件。新注册地理标志证明商标18件，累计注册地理标志证明商标达253件，授权许可市场主体使用地理标志2173家。累计认定"浙江出口名牌"810个，自主品牌出口占比达12.5%。

三、强化知识产权行政执法保护

2020年，专利行政执法办案16 519件，结案15 989件，查处商标违法案件4006件，案值达7038.1万元，罚没金额9450.58万元；推动设立中国（杭州）知识产权保护中心和中国安吉（绿色家居）、中国桐乡（现代服饰）、中国海宁（纺织服装与家居）、中国绍兴柯桥（纺织）知识产权快速维权中心，累计设立国家知识产权保护中心、快速维权中心10家及海外知识产权纠纷应对指导分中心2家；培育国家级、省级知识产权保护规范化市场18家；创新电商领域线上线下一体化打击模式，指导中国电子商务领域专利执法维权协作调度（浙江）中心与全国25个协作省市深化跨区执法维权协作长效机制，2020年移交电商领域专利案件21 347件。

四、构建知识产权市场化运营体系

指导杭州、宁波、台州三地顺利通过国家知识产权运营服务体系建设重点城市中期检查。浙江知识产权交易中心全年成交各类知识产权和科技成果产权2770项、专利2281件、金额5亿元。创新科技信贷产品服务，引导金融机构研究扩大知识产权质押物范围，探索不同种类无形资产打包组合质押。创新知识产权融资模式，实现知识产权质押融资服务窗口设区市全覆盖，专利质押融资金额达401.07亿元，同比增长132.29%，商标质押融资金额达200.54亿元。探索投贷联动业务，推动省内部分银行创新"选择权贷款""银投联贷"等产品，分享企业成长期的股权增值收益，全省通过投贷联动业务模式累计发放贷款240.1亿元；支持科技型企业发债融资，全省债务融资工具发行4081亿元，同比增长52%；支持10家科技创新企业和科技平台发行债务融资工具79亿元，募集资金定向用于科技创新等。

五、完善知识产权一体化集成服务

推广知识产权"最多跑一地"，推进知识产权"一件事"公共服务平台建设，27个事项纳入一网通办，服务创新主体15 000家次；畅通专利优先审查、快速预审与商标申请"绿色通道"，通过表单化管理为重点产业、企业提供分类分级服务；新建省级知识产权服务业集聚示范区8家，累计13家；建成省级品牌指导服务站204家；3家机构列入第四批技术与创新支持中心（TISC）筹建机构名录；浙江大学图书馆被认定为高校国家知识产权信息服务中心，累计认定5家；创新"互联网+"知识产权服务模式，实现全省知识产权信息化管理系统上线运行，服务企业13 000余家；成立浙江省知识产权标准化技术委员会。新设100家专利代理机构及分支机构，累计设立448家；顺利完成全国专利代理师资格考试杭州考点组织工作，全省2651人参考，比上一年度增加215人。加快国家知识产权培训（浙江）基地和国家知识产权中小微企业培训(温州)基地建设,全年培训各类知识产权专业人才 6000 余人;建成浙江省知识产权人才(专家)库,首批 50 位专家入库。

供稿:浙江省知识产权局

版权工作

一、打击侵权盗版

一是参与《浙江省第 19 届亚运会知识产权保护规定》草案草拟工作。联合相关部门组成立法工作小组,开展立法草案草拟工作;经过前期调研、召开专家认证会等,形成《浙江省第 19 届亚运会知识产权保护规定》。

二是及时下发《浙江省打击网络侵权盗版"剑网 2020"专项行动实施方案》。"剑网 2020"专项行动期间,查处网络侵权盗版案件 4 件,移送司法机关 2 件,行政处罚共 18 万元。

三是及时做好有关侵权作品鉴定工作。对义乌市公安机关提供的有关侵权作品及相关证据材料,做好侵权鉴定工作,有效配合公安机关打击侵权盗版和制售假冒伪劣商品行为。

四是做好国家"双打"考核组对浙江省考核的各项准备工作。前期主要做好列出考核清单、汇总资料、完善台账、信息沟通等工作。

二、推进使用正版软件

一是做好 2020—2022 年度省级预算单位办公软件集中采购工作。形成《2020—2022 年度办公软件项目协商采购文件》,编制年度采购资金预算,通过集中谈判确定标的,签订采购框架协议,印发相关文件。采取办公软件场地授权方式为省级预算单位提供国产正版办公软件,不仅从源头上解决了办公软件正版化问题,还提高了财政资金的使用效益。

二是下发《2020 年浙江省推进使用正版软件工作计划》。进一步加强制度建设,完善长效机制,强化日常督促检查,巩固扩大工作成果。

三是组织召开省使用正版软件工作联席会议第二次全体会议暨全省软件正版化工作部署会。传达学习 2020 年国家推进使用正版软件工作部际联席会议第九次全体会议精神,总结 2019 年浙江省软件正版化工作,讨论部署浙江省 2020 年软件正版化重点工作。

三、宣传展示版权保护成果

一是组织版权主题宣传活动,举办创意设计大赛。印发《关于组织开展 2020 年浙江省知识产权宣传周版权宣传活动的通知》。启动浙江省第八届"知识产权杯"创意设计大赛,激发创新活力,推动浙江省创意设计产业持续发展。

二是指导浙江版权服务中心与浙江理工大学艺术与设计学院,共同策划了"以'艺'抗疫"为主题的系列创作活动,并发起网络展览。为激励与疫情相关正能量作品的创作热情,浙江版权服务中心为 61 件优秀作品提供了免费版权登记服务。

四、强化版权社会服务功能

一是组织浙江省出版社和有关数字出版单位参加第二十七届北京国际图书博览会云书展。浙江展团在博库书城设线下分展场,3000 余种精品图书亮相。

二是积极推进版权示范单位创建活动。浙江省咪咕数字传媒有限公司、华语之声传媒有限公司、宁波创源文化发展股份有限公司、浙江中胤时尚股份有限公司被授予"全国版权示范单位"称号。义乌市市场监督管理局荣获 2020 年中国版权金奖管理奖。

三是设立海宁市版权服务工作站。下设"海宁市许村家纺版权服务中心"和"海宁国际影视版权服务中心"两个分站,重点服务家纺、影视行业,兼顾受理皮革、经编等其他行业版权登记服务工作。

四是做好浙江省人大代表建议答复工作。主动与人大代表取得联系，听取意见建议，并就浙江省版权产业特点、特色，作品自愿登记工作沿革，目前运行模式及前期工作情况等给予书面答复。

五是做好浙江省政协十二届三次会议第123号提案答复工作。针对浙江省工商联在省政协十二届三次会议提出的第123号提案《关于加强知识产权保护鼓励技术创新的建议》，浙江省版权局高度重视，认真研究，并对下一步版权工作在法律完善、版权保护、行业自律、人才建设等方面提出了改进和完善的意见。

六是做好《玉环剪纸》一书涉嫌侵权信访件的回复工作。2020年初，接到有关《玉环剪纸》涉嫌侵权信件后，及时要求相关方面提供原始情况，确认许阿林在《玉环剪纸》一书中提供的剪纸作品拥有署名权。

七是做好作品自愿登记等工作。截至2020年底，登记一般作品32 590件，核准登记出版境外图书合同451件，办理涉外图书、音像制品、电子出版物制作合同登记837件，计算机软件著作权合同备案335件。

供稿：浙江省版权局

司法工作

一、聚焦案件审理，提升审判质效

1. 依法公正审理各类知识产权案件

2020年，新收知识产权民事一审案件24 327件，审结25 053件，同比分别下降12.19%、15.18%。新收知识产权刑事一审案件474件，审结463件，同比分别上升36.99%和31.53%。新收知识产权行政一审案件32件，审结24件，与上年基本持平。

2. 持续实施“精品工程”建设

继续发挥审判职能作用，打造了一批具有代表性和引领性的案件。在因游戏主播跳槽而引发的不正当竞争案件中，认定主播和被诉平台均不构成不正当竞争，强调了反不正当竞争法应保持审慎谦抑适用，彰显了自由市场充分竞争的价值导向；顺利审结海亮教育集团与诸暨荣怀学校商标侵权及不正当竞争纠纷两案，改判认定双方均构成侵权，应分别承担相应的民事责任。加大对关键核心技术和知名品牌、创新作品的保护力度，努力实现赔偿数额与市场价值的契合。在《纳西情歌》著作权受侵害案中，二审中运用经济分析方法，对侵权获利的各项因素进行综合考量，最终确定赔偿数额70万元加11万元维权费用。依法支持权利人的惩罚性赔偿请求，对恶意侵害阿迪达斯商标权的侵权行为人适用惩罚性赔偿，在合理计算权利人实际损失的基础上，以3倍惩罚倍数判决其赔偿商标权人100万元；对恶意侵害国际知名品牌“惠氏”商标的侵权行为人适用惩罚性赔偿，一审判赔数额高达3055万元。

3. 积极推进诉源治理和纠纷多元化解

继续强化涉KTV著作权、涉电商平台、涉小超市等类型化纠纷和商业维权类案件的诉源治理，探索通过个案示范诉讼带动批量案件高效解决，妥善审结温州地区“三姐妹”商标侵权上诉案，促成后续60余件类案一并撤诉化解。不断升级纠纷多元化解模式。一是加大纠纷诉前化解力度，立案前进入纠纷多元化解机制处理的案件总量大幅上升，2018年为3820件，2019年和2020年分别猛增至11 181件和24 240件，其中2020年调解成功7714件，调成率31.82%。二是重视在线多元解纷平台建设。开通“中国（杭州）知识产权·国际商事调解云平台”，成功调解知识产权纠纷1395件。“义乌商贸纠纷诉调对接云平台”成功调解知识产权纠纷260件。

4. 大力加强智能化审判

出台《知识产权民事案件在线庭审规程（试行）》，督促指导知识产权条线广泛开展在线审理。着力提高“移动微法院”运用率和诉讼文书电子送达率，两项指标均达85%以上；全面开展无纸化办案，智能化审判走在全国前列。针对知识产权案件物证积压严重问题，积极探索研发以3D扫描技术为支撑的电子物证保存应用管理系统，建设“云上物证室”。

5. 深化清理长期未结案

出台《深化清理长期未结案专项行动十二项举措》，并落实清理长期未结案包案责任制和督办责任制，安排两位副庭长对口长期未结案相对集中的杭州、宁波两个法庭，专程前往“巡诊把脉”，两个法庭的长期未结案由2020年初的123件下降到年底的56件，全省法院总的长期未结案亦由年初的124件下降到年底的57件。

二、加强改革创新，完善体制机制

1. 不断健全“三合一”审判机制

在地市一级全面建立知识产权刑事司法保护联席会议制度，确保“三合一”工作顺利推进。联合出台《关于知识产权刑事案件适用法律若干问题的会议纪要》；开展知识产权刑事司法保护工作专项督导。顺利审结“猎狐行动”红色通报境外逃犯韦某芳销售假冒注册商标的商品案，判处其有期徒刑3年3个月，并处罚金1300万元。

2. 大力推进案件繁简分流

在全省2020年审结的知识产权民事一审案件中，共有9559件适用简易程序审理，6240件适用简式或简化裁判文书。积极探索在涉KTV著作权侵权、图片作品侵权等简单案件中适用小额诉讼程序，共适用此类程序审结案件4811件。扩大独任制适用范围，2020年，宁波市北仑区人民法院适用普通程序独任制审结56件知识产权案件，其中44件系涉外案件，平均审理天数仅为37.32天。

3. 加强知识产权专门化审判体系建设

杭州、宁波知识产权法庭分别在杭州滨江、温州及宁波宁海设立巡回审判庭。根据区域经济发展状况和审判实际需要，报请最高人民法院授予宁波市镇海区、长兴县和新昌县法院一般知识产权民事纠纷案件管辖权。加强对三地知识产权司法保护服务中心的指导，三家中心累计化解知识产权纠纷200余件。

4. 构建知识产权大保护格局

与浙江省市场监督管理局共同研究推进知识产权纠纷解决“最多跑一地”改革，依法支持市场监督管理部门开展专利侵权纠纷行政裁决示范建设工作。宁波市中级人民法院与辖区五地市场监管局签订《专利案件司法行政处理对接合作框架协议》。温州市瑞安区人民法院协同相关职能部门建立知识产权严重侵权企业“黑名单”制度，已向社会公布第一批涉温州南片6个地区30家知识产权严重侵权企业名录。

5. 完善案件事实查明机制

2020年，受理证据保全申请126件，支持108件，支持率为85.71%。其中，杭州知识产权法庭在一起技术秘密案件中，作出全省首个针对案外人的证据保全裁定，解决了以往法院难以向持有涉案重要证据的案外人采取保全措施的问题。针对专利技术类案件事实查明难度大的问题，杭州、宁波知识产权法庭着力健全技术调查官制度，5名技术调查官共参与476件案件的技术事实查明工作。

三、坚持调查研究，加强指导培训

1. 注重工作谋划

讨论通过《关于全面加强知识产权司法保护工作的实施意见》，明确全省知识产权审判工作的主要任务和工作举措。

2. 加强对新情况新问题的调研

牵头开展2020年全省法院重点课题“关于网络新型不正当竞争行为及其法律规制问题”的调研工作，召集阿里巴巴集团等头部互联网企业召开调研座谈会，高质量完成调研报告。

3. 加强对审判业务的指导与培训

定期召开条线视频工作例会，对重点工作完成情况进行交流点评。整理发布第

1期《裁判观点》、3期案件质量通报。在线举办2期知识产权审判业务培训班，首次采用网络投屏的方式进行远程授课。联合举办全省公检法商业秘密刑事保护专题培训班，派员为各地培训授课20余次。

四、加强宣传交流，提升司法公信力

一是加强学术研讨。与新媒体"知产力""知产宝"合作，成功举办第五届"三知论坛"，共同探讨网络新型不正当竞争行为及其法律规制问题；顺利举行第三期"浙知沙龙"，围绕涉KTV著作权侵权案件的审判实务问题展开研讨。二是调研走访，开门纳言。集中走访调研省内百余家代表性企业，设立第一批省级知识产权司法保护调研服务联系点名录，21家代表性企业、机构入选；推动设立"宁波知识产权司法保护政协委员会客厅"，积极走访人大代表，主办涉及知识产权保护的代表委员提案2件、会办7件。三是开展知识产权宣传活动。成功举行全省知识产权宣传周活动启动仪式，首次采用"线上线下"联动方式，通过浙江新闻客户端进行全程直播；发布2019年浙江法院知识产权司法保护十大案件、《2019年浙江知识产权司法保护分析报告》和《企业知识产权司法保护指导手册》，选取30余件典型案件在"知之汇"网站进行庭审直播；各级法院通过庭审直播、开展专题讲座、举办知识产权保护论坛、提供知识产权法律咨询等形式，回应社会公众对知识产权司法保护工作的关注。

供稿：浙江省高级人民法院
知识产权审判庭

检察工作

一、依法履行检察职能，确保办案质效

2020年，审结侵犯知识产权犯罪提请批准逮捕案件253件460人，批准逮捕162件250人，不批准逮捕91件210人；审结侵犯知识产权犯罪移送审查起诉案件526件1196人，提起公诉471件1009人，决定不起诉91件210人。办案效果总体较好，其中金某盈侵犯商业秘密犯罪案件入选最高人民检察院第二十六批指导性案例；邵某娟等人销售假冒注册商标的商品案被评为最高人民检察院首批妨害新冠肺炎疫情防控犯罪典型案例；另有多起案件入选浙江省知识产权保护典型案例。同时，依托认罪认罚从宽、不起诉制度，有效促进犯罪嫌疑人认罪伏法，推进诉源治理。一方面，严厉打击各类侵犯知识产权犯罪，形成震慑；另一方面，注重贯彻落实宽严相济的政策，深化落实认罪认罚从宽制度，提升诉讼质效，实现办案的"三个效果"有机统一。

二、积极开展权利人诉讼权利义务告知试点工作，充分保障权利人权益

作为侵犯知识产权刑事案件权利人诉讼权利义务告知工作试点单位，浙江省检察机关积极开展告知工作，主动向权利人告知其享有的诉讼权利，通过告知工作，权利人得以参与审查起诉公开听证、认罪认罚等刑事诉讼活动，能够充分主张自身合法权益。同时，权利人也可及时补充权利证明、经济损失等证据，对涉案专门性问题发表意见，有利于查明案件事实。例如，义乌市人民检察院对2019年12月以来案件中涉及的相关权利人均进行了相应的告知工作，实现了权利人告知全覆盖；乐清市人民检察院对2019年12月以后受理的案件，均在受理十日内通过书面或口头方式告知权利人，有效保障了权利人的合法权益，同时积极开展追赃挽损工作，督促犯罪嫌疑人及时退赔，共追赃挽损227.7万元。嘉兴地区在试点工作开展同时还附上"防范企业风险十条温馨提示"。

三、强化内外沟通协作，充分发挥工作合力

会同浙江省高级人民法院、浙江省公安厅联合会签《关于办理知识产权刑事案件有关事项的通知》,进一步优化知识产权刑事案件集中管辖和跨区域协作机制,提高打击侵犯知识产权犯罪的精准和质效。2020 年 4 月,成立义乌市知识产权刑事司法保护中心,成员单位之间已建立线索流转和数据共建共享平台。密切协同公安机关及相关行政执法单位,积极参与打击侵犯知识产权行动,高度重视公安机关开展的打假"蓝剑"行动,突出打击链条式、产业化侵犯知识产权犯罪以及通过互联网实施的侵权犯罪行为,提高打击的针对性和有效性。针对知识产权专业性强、取证困难等问题,对多起重大侵犯知识产权案件提前介入,引导公安机关在调查取证中及时调取、固定证据,确保证据收集标准的统一性,有效提升侦查工作的准确性、时效性。

四、努力做好履职"后半篇文章",重点加强民企知识产权保护力度

为契合浙江作为民营企业大省省情,注重在全面、充分收集相关犯罪证据的基础上,有针对性地调查和收集企业内部与相关犯罪事实有关的制度、纪律、规定等,并积极走访座谈,深入了解民营企业在知识产权保护方面的意见建议,针对典型性、普遍性的制度漏洞和管理隐患,结合企业经营现状和发展布局,提出司法保护建议,及时为企业提供产权刑事保护、风险防控预警等法律服务,得到企业好评。例如,义乌市人民检察院为精准服务当地民营经济,做到"预防、保护、服务"三位一体,建立"一企一档"台账。针对企业认知与管理漏洞,专门为企业制作个性化档案,并对企业开展定期走访,提供点单式法律宣传服务和法律风险防范建议等;遂昌县人民检察院建立驻温州商会联络站、遂昌服务非公交流群等检察和企业的联系制度;乐清市人民检察院联合正泰集团建立知识产权检察工作站,开展以维权援助为主要内容的"点对点、面对面"服务,参与涉企侵权调解,推动行业术语及商标核定范围规范化。湖州地区在辖区设立龙头企业或产业城检察官联络室或工作站,提供知识产权保护方面的法律服务。

供稿:最高人民检察院
知识产权检察办公室

安 徽 省

知识产权工作

一、知识产权顶层设计

印发《安徽省 2020—2021 年强化知识产权保护推进计划》,制定《〈关于强化知识产权保护若干举措〉系统内分工方案》,进一步分解任务,明确职责,形成齐抓共管的工作合力。印发《安徽省 2020 年度知识产权强省建设工作要点》,组织开展知识产权"十三五"规划总结评估和"十四五"规划编制。圆满完成国家知识产权局按照中央要求对安徽省委、省政府开展的知识产权保护工作检查考核。

二、知识产权创造

2020 年,共授权专利 119 696 件,同比增长 45%,其中发明专利授权 21 432 件,同比增长 43.3%;PCT 专利申请 616 件,同比增长 45%;每万人口有效发明专利拥有量 15.4 件。2020 年,商标申请 303 305 件,商标注册 174 516 件,累计有效注册商标 768 729 件,同比增长 26.4%;平均每万户市场主体注册商标 1494 件。新申请马德里商标国际注册 392 件,同比增长 70.4%。

三、知识产权保护

1. 知识产权保护体系建设

中国(合肥)知识产权保护中心成功获

批。圆满完成知识产权侵权纠纷检验鉴定技术支撑体系建设试点任务，有序推进海外知识产权纠纷应对指导工作。积极开展知识产权保护规范化市场建设，界首市田营科技园、东城科技园分别获批国家级知识产权保护规范化市场。阜阳市、芜湖市知识产权局重新组建成立中国（安徽）知识产权维权援助中心分中心。

2. 知识产权协同保护机制建设

与沪、苏、浙签署《长三角区域人民法院和知识产权局关于推进长三角一体化科技创新知识产权保护备忘录》《长三角三省一市推进知识产权领域信用一体化建设框架协议》《地理标志保护和运用合作协议书》。合肥仲裁委员会知识产权仲裁中心通过国家知识产权局验收。

3. 知识产权行政执法

开展元旦、春节期间知识产权保护专项行动、"4·26"知识产权执法维权专项行动、知识产权执法"铁拳"行动、秋季地理标志保护专项行动、第127届和第128届网上广交会知识产权保护专项行动，查处知识产权案件4213件，案值3122.67万元，罚没款2763.19万元；处理专利纠纷案件1579件；调查处理涉嫌违法申请注册"火神山""雷神山""小汤山"商标行为12起。

4. 地理标志产品保护

开展地理标志保护产品专用标志使用核准改革试点工作，核准用标企业53家，报国家知识产权局备案通过率达100%。2020年，完成536家企业地理标志产品专用标志换标工作，完成换标率达100%。上报地理标志产品申请19个，获批地理标志产品保护1个；通过国家地理标志保护产品技术审查会产品2个；获国家知识产权局受理地理标志产品2个。

四、知识产权运用

2020年，办理知识产权质押贷款1199笔，融资额101.32亿元。其中，专利权质押贷款906笔，融资额79.12亿元；商标权质押贷款293笔，融资额22.2亿元。新认定省级专业商标品牌基地14个，新认定省级商标品牌示范企业187家，全省商标品牌示范企业已达989家。新增获批地理标志商标20件，地理标志商标总数达到187件，助力104万户贫困户实现脱贫。安庆市岳西翠兰获批国家地理标志运用促进工程项目，获国家财政支持资金45万元。完成300家安徽省商标品牌示范企业推介、8家国家知识产权强县工程试点县（区）验收工作，协助完成7家国家知识产权试点示范高校申报工作。合肥市获批国家知识产权运营服务体系建设重点城市，获中央财政支持1.5亿元。芜湖市连续9年举办大学生专利创新创业大赛，连续4年举办全国机器人专利创新创业大赛。

五、知识产权管理服务

2020年，合肥代办处办件量35万件，各类业务工作实现"零差错"，全省电子申请达99.45%。新设立淮北、宿州、马鞍山3个商标业务窗口。中国科学技术大学、安徽信息工程学院入选技术与创新支持中心（TISC）运行和筹建机构。持续开展"蓝天"专项整治行动，核查国家知识产权局提供的无资质专利代理线索39件。组织全省商标代理机构对以不正当手段招揽业务、恶意抢注、囤积商标、不以使用为目的注册商标行为进行自查自纠，728家商标代理机构作出公开承诺。

六、知识产权助力复工复产

印发《关于支持企业复工复产若干措施》，为481家企事业单位的1270件发明专利申请和46家企业的66件商标申请办理优先审查申请。组织开展知识产权服务调研、宣讲、培训109次，线上、线下受训11000余人次。组织知识产权服务业专场招聘活动54次，232家知识产权服务机构提供知识产权服务业就业岗位1381个，签订就业协议450人，达成就业意向883人。

引导知识产权示范企业和优势企业、贯标认证企业、专利奖获奖企业提供 1100 多个大学生招聘岗位。筹办“知识产权服务万里行”安徽站活动。举办知识产权惠企助企专利审查员专场对接会、地理标志与区域品牌发展论坛，发布量子和类脑机器人专利导航 2 项知识产权成果。

七、知识产权人才队伍建设

组织完成全国专利代理师资格考试工作，考生报名人数 2280 人、达线 258 人。印发《安徽省知识产权专家库管理办法（试行）》，组织建设一支覆盖全省的近 300 人专家人才队伍。在全国率先出台《安徽省知识产权专员管理办法（试行）》，全省知识产权专员队伍规模达到 8877 人，其中，新增市场监督管理所专员 1027 人。

八、知识产权教育宣传

组织开展“4・26 世界知识产权日”宣传活动、中国专利周活动，发布《2020 年安徽省知识产权发展与保护状况白皮书》。加强政策宣传，利用《安徽省地理标志保护产品专用标志使用管理办法（试行）》出台之机，邀请 20 余家媒体对地理标志有关改革试点工作进行集中宣传。

供稿：安徽省知识产权局

版权工作

一、版权执法监管

2020 年，开展执法检查 4.07 万次，出动执法人员 11.32 万人次，立案查处侵权盗版案件 84 起。

1. 开展打击侵权盗版专项整治活动

与省公安厅、省委网信办、省通信管理局共同印发《安徽省版权局等关于开展打击网络侵权盗版“剑网 2020”专项行动的通知》。专项行动期间，删除侵权盗版链接 11 条，收缴侵权复制品 539 件，查办网络侵权盗版案件 14 起。开展打击侵权盗版教材、教辅专项整治活动，出动执法人员近 3000 人次，检查经营场所近 1400 家次，没收盗版教材教辅近 300 册。

2. 加大案件查办力度

2020 年，办结侵权盗版案件 76 起，案件办结数较 2019 年增长超过 20%；查处国家版权局等部门挂牌督办的案件 6 起，与江苏等省合作查处案件 3 起。创新开展版权执法实践交流活动，安排办案经验丰富的执法人员前往查处案件较少的 5 个市实地指导督办，收到良好成效。

二、软件正版化

2020 年，安徽省持续深入推进软件正版化工作，全省政府机关、医疗卫生机构和各类企业共新购正版软件 14 万多套，采购资金超过 1.1 亿元。

1. 完善工作机制

安徽省委常委、省委宣传部主要负责人担任省软件正版化工作联席会议总召集人，高度重视软件正版化推进工作。省委宣传部作为联席会议牵头单位，统筹安排和组织推进全省软件正版化工作；各成员单位认真履行工作职责，共同制定全省软件正版化工作实施方案。

2. 巩固政府机关软件正版化工作成果

全省政府机关 2020 年新增拥有自主知识产权的各类办公软件 10.8 万余套，采购资金 7000 多万元。省直各单位认真开展自查清理和整改，新购各类正版软件 2 万多套。对淮北、亳州、宿州、阜阳、淮南五市政府机关开展软件正版化工作全覆盖检查，采用“四不两直”的方式，检查了 60 家单位 800 台计算机软件使用情况。

3. 扩大企业软件正版化覆盖范围

全省 2020 年省属企业和部分市属企业、医疗卫生机构、银行业中小金融机构等行业共 450 多家企业完成软件正版化工作，采购正版软件 3.2 万余套，采购资金

4000多万元。率先启动市级国有企业和国家级知识产权示范企业软件正版化推进工作，推进合肥、芜湖、马鞍山三市50家市属企业和全省71家国家级知识产权示范企业开展软件正版化工作。

三、版权社会服务

1. 加强作品登记工作

督促指导安徽省版权交易中心持续优化提升作品登记服务水平，主动与版权密集度高的园区和单位加强沟通联络，提供上门登记服务。2020年，安徽省登记作品84 758件，连续第五年实现总登记量翻番增长。首次开展全省优秀著作权登记作品遴选活动。

2. 规范著作权集体管理监管

建立卡拉OK领域著作权集体管理活动监管协调机制，加强与著作权集体管理组织等各方沟通联系，推动各方协作配合，逐步规范卡拉OK领域版权授权行为。

3. 推进版权示范创建工作

在积极培育和申报全国版权示范单位、示范园区（基地）的同时，做好全省版权示范单位、示范园区及示范基地培育和认定工作。安徽广播电视台、安徽天同人合文化传播股份有限公司、安庆市五千年文博园投资有限责任公司荣获“全国版权示范单位”称号，安徽叉车集团有限责任公司荣获“全国版权示范单位（软件正版化）”称号，合肥高新创业园荣获“全国版权示范园区（基地）”称号。安徽日报报业集团等47家单位、园区被授予“全省版权示范单位”“全省软件正版化示范单位”“全省版权示范园区”称号。

4. 拓展相关服务领域

首次在长三角国际文化产业博览会和中国黄山书会上设立版权工作站，开展作品登记、版权宣传和法律咨询等服务。开展了首次全省版权产业经济贡献调研活动。

四、版权宣传培训

1. 做好版权重点宣传

通过报纸、网站、移动客户端等多种形式，做好日常版权宣传工作。《中国新闻出版广电报》《中国知识产权报》全年15次重点宣传安徽版权工作。于2020年初上线的“安徽版权网”，全年发稿近1000篇，总浏览量达2000万次。重点开展全国知识产权周版权宣传活动，组织各级广播电视台播放版权保护宣传片3000多分钟，并对荣获“全国版权示范单位”称号的4家企业展开集中宣传。创新举办全省优秀抗疫摄影作品线上展览，集中展示抗疫摄影作品上千件。组织全省各高校参加全国大学生版权征文活动，报送参赛论文500余篇，安徽省版权局荣获全国大学生版权征文活动优秀组织奖。举办首届全省大学生版权征文比赛，评选出优秀作品120篇。

2. 加强版权专业培训

面向全省版权执法监管队伍开展版权执法监管工作培训，参训人员约750人。开展11场次1000多家政府机关和行业企业参加的软件正版化培训会议。面向全省新闻工作者开展新闻战线版权知识网上培训，观看人数超过1.2万人次。

供稿：安徽省版权局

司法工作

一、高质高效审理知识产权案件

1. 加大案件办理力度，持续推进精品战略

2020年，新收知识产权民事案件8589件，审结8645件；新收知识产权刑事案件220件，审结213件。

注重发挥司法裁判规则指引和价值引导作用，强化知识产权司法保护的稳定性和导向性。审理的陈某临等与黄山市黄山区档案局著作权侵权纠纷案，通过明确点校概念，认为黄山市黄山区档案局在组织实施点校《黄山指南》过程中，并未歪曲、篡

改原本，未侵害原作者的人格利益，从而认定侵权不成立，推动优秀传统文化重焕生机。审理的芜湖才美公司与李某田不正当竞争纠纷案，结合网络环境的特殊性以及案涉直播（陪玩）领域新型运作方式和盈利模式，依法制止网络直播（陪玩）领域恶意导流客户流量与资源的不正当竞争行为。在审理周某犯生产、销售伪劣产品（假种子）罪案中，依法判处被告人在缓刑考验期内禁止从事粮食加工、销售及相关经营活动。

2. 加大权利保护力度，精准服务创新发展

一是探索破解“举证难”，加大临时措施、法院调查令运用，审慎认定电子证据效力。审理安徽哈科公司与马鞍山市佳士达机床厂等侵害外观设计专利权纠纷案，依法认定一方当事人在中国内地使用中国香港地区电话卡访问域外网站取得的证据不违反相关法律规定，其内容经公证可以作为证据使用。合肥知识产权法庭开展证据保全70余次。

二是细化知识产权侵权损害法定赔偿考量因素，依法提高侵权成本。审理芜湖市科华公司与李某连等不正当竞争纠纷案，在查明侵权事实的基础上，判令股东在其分配财产的范围内按出资比例承担赔偿责任，将当事人胜诉利益落到实处。审理溜溜果园公司与湖南共赢盛夏公司等侵害商标权纠纷，在认定被控侵权人构成商标侵权的基础上，依据公证书确定被控侵权产品的销售量下限，依据审计说明确定商品平均利润，对精细化计算权利人实际损失、侵权人侵权获利进行有益探索。

三是加大执行力度，及时兑现胜诉利益。落实重大案件异地执行报备和审批机制，借助信息化手段进行线上流程管理，推动异地法院全面加强执行协助。针对侵害商标权、著作权等知识产权案件被执行对象人数众多、对抗执行现状，积极探索类案集中执行机制，在被执行人较为集中的市场开展集中执行行动，通过示范化执行，以个案带动系列案件的处理。

二、有力、有序推进改革创新

1. 实现“三合一”落地全省

会商形成《关于办理知识产权刑事案件若干程序问题的意见》并下发全省。及时召开知识产权审判工作座谈会，积极稳妥解决“三合一”推进中的难题，特别就知识产权刑事案件管辖与公安、检察机关工作如何衔接问题进行答疑指导。发布《关于知识产权类犯罪案件取证指引（试行）》，加强与公安、检察院在取证方法方面协调沟通。审结安徽省首例知识产权刑事自诉案件——自诉人ABB阿西亚公司诉张某锋等销售假冒注册商标的商品罪案，有效发挥刑罚惩治与震慑知识产权犯罪的功能。

2. 促进知识产权纠纷多元化解

2020年，受理知识产权纠纷4448件，结案4173件，调解成功2501件，调解成功率56.22%。宿州市中级人民法院聘请专职人民调解员进行诉前调解，六安市中级人民法院将诉前调解作为知识产权立案的前置程序。合肥高新技术产业开发区人民法院成立多元调解办公室，建立特邀调解员名册制度；引入安徽省商会调解中心入驻，专门调解特许经营合同纠纷类案件；在诉调对接中心设立律师调解室，由相关律师事务所承担部分知识产权案件即时速调事务。

3. 进一步推动案件繁简分流

滁州市中级人民法院成立按照“员额法官+法官助理+调解员”模式建立相关速裁快审团队，并设立专职陪审员岗位，提升陪审员参与知识产权一审民事案件的比例。合肥高新技术产业开发区人民法院加大小额诉讼案件适用力度，将标的额在5万元以下的知识产权案件采取小额诉讼程序审理，标的额在10万元以下的案件在立案时引导当事人选择适用小额诉讼程

序，一审终审，缩短审理周期。

4. 强化“智慧法院”运用

推进“法信”等类案系统应用，自主开发类案检索软件，实现全国全量裁判文书数据的智能检索、推荐以及关联法条数据智能推荐。牵头研发智能编目和阅卷笔记功能，配套建设云柜材料收转系统，促进知识产权电子卷宗深度应用。

新冠肺炎疫情防控期间，探索“线上”+“线下”的办案模式，积极拓展线上诉讼活动，优化网上诉讼服务功能，引导当事人运用“12368”服务热线、“移动微法院”等，充分运用邮寄、电话、微信、短信等“无接触”方式开展立案、缴费、证据交换、调解、网络庭审、送达等工作。借力信息化手段成功化解北京奥韵杰公司诉全椒县爱秀儿童摄影馆商标权纠纷案。

三、同向同行构建大保护格局

1. 培护创新社会氛围

举办第二届全省法院知识产权司法保护宣传周活动。一是召开知识产权司法保护宣传周新闻发布会；二是选取商标侵权典型案例进行直播并邀请人大代表到庭旁听；三是广泛开展业界交流，调研走访座谈行政部门、企业代表，送法进企业、进乡镇、进校园；四是通过实时图文报道、按日整合报道、视频直观报道等形式，多角度、多层次展现知识产权司法保护工作成效。

2. 推进知识产权司法保护与行政保护协作

召开知识产权司法与行政单位联席会议，15 家成员单位共同交流知识产权保护情况及工作衔接问题。合肥知识产权法庭支持合肥、芜湖等地市监局开展“专利侵权纠纷行政裁决示范建设”，联合市监局、公安局、司法局等 8 家单位会商签署《关于建立知识产权行政和司法保护协作机制的备忘录》，共同整合组建合肥市知识产权领域专家库，实现在市直相关单位层面专家资源共用；先后为省质监局提供法律咨询意见。

3. 深入跨区域司法协作

签署《长三角区域人民法院和知识产权关于推进长三角一体化科技创新知识产权保护备忘录》。举办第五届皖江知识产权司法保护研讨会，沪苏浙皖三地三级法院代表共聚一堂。

供稿：安徽省高级人民法院
知识产权审判庭

检察工作

一、立足检察职能定位，加大打击力度

一是全年共计审查逮捕侵犯知识产权案件 163 件 265 人，审查起诉 314 件 671 人，监督公安机关立案 49 件 58 人。二是强化刑事诉讼监督，综合运用立案监督、侦查活动监督等措施，及时监督纠正有案不立、有罪不究等现象。三是加强办案督导，对重大、复杂、疑难的侵犯知识产权犯罪案件，加大对下督导力度，确保办案质量和效率。四是完善办案机制，与安徽省高级人民法院会签《关于办理侵犯知识产权刑事案件若干程序问题的意见》，推进知识产权案件集中管辖，以管辖专门化促进办案专业化。

二、深化“两法衔接”，形成打击合力

认真落实《关于加强行政执法与刑事司法衔接工作的意见》（中办发〔2011〕8 号）和安徽省系列相关文件要求，积极推动行政执法与刑事司法衔接，增强打击侵权违法犯罪合力。检察机关通过积极走访行政执法机关、查阅卷宗、平台搜索等方式，摸排侵权犯罪案件线索，不断完善知识产权行政保护和司法保护衔接机制，建立健全知识产权领域行政执法、刑事司法数据共享机制。与安徽省药品监督管理局、安徽省高级人民法院、安徽省公安厅、安徽省药品安全委员会办公室等部门联合印发《安徽省药品行政执法与刑事司法衔接工作规则》，弥补了行政执法与刑事司法衔接机制的缺失和不足，也为推动部门之间合力打击侵犯知识产权犯罪提供了依据，促进了行政执法案件涉及刑事犯罪时有案难移、移案难立、衔接不畅等问题的解决。

三、延伸工作触角，开展综合治理

立足检察监督职能，针对办案中发现的知识产权保护领域存在的问题，主动向有关单位发出检察建议，促进其增强知识产权保护意识，完善知识产权保护制度，预防和减少侵犯知识产权行为的发生。加强知识产权保护宣传，将打击侵犯知识产权工作作为法治宣传重点，利用“3·15国际消费者权益日”“4·26世界知识产权日”“12·4国家宪法日”等时机，开展形式多样的知识产权宣传活动，促进形成保护知识产权的浓厚社会氛围。

四、注重案例总结，加强理论研究

加强类案研究分析，通过研判分析促进业务工作的改进提升。办理的许某、王某侵犯著作权案和赵某某等侵犯著作权案，入选保护知识产权典型案例。结合办案工作调研形成《合肥市侵犯商标权犯罪调研报告》和《民法典中知识产权惩罚性赔偿规则探析》工作成果。

供稿：最高人民检察院
知识产权检察办公室

福建省

知识产权工作

一、知识产权申请

2020年，专利申请受理180 399件，同比增长17.69%，其中发明专利申请35 161件，同比增长16.88%；专利授权145 929件，同比增长47.47%，其中发明专利授权10 250件，同比增长14.36%。截至2020年底，福建省共存有效发明专利50 756件，同比增长15.9%，每万人口发明专利拥有量12.775件，同比增长14.97%。全省专利电子申请率达99.58%。2020年，福建省新申请商标54.1万件，新增注册商标33.2万件，累计有效注册商标数达157.1万件；新注册地理标志商标64件；新增驰名商标2件。

二、知识产权保护

探索建设省市县三级知识产权保护中心体系，加快建立集快速授权、快速确权、快速维权于一体的快速协同保护体系机制，获批中国(福建)、中国(泉州)、中国(宁德)知识产权保护中心。中国(晋江)知识产权快速维权中心联合执法稽查局开展知识产权“铁拳”专项行动，组织开展知识产权代理行业“蓝天”专项整治行动，开展春、秋两季地理标志使用专项整治工作等专项行动。组织知识产权行政执法人员、维权援助专家进驻2020年中国航天大会、第十一届海峡两岸机械产业博览会、第十四届海峡两岸茶叶博览会等大型展会设立知识产权服务工作站，组织开展第128届广交会知识产权协同保障工作。部署开展福建省落实电子商务平台责任专项行动，指导本辖区内电子商务平台经营者建立知识产权保护规则。贯彻落实“突破难、硬、重、新”工作行动要求，推动省市县三级执法联动，调度地方执法人员集中办理中国电子商务领域专利执法维权协作调度(浙江)中心案件。2020年，福建省知识产权保护响应中心共受理中国电子商务领域专利执法维权协作调度中心移送的电商领域专利纠纷案件2397件，出具咨询意见2397件。立案办理专利行政执法案件5344件，其中专利纠纷案件2585件、假冒专利案件2759件。加强重点商标品牌保护及重点商标企业维权指导，“正山小种”“绿新”2件商标获国家知识产权局驰名商标保护。开展严厉打击与疫情相关非正常商标申请代理行为专项行动，组织1399家商标代理机构开自查整改和信用承诺工作，约谈12家商标代理机构，对涉及防疫的40件申请商标逐一整改，办理7件商标代理机构涉嫌违法的线索。2020年，立案查处商标违法案件1710件，案值3153.36万元，罚没款3036.16万元。

三、知识产权运用

启动实施产业自主知识产权竞争力提升“领航计划”，受理首批产业高价值专利组合储备项目51项，评审通过福建省知识产权优势企业87家。创新知识产权金融服务，积极推动与金融机构、创新主体合作联动，探索开展知识产权金融产品开发、交易平台建设等方面战略合作，依托海峡股权交易中心支持建设知识产权交易板块，创新开展“知创e贷”等知识产权融资业务。2020年，知识产权质押融资金额92.02亿元，500多家企业受益。组织福建省近60家企业和机构参展第十二届中国国际专利技术与产品交易会。组织省级专利奖评审工作，并推荐专利项目参加中国专利奖评选。修订福建省专利奖评奖办法，提高专利奖奖励标准。落实知识产权军民融合试点实施方案，推动制定国防知识产权管理政策试点工作方案，促进军民融合工作向纵深发展。泉州市申报并入选国家知识产权运营服务体系建设重点城市，获得中央财政1.5亿元资金支持。精心组织、有序推进地理标志专用标志使用核准改革试点，截至2020年底，共核准公告6批次164家专用标志使用企业；有序推进已核准使用专用标志企业换标工作，1231家地理标志产品企业通过国家知识产权局专用标志换标审核。积极实施地理标志产业促进工程，引导促进地理标志产业链发展，出台《关于强化地理标志运用促进地理标志产业高质量发展的指导意见》，推动地理标志在更高、更广层面上惠及更多农业人口、振兴乡村经济。

四、知识产权服务

继续打造“最多跑一地”知识产权公共服务创新范式，推动“知创福建”知识产权公共服务平台向设区市及平潭综合实验区延伸，实现全省覆盖。近百家国内外中高端专业服务机构入驻“知创福建”平台，组织开展知识产权战略工作坊36期，举办业务主题宣传培训60多场，吸引6300多家企业8200余人次参与，为550多家企业提供了专利数据库服务，帮助1184家企业通过贯标认证并取得证书。推动技术与创新支持中心（TISC）建设，现已获批TISC建设单位1家、筹建机构2家；在第三届数字中国建设峰会以“数据赋能驱动知识产权公共服务精准化”为专题，向社会公众重点展示“知创中国”“知创福建”线上线下知识产权一体化公共服务平台、福建省自主知识产权竞争力产业导航大数据中心和“九市一区”专利监控等创新成果。推动全省各商标受理窗口全面实现网上申请，开通商标申请“绿色通道”，先后有6批33家申请人的78件防疫商品商标依申请请求国家知识产权局予以优先审查。依托知识产权远程教育平台，举办远程培训班46期，培训人员2.9万人次。协调推进专利审查协作北京中心福建分中心相关工作，快速集聚700多位各专业优质人才以及相关高端资源，有力推动高新区人才集聚和服务业发展。

五、知识产权助力疫情防控

及时出台并深入实施《关于疫情防控期间知识产权服务企业复工复产若干措施》《一二三产业“百千”增产增效行动知识产权促发展工作方案》《福建省知识产权领域“放管服”改革工作方案》，细化推出一系列知识产权优质便利公共服务举措，积极助企纾困支持复工复产。“知创中国”“知创福建”线上线下双平台开启审查提速全流程“绿色通道”，创新降本减负质押融资服务模式，加强远程信息资源支撑和发挥专业服务机构作用等有效服务手段，通过线上推送知识产权惠企政策及在线受理咨询专利、商标和地理标志申请、贯标和数据库等各项服务；有针对性地推出系列免费“线上战略工作坊”培训，吸引近 3000 人次参与；协助企业向国家知识产权局申请对 78 件疫情防控产品商标、249 件发明专利优先审查。依托福建省自主知识产权竞争力产业导航大数据中心及相关产业数据分中心，快速制定专利检索方案，摸清福建省具备生产疫情防控物资技术的企业情况。开展新冠肺炎疫情防控期间知识产权服务企业复工复产后补助工作，对 52 家知识产权服务机构发放补助共计 236.41 万元。

供稿：福建省知识产权局

版权工作

一、版权执法监管与案件查办

2020 年，开展执法行动 3804 次，出动执法人员 29 486 人次，查办各类侵权盗版案件 86 起，其中行政处罚 39 起，刑事判决 3 起。国家四部门联合挂牌督办的庄某等制售盗版幼儿教辅案、莆田“5·22”销售盗版幼儿教辅案终审判决生效；“非凡网络”“土豆游戏机”等 7 起涉嫌侵犯著作权案移送公安机关侦办。办案数量与质量在全国位居前列。组织省、市、县三级版权行政管理部门等的业务骨干 120 余人参加 2019 年全省版权执法培训班。联合开展福建省第 16 次打击网络侵权盗版“剑网 2020”专项行动，以五大领域为重点，以案件查办为抓手，通过集中整治和分类引导，充分运用约谈、预警、处罚、责令整改、通报曝光等工作方式，严厉打击网络侵权盗版行为，健全“两法衔接”工作机制。行动期间，查办网络侵权盗版案件 52 起，约谈网站平台 101 家次，取消违法网站许可或备案、关闭违法网站 910 家，处置假冒仿冒网站 97 个，指导应用商店下架违法违规 App 552 款，注销违规自媒体账号 1367 个，清理各类网络违法违规信息 234 万余条（其中侵权盗版等有害信息 10 万余条）。

二、软件正版化

开展省直机关软件正版化年度考核工作，组织对 25 家省级政府机关开展软件正版化“回头看”工作，对考核检查结果进行通报。组织召开省推进使用正版软件工作厅际联席会议第七次全体会议，传达贯彻国家推进使用正版软件工作部际联席会议第九次全体会议精神，对厅际联席会议成员单位和人员组成进行调整，增加网信办、教育厅、交通厅、卫健委等成员单位，审议通过《福建省 2020 年软件正版化工作实施方案》，部署加快推进省属企事业单位和能源、医疗、教育、交通、新闻出版等特定行业、重点领域软件正版化工作。组织开展 2020 年全省软件正版化工作培训，组织厅际联席会议成员单位联络员、福州市属国有企业软件正版化工作业务部门负责人等约 230 人参训。牵头开展省直机关 2020 年度使用正版软件工作考核检查工作和省属国有企业“十三五”软件正版化验收工作，要求各地市和省属国有企业按时做好本地区本单位 2020 年度软件正版化工作总结和数据统计工作。

三、版权公共服务

优化公共服务，采取“网上办、不见面”模式，坚持无接触开展作品登记申请、作品审核及证书发放工作，通过微信、QQ、电话、邮件等多种形式接受咨询并回复群众信息，实现“一趟不用跑”。疫情期间，承诺将审核时限缩短至 15 个工作日之内，基本上做到 10 个工作日内完成作品登记工作；对台湾省居民申请登记作品在一周内审核完成；对外贸产品转内销的企业和因有急用申请加急登记的权利人，直接开通“绿色通道”，集中力量加班审核，做到一周时间内完成全部登记。进一步规范版权作品的审核流程，建立作品登记每月例会制度和通报制度，加强版权信息化、智能化基础设施建设，升级改造作品自愿登记系统。2020年，著作权登记作品数量超15万件，比2019年多4万件。与福州市中级人民法院建立行政司法版权纠纷调解机制，福建省版权局、福建省版权协会被聘为特约调解组织，2020年参与调解版权纠纷案件110多件。

四、版权示范创建

进一步总结“德化经验”，加强对长乐纺织产业、仙游古典家具产业版权保护的支持和指导，为申报世界知识产权组织版权优秀案例示范点打基础。加大对现有全国版权示范城市、单位的指导，提高创建水平、确保质量。厦门安妮股份有限公司被国家版权局确定为全国版权保护新技术研究推广站，福州智永信息科技有限公司、仙游县鲁艺古典家具有限公司2家企业被评为全国版权示范单位。推荐9件(个)作品/单位参评2020年中国版权金奖，7家单位(园区)申报全国版权示范单位(园区)。指导厦门市承办第六届全国版权示范城市联盟年会。

五、版权宣传

在“4·26世界知识产权日”宣传活动期间，组织各级广播电视台、电台、报刊紧扣活动主题，充分运用口播、动态新闻、深度报道、背景链接等多种形式，刊播版权知识系列宣传片849条次；报道各地举办的活动消息近200条；省电视台各频道连续8天在黄金时段播放公益宣传片，《新闻启示录》栏目制作“7·13私服案件”专题，介绍典型案件，以案说法。《福建日报》连续刊登版权公益广告，专栏刊发福建省版权工作综述。利用“学习强国”、今日头条、抖音、微信、微视、微博等新兴媒体，开展线上分众化精准宣传，头条号版权专题整体阅读量达3296万次，短视频播放量达190.2万次；“学习强国”福建平台发布版权宣传专题9条，阅读量达68万次；省通信管理局向全省干部群众手机端发送版权宣传短信3663万多条。在楼宇、户外LED刊播各类版权公益广告；发放版权宣传手册和版权宣传纪念品，印制发放“护苗2020”“绿书签行动”宣传海报3.5万余张、绿书签6万余张、宣传品2.5万余件；组织销毁各类侵权盗版及非法出版物61.5万余件。

供稿：福建省版权局

司法工作

一、严格保护，着力营造激励创新法治营商环境

1. 树牢筑坚司法服务大局目标导向

2020年，受理和审结各类知识产权案件14 557件和13 399件。其中，受理和审结民事案件13 756件和12 676件；受理和审结刑事案件796件和720件；受理和审结行政案件5件和3件。

妥善审理高通与苹果、华为与三星等系列专利纠纷案。妥善审结“西门子”和“GS”等知名商标侵权案，依法平等保护国内外商标权利人合法权益。

2. 落实做细严格司法保护手段措施

一是强化举证保障。依法合理适用举证规则，加大依职权调查取证力度；深入探索第三方电子数据取证存证及证明力标准，草拟第三方电子数据取证存证采信审判指引；依法制裁举证妨碍行为。二是完善繁简分流。实行简案快审、普案标审、繁案精审，对疑难复杂新领域新类型案件细致说理，作出指引性裁判；对侵害作品放映权、信息网络传播权、小商户侵害商标权等类型化、商业化维权案件，实行首案标审、余案参审，合理简化裁判文书撰写。厦门市思明区人民法院通过示范性诉讼方式，批量审结珠海易米公司域名纠纷等案件共400件。三是规范赔偿标准。草拟知识产权侵权损害赔偿数额裁判指引，依法支持权利人惩罚性赔偿请求；加大维权合理费用支持力度，降低维权成本。四是突出重点保护。加强保护非物质文化遗产、地理标志、“中华老字号”；强化刑事打击力度，依法从重判罚涉及食药品、危险品、种子、涉疫等知识产权犯罪。五是注重平等保护。严格依据国际条约及国内法律，依法平等保护中外主体合法权利。六是护航疫情防控。依法稳妥推进司法服务“六稳”“六保”工作，借力“互联网+审判”，开展线上审判；依法从严从重惩处涉疫专利侵权、假冒和仿冒商品、商标侵权及侵犯商业秘密案件。

3. 勤挖善掘司法延伸职能广度深度

一是深化法治宣传，融法于民。精心筹划“4·26世界知识产权日”宣传活动，召开新闻发布会，开展公众开放日活动，发布《福建法院知识产权司法保护状况(2019)》及十大典型案例。二是强化司法公开，施正于心。依托司法公开四大平台，通过司法公开信息化、数据化、精细化深入推进审判信息公开、庭审公开、裁判文书公开。三是延伸司法助企，保驾创新。依托“知创福建”，推动建设知识产权保护中心和“一站式”知识产权纠纷解决平台；福州知识产权法庭在“福建知创空间”设立法官联络工作室，在中国(东南)大数据产业园设立“福州知识产权司法保护工作站”；厦门知识产权法庭在厦门火炬高新技术产业开发区设立知识产权司法保护工作站等。

二、深耕细作，切实发挥体制机制改革创新效能

1. 健全完善知识产权立体保护格局

出台《关于强化知识产权司法保护更好服务保障创新创业创造的意见》，制定36条具体实施项目和措施，并细化贯彻该意见具体任务分工，逐步制定配套裁判指引，涵盖优化管辖布局，破解“举证难”，扭转维权“周期长”，化解维权“成本高”，解决维权“赔偿低”，完善“民事、刑事、行政”协调保护，提升技术事实查明能力。

2. 统筹构建知识产权协同保护机制

成立厦门知识产权司法协同中心，以“司法+行政+X”工作模式为动能，聚合协同单位、科研院校、行业组织、第三方机构等工作合力，建立快速受理、快速审查、快速维权“一站式”纠纷解决通道。中心成功调解案件192件，受理司法确认申请16件。福州市中级人民法院与闽东北六地法院签署《知识产权司法保护协作框架协议》。福州知识产权法庭宁德巡回审判点挂牌成立。

3. 持续提升知识产权多元解纷能力

一是提升技术事实查明能力。福州市中级人民法院与审协福建分中心签订《知识产权工作合作框架协议》，聘请该中心10位专家为技术咨询专家，出台技术调查官工作规则、管理办法等，在5起专利侵权案中指派技术调查官。草拟福建法院技术调查官参与知识产权诉讼活动工作规则，积极开展知识产权技术咨询专家选任工作。二是健全多元纠纷化解机制。实施委托调解、行业调解、专家调解，一大批案件得到快速、便捷、公正、有效解决。福州知识产权法庭聘请26家单位为特邀调解组织，聘请163名相关领域专家和学者为特邀调解员，率先建立“特邀调解+司法确认”模式。思明区人民法院与行政部门展开府院联动，共计移送调解知识产权纠纷260件，成功化解159件。三是持续推进“三合一”审判改革。福州、厦门、漳州、泉州、三明、南平6个地区法院全面或者部分实行“三合一”审判。

三、强基固源，持续建设政治坚定专业过硬队伍

1. 不断夯实专业能力核心竞争素养

深入研究知识产权前沿、热点、难点问题，就知识产权侵权损害赔偿数额确定、知

识产权刑事案件量刑规范化、技术调查官工作规则及管理等深入调研，草拟相关指引性文件；通过请示、召开协调会等方式统一裁判标准；通过参加最高人民法院专题培训、专业论坛及组织专题培训、研讨活动等方式，持续提升知识产权法官专业能力，有效统一裁判标准。

2. 持续强化党风廉政底线思维意识

深入开展“两个坚持”专题教育、“以案释德、以案释纪、以案释法”警示教育，严格落实“三个规定”专项整治，狠抓教育整改，用身边事教育身边人，用典型案例引领示范，抓早抓小，防微杜渐，及时补漏洞防风险。

供稿：福建省高级人民法院
知识产权审判庭

检察工作

一、聚焦服务大局，主动融入知识产权强省建设

坚持把知识产权司法保护作为服务保障福建高质量发展的重要着力点，先后制定出台了服务和保障非公有制经济发展“10条意见”、服务民营经济创新创业创造“16条意见”等，对知识产权检察工作作出总体部署。2020年，面对突如其来的新冠肺炎疫情，围绕做好“六稳”工作、落实“六保”任务和落实全方位推动高质量发展超越行动计划，提出15项意见措施；对在特殊形势下，如何加大知识产权司法保护力度，帮助企业摆脱困境，推动企业创新创业提出了针对性的工作要求。各市县人民检察院也采取积极行动，厦门市人民检察院专门出台加强知识产权保护的工作意见，在厦门自贸区设立打击和预防侵犯知识产权犯罪教育基地，加大对战略性新兴产业、先进制造业等领域的知识产权保护力度；宁德市人民检察院在宁德时代新能源等公司设立服务联系点，结合办理的侵犯商业秘密犯罪案件，协助完善知识产权风险防控机制；德化县人民检察院立足德化陶瓷产业特点，设立知识产权司法保护工作联络室对接县知识产权维权服务中心，以鲜明的工作导向体现检察担当。

二、聚焦司法办案，全面履行知识产权检察职能

一是严厉打击侵犯知识产权犯罪。2020年，检察机关共批准逮捕涉知识产权犯罪案件107件181人，提起公诉368件569人；建议行政执法机关移送涉嫌侵犯知识产权犯罪案件8件8人，监督公安机关立案9件10人。福建省人民检察院对9起侵犯白酒、食盐、幼儿教材等民生用品知识产权犯罪案件进行挂牌督办，对16起制售假冒伪劣口罩、消毒水等防疫物资犯罪案件及时启动快速反应机制。二是强化知识产权民事、行政检察监督。不断加大知识产权民事、行政诉讼监督力度，依法监督纠正确有错误的生效裁判、审判违法行为和执行违法行为。福建省人民检察院办理的监督厦门市市场监督管理局不履行法院“重新作出专利处理决定”生效判决案，是全国首例行政机关不执行专利行政判决的检察监督案件；泉州市人民检察院开展“知识产权涉财产执行案件检察监督”专项工作，通过对近三年办理的涉知识产权民事、行政执行案件进行排查，共提出执行监督检察建议3件。三是持续加大公益诉讼力度。联合福建省市场监督管理局开展落实食品药品安全“四个最严”要求专项行动，加大对食品药品安全领域涉知识产权公益诉讼案件办理力度。

三、聚焦权益保障，扎实开展知识产权权利人告知工作

开展为期一年的侵犯知识产权刑事案件权利人诉讼权利义务告知试点工作，对侵犯知识产权犯罪、涉知识产权的生产销售伪劣商品犯罪和非法经营犯罪三类案件，在受理审查起诉之日起十日内，主动向

权利人告知其享有的诉讼权利，确保权利人实质性参与审查逮捕、审查起诉、公开听证等刑事诉讼活动，及时补充权利证明、经济损失等证据，对案件专门性问题发表意见。2020年，检察机关采取口头、书面、公告等方式，共向370名权利人告知了诉讼权利义务，告知率达93%。

四、聚焦综合保护，推进知识产权检察“三合一”试点

在福建省人民检察院和福州、厦门、泉州、宁德4个市级人民检察院以及8个县级人民检察院分别成立了知识产权检察办公室，统一办理知识产权刑事、民事、行政检察案件，通过优化整合检察资源配置，形成检察监督办案合力。一是组建专业化检察办案组织。选配业务能力较强的刑事、民事、行政、公益诉讼检察官，共同组成检察办案组办理知识产权案件，实现专门机构、专门人员从事专业工作。二是采取综合性检察办案模式。从案件受理之日起，由刑事检察官负责知识产权刑事案件的办理，民事、行政、公益诉讼检察官开展同步审查，协助出具相关审查意见，综合运用行政、经济、法律手段加大知识产权保护力度。三是推行知识产权案件跨区县集中管辖。高度重视知识产权案件管辖布局的科学化和合理性，在福州、厦门采取知识产权刑事案件跨区县集中管辖的基础上，针对宁德市知识产权发案特点和区域经济特点，进一步拓展集中管辖案件范围，将宁德辖区知识产权刑事案件确定由福鼎市人民检察院集中起诉，知识产权民事、行政检察案件确定由蕉城区人民检察院集中办理。

五、聚焦协同配合，推动构建知识产权大保护格局

深入贯彻落实《行政执法机关移送涉嫌犯罪案件的规定》，进一步加强与法院、公安机关和相关行政执法机关的协作配合，积极推进行政执法与刑事司法的有效衔接以及信息共享平台的规范运行。截至2020年底，信息共享平台已接入知识产权、市场监管部门178家，录入侵权假冒违法犯罪信息达7.5万余条。与福建省知识产权局签订《强化知识产权协同保护合作框架协议》，深化在联席会商、案件移送、办案协作、公共服务平台建设等十个方面的协作配合，并在“知创福建”线上平台建设检察模块，在线下平台打造省市县三级检察服务中心。建立泉州知识产权快速维权六方协作机制，将品牌权利人、执法主体和电子商务平台联合起来，实现“私权救济+公权保护+平台治理”快速维权，对相关侵权投诉的处理从最短3天缩短到24小时。

供稿：最高人民检察院
知识产权检察办公室

江西省

知识产权工作

一、专利

2020年，申请专利114 299件，同比增长25.0%；授权专利80 239件，同比增长35.7%。其中，发明专利申请22 269件，同比增长57.9%；发明专利授权4407件，同比增长60.6%。每万人口有效发明专利拥有量3.68件，较上年同期增长0.80件。2020年，专利权质押融资206项，融资金额24.45亿元，同比分别增长110%和99.9%。

充分发挥知识产权保护优化营商环境、激励创新的职能作用，为经济社会发展营造良好的知识产权环境。印发《江西省强化知识产权保护工作的实施意见》。印发《2020—2021年贯彻落实〈江西省强化知识产权保护工作的实施意见〉推进计划》(赣知联发〔2020〕1号),细化相关措施,明确完成时限、责任部门等要求。

2020年,出动执法人员30 967次,开展实体市场执法行动2908次,办理专利执法案件781件。开展专利真实性"双随机、一公开"检查,抽查市场主体1715户。

组织第四届江西省专利奖评选工作。"±1120kV特高压直流棒形瓷绝缘子制备方法"等10项专利荣获第四届江西省专利奖。

国家知识产权局批复同意在江西建设稀土产业知识产权运营中心。开展知识产权联盟建设工作,建成"江西省光电产业知识产业联盟"等4个产业知识产权联盟和"江西省知识产权金融服务联盟"1个知识产权金融服务联盟。

2020年,新增专利代理机构及分支机构12家,总量达60家。南昌大学获批全国第二批高校国家知识产权信息服务中心并获国家知识产权局、教育部联合批复,成为国家知识产权试点高校。江西省知识产权保护中心获批成为第四批技术与创新支持中心(TISC)筹建单位。

开展"知识产权服务万里行"活动。走访调研261次,惠企2662家;开展线上和线下知识产权专题培训133次,惠企5365家;开展知识产权质押融资银企对接活动72次,惠企599家。

2020年,全国专利代理师资格考试江西省南昌考点报名总人数为537人,同比增长33.9%;取得考试资格的考生共496人,同比增长38.3%。

二、商标

2020年,新申请商标注册19.97万件,同比增长34%;有效注册商标达51.2万件,同比增长28%;新申请集体商标、证明商标注册91件,新增注册19件;申请马德里商标国际注册32件,共有马德里商标国际注册230件;新增地理标志商标14件,累计拥有地理标志商标111件。

健全商标品牌发展机制。11个设区市和大部分县(区)政府细化鼓励商标品牌创建相关政策,九江市人民政府专门出台《地理标志商标培育注册三年行动方案》。以产业园区为重点,在基层分局建立商标工作站139个,相继下拨专项经费106万元,把商标品牌建设的触角延伸到基层。印发企业商标管理指南5000份,让企业在家门口就能体验到商标品牌建设指导服务。

2020年,推动340件商标质押贷款3.7亿元。景德镇市与交通银行探索推行"景瓷贷"特色商标质押贷款。

组织开展代理行业"蓝天"专项整治行动,重点打击与新冠肺炎疫情相关的非正常商标申请代理行为和恶意申请商标注册行为,组织636家代理机构全面自查、签订信用承诺书工作。以驰名商标、涉外商标、老字号商标、地理标志商标为重点组织开展4次商标集中执法行动,查处各类商标侵权假冒案件479起,案值583万元,罚没金额1080万元,移送公安机关案件18起,案值3300万余元。加强区域执法协作,针对江西省参展企业,主动与主办地商标监管部门、商务主管部门沟通联系,及时掌握可能存在的侵权线索,做到事前防范,及时指导参展企业做好商标专用权保护工作。

三、地理标志产品保护

立足省域资源,发挥职能优势,打造地理标志名片,推动当地传统特色优势产业升级。截至2020年底,共有地理标志保护产品63个,2020年新增1个"宜春夏布"地理标志保护产品。

组织参加"2020中国品牌价值评价信息发布"线上活动。赣南脐橙、南丰蜜桔、庐山云雾茶等10个地理标志产品荣登区域品牌（地理标志产品）100 强。其中，赣南脐橙连续 6 年位居全国初级农产品（水果）类地理标志产品价值榜首。推荐申报的“狗牯脑茶”地理标志保护产品成功获批国家知识产权局 2020 年地理标志运用促进工程项目。2020 年，“赣南茶油”9 家企业、“丰城富硒大米”4 家企业、“广昌白莲”2 家企业，共计 15 家企业核准使用地理标志专用标志，同比增长 10.8%。

会同相关单位共同开展地理标志保护产品地方标准的制定工作。处于报审阶段的有 3 个，分别为“婺源荷包红鲤”“瑞金咸鸭蛋”“于都梾木油”；处于立项阶段的有 4 个，分别为“雷锋山茶”“共青城板鸭”“樟树黄栀子”“会昌桔柚”；已完成标准发布的有 1 个，为“崇义南酸枣糕”。

组织地理标志保护产品“狗牯脑茶”“广昌白莲”参加第二十七届中国杨凌农业高新科技成果博览会。

全面推进新版地理标志专用标志换标工作，指导专用标志使用企业按要求完善相关信息，完成 11 个产品 115 家企业的换标工作。

加大地理标志专用标志使用违法行为打击力度。畅通投诉举报渠道，联合市场监管部门开展执法行动，对违法使用地理标志专用标志的行为，依据《产品质量法》等法律法规作出调查处理。

供稿：江西省知识产权局

版权工作

一、版权执法

1. 案件查办力度进一步加强

新余“7・13”侵犯著作权案、上饶“7・02”手机游戏侵犯著作权案 2 起案件在国家四部委联合挂牌督办；南昌“2・15”侵犯著作权案、南昌“0791DJ 音乐网”侵犯音乐作品著作权案、九江“11・02”侵犯影视著作权案、鹰潭“3・21”侵犯网络影视作品案等大案要案顺利办结。

2. 执法力度持续加大

2020 年，办结侵权盗版案件 129 起（含 4 起刑事案件），全省 11 个设区市案件查办实现全覆盖。

3. 版权执法成果丰硕

九江陆某等侵犯网络文学著作权案成功入选国家 2019 年度全国打击侵权盗版十大案件；南昌“0791DJ 音乐网”侵犯音乐作品著作权案入选国家“剑网 2020”专项行动十大案件。江西 17 个单位（含专案组）和 49 名个人（含专案组）获国家版权局表彰。江西省委宣传部版权管理处连续 4 年获查处重大侵权盗版案件全国有功单位一等奖。

二、软件正版化

1. 部署开展软件正版化工作

制定《2020 年江西省推进使用正版软件工作实施方案》，在全省范围内部署开展 2020 年度江西省推进使用正版软件工作。

2. 举办线上专题培训和讲座

举办 2020 年度版权执法监管和软件正版化工作线上培训，省直各单位、各省出资监管企业软件正版化工作负责同志等共 400 余人在线参加。为庆祝第 20 个世界知识产权日，联合北京金山办公软件有限公司举办线上软件正版化管理工作专题讲座，共 170 余人参加。

三、版权公共服务

1. 指导景德镇市版权示范城市创建工作

围绕景德镇创建中部第一个、国家第 13 个全国版权示范城市，积极指导景德镇市设立陶瓷版权快速维权中心，在全国版权示范园区（基地）——景德镇市陶溪川文创街区设立便捷的陶瓷版权登记“绿色通道”，就地快速办理登记、领取证书。

2. 陶溪川文创街区获评 2020 年中国版权金奖

陶溪川文创街区荣获中国版权金奖推广运用奖。

3. 开展第二届版权输出奖评选表彰工作

经申报推荐、资格审查、专家评审、联席会议审定和社会公示等程序，共 11 个版权输出项目获第二届版权输出奖。

4. 组织参展第二十七届北京国际图书博览会

省版权部门组织全省各出版单位参加第二十七届北京国际图书博览会，售出最新图书版权 437 种，开展一系列商务洽谈，举办了 36 场国际版权推介活动，实现了 48 个项目的版权输出，达成了 28 个项目版权输出意向。

四、版权宣传

1. 举办版权知识竞赛活动

4 月 20—26 日，举办江西省版权知识竞赛活动，共 3000 余人参加比赛。

2. 开展版权征文大赛活动

开展江西省版权征文大赛活动，评审出一、二、三等奖若干名，颁发了荣誉证书和文创奖品。

3. 发布版权公益宣传片及海报

版权公益宣传片展现疫情条件下的版权保护，突出表达“防控疫情，保障生命安全；维护版权，守卫创新源泉”的主题。

五、“剑网 2020”专项整治行动

一是突出网络案件查办。聚焦网络重点领域，开展版权专项整治。在专项行动期间，办结网络版权行政案件 51 起、刑事案件 3 起。

二是建立联防联动机制。协调召开江西省“剑网 2020”专项行动协调会。各单位对全省网络侵权盗版案件的特点、现状，以及网络案件办理中遇到的难点、堵点进行了交流，并提出了意见和建议。

三是加强网络游戏治理。针对网络游戏版权热点问题，在全省范围内对网络游戏产业及其版权保护情况进行调研，建立相关产业信息档案。

六、版权作品登记

2020 年，江西作品著作权登记 23 268 件，再创历史新高。对一批弘扬传统文化，讲好江西故事，记录脱贫攻坚伟大历程，讴歌人民美好生活和伟大抗疫精神的作品，如音舞诗画《山那边里格水那边》、画作《纹枰论道图》、木雕《富贵呈祥》、电影剧本《神山情》、抗疫歌曲《你是怎样的人》等，进行了版权登记。

供稿：江西省版权局

司法工作

一、认真履行审判职能，案件质效不断提升

强化精品意识，扎实开展知识产权民事审判工作。2020 年，受理各类知识产权案件 3283 件，审结 3325 件（含旧存，下同）。办理的江西省国窖公司与江西省赣酒公司侵害商标权及不正当竞争纠纷案被评为 2019 年中国法院 50 件典型知识产权案例，邓某汉与小鸟车业公司等侵害实用新型专利权纠纷案入选 2019 年中国法院技术类知识产权典型案例。

加强诉源治理，推进纠纷化解多元化。不断加大调解力度，力促以调解、撤诉方式化解纠纷。鹰潭市中级人民法院民三庭针对该市涉 KTV 著作权纠纷案件数量增长迅速的现状，积极转变审判思路，加大法治宣传力度，借助文化行政主管机关的力量，搭建当事人之间的协商平台，积极促使 KTV 经营者与中国音像著作权集体管理协会签订《著作权许可使用服务合同》。

加强宣传引导，营造保护氛围。通过官方网站、微信公众号、抖音号等开展知识产权专题宣传活动，普及知识产权知识。南昌知识产权法庭在“4·26 世界知识产权日”宣传活动期间，举办典型案例发布、审判工作推介以及线上线下签名活动。赣州市中级人民法院召开“知识产权审判工作”新闻发布会，向社会公开发布《赣州市中级人民法院2018—2020年度知识产权审判白皮书》和赣州市中级人民法院知识产权审判典型案例。

二、切实增强大局意识，积极主动服务高质量发展

认真贯彻落实中央、省委决策部署。起草《江西省关于加强知识产权审判领域改革创新的实施意见》，为进一步做好新形势下全省知识产权审判领域改革创新工作，充分发挥知识产权审判职能作用打下坚实基础。该实施意见下发后，南昌、景德镇、抚州等地法院也都结合本地经济社会发展战略和产业方向、文化特色等，提出了一系列针对性司法服务举措。

切实保障市场主体创新发展。在审理涉及民营企业知识产权纠纷案件时，慎重采取查封、扣押、冻结、扣划、拍卖等强制措施。对被保全民营企业有多项财产可供保全的，在能够实现保全目的的情况下，选择对其生产经营活动影响较小的财产进行保全；对涉嫌专利侵权的机器设备等生产经营性财产进行证据保全时，灵活采取拍照、摄像等证据保全方式，避免保全行为干扰企业设施设备的正常生产运营，产生不必要的损失。妥善审理了江西"赣酒"商标案、"江中猴姑"外观设计专利案、"昌南"陶瓷不正当竞争案等案件，江西和盈公司与江西汇仁公司等侵害注册商标专用权及不正当竞争案被评为江西省2018年度服务民营企业发展十大典型案例。

依法规范行政行为。在办理清华大学诉江西省办学机构商标侵权系列案过程中，主动加强与教育行政主管部门的联系对接，建议教育部门对全省以"清华"冠名的幼儿园、学校等教育机构进行全面摸排，并在行政审核备案登记工作中加大审核力度。新余市中级人民法院先后2次就该市KTV行业、电商行业知识产权保护工作向新余市政府和有关部门发出司法建议。

三、持续深化改革，知识产权审判体系建设迈出坚实步伐

知识产权审判专门机构建设扎实推进。为落实"建设中国(陶瓷)知识产权快速维权中心"要求，向最高人民法院汇报请示在南昌知识产权法庭的基础上增设景德镇知识产权法庭。12月15日，最高人民法院正式批复同意设立。

积极谋划知识产权案件管辖布局优化。在前期调研和广泛征求意见的基础上，向最高人民法院报请增加指定受理一般知识产权民事案件的基层人民法院并同步推进"三合一"审判机制改革。九江市中级人民法院自2020年开始推进知识产权审判"三合一"工作，已办理2件知识产权刑事上诉案件，均为销售假冒注册商标商品罪案件。

知识产权协调保护格局初步形成。充分发挥知识产权司法保护主导作用的同时，注重与市场监管、版权管理等部门建立知识产权协同保护机制。南昌知识产权法庭发挥知识产权"专门法庭+保护中心"组合功能优势，持续加强与南昌市知识产权保护中心的沟通交流，推动在诉中调解、诉源治理等方面展开更深入合作。南昌知识产权法庭、赣州市中级人民法院分别与市场监督管理局联合印发《关于加强知识产权协同保护的若干(实施)意见》。鹰潭市中级人民法院与鹰潭市市场监督管理局等联合签署了知识产权协同保护备忘录。

供稿：江西省高级人民法院
知识产权审判庭

检察工作

一、积极履行检察职能，严厉打击侵犯知识产权犯罪

2020年，检察机关共批准逮捕涉知识产权犯罪案件81件147人，起诉111件231人。同时结合开展的"四个最严"专项行动，严厉打击制售假冒伪劣商品违法犯

罪，共批准逮捕销售假冒注册商标的商品犯罪案件 46 件 90 人，起诉 72 件 147 人；加大对侵犯著作权犯罪的打击力度，共批准逮捕侵犯著作权犯罪案件 3 件 5 人，起诉 6 件 18 人。对重大侵犯知识产权犯罪案件，检察机关指派办案骨干提前介入侦查活动，及时引导侦查思路，明确侦查方向，有针对性地提出收集、固定、完善证据的意见和建议，确保侦查取证有效性和案件准确性，共提前介入案件 10 件次。

二、强化对知识产权案件的法律监督

加强对行政执法机关移送涉嫌侵权假冒犯罪的监督，着力纠正有案不移、以罚代刑、降格处理的问题，共建议行政执法机关移送案件 4 件 4 人。加强对公安机关办理侵权假冒犯罪案件立案和侦查活动的监督，着力纠正有案不立、立而不侦、久侦不决以及适用强制措施（包括查封、扣押、冻结）不当等问题，共监督公安机关立案 1 人，纠正漏捕 1 人，纠正漏诉 2 人，书面纠正侦查活动违法 2 件次。

三、着力提升专业化办案水平

在全省各地市指定一个基层检察院管辖一般知识产权案件，与人民法院增加的指定管辖基层法院相对应，进一步优化知识产权保护管辖布局，提升案件办理专业化水平。与江西省市场监督管理局知识产权保护协调处会签《加强知识产权犯罪办案联系协作工作机制》，形成知识产权保护合力；积极落实机制要求，派员到江西省市场监督管理局交流学习，进一步提升检察人员专业化办案水平。

四、加强宣传教育，营造知识产权司法保护氛围

在“3·15 国际消费者权益日”，组织开展形式多样的宣传活动。针对“山寨”侵权、假冒伪劣产品等一些涉及民生领域典型案件集中进行宣传，召开“凝聚你我力量——保障食药安全，检察机关在行动”为主题的专场新闻发布会。在“4·26 世界知识产权日”宣传期间，印发《江西省检察机关 2020 年知识产权司法保护宣传典型案例》，并通过“江西检察”微信公众号发布 5 起侵犯知识产权的典型案例，取得了良好的效果。

供稿：最高人民检察院
知识产权检察办公室

山东省

知识产权工作

一、知识产权顶层设计

完善知识产权顶层设计。出台《关于强化知识产权保护的若干措施》；调整山东省政府知识产权战略实施工作领导小组成员单位及组成人员名单；印发工作规则和工作细则。健全知识产权工作评价体系。优化调整财政支持政策。联合多部门印发 2020 年度省级中小微企业贷款增信分险专项资金财政贴息类、风险补偿类及保费补贴类操作指引；修订印发《山东省市场监督管理局知识产权（专利）资金使用管理实施细则》。

二、知识产权创造

2020 年，发明专利申请 87 330 件，同比增长 25.6%；授权 26 745 件，同比增长 29.5%；PCT 国际专利申请 3013 件。新增商标注册申请 56.5 万件，同比增长 21.5%；核准注册 35.0 万件；马德里商标国际注册申请 870 件。地理标志商标注册 90 件。截至 2020 年底，有效发明专利 124 512 件，每万人口有效发明专利量 12.4 件，比上年增长 2.3 件；有效注册商标 161

万件；马德里商标国际注册 9118 件；地理标志商标 792 件。

三、知识产权运用

推动知识产权运营服务体系建设。烟台市获批国家知识产权运营服务体系建设重点城市，获得中央财政资金 1.5 亿元支持；截至 2020 年底，已有国家知识产权运营重点城市 3 个；山东知识产权运营中心正式获得批准建设。

开展国防知识产权管理政策试点。联合六部门印发国防知识产权管理政策试点工作实施方案；完成国防专利济南受理窗口涉密场所信息化建设项目。

推行知识产权质押登记电子化。印发《山东省市场监督管理局知识产权（专利、注册商标专用权）质押登记电子化办理工作指引（试行）》，审核时限缩至 2 个工作日，实现递交材料和领取通知书一次办好；商标、专利质押融资 227.0 亿元，同比增长 41.3%；拨付企业知识产权质押融资项目贴息补助资金 2419 万元；知识产权证券化工作实现零突破，烟台市发行全省首单知识产权证券化产品，实现中长期融资 3 亿元。

实施知识产权"春笋行动"。梳理、建立国家知识产权试点示范单位管理台账，组织评估试点示范单位 522 家，考核国家知识产权优势示范企业 442 家；印发《山东省人民政府关于第三届山东省专利奖励的通报》，授予各类专利奖励项目 95 项；推荐申报中国专利奖项目 97 项。

实施地理标志富民兴农工程。组织博山山楂及寿光蔬菜系列地理标志产品参加第二十七届中国杨凌农业高新科技成果博览会、中国国际商标品牌节等会展活动；在枣庄召开地理标志助力脱贫攻坚工作现场会，助力乡村振兴；4 个地理标志被国家知识产权局遴选为助力精准扶贫典型案例。

四、知识产权保护

加强知识产权保护行政执法。组织开展"铁拳""蓝天"等专项执法行动，加大"双随机、一公开"监管力度，针对回收旧啤酒瓶侵犯商标专用权违法行为开展专项整治，依法规制商标恶意注册及非正常专利申请等行为，严厉打击知识产权侵权假冒行为。2020 年，办理专利纠纷案件 1024 件，查处商标违法案件 1558 件。支持各类市场主体加强驰名商标认定保护，共有行政认定驰名商标 796 件。

建立知识产权保护重点联系机制。建成知识产权保护重点企业库，入库企业 900 余家；出台支持重点企业、行业协会、电商平台开展知识产权保护的 20 项具体配套措施。

推进知识产权快速协同保护。推进山东国家知识产权保护中心建设，招考首批 18 名专利预审员，首批审核备案 427 家企事业单位。联合相关部门出台《关于加强知识产权人民调解工作的意见》。截至 2020 年底，获批建设国家级知识产权保护中心 5 家、知识产权快速维权中心 1 家、国家级知识产权保护规范化市场 13 家、知识产权侵权纠纷检验鉴定技术支撑体系建设试点单位 3 家、国家级知识产权维权援助中心 10 家、省级维权援助中心 4 家；建立仲裁、调解组织 130 余家，调解组织实现全覆盖，仲裁组织覆盖率达 90%。

五、知识产权管理服务

举办知识产权专题研讨班。举办学习贯彻习近平总书记知识产权重要讲话精神专题研讨班；邀请国家知识产权局、中国科学院大学相关专家进行专题讲座。

服务疫情防控、复工复产大局。支持涉及新冠肺炎防治的专利、商标申请优先审查，办理商标优先审查 19 件，专利优先审查 82 件；组织开展马德里商标国际注册巡回宣讲活动 22 场，培训人员 3500 多人，精准帮扶重点企业 80 余家。

深化知识产权领域"放管服"改革。下放专利代理监管、质押融资项目审核相关权限，开展代理机构“双随机、一公开”检查，组织核查涉嫌无资质专利代理线索58项；推进知识产权综合业务“一窗受理”，规范建设国家知识产权局业务受理窗口9个；支持济宁、泰安商标窗口试点开展知识产权信息公共服务；完善省知识产权主题库建设，归集数据149项、382.6万条。

加强知识产权宣传培训。制定全国首个省级知识产权人才培训地方标准。承办全国知识产权公共服务现场交流会；组织开展“知识产权服务万里行”“4·26世界知识产权日”宣传等活动；联合举办《品牌山东之声》栏目150多期；举办知识产权系统业务培训班，培训150余人。

完善知识产权信息公共服务体系。中国石油大学(华东)、山东大学、山东科技大学、青岛大学4所大学获批第二批高校国家知识产权信息服务中心。东营市知识产权保护中心、齐鲁工业大学(山东省科学院)、中国(烟台)知识产权保护中心3家单位获批第四批技术与创新支持中心(TISC)筹建机构。山东大学获批2020年度国家知识产权示范高校。中国海洋大学、济南大学、山东理工职业学院等9所大学获批2020年度国家知识产权试点高校。截至2020年底，已有高校信息服务中心5家、技术与创新支持中心(TISC)6家。

供稿：山东省知识产权局

版权工作

一、版权执法监管

扎实开展“剑网2020”专项行动，查处网络侵权盗版案件22起，刑事移交4起，关闭侵权网站16家。山东淄博“标准文献网”侵犯标准作品著作权案、山东滨州“4·20”销售盗版图书案、山东蓬莱刘某某制售盗版图书案列入国家四部门联合挂牌督办案件。山东威海优乐公司制售侵权盗版玩具案、山东济南“6·16”侵犯网络游戏著作权案、山东济南一品书苑公司销售侵权盗版图书案列入国家版权局挂牌督办案件。

二、软件正版化

软件正版化长效工作机制不断完善，省委常委、宣传部部长担任省软件正版化工作联席会议总召集人，充分发挥各成员单位职责职能，综合运用法律、行政、经济、技术等手段推进软件正版化工作，提升联合监管效能。在巩固扩大党政机关软件正版化工作成果基础上，有序推进事业单位和企业软件正版化工作，国产软件使用数量不断增加，软件保护环境明显改善。采用场地授权服务模式，投入财政资金160万余元，为省直机关统一配置金山WPS国产办公软件。加大“版权大数据服务平台”的推广应用，科学化、规范化、信息化管理水平进一步提升。督查力度不断加大，委托第三方专业机构对全省软件正版化工作进行全面督查，共涉及省级机关80余家、省属国有企业20余家，检查计算机8000多台。

三、版权社会服务

积极完善数字版权服务平台建设，健全各市、重点园区(基地)的版权登记服务网络体系，大力加强对版权服务工作站的管理与服务，著作权登记工作规范化、标准化、信息化水平不断提高，作品登记数量、质量稳步上升。进一步加强图书出版、影视剧等涉外版权合同的登记备案工作，有效推进作品的传播和保护。2020年，著作权作品登记达20万余件，同比增长100.56%，办理引进输出图书版权合同600余份。

四、版权产业发展

2020年，成功创建全国版权示范单位、园区(基地)6家，培育公布山东省版权示范单位、园区(基地)34家，潍坊市获批创建全国版权示范城市，潍坊市文化市场综合执法支队荣获中国版权金奖保护奖。完成《山东省版权产业经济贡献》编辑出版工作。

五、版权宣传培训

以“4·26 知识产权宣传日”为切入点，以国家版权局确定的“强化版权治理，优化版权生态”为主题，上下联动，集中开展版权宣传活动 28 起。利用“学习强国”平台展播《版权十个为什么》《保护版权 从我做起》《“剑网”在行动》《正好，正版好》《尊重新闻版权》《风筝谣》等公益宣传片和微电影。在国家版权局网站、山东宣传网站、“学习强国”山东平台等刊发宣传报道、播放视频 20 余篇次。积极组织开展第十二届全国大学生版权征文活动，举办线上版权公益讲座，实时在线观看人数超 6 万人次。举办全省版权执法暨软件正版化工作培训班，参训人员 150 人次。

供稿：山东省版权局

司法工作

一、提高审判质效，发挥知识产权司法保护主导作用

2020 年，新收知识产权民事一审案件 19 715 件，同比增长 34%。审结各类知识产权民事一审案件 19 617 件，同比增长 29%。调解撤诉结案 13 818 件，同比增长 37%，调撤率达 70%。

2020 年，新收知识产权行政一审案件 16 件，审结 20 件。新收侵犯知识产权刑事一审案件 252 件，审结 271 件，同比增长 11%。

1. 创新案件审理方式

积极运用智慧法院建设成果，通过“云庭审”“云调查”“云调解”等多种方式审理案件，大力推进知识产权案件互联网审判。开启在线“云庭审”，部分案件当庭宣判，并邀请部分人大代表、企业家、新闻媒体记者等通过互联网“云旁听”。据统计，山东法院 3340 件知识产权案件通过互联网审理。

2. 努力打造精品案件

持续推进知识产权精品案审判，不断创新审判思路和司法保护方法，提升山东知识产权司法保护形象。审理的七波辉(中国)公司与超日(福建)公司等侵害商标权及不正当竞争纠纷案，被评为 2019 年中国法院 50 件典型知识产权案例。天津冠芳公司诉新乡发财雨公司等侵害商标权及不正当竞争纠纷案入选全省法院系统 2020 年度优化营商环境十大典型案例。审理的腾讯诉 IT 之家商业诋毁纠纷案、宏联国际系列维权案等，通过创新性裁判，发挥了典型案例的示范引领作用。

3. 依法平等保护中外当事人合法权益

坚持依法平等保护原则，努力营造良好国际营商环境。审理的“耐克”商标侵权案被中国外商投资企业协会优质品牌保护委员会评为 2019—2020 年度知识产权保护十佳案例。

二、深化改革创新，不断完善知识产权审判体制机制

创新审判体制机制建设。在日照、东营设立巡回审判庭，签订《胶东五市人民法院知识产权司法保护协作协议》，推动胶东五市司法协作一体化建设。在宁津县知识产权快速维权中心设立德州市中级人民法院知识产权巡回审判法庭，创新知识产权审判工作机制。

构建跨区域协作机制。济南、青岛知识产权法庭分别与辖区内相关中级人民法院及行政执法部门签订协议，建立协作平台。济南市中级人民法院携手山东中西部九市中级人民法院在线签署《加强知识产权司法保护跨区域交流协作框架协议》，先后与济南、淄博知识产权行政保护部门及德州宁津知识产权快速维权中心签订协议。

推进案件繁简分流。制定下发《山东省高级人民法院办公室关于明确部分第一

审知识产权民事案件管辖法院的通知》，将全省标的额 50 万元以下不具有涉外因素的部分简单知识产权案件下沉到基层法院进行审理。济南市中级人民法院进行著作权纠纷案件要素式审判改革，编发审判要素表及判决书样式。德州市中级人民法院编制《著作权、商标权案件审判要素表》《著作权、商标权要素式判决书样式》。

完善诉调对接机制。认真落实《关于建立专利纠纷诉调对接机制的若干意见》，加强与行政部门、行业协会等调解平台的对接，完善知识产权纠纷多元化解机制。济南市中级人民法院实质性开展知识产权纠纷案件委派调解，以“特邀调解+网络审查+司法确认”程序，顺利审结摇摆车外观设计专利侵权纠纷案。济宁市中级人民法院联合济宁市市场监督管理局出台《关于建立知识产权纠纷诉调对接机制的意见》，搭建具有较高社会公信力的知识产权纠纷多元化解平台。威海市中级人民法院建立威海市知识产权纠纷人民调解委员会。

三、发挥职能作用，持续提升优化营商环境保障能力

1. 起草规范性意见

一是下发《贯彻落实〈关于加强知识产权审判领域改革创新若干问题的意见〉实施意见》，对“举证难、赔偿低、成本高、周期长”等问题提出了 12 条具体意见和措施。二是制定《山东省高级人民法院关于保障上合示范区和自由贸易试验区建设　推动打造对外开放新高地的意见》，专门就加强知识产权司法保护提出 7 条具体措施。三是制定《关于进一步加强知识产权司法保护服务　保障优化营商环境和创新驱动发展的意见》《关于充分发挥知识产权审判职能　依法保障和促进科技创新的意见》。

2. 开展优化营商环境系列活动

通过互联网召开视频新闻发布会，启动全省“保护产权和企业家合法权益，山东知识产权审判在行动”活动。推进知识产权案件“云庭审”，召开知识产权审判工作“云会议”，邀请人大代表、政协委员、相关部门“云旁听”，提出“云建议”。创建山东知识产权审判员额法官“云研讨”微信群业务研讨平台。

3. 协作联动加强知识产权保护

济南市中级人民法院分别与淄博市市场监督管理局、山东政法学院在线签署《加强知识产权跨区域快速协同保护框架协议》《知识产权司法保护理论与实践研究合作框架协议》；与山东知识产权司法鉴定中心举行座谈会。青岛市、日照市中级人民法院与多个不同部门分别签署《关于开展知识产权跨域保护合作的框架协议》《关于建立中国（山东）自由贸易试验区青岛片区知识产权纠纷解决与快速维权机制的意见》《关于建立知识产权快速协同保护体系的意见》，并与中国（烟台）、中国（潍坊）、中国（东营）知识产权保护中心等搭建知识产权纠纷诉调对接综合服务平台。

4. 积极参与全省营商环境建设

完成山东省十三届人大常委会第十五次会议关于全省优化营商工作专题询问审议意见知识产权审判工作部分的起草办理工作；报送山东法院知识产权审判工作情况报告，汇总整理报送优化营商环境典型案例；报送知识产权司法保护考核资料等。

5. 提升司法公开水平

连续组织开展“4·26 世界知识产权日”宣传活动。召开新闻发布会，发布 2019 年山东法院知识产权司法保护状况（白皮书）和十大典型案件，微博、微信、互联网平台同步向社会直播。制作《前进中的山东知识产权审判》专题宣传片、知识产权审判工作宣传长图，拍摄“法官说知产”普法小剧场系列视频等。

四、加强调研指导，有效提升知识产权司法保护水平

承担重点课题“知识产权惩罚性赔偿的司法适用研究”并完成调研报告。制定

《2020年山东法院知识产权审判工作要点》。完成《2019年山东法院知识产权一审案件情况及运行态势分析报告》等。统一案件裁判标准，制定下发《关于进一步加强知识产权审判工作的通知》。破解技术查明难题，起草《关于技术调查官参与诉讼活动的办法(试行)》。

供稿：山东省高级人民法院
知识产权审判庭

检察工作

一、坚持以办案为中心，依法履行监督职责

2020年，受理审查逮捕侵犯知识产权犯罪案件148件217人；批准逮捕侵犯知识产权犯罪案件98件133人；不批准逮捕84人。受理审查起诉侵犯知识产权犯罪案件372件989人；提起公诉侵犯知识产权犯罪案件244件575人；不起诉146人。提起公诉侵犯知识产权犯罪案件中，法院同期作出生效判决共236件506人，全部为有罪判决。依法履行法律监督职责，共监督立案16件24人，监督撤案25件28人，纠正漏捕14人，纠正漏诉59人，纠正侦查活动违法15件次，按二审程序提出抗诉7件，发出检察建议19份。

二、立足检察职能，加大知识产权司法保护力度

1. 加大刑事打击力度

一是助力疫情防控。共起诉涉疫侵犯知识产权犯罪案件38件97人。对假冒注册商标的口罩、酒精、医疗机械等涉疫案件及时组织研究，制发《关于办理涉疫情经济犯罪案件有关问题的意见》，解决办理涉疫侵犯知识产权犯罪中的疑难问题。联合下发《关于疫情期间办理涉防护用品刑事案件有关问题的通知》。二是依法严惩食药、农资领域侵犯知识产权犯罪。将打击侵犯知识产权犯罪与落实食品药品安全“四个最严”专项行动紧密结合，制定《关于落实“四个最严”要求专项行动 开展联合督导检查的工作方案》。召开联席会议3次，主持会签《关于建立健全食品药品领域行政执法与刑事司法衔接工作机制座谈会纪要》。联合开展专项行动督导检查，挂牌督办3批12起食药领域涉知识产权案件。三是严厉打击涉外侵犯知识产权犯罪。坚持对中外知识产权平等保护的司法理念，为各类市场主体正常经营创造良好的法治环境。办理王某等三人假冒知名品牌“洋酒”案，依法保护了知识产权权利人的合法权益；办理全省首起侵犯“行业标准”著作权案件，依法保护国际标准出版物享有的版权。

2. 提高司法保护水平

一是积极开展侵犯知识产权刑事案件权利人诉讼权利义务告知试点工作。向380个权利人进行了权利义务告知，72个权利人委托诉讼代理人阅卷，提交法律意见56份。二是大力探索工作机制创新。加强与公安、市场监管等单位在知识产权保护领域的协作对接，健全完善联席会议、信息共享、案情通报、案件移送等制度，及时互通信息，确保沟通协调顺畅高效。山东省人民检察院与相关部门就知识产权案件商讨研究16次；烟台市人民检察院成立知识产权保护中心，加大知识产权保护力度；济宁高新区人民检察院建立知识产权保护标准体系，成为省级标准化试点。三是最大限度挽回权利人损失。办理侵犯知识产权犯罪案件时，通过引导侦查等方式最大限度挽回权利人损失，注重运用多种检察手段促使侵权人积极赔偿权利人经济损失，并将赔偿情节作为适用认罪认罚从宽的重要考量因素，把侵权行为对权利人的损害降到最低。2020年，检察机关在办理的67件案件中为权利人挽回经济损失700万余元。

3. 提升办案质效

一是确保知识产权刑事案件质量。通

过健全知识产权案件请示汇报、案件质量抽查、定期召开案情调度会等工作机制，狠抓知识产权案件质量。以案例指引、个案督办、类案指导等方式，强化对下业务指导。为解决侵犯著作权的法律适用问题，发布了《关于侵犯著作权罪与销售侵权复制品罪法律适用参考》，指导下级检察院准确把握类案定性标准。二是强化法律监督。对涉知识产权刑事案件审判活动进行有效监督，在办理的王某某销售假冒注册商标的商品案中，一审对被告人适用缓刑，检察机关以被告人未如实供述侵权产品来源、悔罪态度不彻底、不具备缓刑适用条件为由提出抗诉，法院改判被告人实刑。三是提高诉讼效率。对侵犯知识产权犯罪案件提前介入，将提高证据质量、解决证据问题端口前移，引导侦查机关对上游生产和下游销售环节的涉案人员进行抓捕，依法摧毁生产窝点及销售链条，实现全链条打击。2020年，提前介入知识产权案件26件。

三、参与社会治理，服务保障创新发展

制定出台《山东省人民检察院关于充分发挥检察职能　服务保障企业复工复产健康平稳发展的实施意见》，重点打击侵犯企业知识产权犯罪行为，保障企业正常生产经营秩序，起诉侵犯知识产权犯罪人数同比大幅上升。注重推动知识产权司法保护工作深入开展，帮助企业完善知识产权领域的风险预警与防控，最大限度维护企业合法权益。日照检察机关结合被侵权企业具体情况，制发检察建议，帮助被侵权企业完善商标和标识管理规范，降低权利人被侵权可能性。注重在办案中及时总结分析犯罪特点和规律，针对案件反映的监管漏洞、监管模式落后等问题，向有关部门提出检察建议，预防和减少侵犯知识产权行为的发生。临沂检察机关向有关监管机关制发检察建议，督促监管机关堵漏建制、规范执法，完善行政监管。

供稿：最高人民检察院
知识产权检察办公室

河南省

知识产权工作

一、基本情况

2020年，专利申请量186 369件，授权量122 809件，同比分别增长29.4%、42.4%。其中，发明专利申请量和授权量分别为34 412件和9183件，同比分别增长13.7%和31.4%。截至2020年底，拥有发明专利43 547件，较上年度同期增长16.7%，每万人口发明专利拥有量4.52件。商标注册43.5万件，总有效商标注册112.1万件。2020年，累计办理专利执法案件847件，查处各类商标侵权违法案件1265件。

二、知识产权顶层设计

印发《关于强化知识产权保护的实施意见》、河南省知识产权强省试点省建设年度推进计划；制定出台《河南省知识产权局〈关于印发推动知识产权高质量发展年度实施方案（2020）〉的通知》（豫知〔2020〕20号）。开展河南省知识产权“十三五”规划的实施评估工作，起草知识产权“十四五”规划初稿。

三、知识产权高质量发展

加强对专利无费视撤、无费视放的重点监控，对存在非正常专利申请的2家知识产权管理部门和5家专利代理机构进行约谈。发挥专利奖的激励作用，在第二十一届中国专利奖评选中，共有23项专利获奖，其中专利金奖2项、专利优秀奖20项、外观设计优秀奖1项。完成第二届河南省专利奖的评审和奖励相关工作，共有 49 项专利获奖，其中特等奖 1 项、一等奖 5 项、二等奖 18 项、三等奖 25 项，发放奖励金共计 179 万元。组织开展第二十二届中国专利奖申报推荐工作，确定参评项目 35 项。推广宣传驰名商标和地理标志申请保护工作，新增驰名商标认定 2 件，驰名商标达到 276 件；新增地理标志商标 8 件，累计达到 94 件；地理标志产品达到 62 件，加紧推进地理标志专用标志换标工作。“信阳毛尖”成功获批国家知识产权局 2020 年地理标志运用促进工程项目。

四、营造良好创新环境和营商环境

完善知识产权保护法律政策。继续推进《河南省专利保护条例》修订工作，已完成修订草案。制定《关于贯彻落实〈“互联网+”知识产权保护工作方案〉的若干意见》，探索建立符合实际的“互联网+”知识产权保护工作机制。出台《落实〈专利执法行政复议指南(试行)〉〈专利执法行政应诉指引(试行)〉实施方案》，提高复议和应诉水平。印发《2020 年河南省知识产权执法维权专项行动工作方案》，开展涵盖专利、商标、地理标志等保护的专项行动。召开晋冀鲁豫四省十五地市知识产权执法协作经验交流会，深化四省跨地区执法协作机制，健全省内十市执法协作机制和省市县三级知识产权执法联络员制度，构建大保护工作格局。

中国(新乡)知识产权保护中心正式挂牌运营；郑州国家知识产权服务业集聚发展示范区顺利通过验收；推进国家知识产权运营公共服务平台交易运营(郑州)试点平台建设。共有国家知识产权优势、示范企业 102 家，省级知识产权强企累计 332 家；贯标认证企业 1219 家；省级高校运营管理中心累计 13 家；河南大学、河南科技大学、洛阳理工学院 3 所大学获批国家知识产权试点高校。

五、知识产权与产业发展相结合

2020 年，完成专利质押融资金额 29.86 亿元，涉及项目 249 项；商标质押融资额 5.58 亿元，涉及项目 363 项。继续开展企业专利质押融资奖补工作，2020 年实际发放质押融资奖补资金 848 万元。郑州市重点项目“一基金一中心”建设顺利推进，规模 2 亿元的郑州高新产业知识产权运营基金成功设立并加快推进，已完成投资 2000 万元。洛阳市获批第四批国家知识产权运营服务体系建设重点城市，获中央财政 1.5 亿元的资金支持。河南省重点产业知识产权运营基金累计投资项目 4 个，累计投资金额 3000 万元。布局建设省级专利导航实验区 20 家，累计成立 13 个知识产权产业联盟，搭建完成产业专利数据库 8 个，企业专利数据库 10 余个。累计培育国家、省级优势、示范企业 70 家，质押融资额达 8.3 亿元。建设期内，导航产业产值和导航产业产品销售收入实现双增长，增幅分别为 18.7%、28.2%。郑州、洛阳高新区的每万人口有效发明专利拥有量超 100 件。

六、知识产权各项公共服务事业发展

开展知识产权宣传活动，以全国知识产权宣传周和其他重大知识产权活动为契机，充分发挥河南省知识产权局门户网站、微信公众号优势的同时，以《河南日报》《大河报》《河南科技・知识产权》《河南科技报》为平台，提升知识产权工作的社会影响力。先后在《河南日报》刊发《中国专利金奖盾构进军海外》《“国字头”专利验出创新含金量》《“河南专利”点亮“中国屏”》《高价值专利支撑中原创新发展》等文章，并被广泛转载。刊发特刊《推动知识产权工作向更高质量迈进》，邀请专家学者和中国专利金奖获奖企业负责人，围绕知识产权创造、运用和保护建言献策。

以“知识产权助推经济高质量发展”为主题，面向 18 个省辖市知识产权强企、优势企业、贯标企业及重点企业管理人员和负责知识产权工作的人员开展巡讲活动。推进中小学知识产权普及教育，共创建6批次中小学知识产权普及教育实验基地269所、两批次示范基地17所，中小学知识产权普及教育已覆盖全省18个地市10个直管县(市)，覆盖师生超过5万人；开展中小学知识产权普及教育巡讲活动，覆盖全省37所学校。建设郑州大学国家级培训基地1个、河南大学等省级培训基地10个，基地共开展培训54次，培训人次过万。建设知识产权学院6所，占全国知识产权学院总数的13.3%，2020年学院知识产权专业本科毕业生人数近200人。

截至2020年底，拥有国家地方专利信息服务中心1家，分中心8家，技术与创新支持中心(TISC)建设单位3家，全国专利文献服务网点5家，高校国家知识产权信息服务中心2家。

供稿：河南省知识产权局

版权工作

一、跟进学习习近平总书记关于知识产权保护工作的重要讲话精神

举办版权服务进企业活动，邀请近10名专家深入解读习近平总书记关于知识产权保护的重要讲话精神，组织版权纠纷调解中心、律师事务所、公证处等社会组织为企业现场解疑释惑，提供版权服务。邀请专家教授结合新修订的《著作权法》，深刻解读习近平总书记在中共中央政治局第二十五次集体学习时关于知识产权工作的重要讲话精神。

二、版权执法监管

1. 切实加强日常监管

通过抽样检查、现场督导、源头追溯等手段，强化对印刷复制源头企业、出版物仓储物流运输企业、出版物批发零售经营商家、电影院等的日常监管。积极发挥版权行业组织、社会团体、专业版权机构、权利人和广大群众的社会监督作用，进一步畅通和拓展投诉举报渠道，构建打击侵权盗版的社会共治体系。2020年，开展执法行动10 942余次，出动执法人员66 950人次，立案40起，移送司法机关7起，捣毁窝点12个。

2. 严肃查处大案要案

坚持以大案要案查办为抓手，充分发挥部门间联动机制，推动实现执法资源的有效整合，对群众反映强烈、社会舆论关注、侵权易发多发的重点领域和区域，集中力量、重拳出击，确保整治到底、震慑到位。2020年，河南开封“6·10”涉嫌制售侵权盗版图书案、河南安阳“11·21”涉嫌销售侵权盗版图书案等被国家版权局等四部门列为挂牌督办案件。开封谭某某等涉嫌销售侵权盗版教辅案被评为国家“剑网2020”专项行动十大案件。

3. 版权执法挺进互联网主战场

2020年，开展网络执法1066次，出动执法人员6193人次，行政立案11起，刑事立案49起，收缴侵权盗版制品157 086件，抓获犯罪嫌疑人37名，有力打击了网络侵权盗版犯罪。

三、软件正版化

2020年，河南省省级政府机关、国有企业集中开展软件正版化工作，操作系统正版率提高7.65个百分点，办公软件正版率提高25.41个百分点，制度建设实现全覆盖。

1. 加强组织领导，凝聚最大合力

充分发挥联席会议的统筹协调作用，通过联席会议制度，及时传达贯彻党中央、国务院和推进使用正版软件工作部际联席会议以及省委、省政府有关保护知识产权工作、软件正版化工作的重要部署。2020年，聘请第三方技术机构对省级政府机关和国资委监管企业进行全覆盖检查，涉及计算机8294台，提出整改意见3类124项。下发软件正版化工作文件、通知5个，集中开展电话咨询、上门服务2个月，实地

督查2次，召开整改促进会议2次。

2. 狠抓制度落实，实现常态管理

各级政府机关和国有企业全面落实国务院办公厅《政府机关使用正版软件管理办法》，严格落实《正版软件管理工作指南》等文件精神，结合自身实际，制定完善软件采购、安装维护和日常管理使用等一整套制度。

3. 强化督导检查，确保工作实效

推进政府机关和国有企业督查全覆盖。一是突出事前严防、事中严管、事后严处，及时通报督查情况、反馈突出问题、督促整改落实，并适时开展"回头看"。二是进一步加大考核力度，制定《河南省政府机关使用正版软件工作考评办法（试行）》，对全省政府机关每年开展考核，将软件正版化工作纳入意识形态工作专项巡视。

四、版权普法宣传与社会服务

1. 充分发挥版权示范单位、园区（基地）引领作用

严格对照《全国版权示范城市、示范单位和示范园区（基地）管理办法》，切实加强对河南省版权示范单位（园区）的管理和服务，调动其积极性、主动性和创造性，发挥其在作品的创作与传播、版权保护、版权贸易，以及在诚信守法、依法经营、带动版权相关产业发展方面的示范引领作用。

2. 广泛组织开展版权宣传教育培训

在"4·26世界知识产权日"前后，围绕"强化版权治理，优化版权生态"主题，通过报纸、广播、电视和"学习强国"平台、县级融媒体中心，以及微信、微博、抖音、快手等新闻宣传渠道，全方位、多角度、多渠道开展版权宣传，并推动版权普法宣传进学校、进机关、进企业、进社区、进广场。组织省国资委监管的国有企业参加全国国有企业软件正版化工作宣传培训活动。举办全省版权执法培训班。

3. 推动版权输出传播中华文明

新冠肺炎疫情期间，及时组织编写出版多语种医疗废物应急管理与处置知识读物，并向199个国家和地区免费输出版权，为全球抗疫提供中国智慧、中国方案。推动《中国三十大发明》的法文等5种语言版本的版权输出。

供稿：河南省版权局

司法工作

一、积极履行审判职责

2020年，受理各类知识产权案件13 696件（新收12 353件，旧存1343件）。其中一审12 511件，占比91.4%；二审1185件，占比8.6%。审结各类知识产权案件13 593件，结案率99.2%，同比增长19.1%。

二、充分发挥知识产权司法保护主导作用

1. 全面贯彻严保护精神，提高案件审理质效

提高侵犯知识产权犯罪量刑处罚力度，加大对食品、药品、涉农等涉及民生重点领域侵犯知识产权犯罪行为的打击力度，对主犯、累犯在量刑时均判处实刑，加大罚金刑适用力度，按法律规定从重判处罚金刑。

降低原告举证责任，对原告已经完成初步举证责任的，实行举证责任转移。依法保护"许继""双汇"等众多知名商标权利人的合法权利；依法审理腾讯、优酷等互联网案件，加大对著作权人合法权益的保护力度。

着力提高民事侵权赔偿数额，判决侵权人赔足权利人经济损失以及合理维权成本。在确定赔偿数额时，全面考虑知识产权类型、侵权故意、侵权行为持续时间、侵权获利以及地域经济差别等因素。审理的华测电子公司与河南省信息化公司不正当竞争纠纷案，在充分考虑信息化公司不正当竞争行为所造成的恶劣后果的基础上，判决其承担300万元赔偿责任，并赔礼道歉。办

理的南街村公司诉新乡麦金香公司不正当竞争纠纷一案，查明麦金香公司恶意持续侵权的事实，依法全额支持原告的100万元赔偿请求，严厉制裁恶意侵权主体。

2. 多措并举，推动知识产权大保护工作开展

提升知识产权司法活动专业技术支持力度，逐步完善技术调查官制度。加强与省内外高等院校、科研机构、专利审查协作河南中心的沟通交流，推动完善细化聘请技术调查官参与诉讼活动的技术事实查明机制，逐步建立全省法院技术调查官人才库和技术咨询专家库。邀请技术调查官参与现场勘验，由技术调查官对涉案技术事实判断问题提供技术咨询和审核意见。

推动健全知识产权诉调对接机制。根据《关于建立知识产权纠纷在线诉调对接机制的通知》要求，探索建立完善知识产权纠纷多元化解决机制；依托法院诉调对接平台，逐步将符合条件的调解组织和调解员纳入法院的特邀调解名册，通过调解平台向相关调解组织和调解员委托调解、委派调解，调解成功的，可以申请在线司法确认或者出具调解书，推动完善知识产权纠纷多元化解机制建设。

3. 优化管辖机制，实现知识产权快保护工作落地生根

2020年，先后两次报请最高人民法院批准，指定新乡市卫滨区、南阳高新区、商丘市睢阳区人民法院和洛阳老城区人民法院集中管辖所在市区标的额50万元以下的商标权、著作权纠纷民事案件。

向最高人民法院报送河南省全面推行知识产权"三合一"改革的请示，年底获得批准。

在有管辖权的基层人民法院和正在开展繁简分流试点的郑州、洛阳两地法院探索符合知识产权案件特点的案件繁简划分标准，改进"简案"诉讼程序，优化"繁案"庭审程序。

三、提升知识产权服务大局能力

在全省范围内开展知识产权司法保护专项行动。截至2020年底，全省法院共办结知识产权一、二审案件13 593件，其中一审案件12 446件，结案率99.5%；二审案件1147件，结案率96.8%，圆满完成专项活动预定目标。

持续深入参与打击侵犯知识产权和制售假冒伪劣商品犯罪专项活动。2020年，受理侵犯知识产权和制售假冒伪劣商品犯罪案件1549件，判处犯罪分子1747人。对涉嫌侵权假冒犯罪案件，依法快审快结，确保办案质量。

不断加大知识产权司法保护宣传力度，引导创新驱动发展。在"4·26世界知识产权日"宣传活动期间，召开新闻发布会，向社会通报2019年全省法院知识产权司法保护情况，并发布十大典型案例。积极借助电视、报纸、广播、微博、微信等媒体，以案释法，以人民群众喜闻乐见的形式讲好河南知识产权审判好故事。

供稿：河南省高级人民法院
知识产权审判庭

检察工作

一、案件办理情况

2020年，受理知识产权审查逮捕案件235件462人，批准和决定逮捕195件339人，同比分别增长7.7%、10.4%。其中，假冒注册商标罪56件100人，销售假冒注册商标的商品罪101件178人，非法制造、销售非法制造的注册商标标识罪19件31人，侵犯著作权罪14件22人，销售侵权复制品罪4件7人，侵犯商业秘密罪1件1人。受理知识产权审查起诉案件290件585人，提起公诉253件565人。其中，假冒注册商标罪91件242人，销售假冒注册商标的商品罪99件187人，非法制造、销售非法制造的注册商标标识罪25件75人，侵犯著作权罪30件49人，销售侵权复

制品罪 7 件 10 人，侵犯商业秘密罪 1 件 2 人。

二、加强案件指导

注重强化知识产权案件办案指导，针对知识产权案件办理过程中的管辖不统一、证据收集难、数额计算难、鉴定不规范等问题提出指导意见。同时注重典型案例的培育筛选工作，从各地市筛选 10 余起典型案例向最高人民检察院推荐。于 2020 年“4·26 世界知识产权日”发布 2019 年全省检察机关侵犯知识产权犯罪 5 起典型案例，充分发挥典型案例的示范、引领作用，指导各地充分履行立案监督职责，持续强化监督实效，深挖犯罪链条，追捕追诉漏罪漏犯。

三、推行公开听证制度

推进涉知识产权刑事案件公开听证工作，接受社会各界监督，保证办案质量，促进社会矛盾化解，进一步提高知识产权保护工作的法治化水平。例如 2020 年 12 月举办的一起侵犯知识产权案件刑事申诉案件听证会，邀请了五位知识产权领域方面的专家担任听证员，当事人及诉讼代理人围绕案件中争议的壳牌商标是否被侵权问题进行了充分阐述，五位听证员分别进行提问，并提出合议意见，取得了良好效果。

四、督办重点知识产权案件

联合河南省公安厅在共同研判基础上选出 6 起侵犯知识产权犯罪案件挂牌督办，要求有关办案单位以查办案件为抓手，树立以审判为中心的司法理念和精品案件意识，办准办好案件，依法保障当事人和其他诉讼参与人的合法权利，确保办案质效。

五、开展知识产权保护宣传

印发《关于全省检察机关开展 2020 年知识产权宣传周活动的通知》，广泛开展丰富特色的知识产权宣传活动。河南检察机关的知识产权保护和宣传工作得到最高人民检察院肯定，《检察日报》《河南法制报》主流媒体同步宣传报道。

供稿：最高人民检察院
知识产权检察办公室

湖北省

知识产权工作

一、高层次谋划知识产权工作

首次出台知识产权保护综合性政策文件《关于进一步强化全省知识产权保护的若干措施》。启动首届湖北专利奖评选活动，有效激发市场主体创新活力。召开知识产权战略实施联席会议，形成共同推进知识产权工作的合力。

2020 年，湖北省有效发明专利达 7.35 万件，每万人口发明专利拥有量约为 12.41 件，同比增长 21.63%；通过 PCT 途径提交的国际专利申请连续 4 年超千件；有效注册商标比“十二五”期末增长 200%。2020 年，专利授权总量增长 48.91%，达到 11 万件。其中，发明专利授权 1.76 万件，同比增长 23.82%。商标有效注册量达 66.5 万件；新注册地理标志商标 33 件，同比增长 26.92%。

二、深化“三大工程”

高价值知识产权培育工程助力华星光电、高德红外、鼎龙股份、锐科激光等企业强化高价值专利的培育和布局，提升企业竞争力；重点企业知识产权海外护航工程指导海外维权服务中心完善服务平台功能，为 58 家重点出口企业提供国际专利、商标申请注册指导和法律纠纷应对服务；

知识产权运用示范工程畅通知识产权价值实现渠道，21家运用示范单位2020年专利转化合同金额超3.3亿元。2020年，专利、商标质押金额32.55亿元，同比增长74.5%；质押项目135项，同比增长35%。举办高价值专利大赛，培育遴选一批高价值专利，建立“三大工程”后备库，放大工程的引领和示范效应。

三、开展品牌提升专项行动

调整湖北省品牌强省联席会议成员，启动为期三年的品牌提升专项行动，印发《湖北省品牌提升专项行动方案（2020—2022）》，全面强化制造业、农业、服务业品牌提升。举办“我喜爱的湖北品牌”电视大赛，决赛网络投票关注量超过1800万人次，决赛网络直播观看人数超过50万人。举办第二届湖北地理标志大会暨品牌培育创新大赛，将风投机构、电商、直播平台引入地理标志品牌培育。其中，“蕲艾”等14个项目获金奖，“宜城松花皮蛋”等12个项目获银奖。“恩施土豆”“潜江龙虾”等企业在遭遇新冠肺炎疫情冲击的情况下线上销售实现大幅增长；“麻城福白菊”项目获得2020年国家地理标志运用促进工程立项；13件地理标志入选中欧地理标志协定保护名录。

四、全面加强知识产权保护

深入开展“铁拳”“蓝天”行动，查办商标、专利行政处罚案件707件，案值2732.85万元，罚没金额1451.66万元。立案专利侵权纠纷和电商领域案件1320件，同比增长10%，结案率98.1%。建立“市局+执法支队+知识产权服务中心+消保中心”全链条知识产权执法维权体系，在知识产权密集的市场、园区、企业设立一批知识产权保护工作站。完善多元化纠纷解决机制，实现知识产权维权援助机构全覆盖。成立湖北省知识产权纠纷人民调解委员会，“坚持‘四个强化’，打造高素质行政裁决专业化队伍”工作做法成为全国推广的可复制、可推广、可借鉴的典型经验做法之一。大力推进中国（武汉）知识产权保护中心和快速维权中心建设，预审发明专利的平均授权率达到90.8%，审查周期压缩70%。强化商标和地理标志保护。严厉打击非正常商标申请及代理行为，转办督办13条涉非正常申请“火神山”“雷神山”“方舱”商标代理行为线索；发布湖北省2019年度知识产权（商标）行政保护十大典型案例；1个商标行政执法案例入选国家知识产权局发布的第一批知识产权行政执法指导案例，湖北省十堰市市场监督管理局查处侵犯康明斯有限公司相关注册商标专用权案入选2019年度全国商标行政保护十大典型案例。推进“英山云雾茶”国家地理标志产品保护示范区建设，完善《湖北省优势商标名录》。发放专用标志下载口令205个，完成196家地理标志产品生产者和49家地理标志商标使用人专用标志换标工作。

五、提升服务效能

助力企业抗击疫情和复工复产。及时出台开通专利、商标申请“绿色通道”等7项知识产权服务举措，提供各方面支持。指导新一代湖北专利信息检索及分析系统在疫情期间设立“防疫信息库”专栏，推出抗疫免注册使用高级账户，积极搜集整理新冠肺炎防治专利信息情报和相关公益培训课程，相关用户下载文献104.7万余条。实现商标窗口全覆盖，武汉代办处专利、商标窗口集成办公。落实知识产权代理行业“先上岗再考证”的政策，推进知识产权服务业稳定和扩大就业，解决大学生就业514人；进行60余场线上交流培训活动，累计服务社会公众超过18 000人次，为湖北企业免费开放80多节知识产权在线课程，累计捐款捐物近千万元。

六、加强知识产权文化建设

高规格组织“4·26世界知识产权日”

宣传活动，协调 10 余家中央媒体来湖北省专题采访品牌强省工作，举办知识产权保护公益广告大赛，有效提升了湖北省知识产权工作的显示度。遴选 20 所学校为第五批省级中小学知识产权教育试点。举办线上线下各类知识产权培训 228 期，培训规模近 11 万人次。与世界知识产权组织合作开展海外知识产权保护培训。湖北省知识产权局局平台、武汉、宜昌、天仙潜 4 个远程教育分站被评为全国知识产权系统优秀分站。

供稿：湖北省知识产权局

版权工作

一、领导部署

以“双打”“剑网”等专项行动为抓手，严厉打击各类侵权盗版，尤其是互联网领域侵权盗版行为，大力推进软件正版化工作，强化版权社会服务，关注重点难点问题，持续推进版权秩序治理。

二、“剑网”专项行动

1. 加强重点案件督办

会同湖北省公安厅、人民检察院对襄阳南漳大众书社销售侵权图书案进行联合督办，现场督办黄石“2・15”侵犯影视作品著作权案、黄冈浠水“91 资源网”系列网站侵犯影视作品著作权案等案件。

2. 加大违规网站处置力度

专项行动期间，积极配合各相关部门，加大违法违规网站处置力度，关闭违法违规网站 516 个，其中涉及侵权盗版网站 42 个，下架侵权假冒 App10 款。

3. 提高案件成案率、落地率

组织专班对权利人举报信息、国家版权局移转线索和网站巡查线索、热门网站流量排名等信息进行综合分析，筛查出有效线索后及时移转市（州）版权和公安部门初查，对符合立案条件的及时督促立案查办。专项行动期间，先后移送案件线索 19 个，大部分已经立案并查处。2020 年，版权执法部门共立案查办版权侵权案件 71 件，其中行政处罚 59 件，责令关闭或整改 2 件，罚款 70 多万元。

4. 加大典型案件曝光力度

对典型案件予以曝光，发挥强大震慑作用。在《湖北日报》刊发专版，宣传湖北省版权执法管理工作情况，同时对 2019 年黄冈浠水“91 资源网”系列网站侵犯影视作品著作权案进行曝光。

三、常态化工作机制

1. 突出重点网站监管

将荆楚网、汉网、长江网、大楚网等一批有影响力的重点门户网站和斗鱼、风行等省内 13 家持证互联网视听节目经营网站纳入主动监管范围，通过定期自查和不定期抽查，督促经营主体完善版权管理机制，自觉遵守版权法律法规。

2. 加强网上主动巡查监测

依托湖北省通信管理局大数据监测平台，发挥真相科技区块链和“鲸版权”网络监测等社会资源作用，结合国家版权局重点作品版权预警名单，对辖区内备案的网站进行网上巡查，查找网络侵权盗版案件线索，排查网站 10 万多个，提取相关链接 4.7 万条。

3. 强化经营性网站主体责任

将排名热度靠前的网站按照视听作品、电商平台、社交平台、在线教育等分门别类拟制监管名单，建立信息联络员制度，强化企业法人职责，督促企业完善版权监控管理机制，防止侵权盗版的发生。

4. 规范网站基础信息管理

“剑网 2020”行动期间，积极开展网站备案信息自查自纠工作，下发并公示空壳网站 138 批次，处理空壳网站 2.5 万余个。

四、软件正版化

先后印发《2020 年推进软件正版化工作部际联席会议精神》《湖北省 2020 年推进

使用正版软件工作计划方案》《关于做好2020年推进软件正版化有关工作的通知》等文件。突出督查检查，按照“谁主管，谁负责”的原则，采取市州自查、省级抽查的方式。截至2020年底，已完成督查政府机关和企事业单位471家，检查计算机30 040台次。对16家省级国有企业进行软件正版化全覆盖督查和指导，确保软件正版化工作落到实处。

五、版权社会服务工作

1. 加大宣传力度

以“4·26世界知识产权日”为契机，通过抖音等社交平台组织版权线上宣讲直播访谈，宣传普及版权知识，相关视频播放达380多万次。举办著作权专题研讨会，组织专家学者深入探讨著作权法修订相关内容，为专项行动提供理论支撑。组织“WPS抗疫杯”版权征文活动，先后征集各类抗疫主题作品近2000件，评选出优秀作品20余件。利用《湖北日报》等传统纸媒和荆楚网、大楚网等网络媒体发布专项行动通知，制作并投放“剑网2020”专项行动专题宣传片，浏览播放量近百万次。

2. 做好培训工作

组织举办版权管理工作培训班，对使用正版软件工作领导小组成员单位等共400多人进行了培训。开设“湖北版权线上公益课堂”，针对网络侵权热点难点问题，邀请知名专家学者线上授课，网络课堂累计教学达1万人次。开通湖北版权保护微信公众号，围绕重点任务，主动发布湖北省版权管理工作情况。

3. 开展版权示范工作

组织开展全国版权示范推荐工作，武汉斗鱼网络科技有限公司等3家单位、武汉智谷科技开发建设有限公司分获全国版权示范单位和示范园区称号。组织开展全省版权示范创建工作，授予劲佳包装有限公司、三峡日报社等10家单位为省级版权示范单位，宜昌云计算孵化器等2家园区为省级版权示范园区。

4. 做好版权登记工作

以版权登记系统接入湖北省政务服务平台为有利契机，大力推广版权登记“一网通办”，畅通登记渠道，为权利人提供优质、高效、便捷的版权登记服务。2020年，一般作品登记量50 474件，出版外国图书合同登记263件，其他版权合同备案21件，较同期增长10%。

六、著作权集体管理工作

举办企业反盗版工作座谈会，了解企业维权工作情况，收集案件线索，加强版权行业自律，提高版权维权效率。为维护KTV行业版权秩序，及时发布信息，明确KTV版权收费主体。与法院等共同召开由KTV经营者、VOD生产商、文化娱乐协会、小权利人等参加的座谈会，就收费主体、收费标准等进行协商。

供稿：湖北省版权局

司法工作

一、加大知识产权司法保护力度

2020年，受理各类知识产权案件9974件，审结9235件，平均结案率仍达92.6%。依法公正审理了一批备受社会关注的大案要案。

一是区分权利性质，注重保护创新成果，特别是对于创新程度高的发明专利以及关键核心技术成果，均给予较高程度的保护。二是积极探索实施惩罚性赔偿制度，对重复侵权、恶意侵权、情节严重的，适用惩罚性赔偿。三是加大刑事制裁力度，严厉打击侵犯知识产权的各类犯罪，受理各类刑事案件77件，审结70件。四是创新纠纷解决方式，构建知识产权案件多元化解机制。坚持诉前、诉中、诉后调解，加强知识产权审判与人民调解、行政调解与行业调解、第三方调解的衔接与配合。

二、坚持知识产权审判服务大局

及时出台司法文件，回应疫情防控司法需求。单独或联合其他部门及时出台《关于充分发挥审判职能　为新型冠状病毒感染的肺炎疫情防控提供司法保障和服务的意见》《关于严格依法审判妨害新冠肺炎疫情防控犯罪案件的通知》《关于依法惩治妨害新型冠状病毒肺炎疫情防控违法犯罪的实施意见》《关于依法保障疫情防控期间复工复产的意见》等有关疫情防控的司法政策文件。

强化知识产权刑事处罚威慑作用，发挥知识产权审判信息化运用先行者优势。发布首批涉疫犯罪 4 个典型案例，其中一个案例涉及制售假冒伪劣口罩。开庭审理疫情期间"云审判第一案"，全省法院推行"云间庭审系统"在线开庭审理案件。

以创新调解理念快速化解矛盾纠纷，提出善意调解理念。服务保障优化湖北法治化营商环境，妥善调解引起社会广泛关注的中国"智慧城市"建设纠纷第一案。

三、深入推进知识产权审判体制机制改革

进一步加强武汉知识产权审判庭建设。把推动设立知识产权法院纳入全省法院 2020 年工作要点的部署和要求，全面推动知识产权法院设立工作。

全省法院"三合一"范围不断增加，"三合一"审判机制的优势充分显现。积极推进知识产权案件繁简分流改革。在全省法院推广试行涉 KTV 侵害著作权案件裁判文书简化工作。积极探索知识产权案件"简案快办"机制，对简案开展电子送达、庭前会议、争点式庭审、要素式判决和当庭宣判。

开辟审理侵权假冒案件"绿色通道"，对侵权假冒犯罪刑事案件做到快立、快审、快执。构建行政与司法对接、协调联络机制，解决人民群众关心的"举证难、周期长、成本高、赔偿低"问题。

四、加大知识产权保护宣传力度

坚持开展"4・26 世界知识产权日"宣传活动，如期发布湖北法院知识产权司法保护状况（2019 年）白皮书和十大典型案例。

积极开展侵权假冒商品集中销毁活动。组织开展"4・26 世界知识产权日侵权假冒商品集中销毁活动"，营造保护知识产权和严厉打击侵权假冒的强大声势。

积极融合传媒媒体与新媒体，增强知识产权司法宣传的影响力度。召开新闻发布会，通报全省法院开展涉企案件经济影响评估、服务保障法治化营商环境建设的工作情况，发布首批湖北法院营造法治化营商环境典型案例。积极运用新媒体新形势增强宣传实效。

五、加强知识产权审判队伍建设

强化横向协作重沟通。与国家知识产权局专利局专利审查协作湖北中心签订合作框架协议，与湖北省委宣传部版权管理处联合组织召开涉 KTV 著作权许可与保护座谈会。

注重打造专业型、专家型知识产权法官。综合运用专业培训、学术交流、专题研讨等多种手段，特别是充分利用线上线下等多种培训形式，着力提升干警知识储备和审判技能。

立足湖北知识产权审判实际，加强司法专项调研。组成课题调研组，就"探索科技创新司法保护的湖北范本路径研究——以推动设立武汉知识产权法院为视角"课题展开全方位专题研究。

供稿：湖北省高级人民法院
知识产权审判庭

检察工作

一、依法履行检察职能，加大惩治侵犯知识产权犯罪力度

2020 年，受理审查逮捕侵犯知识产权犯罪案件 44 件 112 人，批准和决定逮捕 49

件 111 人，受理审查起诉 113 件 296 人，起诉 77 件 207 人。

一是制定知识产权刑事案件证据收集标准，如《关于涉知识产权刑事案件审查逮捕、审查起诉的证据指引》，分别从证据收集的共性要求和知识产权相关罪名的个性要求出发，结合办案实践，详细规定了知识产权类刑事案件的证据收集标准。二是严厉打击疫情防控期间各类侵犯知识产权犯罪案件，依法从严惩治了一批在疫情防控期间，生产、销售用于防治新冠肺炎的假药等犯罪行为。三是坚持对重大、复杂、疑难的知识产权案件适时提前介入，引导侦查取证。四是监督法院审判活动，准确提出量刑建议，确保有力打击违法犯罪分子，有效净化市场环境，成功办理“华为光模块”等一批侵犯高新技术的知识产权犯罪案件。

二、加强组织领导，夯实工作基础

一是树立现代化的执法理念。认真组织干警深入学习最高人民检察院等有关服务经济发展、加强知识产权保护的系列文件精神，牢固树立“保护知识产权就是保护企业发展，保护企业知识产权才是更深层次的保护”的理念。二是健全专业化的办案机制。积极推行知识产权案件专业化办理。如武汉市人民检察院推行知识产权刑事案件集中办理机制，所有涉及侵犯知识产权一审刑事案件均在武汉市江岸区人民检察院审查起诉，整合法律监督资源，实现法律监督力量集中、监督标准统一，提高法律监督效率。三是构建专门化办案队伍。精选业务熟练、经验丰富的员额检察官和检察官助理组成专业化办案队伍。对于重大、疑难复杂案件，领导带头办案、各部门通力协作，确保将优质资源向打击侵犯知识产权犯罪办案一线倾斜。

三、完善机制，强化知识产权案件法律监督

一是加强对公安机关的立案监督及侦查活动监督，进一步规范办案程序，明确执法标准，完善工作机制，确保侵犯知识产权案件及时批捕、起诉、审判。二是注重完善与行政执法机关的沟通协作机制。通过走访有关行政部门、审查行政执法案卷等方式，准确掌握涉及侵犯知识产权行政处罚案件的办理情况，督促行政机关积极发现并及时移送犯罪线索，对行政执法机关在查处案件过程中遇到的新情况、新问题，及时在专业范围内提供法律咨询、参与疑难法律问题的探讨。如大冶市人民检察院通过专题协商，与市场监督管理局建立知识产权违法犯罪双向移送对接机制，形成知识产权违法犯罪打击闭环。三是建立知识产权技术调查官机制。在办理知识产权刑事、民事行政监督、公益诉讼等案件中，借助知识产权管理部门的专家库，在告知权利人诉讼权利义务、委托检验鉴定、聘请有专门知识的专业人员等方面提供帮助，按照技术领域邀请专业技术人员协助查阅有关专业资料，就案件涉及的专业问题出具认定意见。

四、注重办案方式方法，提升知识产权司法保护水平

一是注重准确把握法律政策界限。在办理涉及知识产权刑事案件中，对于法律政策界限不明、罪与非罪界限不清的，听取有关行业主管、监管部门的意见，做到准确定性、依法办理。既始终保持对侵犯知识产权违法犯罪的高压态势，又在具体办案中综合考虑犯罪情节、主观恶性、社会危害程度，做到不枉不纵。二是检企共建，为企业发展保驾护航。相继开展“送服务进企业”活动，采取上门走访、座谈、发放宣传资料等方式，帮助民营企业了解“鄂检十条”等政策，提高企业知识产权保护意识。如江岸区人民检察院将服务和预防关口前移，设立知识产权保护工作站，为企业特别是高新企业知识产权保护提供优质服务。三是坚持宽严相济，妥善办理涉企知识产权案件。注重从企业生存发展出发，准确把握法律政策界限，努力把办案对企业的影响减少到最低限度。如办理的梁某某等五人假冒注册商标案中，犯罪嫌疑人之一李某某系孝感市孝南区重点引进项目某集团公司的生产部经理，因对其采取羁押措施对企业生产经营造成较大影响，检察机关依法进行羁押必要性审查后，决定变更强制措施，全力保障企业正常运转。经过回访了解到，李某某在变更强制措施后已为企业追回 100 万余元的应付账款，企业复工复产率达 70%；其他两名被告人梁某某、张某某在适用认罪认罚从宽制度后获从轻处罚，刑满释放回归工作岗位后，二人积极协助公司收回应收账款 1800 万余元，使企业重获新生。

供稿：最高人民检察院
知识产权检察办公室

湖南省

知识产权工作

一、知识产权主要指标量质齐升

2020 年，专利授权量 78 723 件，同比增长 43.96%，其中发明专利授权量 11 537 件，同比增长 36.07%；PCT 专利申请量 624 件。截至 2020 年底，发明专利拥有量 56 285 件，同比增长 20.43%；每万人口发明专利拥有量 8.14 件，同比增长 20.24%。85 个知识产权密集型产业培育企业发明专利申请增长 97%。商标申请量 24.4 万件，同比增长 22.75%；马德里商标国际注册申请 365 件；商标有效注册量突破 70 万件，同比增长 22.86%。新获批地理标志商标 28 件。截至 2020 年底，拥有地理标志产品 80 个，地理标志商标 186 件。

二、知识产权保护环境持续优化

将知识产权“十四五”发展规划列入省级重点专项规划，将知识产权保护纳入营商环境评价体系。深入开展知识产权“铁拳”行动和专利真实性监督检查、商标使用行为检查；对 410 件驰名商标实行名录管理；办理专利行政保护案件 1710 件，查办假冒侵权案件 3415 件，罚没款 5047 万元，移送案件 43 件。加强与海关等部门和长三角地区 11 个省市的执法协作，加快构建知识产权行政和司法协作保护模式，建立集专利、商标、版权“三权合一”，人民调解、行业调解、行政调解、司法调解“四调联动”的知识产权纠纷多元化解平台。支持 5 个市（州）开展专利侵权纠纷行政裁决试点，成立全省首家知识产权仲裁院，成为国家知识产权仲裁调解能力机构建设试点省份。

三、知识产权运用水平不断提升

逐步完善知识产权转化运用机制，着力打通知识产权转移转化渠道，为 270 余家中小企业办理知识产权质押登记 281 笔，涉及专利、商标 1556 件，知识产权质押融资额达 41.49 亿元，较上年增长 30.1%。知识产权质押融资风险补偿资金支持中小微企业以纯知识产权质押融资 7.2 亿元；省重点产业运营基金所投企业发明专利增长 67%。8 所高校通过许可、转让和作价入股等方式，实现知识产权转化金额 11 亿元。地理标志及相关产业年产值逾 700 亿元，解决就业 22 万人。安化黑茶、浏阳花炮等 7 个产品成功纳入中欧地理标志产品互认互保名单。

四、知识产权服务能力明显增强

持续深化知识产权领域“放管服”改革，知识产权综合服务分中心增至 32 个，实现市州全覆盖；推动建设专题数据库，对接服务企业1100余家，累计组织培训60余次。长沙代办处获批商标受理权限，各市(州)商标窗口完成更名换牌，14个商标受理窗口共计办理各项业务18 712件，同比增长29.03%。完善知识产权信息服务平台，集成专利数据近1.2亿条，商标数据4500万条，地标数据近9000条，正式开通以来访问量超过37万次。“1+3+N”知识产权运营服务体系基本建成。2020年，先后在长沙、湘潭、益阳等地举办知识产权质押融资助力复工复产银企对接会、入园惠企湖南站主场活动等，现场签订贷款协议1.5亿元。深入开展知识产权代理行业“蓝天”专项整治行动，完成对31家专利代理机构、34名专利代理师和50家商标代理机构的抽查，对1001家商标代理机构进行摸底调查。

五、知识产权发展基础不断夯实

截至2020年底，有国家知识产权试点和示范城市、园区8个，国家知识产权强县工程建设试点和示范县市区13个，国家知识产权优势、示范企业168个，湖南省知识产权强县建设单位39个。2020年，省财政投入知识产权战略专项资金6800万元，推动11个市(州)和14个县市设立知识产权专项资金近亿元。稳步推进军民融合步伐，初步建立起知识产权领域军地组织管理体系、工作运行体系，全面启动相关机构的保密环境建设和保密设备的升级改造。持续推进知识产权基础教育，评选第二批全省中小学知识产权教育示范学校8所、第四批试点学校28所；在第二十四届全国发明展览会上，共获金奖15项、银奖38项、铜奖38项。2020年，有968人在长沙考点参加全国专利代理师资格考试，考试通过率较往年有较大幅度增长。以“知识产权宣传周”系列活动为载体，大力推动知识产权政策、法律、知识的普及宣传，社会公众对知识产权的认知度进一步提升。

六、疫情防控担当作为

面对突如其来的疫情，全省知识产权系统采取一系列措施助力疫情防控和复工复产。大力推行“网上办”“邮寄办”“预约办”等便民利企措施，帮助61家企业435件防疫产品相关专利或商标申请优先通过审查，鼓励专利、商标代理服务机构“先上岗再考证”，吸纳高校应届毕业生就业。设立质押融资登记“绿色通道”，帮助35家轻资产中小微复工复产企业实现质押融资37笔，质押金额7.09亿元，为19家防疫企业优先发放质押融资补贴78.3万元，发放国内授权发明专利补助3606.9万元。对抢注“雷神山”“火神山”商标的行为实行重点约谈。

供稿：湖南省知识产权局

版权工作

一、版权服务抗疫大局

1. 做好主题宣传

支持湖南省文明委开展“潇湘家书”活动，完善稿件征集启事，明确活动投稿版权条款。做好“潇湘家书——抗疫篇”主题出版版权服务，宣传抗疫事迹。协助陕西省委宣传部查寻部分作者联系方式，协调涉湘作品使用版权许可事宜，支持兄弟省市开展主题宣传工作。

2. 助力复工复产

通过实施加急核查登记、开辟邮寄受理“绿色通道”等措施，快速办理抗疫主题作品登记，支持省内印刷企业境外委托印刷业务，扎实开展著作权合同备案工作。分别办结引进外国图书合同备案248件、境外委托印刷著作权人授权证明备案56件。

二、执法监管规范市场秩序

1. 统筹安排、周密部署

联合通信、公安、网信部门，印发《湖南省打击侵权盗版“剑网2020”专项行动实施方案》，启动2020年湖南省打击网络侵权盗版专项整治工作。

2. 推进大案要案查办

协调推动长沙“6·19”案件进入司法审判阶段，稳步推进邵阳电影盗录侵权案查办工作，指导公安部门立案侦查芒果TV热播剧被侵权等案件。2020年，办结岳阳“8·1”侵犯著作权案、邵阳侵犯图书著作权系列案、永州星耀影业公司侵犯影视作品著作权案等一批重大版权案件。

2020年，巡查网站、微博和微信账号7920个，主动监管网站1543个，删除涉嫌侵权作品852件，检查私人影吧77家，提请关闭侵权盗版网站、公众号332个，收缴侵权盗版制品5301件。

三、巩固软件正版化成果

1. 充分发挥联席会议机制效用

制定印发《湖南省2020年推进使用正版软件工作计划》。召开年度工作部署会，督促成员单位落实工作要求，形成工作合力。

2. 广泛开展专项监督检查

对湖南省市场监督管理局等8家政府机关的软件正版化工作情况开展专项检查。持续开展政府机关软件正版化审计监督工作。协同省国资委等企业行业主管部门，对省属国有企业开展调研指导，巩固、拓展金融、新闻出版等行业企业软件正版化成果。将市州软件正版化工作纳入全省“平安”建设考核体系。

2020年，全省各级政府机关新投入采购资金2497.04万元，采购软件38418套；107家企业完成软件正版化检查整改；检查政府机关705家次，组织专题培训55班次，2201家政府机关和企事业单位的6798人次参加了培训。

四、版权服务推动产业发展

1. 支持重点园区建设

先后2次召开现场办公会，推动马栏山视听节目国际版权交易中心建设，设立马栏山版权基层工作站，推进全省作品登记服务大厅落户园区，指导园区开展全国版权示范基地创建工作。

2. 全面实施作品著作权免费登记

将作品登记作为落实《关于强化知识产权保护的意见》的一项重要措施，研究改进作品登记体制，委托中共湖南省委出版产品质量监督检测中心具体承担。全面实施免费登记，有效减轻申请人经济负担。2020年，作品登记量8198件，实现年增长50%的目标。

3. 夯实版权工作基础

推进版权社会服务体系建设，完成湖南省版权保护协会提前换届工作。积极开展全国版权示范创建，指导长沙申报版权示范城市创建。立项研究省级社科课题“5G条件下的版权保护和版权交易”，协同有关部门做好区块链技术版权应用、版权交易场所建设等规划工作。

五、宣传培训优化工作环境

1. 大力开展版权社会宣传

紧紧围绕“强化版权治理，优化版权生态”这一主题，制定湖南省关于做好2020年知识产权宣传周版权宣传活动的方案，精心部署开展版权主题宣传。借助《湖南日报》、湖南卫视等主流媒体和县级融媒体，策划实施专题报道220余期。突出线上宣传活动，滚动播出版权宣传标语10万余次，播放宣传片、宣传海报20万余次。

2. 加强版权人才队伍建设

成功举办全省版权行政执法暨全省软件正版化工作培训会、省属监管企业正版化培训，突出实务操作，聘请省内外名师授课，大大提升了版权宣传培训工作的针对性、实效性。

供稿：湖南省版权局

司法工作

一、牢固树立保护知识产权就是保护创新理念，助推高质量发展

2020 年，新收知识产权一审案件 9867 件，同比减少 5.84%，审结知识产权民事案件 9567 件。其中，审结专利案件 584 件；审结商标案件 2717 件；审结不正当竞争纠纷及其他知识产权案件 160 件；审结著作权案件 6106 件。

注重严格保护，切实增强知识产权权利人获得感。在机械、医药、文创等地方重点产业、新兴产业领域中，对侵害市场价值高的智力成果的侵权行为依法作出高额判决。在《地下城与勇士》网络游戏不正当竞争纠纷案中，对恶意抄袭、模仿他人游戏特别设置的游戏体系和具体化游戏规则的行为依法认定为不正当竞争，依法判决被告赔偿权利人 3000 万元。在“三一”诉“山一”商标权纠纷案中，判决被告赔偿三一公司 700 万元。在守护神制药公司诉东信医药公司等侵害商标权及不正当竞争纠纷案中，判决被告赔偿守护神制药公司 100 万元。

积极适用提级管辖机制，强化技术类案件司法保护。首次提级管辖长沙知识产权法庭受理的 5 件案情复杂、涉及技术行业标准的一审技术类知识产权民事案件，并成功调解其中 4 件标的达 2400 万余元一审专利侵权纠纷案。

及时适用临时措施，提高知识产权司法救济效率。在腾讯公司诉恺英公司等著作权及不正当竞争纠纷案中，依法裁定继续查封、冻结被告财产，保障权利人胜诉权益的实现。在侵害 AutoCAD、CATIA 等计算机软件著作权纠纷案中，依法对被控侵权人涉案软件信息采取证据保全。

二、坚持改革创新，着力打造知识产权诉讼“优选地”

构建多元化技术事实查明体系，满足新领域新业态发展需求。与湖南省知识产权维权援助中心签订《关于建立知识产权保护维权协作机制的意见》，合作共建知识产权维权援助咨询专家库，共享专家资源以查明技术事实，并就诉调对接、咨询服务等方面积极开展协作。引入专家陪审员制度，将具有专业技术特长和一定法律知识的专家，依照法定程序任命为人民陪审员。积极拓宽技术事实查明辅助手段，对涉及内部精密构造的专利案件，委托专家辅助人协助权利人制作 3D 动画演示（或制作构件模型），系统直观反映专利全貌及其运转原理，以 3D 动画结合说明书、附图，三位一体深化对权利要求书所载技术方案的理解。2018—2020 年，专家主体累计参与案件审理 71 件，解决技术问题 18 个，提供技术咨询 53 次，参与勘验、保全 5 次。

坚持发改案件专项调研工作机制，统一裁判标准。组织业务骨干全面分析 2019 年 4 月 1 日至 2019 年 12 月 31 日知识产权案件审理总体情况、重点案件裁判情况，形成《知识产权上诉案件质量点评报告》，切实解决审判队伍流动较大带来的裁判标准不统一等问题。

三、积极延伸司法职能，构建知识产权大保护格局

因地制宜出台改革措施。制定《湖南省高级人民法院关于强化知识产权司法保护　为着力打造具有核心竞争力的科技创新高地提供司法保障的意见》《湖南省高级人民法院关于进一步加强知识产权审判工作的意见》等，为全面构建创新型经济新体系提供有力司法服务和保障。

主动对接企业需求。走访调研中国（长沙）马栏山视频文创产业园，对园区内的数据中心、内容制作基地与版权交易中心进行了深入的考察，与园区内企业代表就数字文创产业在新技术和新模式下的知识产权保护问题举行交流座谈。联合马栏山视频文创产业园管委会共同签署《数字

文创产业知识产权保护长沙宣言》。举办“4·26”知识产权宣传活动，提供现场咨询，回应社会关切。开展法官进校园活动，到湖南工业大学为法学院学生授课。

进一步加大司法公开主动力度。积极推行阳光透明司法，除涉及商业秘密、个人隐私和庭前调解的案件以外，其他所有案件一律公开开庭审理，并邀请企业代表、高校学生等旁听。坚持裁判文书“应上尽上”原则，应上网文书100%上网。加大庭审直播的法治宣传力度，积极开展庭审视频直播。注重使用科技法庭等信息化手段，庭审全部使用科技法庭并同步录音录像。

供稿：湖南省高级人民法院
知识产权审判庭

检察工作

一、紧扣案件办理，加大知识产权案件办理工作力度

2020年，审查逮捕侵犯知识产权犯罪案件54件84人，审查起诉140件350人。开展知识产权领域公益诉讼工作，在食品药品领域排查公益诉讼案件线索1300余条，起诉110余件。积极探索开展知识产权案件法律监督、建立知识产权刑事案件集中管辖制度、对侵犯知识产权刑事案件权利人权利义务告知等试点工作。设立专门办案组，负责知识产权案件的办理和全省业务指导工作。

二、紧扣制度保障，积极探索知识产权工作新机制

推进与行政机关的协同保护工作，合力搭建专家人才库，探索专业技术人员协助知识产权案件办理的工作机制。如长沙市人民检察院与长沙市知识产权局启动对侵犯商标类案件的协同办理，并共同对300名知识产权从业人员开展“商业秘密司法实践”的专题培训。推行案件类型化办理机制。如长沙市人民检察院对食品药品领域涉知识产权案件进行类案分析，统一案件办理标准，并在此基础上梳理公益诉讼案件线索，为全面履行检察职能奠定基础。

三、紧扣服务发展，不断延伸知识产权保护工作职能

坚决推进和落实知识产权保护相关措施，及时发布知识产权典型案例，加强知识产权领域相关法律法规宣传培训和违法犯罪案例的警示教育。深入产业园区、行业协会，开展“以案释法”宣讲活动。走访大中型企业，了解企业司法需求，为企业提供必要的法律帮助。如长沙市人民检察院在其辖区内的产业园区分别设立检察联络室，集中收集、解决企业涉知识产权法律问题。

供稿：最高人民检察院
知识产权检察办公室

广 东 省

知识产权工作

推动出台《关于强化知识产权保护的若干措施》，将《广东省知识产权保护条例》立法工作纳入立法计划，在2020年度中央首次对地方知识产权保护检查考核中获得优秀等级。

2020年，专利授权量709 725件。其中，发明专利授权量429 472件。广东省战略性新兴产业有效发明专利量137 691件，占全国战略性新兴产业有效发明专利量的13.97%。PCT国际专利申请量28 098万件。截至2020年底，有效发明专利量达350 501件；高价值发明专利172 411件，占全国总量的19.40%。每万人口发明专利拥有量28.04件，每万人口高价值发明专利拥有量13.79件。

2020年，商标申请量1 755 955件，商标注册量1 079 852件，商标有效注册量5 430 003件；每万户市场主体的平均有效商标拥有量为3921件，平均每2.55个市场主体拥有1件有效商标。马德里商标国际注册申请量1448件。

2020年，新增注册地理标志商标9件，累计有效注册地理标志商标79件，获批地理标志保护产品155个，获准使用地理标志产品专用标志企业589家。选取江门等10个地市创新开展地理标志产品专用标志使用核准改革试点，共有175家地理标志产品生产企业获准使用专用标志，增长率为29%，缩短核准时间近20个工作日。加强地理标志申请，紫金春甜桔成为国家2020年度批准的6个国家地理标志产品之一。已有582家企业核准使用新版地理标志专用标志，换标率98.8%。大力推动国际合作，"吴川月饼"等4种地理标志入选第一批中欧地理标志互保互认清单。

截至2020年底，累计通过知识产权管理体系贯标认证企业16 320万家、高校25所、科研机构18家，培育国家知识产权优势、示范企业累计870家，国家知识产权试点、示范高校10家。获评第二十二届中国专利金奖8项、银奖22项、优秀奖296项。评选出第七届广东省专利奖120项和杰出发明人10名。

2020年，市场监管部门立案办理专利侵权纠纷案件5206件，立案查处商标案件4197件、结案3662件，罚没金额5194.31万元；核查涉嫌恶意申请、违法代理商标注册行为线索149条，立案查处34件；立案查处地理标志案件5件。3项行政裁决工作经验被国家知识产权局和司法部联合推介。持续开展专利代理行业"蓝天"专项整治行动，严厉打击专利代理行业违法违规行为，排查涉嫌专利"挂证"、无资质代理等行为线索1569条，开出全国首张打击专利代理"挂证"罚单。突出抓好第127届、第128届"云上广交会"知识产权保护工作，处理知识产权投诉412件，纠纷数量同比下降70.23%。汕头、珠海、广州等市分别获国家知识产权局批复同意建设国家级知识产权保护中心，推动知识产权保护机构能力提升及布局建设，建设维权援助服务全省"一张网"。

2020年，专利权质押融资金额333.99亿元，专利实施许可合同备案金额31.77亿元，专利转让5.65万件。联合举办第二届粤港澳大湾区知识产权交易博览会，促成知识产权合作意向金额128.5亿元。截至2020年底，累计获批16个知识产权证券化产品，融资惠及企业近200家，初步形成知识产权证券化"广东模式"，在全国率先发布《广东知识产权证券化蓝皮书》。支持全国首个国防专利代理机构落户广东，遴选省内5家优质专利代理机构按照国防专利代理要求开展软硬件建设，培养5名国防专利代理师。

在全国率先发布《广东科创板上市企业知识产权蓝皮书》和《广东科创企业上市知识产权工作指引》，助力科创企业上市和高端化发展。获批建设中国(电力新能源产业)知识产权运营中心，建成广东省灯饰照明产业知识产权运营中心、广东省碳纤维高价值专利培育运营中心、广东省环保产业知识产权运营中心等。设立广东省重点产业知识产权运营基金和广州市重点产业知识产权运营基金，两只基金已向13个项目投资3.32亿元。

截至2020年底，共有国家知识产权强市创建市2个，国家知识产权示范、示范培育、试点城市13个；国家知识产权强县工程示范、试点县(区)33个，国家传统知识知识产权保护试点县(区)1个；国家知识产权示范、试点园区11个。

"以产业数据、专利数据为基础的新兴产业专利导航决策机制"入选国务院办公厅第三批创新改革举措并在全国推广。建成广东省知识产权公共信息综合服务平台，包括1.3亿条全球专利数据、5286万余件全球商标数据、2405个地理标志产品公告保护数据、8179家核准专用标志使用企业等资源。

推动在深圳前海、肇庆市设立商标受理窗口，商标受理窗口实现广东自贸区全覆盖，总数达7个。优化专利权质押登记流程，成功设立商标质权登记广东受理点，指导企业实现电子化业务办理。组织30家企业、协会参加2020中华商标品牌博览会，并设立广东商标品牌展区。

供稿：广东省知识产权局

版权工作

一、版权工作机制建设

一是积极推动《广东省版权条例》地方立法工作。

二是推动落实版权行政执法职责。协调落实版权主管部门、各市县文化市场综合执法机构的版权行政执法职责，办案效能得到提升。

三是完善版权执法协作机制。建立重大案件督办、执法协作、版权十大案件评定公布、信息报送等制度，并对重大督办案件进行办案经费补贴。建立电影版权保护联动机制，构建集管理、执法、运营、宣传于一体的电影版权保护工作格局。召开珠三角地区版权保护协作会议，巩固珠三角地区版权保护协作成果。部署建立粤东、粤西、粤北版权执法协作机制。建立版权调解工作机制，化解版权侵权纠纷，构建版权社会共治格局。制发《关于进一步加强版权行政执法与监管工作的通知》，修订《广州市作品登记政府资助办法》，强化版权行政执法和作品登记资助力度。修订完善《东莞市版权局版权示范单位和示范园区认定办法》等实施版权工作"1+3"政策文件；制定《东莞市版权纠纷人民调解委员会诉调对接工作制度》。

二、版权执法监管

一是开展专项治理行动。联合开展打击网络侵权盗版"剑网2020"专项行动，共查处网络侵权盗版案件68件，将156家网站列为重点监管网站。

二是开展集中办案行动。首次组织开展打击网络侵权盗版集中办案行动，共推动查办侵权盗版典型案件17件，通过以案代训的方式提高执法人员办案水平。

三是不断创新版权保护工作方法。联合多部门对重大版权案件进行挂牌督办，推进重大案件快速查办。联合省"扫黄打非办"评定2020年度广东省版权十大案件并向社会公布，以案说法，提高社会公众版权保护意识。

四是积极履行广东省知识产权战略实施工作联席会议成员单位职责。参与制定广东省《关于强化知识产权保护的若干措施》。参与做好中央对广东省的知识产权保护工作实地检查考核迎检工作。

五是版权保护工作成绩突出。2020年，立案查处各类侵权盗版案件249件，网络版权专项治理取得明显成效。佛山市版权局荣获中国版权金奖保护奖。在国家版权局2020年度查处重大侵权盗版案件有功单位（有功个人）评选中，广东省共获得37项荣誉。

六是创新工作模式。联合文化执法、公安等部门建立行政执法协调联动工作机制，提高办案成效。借助版权基层工作站，积极探索快速维权的版权管理模式。建立市版权行政执法与司法保护联席会议制度，加大侵权盗版打击力度。建立举报线索快速传递制度和案件线索信息处理制度等。

三、软件正版化

一是全面加强软件正版化工作的组织

领导。11月，召开广东省推进使用正版软件工作联席会议全体会议；全省各地市均召开了推进使用正版软件工作联席会议全体会议，发挥各成员单位职能，形成工作合力。

二是开展软件正版化宣讲培训。为5家省直单位及11个地市开展软件正版化培训及宣讲，举办全省政府机关和企业软件正版化培训班。2020年，共举办政府机关和企业软件正版化工作培训班约50期。

三是精心部署推进使用正版软件工作。印发推进使用正版软件工作重点推进单位名录，确定254家重点推进单位，并开展现场抽查验收工作。

四是切实巩固软件正版化工作成果。将软件正版化工作纳入全省“法治广东建设”考核体系，对各地市政府机关软件正版化工作进行考评；对全省省级政府机关和省国资委监管企业进行全覆盖检查；对佛山和清远两市市委各部委、市直各单位、市各人民团体进行全覆盖检查。

出台《广州市加快软件和信息技术服务业发展的若干措施》，提升自主创新能力，扶持软件产业发展壮大。对使用盗版软件逾期未整改或情节严重的企业进行立案查处。

四、版权社会服务

1. 深入开展版权宣传工作

结合重要时间节点，开展版权宣传活动。举办广东省版权宣传周暨“绿书签行动”主题活动，在“学习强国”广东平台开设“4·26版权宣传周”专栏。编印《版权基础知识读本》和《版权资产管理常识》免费提供学习。举办第二届广东省大学生版权知识演讲大赛，推动版权知识进校园。组织参加第十二届全国大学生版权知识征文比赛并荣获“优秀组织奖”。

广州整合宣传资源，创新宣传方式，以版权进园区、进企业，以及版权知识竞赛演讲、网络直播授课等多种形式开展宣传教育活动。汕头将党史学习教育和《著作权法》学习宣传活动结合起来推广；编印《中华人民共和国著作权法名词灯谜》，把版权宣传与优秀传统文化有机结合。举办“2020南粤版权保护和产业发展论坛”“设计与版权保护分享系列活动”等，与青岛、邯郸、泉州等童装产业基地签订四地童装版权保护和合作协议。上线“ACTIF（中国国际漫博会）品牌运营中心云平台”，直接对接项目超过1500个；打造“版权五进”“版权宣讲会”等重点宣传服务品牌，组织开展“版权进机关”“版权企业行”“版权与我共成长”等系列活动。

2. 积极开展版权示范创建工作

组织开展“广东省版权兴业示范基地”和“广东省最具价值版权作品”评定工作，向国家版权局推荐参评“全国版权示范单位、园区（基地）”单位。广州酷狗计算机科技有限公司、奥飞娱乐股份有限公司等4家单位获评2020年“全国版权示范单位”，金蝶软件园获评2020年“全国版权示范园区”。截至2020年底，全省有全国版权示范城市2个，获批创建全国版权示范城市1个；全国版权示范单位（含软件正版化）11个，全国版权示范园区（基地）3个；国家版权贸易基地1个，全国展会版权示范单位1个，国家版权创新发展基地1个；广东省版权兴业示范基地116家，广东省最具价值版权产品66个。

深圳建立国家版权创新发展基地建设工作协调机制，推动成立深圳市前海智慧版权创新发展研究院；组织举办第九届深圳版权金奖颁奖典礼，加大市级版权示范单位培育力度；探索版权证券化先行先试，助力轻资产、重创意、强服务的文创企业拓宽融资渠道，实现文化金融创新。

3. 有序开展作品登记工作

截至2020年底，共有作品登记代办机构35个，版权基层工作站17个，省级版权交易中心1个，省级及市级版权协会、版权保护中心8个。在国家版权保护中心登记的计算机软件著作权达 24 万件，占全国登记总量的 13.8%。稳妥做好作品登记内容审核和导向监管工作，2020 年共办理一般作品著作权登记 6.4 万件。为激励与疫情防控相关正能量的作品创作，实施省内疫情防控主题作品和医务工作者创作作品免费登记，推广通过网络办理版权在线登记，压缩疫情防控主题作品登记审核办理时限。

广州在新冠肺炎疫情期间延长著作权人申请办理作品著作权登记政府资助的期限，全年受理作品版权登记政府资助申请同比增长 59.64%。东莞确立“创新之都、版权强市”时间表和路线图，将软件著作权登记情况纳入全市“倍增企业”考核指标。

供稿：广东省版权局

司法工作

一、公正高效审理各类知识产权案件

2020 年，新收各类知识产权案件 196 070 件，同比增长 24.60%；审结 193 019 件，同比增长 26.07%。其中，一审案件 177 162 件，同比增长 34.73%；二审案件 17 719 件，同比下降 30.22%；申请再审案件 1135 件，同比增长 167.69%；再审案件 54 件，同比持平。

新收的一审知识产权民事案件中，著作权、商标权、专利权案件分别为 146 577 件、12 504 件、11 757 件，同比分别增长 33.55%、18.83%、87.78%；技术合同、反不正当竞争案件分别为 231 件、963 件，同比分别增长-20.89%、4.33%；其他案件 3763 件，同比增长 67.54%。新收的二审知识产权民事案件中，著作权、商标权、专利权案件分别为 13 661 件、1786 件、1073 件，同比分别增长－38.11%、25.77%、0.85%；技术合同、反不正当竞争案件分别为 48 件、243 件，同比分别增长-36.00%、46.39%；其他案件 614 件，同比增长 94.30%。2020 年，审结一审知识产权民事案件 173 594 件，同比增长 38.11%。其中，有 111 182 件为调撤结案，调撤率为 64.05%。审结二审知识产权民事案件 16 762 件，同比减少 33.29%。其中，有 5040 件为调撤结案，调撤率为 30.07%。审结涉外知识产权民事一审案件 1032 件，同比增长 50%。审结涉港澳台一审案件 894 件，同比减少 52.47%。

二、努力打造知识产权司法保护高地

1. 服务保障双区创新发展

召开研讨会，研究以深圳为主阵地打造保护知识产权标杆城市的方向和对策，并根据职能分工提出《支持深圳建设中国特色社会主义先行示范区三年行动方案》有关举措。举办“涉外高层次人才引进中知识产权法律风险”调研座谈会，与海能达、华为、中兴、腾讯、格力、美的等企业深入交流，服务企业海外维权需求。

2. 审结一批重大典型案件

审结金象赛瑞公司诉华鲁恒升公司等侵害发明专利权纠纷案，一审判决赔偿 8000 万元，有力保护非公有制化工企业核心技术。审结广州红日公司与江西红日公司等侵害商标权及不正当竞争纠纷案，全额支持原告诉请赔偿 5000 万元。审结欧普公司诉广州华升公司侵害商标权纠纷案，再审改判侵权成立并适用惩罚性赔偿。审结腾讯公司诉深圳微源码公司等不正当竞争纠纷案，探索归纳针对互联网产品开发运营挂靠软件的新型不正当竞争行为认定标准。

3. 案例工作成果突出

腾讯公司诉谭某文因恶意提起知识产权诉讼损害责任案、网易公司诉华多公司“梦幻西游”直播著作权侵权案、佳宝公司诉鲜仙乐公司“九制陈皮”商标侵权案入选 2019 年中国法院十大知识产权案件和 50 件典型知识产权案例。

4. 平等保护各类主体合法权益

审结英国太古集团公司诉船舶大厦公

司侵害商标权及不正当竞争纠纷案，改判认定被告侵犯注册商标权，依法保护外方当事人在中国境内的合法权益。在米其林公司诉宁波嘉琪公司侵害商标权纠纷案中，全额支持原告赔偿诉请。在吴某庆诉希美克公司等发明人报酬纠纷案中，依法认定内地企业不当利用关联公司在境外申请专利以规避我国法律强制性规定的行为无效。

三、着力提升知识产权审判工作水平

1. 加强新业态新领域调研指导

正式发布《关于网络游戏知识产权民事纠纷案件的审判指引（试行）》，是国内首次专门针对游戏领域相关法律问题进行规范的司法文件。出版《通信领域标准必要专利法律问题研究》专著。积极开展互联网新型不正当竞争法律问题调研，研究推动网络空间法治化治理。

2. 着力解决制约保护瓶颈问题

积极推进案件“繁简分流”改革，充分运用证据披露、证据妨碍排除、举证责任转移等制度规则。探索小额诉讼“一裁终审”，扩大独任制适用范围试点。二审速裁团队进一步整合审判力量，规范审判程序，共办结案件 5600 件。加大恶意侵权、重复侵权等严重侵权行为处罚力度，2020 年，发明专利案件的平均赔偿额为 63.3 万元。强化诉讼禁令的适用，制定出台《关于全面加强诉讼禁令（行为保全）措施适用的意见》。在审理大疆云台相机专利纠纷案件中率先适用“先行判决+诉讼禁令”方式，及时为侵权行为按下暂停键。

3. 落实诉讼服务“一站式”要求

逐步建立“异地诉讼服务+巡回审判+远程审判”的模式，实现省级以上高新技术产业开发区知识产权诉讼服务网点全覆盖。2020 年，在各巡回审判法庭、诉讼服务处开庭审判案件 30 次。强化诉讼服务中心建设，推行网上立案、网上开庭、电子送达等服务，实现诉讼服务全流程“一网通办”。网上立案审查 8651 件，电子送达 6153 次，送达诉讼文书 44 407 份。制定《关于聘任特邀调解员驻院开展诉前调解工作的管理办法》《广州知识产权法院律师服务工作流程（试行）》，规范诉前调解程序。诉前调解撤诉结案 1170 件，其中经过驻院律师调解达成调解协议撤诉的诉前调解有 1009 件。

4. 健全多元化技术事实查明机制

持续优化“技术调查官+专家辅助人+技术咨询+专家库”的技术事实查明机制，借助专业人员力量解决技术类案件审理难题。建立技术调查官列席专业法官会议、审判委员会制度和技术调查官助理制度等，技术调查官参与审判案件 797 件。向社会公开招录具有理工类专业背景的法官助理作为一般性的技术调查官，首创性地适用技术调查官全流程嵌入式协助技术类案件审判工作。

5. 深入推进审判信息化建设

导入技术比对、视频开庭、语音转换等新兴技术在知识产权司法审判领域的适用。探索“3D 扫描”技术与司法深度应用，将案件审理所需的物证进行扫描，合议庭及当事人可从计算机屏幕上查看证物细节，推动知识产权案件固证、存证、示证体系变革。发挥区块链存证、人工智能、大数据等技术优势，为司法审判赋能加速，在蔡某豪诉盈科美辰旅行社侵害作品信息网络传播权纠纷案中，依托著作权审判“ZHI 系统”实现仅 35 分钟完成庭审并当庭宣判。

四、增强知识产权司法保护影响力

1. 加强司法交流与合作

首届粤港澳大湾区司法案例研讨会上，粤港澳三地法官、律师按照内地、香港、澳门诉讼程序分别就一起跨境商标权保护案件进行案例研讨。与广东省商标协会座谈，就强化重点商标保护及今后合作进行探讨交流。

2. 开展知识产权宣传周活动

连续十一年发布《广东法院知识产权司法保护状况》白皮书，并评选公布 2019 年度广东省知识产权审判十大案件。“4·26 世界知识产权日”宣传期间，围绕“服务创新驱动、服务双区建设”主题，以多种形式进行媒体宣传。

3. 加大庭审和文书公开力度

选取多个有典型意义的案件进行公开庭审网络直播，扩大案件审理公开范围。积极推进裁判文书公开，建立规范化、制度化和常态化的裁判文书发布机制，提升裁判文书上网的质量和效率，全省法院知识产权裁判文书上网数量累计超 30 万件。

供稿：广东省高级人民法院
知识产权审判庭

检察工作

一、聚焦主责主业，保护知识产权

2020 年，审查逮捕侵犯知识产权犯罪案件 1228 件 2114 人，审查起诉 1284 件 2283 人。建议行政执法机关移送侵犯知识产权案件 31 件 34 人，行政执法机关移送案件 26 件 29 人，侦查机关立案 20 件 23 人；监督侦查机关立案 10 件 11 人，纠正漏捕 20 人，追诉 14 人，防止以罚代刑。

二、创新工作机制，提升知识产权司法保护水平

一是共建知识产权刑事保护平台，建立知识产权长效保护机制。黄埔区人民检察院联合广州开发区知识产权局等单位共同倡议成立黄埔知识产权保护联盟，依托黄埔知识产权大数据平台，打击侵权，守护创新成果。佛山市顺德区人民检察院、佛山市顺德区市场监督管理局和广东工业设计城三方联合签订知识产权刑事保护合作框架协议，共同搭建知识产权刑事保护合作平台，建立知识产权长效保护机制。

二是全面开展侵犯知识产权刑事案件权利人诉讼权利告知试点工作，深化知识产权保护质效。2020 年，受理移送审查起诉涉知识产权刑事案件 1612 件，告知 2471 名权利人，告知率达 90%以上。广州市南沙区人民检察院从 2019 年开始即实施“涉外中英葡三语告权服务”。珠海市检察机关探索利用“权利人视频会议”的方式开展告知工作，引导权利人提供确权证据。

三是积极引导企业刑事合规，防范企业经营刑事风险。在办理深圳某文化传媒有限公司侵犯著作权案过程中，检察机关注意到涉案公司除侵权业务外还有大量合法业务，于是积极发挥检察职能，通过走访该企业释法说理，引导其合规经营。

三、延伸工作职能，营造良好社会氛围

加大宣传力度，推动形成知识产权保护良好氛围。在“4·26 世界知识产权日”发布打击侵犯知识产权犯罪典型案例，以案释法，不断增强全社会尊重和保护知识产权的意识。以“法治护航创新 拥抱绿色未来”为主题，在澄海玩具协会举办专场知识产权宣传活动，帮助企业增强知识产权保护意识。深圳市人民检察院与市场主体共同举办第 20 个世界知识产权日主题活动，签署加强网络版权保护合作备忘录，就共同开展网络版权保护工作达成合作意向。对首件涉玩偶类著作权案件开展庭审直播工作，拍摄普法视频，举办知识产权普法讲堂。通过制发检察建议帮助企业查漏补缺，完善企业内部风险防控机制，提升知识产权权利人维权意识和能力。在办理某侵犯商业秘密案件过程中，对企业开展商业秘密保护普法宣传，同时针对案件中反映出的企业商业秘密保护措施普遍不完善的共性问题向工商联制发检察建议，借助工商联平台优势将加强技术秘密保护的意见和可行措施转达给企业，取得良好效果。

四、多措并举，提升办案能力和水平

一是强化专业队伍建设。成立知识产

权办案组，对办案机制进行探索。黄埔区人民检察院对侵犯知识产权犯罪案件实行“捕、诉、监、防”一体化办案，并挂牌成立“黄埔知识产权检察保护研究中心”。深圳市坪山区人民检察院在深圳市生物医药创新产业园设立知识产权检察工作室，为园区企业提供法律服务。

二是探索建立知识产权特约咨询委员、特邀检察官助理制度。邀请专家学者及相关专业人员担任特邀知识产权检察官助理，参与案件办理，提出专业性意见。黄埔区人民检察院在办理胡某放等3人侵犯著作权案中，落实知识产权特约专家咨询委员制度，聘请信息网络技术专家作为咨询委员库成员，对技术问题进行调查论证。顺德区人民检察院充分发挥检察“外脑”优势，成立专家咨询委员会，为检察机关推进保护知识产权工作提供技术支持。

三是积极研发“知识产权保护智慧检务”平台。深圳市人民检察院持续开发运行智慧知识产权检察系统，共享案件数据等，提供入罪研判、量刑指导、知识检索等辅助办案功能，并提供咨询、风险预警等，通过数据分析辅助决策。

供稿：最高人民检察院
知识产权检察办公室

广西壮族自治区

知识产权工作

一、基本工作

2020年，拥有发明专利2.52万件，每万人口发明专利拥有量为5.12件，同比增长12%。申请三种专利（发明专利、实用新型专利和外观设计专利）5.41万件，同比增长28.81%。其中，申请发明专利1.37万件，同比增长9.6%；申请实用新型专利3.24万件，同比增长47.27%；申请外观设计专利8087件，同比增长7.97%。三种专利获授权3.45万件，同比增长51.98%。其中，获得发明专利授权3518件，同比增长3.08%；获得实用新型专利授权2.31万件，同比增长63.83%；获得外观设计专利授权7887件，同比增长53.44%。

截至2020年底，自治区有效注册商标29.58万件，同比增长25.55%。获准保护地理标志产品92个，获批注册地理标志商标72件，年产值达697.7亿元，惠及农户130万户721万人。年产值20亿元以上地理标志产业共15个。2020年，自治区商标受理窗口受理注册申请8070件，续展、变更等申请3061件。

二、加大知识产权执法保护力度

一是完善知识产权保护机制。将强化知识产权保护改革任务列入自治区党委全面深化改革委员会2020年工作要点，组织制定落实中央《关于强化知识产权保护的意见》的具体措施，印发自治区《关于强化知识产权保护的实施意见》和《2020—2021年强化知识产权保护实施意见推进计划》。二是建立完善重点企业知识产权保护直通车工作机制。入库重点企业430家，为企业提供直通车服务517家次，解决知识产权保护服务需求195项。三是建立自贸试验区知识产权快速维权机制。在中国（广西）自由贸易试验区南宁、钦州港和崇左片区成立知识产权维权机构，制定《中国（广西）自由贸易试验区知识产权快速维权援助工作规程》，建立知识产权保护重点企业名录，年内纳入名录企业共112家，针对企业需求开展知识产权保护服务64家次；推行专利代理机构审批告知承诺改革，有3家代理机构入驻自贸试验区。四是开展知识产权执法保护行动。加强专利、商标和地理标志行政保护，开展知识产权“铁拳”专项行动和保护商标专用权专项行动等。

办理专利侵权纠纷案件 36 起,其中查处假冒专利案件 30 件,案值 15.5 万元,罚没金额 4.06 万元;查处商标违法案件 850 件,案件总值 626.68 万元,罚没金额 593.12 万元。

三、强化知识产权转化运用

一是推进知识产权运用。制定激励政策,组织实施自治区专利资助奖励政策,修订出台《广西壮族自治区知识产权奖励办法(试行)》,出台《广西壮族自治区专利奖评奖办法(试行)》。2020 年,办理专利质押 348 件,质押项目数 62 项,融资金额 6.27 亿元,惠及企业 2000 余家;商标受理窗口(质押受理点)受理质押申请 35 件,质押金额 5.20 亿元。二是推进商标品牌建设。2020 年,新增获批使用地理标志专用标志企业 122 家,换标企业 203 家,共有 325 家企业完成用标工作。组织 67 家企业的包括"百色芒果""柳州螺蛳粉"等 40 个地理标志区域品牌参加第十二届中国国际品牌商标节等各类展会,其中 8 家企业获得金奖。横县茉莉花茶、横县茉莉花、昭平茶、阳朔金桔进入"2020 中国品牌价值评价排行榜"前 100 位。"横县茉莉花茶""百色芒果"等 12 个地理标志获中欧地理标志产品保护协定互认互保。广西地理标志"融安金桔"的"合作社+产业+贫困户"及"基地+贫困户+电商"发展模式,在知识产权助力精准扶贫新闻发布会上获得充分肯定。

四、提升知识产权管理与服务

一是广西大学成功入选首批高校国家知识产权信息服务中心,桂林电子科技大学和桂林理工大学被认定为国家知识产权试点高校,成为广西首批入围高校。二是积极组织知识产权服务机构、高校和科研院所申报技术与创新支持中心(TISC),共推荐 8 家单位作为候选机构,其中广西知识产权发展研究中心获第三批技术与创新支持中心(TISC)候选机构。三是全面总结"十三五"以来广西知识产权公共服务体系建设及运行情况,推进知识产权领域职能转变和"放管服"改革的成效和经验。四是商标品牌大宣讲向县、区、乡和经济园区延伸,开展商标品牌强桂宣讲活动 60 场,线上线下培训 18 245 人次;开展"一对一"帮扶活动 48 场,发放宣传资料 7 万余份。

供稿:广西壮族自治区知识产权局

版权工作

一、版权执法监管

2020 年,出动执法人员 5 万余人次,开展执法行动 9000 多次,立案查处各类侵权盗版案件 78 起(2020 年办结 60 起),移送司法机关案件 6 起,关闭侵权盗版网站 57 家,删除侵权盗版链接 551 条,捣毁侵权盗版地下窝点 7 个,收缴侵权盗版制品 20.4 万余件。

1. 着重开展视听作品版权专项整治

深入开展院线电影网络版权专项保护,加大对影院偷拍盗录行为的打击力度,严厉打击短视频领域存在的侵权盗版行为。例如,贵港市查办"佛系客站"网站、"星象云影视"网站侵犯他人信息网络传播权案。来宾市关闭 10 家侵犯影视作品著作权的网站。

2. 大力开展社交平台版权专项整治

着力整治微信、微博等重点社交平台版权秩序,以及通过非法转载、"洗稿"等方式侵犯主流媒体新闻作品版权的行为,关闭一批恶意侵权的社交平台账号。例如,桂林市对"桂林城事""临桂人家"等 13 个存在大量抄袭、违规转载新闻作品等问题的自媒体账号采取停止更新的限制措施,清理违规稿源信息 72 条;北海市共检查属地网站 2581 家次、微信公众号 31 554 个次,关闭 30 个违规社交平台账号。

3. 巩固重点领域版权治理成果

开展网络文学、网络音乐、网络游戏网

站和微信公众号等互联网平台版权专项检查。严厉打击网络游戏私服、外挂等侵权盗版行为；加大对音乐版权的保护力度，推动完善网络音乐版权授权体系；严厉整治知识分享领域存在的抄袭改编、复制数据库等侵权行为，强化对知识分享平台的版权监管。例如，百色市针对全市范围内的网站、微博、微信公众号等互联网平台开展集中专项整治工作，督促各平台自查自纠；河池市清查辖区内各类网站 376 个、网络游戏公司 2 家；贺州市检查辖区内网站 50 多家、新媒体平台 20 多个，取缔 1 个违规的微信公众号；来宾市关闭 4 家侵权音乐网站。

4. 统筹网上网下，坚持对传统市场的版权治理

在加大力度打击网络侵权盗版活动的同时，坚持加强对印刷复制、出版物发行活动的版权监管，以开展校园周边文化市场整治、印刷复制企业执法检查等为抓手，严厉查处印刷、销售侵权盗版出版物的违法行为，收缴一大批盗版图书、光盘等侵权复制品。例如，玉林市查办 8 家文印店非法盗印中小学教材案，收缴数百本盗版中小学教材，有效地维护了正常的教材发行秩序。

5. 建章立制，从源头规范自媒体的行为

高度重视预防机制的建立，从源头上防止自媒体领域盗版现象的发生。例如，桂林市对自媒体进行集中约谈和版权政策法规培训，组织签署自媒体行业自律公约，引导自媒体规范运营，杜绝版权违法行为，取得了良好的效果。

二、软件正版化

1. 加强组织领导，落实主体责任

印发《关于加强和推进软件正版化工作的通知》《关于推进全区国有企业软件正版化工作的通知》，推动各有关单位提高思想认识、加强组织保障、明确工作职责和目标任务、建立完善常态化工作机制，并通过采取规范采购、加强软件资产管理、加强监督检查、开展宣传培训等措施，把推进软件正版化工作的主体责任落实到工作的每一个环节。把软件正版化工作纳入落实《中国共产党宣传工作条例》和意识形态工作责任制督查范围，明确要求自治区各党政机关和社会组织担负起主管单位职责，推动下属各企事业单位及本系统本行业软件正版化工作，从而形成主管单位牵头抓、行业内各单位密切配合的工作格局。

2. 协调提供正版软件，克服疫情不利影响

协调国内主流软件厂商北京金山办公软件公司和广州中望龙腾软件公司，在新冠肺炎疫情期间为自治区免费提供授权期为 3—5 个月的正版软件，帮助各行业企事业单位克服疫情带来的不利影响，满足各单位使用正版软件的需求，为加快复工复产、恢复正常生产生活秩序提供支持。

3. 组织集中采购，实现降本增效

建设广西正版软件集中采购平台，组织各国有企业集中采购 2.2 万余套办公软件和操作系统软件，自治区直管各国有企业集团总部基本全面完成软件正版化工作目标，同时降低采购成本，实现降本增效。组织机关单位进行集中采购，进一步改进和巩固机关单位软件正版化工作。2020 年，自治区各机关、企事业单位共采购三类通用软件 6.3 万余套，采购金额为 4750 万余元。

4. 开展年度考核，督促整改提高

开展软件正版化工作年度考核，以软件正版化工作制度建设和责任落实情况、软件资产管理情况、软件安装使用情况为检查重点，运用国家版权局配发的网络版正版软件检查工具等技术手段，检查了 32 家自治区级机关和 210 家市级机关。对于在考核中发现的问题，考核组均向被检查单位作出反馈，并提出有针对性的整改意见。2020 年，自治区 14 个市版权主管部门均开展年度督查考核工作，共检查市级和县级机关单位 1551 家。

5. 积极开展培训，营造良好氛围

开展线上线下多种形式的培训，营造推进软件正版化工作的浓厚氛围，提高各单位的相关工作能力。先后举办自治区国有企业软件正版化工作推进会、区直事业单位和群团组织软件正版化工作培训班。多家区直机关和多个市县版权主管部门也开展了相关培训。2020 年，自治区共举办软件正版化工作培训 183 次，参训单位 2699 家次、参训人员 9276 人次。

三、版权社会服务

1. 建设广西作品著作权登记网上申报系统

2020 年，广西作品著作权登记网上申报系统正式开通运行，为自治区各地著作权人提供了很大的便利。然而，由于 2020 年作品著作权登记以传统的现场登记和邮寄登记为主，受疫情影响显著，全年登记量为 1755 件，比 2019 年减少 41.56%。

2. 大力发展版权贸易

举办 2020 年世界知识产权日广西版权“走出去”座谈会，围绕广西版权“走出去”主题，总结经验，分析问题，研究部署下一步工作。自治区各有关单位贯彻落实座谈会精神，充分利用中国—东盟版权贸易服务网等渠道，大力发展版权贸易，进出口数量均稳步增长。2020 年，引进出版物版权数量为 586 种，比 2019 年增长 122.81%；输出出版物版权数量为 613 种，比 2019 年增长 14.79%。其中，《老年人新型冠状病毒肺炎防护手册》《打败新型冠状病毒：要让孩子知道的卫生好习惯》版权输出到美国、印度、越南、缅甸、尼泊尔和中国香港等。

3. 指导广西版权保护协会做好各项工作

全面检查广西版权保护协会的资金使用、行业自律和整体运行情况；指导和督促其建章立制，修订协会章程，提高工作的规范化、制度化和科学化水平。2020 年，广西版权保护协会微信公众号“广西版权”正式开通运营，全年发布相关信息 30 多期近百条。

四、版权宣传教育

围绕“强化版权治理，优化版权生态”的主题，在全国知识产权宣传周期间开展版权集中宣传活动，通过各种渠道，线上线下联动，向公众普及版权知识，提升全民版权意识，取得了良好的宣传效果。

一是设置宣传点，张贴悬挂宣传品，发放宣传资料。例如，南宁市张贴版权宣传海报 3172 张，悬挂版权宣传横幅 3132 条；北海市发放宣传资料 2 万余份，制作宣传板报 39 块，参加现场宣传活动人数达 8000 多人。二是通过报纸、电视等传统媒体开展宣传。自治区级媒体以及市级媒体均开展了版权宣传。例如，广西广播电视台广西卫视频道在全国知识产权宣传周期间，每天滚动播放版权宣传公益广告 10 次；北海电视台每天 3 个频道 36 个时段播放版权宣传公益广告。三是通过网站、微信公众号、微博等网络媒体开展宣传。在广西文明网、八桂书香网开设 2020 年全国知识产权宣传周专栏，推送专栏文章、图片 100 多篇（幅）；在南宁新闻网、南宁云 App 开设“2020 年版权暨‘绿书签’宣传活动”专栏，点击量达 2.1 万次，相关视频点击量达 22.3 万次。四是利用楼宇电视、户外电子屏、车载电视等公共资源开展宣传。五是和有关单位联合开展活动，形成宣传合力。例如，柳州市版权部门与市场监管局联合开展为期 7 天的知识产权保护网络有奖答题活动，单日参与人数超过 3000 人，营造了“尊重知识、崇尚创新、诚实守信”的良好氛围。

供稿：广西壮族自治区版权局

司法工作

一、积极履行审判职能，强化司法保护主导作用

1. 案件审理基本情况

2020 年，受理知识产权民事、行政和

刑事案件4438件。其中,受理知识产权民事案件4366件,知识产权刑事案件62件,知识产权行政案件10件。审结知识产权民事、行政和刑事案件3839件。其中,审结知识产权民事案件3775件,知识产权刑事案件55件,知识产权行政案件9件。提级审理4件较为疑难、复杂的一审技术类知识产权民事案件。

2. 知识产权审判质量和效率稳步提升

以开展“尽可能一次性解决纠纷”活动为契机,探索在审理部分知识产权商业维权系列案件中发挥类案裁判的示范效应,促使当事人通过调解或撤诉的方式结案,2020年,共876件KTV著作权侵权纠纷案件撤回上诉,涉KTV著作权侵权、商标侵权系列调解撤诉结案多达1257件。针对当事人不愿意撤诉并且一审判决认定事实清楚、适用法律正确的案件,采用简化式裁判文书的方式进行审理。建立系列案件审理情况月报告制度,及时汇总更新自治区各级法院知识产权系列案件审理进度和裁判标准,同时搭建各级法院知识产权审判部门的沟通联络渠道。

3. 推进知识产权一站式多元解纷

运用“巡回审判+在线庭审+线下普法”的模式审理知识产权案件,提升当事人参与诉讼的便利性,同时加强知识产权法治意识宣传;探索在法院主导下引入维权方、涉案业主、行业协会三方共同谈判协商机制,高效化解涉KTV著作权侵权纠纷系列案件;依托智慧法院建设,多措并举便利当事人参与诉讼,主审法官通过行使释明权促使原告精准提出诉请,极大减轻当事人诉讼成本,增加了后续多元解纷的可能性。

二、发挥司法职能,服务保障经济社会发展大局

1. 为统筹推进疫情防控和经济社会发展提供司法保障

制定《关于疫情防控期间知识产权审判若干问题的指导意见》,对疫情防控期间做好知识产权审判工作提出16条具体意见或措施;出台《关于疫情防控期间知识产权审判若干问题会议纪要》,对法院审理涉KTV著作权侵权纠纷系列案及部分商标权侵权纠纷系列案进行精准指导。

2. 保障科技创新服务一流营商环境建设

围绕知识产权审判中存在的“举证难、赔偿低、成本高、周期长”的问题,提出缩短案件审理周期、提高司法结案率、制定侵权损害赔偿裁判规则文件3项具体措施。适用普通程序的知识产权民事一审案件平均审理周期为110.4天,适用普通程序的知识产权民事二审案件平均审理周期为51.5天。开展“送法入企业”活动和加强知识产权联动保护座谈会。

3. 持续深化知识产权审判领域司法改革

制定《关于引入技术调查官参与知识产权案件诉讼活动的实施意见》,切实解决技术类知识产权案件事实查明的难题;建立健全自贸区知识产权司法保护机制,开展关于成立广西自贸区知识产权法庭的专题调研,向自治区有关部门提出意见建议;推进知识产权审判“三合一”改革,组织开展知识产权审判“三合一”改革情况的调研并形成调研报告。

三、深化司法公开,营造知识产权保护良好氛围

开展“4·26世界知识产权日”宣传活动。通过“线上+线下”方式召开广西法院知识产权司法保护新闻发布会,首次面向社会发布《广西法院知识产权司法保护状况》(白皮书);对社会关注度较高的“阿克苏苹果”商标侵权纠纷案、自媒体著作权侵权纠纷案等案件进行集中庭审。邀请人大代表、政协委员观摩知识产权案件庭审。

供稿:广西壮族自治区高级人民法院
知识产权审判庭

检察工作

一、积极履行检察职能，依法保障企业知识产权及合法权益

2020 年，受理侵犯知识产权犯罪审查逮捕案件 51 件 102 人，批准逮捕 29 件 44 人，不批准逮捕 18 件 46 人；受理侵犯知识产权犯罪审查起诉案件 56 件 109 人，提起公诉 38 件 85 人，不起诉 8 件 24 人；对侵犯知识产权犯罪案件监督公安机关立案 1 件 1 人，监督公安机关撤案 3 件 3 人。

二、加强交流培训，提高办案人员综合素养

组织基层院检察人员开展多种形式的学习交流活动，举办全区检察机关大数据应用与经济金融犯罪检察业务培训班，邀请高校知识产权领域的教授及具有丰富办案经验的检察官为检察干警授课，提高办案人员的理论水平和实战能力。结合服务民营经济"十百千万"专项活动和 2020 年中国品牌日主题，与南宁市市场监督管理局共同举办 2020 年中国品牌日线上专题培训班，开展知识产权法律法规专题学习，服务地区农业品牌建设。

三、加强与相关职能部门的工作配合，形成打击合力

与公安机关、工商联、知识产权局等多个职能部门密切联系，通过联席会议，建立联络员机制，畅通办理侵犯知识产权案件的信息渠道，进一步加强"两法衔接"和"侦捕诉"协作沟通。共同制定经济金融犯罪案件提前介入侦查工作规定，进一步加强与公安机关、行政执法机关的日常工作联系，及时掌握办案工作动态，适时对涉知识产权重大、复杂案件在侦查取证、案件定性等方面开展引导侦查工作，加强跟踪引导和监督，保证案件质量。

四、参与社会综合治理，宣传扩大办案影响

主动延伸检察职能，在办案过程中认真听取各方意见，积极参与社会综合治理，做好涉知识产权案件的社会矛盾化解工作。以执法办案为中心，认真落实"谁执法、谁普法"的普法责任制，密切与宣传部门沟通联系，通过宣传检察机关打击侵犯知识产权、保障和促进经济发展的"好声音"和法治"正能量"，强化全社会知识产权保护的意识。在"4·26 世界知识产权日"前，对 2018 年以来全区检察机关办理的知识产权案件进行梳理总结，公开发布一批典型案例，提升知识产权社会认知度，取得良好效果。同时，走访企业园区，宣传企业知识产权保护及侵权风险防范等法律知识。

供稿：最高人民检察院
知识产权检察办公室

海南省

知识产权工作

一、基本情况

2020 年，专利授权 8578 件，同比增长 93.94%。其中，发明专利 721 件，同比增长 36.04%；实用新型专利 7027 件，同比增长 129.27%；外观设计专利 830 件，增长 0.24%。有效发明专利 4274 件，同比增长 35.68%；PCT 国际专利申请 47 件；每万人有效发明专利拥有量 4.52 件，完成"十三五"期间海南省全面建成小康社会"每万人有效发明专利拥有量 4.5 件"监测指标目标。

2020 年，受理商标注册申请 4.43 万

件，注册 2.34 万件，分别比上年增长 21.02%和下降 13.01%。截至 2020 年底，累计注册商标 12.07 万件。全省有地理标志保护产品 12 个；地理标志商标 86 件。新增注册地理标志商标 22 件，同比增长 120%。年产值上亿元的地理标志产品达到 36 个。

2020 年，知识产权质押融资 24.94 亿元，同比增长 275.60%。其中，专利质押融资 5.71 亿元，同比增长 13.74%；商标质押融资 19.23 亿元，同比增长 10 倍(1087.03%)。

二、知识产权运用和服务

一是不断完善知识产权公共服务体系建设。印发《海南省促进知识产权发展的若干规定(修订)》，规范海南省高新技术产业发展知识产权专项资金申报程序和标准要求。获批设立“中国知识产权远程教育海南省知识产权远程教育平台”，在三亚崖州湾科技城、海南师范大学国家大学科技园设立“海南省知识产权远程教育平台分站”，发布 300 多门课程，完善知识产权公共服务体系。知识产权证券化项目被确定为全国 37 项自由贸易试验区第六批改革试点经验之一，在全国复制推广。加大知识产权资金投入，受理审核通过专利资助、国际商标注册资助、地理标志奖励、国际商标注册资助、植物新品种科研补贴、中国专利奖奖励、国家知识产权示范企业、优势企业培育经费等知识产权专项资金申报项目 3833 件，资助、补贴和奖励经费 1353.62 万元。

二是加大知识产权运营服务体系建设。出台《海口市知识产权运营基金管理办法》《海口市知识产权质押融资风险补偿资金管理办法》，设立海口市知识产权运营基金和知识产权质押融资贷款风险补偿资金。支持海口国家高新技术产业开发区建立知识产权运营公共服务平台；引导和培育知识产权服务业集聚发展，截至 2020 年底，海南知识产权服务港进驻知识产权服务机构 60 余家；海南师范大学国家大学科技园第三批技术与创新支持中心(TISC)通过国家知识产权局和世界知识产权组织联合验收并授牌。

三是深化完善有利于激励创新的知识产权归属制度。海南大学、中国热带农业科学院椰子研究所被列为首批试点单位，海南大学被科技部列为赋予科研人员职务科技成果所有权或长期使用权试点单位；修订《海南大学科技成果转移转化管理办法》，2020 年科技成果转化数量 17 件，转化收入 402 万元，比改革前分别增长 2.8 倍和 13.4 倍；中国热带农业科学院椰子研究所制定《知识产权改革试点方案》，并办理 2 项专利转让协议。

四是推进地理标志保护产品专用标志使用核准改革。2020 年，核准 3 个地理标志保护产品、6 家市场主体使用地理标志保护产品专用标志。核准 6 家企业分别使用“文昌鸡”“儋州粽子”“定安大米”地理标志保护产品专用标志，推进地理标志、商标品牌建设，促进地方经济发展。2020 年，地理标志保护产品的换标通过率 100%。

五是开展“4·26 世界知识产权日”宣传活动。在微信平台通过网络直播的方式开展 3 期知识产权普法宣传系列培训活动，解读《商标法》《专利法》《专利代理条例》等法律法规及相关基础知识，在线参与人员超过 1600 人。

三、商标纠纷问题调解

2020 年，专程赴国家知识产权局商标局开展协调对接，解决长期困扰海南省南国、三亚长丰、海南蛛王药业等企业发展的商标纠纷问题。3 月，长丰公司拿到“长丰能源”6 件商标注册证。4 月，南国食品公司拿到“南国”“椰子粉”类别系列产品商标注册证。海南蛛王药业商标纠纷获得解决。

四、企业复工复产助推

印发《关于新型冠状病毒感染肺炎疫

情防控期间全面加强专利商标服务窗口业务管理的通知》，指导海口、琼海商标受理窗口完善窗口受理材料流程及硬件设施，提供便利化服务，确保疫情期间市场主体和群众的安全。印发《关于做好促进知识产权服务运用　支持中小企业发展工作的通知》，为企业提供最快速、最高效的零接触知识产权综合金融服务。联合出台《关于加强知识产权金融服务疫情防控重点保障企业和支持中小微企业复工复产的通知》，优化办事流程，畅通企业融资通道，强化政策引导。组织 14 家银行代表和省内有融资需求的企业代表对接洽谈；举办知识产权政策解读暨质押融资银企对接公益在线直播活动，近 200 人参会。举行 2020 年专利倍增及银企对接培训会，围绕新一代专利检索分析系统的应用及特色数据库建设、《海南省促进知识产权发展的若干规定（修订）》政策解读主题进行培训，共计 150 余人参加。

五、知识产权保护

印发《关于强化知识产权保护的实施意见》，通过统筹推进知识产权"严保护、大保护、快保护、同保护"，完善知识产权保护制度和工作体系。对《关于强化知识产权保护的实施意见》的相关措施逐条细化，明确完成时限、责任部门和责任人。协助国家知识产权局在海口举办"新时代聚焦新职责　新培训促进新融合"全国知识产权公共服务培训班。制定并赴澳门宣传推介《港澳台地区专利代理专业人才在海南自由贸易港执业备案指引（试行）》，吸引港澳台地区专利代理专业人才来琼就业、创业，加快培育、引进专利代理人才。

探索建立知识产权纠纷多元化解决机制。联合印发《关于深入推进知识产权纠纷多元化解工作机制建设的实施方案》；会签《关于建立知识产权民事纠纷协作调解机制的意见》；在海口承办第十五届泛珠三角区域知识产权联席会议，并签署《加强泛珠区域知识产权保护合作协议》。

加强知识产权领域市场主体监管。组织开展打击与新冠肺炎疫情相关非正常商标申请代理行为；联合开展"蓝天"专项整治行动；组织开展"迅雷"执法大行动。2020 年，查办专利、商标、地理标志知识产权案件 766 件，比上年增长 108.7%。

供稿：海南省知识产权局

版权工作

一、软件正版化

1. 取得的工作成效

一是政府机关软件正版化工作成果持续巩固。截至 2020 年底，海南省各级党政机关持有操作系统软件授权 6.56 万套、办公软件授权 7.63 万套、杀毒软件授权 6.55 万套，实现了正版软件全覆盖。

二是国有企业软件正版化工作加快推进。2020 年，联合对 18 家省属重点企业开展全面督查，组织多轮自查，并指导推动问题整改。根据各单位软件缺口数量，组织集中签约采购。2020 年，海南省国资委监管二级以上企业采购操作系统 1234 套，办公软件 7193 套，工业设计软件 80 套；采购经费 560.5 万元，升级及维护经费 207.7 万元，实现通用软件和工业设计软件正版化全覆盖。

三是金融机构软件正版化工作进展顺利。截至 2020 年底，31 家银行业法人机构完成软件正版化工作，采购操作系统 63 套，办公软件 1859 套，杀毒软件 39 套，采购经费 45.92 万元，升级及维护经费 724.2 万元；2 家证券期货机构完成软件正版化工作，采购操作系统 114 套，办公软件 29 套，采购经费 121.58 万元，升级及维护经费 45.36 万元。

四是行业单位软件正版化工作推进有序。截至 2020 年底，文化、旅游、勘察设计、教育、医疗卫生行业单位已纳入软件正版化推进范围。其中省属经营性国有文化单位共13家，累计完成6家；省属国有旅游文化事业单位共16家，累计完成4家；勘察设计行业企事业单位共4家，累计完成2家。教育和医疗卫生行业单位软件正版化工作正式启动，已完成制定推进计划、调查摸底和业务培训。

五是民营企业软件正版化态势良好。2020年，制定《民营企业使用正版软件工作方案》，号召动员民营企业积极使用正版软件、抵制盗版软件，将软件正版化纳入市县工商联工作评价指标和“四好商会”建设认定指标。

2. 采取的工作措施

一是充分发挥联席会议协调各方、凝聚力量的作用，全面研究部署省使用正版软件工作并统筹推进。召开省使用正版软件工作厅际联席会议第五次全体会议，审定印发2020年海南省推进使用正版软件工作计划，并督促各市县、各单位抓好落实。

二是抓好督查整改，以查促改，倒逼有关单位形成常态化、规范化管理机制。对2019年软件正版化督查考核存在问题的省直机关开展“回头看”，共检查30家单位，检查计算机2000台次，并督促整改。印发迎检通知，指导各单位自查整改，全面部署安装网络版软件检查工具。完成全省政府机关使用正版软件工作督查考核，共抽查党政机关300多家次、检查计算机2.1万台次。开展省属经营性文化企事业单位软件正版化督查，共核查13家单位，检查计算机近2000台次。

三是定期开展宣传培训，着力增强各单位负责人和联络员的业务能力，努力提升使用正版软件的意识。召开2020年海南省政府机关使用正版软件工作培训会议，共135人参训；各市县、各单位通过印发规章制度、举办培训班等方式，传达宣传软件正版化有关政策措施以及业务知识。

四是强化工作责任意识，组织签订承诺书，推动落实软件正版化工作主体责任。推动各级党政机关、企事业单位以及行业单位普遍建立使用正版软件工作责任制度，成立领导机构和工作机构，明确各自职责，强化市县政府、省直机关、企事业单位主要负责人作为第一责任人制度，组织、督导、检查、考核本市县、本单位软件正版化工作。组织各级党政机关、企事业单位以及行业单位与工作人员全员签订使用正版软件承诺书。

五是抓好源头管控，做好备案审查，把住正版软件的入口关。推行新购计算机软硬件备案管理制度，各级党政机关应于计算机软硬件采购完成后10个工作日内，向本级著作权主管部门报备，各单位履行报备手续纳入海南省政府机关使用正版软件工作考核项目。加强沟通合作，自9月起，海南省公共资源中心每月底将当月各级党政机关采购的计算机软硬件明细抄送给海南省版权局，海南省版权局对单位违规采购计算机软硬件的行为予以通报。

六是推进集中采购，提高软件采购效率，加快软件正版化工作进度。2020年，以海南省信息产业投资有限公司作为牵头单位，组织企业采取集中谈判、集中签约和分别付款的方式采购操作系统、办公软件、工业设计软件。信投公司充分发挥资产投资公司的优势，为省属企业提供账务分期、延迟付款、软件租赁等多种灵活的采购方式，有效缓解企业软件采购的资金压力，大大加快了省属企业软件正版化的进度。

二、版权普法宣传

一是组织完成2020年海南省知识产权宣传周版权宣传活动。在人流密集区域集中开展现场咨询活动，张挂宣传横幅、放置宣传海报（易拉宝）、印发宣传小册子，累计接受版权现场咨询约5000人次，张挂版权宣传横幅500余条，制作宣传海报（易拉宝）200多个，发放宣传小册子40 000多份。组织工作人员、志愿者200多人次，走进企业单位、社区、学校进行版权知识宣讲普及 10 余场，发放宣传手册 2000 多份。

二是在海南广播电视总台和各市县电视台每晚黄金时段反复播放公益宣传片。海南广播电视总台所属 5 个地面频道累计播放 112 条次，总播放时长约 6720 秒；海口广播电视台所属 3 个频道累计播放 42 条次，总播放时长 2520 秒；其他市县电视台累计播放 266 条次，总播放时长 15 960 秒。约 20 个公众号（客户端、App）提供链接播放公益宣传片和公益海报。

三是在海口汽车总站、汽车东站候车大厅、海口港室外宣传屏幕播放公益宣传片，每次间隔 30 分钟，全天播放 24 条次；在海口市内 800 辆公交车滚动刊登公益海报，每辆车播放约 600 条次。南海网、凯迪网等网站在显著位置设链播放公益宣传片，共设置播放链接约 10 余条。

三、版权执法监管

1. 组织开展“秋风 2020”专项行动，开展出版物市场专项整治

先后 2 次对全省小学、初中、高中教材教辅使用情况开展检查，共检查 114 所学校 456 个班级和 342 家校园周边出版物个体经营场所。联合有关成员单位，对全省印刷复制、邮政寄递企业落实“五项制度”及“画像法”运用情况开展专项检查，覆盖 11 个快递主流品牌的 203 家邮政快递企业、114 家印刷复制企业。组织出版物市场专项整治行动，重点对书店、报刊亭、文具店等出版物经营销售场所和游商摊点进行不间断检查。截至 11 月，暗访检查天数累计 200 天，涉及全省 18 个市县、90 多个乡镇，检查各类出版物经营单位 3500 余家次，收缴非法出版物 3.8 万余册。

2. 组织开展“剑网 2020”专项行动

巡查互联网企业 482 家，影院 8 家，电商平台 13 家，社交平台（公众号）269 家，网吧 147 家，在线教育平台 1 家，计算机、电视专卖店 7 家，实体书店（音像店）16 家，印刷复制企业 12 家，发现问题线索 30 余条。立案查处 2 起网络侵权盗版案件。邀请业务专家讲授办理网络侵权案件的技巧和手段，对全省开展“剑网 2020”专项行动情况进行总结分析，就各市县在版权执法过程中存在的问题提出解决办法和指导意见。

四、版权社会服务工作

2020 年，登记各类作品 192 件，审核备案涉外图书版权贸易合同 151 个、软件版权 5 个，引进图书版权 95 种、软件版权 1 种。

供稿：海南省版权局

司法工作

一、知识产权案件受理情况

2020 年，受理知识产权案件 1918 件，其中海南省高级人民法院 60 件，海口知识产权法庭 217 件，海口市琼山区人民法院 868 件，三亚市城郊人民法院 773 件。

二、知识产权司法保护工作主要举措

1. 设立海口知识产权法庭，实现专业化审判

一是突破知识产权诉讼维权的地域限制，提供便利化、网络化的知识产权司法保护。海口知识产权法庭实行跨域集中管辖模式，管辖全省重大一审知识产权民事、行政和刑事案件，以及二审一般知识产权民事、行政、刑事案件。指定海口市琼山区人民法院和三亚市城郊人民法院对全省一般知识产权案件进行集中管辖。在数字法庭的基础上加配远程庭审系统，特别是在疫情防控期间，海口知识产权法庭运用远程办案系统办结了一批案件。

二是实行知识产权案件两个“三合一”，形成打击知识产权侵权合力。首创全国知识产权法庭（院）的两个“三合一”模式，即在继续推进知识产权民事、行政、刑事案件“三合一”审判模式的基础上，实行立案、审判、执行“三合一”运行模式。

三是开通英文版海口知识产权法庭网站。英文版海口知识产权法庭网站正式开通上线，该英文网站建设充分考虑国外受众的信息需求和阅读习惯，设置了案件管辖范围、诉讼指南、法官简介、法庭动态等栏目，链接最高人民法院英文网、国家知识产权局英文网等相关网站。

四是夯实多元化纠纷解决机制，形成社会共治合力。在全国首创构建“1个知识产权法庭+5个保护中心(巡回法庭+诉调对接中心)+11个重点园区联系点”的全覆盖、有重点的司法服务保障工作机制，打造“党委领导、政府支持、法院主导、社会各界参与”的知识产权多元化解纠纷解决体系。海南知识产权服务港标准巡回办案处、崖州湾科技城知识产权司法保护联系点和多元调处对接中心已建成投入运作。

五是探索知识产权司法保护新路径，激发海南自贸港创新活力。组织开展“海南自贸港建设与知识产权司法保护”研讨讲座，与会人员围绕“海南自贸港建设与知识产权司法保护制度构建”“完善知识产权司法保护的多元化纠纷解决机制”和“海南知识产权审判体制和机制”专题展开热烈讨论。

2. 加大损害赔偿力度，充分保护权利人合法权益

一是坚持补偿为主、惩罚为辅的原则，积极适用惩罚性赔偿的规定。建立以尊重知识产权、鼓励创新运用为导向，以实现知识产权市场价值为指引，以补偿为主、惩罚为辅的侵权损害赔偿机制。探索利用海南知识产权证券化试点平台，充分发挥社会组织、中介机构在知识产权价值衡量和侵权损失评估中的作用。对于具有恶意侵权或重复侵权及其他严重侵权情节的，依法加大赔偿力度，适用惩罚性赔偿，严格知识产权保护。

二是强化沟通机制，形成打击合力。召开2020年度知识产权司法与行政保护座谈会暨联席会议，各成员单位就执行实施细则的情况及办理涉食药案件中存在的问题、知识产权审判与行政诉调对接机制新方式、知识产权审判领域改革创新等方面进行了讨论，形成知识产权保护的长效沟通机制。

3. 建立多元化解纠纷机制，有效化解知识产权纠纷

为加强与知识产权行政机关、人民调解组织、行业协会、专业调解组织的协调配合，促使各类纠纷解决方式各得其所、各尽其能，提升知识产权纠纷解决效率。相关单位部门会签《关于建立知识产权民事纠纷协作调解机制的意见》，建立健全知识产权纠纷调解协议司法确认机制。

4. 加大司法宣传力度，营造良好社会氛围

每年“4·26世界知识产权日”召开知识产权新闻发布会，公开发布海南法院知识产权司法保护状况和十大典型案例；通过形式多样的宣传活动，增强群众食药安全的防范和保护意识，营造知法守法的良好社会氛围。

5. 积极配合“双打”工作，建立健全长效机制

充分利用“双打”联动平台，完善行政执法与刑事司法的有效衔接。健全信息共享、案件上报的“双打”工作协调机制，完善各项工作制度。有效利用“两法衔接”信息共享平台，推进平台间对接互联，完善案件咨询、统计通报、跟踪督促等工作制度。

6. 海南自贸港知识产权法院揭牌运行

2020年，海南自贸港知识产权法院揭牌运行，最高人民法院院长周强、海南省委书记沈晓明亲临现场为海南自贸港知识产权法院揭牌。

供稿：海南省高级人民法院
知识产权审判庭

检察工作

一、依法办理侵犯知识产权犯罪案件，履行法律监督职责

2020年，依法批捕侵犯知识产权和制售假冒伪劣商品案件5件23人，提起公诉3件11人，监督公安机关立案涉嫌侵犯知识产权案件9件9人。

二、依靠“两法衔接”信息共享平台，拓宽检察监督渠道

打造侵犯知识产权领域的“两法衔接”信息共享平台，实现省市县三级行政执法机关、刑事司法机关信息互联共享。根据《海南省打击侵权假冒领域行政执法与刑事司法衔接信息共享平台运行管理暂行办法》，对案件规范录入，实现全省各级检察院全程、动态监督执法情况，获取监督线索。如三亚市人民检察院深入开展“打击侵犯知识产权和制售假冒伪劣商品”专项行动，服务三亚“国际旅游消费中心”建设，规范旅游市场，保护游客权益，助力营造健康有序的旅游法治环境。

三、加强机制建设，适应知识产权保护新形势

2020年12月26日，全国人大常委会通过《关于设立海南自由贸易港知识产权法院的决定》，根据要求，将知识产权刑事二审案件的管辖由海口市人民检察院调整为海南省人民检察院第一分院，及时制定《海南省人民检察院第一分院关于做好海南自由贸易港知识产权刑事检察工作的方案》，以适应海南自由贸易港知识产权法院设立后与检察职能的衔接，形成工作配合机制。

供稿：最高人民检察院
知识产权检察办公室

重庆市

知识产权工作

一、大幅提升知识产权供给质量

修订印发《重庆市专利资助办法》，将授权国内发明专利、申请国外发明专利纳入市级专利资助范围，突出知识产权高质量创造的政策导向。2020年，有效发明专利35 309件，每万人发明专利拥有量11.32件，分别是“十二五”期末的2.8倍和2.6倍。截至2020年底，PCT国际专利申请累计1645件，2020年新增申请量较上年增长近一倍。评审奖励“天街”“仙鹤”等4件驰名商标和“荣昌陶器”“秀山土鸡”等4件地理标志，商标品牌培育示范效应更加凸显。2020年，有效注册商标总量60.39万件，是“十二五”期末的3倍；地理标志总量278件，是“十二五”期末的1.4倍。截至2020年底，累计9个地理标志产品列入中欧地理标志产品互认互保清单。

二、全面加强知识产权保护

推动出台强化知识产权保护的19条具体措施，将知识产权保护工作绩效纳入区县党政年度考核和营商环境评价体系。印发实施年度知识产权行政保护专项行动方案，部署开展“铁拳”“蓝天”“绿色技术”等专项行动，以食品药品、防疫用品、电商等领域为重点，严厉打击侵犯知识产权和制售假冒伪劣商品违法行为。2020年，办理专利侵权纠纷案件553件，查处知识产权违法案件1569件，涉案金额679万余元，罚没款955万余元。立案办理专利侵权纠纷行政裁决案件16件，接收知识产权调解案件2119件；指导2000余家参展企业做好参展前侵权风险排查。

三、有效促进知识产权转化运用

深入推进知识产权密集型产业发展和企业创新，支持建设智慧农业、智能仪器仪表、大数据、信息通信等产业知识产权联盟4个，实施高价值专利培育计划项目10个、企业专利导航项目50个，完成32个产业专利导航中心中期评估工作。9家单位共计11个专利项目获得第二十一届中国专利奖（其中金奖1项、优秀奖10项），获奖项目新增产值上亿元。2020年，实现知识产权质押融资13.72亿元，新增发放知识价值信用贷款48.27亿元，叠加发放商业贷款32.29亿元。成功组建全国首个军民融合领域知识产权联盟，建成军民两用技术知识产权运营智能分析对接系统及项目库，搭建军民两用技术知识产权精准对接及交流平台；在全国率先启动并建成国防专利线下受理窗口，成功受理国防专利申请120件。

四、不断健全知识产权公共服务体系

印发《深化知识产权领域“放管服”改革 营造良好营商环境工作方案》。推进国家知识产权局重庆业务受理窗口建设，实现专利申请、商标注册、地理标志登记等业务“一窗通办”。组建运行重庆市知识产权大数据应用联盟，“对手通”平台持续高效免费为广大创新主体、市场主体提供知识产权信息推送服务。积极推进技术与创新支持中心（TISC）建设，重庆大学建成全国高校知识产权信息中心。公布举报投诉电话、邮箱，开通网上举报投诉通道，核查处理违法违规行为举报投诉和“黑代理”线索13条，责令限期整改代理机构3家。全面开展重庆市备案商标代理机构自查整改和信用承诺工作，710家代理机构完成自我承诺。

五、全力抗击新冠肺炎疫情

及时发布疫情防控期间业务办理公告，推行“网上办、预约办”便民服务，制定出台疫情期间支持企业复工复产措施43条、支持知识产权服务机构统筹加强新冠肺炎疫情防控和有序复工复产工作举措5条，有力推动重庆市专利、商标代理机构复工率达到100%。开辟知识产权业务办理“绿色通道”，办理涉及新冠病毒防治技术专利申请优先审查52件，协调办理防疫物资生产企业商标注册快速审查8件。指导27家医药企业与银行等金融机构实现精准对接，获得知识产权质押贷款5000万余元。

六、奋力打赢脱贫攻坚战

深入开展地理标志精准扶贫，举办地理标志助力脱贫攻坚经验交流及培训会，搭建地理标志产品云推广云平台，促成产销对接和业务合作10余项。开展地理标志品牌培育地方标准研制工作，推动“丰都肉牛”纳入全国地理标志助力精准扶贫典型案例。新增农产品商标1.58万件、地理标志商标22件。持续发展壮大特色扶贫产业，构建形成“扶贫技术+种养殖大户+贫困户融合发展”种植养殖互助机制，投入资金近百万元推动种植业、养殖业从零星分散进入到规模化发展的快车道，初步形成脱贫致富长效机制。

七、合力推进成渝地区双城经济圈建设

举行深化川渝知识产权合作、推动成渝地区双城经济圈建设工作座谈会，并签署川渝知识产权合作协议，明确川渝两地将在知识产权保护、运营、服务和专利快速预审、人才队伍建设等方面加强合作，加快推动成渝地区双城经济圈知识产权协同发展。联合发布第一批川渝知识产权合作重点保护名录，双方各有100个重点商标品牌、50个高价值专利、30个优质地理标志入选。

供稿：重庆市知识产权局

版权工作

一、版权执法

一是将版权执法纳入对区县和市级部门全面从严治党考核指标，同时纳入"打击侵犯知识产权和制售假冒伪劣商品专项行动"考核指标，进一步压实各级版权行政执法部门主体责任。每半年分别召开一次全市各区县版权执法工作推进会，对版权执法案件查办情况进行总结，并按季度通报案件查办情况。

二是建立重大侵权盗版案件挂牌督办机制，对区县重大案件进行挂牌督办。牵头开展"剑网 2020"专项行动，办理侵权盗版行政处罚案件 23 件、刑事案件 2 件，移送公安机关 2 件，关闭违法违规账号和"僵尸"账号 7.6 万余个。

三是建立全市重点作品版权预警机制，发布首批重点图书版权保护预警名单，涉及渝版图书 90 余个品种。

四是强化与公安机关、检察院、法院、文化执法总队案件会商机制，多次召开重点案件协调会。

五是会同两江新区（自贸区）人民法院等建立"诉源治理保护版权，共同优化营商环境"工作机制，加强知识产权司法保护和行政保护衔接。

六是加强与四川省版权部门的执法协作，共同签署《成渝地区双城经济圈版权保护和创新战略合作框架协议》，互换互认重点图书版权保护名录，联合主办"川渝互联网版权保护与数据竞争研讨会"，合力查处川渝两地侵犯美术作品著作权等案件，建立跨区域执法协作机制。

七是采取"线上+线下"结合的方式，举办 2020 年"剑网行动"专项执法暨区县融媒体中心版权管理专题培训班，围绕著作权行政执法实务等内容作专题培训。

二、软件正版化

一是市联席会议总召集人，重庆市委常委、宣传部部长多次听取软件正版化工作情况汇报，并对进一步提升工作效果作出明确要求。各区县也分别建立了以区县党委常委、宣传部长担任总召集人的联席会议制度。重庆市经济信息委等 17 个部门将下属事业单位全部纳入正版化工作计划，统筹推进。

二是将软件正版化工作纳入对区县和市级部门全面从严治党考核指标，纳入全市法治政府建设工作要点、全市宣传思想工作要点。

三是继续加大检查力度，9 月至 11 月，现场检查组对 12 个区县、15 个市级部门、5 个市属国有重点企业（含下属三级以上企业），教育、医疗、科技、新闻出版等市级行业的 9 个单位进行了现场核查，并对上一年度问题较多的单位开展"回头看"。共完成 615 家党政机关和 116 家市属三级以上国有企业的检查，检查计算机 32 455 台。对问题突出的区县和单位有针对性地提出整改建议，并将检查通报印发给各区县各部门对照自查。对重庆市正版软件资产管理和日常监管平台进行升级改造。

四是全市软件正版化工作基础台账进一步完善，工作触角延伸至乡镇（街道）、事业单位以及国有企业分子公司等基层单元。截至 2020 年底，各级党政机关、企事业单位通过正版软件监管系统上传计算机台账信息 258 246 条，工作资料 52 690 份，覆盖单位用户数同比增加 59.93%，登记计算机数同比增加 53.72%，正版化工作档案数同比增加 50.54%。

五是全市各区县各部门使用国产软件意识进一步增强，采购使用国产软件比例进一步提高，市级部门新采购的办公软件均为国产办公软件，各市属国有企业采购的杀毒软件和设计类软件均为国产软件。各区县加大对国产软件的采购力度，国产操作系统套数占比达 83.39%，采购国产办公软件 39 108 套，采购金额 1555 万元，分别占比 99.35%和 98.23%。

三、版权产业发展

一是加强版权孵化平台建设。在市属高校设立一批版权研究基地；与保税港区共建版权贸易基地，小切口、多渠道做实版权贸易。

二是发挥重庆市原创音乐和艺术版权孵化中心的资源优势，助力重庆音乐半岛和艺术湾区建设。依托西部(重庆)科学城软件正版化服务中心的技术力量，为推进全市软件正版化工作提供专家智库、第三方实验室、专业技术服务等。成立重庆市版权协会，建立版权保护自律和信息沟通机制。

三是积极开展版权示范创建工作。成功培育2个全国版权示范园区、6个全国版权示范企业，以及8个市级版权示范园区、25个市级版权示范企业。

四是加大版权项目推广力度。以"数字版权赋能新经济"为主题，举办首届重庆市数字版权项目推介会。举办首届重庆高校"版权杯"文化创意设计大赛。

四、版权社会化服务

一是创新工作举措成果。2020年，重庆市实现作品登记量质齐升，1—12月登记作品17.1万件，同比增长8.57%。

二是创新服务模式。探索完善版权服务体系，将版权保护和服务关口前移，变被动服务为主动上门，将版权公共服务触角延伸到工作一线。新冠肺炎疫情期间，通过数字服务平台无接触开展版权登记申请受理、作品审核及证书发放工作，登记作品3668件。开通抗疫作品登记服务通道，主动发掘一批疫情防控主题优秀作品。对焦行业痛点，开展作品登记、法律服务、版权交易、教育培训"四个上门"服务。通过问卷调查、座谈、走访等形式，开展区县融媒体版权保护专项调研，形成调研报告。在服务科技创新发展、助力科研诚信建设中，与重庆市科学技术期刊编辑学会签订版权战略协议，为70余家科技期刊单位和300余名科技人才提供版权公共服务。

三是创新宣传培训形式。抓住版权宣传月这一重要节点，广泛开展形式多样的宣传活动，让版权保护成为山城"热辣"话题，光明网、《法制日报》、《中国新闻出版广电报》等中央媒体进行了集中报道。联合西南政法大学、重庆理工大学等高校建立版权知识题库，依托华龙网开展3轮版权知识云竞答，总浏览量超过8万人次。在"新重庆"客户端、华龙网、重庆文艺网显著位置开设版权宣传活动专栏，对100家重点版权企业开展网络成果展、版权微访谈、"双十佳"评选等系列活动。与区县宣传部联合制作版权宣传手册，覆盖多家企业和多个乡镇、街道的基层群众。组织各区县版权管理部门、网信办、文化市场综合行政执法大队(支队)等480余人通过线上线下方式参加为期5天的专题培训。

五、版权宣传氛围营造

一是组织开展重庆版权宣传月活动，以华龙网为主要载体，联动各区县融媒体平台，组织版权执法骨干"微访谈"、版权企业成果展以及版权知识网络竞答等系列活动。

二是开展"十佳版权创新企业""十佳版权创业先锋"评选活动，吸引28.2万余人参与网络投票，252万人次浏览活动官方网站。

三是开展"普及版权·服务基层"主题活动，组织近100家版权相关单位进区县、进园区、进企业、进高校，开展版权作品登记、版权项目推介等活动，普及版权保护知识，推动原创IP价值转化。

四是举办重庆版权大讲堂，每月1期，首届举办12期，邀请业界专家学者、版权企业负责人等，就新修《著作权法》亮点新意、版权授权运营与开发、版权产业发展与模式创新等话题进行专题讲解，通过网络媒体以视频方式多渠道传播。

五是开展青少年版权知识普及活动，

举办“IP 创未来”青少年艺术版权活动季、“世界最美童画 讲好中国故事”——“一带一路”青少年人文艺术交流活动、金山意库儿童艺术节等活动。

六、版权对外合作

2020 年，重庆市向日本、俄罗斯、波兰、塞尔维亚等 12 个国家输出图书版权 73 种，输出图书是引进图书的 2.3 倍，版税收益 9300 美元。版权输出类别涵盖文学、社科、学术、少儿、科技等多个领域，并开发出了合作出版、版本合作、选题合作等多种国际合作出版输出方式。《脱贫之道：中国共产党的治理密码》《大国小康路》等国内重要图书已向英国、日本、波兰、爱沙尼亚等地转让版权，《快递中国》《鸟度屏风里》等版权首次输出到巴基斯坦，开启了与“一带一路”沿线南亚国家的合作关系。

供稿：重庆市版权局

司法工作

一、以审判工作为中心，典型案例亮点纷呈

2020 年，受理一、二审知识产权纠纷案件 24 447 件，同比下降 13.9%。其中，受理一、二审商标侵权纠纷案件 2719 件，同比增长 57.8%。新收一、二审知识产权纠纷案件 22 035 件，审结各类知识产权纠纷案件 22 743 件，结收比为 103.2%。其中，新收著作权纠纷案件 19 349 件，占比 87.8%。

审慎处理重庆鸽牌公司诉重庆鸽皇商标侵权及不正当竞争纠纷案，判赔 1000 万元；判决全国首例专条适用《反不正当竞争法》第 12 条的腾讯诉数推公司一案。

在审结的涉及意大利运动品牌商 FILA、意大利奢侈品牌商 PRADA、美国电子品牌商 Kingston、美国服装品牌商 Paul Frank、德国汽车公司戴姆勒公司等涉港台和涉外知识产权案件中，坚持依法平等保护各方当事人，严格审查公证转递手续，进一步健全公正高效权威的纠纷解决机制。

二、加强司法保障，延伸服务职能

一是加强联动，为成渝双城经济圈建设助力。从统一法律适用、保全合作、信息共享、会商研讨、审判机制改革交流、人才培养合作、对外协调联系等方面加强川渝两地法院的交流合作，助力成渝地区双城经济圈建设。通过共同召开新闻发布会、共同发布典型案例、共同召开研讨会、共同开展审判业务培训等方式，积极开展成渝地区双城经济圈知识产权司法保护交流协作，促进知识产权司法保护能力和水平整体提升。

二是大力推动审判体制机制改革。严格落实知识产权审判体制机制改革和知识产权审判“三合一”的要求，大力推进重庆知识产权法庭设立工作，提出设立法庭的报告；认真研究全市法院知识产权案件构成及队伍配备，提出管辖及人员调整方案，推动设立重庆知识产权法庭。

三、加强调研指导，统一司法尺度

1. 狠抓重点课题调研，指导审判实务

一是强化课题调研。围绕法院重点调研课题，结合司法审判实务深入研究并形成调研成果，完成 2019 年度最高人民法院司法研究重大课题《知识产权惩罚性赔偿课题研究》和 2020 年度全市法院重点研究课题《商业秘密侵权诉讼举证新规则研究》。

二是注重经验总结。全面反映近年来全市法院知识产权审判工作的工作简报《重庆法院加强知识产权司法保护 积极服务保障重大发展战略》被最高人民法院、市委、市委政法委采用，并得到充分肯定。

三是加强审判实务调研。以审判实务问题为导向进行调研，在全国法院第三十二届学术讨论会上 1 篇报告获三等奖，2 篇获优秀奖。

2. 多管齐下，统一裁判规则

一是召开专业法官会议或条线法官联席会，统一法律适用标准。二是继续办好《知识产权和涉外商事审判动态》，涵盖领导讲话、政策文件、审判工作、综合工作、工作动态等多项内容。三是组织三级法院条线培训。四是参与并组织优秀裁判文书评比活动并获奖。条线共获得一等奖 1 名、二等奖 2 名和三等奖 2 名的成绩；开展条线知识产权与涉外商事审判优秀裁判文书评比活动，共有 20 篇裁判文书获得优秀。五是强化二审裁判指引功能，确立类型化案件裁判规则；注重改发分析，对改判、发回重审的案件逐案分析，并在部门内发布。

四、拓展横向交流，扩大知识产权审判影响力

1. 发挥专委会平台作用，发出知识产权审判“重庆声音”

一是连续召开审判实务研讨会。举办“网络游戏知识产权司法保护研讨会”，邀请来自司法领域、学术机构、知识产权服务机构的 100 多位参会代表就网络游戏知识产权司法保护问题进行深入探讨。二是持之以恒办好“中国知识产权法官讲坛”。与西南政法大学联合举办“中国知识产权法官讲坛”，2020 年共举办 9 场讲坛。

2. 强化合作，完善多元纠纷解决机制

一是加强诉仲对接。举办商事纠纷多元化解工作推进会，就进一步完善商事纠纷多元化解工作制度、工作平台和工作流程深入交流了意见。二是完善诉调对接。修订《关于建立重庆市涉外涉港澳台商事纠纷诉讼与非诉讼衔接机制的意见》，依托市贸促会调解中心，将诉调对接的案件由涉外涉港澳台商事纠纷拓展到包含国内商事纠纷。三是加强协作保护。通过重点案件座谈、典型案件交流、业务指导会商等形式，加强业务合作与司法监督，强化诉源治理，完善多元纠纷解决机制。四是适时提出司法建议。条线共发出 20 份司法建议。

3. 深化交流，提升宣传力度

在“4・26 世界知识产权日”宣传期间，与四川省高级人民法院共同召开知识产权司法保护新闻发布会，发布《2019 年重庆法院知识产权司法保护白皮书》。及时发布川渝两地知识产权保护典型案例。加强庭审直播，开展庭审进校园活动，发挥庭审的法治宣传教育功能。

供稿：重庆市高级人民法院
知识产权审判庭

检察工作

一、充分发挥检察职能，依法惩治侵犯知识产权犯罪

重庆市检察机关围绕服务“西部（重庆）创新中心”建设，依法惩治侵犯知识产权犯罪。通过专业技术人员辅助办案、三级检察机关内部会商等机制，提高对新型、疑难、复杂案件的办案质效，有效打击涉疫假冒伪劣医疗器材犯罪案件。与重庆市公安局、重庆市高级人民法院、重庆市市场监督管理局召开联席会议，联合出台《关于办理假冒伪劣口罩等防护用品刑事案件会议纪要》，统一办案标准。评选发布 5 件知识产权保护案例，指导案件办理，实现执法办案“三个效果”的统一。渝北区人民检察院办理某制药有限公司侵犯商业秘密罪时，全市三级检察机关联动，开展综合性司法保护，促进双方达成和解，最大限度实现保护知识产权、化解社会矛盾、促进社会创新的有机统一。

二、建立专业审查机制，促进知识产权刑事检察工作提质增效

组建知识产权专业办案团队，办理了一系列影响重大的案件。建立知识产权案件三级院联动办理及“双审查”“双介入”工作机制，提升了办案质效。在沙坪坝区余某某侵犯著作权案中，三级检察机关共同办理案件，并由专业技术人员协助办案，依法作出不起诉决定。出台涉知识保护工作文件，在开展“保市场主体、护民营经济”专项行动中，出台“17 条举措”、专项行动重点任务清单等文件，专门就加强知识产权司法保护作出相应规定；出台《重庆市九龙坡区人民检察院办理知识产权案件工作机制（试行）》《重庆市渝北区人民检察院关于加强知识产权案件司法保护工作的实施办法》，加强对知识产权的司法保护，规范案件办理流程。

三、强化宣传培训协作，构建共同保护知识产权的社会认知

通过与重庆市文化和旅游发展委员会签订合作协议、与公安机关召开联席会议等方式，构建知识产权保护合力。加快建设成渝地区双城经济圈知识产权司法保护协作机制，协作开展两地知识产权检察工作。与四川省人民检察院会签《关于加强检察协作服务保障成渝地区双城经济圈建设的意见》等系列文件，在协力保护两地知识产权、服务保障科技创新中心建设等方面提出一揽子意见，推动知识产权司法保护一体化。在“4·26 世界知识产权日”宣传期间，广泛开展系列宣传活动。在微信公众号“重庆检事儿”发布重庆市检察机关 2019 年度知识产权司法保护白皮书、知识产权保护“守护者联盟”等，取得较好的宣传效果。

供稿：最高人民检察院
知识产权检察办公室

四 川 省

知识产权工作

一、知识产权战略实施概况

1. *知识产权强省建设*

截至 2020 年底，国家知识产权试点、示范城市累计 11 个；国家知识产权强县工程试点、示范县（市、区）累计 66 个；国家知识产权试点、示范园区累计 5 个；国家知识产权优势、示范企业累计 254 家。22 项发明专利荣获第二十一届中国专利奖。在国家知识产权局牵头对各省（自治区、直辖市）党委、政府开展的 2020 年知识产权保护工作检查考核中，四川省获得“优秀”等次。

2. *知识产权创新改革*

深入推广“建立提供全方位证据服务的知识产权公证服务平台”“贷款、保险、财政风险补偿捆绑的专利权质押融资服务”等 7 项知识产权改革创新成果经验。持续深化职务科技成果权属混合所有制改革试点工作，45 家试点单位完成分割确权 634 项，作价入股创办企业 100 余家，带动企业投资近 100 亿元；四川大学、西南交通大学、成都理工大学、成都中医药大学 4 所高校入选国家试点名单。“国家知识产权局四川业务受理窗口”在四川省知识产权公共服务平台实现集中受理和“一窗通办”。中国（四川）知识产权保护中心“装备制造产业”第二预审领域通过验收，受理专利快速预审申请 1395 件，获得国家授权 454 件，平均授权周期较普通渠道缩短 80%以上。国家知识产权局商标业务成都受理窗口业务受理量持续排名全国第一。

3. *知识产权政策法规措施*

印发《四川省强化知识产权保护实施方案》《2020—2021 年贯彻落实〈四川省强化知识产权保护实施方案〉推进计划》《2020 年加快建设引领型知识产权强省推进计划》。出台或修订《关于深化赋予科研人员职务科技成果所有权或长期使用权改革的实施意见》《关于进一步推进商业秘密行政保护工作的指导意见》《关于建立知识产权保护协作机制的意见》《关于加强对我省列入〈中欧地理标志保护与合作协定〉的地理标志保护运用的意见》《四川省省级知识产权专项资金项目管理办法》等政策措施文件。

4. 知识产权拥有量

2020年，新增注册商标20.22万件，有效注册商标量累计101.41万件；马德里商标国际注册申请量累计614件。新增注册地理标志商标92件，累计注册地理标志商标466件；批准地理标志保护产品295个；登记农产品地理标志184件。新增专利申请16.8万件，PCT国际专利申请530件，专利授权10.8万件。其中，发明专利授权1.4万件，有效发明专利拥有量突破7万件，每万人发明专利拥有量8.4件。

二、知识产权行政保护

深入开展“铁拳”“蓝天”“春雷”等专项行动，办理专利违法案件5558件，同比增长59.35%，结案5448件，结案率98.02%。运用“三治三溯”专利代理监管模式，清理核查名称或经营范围含“专利代理”“知识产权代理”字样企业1.2万家，排查代理机构涉嫌违法线索38条，立案查处违法案件13件。建立专利侵权行政裁决机构19个，成都等8个市成立知识产权纠纷调解委员会。深入开展商标专用权保护专项行动，查处商标违法案件1283件，移送司法机关21件。深入开展酒类商标专用权保护行动，查处侵犯酒类商标专用权违法案件273件。组织商标代理机构开展全面自查和签订信用承诺，共计814家代理机构完成自查，745家代理机构主动签署承诺书，定向抽查代理机构59家。推荐23个优势特色农产品开展地理标志产品保护。完成792家企业新版地理标志专用标志矢量图更换。开展地理标志专用标志核准改革试点，核准37家企业使用地理标志专用标志。28件地理标志纳入中欧地理标志保护与合作协定清单。开展2020年度地理标志保护产品专项质量抽查，对63个地理标志保护产品、180个生产批次开展专项质量监督抽查，所检产品全部符合相关规定。

三、知识产权与疫情防控

开展涉新冠肺炎防护产品商标违法行为整治，依法查处恶意申请注册“火神山”“雷神山”商标案；查处口罩假冒专利等涉及疫情防控相关案件72件。出台6条“战疫”措施，开通窗口“绿色通道”，帮助疫情防控相关企业快速完成专利申请授权。

四、知识产权发展与运用

建成国家和省级技术转移示范机构83家。2020年，涉及知识产权技术合同认定登记12 157份，金额达372.49亿元。实施科技成果转化重点项目106项，支持创新产品100项。新药创制国家科技重大专项成果转移转化试点基地累计签约项目150项，协议总投资超过1100亿元。2020年，知识产权质押贷款金额56.9亿元。累计推动1300余家企业贯彻实施《企业知识产权管理规范》国家标准。建设8个知识产权特色小镇。5家单位获批建设技术与创新支持中心（TISC）。建成1个国家知识产权服务业集聚发展示范区，知识产权服务业从业人员突破3万人，服务机构超过1500家。举办首届四川省知识产权服务业技能大赛，130余家市场主体、690余人次参赛。新增专利代理机构11家，累计123家。执业专利代理师767人。截至2020年底，共培育全国知识产权服务品牌机构10家、国家知识产权运营机构7家和国家知识产权分析评议试点示范服务机构6家。

五、知识产权宣传培训

联合印发《关于推进知识产权“五进”的意见》，扎实推进知识产权进企业、进单位、进社区、进学校、进网络。在各级新闻媒体刊登（播出）知识产权新闻4300篇

(次);广播电视开设专题专栏 30 余个,刊播知识产权宣传公益广告 7100 余条(次);户外 LED 发布知识产权保护宣传标语 3700 余条(次);累计印制发放各类宣传资料 20 万余份,推送宣传短信 140 万余条。依托传统媒体平台和“两微一端”等新媒体平台,发布知识产权保护相关内容和信息 1.7 万余条,覆盖群众超 2100 万余人次。举办知识产权法治讲座、集中咨询、法治报告等 2100 余场次,发放各类法治宣传资料 32.1 万余册。开展“走进天府地标”专题宣传,聚焦川茶、川小吃领域 13 个地标进行线上线下宣传,点击量超过 230 万人次。

建立健全四川省知识产权专家库、四川省知识产权智库。修订印发《四川省知识产权培训基地管理办法》《知识产权远程教育分站管理办法(试行)》和《四川省知识产权远程教育分站考核标准》。开展 27 期知识产权专题培训班,培训 2600 余人次,举办远程教育培训班 180 个,参加知识产权远程教育选课达 15 万人次。通过“法制讲堂走基层”活动,开展专利侵权纠纷法律法规宣讲。在川东片区和川南片区举办 2 期民营企业知识产权宣贯会,参会企业 200 余家。

六、知识产权交流合作

获批设立海外知识产权纠纷应对指导中心地方分中心,服务指导外向型企业加强海外知识产权布局、维权援助、纠纷应对等。组织线上参加香港特别行政区政府、香港贸易发展局和香港设计中心合办的第十届亚洲知识产权营商论坛。签订《川渝知识产权合作协议》,建立“重点品牌”“高价值专利”“优质地标产品”保护名录机制。

供稿:四川省知识产权服务促进中心
四川省知识产权局

版权工作

一、版权宣传培训

围绕“4·26 世界知识产权日”开展线上线下宣传活动。指导开展“版权你我他”法律云课堂活动,在“四川发布”客户端和微博进行线上直播,邀请高校教授和专业律师讲解版权热点问题;委托制作“版权你我他,全民来闯关”为主题的 H5 互动小游戏产品;组织评选“四川省 2019 年度十佳版权登记作品”,发布四川省 2019 年“扫黄打非”暨著作权保护典型案件。制作版权保护宣传横幅、标语、展板、展架近 2000 个,发放版权宣传资料近 100 余种、20 万余份,在人流密集区域张贴保护版权主题宣传海报约 5 万张,主动接受群众答疑咨询 2 万余人次,宣传活动相关稿件覆盖人群超过 1000 万人,点击量达到 150 万次。开展新修订《著作权法》宣传活动及作品著作权登记宣传月活动。共组织开展 2 次全省版权执法监管、233 次省市县软件正版化培训。

二、版权执法监管

开展执法行动 18 516 次,出动执法人员 74 600 人次,查办侵权盗版案件 21 起,指导成都、自贡、南充等地及四川省版权协会积极调解侵权盗版纠纷近 400 起。积极部署“剑网 2020”专项行动,以网络文化市场为重点,针对大型网站和专门从事音乐、电影、软件、游戏、图书等内容传播的网站,通过网上监管与网下清查相结合的方式,加大互联网版权行政执法案件查处力度。组织开展打击在影院盗录影片等侵权违法行为的专项行动。牵头成立“四川达州何某涉嫌盗录院线电影案”案件督办领导小组。发布 4 期川版图书版权保护书目,对 126 种重点图书进行版权保护。

三、软件正版化

发布推进使用正版软件工作计划,督促各市(州)报送本地区推进使用正版软件工作计划。对 20 家省级政府机关、16 家省属国有企业和 6 个市级政府机关开展软件正版化工作调研指导,查阅制度建设和责任落实情况、软件日常使用管理情况，现场核查计算机软件安装使用情况。

四、版权社会服务

开展“版权社会服务质量提升年”活动，全面提升版权基层治理、产业服务、创新发展能力。推荐四川省版权事务中心参评并成功获得国家版权局和世界知识产权组织颁发的2020年中国版权金奖管理奖。完成首次“四川省版权产业经济贡献调研”课题，摸清全省版权产业底数。与重庆市版权局共同签署版权合作框架协议。完成作品版权登记16.3万件；完成版权贸易合同备案840件，其中引进418件，输出422件。成功创建省级版权示范单位10个、省级版权示范园区1个，推荐1家企业争创全国版权示范单位，35个项目获得2020年版权“走出去”专项资金补助。指导成立知识产权纠纷人民调解委员会，开展版权纠纷调解工作。配合举办2020年全国第三期版权执法监管、涉外版权培训班和第十二届全国大学生版权征文活动颁奖仪式。指导举办2020年成都数字版权交易博览会。

供稿：四川省版权局

司法工作

一、坚持执法办案第一要务，充分发挥知识产权审判职能作用

2020年，受理各类知识产权案件16 867件，同比增长44.96%；审结16 007件，同比增长61.36%。其中，受理知识产权民事案件16 719件，刑事案件139件，行政案件9件。

一是立足各类案件特点，加大知识产权保护力度。在华润（集团）公司与自贡市华润房地产公司侵害商标权及不正当竞争纠纷一案中，判决侵权人向知识产权权利人赔偿经济损失及合理开支60万元，体现了人民法院加强知识产权保护力度、有效维护权利人合法利益的司法导向。在四川省成都市第七中学与眉山冠城七中实验学校不正当竞争纠纷一案中，判决侵权人停止使用相关误导性宣传用语，消除影响，并赔偿权利人经济损失及合理开支100万元，这对于规范教育市场竞争秩序、维护名校的品牌和公信力具有重要意义。

二是积极探索适用符合知识产权诉讼规律的证据规则与裁判方式。在郭某平与成都大大小小公司侵害实用新型专利权纠纷一案中，积极引入技术调查官、技术专家等专业人才协助查明事实。针对游戏换皮、软件分发、数据抓取等新型侵权和不正当竞争行为发出3份诉前行为禁令，提高知识产权司法救济的及时性。严厉打击虚假诉讼，对伪造证据的四川某酒业公司及提起虚假诉讼的厦门某公司分别给予罚款50万元和5万元的民事制裁措施。

三是推进智慧法院建设，加大科技审判模式运用。四川微法院全面上线后，快速建成并上线全省法院互联网庭审平台，大力开展网络立案、网络庭审工作。将区块链技术融入审判活动，在成都市郫都区法院打造区块链电子存证平台，有效破解网络知识产权案件取证难问题，同时建立区块链执行和解平台，形成可记录、可追溯、防篡改的执行信息存储系统。试用知识产权类案件证据智能比对系统，运用感知哈希算法的图像对比技术，进一步加快著作权侵权案件审理进程。

二、服务对外开放大局，积极营造一流营商环境

一是发布《四川法院自贸区知识产权司法保护白皮书（2017—2019年）》。举办“加强知识产权司法保护　营造良好营商环境”主题座谈会，邀请人大代表和政协委员、律师代表、创新企业代表等参加座谈，并发布《四川法院自贸区知识产权司法保护典型案例》。

二是举办第一届西部自贸司法协同创新论坛。2020年，四川自由贸易试验区人民法院承办第一届西部自贸司法协同创新论坛，通过全方位、多层次、多领域的交流探讨，推动司法研究、司法协作、司法创新全能级开展，为成渝地区双城经济圈建设、国内国际“双循环”新发展格局构建等国家重大战略实施提供优质司法服务和保障。

三是联合举办地理标志及非遗案件审判难点研讨会，对地理标志及非遗知识产权的运用、推广、扶贫、纠纷解决等方面进行深入探讨。

四是加强调研，提升知识产权保护针对性。2020 年，德阳市中级人民法院、德阳市市场监督管理局联合走访调研德阳市 68 家企业，撰写《德阳企业知识产权现状分析与思考》调研报告，在此基础上推动出台《德阳市强化知识产权保护实施方案》。绵阳市中级人民法院结合地方特色，撰写省重点课题《军民融合涉知识产权保护问题研究：以“优化保护环境促发展”为视角》。

三、强化川渝两地法院合作，共建“知识产权双城保护圈”

两地高院联合签署《川渝地区人民法院知识产权司法保护交流合作协议》，建立促进法律适用统一、保全合作、信息共享、会商研讨、人才培养交流合作等 7 项工作机制。通过视频连线方式举行知识产权司法保护联合新闻发布会。联合举办中国知识产权法官讲坛和网络游戏知识产权司法保护研讨会，全国各地 30 余名来自司法审判、学术机构、网络游戏产业的发言嘉宾和百余位参会嘉宾通过在线方式参加了此次活动。联合举办 2020 年川渝两地法院知识产权、涉外商事审判业务培训班，100 余名员额法官参加学习。

四、广泛开展合作交流，构建知识产权大保护工作格局

1. 积极构建知识产权纠纷多元化解机制

一是建立知识产权解纷中心，分别在诉前、诉中环节化解纠纷 293 件、395 件。二是持续推动技术、家居类案件快调模式的应用。深化《关于建立知识产权协同保护机制的合作协议》，由保护中心接受委托对技术类知识产权纠纷进行调解；继续落实与中国成都（家居鞋业）知识产权快速维权中心签订的知识产权民事纠纷诉调对接工作规程，构建以“巡回法庭负责调解移送、快维中心负责纠纷调解、新都法院负责司法确认”为内容的工作模式，完成 40 余件专利案件的委托调解工作。三是创新商事 ADR 解纷机制，为当事人提供知识产权非诉纠纷解决渠道。四是设立知识产权保护中心多元解纷工作站。

2. 优化知识产权保护协作机制

联合下发《关于印发四川省知识产权行政执法与刑事司法衔接相关工作制度的通知》，确定七部门建立联席会议、线索通报、案情通报、信息共享、案件移送等 5 项制度。共同印发《关于建立知识产权保护协作机制的意见》，确定知识产权案件会商、案件协助、信息交流、培训宣传合作、学术研讨等制度，为形成知识产权保护合力提供了制度保障。

供稿：四川省高级人民法院
知识产权审判庭

检察工作

一、加大打击力度，始终保持对侵犯知识产权犯罪严惩态势

一是严厉打击侵犯知识产权犯罪行为。2020 年，受理审查逮捕 60 件 133 人，批准逮捕 50 件 94 人，受理审查起诉 96 件 249 人，起诉 83 件 202 人。

二是充分履行各项法律监督职能。强化提前介入引导侦查，2020 年提前介入侦查引导取证 81 件。注重立案监督，及时纠正有案不移、有案不立、立案不当等问题，监督公安机关立案侦查 3 件。进一步强化刑事审判监督，积极促进知识产权领域司

法办案标准统一，做到不枉不纵。2020年，办理7件知识产权民事诉讼监督案件，其中生效裁判监督4件，审判程序违法监督1件，执行活动监督2件。

三是创新建立知识产权刑事案件双报制。逐步完善并规范公安机关、人民检察院案件线索相互移送程序，经向成都市检察机关全面推行该做法后，两级检察院通过该机制掌握知识产权案件线索34件，对其中符合立案条件的，通过分流进入刑事诉讼领域13件，其他经济纠纷分流进入民事领域12件。

二、坚持打击与保护并重，促成社会矛盾实质性化解

一是认真落实认罪认罚从宽政策。2020年，涉知识产权犯罪的认罪认罚从宽案件适用数量为72件177人。在办理绵阳某公司侵犯著作权一案中，检察机关在通过刑事手段打击侵权犯罪的同时，帮助企业建立合规制度。

二是积极促成被告人与知识产权权利人达成刑事和解。在办理云某某等12人销售假冒注册商标的商品案中，检察官耐心释法说理，促使被告人主动向被侵权民营企业退赔274万元。在办理陈某、杨某等人侵犯著作权案中，检察机关促成被告人与被害单位达成120万元赔偿协议并取得谅解，后6名被告人在检察机关建议下均获缓刑判决。

三是主动做好刑事司法与行政执法的有效衔接。2020年，通过“行刑衔接”受理涉知识产权刑事案件11件11人。积极开展反向移送专项工作，对不符合刑事立案标准或者作出不起诉决定的案件移送行政处罚线索，并及时跟踪处罚进展，切实加强知识产权刑事、行政工作协作，形成行政保护与司法保护闭环效应。

三、多方位参与知识产权社会治理，服务科技创新

一是扎实开展专项活动。参与《四川省强化知识产权保护工作实施方案》和四川省知识产权“十四五”规划的制定、修改，配合四川省知识产权局等部门开展“雷霆”“闪电”“剑网”“龙腾”等打击侵犯知识产权专项行动，与公安机关、市场监管部门开展联合督查执法行动，确保专项行动各项要求在全省落地落实。

二是为企业进行“合规体检”。成都市温江区人民检察院与西南交通大学联合开展“企业知识产权法律体检”专题活动，针对企业知识产权检测预警机制不畅、法律风险防范意识弱等问题发出多份“知识产权保护体检报告”，促进企业加强管理。

三是加强检察合作促进成渝双城经济圈建设。签署《关于加强检察协作服务保障成渝地区双城经济圈建设的意见》以及《联系协作工作办法》。加大对两地高新技术、关键核心技术、川渝老字号的司法保护力度，依法办理两地互涉案件，合力打击跨区域、链条式、产业化侵犯知识产权犯罪。共同签订《成渝地区“4+2”检察协作意见》，细化明确18项具体协作任务，加强对知识产权犯罪以及关联犯罪、上下游犯罪的协同打击，注重全链条治理。

四、积极参与试点工作，探索创新知识产权综合性司法保护路径

设立知识产权检察办公室，以内部综合办案组形式运转办案并履行职能；确定成都市人民检察院等6个市级人民检察院以及四川天府新区成都片区人民检察院等6个基层人民检察院为试点院。

供稿：最高人民检察院
知识产权检察办公室

贵州省

知识产权工作

一、知识产权创造

1. 专利

2020年，专利授权34 971件，同比增长41.4%。截至2020年底，有效专利94 160件，同比增长33.6%。其中，有效发明专利12 558件，有效实用新型专利69 322件，有效外观设计专利12 280件，同比分别增长11.9%、39.5%、28.1%；每万人有效发明专利拥有量3.47件。十大工业产业有效专利71 883件，同比增长35.8%，占全省有效专利的76.3%。其中有效发明专利11 865件，同比增长5.9%；有效实用新型专利54 095件，同比增长41.7%；有效外观设计专利5923件，同比增长66.7%。12个重点农业特色优势产业有效专利13 254件，占全省有效专利的14.1%。其中，有效发明专利2324件，有效实用新型专利9648件，有效外观设计专利1282件。

2. 商标

2020年，商标注册申请125 649件，同比增长40.2%；商标注册58 618件。截至2020年底，有效注册商标266 864件，同比增长25.8%。每万户市场主体有效注册商标770件，同比增长11.3%。驰名商标累计认定64件。

3. 地理标志

2020年，新增地理标志47个。其中，地理标志商标9个，地理标志保护产品1个，农产品地理标志37个。截至2020年底，地理标志累计386个。全省进入中欧地理标志协定互认保护清单的地理标志保护产品15个。

二、知识产权运用

1. 专利和商标

一是推动知识产权质押融资。联合印发《贵州省推进知识产权质押融资实施方案》。2020年，受理66个专利和商标质押融资项目，同比增长53.5%；实现知识产权质押融资16.1亿元，同比增长37.6%。

二是完善落实知识产权政策。遴选高价值核心专利6项资助300万元。以12个农业特色优势产业、10大工业产业、10大服务业创新发展工程为重点，遴选知识产权优势企业20家资助400万元。对授权专利1304件资助708.9万元。对获知识产权管理体系认证的20家企业资助60万元。

2. 地理标志

对符合条件的“凤冈锌硒茶”等10个地理标志产品产业化促进项目资助500万元。指导“麻江蓝莓”“黎平香禾糯”国家知识产权局地理标志运用促进工程项目实施。对15个符合条件的地理标志持有人兑现资助30万元。

三、知识产权保护

1. 完善知识产权政策体系

一是印发《关于强化知识产权保护的实施意见》(黔党办发〔2020〕27号)，进行责任分解，将6方面24项107条工作措施细化落实到各级党委政府及省直相关部门，高标准构建知识产权严保护、大保护、快保护、同保护的工作格局。

二是联合印发《贵州省支持知识产权高质量创造及运用项目和专项资金管理办法》，在此基础上出台《贵州省知识产权创造运用促进资助办法》，整合多部知识产权规范性文件，将资助方式由“事前资助”调整为“事后资助”，并对资助的对象、标准、程序等进行详细规定。

2. 强化知识产权行政保护

开展“双打”、地理标志保护、“铁拳”、茅台酒市场整治等专项行动。2020年，开展知识产权执法行动2884次，出动执法人员18 458人次。办理知识产权案件952件。对2019年23家用标生产企业抽检的5个不合格产品进行通报，对40家地理标志保护产品用标生产企业进行抽查。开展“蓝天”专项整治行动，对27家专利代理机构、484家商标代理机构进行抽查。有效运用12315平台职能作用，收到知识产权投诉举报381件，办结381件。

四、知识产权管理与服务

1. 深入推进知识产权申请注册便利化改革

优化宣传专利事务“零跑腿”实施方案，2020年，专利申请网办率达100%，专利缴费网办率超96%，专利权质押登记网办率近50%；专利电子申请率达99.15%，专利代理机构电子申请率达100%；获批成立“国家知识产权局贵州业务受理窗口”，实现专利商标业务“一窗通办”；为专利优先审查、专利权质押登记等业务开通“绿色通道”，受理专利优先审查242件，办理专利权质押登记49件，质押金额达15.23亿元。

2. 深化商标申请注册便利化改革

商标受理窗口由8个增至9个，实现9个市(州)商标受理窗口全覆盖。推行“网上办、寄递办、预约办”，降低企业注册成本。2020年，商标受理窗口受理商标业务14 049件，其中贵阳市和黔东南州商标受理窗口获全国商标受理“先进窗口”称号。

3. 开展地理标志保护产品专用标志使用核准改革试点工作

率先建设“贵州省地理标志保护产品专用标志核准使用平台”，并同步开发手机App申报审核功能，实现专用标志线上受理、审核与线下核查相结合的工作模式，专用标志使用和变更申请自受理之日起30个工作日内即完成核准。2020年，核准用标企业58家，变更用标企业登记信息23家。

4. 开展全国专利代理行业改革试点

引导符合条件的考生参加全国专利代理师资格考试，2020年报考考生247人，通过考试31人；将知识产权服务机构、执业专利代理师、知识产权师、国家级知识产权专家等资助纳入《贵州省知识产权创造运用促进资助办法》，对符合条件的个人或机构进行资助。

供稿：贵州省知识产权局

版权工作

一、软件正版化

1. 扎实开展需求摸底工作

2020年初，对40多家省直机关的正版软件采购需求进行摸底，并在省级层面与金山WPS供应商进行多次价格协商，形成省级机关采购阶梯价格。

2. 主动对接考核机制建设工作

主动对接贵州省委网信办和宣传部相关业务处室，将软件正版化工作纳入网络安全和意识形态责任制考核，并配合相关部门拟定网络安全责任制考核扣分细则。

3. 深入开展省级检查工作

拟写关于开展贵州省2020年软件正版化工作检查的请示，获部主要领导同意后，正式启动全省软件正版化检查工作。共覆盖省直机关42家，检查计算机5000余台，反馈检查报告近40份。

4. 扎实推进见成效

2020年，贵州省在部际联席会议核查中，实现省直政府机关和省属国有企业范围操作系统、办公软件、杀毒软件和工业软件正版化率全部100%。

二、版权行政执法

1. 版权行政执法常抓不懈

2020年，贵州省著作权行政处罚案件10件，与2019年持平。惠水“4·14”侵犯电影著作权案入选中宣部版权管理局等发布的2020年度院线电影盗录传播典型案例。

2. 积极组织开展"剑网2020"专项行动,开展版权重点监管工作

运用科学技术手段对院线电影、热播网络剧、贵州台电视节目、微信公众号及微博等进行监测,并根据业务需要出具监测报表及报告。2020年,监测贵州台电视节目24档,微信公众号27个,微博6个,今日头条、抖音号等10个,卫视综艺4个,院线电影20个,网络剧15个,短视频监测标的300个,课堂视频5个。审核数据共27万余条,检索个人网站60万余次,检索App 1.2万余次,检索微信、微博1000余次,检索搜索引擎2万余页,监测到疑似盗版链接1.6万余条,出具日报表800余份、监测报告100余份,发送邮件2000余封(下线函/监测报表/监测报告)。

在2019年度查处重大侵权盗版案件有功单位与有功个人评选中,3人荣获"有功个人"荣誉,4个单位荣获"有功单位"荣誉。

三、版权宣传普及

1. 借理论研究促宣传

举办2020年"创意黔行"——贵州大学生版权保护征文活动,共收到投稿40余篇,评出特等奖2篇、一等奖3篇、二等奖4篇和三等奖2篇。贵州省版权局荣获第十二届全国大学生版权征文活动"优秀组织奖"。

2. 借版权活动周促宣传

2020年,以版权活动周为契机,举办线上版权知识系列讲座活动。在此期间,积极参与《2019年贵州省知识产权保护与发展状况》白皮书新闻发布会工作,并就贵州省2019年工作成效进行总结,提出从6个方面谋划开展2020年版权管理工作。

3. 借奖项申报促宣传

按照国家版权局关于版权金奖的申报要求,深入分析全省版权工作特色,深入挖掘全省版权资源,向各地(市、州)下发通知,要求相关单位和社会团体积极进行申报,并有针对性地对部分版权特色企业提供业务指导。

四、版权社会服务

1. 持续做好作品版权登记工作

2020年,贵州省作品登记中心共计审核通过作品登记13万件。

2. 拓展社会服务新思路

组织实施"激活价值　注力攻坚"民族民间文化版权保护工程,登记民族民间文化作品5000余件,服务企业80多家,对外推介了一批拥有版权的民族民间文创产品。贵州省民族民间文化创意企业整体以"贵版"品牌参加服贸会"北京文博会"展出,取得较好的社会效益和经济效益。

3. 发挥示范带动作用

组织推荐全国版权示范单位。贵州中云版权科技有限公司、贵州蝉之翼文化创意发展有限公司获评2020年度"全国版权示范单位"。

供稿:贵州省版权局

司法工作

一、案件基本情况

2020年,受理知识产权案件2681件,比上年增加1001件,增长59.58%。审结2118件,比上年增加469件,增长28.44%。受理的知识产权案件中,民事案件2492件,刑事案件187件,行政案件2件。

2020年受理的民事一审案件中,著作权类案件1167件,同比增长53.96%;商标类案件880件,同比增长41.20%;专利类案件187件,同比增长62.6%;技术合同类案件72件,同比增长24.14%;其他案件15件。

2020年受理的刑事一审案件主要以假冒注册商标罪、销售假冒注册商标的商标罪以及非法制造、销售非法制造的注册商标标识罪为主,涉商标案件占91.56%。

二、主要做法

一是服务“六稳”“六保”大局，助力复工复产。出台《关于做好新冠肺炎疫情期间知识产权和涉外商事审判工作的通知》，用以指导涉疫情知识产权及涉外案件审理；加大案件调解力度，助力企业走出疫情困境。已结的198件民事案件中，调撤结案62件，占比高达31.3%。

二是积极探索类型化审理，着力提高案件质效。根据知识产权案件难易程度和办理熟练程度，进行繁简分流，快慢分道，对常见常办的类型化知识产权案件，如KTV歌厅侵犯放映权案，聚焦关键事实，提高办案效率。88件KTV二审案件，平均受理天数为26.8天。

三是聚力重大案件办理，确保“三个效果”统一。对汪某、郑某某等假冒、销售名家美术品侵犯著作权案，严把涉外案件涉外程序关，正确认定罪与非罪、此罪与彼罪，厘清缓刑考验期满后是否适用从业禁止、责令退赔等法律问题，一二审宣判后没有出现社会舆情。

四是加强调研指导，统一裁判尺度。完成《2019年司法仲裁审查情况报告》《2019年知识产权审判白皮书》《2019年改判发回案件情况》《2019年知识产权十大典型案例》等调研报告，发表理论实务文章20余篇，较好指导了审判实践。

五是讲好知识产权故事，传递贵州声音。向社会发布知识产权白皮书，以及10件知识产权典型案例，沟通《贵州日报》、澎湃新闻等媒体进行宣传报道。通过公众号对加大调解力度，助力复工复产工作进行宣传。

六是积极参与合作，极力规范市场秩序。成立打击侵犯知识产权和制售假冒伪劣商品专项行动小组，进一步贯彻落实“双打”工作的相关要求，加大对重点行业、重点领域、重点环节、重大案件、涉嫌刑事案件等的查办力度，有效打击相关违法犯罪行为。及时与省“双打办”联系对接，统一梳理汇总法院审理的侵犯知识产权和制售假冒伪劣商品等案件的相关数据，向“双打办”报送数据表格及简报等材料，反映知识产权违法犯罪倾向，为法治社会管理提供数据参考，共同为规范服务市场、共创法治社会作出贡献。

供稿：贵州省高级人民法院
知识产权审判庭

检察工作

一、基本办案情况

2020年，审查逮捕侵犯知识产权案件82件151人，审查起诉侵犯知识产权案件116件231人。提前介入知识产权案件70件；监督公安机关撤案21件。开展追赃挽损案件14件，犯罪嫌疑人主动退赔126.84万元。

二、主要工作情况

1. 提供组织保障，推动专业化队伍建设

组建6个办案组专门负责知识产权案件的办理，4个人民检察院采用其他形式推进侵犯知识产权案件办理工作开展。举办全省检察机关经济犯罪案件专项业务培训班，对司法实践中知识产权犯罪的办案难点问题进行专题授课，打造高素质专业化办案队伍。

2. 把握政策导向，突出制度化保护重点

先后出台《关于加强知识产权司法保护的二十条措施》《贵州省检察机关开展发挥检察职能作用　依法保护企业家合法权益　营造企业健康发展法治环境专项工作实施方案》，制定下发全省打击侵犯知识产权工作方案。对知识产权案件办理情况进行分析，形成《2017—2019年全省检察机关办理侵犯知识产权犯罪案件基本情况简要分析》，针对实际情况，与法院积极沟通，探索建立全省知识产权案件由贵阳、遵义两个地区集中管辖的工作机制。

3. 强化个案办理，力争办案质效最大化

在最高人民检察院指导下办理汪某等人侵犯著作权系列案，办案中全省三级检察机关就罪名适用、证据证明标准、鉴定标准、赃款赃物追缴等方面进行深入分析和研究讨论，同时协调解决该系列案件的指定管辖工作，确保该系列案件成功办理。贵州省遵义市人民检察院获评 2020 年中国版权金奖保护奖。

4. 全面加强法律监督，确保监督效果

一是精准抗诉，确保准确打击。赵某某等人假冒注册商标案中，遵义市人民法院一审判决其中一被告人无罪，遵义市人民检察院提出抗诉，发表的支持抗诉的二审检察意见被二审法院采纳，案件发回重审后被改判有罪。二是追诉漏犯，确保全面打击。在张某某等人销售假冒注册商标的商品案中，贵阳市人民检察院在办理过程中注重对全案证据的系统审查，成功追诉共犯 2 人，并判处有期徒刑，取得较好的法律效果。三是制发检察建议，参与行业治理。湄潭县人民检察院通过发出 18 份检察建议，有效推进茶叶品牌保护、茶园安全管理。某茶企负责人反映企业商标权和专利权被侵犯，湄潭县人民检察院在查清案件事实的基础上，督促县市场监督管理局、科技局严格依法履职，一举查处 5 件长期侵犯“遵义红”“湄潭翠芽”商标的案件。

供稿：最高人民检察院
知识产权检察办公室

云南省

知识产权工作

一、知识产权战略统筹作用突出

印发实施《云南省关于强化知识产权保护的实施意见》；顺利召开机构改革后第一次云南省政府知识产权战略实施工作联席会议全体会议，统筹完成 2020 年知识产权保护工作检查考核工作。及时启动云南省“十三五”知识产权发展规划评估工作、“十四五”知识产权发展规划研究工作等重大课题研究项目。

二、知识产权创造能力有效加强

2020 年，专利授权 28 943 件，其中发明专利授权 2458 件；发明专利有效量 15 575 件，每万人口发明专利拥有量达 3.21 件。商标申请 14.05 万件，商标注册 8.38 万件；商标有效注册量 43.51 万件，较 2019 年增长 20.83%；新增地理标志商标 20 件，累计达 282 件。

三、知识产权保护水平显著提升

一是夯实知识产权保护基础。持续推进《云南省专利促进与保护条例》修订工作，初步形成修订建议草案；联合出台《关于进一步加强市场监管环节行政执法与刑事司法衔接工作的通知》，加强市场监管领域的行政执法与刑事司法衔接工作；获批成立中国（昆明）知识产权保护中心。

二是严格知识产权行政执法。制定《云南省市场监督管理局关于加强 2020 年元旦春节期间知识产权保护相关工作的通知》《云南省市场监督管理局关于进一步做好 2020 年知识产权保护工作的通知》，查处商标案件 389 件，案值 284.49 万元；办理专利侵权纠纷案件 30 件，办理假冒专利案件 4 件；强化专利真实性和商标使用行为日常监管，共抽查市场主体 418 户。

三是推进地理标志换标工作。印发《云南省市场监督管理局关于做好新版地理标志专用标志更换工作的通知》，指导各州（市）做好新版地理标志专用标志更换工作。共录入上报国家知识产权局地理标志保护数据管理系统保护产品使用企业249户，审核通过158户。

四、知识产权运用效益日益显现

一是推进知识产权强省、强市、强企建设。新认定云南省知识产权优势企业66家，省级知识产权示范园区10家；昆明市被国家确定为知识产权运营服务体系建设重点城市，获得中央财政资金1.5亿元支持；加强与建设银行云南省分行等6家协议金融机构合作，实现知识产权质押融资金额16.6亿元。

二是开展知识产权精准扶贫工作。围绕打造世界一流“绿色食品牌”的决策部署，着力推进地理标志品牌的培育、运用和保护。文山三七等11个地理标志产品进入中欧地理标志产品互认互保清单；启动实施地理标志运用促进工程项目，先后对“普洱茶”“昭通天麻”等13个地理标志运用促进项目予以重点指导和经费支持。

三是加强知识产权服务机构监管。组织开展“蓝天”专项整治行动和“双随机、一公开”抽查检查工作。2020年，抽查专利代理机构8家，商标代理机构147家，392家商标代理机构填写了自查表和承诺书。处理完成涉及代理机构案件线索5个，约谈代理机构2家。

五、知识产权服务体系更加完善

一是完善知识产权服务体系建设。在昆明专利代办处设立商标咨询服务窗口，安排专人开展相关服务；推动专利和商标窗口的融合，支持和指导德宏州、昭通市市场监管局申报设立商标受理窗口；建成3个全国专利文献服务网点，7个知识产权信息服务工作站；完成国家知识产权局与世界知识产权组织合作的技术与创新支持中心筹建工作；云南大学被列为国家高校知识产权信息服务中心。

二是优化知识产权服务保障。积极推进“知识产权服务万里行”暨知识产权服务窗口前移活动，深入玉溪、曲靖、红河等6个市（州）25个县（市、区），举办培训和对接咨询服务活动25场，培训1000余人次；积极推行网上缴费、网上申请等业务，提高服务效率，审核推荐专利优先审查绿色通道时间从3个工作日压减到1个工作日；对于专利权质押登记、许可备案申请，数据上传时间从2个工作日压减到1个工作日；实现全省专利电子申请率达99%以上；全省商标受理窗口电子申请率均达100%。

三是降低创新主体知识产权获权及维持成本。2020年，审核通过8833个各类创新主体提出的专利费用减缴资格备案申请，其中涉及企业3976家；审核推荐进入国家知识产权局专利优先审查绿色通道的专利申请989件，较2019年增长368.7%。宣传执行云南省发明专利资助政策，优先资助云南省重点产业、战略性新兴产业、特色优势产业领域的授权发明专利，并对维持达到一定期限的发明专利予以资助，助力全省每万人口发明专利拥有量指标的提升。2020年，资助发明专利1500余件，拨付资助资金190万元。

六、知识产权意识有效提高

一是加大知识产权人才培育力度。高标准开展知识产权人才认定工作，2020年认定高层次人才8人，实务人才16人；组织全省知识产权工作人员、行政执法人员300余人参加国家知识产权局举办的知识产权行政管理人员轮训；组织涉及专利、商标、执法等知识产权相关知识培训班4期，培训500余人次；与世界知识产权组织合作，举办知识产权国际规则运用研修班。

二是加强知识产权公益宣传。在“4·26世界知识产权日”宣传期间，联合各成员单位共同开展宣传活动，组织召开新闻发布会，广泛动员，利用报纸、微信等媒体，宣传知识产权工作成效。

供稿：云南省知识产权局

版权工作

一、版权执法监管

1. 不断完善行政执法机制

联合印发《云南省版权行政执法监管工作方案》，通过建立全省版权行政执法联动工作机制、挂牌督办案件、成立专案组跨区域办案、开展联合巡查等方式，不断完善和优化版权行政执法机制，解决办案专业人员不足、办案效能不高、技术力量薄弱、案源渠道较少、执法力度不够等问题。2020 年全省立案查办侵权盗版案件 30 起，结案 24 起，移交公安机关侦办案件 2 起。

2. 开展“剑网”专项行动

联合多部门在全省范围内开展打击网络侵权盗版“剑网 2020”专项行动，重点打击视听作品、电商平台、社交平台、在线教育等领域的侵权盗版行为，着力规范网络游戏、网络音乐、知识分享等平台的版权传播秩序，持续巩固网络文学、动漫、网盘、应用市场等专项治理成果。截至 10 月底，共清理网上违法违规信息 3600 余条，关闭违法违规账号 14 个，约谈网站及账号持有人 20 家，移送线索 63 件次，查处网络侵权案件 7 起。

3. 加大侵权盗版行为打击力度

11 月，联合开展 2 次版权案件巡查工作，对昆明、玉溪、大理、丽江、西双版纳 5 个市(州)的文化市场进行突击检查，发现案件线索 8 起，发现营业性私人影吧领域存在较大侵权盗版风险。2020 年，各级文化执法机构共出动 38 176 人次，开展市场巡查 5599 次，检查场所 5143 家，没收非法音像制品 18 310 盘(张)、非法出版物 50 万件(册)，收缴、下架各类侵权盗版和有害书籍 4704 册，处置网络有害信息 2.8 万余条，取缔关闭网站 7 个。

二、软件正版化

1. 定期召开联席会议

召开云南省 2020 年推进使用正版软件工作联席会议全体会议，16 家成员单位分管领导和联络员参加会议。要求各成员单位充分发挥职能职责，在全面推进软件正版化工作规范化、常态化和制度化基础上，全面推动全省正版化与信息化深度融合，构建软件正版化工作新体系，努力推进软件正版化工作取得新成效新进展。

2. 开展软件正版化督查检查工作

组成 9 个软件正版化工作专项检查组，对昆明、玉溪、红河、楚雄、大理、丽江 6 个地区的市(州)级党政机关开展软件正版化“全覆盖”检查工作；对云投集团等 5 家企业软件正版化工作完成情况进行了达标验收检查；对云南大学等 5 所省直高校和云南省妇幼保健院等 5 家医院进行了检查调研。全年共计实地检查单位 309 家、计算机 12 000 余台。

3. 积极推广应用国产软件

现场对照合同服务项目和产品功能进行逐一检查和完成性审核，完成全省党政机关国产办公软件升级服务集中采购项目验收。截至 2020 年底，全省党政机关使用金山办公软件数量已达 52 万套。利用软件正版化工作培训班和重要节点宣传等时机，邀请国产软件商代表作国产软件介绍，鼓励各地各单位优先采购国产软件产品及服务。

三、版权社会服务

1. 改进作品登记工作方式

从 2020 年起，将作品登记工作纳入云南省新闻出版产业技术中心职能，并配备 2 名专职工作人员。制定《云南省版权服务工作站管理办法(试行)》，分 2 批建立 17 个版权服务工作站，通过云南版权登记线上系统，为著作权人提供“零距离”的作品登记便捷服务。截至 2020 年底，登记作品 11 129 件，全年登记总量首次突破 1 万件，是 2019 年登记总量的 10 倍以上。

2. 创新开展版权示范创建

印发《云南省 2020 年版权示范创建方案》《关于开展版权示范创建的通知》，动员省属文化企业、各市(州)版权管理部门相关单位和企业积极参加示范创建。经过6个月的创建期,通过对37家申报单位考评验收,确定云南音像出版社、云南网际科技有限公司等11家企业为省级版权示范单位,云南广播电视集中集成播控中心等3家单位为省级版权示范园区,并择优选择3个单位参加国家级的版权示范创建评选。

3. 认真做好涉外著作权合同登记

截至2020年底,对全省232种图书合同完成审核,对65份合同中版权授权不清晰及合同条款明显有失公允的地方给出建议,并责令出版社补全资料文书,督促其取得外方合法授权。

四、版权宣传培训

1. 持续提升宣传高度

召开"2020年云南省知识产权宣传周活动启动暨新闻发布会",并向在场的40多家媒体记者介绍了2019年云南省版权工作成效。

2. 积极开展集中宣传活动

在"4·26世界知识产权日"版权宣传活动期间,开展2020年云南省大学生版权征文活动,评选获奖作品52篇,并推荐优秀作品参加第十二届全国大学生版权征文活动,1篇作品获得二等奖,云南省版权局获优秀组织奖。

3. 不断扩大宣传广度

结合版权管理工作实际,制作1条版权宣传公益广告、7幅版权宣传海报。建立与16个市(州)版权管理部门和省级主流媒体的宣传沟通机制,形成全省宣传资源共享、新闻线索共用、版权宣传共商的大宣传局面。与云南网开展全年版权宣传深度合作,策划推出一个专栏"版权工作在云南"、一个图解"一图读懂云南版权工作"等"七个一"系列策划。在云南网各平台发布原创稿件40余篇,获得国内各大主流媒体转载。云南网官方微信、微博同步开通版权宣传专题,有效扩大版权宣传的覆盖范围和社会影响。

4. 版权培训工作突出针对性、实用性和可操作性

举办"2020年云南省软件正版化暨版权工作培训班",来自全省各市(州)版权管理人员和执法骨干等共计300余人参加培训;聘请省内专家学者就如何开展好软件正版化、著作权作品登记、版权行政执法等工作进行授课,全省从业人员的业务能力水平得到较大提升。

供稿:云南省版权局

司法工作

一、依法履行审判职责,加强知识产权司法保护力度

一是坚持执法办案第一要务,严格依法、公正、高效审理知识产权案件。2020年,受理各类知识产权案件6262件,较上年增长125.46%;审结5540件,较上年增长125.45%。其中,受理一、二审知识产权民事案件6189件,较上年增长126.56%;受理一、二审知识产权刑事案件60件,较上年增长75.95%;受理一、二审知识产权行政案件13件,较上年增长50.09%。

二是积极探索审判工作方式,提高案件审理质效。制定《侵害商标权纠纷类案件要素式审判方式指引》《侵害著作权纠纷类案件要素式审判指引》《适用惩罚性赔偿的裁判指引》《分调裁审实施方案》,有效实现案件繁简分流,提高审判效率;与公证处尝试开展委托送达合作。

二、切实保护知识产权权利人合法权益,着力营造良好营商环境

一是加强对知识产权犯罪行为的打击力度,依法惩处假冒"昆电工""云烟"等驰名商标犯罪行为。延伸审判职能,向云南省市场监督管理局发出司法建议,严厉打击涉机动车润滑油等生产销售行业侵权违法行为。

二是严格审查著作权侵权纠纷中出现的新类型证据，统一裁判标准。针对涉歌厅的侵害作品放映权纠纷中当事人逐步以可信时间戳方式代替传统的公证保全方式取证的情形，以及大量小权利人退出音像著作权集体管理组织自行维权的问题，采集案例，研究可信时间戳的技术原理，汲取外省法院审判经验。

三是加强商标侵权纠纷的裁判文书说理，严格落实“谁执法谁普法”。案件审理过程中，通过在判决书中充分说理，既对一审法院进行了具体的指导，又让当事人清楚知道诉讼胜败的原因，并对今后如何合法地开展经营活动有了直观的认识。

四是做好专利案件及技术类案件一、二审的衔接工作。加强与最高人民法院知识产权法庭、一审法院的沟通，互通信息，统一裁判标准，并协力做当事人的调解、撤诉工作，取得良好效果。2020 年，调撤外观设计专利纠纷 18 件，占已审结专利纠纷的 40％。

五是关注不正当竞争纠纷抬头的趋势，规范市场竞争秩序。审理一批涉众面广、具有较大影响的不正当竞争纠纷案件。如在云南白药集团诉云南诺特金参公司不正当竞争纠纷中，依法保护知识产权，激发创新活力；在贵州西洋公司起诉开远沃特威公司、弥勒红乐公司及楚雄龙润丰公司不正当竞争纠纷系列案件中，依法保护权利人的合法权益，制止假冒侵权化肥产品坑农害农现象发生。

三、聚焦重大专项工作，有力服务保障大局

一是在参与起草《关于强化知识产权保护的实施意见》中明确提出“强化民事司法保护，有效执行惩罚性赔偿制度”“加强对具有知识产权案件管辖权的人民法院民事、刑事、行政案件‘三合一’审判的指导，统一审判标准”“不断完善全省知识产权案件跨区域审理机制”等重要内容，最终被采纳并审议通过。二是配合云南省市场监督管理局完成全国知识产权保护检查考核迎检工作。三是全面接受第三方机构的评估。

四、加强专项调研和对下业务指导，提升全省知识产权审判水平

一是对知识产权民事、刑事、行政“三合一”审判施行三年来的情况进行调研；二是对修改《关于在全省开展知识产权民事、行政和刑事案件审判“三合一”工作的通知》进行调研；三是对可信时间戳取证方式的采信标准进行调研；四是对小权利人起诉歌厅侵害作品放映权纠纷的诉权确认、赔偿标准进行调研。除知识产权“三合一”审判调研没有全部完成外，其他几项调研均已如期完成。

五、重视诉源治理，探索知识产权多元化纠纷解决机制

一是重视做好知识产权行政执法与司法保护的有效衔接，预防和减少知识产权侵权纠纷的发生。二是组织与律协知识产权业务研究委员会座谈交流，探讨律师参与知识产权纠纷调解工作的机制、模式。

六、结合自贸区昆明片区建设，加大知识产权司法保护力度

一是加强与职能部门协作，与知识产权保护中心建立知识产权协同保护机制，通过建立知识产权纠纷多元解纷机制、聘请技术调查官和人民陪审员、建立联席会议机制、加强业务交流和学习等形式，充分发挥法院在化解知识产权纠纷中的指导作用。二是依托面向南亚、东南亚知识产权服务(昆明)中心、昆明原创认证保护中心，创新知识产权司法保护机制，依法服务保障企业“走出去”发展战略。三是探索建立在自贸试验区昆明片区对商标权等核心知识产权侵权的惩罚性赔偿制度。

供稿：云南省高级人民法院
知识产权审判庭

检察工作

一、围绕打造世界一流“三张牌”重点任务，构建多维度知识产权保护格局

贯彻落实《云南省人民检察院关于充分发挥检察职能依法保护产权和企业家合法权益的实施意见》《云南省人民检察院关于依法保障和促进非公有制经济健康发展的意见》，细化工作措施，统筹刑事、民事、行政、公益诉讼职能，坚持打击、监督、预防、服务、保护并重，为打造“绿色能源牌”“绿色食品牌”“健康生活目的地牌”提供检察保护。为适应“三合一”审判机制，选拔州、市人民检察院业务骨干组建全省知识产权检察专业化团队，为知识产权检察保护提供专业队伍支撑。聘请知识产权专家学者为专家咨询委员会成员，为检察工作提供技术支持。

二、依法履行检察职能，提升打击侵犯知识产权犯罪办案质效

2020年，批捕侵犯知识产权犯罪案件39件75人，提起公诉34件67人。进一步规范知识产权案件跨行政区划办理流程，专题调研全省知识产权案件实行“三合一”集中管辖以来案件办理中存在的困难和问题，针对性地出台《云南省人民检察院关于知识产权刑事案件集中管辖的办理规定》，着力解决案件在跨行政区域集中管辖中遇到的捕诉衔接、管辖冲突等问题，提升办案质效。

三、加强协作配合，形成知识产权保护合力

一是突出行业整治。针对云南省侵权假冒犯罪多为涉烟犯罪的现状，开展专题调研并报省委省政府主要领导签批后转云南省烟草专卖局研究，促成出台《云南省涉烟违法犯罪案件物品价格认定标准指引》，强化对相关知识产权犯罪的精准打击。二是加强“行刑衔接”。会同云南省市场监督管理局研究出台《关于进一步加强市场监管行政执法与刑事司法衔接工作的通知》，强化行政执法与刑事司法衔接，加大对侵犯知识产权违法犯罪的打击力度。三是注重权利人诉讼权利保护。针对知识产权权利人“维权难”现状，检察机关将权利人权利义务告知工作与认罪认罚工作相结合，灵活采用电话告知、委托行政机关告知、互联网公告等方式，积极开展权利人诉讼权利义务告知工作。

四、延伸检察职能，拓展司法保护效能

一是开展形式多样的宣传活动。通过知识产权宣传周、检察开放日、“法律三进”普法活动等多种形式，全面宣传知识产权相关知识；制作《4·26检察机关知识产权保护宣传》短片、知识产权保护宣传手册，重点对民营企业宣讲知识产权检察保护工作，增强企业及企业家干事创业的信心。二是加强品牌保护，促进市场监管。昆明市西山区人民检察院与企业签署协作备忘录，加强对驰名商标的检察保护；保山市人民检察院办理“贴牌”食品案时及时向当地市场监管部门制发检察建议，督促其履行监管职责，召回问题食品3.7吨，有效防止了食品安全隐患的扩散。三是运用公开听证化解矛盾纠纷。对重大、疑难或者社会关注度较大的案件，通过召开听证会，邀请各方代表对案件发表意见，在准确认定犯罪嫌疑人行为的同时，实现争议的实质性化解。四是推动“两法衔接”信息共享平台提质增效。组织面向全省的信息共享平台培训，针对性地为相关人员共130余人讲解系统操作，有力提升系统运用效能。

供稿：最高人民检察院
知识产权检察办公室

西藏自治区

知识产权工作

一、协助推进“地球第三极”商标注册

协助推进“地球第三极”商标注册工作，通过大量的协调汇报工作，自治区“地球第三极”商标申请注册状态整体良好。截至2020年底，44个大类商标申请已实现核准注册，为做大做强西藏特色优势产业发展提供基础条件。

二、完成相关考核工作任务

牵头组织协调26家区(中)直有关部门整理相关工作开展情况，汇总形成西藏自治区关于2020年知识产权保护工作情况的报告(送审稿)以及相关佐证资料，报送国家考核检查组。完成《关于开展2019年度知识产权保护工作绩效考核的工作情况》《关于认真做好2019年度粮食安全省长责任制考核自查评分工作的通知》等自评报告。

三、开展地理标志产品监督抽查

对自治区36个获保护地理标志产品开展监督抽查，抽查结果及时向社会公布，并积极鼓励帮扶符合要求的企业申请使用专用标志。

四、积极协调经费保障

协调自治区财政厅、经济和信息化厅制定出台《西藏自治区中小企业发展专项资金管理办法》，对荣获中国驰名商标的企业给予一次性奖励50万元，加大对自治区知名品牌的保护支持力度。联合向财政部、国家知识产权局推荐拉萨市知识产权运营服务体系建设项目，旨在促进知识产权运营服务体系建设，进一步强化知识产权基础性建设，申请建设资金2亿元。

五、强化知识产权宣传力度

集中开展以“知识产权与健康中国”为主题的宣传周活动，自治区市场监管系统悬挂宣传横幅32条，张贴宣传海报152份，通过LED显示屏发布知识产权宣传标语105 230条，发送手机短信17 500条次，发放各类宣传材料4830余份，接受咨询2300余人次。通过LED显示屏以视频、文图、标语形式开展相关宣传达30日次，通过《西藏日报》大篇幅开展自治区知识产权工作综述宣传报道。

供稿：西藏自治区知识产权局

版权工作

一、工作部署

1. 强化制度措施，加强制度建设

一是迅速开展“剑网2020”专项行动，组织召开由自治区网信办、通信管理局、公安厅等部门参加的专题会议，制定并印发《西藏自治区版权局关于开展打击网络侵权盗版“剑网2020”专项行动的通知》。

二是充分发挥版权示范单位在诚信守法、依法经营、带动版权产业发展方面的示范作用，提升单位自主创新能力，推动版权保护工作更好地为自治区经济、文化、科技和社会发展服务，制定并印发《西藏自治区版权示范单位评选管理暂行办法》。

三是切实巩固政府机关软件正版化工作成果，制定并印发《西藏自治区推进使用正版软件工作联席会议制度》。

四是建立信息报送机制，按季度向国家版权局、自治区“双打办”等部门报送版权部门查办案件统计信息。

2. 畅通网民举报渠道

健全涉侵权类信息处置机制，通过设立举报电话，广泛宣传投诉举报方式，安排

专人受理投诉举报，发动权利人、相关行业协会和群众积极举报，完善对有效举报的奖励制度，切实解决版权行政执法案源不足的问题。

二、版权执法监管

1. 加大对政务新闻媒体的日常巡查力度

加强主流媒体版权保护工作，推动主流媒体不断提高传播力、引导力、影响力、公信力。赴林芝市、昌都市等对基层一线和网站平台进行指导检查，及时发现存在的问题和风险点并督查整改落实。

2. 开展在线教育版权专项整治

加大“学习强国”平台版权保护力度，对“学习强国”西藏学习平台开展版权保护知识方面的指导和检查。严厉打击非法传播“学习强国”平台文字、图片、音频的行为。

3. 加强版权执法监管，有效整治侵权盗版行为

深入全区各地(市)开展联合专项行动。重点对出版物经营场所、互联网上网服务营业场所等开展清查工作。检查图书发行单位40家、音像店10家，收缴非法(含盗版)图书110册，下架影响青少年身心健康书籍10本，收缴无证销售图书30余本，现场整改51家、限期整改27家，停业整顿5家，移交相关部门1家。配合拉萨市执法支队等相关部门做好自治区藏医院的《西藏天文气象历书》的侵权盗版案件涉案线索收集、调查取证和依法依规查处等工作，收缴侵权盗版《西藏天文气象历书》280册。

4. 深入开展图片市场版权整治工作

组织“剑网”行动工作小组成员单位对银凯摄影、天艺摄影等8家照相馆进行检查，对照相馆未经许可使用他人图片的行为进行整改，并召开照相馆负责人及从业人员会议，开展现场版权专题宣传，发放宣传册100余份。

5. 加大音乐版权保护力度

协同自治区文化厅、拉萨市文化综合执法大队等对中国音像著作权集体管理协会西藏联络处开展规范卡拉OK版权许可工作进行了解和掌握。召集歌舞娱乐行业负责人沟通座谈，进行版权保护指导和服务，从建设知识产权强国的高度，加强法制宣传，明确行业义务。

6. 开展视听作品版权专项整治

组织“剑网”行动工作小组深入自治区电信公司、数码广场等了解掌握交互式网络电视(IPTV)运营情况，检查智能电视机顶盒(OTT)销售点6家，加大对流媒体软硬件的版权监管，严厉打击通过流媒体软硬件传播侵权盗版作品行为。

三、版权宣传教育

1. 扩大版权宣传覆盖面

首次将国家版权局版权保护宣传片译制成藏汉双语并配音，在西藏卫视藏语频道、拉萨广播电视台、《西藏日报》微信平台、《拉萨日报》进行刊播宣传；《西藏日报》客户端和微信公众号、中国西藏新闻网刊播、推送知识产权相关视频、稿件10余条；中国西藏新闻网播放的藏汉双语版权宣传片点击量达到1436次；《拉萨日报》整版刊登版权保护公益广告3期，半版刊登3期；拉萨广播电视台连续10天在3个频道播出版权宣传片50余次，中国西藏林芝新闻网、微林芝、网信墨脱等媒体开展滚动宣传10余次，受众达800余人次。

2. 开展版权“六进”宣传活动

一是充分利用“4·26世界知识产权日”、版权宣传周等时间节点，开展“绿书签”行动，向800多名学生发放“绿书签”，开展签名活动，解答学生的提问，发放《作品登记基本知识》300册。二是在各地(市)书店、部分学校等张贴藏汉双语打击侵权盗版海报6000多张。三是印制《西藏自治区软件正版化工作文件选编》等学习资料，分发给各地(市)版权局及文化执法大队。四是深入西藏天佑德青稞酒业有限责任公司、拉萨市南创教育科技有限公司开展版权保护宣传，发

放宣传册，提供咨询服务。

3. 贴心服务促进版权宣传工作

协助拉萨市知识产权局成功调解 1 起美术作品侵权案件，得到了著作权人的好评，西藏自治区版权局荣获“诚心为民办实事　秉公执法促发展”锦旗。西藏自治区版权局出版处被评为 2019 年度查处重大侵权盗版案件有功单位。

4. 多措并举强化版权业务培训

选派各地（市）从事版权执法监管一线人员参加中央宣传部版权管理局举办的 2020 年第一期版权执法监管工作培训班；举办 2020 年全区“扫黄打非”暨版权执法监管业务培训班、西藏自治区软件正版化工作培训班。

四、版权社会服务

1. 推进著作权作品自愿登记工作

在 2019 年启动著作权作品登记工作的基础上，对作品登记审查标准和相关登记信息予以公示，并对著作权质押登记进行清理规范。充分运用国家监管平台，完善著作权登记机制，提高著作权登记信息化和标准化水平。2020 年，自治区登记作品 12 件。

2. 首次开展版权示范单位评选工作

积极探索创建版权示范单位，制定《西藏自治区版权示范单位管理暂行办法》，开展版权示范单位评选等相关工作，在版权相对集中的单位成立版权资产管理机构，评选西藏天利经济文化发展有限公司、拉萨市南创教育科技有限公司、西藏天佑德青稞酒业有限责任公司为西藏自治区版权示范单位，推荐西藏天佑德青稞酒业有限责任公司参评全国版权示范单位。

五、软件正版化

1. 安排部署，落实责任

召开自治区推进使用正版软件工作联席会议。研究并通过 2020 年度自治区推进软件正版化工作计划，并下发各地（市）版权局贯彻和落实。

2. 推进企业软件正版化工作

根据《西藏自治区推进企事业单位使用正版软件工作规划（2018—2021 年）的通知》，召开联络员会议，征求对《关于推进自治区国有企业办公软件正版化工作的实施方案》《关于做好我区部分民营企业使用正版软件工作的通知》意见，安排部署自治区国有企业软件正版化工作。同时联合自治区政府国资委等成员单位，深入国有企业开展调研，对企业正在使用的计算机操作系统、办公软件、杀毒软件进行抽查，指导开展办公软件正版化各项工作。

3. 做好软件正版化督查工作

创新工作机制，强化督查措施。充分发挥第三方专业机构和技术手段优势，积极协调高驰信息科技有限公司做好督查，起草《全区各级政府机关软件正版化工作督查方案》，自治区联席会议办公室对林芝市、拉萨市的部分单位软件正版化工作进行专项督查，累计检查 10 个单位、50 台计算机。

4. 开展软件资产审计监督工作

根据《关于进一步加强自治区各级政府机构计算机软硬件采购源头管理的通知》《西藏自治区行政事业单位软件资产管理暂行办法》《关于加强政府机关使用正版软件审计监督工作的通知》等文件精神，积极协调自治区统计局开展政府机关软件采购资金管理使用和软件资产管理情况审计工作，建立自治区软件正版化审计监督工作机制。

供稿：西藏自治区版权局

司法工作

一、加大宣传力度，提高权利意识

法院受理知识产权案件数量不多，反映出自治区与其他省市相比创新发展活力不足，同时也在一定程度上反映出市场参与主体知识产权保护意识不强。因此，除在案件审理中向当事人、旁听人员宣传尊重知识产权、鼓励科技创新的理念外，还在创新领域努力构建注重树立依法适用惩罚性赔偿的司法裁判理念。坚决打击侵犯知识产权的行为，鼓励知识产权的权益主体大胆创新。2020年，组织干警发放5000余册关于商标法、著作权法等的宣传手册，解答民众相关问题100多个，告知市场参与主体在知识产权遭受侵害时要主动寻求司法保护；在基层法治宣讲期间，向广大农牧民群众进行普法宣传，让基层农牧民了解知识产权相关知识，增强保护知识产权的权利意识。以知识产权宣传周为主要载体，讲好知识产权审判工作好故事，传播知识产权司法保护好声音；邀请“两代表、一委员”和社会各界走进法院、法庭，旁听案件庭审，凝聚知识产权保护共识。制作2020年度拉萨法院知识产权案件典型案例，集中展示知识产权司法保护工作成果。

二、建立专门审判庭，提高专业化水平

在西藏自治区高级人民法院、拉萨市中级人民法院、昌都市中级人民法院、日喀则市中级人民法院成立民三庭，负责审理知识产权民事案件，建设一支专业化的审判队伍。

以加强政治能力建设，提高审判队伍的思想政治素质、职业素养和专业水平为抓手，造就一支政治坚定、顾全大局、精通法律、熟悉技术、具有国家视野的知识产权审判队伍，为知识产权审判事业长远发展提供人才基础。组织知识产权法官加强专业业务学习，通过案例学习，提高洞察案件争议焦点的敏感性；推荐专业书籍，完善建立知识产权审判的特殊思维。加强对年轻同志的培养，为知识产权审判储备人才。

三、保护科技创新，促进经济发展

2020年，受理知识产权民事案件62件，全部审结，无知识产权刑事和行政案件。案件以侵犯著作权、商标权等传统知识产权权利内容为主且案件数不断增加，技术类知识产权纠纷甚少。一方面，随着经济不断发展，民众权利意识有所提高；另一方面，受制于科学技术水平的局限性、科技类企业数量的有限性，自治区辖区范围内技术类知识产权案件不多。

具体而言，昌都市中级人民法院受理1件涉技术服务合同纠纷的知识产权案件，最终以撤诉结案。林芝市中级人民法院通过批量化的取证，使维权人的食宿交通等相关费用分摊至每个案件后降低维权成本，整个维权行为包括取证、当事人主体资格的确定等在诉前完成，减少类案诉讼风险，提高诉讼效率。在部分案件调解中，释明相关的法律涵义，分析利弊得失，还邀请有经验的人民调解员参与调解，进一步提升知识产权纠纷解决效率。

四、保护知识产权，规范行业经营

2020年知识产权保护工作中，较为突出的是系列知识产权案件的审理，各级法院受理涉KTV歌曲版权的案件41件，大部分以调解方式结案，切实维护了权利方的合法权益，在该行业经营者中树立版权有偿使用的法律意识，促进法律效果和社会效果的有机统一。承办法官认真研读案例，理清办案思路，积极促使当事人达成和解。

供稿：西藏自治区高级人民法院
知识产权审判庭

检察工作

一、制定工作措施，落实司法保护

一是结合西藏检察工作实际，制定《西藏自治区人民检察院关于强化知识产权保护的工作措施》，不断加强与公安机关、人民法院就知识产权刑事司法保护沟通协调力度，就全区涉知识产权刑事案件开展沟通协调，全面研究知识产权刑事、民事、行政“三合一”工作中的刑事司法保护问题。二是完善“两法衔接”机制，加强涉知识产

权领域行政执法与刑事司法的联动机制建设，进一步做好与市场监管等行政执法部门的沟通与相互协作，努力实现案件的有效衔接，形成打击合力，确保知识产权保护工作取得实效。

二、切实履行检察职能，依法打击犯罪

严格依法履行检察职能，从严打击侵犯企业知识产权的各类犯罪行为。2020年，审查起诉侵犯知识产权犯罪案件5件12人。强化检察机关法律监督职能，加大对知识产权违法犯罪领域的行政执法、侦查活动及审判活动的监督。

三、开展专项工作，提高工作成效

一是认真开展打击侵犯知识产权专项工作，制定西藏检察机关关于贯彻落实《西藏自治区2020年打击侵犯知识产权和制售假冒伪劣商品工作要点》的实施意见，切实加强全区检察机关打击侵犯知识产权违法犯罪工作力度。二是持续开展农资打假专项行动，加大办理农资打假案件工作力度。各地检察机关专项工作领导小组办公室充分发挥工作职责，建立专项工作联络人制度，切实推动农资打假专项工作的开展，突出以化肥产品打假为重点，狠抓源头，落实责任，依法严厉打击假冒农资产品违法案件。三是深入推进“四个最严”专项行动。结合食品药品安全“四个最严”专项行动工作方案及第一、第二阶段工作总结，及时分析研判工作开展情况，加强对重点案件、新型案件的研究指导和督办。全区三级检察机关积极与同级市场监管部门沟通联系，联合开展对食品药品等行业领域的检查和排查工作，加强检察监督，进一步规范市场秩序和完善社会综合治理，切实维护人民群众的合法权益。

四、创新办案机制，发挥案例指导作用

一是探索建立案件跨区域审理机制，不断探索全区范围内知识产权案件跨区域办案机制，加强与公安机关、人民法院之间关于知识产权刑事案件侦查、公诉与审判之间的程序衔接，充分发挥指定管辖制度优势，有效避免地方保护。二是贯彻落实案例定期推送评析制度，提高主动发现和挖掘案例的能力，注重总结法律适用、出庭技巧、指控犯罪、参与社会治理等方面的经验做法，对具有典型性、指导性的案例，在全区检察机关范围内予以推送，发挥典型案例指导作用。

五、加强信息公开和法律宣传

一是结合司法办案实际，选择具有良好法律效果和社会效果的典型案例，通过“两微一端”、自媒体等途径，宣传检察机关依法打击侵犯知识产权犯罪、保护企业投资者合法权益的积极成效。二是落实普法责任制，通过专题法律讲座、普法宣传等形式，扩大宣传覆盖面，提升企业和人民群众知识产权意识。

供稿：最高人民检察院
知识产权检察办公室

陕西省

知识产权工作

一、扎实做好疫情防控和支持复工复产各项工作

印发《关于做好知识产权服务机构疫情防控工作的通知》《关于统筹推进新冠肺炎疫情防控及知识产权服务的倡议》，开通专利、商标申请“绿色通道”，支持防疫产品专利、商标优先审查注册。开展“分子诊断技术”专利导航，支持天隆公司研发投产新冠病毒核酸检测试剂。开发抗击新冠肺炎疫情专利数据库并上线免费向社会开放，助力科学抗疫。

二、提高全省知识产权工作法治化、专业化水平

开展《陕西省专利条例》修订研究、《陕西省商标条例》立法可行性研究。组织起草《陕西省第十四届全国运动会知识产权保护规定》。首次开展全省知识产权系统工作人员全覆盖培训，培训范围覆盖全省107个县（市、区），共计1400余人，有效提升队伍专业能力。

三、紧抓高质量创造，夯实全省创新驱动发展根基

2020年，申请专利超过10万件，PCT专利申请476件。商标注册申请17.26万件，同比增长28.1%。截至2020年底，有效发明专利拥有量5.5万件，每万人发明专利拥有量14.1件。商标有效注册量49.03万件，同比增长21.7%。有效地理标志商标达到139件，地理标志保护产品达到86个，地理标志专用标志使用企业246家。

四、紧抓高效益运用，为全省经济高质量发展助力赋能

持续推进知识产权质押融资，为企业纾难解困。2020年，全省专利权质押融资合同登记678件、质押金额36.17亿元；商标权质押登记26件，质押金额3.67亿元。推进地理标志运用促进工作，核准用标企业56家。实施地理标志运用促进工程，共支持25个项目深化地理标志运用。承办第二十七届杨凌农高会地理标志产品展、举办“地理标志促进乡村振兴论坛”。组织陕西地理标志产品参加“2020‘一带一路’陕西特色商品展览会”。眉县猕猴桃、紫阳富硒茶等11个项目入选中欧地理标志协定保护名录。加快推动知识产权与创新链、产业链的深度融合，围绕电子信息、航空航天等重点产业，组织实施专利导航项目20项、重大经济活动知识产权评议项目23项。提升创新主体知识产权管理水平，新增102家企业、高校列入知识产权贯标计划，西安交通大学等6所高校成为国家知识产权试点示范高校。新增省级知识产权示范企业12家、优势企业26家。

五、紧抓高标准保护，持续优化全省创新和营商环境

牵头起草《陕西省关于强化知识产权保护的若干措施》。中国（西安）知识产权保护中心建成运营。与中国贸仲委丝绸之路仲裁中心签订《知识产权仲裁调解合作框架协议》，指导成立陕西省知识产权纠纷人民调解委员会。强化知识产权执法保护，开展全省专利、商标行政保护案卷评查及案例评选。2020年，办理专利侵权纠纷案件263件，同比增长20.6%。在全国率先组织省知识产权领导小组有关成员单位对各市（区）知识产权保护执行情况进行督查，推动落实知识产权保护属地责任。

六、紧抓高水平服务，提升全省知识产权服务供给能力

规范全省知识产权服务业市场秩序，开展“双随机、一公开”检查和“蓝天”专项行动，检查专利代理机构20家、规范专利代理机构8家、组织完成260家商标代理机构自查承诺。加快人才培养和专业技术支撑，组织全国专利代理师资格考试西安考点考务工作，报名人数1769名。截至2020年底，全省执业专利代理师达到391人。中央军委装备发展部国防知识产权局批复设立全国第四家国防知识产权局国防专利西安受理窗口并开展工作。

供稿：陕西省知识产权局

版权工作

一、版权行政执法监管

1. 深入开展“剑网 2020”专项行动

召开陕西省专项行动成员单位协调会议，联合印发陕西省《关于开展打击网络侵权盗版“剑网 2020”专项行动的通知》。针对网络侵权问题，加大版权执法监管力度，严厉打击视听作品、电商平台、社交平台、在线教育等领域侵权盗版行为，着力规范网络游戏、网络音乐、知识分享等平台版权传播秩序，持续巩固网络文学、动漫、网盘、应用市场等专项治理成果。发布 2020 年陕西省重点作品版权保护预警名单，加大院线电影版权保护力度。深入开展打击侵权假冒工作，加强重点市场监管，联合开展打击侵权假冒督查工作。

2. 加大版权案件查办力度

印发《关于进一步做好 2020 年版权执法案件查办工作的通知》，对 2020 年全省版权执法工作提出具体要求，将任务量化到各市（区），并作为年底“双打”考核的重要指标。全年共查处各类版权案件 23 起，移交刑事审判案件 3 起，抓获犯罪嫌疑人 7 人。查办西安市“8·23”网络销售盗版教辅书籍案，收缴盗版图书 12.8 万册。规范全省音乐版权秩序，组织中国音像著作权集体管理协会、陕西省高级人民法院、KTV 行业代表以及部分人大代表等召开座谈会，就卡拉 OK 音乐版权问题进行研讨。通过调解方式处理达索公司软件版权侵权纠纷，探索案件解决新思路。积极协调陕西省财政厅开展省级政府采购供应商销售盗版及不合规软件专项整治活动。

3. 加强版权行政执法培训

10 月 27 日至 28 日，国家版权局在西安举办 2020 年第一期版权执法监管工作培训班，15 个西部省市 200 余名版权执法人员参加了培训。陕西省版权局举办版权执法工作培训，来自全省各市（区）的 40 余名版权执法人员参加了培训。

二、软件正版化

1. 加强组织领导，完善工作机制

7 月 2 日，省推进使用正版软件工作联席会议第二次全体会议在西安召开，总结 2019 年软件正版化工作，审议通过《2020 年陕西省推进使用正版软件工作实施方案》，安排部署全年重点工作。

2. 加强督导检查，巩固扩大成果

积极开展软件正版化工作“回头看”，印发《关于做好软件正版化工作督查整改“回头看”工作的通知》，就做好全年党政机关和企事业单位软件正版化工作进行具体安排，对 2019 年被督查的 52 家单位进行整改和跟踪问效。将软件正版化工作纳入全省意识形态工作责任制落实情况督查内容，开展实地检查考核，进一步巩固提升软件正版化成果。

3. 加强宣传培训，提升业务水平

举办全省党政机关事业单位软件正版化工作培训班，共 110 余人参加了培训。10 月 29 日至 30 日，国家版权局在西安举办内蒙古、山西、陕西三省区政府机关软件正版化工作培训班，省直机关 80 余家单位参加了培训。

三、版权产业发展

1. 推进陕西版权贸易与保护平台建设

全力推进陕西版权贸易与保护平台建设，该平台获得 2020 年度陕西省文化产业发展专项资金扶持。举行陕西版权贸易与保护平台建设启动仪式，成立平台建设工作专班。组织相关人员赴北方国家版权交易中心、青岛国际版权交易中心、中广天择公司、马栏山版权交易中心等国内重点版权贸易平台考察调研。召开陕西版权贸易与保护平台建设工作推进会。审议通过《陕西版权贸易与保护平台建设方案》。截至 12 月底，陕西版权贸易与保护平台核心载体“丝路版权网”基本建成。

2. 开展全国版权示范单位和中国版权金奖的培育和申报工作

西安交通大学出版社有限责任公司和

西部电影集团有限公司获评全国版权示范单位。推荐陕西太白文艺出版社有限责任公司、陕西数字基地出版传媒集团有限公司、智秦数字出版集团有限公司3家单位申报全国版权示范单位。分别推荐荣信教育文化产业发展股份有限公司、陕西师范大学出版总社有限公司、西部电影集团有限公司，电视剧《白鹿原》《大秦帝国》《黄土高天》参评中国版权金奖推广运用奖和作品奖。

3. 组织第二十七届北京国际图书博览会网上参展工作

牵头组织陕西新华出版传媒集团、西安交通大学出版社、陕西师范大学出版总社和西安出版社4家单位顺利完成第二十七届北京国际图书博览会网上展会参展工作。参展期间，通过BIBF官方平台、天猫平台、快手平台、腾讯会议等，举行分享会、推介会、洽谈会等50余场，上传参展图书上千种，重点图书300余种，开展展览展示、研讨座谈、文化交流等活动60余场。《种子的奇幻之旅》《在西北局的日子里》《藏密本尊》《陕西古代文明》参展收效显著。与国外多家出版社达成输出、输入协议和翻译意向。

四、版权社会服务

1. 广泛开展世界知识产权日宣传活动

围绕"4·26世界知识产权日"主题，通过正面引导与警示教育相结合、主题宣传与工作推动相结合、版权宣传与助力抗疫相结合等"五个结合"推动全省知识产权宣传活动，取得明显成效。联合举办世界知识产权日版权主题宣传活动，发布2019年度陕西省打击侵犯版权典型案件。"陕西版权"微信公众号上线。协调苏州浩辰软件股份有限公司向全省企业捐赠正版软件5000套，助力企业复工复产。联合承办"为绿色未来而创新"主题宣传活动，在该活动现场举行陕西版权贸易与保护平台启动仪式，启动"万夫观影"评论平台和"96426"知识产权服务热线。各市县（区）党委宣传部门也开展了一系列内容丰富、形式多样的宣传活动，西安市的"六进"主题活动、汉中市和韩城市的版权宣传进校园活动、华阴市的老腔说唱版权宣传活动等收到了良好效果。

2. 提升版权社会服务能力和水平

持续扩大作品登记代理机构试点范围，新增陕西省动漫游戏行业协会、中国图书进出口西安公司、陕西西咸新区秦汉新城影视发展有限公司3家版权服务工作站。加强对版权服务工作站考核，对工作成绩突出的沣东文创产业园和陕西动漫产业平台版权服务工作站，以及4名先进个人进行了通报表彰。全年共登记各类作品20 128件，同比增长25.9%。其中，美术类作品8613件，占比42.8%；视听类作品7758件，占比38.5%；其他类作品共计3757件，占比18.7%。完成版权合同备案209件。

3. 建立健全版权工作专家队伍

聘请30名从事版权相关理论研究与运用、版权行政执法监管、版权社会化服务、软件正版化工作的相关专家，建立陕西版权工作专家库，并颁发聘任证书。

供稿：陕西省版权局

司法工作

一、抓好"五字诀"，促进知识产权司法保护效能整体跃升

2020年，受理各类知识产权案件5308件，审结5163件（含旧存）。

一是在"严"字上下功夫。在审理"华清池"商标侵权案中，探索使用联合商标、知识产权贡献率等创新性裁判理念，科学计算侵权获利数额，确定了5倍的顶格惩罚性赔偿倍数，严厉打击了侵权行为。在依法制裁民事侵权行为的同时，依法严惩侵害知识产权的犯罪行为。2020年，受理知识产权刑事案件93件，审结78件。

二是在“精”字上做文章。平等保护“华清池”“赛百味”等中外知名品牌，规范市场主体经营行为；在“大圣归来”案中，严厉打击商标恶意抢注行为，塑造良好市场生态；在“黄家泡馍”不正当竞争纠纷案中，依法保护“中华老字号”；在“海底小纵队”“超级飞侠”著作权侵权案中，加强文化作品著作权保护。“希森三号”马铃薯植物新品种纠纷案入选 2019 年中国法院 50 件典型知识产权案例，该案案例分析获得全国法院系统 2020 年度优秀案例分析评选活动优秀奖；王某宾音乐作品著作权许可使用合同纠纷案判决书荣获“第四届全国知识产权优秀裁判文书”三等奖；白水杜康商业诋毁案收录于《中国知识产权指导案例评注》。

三是在“新”字上求突破。在审理涉《捉妖记》信息网络传播权等案中，对可信时间戳这一新类型证据的认定标准进行了探索，对在微信公众号下侵犯影视作品信息网络传播权的行为进行了认定。在审理福建三建与嘉诚公司横向垄断协议纠纷一案时，从相关立法精神入手，结合经济学原理，在垄断形式的认定、垄断因果关系的判断、垄断损失的计算等方面作出对地区经济秩序有积极促进意义、对垄断案件法律适用具有典型意义的裁判结果。

四是在“快”字上花力气。探索速裁组工作机制，通过简化裁判文书、改革审理方式等举措，速裁组审理的案件达到已结案件的 2/3 以上；推行“要素式裁判文书”，实现“文书瘦身”，适用简易程序审理的知识产权案件达到已结案件的 94%，平均审理周期仅为 32 天。

五是在“稳”字上抓落实。2020 年，陕西法院调撤知识产权案件 2823 件，调撤率达到 54.68%。在审理涉及中粮集团长城葡萄酒、“周黑鸭”等多起系列案件中，考虑到被告多为个体工商户，受新冠肺炎疫情影响冲击较大，通过上下级法院联动，积极促成双方达成和解，有效防止权利人利益进一步受到损害。

二、紧扣“高质量”，对接司法需求服务创新驱动发展

一是围绕中心，服务大局，树立司法服务大局新理念。制定并发布《陕西省高级人民法院关于加强知识产权司法保护的实施意见》，对最高人民法院《关于全面加强知识产权司法保护的意见》的规定进行了细化明确，指明了陕西知识产权司法保护工作的方向。将典型案例、指导性案例的裁判思路进行提炼吸纳，进一步统一知识产权案件裁判尺度，推进知识产权审判体系和审判能力现代化，为陕西建设知识产权强省提供良好法治环境和优质营商环境。

二是积极探索，促进规范，提高知识产权保护工作法治化水平。制定《陕西省高级人民法院关于知识产权侵权案件确定损害赔偿若干问题的指导意见》，提出裁量性赔偿计算方法、约定性赔偿计算方法等新的赔偿计算方法。对惩罚性赔偿条款、合法来源抗辩成立的认定、适用法定赔偿条款确定损害赔偿的具体考量因素等规定进行细化。研究制定符合知识产权案件规律的诉讼规范。

三是激励创新，营造环境，打造知识产权诉讼优选地。全面总结 2019 年陕西省知识产权司法保护的总体情况和特点，从 2019 年审结的知识产权案件中精选 20 件典型案例，归纳出多个对知识产权审判具有普遍适用性、指导性的裁判规则。

三、织就“保护网”，助力强化知识产权全链条保护

一是深化知识产权保护协同配合。深化与陕西省知识产权局、高校等有关单位的“六项”协同机制，定期沟通交流知识产权保护的热点、难点和前沿问题。联合出台《中国（陕西）自由贸易试验区跨部门知识产权执法协作指导意见》《中国（陕西）自由贸易试验区知识产权纠纷多元解决指导意见》，强化司法保护与行政保护的良性互动，促进知识产权行政执法标准和司法裁

判标准统一。

二是完善知识产权多元化纠纷解决机制。加强与知识产权行业组织、专业组织、行政机构的联系，积极参与诉前调解、诉讼调解。完善与仲裁机构、调解组织的衔接机制，建立“在线调解+司法确认”模式，构建多元、高效、便捷的纠纷化解体系。西安知识产权法庭审理的英国安格洛公司诉贝曾百货侵害商标权纠纷案，在陕西自贸区公共法律服务中心暨“一带一路”国际商事调解中心西安调解室的参与下，达成调解协议，并进行了在线司法确认。

三是加强知识产权司法保护宣传。以知识产权宣传周及加强知识产权司法保护专题新闻发布会两大活动为载体，通过公开发布重要文件及年度报告、发布知识产权典型案例、联合制作知识产权保护成果图片展、集中公开宣判知识产权案件等活动，集中宣传知识产权司法保护工作，展现工作成效，提升社会公众知识产权保护意识。在“12·4 国家宪法日”来临之际，走进西安交通大学创新港校区模拟法庭，公开审理了“妃子笑”菜品著作权侵权及不正当竞争纠纷案。

供稿：陕西省高级人民法院
知识产权审判庭

检察工作

一、提高政治站位，周密安排部署

印发《关于充分发挥检察职能　切实加强知识产权保护工作的意见》，对全省检察机关加强知识产权保护工作进行安排部署。成立陕西省人民检察院知识产权检察办公室，集中承担知识产权刑事、民事和行政案件的办案和指导职责。在西安开展知识产权检察职能统一履行试点工作，积极探索，先行先试，积累经验。

二、发挥检察职能，坚决打击犯罪

2020 年，批准逮捕涉嫌侵犯知识产权犯罪案件 72 件 129 人；审查起诉涉嫌侵犯知识产权犯罪案件 87 件 162 人。具体采取以下措施：

一是坚持适时介入，引导侦查取证。提前介入案件 7 件 19 人。二是加强业务学习，提高办案能力。利用移动互联网实施侵权犯罪日益凸显，该类案件技术含量高，隐蔽性强，链条化、网络化和跨区域化更为突出。全省检察机关积极参加最高人民检察院组织的互联网刑事检察业务培训，加强知识储备，提高办案能力，确保案件质量。三是坚持挂牌督办，领导带头办案。坚持对重大、复杂知识产权案件的挂牌督办和备案审查，强化对下级检察机关办案工作的督导。检察长靠前指挥，带头办案，确保案件推进有力。检察长、副检察长带头办理侵犯知识产权刑事案件 7 件 9 人。

三、加强配合协作，形成工作合力

加强与行政执法机关的配合协作，形成打击合力。一是继续落实《陕西省打击侵权假冒行政执法与刑事司法衔接工作实施办法（试行）》《关于加强知识产权行政执法与刑事司法衔接工作的意见》，进一步完善打击侵权假冒犯罪领域的“两法衔接”机制。二是督促各地检察机关按时录入所办理知识产权刑事案件信息的同时，仔细查阅行政执法单位在信息平台录入的行政案件信息，加强对行政执法行为的法律监督。

四、撰写典型案例，扩大办案效果

在坚持依法办案、公正司法的同时，注意挖掘和报送优秀典型案例，以此巩固专业知识，积累办案经验，扩大办案效果。收集、整理、撰写和报送陕西省检察机关打击侵犯知识产权犯罪典型案例 6 件。

五、运用宣传手段，营造良好氛围

充分利用“两微一端”等新媒体平台，大力宣传检察机关打击侵犯知识产权犯罪的典型案例，宣传侵犯知识产权犯罪的社会危害。创新宣传形式，在传统宣传方式基础上，配合相关行政执法机关和部门，采取群众易于接受的宣传形式，确保宣传的良好社会效果；丰富宣传内容，注重结合典型案例开展以案释法，全面揭露侵权假冒违法犯罪的手段和伎俩，不断提高人民群众防范能力。

供稿：最高人民检察院
知识产权检察办公室

甘 肃 省

知识产权工作

一、知识产权战略实施和强省建设取得显著成效

2020 年，国家知识产权局与甘肃省人民政府建立了知识产权合作会商工作机制，印发《国家知识产权局　甘肃省人民政府 2020—2021 年知识产权合作会商要点》，携手打造知识产权领域的甘肃特色、甘肃经验。印发《2020 年甘肃省深入实施知识产权战略　加快建设知识产权强省推进计划的通知》，加强知识产权强省建设统筹谋划。截至 2020 年底，有国家知识产权试点城市 7 个，国家知识产权强县工程示范县 1 个、试点县 14 个，传统知识产权保护试点县 4 个。培育国家知识产权优势、示范企业 111 家，省级知识产权优势企业 214 家。130 家企业通过《企业知识产权管理规范》国家标准认证。

二、大力度构建知识产权保护体系

印发《关于进一步加强知识产权保护的实施意见》。获批筹建中国（甘肃）知识产权保护中心，印发《中国（甘肃）知识产权保护中心筹建方案》，同时建立甘肃省市场监管局推进中国（甘肃）知识产权保护中心筹建工作联席会议机制。印发《甘肃省市场监管系统专利侵权纠纷行政裁决示范建设试点工作方案》《甘肃省加强知识产权维权援助体系建设实施方案》，努力构建知识产权大保护工作格局。开展知识产权执法“铁拳”行动，查办案件 280 件，案值 201.02 万元，罚没款 482.81 万元。与青海省市场监督管理局签署《加强知识产权保护合作协议》《推进商标地理标志品牌建设合作协议》，与兰州市中级人民法院签署《知识产权保护衔接联动工作机制合作备忘录》，与兰州财经大学签署《知识产权战略合作协议》，进一步增强知识产权司法保护与行政保护合力。

三、知识产权质量效益快速提升

2020 年，专利申请 32 280 件，其中发明专利申请 5866 件。专利授权 20 991 件，同比增长 40.94%，其中发明专利授权 1446 件，同比增长 25.30%。有效发明专利 8310 件，每万人口发明专利拥有量为 3.14 件。兰州代办处服务窗口受理专利申请 67 103 件，电子申请率达到 100%；代收取各种专利费用 37 789 笔，共计 1794 万元；制作专利登记簿副本 1553 件；完成专利实施许可合同备案 10 件、专利实施许可合同备案变更 2 件、专利权质押登记 23 件、专利权质押注销 14 件、专利权质押变更 4 件；完成 508 件专利优先审查请求的审核，审核通过 2814 件费减案件；开展自取通知书打印 1530 件，其中纸件通知书 216 件；商标质押 3 件。

截至 2020 年 12 月 15 日，商标申请 44 459 件；商标注册 27 215 件；累计有效注册量达到 123 823 件，同比增长 25.16%；累计申请注册地理标志证明商标 146 件，认定中国驰名商标 75 件。

制定印发《甘肃省地理标志运用促进

工程实施方案》《甘肃省地理标志品牌培育计划(2020—2021年)》。积极开展地理标志专用标志使用换标工作,专用标志换标工作完成率达90%。地理标志产品标准达到46项,进一步完善甘肃省地理标志产品标准体系。2020年中国品牌价值区域品牌(地理标志)评价中,“静宁苹果”“靖远枸杞”品牌价值分别达到152亿元和25.12亿元。截至2020年12月,累计获批地理标志保护产品67个。

四、多措并举促进知识产权运用

2020年,新增专利质押融资24笔,质押专利98件,融资金额4.24亿元,较上年增长60%。制定印发《甘肃省知识产权计划项目管理办法(暂行)》,修订《甘肃省中小微企业专利权质押融资办法》;组织开展2020年度专利奖评审。修订印发《甘肃省知识产权优势企业认定和管理办法》,印发《关于积极推进专利导航工作的实施意见》,制定印发《甘肃省地理标志运用促进工程实施方案》,推动地理标志与脱贫攻坚和乡村振兴深度融合。

五、加强知识产权服务能力建设

积极推进商标专利受理窗口“一窗通办”,知识产权业务窗口做到省、市、州全覆盖。兰州大学和中国科学院兰州文献情报中心作为第三批技术与创新支持中心(TISC)筹建机构,已正式挂牌运行,中石油兰州化工研究中心、甘肃省科学技术情报研究所等3家单位被确定为第四批TISC候选机构。截至2020年底,有全国知识产权服务品牌机构2家、全国知识产权分析评议示范机构3家、全国专利信息服务网点4个。加强知识产权服务业集聚区建设,印发《甘肃省知识产权服务业集聚发展示范区管理办法》。

六、知识产权工作基础不断夯实

印发《关于推进丝绸之路国际知识产权港建设的意见》。截至2020年底,知识产权港累计吸引54家知识产权服务机构入驻,完成知识产权代理服务31 150项,开展专利运营服务131项,运营额17.34亿元。省级财政设立知识产权计划项目专项资金2000万元,《甘肃省支持科技创新若干措施》中涉及知识产权奖补资金纳入部门预算。兰州大学等4所高校设立知识产权本科专业。评选出中小学知识产权教育省级示范学校5所、试点学校30所,1所学校入选全国示范学校,3所学校入选全国试点学校。

供稿:甘肃省知识产权局

版权工作

一、版权登记

积极推进版权登记工作,探索形成委托丝绸之路国际知识产权港公司开展作品登记的新模式。支持丝绸之路国际知识产权港公司运用人工智能、大数据、区块链、云计算等技术完成甘肃版权综合服务平台一、二期建设,实现版权登记网络化、智能化、移动化。2020年,甘肃省版权登记数量15 271件。

二、版权示范建设

读者出版集团与丝绸之路国际知识产权港公司荣获2019年“全国版权示范单位”称号。出台《甘肃省版权示范城市、示范单位和示范园区(基地)创建工作方案》,明确指导思想、创建时间、创建条件、申报程序、考核验收等事项,对版权示范创建工作作出部署。授予甘肃省物产集团有限责任公司、甘肃土木工程科学研究院有限公司、甘肃集优品网络科技有限公司3家单位“甘肃省版权示范单位”,并推荐3家单位参评全国版权示范单位。

三、软件正版化

软件正版化跃上新台阶,成为推动加

强版权创造、保护和管理的一种长效机制。采取制定2020年度推进使用正版软件工作计划、举办培训、实地督查考核、适时进行通报、制度管理与技术管理相结合等方式，扎实推进甘肃省党政机关及企事业单位软件正版化工作。省级党政机关及事业单位正版化率得到有效巩固，省属国有企业基本实现"十三五"末软件正版化全覆盖目标，市州党政机关软件正版化率逐步提高。持续倡导使用优秀国产软件，全省上下使用正版国产软件意识进一步增强。

四、打击侵权假冒

打击侵权假冒工作取得新成效，成为整治版权领域侵权盗版突出问题、加强行业监管的利器。组织开展"剑网2020"专项行动，查办4起网络侵权盗版案件。进一步加强版权行政执法监管，加大版权行政执法力度，全年查处版权侵权案件12起，做到"网上网下"侵权盗版行为打击到位、震慑到位。采取加强工作协调沟通、加大著作权侵权案件督办力度、指导举办全省版权行政执法培训、召开迎考协调会等方式，全方位做好迎接全国"双打"考核和知识产权保护考核。

五、化解版权领域矛盾纠纷

依据法律法规化解版权领域矛盾纠纷的能力得到提升，法律咨询服务成为调节著作权权利人和使用人权利纠纷、构建和谐社会的新途径。充分发挥熟悉著作权相关法律法规等专业能力强优势，及时对群众反映的版权矛盾纠纷提出法律和专业上的解决意见，指导版权纠纷得到合法、合理、合情解决。依法依规处理1起省长信箱关于版权纠纷的转办案件，权利使用人对处理结果非常满意。

六、版权宣传培训

大力加强版权宣传培训，全省版权意识得到提高。利用"4·26世界知识产权日"版权宣传周活动、软件正版化与版权行政执法培训、版权专题培训、专题新闻发布会等时机，大力开展版权宣传。运用"富民兴陇"讲堂举办"文化自信与甘肃版权产业发展"专题培训班，甘肃省版权战线有关领导及工作人员、省委党校3个主题班次全体学员、省市县相关文化企业负责人约4000人参加培训。举办"首届中国敦煌国际科幻创作邀请赛"专题新闻发布会，推动甘肃题材优秀版权作品创作生产。

供稿：甘肃省版权局

司法工作

一、加强知识产权审判能力建设，提高知识产权案件审判质效

截至2020年11月初，受理知识产权民事案件1375件（含旧存237件），同比增长44%。其中，一审案件1163件，二审案件212件；案件类型方面，专利权纠纷92件，著作权纠纷581件，商标权纠纷582件，植物新品种权纠纷38件，知识产权合同纠纷60件，其他知识产权案件22件。2020年，受理知识产权刑事案件42件（含旧存8件）。其中，一审案件36件，二审案件6件；案件类型方面，假冒注册商标罪案件15件，销售假冒注册商标的商品罪案件22件，非法制造、销售非法制造的注册商标标识罪案件5件。妥善审理中国音像著作权集体管理协会著作权权属、侵权纠纷系列案，既考虑到了加强保护知识产权权利人合法权益的司法政策，又充分考虑到了新冠肺炎疫情对KTV行业的冲击，取得了良好的社会效果。审理的浙江欧诗漫公司与汕头市澄海区莉露化妆品公司、鱼池口佳嘉日化商行侵害商标权纠纷一案，被评为2020年中国法院50件典型知识产权案例，（2018）甘民终695号判决书荣获第二届全国法院"百篇优秀裁判文书"。针对涉及KTV著作权纠纷案件全省法院裁判

标准不统一的问题，及时组织调研和座谈，并形成会议纪要。

二、加强知识产权审判标准化建设，推进知识产权审判领域改革创新

兰州知识产权法庭、兰州市城关区人民法院知识产权审判庭已经审理多起知识产权行政、刑事案件，实现了知识产权审判“三合一”。天水市中级人民法院制定《天水市中级人民法院关于加强知识产权审判领域改革创新工作实施方案》，并召开法检公司“四长”联席会议，确定第一审知识产权刑事案件的集中管辖法院及公安部门、检察部门侦查、起诉的程序。武威市中级人民法院成立由院长任组长的知识产权审判领域改革创新协调小组，制定实施方案，整合审判队伍，突出专业性。

三、加强知识产权司法宣传力度，营造知识产权创新保护的社会环境

“4·26世界知识产权日”宣传期间，召开新闻发布会，面向社会公布2019年甘肃法院知识产权司法保护状况及十大典型案例，全面展示2019年度甘肃法院知识产权司法保护工作基本情况、主要举措。组织全省法院知识产权审判部门对30余起侵犯知识产权案件集中开庭审理、宣判。集中开庭审理或运用“云间”互联网庭审系统开庭审理侵犯著作权纠纷案件、侵害商标权纠纷案等多个涉知识产权案件，给公众上了一系列公开的知识产权普法课，达到了法治宣传和警示教育的目的。分别在居然之家万佳天水路店、中国兰州留学人员创业园举行知识产权示范基地挂牌仪式。

签订《为安宁区商贸流通企业提供法律服务的协议书》，在“院企”对接、多元解纷、法律援助、法治宣传4方面建立长期法律服务协作机制。赴企业宣讲知识产权法律法规，实地调研企业在科技创新中的知识产权司法保护需求，了解企业生产经营中遇到的知识产权保护难点问题，并就企业提出的法律问题进行详细解答。与企业举行座谈会，通过与企业家们面对面的交流互动，倾听企业呼声，回应企业关切，延伸法院司法服务效能。采取灵活宣传方式，通过发放法律知识宣传材料、参观宣传展板、现场讲法等活动，提高公众知识产权保护意识，营造尊重知识、鼓励创新、崇尚科学的良好法治氛围。

供稿：甘肃省高级人民法院
知识产权审判庭

检察工作

一、依法履行检察职能，加大打击侵犯知识产权犯罪力度

一是严厉打击侵犯知识产权犯罪。2020年，受理审查逮捕侵犯知识产权案件27件35人，批准逮捕22件33人，不批准逮捕10件12人。受理审查起诉侵犯知识产权案件32件47人，提起公诉27件41人，不起诉1件1人。二是提前介入侦查，依法履行监督职能。2020年，提前介入侵犯知识产权案件15件；履行检察监督职能，监督公安机关立案1件1人；监督公安机关撤案2件2人；纠正漏捕后起诉2人，纠正漏捕后生效判决7人；书面纠正侦查活动违法案件2件。三是强化部门沟通协作。将打击犯罪和民事公益诉讼相结合，对存在侵犯公共利益情形的案件，提起附带民事公益诉讼，维护社会公共利益。兰州市安宁区人民检察院制定《案件线索办理协调机制》，2020年刑检部门向公益诉讼部门移交民事公益诉讼线索3件。

二、加强协作配合，形成知识产权保护合力

加强与其他行政执法机关的协作，形成保护合力。与甘肃省市场监督管理局会签《关于在行政非诉执行工作中加强协作配合的暂行办法》，加强检察机关与市场监督管理部门的协作配合，促进行政非诉执行案件及时、依法执行，提升行政非诉执行监督工作质效。加强与公安机关、人民法院的沟通协调，加强对重大、疑难、复杂案件的专题研讨，进一步统一司法标准，提高案件办理质量。

三、针对重点突出问题，开展专项行动

一是与甘肃省工商联联合开展“维护民企权益，优化营商环境”专项行动，将民营企业知识产权保护作为重要内容，实地走访民营企业，了解法律诉求。二是与甘肃省市场监督管理局、药品监督管理局联合开展落实食品药品安全“四个最严”要求专项行动，有效办理刘某、戴某涉嫌销售假冒注册商标的商品案等3起案件。三是紧盯国家级玉米制种(张掖)基地私繁滥制、盗版侵权和制售假冒伪劣种子案件，在张掖国家级种子基地开展知识产权司法保护专项行动，确保生产基地种业安全。

四、提升办案专业化水平，拓展司法保护效能

一是成立由省市县三级检察机关，刑事、民事、行政部门检察官组成的知识产权检察专业指导组，加强对理论前沿问题，办案实践中的新情况、新问题的学习和调研，服务一线办案实践。二是注重宣传舆论引导，开展以“严厉打击侵犯知识产权犯罪 全力营造法治化营商环境”为主题的知识产权保护日宣传活动，以图文并茂的形式在“两微一端”通报打击侵犯知识产权犯罪相关情况，发布典型案例。三是为企业开展普法工作，结合办案实践，梳理民营企业生产经营中常见的法律风险，编制并印发《民营企业民商事法律风险防控指引》，引导企业知法守法，依法维权。嘉峪关市人民检察院以“民营企业法律风险防控指引”为题，向60余位民营企业家开展法治专题讲座。

供稿：最高人民检察院
知识产权检察办公室

青 海 省

知识产权工作

一、持续优化知识产权政策环境

印发《青海省强化知识产权保护实施方案》《青海省对知识产权(专利)领域严重失信主体开展联合惩戒的合作备忘录》，加大跨地区跨部门的联合惩戒力度，加快形成“失信者处处受限”的社会氛围。修订《青海省专利奖评奖办法》《青海省专利奖评奖办法实施细则》《青海省重大经济科技活动知识产权分析评议办法》等文件，为优化创新环境提供政策支撑。

二、积极提升知识产权创造能力

2020年，专利申请量7227件，专利授权量4693件，每万人口发明专利拥有量3.04件，PCT国际专利申请7件，累计达到41件；注册商标6633件，累计注册商标总数达45 924件；新增农产品地理标志产品3件，累计农产品地理标志产品66件。截至2020年底，有驰名商标48件，地理标志证明商标36件，国家地理标志保护产品15件。落实专利奖补政策，对2019年度获得授权的发明专利和实用新型专利，以及2家获得中国专利优秀奖单位，发放专利补助资金386.35万元。

三、不断加大知识产权保护力度

持续开展知识产权执法“铁拳”行动，开展43次专项检查，开展联合执法行动8次。2020年，处理12件电商领域专利侵权纠纷案件；查办各类商标侵权案件70件，案值54.3万元，罚没款87.9万元。持续开展知识产权代理行业“蓝天”专项整治行动，制定《关于深化“蓝天”行动促进知识产权服务业健康发展实施方案》，建立知识产权服务企业信息目录库，进一步加强专利、商标代理行业监管力度。

四、统筹推进知识产权管理工作

结合上一年度市（州）每万人口发明专利拥有量考核目标完成情况，综合考量各市（州）经济发展水平和创新能力，对专利考核指标作出适当调整，并指导督促开展知识产权工作。召开青海省知识产权战略实施工作联席会议，安排部署全省知识产权保护、创造和运用重点工作任务，审议并通过《青海省知识产权战略实施工作联席会议办公室和成员单位工作职责》，进一步完善联席会议机制。召开2020年青海省知识产权（地理标志）工作推进会，安排部署推进地理标志工作的重点和主要任务。加强地理标志专用标志使用监管工作，指导30家企业完成新版地理标志更换工作。

五、加强知识产权公共服务建设

开展知识产权优势企业培育工作，获批省级知识产权优势企业4家。指导中国科学院西北高原生物研究所成为青海省第二家通过贯标认证的科研机构。加强专利信息帮扶，为15家重点联系企业提供专利预警分析、战略研究等个性化服务。青海省青藏专利信息服务中心获得国家知识产权局正式授牌，成为青海首家技术与创新支持中心（TISC）。西宁代办处积极支援武汉代办处办理专利业务案件2467件，支援乌鲁木齐代办处办理专利业务案件246件。

六、积极促进知识产权转化运用

召开2020年青海省知识产权质押融资对接会，全年专利权质押融资交易2笔，涉及专利23项，质押金额785万元；青海省技术交易市场登记涉及专利交易技术合同共125项，交易金额7631万元。全年分别在深圳举办“大美青海·绿色品牌”推介展销活动，现场签约项目2项，总金额约3200万元；在安徽合肥举办“大美青海·特色品牌”合肥推介会，集中签约58个项目，意向协议金额约2.7亿元；组织省内120家企业参加2020年中国（青岛）第十七届国际食品博览会，现场销售商品总额达124.46万元，签订各类贸易协议49项，签约总金额达2.54亿元。

七、加强知识产权宣传合作交流

在知识产权宣传周期间，组织开展知识产权保护新闻发布会、线上线下培训、广场宣传、咨询服务、媒体报道等5大类20项宣传活动，培训各类人员500余人，发放知识产权宣传资料10万余册，媒体转载报道40次。召开第二届西部知识产权研讨会暨2020粤港澳大湾区知识产权交易博览会西部推介会，举办青海省知识产权智库专家聘任仪式。结合“知识产权服务万里行”活动，分别在西宁市4个园区、格尔木市、海南州等地区开展各类培训7期。组织知识产权业务巡讲组深入市（州）开展知识产权业务知识巡讲。

供稿：青海省知识产权局

版权工作

一、“扫黄打非·新风”集中行动

根据全国“扫黄打非”工作部署，制定印发《关于开展“扫黄打非·新风”集中行动的通知》，明确集中行动的工作目标、工作任务和工作要求。集中行动期间，严厉打击传播网络淫秽色情信息、非法有害少儿出版物信息行为及侵权盗版行为等。对出版物印制销售环节和印刷经营秩序进行集中整治，印发政治性有害出版物查缴目录9批220种。检查出版物印刷企业300余家次，查缴非法报纸和期刊2000件、侵权盗版出版物8万余件。

二、打击网络侵权盗版“剑网 2020”专项行动

根据《关于开展打击网络侵权盗版“剑网 2020”专项行动的通知》要求，制定印发《青海省开展打击网络侵权盗版“剑网 2020”专项行动实施方案》，对全省开展“剑网行动”作出安排和部署，明确要求各市（州）紧密围绕工作重点积极组织开展视听作品、电商平台、社交平台、在线教育专项整治，巩固重点领域版权治理成果，突出查办网络侵权盗版案件。

三、软件正版化

加强组织领导，狠抓工作落实。制定印发《青海省 2020 年推进使用正版软件工作实施方案》，组织召开全省软件正版化工作会议，对进一步加强制度建设，强化督促检查，完善长效机制，巩固扩大工作成果，全面推进青海省软件正版化工作规范化、常态化、制度化和信息化安排部署。加强督促检查，巩固工作成果。组成联合检查组赴海东市、海南州、海北州、西宁市对软件正版化工作进行督查考核，对各地各单位存在的问题分别进行反馈。组织开展全省软件正版化督查考核，并将考核情况进行通报。加强源头管理，规范软件采购。对 19 家省直机关及事业单位拟采购的 1424 套软件进行审核把关。加强宣传培训，营造良好氛围。组织全省版权监管人员以及文化市场综合执法人员积极参加中国版权协会举办的网上专题讲座 4 场，协助青海省监狱管理局、司法厅、交通运输厅等单位举办软件正版化工作培训 8 期，受训人员 1000 余人次，有效提升了软件正版化工作人员的能力和水平。

四、版权宣传培训

结合“4·23 世界读书日”暨“书香青海”阅读活动启动仪式，集中开展版权宣传周活动。通过展出展板、发放海报等宣传资料、利用网络媒体等方式，集中展示宣传青海省开展打击侵犯知识产权和制售假冒伪劣商品专项行动、推进全省软件正版化、版权保护工作取得的成果。宣传周期间，青海卫视、青海经视、青海都市每天循环播出国家版权局制作的版权公益宣传片，青海新闻网、大美青海客户端、《青海日报》客户端同时转载公益宣传片和海报，利用线上线下全媒体资源，多角度、多渠道共同推进版权宣传，在全社会营造“尊重知识、崇尚创新、诚信守法、保护版权”的良好氛围，增强公众的版权保护意识。

五、版权日常监管

印发《青海省 2020 年版权工作要点》和青海省委宣传部 2020 年“双打”工作实施方案，对版权监管工作进行安排部署。开展评先推优工作，向国家版权局推荐报送 2019 年度查处重大侵权盗版案件 1 家有功单位和 2 名有功个人，以及 2020 年中国版权金奖评选表彰作品 1 件。开展版权咨询服务工作。联合青海省教育厅组织开展第十二届全国大学生版权征文活动，转发关于规范摄影作品版权秩序的通知，上报 2019 年度版权统计年报，进行著作权作品登记 53 件，接待来人（来电）版权咨询 500 余人次。开展执法检查，共出动执法检查人员 1.4 万余人次，检查出版物市场经营单位 8700 余家次，查办著作权行政处罚案件 3 件，责令整改 96 家次，查缴各类侵权盗版出版物 8 万余件，罚款 1.8 万元，没收违法所得 3100 元。

供稿：青海省版权局

司法工作

一、发挥知识产权审判职能

充分发挥民事审判职能，加大对知识产权的保护力度。2020 年，新收知识产权民事一审案件 234 件，旧存 22 件，审结 178 件。加强名优品牌的保护力度，树立保护知识产权就是保护创新的理念，在审理涉及中国驰名商标“美的”电器商标、“六神”花露水商标、“外婆家”注册商标等侵权案件中，均依法判令被告承担停止侵权、赔偿经济损失及维权合理开支的民事责任，为保护知识产权树起坚强的“司法之盾”，有力回应加强知识产权保护的政策导向。

充分发挥刑事审判职能，严厉打击侵犯知识产权犯罪。2020 年，受理一、二审知识产权民事和刑事案件共计 287 件，审结 198 件，结案率为 69.0%。其中，受理检察院提起公诉的知识产权刑事案件 11 件，包括假冒注册商标罪案件 1 件、销售假冒注册商标的商品罪案件 9 件、销售侵权复制品罪案件 1 件，审结 9 件，结案率 81.8%。依法判决后提起上诉 1 件，服判率 88.9%。

二、积极推进审判方式改革

1. 强化庭前程序，提高庭审质量

通过庭前会议，固定诉辩意见，确认当事人无争议的事实和证据，依此整理法律争点、要件事实争点、证据争点，排除无关证据，防范证据突袭，促成庭审重点围绕争议的法律适用与事实展开，依法发挥知识产权司法主导作用，有效保护知识产权权利人的合法权益。2020 年审结的知识产权一审案件中，调撤率达到 82%。作出判决的 28 件案件中，上诉 19 件，上诉率为 67.9%。已审结的上诉案件中，仅改判 1 件，维持率 90%。

2. 推行提交先例裁判制度，促进裁判尺度的统一

制定《提交先例裁判告知书》，鼓励当事人、委托诉讼代理人庭前提交先例裁判和与本案有关的法律观点、裁判规则引证己方相关诉讼主张。要求当事人、委托诉讼代理人对提交的先例裁判、法律观点、裁判规则资料注明来源，并由合议庭对这些资料参照证据交换程序组织交换，最大限度激发当事人的主观能动性；同时合议庭在评议时，亦会利用北大法宝、“法信”平台等进行类案检索，不断促进裁判尺度的统一。

3. 探索实践技术调查官制度

出台《青海省高级人民法院关于技术调查官参与诉讼若干问题的规定(试行)》，发挥技术调查官辅助法官查明案件技术事实、解决案件所涉专门性问题职能作用，规范技术调查官参与诉讼活动的流程。出台《技术调查官职责任务及相关要求》《关于专门知识的人参加司法技术活动的实施细则(试行)》《关于采集司法技术证据材料的工作规则》《关于确认技术性证据材料的规则》4 项配套制度，推动建立多元化技术事实查明机制，帮助法官解决技术事实认定难题，弥补法官专业性知识不足的缺陷，提高审判效率。

4. 加强审判监督管理，筑牢公正司法的制度基础

出台《案件流程管理办法》《关于推行静默式监管的通知》等规范性文件，对办案情况实行全面、全员、全流程从严监管。实行“三评查、一审核”，健全案件质量评查、庭审活动评查、裁判文书评查和结案审核机制，对改判和发回重审案件进行案件评查，对裁判文书进行随机抽查，对庭审活动进行定期评查，对所有案件进行结案网上审核。建立院庭长办案情况定期通报制度，推行案件强制检索报告制度，健全专业法官会议与合议庭评议、审判委员会讨论案件衔接制度。2020 年，1 篇裁判文书入选第二届全国法院百篇优秀裁判文书，4 场庭审入选全国法院百场优秀庭审，1 起侵害植物新品种权纠纷案入选 2019 年中国法院技术类知识产权典型案例，1 篇民事判决书在第四届全国知识产权优秀裁判文书评选活动中荣获二等奖，《构建符合科学规律的技术性证据审查采信机制：以开展证据的技术审核工作为路径》调研文章在第二届全国知识产权优秀调研成果评选活动中荣获三等奖。

5. 探索知识产权类型化案件快审机制

在实际审理中对案情相似的系列案件

合并快审，采取分别送达、集中调解、审助分流、合并审理的方式，突出庭前程序，召开庭前会议以确认抗辩主张，先行组织调解，并对复杂的案件实行精审，合理配置司法资源，实现简案快审，难案精审，依法发挥知识产权司法主导作用，有效保护知识产权权利人的合法权益。

供稿：青海省高级人民法院
知识产权审判庭

检察工作

一、全面部署推进，加强知识产权司法保护

一是按照与青海省高级人民法院联合签发的《关于知识产权刑事案件管理及归口办理问题的若干规定（试行）》，在全省持续推行侵犯知识产权第一审刑事案件由市、州人民检察院提起公诉，中级人民法院集中管辖审理的司法改革，从根本上解决知识产权司法尺度不统一、诉讼程序复杂等制约科技创新的体制性难题，实现知识产权刑事案件管辖集中化、程序集约化、办理专业化。二是全省检察机关以强化队伍建设为目标，认真学习相关法律法规及最高人民检察院下发的指导性案例，通过参加形式多样的线上、线下培训，加强业务学习。结合司法办案，对侵犯知识产权领域高发多发案件所反映的社会治理问题，梳理规律特点、进行分析总结，及时向行政机关制发检察建议，督促执法机关加强监管。

二、依法履行检察职能，加大打击侵犯知识产权犯罪力度

全省各级检察机关切实履行检察职能，准确把握知识产权工作发展新形势、新特点，着力构建集“严保护、大保护、快保护、同保护”为一体的知识产权保护工作格局，依法履行法律监督职能，惩治各类侵犯知识产权犯罪。2020年，全省检察机关依法审查逮捕侵犯知识产权案件5件14人；依法审查起诉侵犯知识产权案件8件11人；针对侵犯知识产权领域犯罪行为，制发检察建议1件。

三、延伸检察职能，拓展司法保护效能

组织全省各级检察机关广泛开展知识产权普法工作，充分利用网络等媒体，结合“3·15国际消费者权益日”“4·26世界知识产权日”，开展宣传活动，紧密结合检察职能，向群众宣传知识产权相关法律法规，进一步提升公众对知识产权的认知水平，为深入推进知识产权司法保护、营造良好法治环境，发挥应有作用。

供稿：最高人民检察院
知识产权检察办公室

宁夏回族自治区

知识产权工作

一、建议提案办理

2020年，办理建议提案44件，建议提案内容主要涉及知识产权保护、品牌建设等内容，已全部按时办结并书面答复。

二、完善政策体系

修订《宁夏回族自治区知识产权战略实施工作部门联席会议制度》，组织召开联席会议。牵头制定《关于强化知识产权保护的实施意见》《2020年推动宁夏回族自治区知识产权强区建设工作要点》等政策文件。启动《宁夏回族自治区知识产权保护和运用“十四五”规划》编制工作。

三、知识产权保护

组织开展知识产权专项保护行动，2020

年办理专利侵权纠纷行政裁决12件，对自治区涉嫌恶意申请注册“火神山”“主席”商标进行调查核实并查办，组织实施“大武口凉皮”注册商标专用权专项保护行动、“彭阳红梅杏”地理标志保护产品专项保护行动，持续加强查处知识产权违法案件，办理各类知识产权侵权假冒案件205件，其中商标侵权案件189件，收缴罚没款253万元。

四、知识产权运用

对国家和自治区级知识产权示范、优势、试点企业进行培训。确定8家企业为第二批自治区专利运营试点企业，推荐宁夏大学和宁夏医科大学申报国家知识产权试点和示范高校，组织“盐池滩羊”“固原胡麻油”“彭阳红梅杏”地理标志运用促进工程项目实施，推荐银川市申报国家知识产权运营服务体系建设城市，推荐6项优秀发明专利申报第二十二届中国专利奖，25家企业通过知识产权管理体系认证。推进知识产权质押融资助力企业复工复产，实现知识产权质押融资额1.97亿元。

五、专利商标

2020年，申请专利12 924件，同比增长39.4%。其中，发明专利3049件，实用新型专利9282件，外观设计专利593件。授权专利7709件，同比增长38.9%。其中，发明专利授权703件，实用新型专利授权6476件，外观设计专利授权530件。PCT申请30件。截至2020年底，拥有有效专利21 889件。每万人口发明专利拥有量达到5.31件，比2019年底的4.65件增长14.2%。2020年，商标申请量23 252件，商标注册量13 139件。截至2020年底，商标有效注册量67 201件。

六、地理标志使用

规范地理标志的使用与监管，固原“朝那鸡”和“彭阳红梅杏”地理标志保护产品专用标志使用企业实现零突破，新增4家地理标志专用标志使用企业。建立地理标志专用标志使用动态管理机制，开展地理标志专用标志使用企业清查行动，对68家企业换发了新的地理标志专用标志，对72家地理标志专用标志使用企业发放新标志矢量图，地理标志保护产品专用标志使用企业换标率达到100%。推动“贺兰山东麓葡萄酒”“宁夏大米”列入中欧地理标志产品互认互保清单。

七、信息传播合作与交流

围绕九大重点产业开展专利信息利用结对帮扶，推动建立闽宁知识产权合作交流机制，协助宁夏回族自治区知识产权服务中心、银川市生产力促进中心与厦门大学签署技术与创新支持中心（TISC）战略合作协议，组织开展宁夏大学与福州大学、福州农林大学签署知识产权信息服务战略合作协议，形成知识产权信息服务与创新支持领域长期合作关系。推荐自治区知识产权服务中心等2家单位入选第四批技术与创新支持中心（TISC）筹建机构。积极回应公众对专利信息的需求，帮助企业提升技术信息检索能力，加强对专利信息统计数据的整理，通过门户网站每月发布全区专利申请、授权及质量分析状况。

八、专利代理

持续开展专利代理行业“蓝天”专项整治行动，严厉打击专利代理违法违规行为，对经营范围含专利代理但没有取得专利代理资质的43家机构进行通告。落实“双随机、一公开”监管，制定年度抽查计划和随机抽查工作指引，对12家专利代理机构和29名执业代理师专项检查全覆盖，完成183家商标代理机构自查整改和信用承诺。积极争取国家知识产权局支持，申请在银川设立全国专利代理师资格考试考点。

九、专利代办

整合优化宁夏专利商标窗口服务资

源，实现专利商标业务“一窗通办”，专利电子申请率达到 99.21%。2020 年，完成专利电子申请 5987 件，专利质检 5886 件，通知书打印 233 件，组织专利代理机构自取专利证书 1057 件，费减备案 3502 件，登记簿副本制作 104 件，实施许可合同备案 2 件，专利权质押注销 7 件，专利权质押登记 6 件，质押金额 19 025 万元，向外保密审查 130 件，专利收费 973.07 万元，窗口服务咨询 8728 人次。

十、宣传培训

以全国知识产权宣传周活动为契机，组织联席会议成员单位及全区各市县区开展知识产权宣传活动；运用网络和新媒体等载体，广泛宣传全区知识产权创造、保护、运用、管理和服务方面的典型事例。创新培训方式，组织行政管理人员、企业人员参加知识产权保护能力提升、知识产权仲裁调解机构建设等各类线上线下培训共 17 期，向国家知识产权局报送政务信息 33 篇。

供稿：宁夏回族自治区知识产权局

版权工作

一、版权管理改革

以《宁夏回族自治区政务服务事项目录清单》为基础，认真梳理政务服务事项，不断强化“互联网+”版权保护监管工作。将版权管理工作纳入 2020 年自治区宣传思想文化工作要点。联合宁夏知识产权局对贯彻落实《关于强化知识产权保护的意见》《关于推动 2020 年知识产权强区工作的实施意见》制定具体措施。制定下发 2020 年工作方案及《宁夏回族自治区版权服务工作站管理办法（试行）》。

二、版权执法监管

1. 不断加大版权执法监管力度

把严格保护作为版权工作主基调，强化保护力度、拓展保护范围、突出保护重点、讲求保护实效。把网络版权保护作为主战场，不断完善版权保护体系，提升版权执法效能。充分发挥行政执法的特点和优势，加大惩处力度，尤其对重复、恶意侵权行为，提高违法成本，坚决杜绝只没收不处罚、轻处罚的现象，保持打击侵权盗版高压态势。全年开展执法行动 50 次，出动执法人员 250 人次，实体市场执法行动 51 次，实体市场出动执法人员 287 人次，查处办结固原市经济开发区状元书店侵犯著作权案等 5 起侵权盗版案件，行政处罚 1.8 万元。

2. 深入开展“剑网”“秋风”专项行动

一是联合部署，有效推进。制定下发关于开展“剑网 2020”专项行动的通知，强化“双打”“剑网”“秋风”专项行动的精准打击力度，对专项行动的目标、重点任务、行动步骤进行部署。

二是开展视听作品版权专项整治。联合开展院线电影版权保护调查，对银川市金凤凰电影院新华街店等 12 家影院（占全区影院 20%）进行重点调查。

三是加强流媒体监管力度。指导宁夏网络电视台加强聚合版权保护，开展集中打击治理“黑广播”“伪机站”，没收卫星数字电视综合接收器 385 套，立案查处 3 起，屏蔽黑名单音乐 685 条、黑名单网页游戏 312 条。

四是强化版权源头管控。联合自治区“扫黄打非”办公室、新闻工作者协会对 8 家媒体和出版单位版权保护及规范管理情况进行执法检查和调研。

五是加强属地及区外 App 双向管理。每季度对 App 安全情况进行检测，发现问题 App161 款，处置高危应用 584 款。对 14 款 App 在信息安全保护等方面问题完成整改，在应用商店下架 3 款。关闭仿冒政府网站 5 个，约谈发布“标题党”内容的网站 6 个，发送知识产权保护宣传短信 35 万条。

六是打击网店售卖盗版行为。对自治区属地出版物销售网店进行摸底，严厉打击网店销售盗版图书等行为。

七是开展在线教育版权专项整治。对宁夏日报报业集团“学习强国”平台版权保护情况进行调研，提出版权保护建设性意见。大力整治在线教育培训中的侵权盗版乱象。

三、软件正版化

1. 巩固软件正版化工作机制

召开自治区推进使用正版软件工作联席会议第五次全体会议，传达推进使用正版软件工作部际联席会议第九次全体会议精神，通报2019年自治区软件正版化工作情况和2020年推进使用正版软件工作，印发自治区2020年软件正版化工作实施方案。

2. 规范党政机关软件正版化管理

对4个市县8个党政机关单位进行检查，抽查计算机75台，及时下发整改通知书，限期整改，并及时跟踪问效，确保整改工作落实到位、取得实效。

3. 持续推进企事业单位软件正版化工作

对24家企事业单位安装、使用正版软件情况和长效机制建设情况进行执法检查，共检查252台计算机，宁夏农垦集团有限公司等9家单位计算机操作系统和办公软件正版率达到100%。

4. 稳步推进银行系统软件正版化工作

印发自治区关于做好银行系统推进使用正版软件工作的通知。对黄河农村商业银行、宁夏银行、石嘴山银行3家银行软件正版化工作进行督查，抽查30台计算机，其中宁夏银行正版率达到90%。

四、版权社会服务

1. 规范版权登记工作

2020年，登记作品461件，涉外著作权合同登记备案3件，版权引进图书3种，版权输出20种。针对宁夏作品登记需要和服务工作不平衡、不到位的情况，开展著作权登记工作调研，先后到吴忠、固原、盐池、隆德等市县进行版权保护工作调研，对部分市县在推进版权保护工作中的难点和问题，版权登记、软件正版化以及版权执法等问题进行了交流和答疑，并对黄河出版传媒集团公司、宁夏智慧宫文化传媒有限公司、隆德张氏砖雕有限公司、盐池县萍之绣手工刺绣坊4家企业在发展历程中版权保护、制度建设等做法及企业的版权登记工作进行了指导。

2. 设立版权服务工作站

批准在2家版权资源密集，在各自的领域有较强的品牌效应和产业号召力，具有自身原创能力强、覆盖面广等优势的企业单位和五市分别设立版权服务工作站，并颁授“宁夏版权服务工作站”牌匾。

3. 支持著作权集体管理组织开展服务

各市、县(区)管理部门认真履行版权管理职能，各级文化市场行政执法机构支持协会在自治区合法开展工作。加强对卡拉OK、茶座、音乐餐厅、唱吧等娱乐行业的版权监管，加大歌曲内容审核力度，打击侵权盗版活动，提升行业依法经营意识。

五、版权宣传培训

加大版权领域业务培训，举办执法监管培训班，参训人员100人。举办3期党政机关软件正版化工作培训班，涉及单位108个，人员362人次。结合全国“4·26世界知识产权日”宣传活动，印制宣传海报、宣传折页2万份，下发全区各市、县(区)在机关、街道、市民大厅等场所进行张贴。在自治区各主流媒体每日滚动播放版权保护公益宣传片。公布宁夏打击侵权盗版案件，通过曝光典型案件，以案说法，发挥震慑教育作用。

供稿：宁夏回族自治区版权局

司法工作

一、立足审判主业，公正高效审理知识产权案件

1. 2020年案件审理情况

2020年，受理知识产权案件659件，结案605件，结案率为91.8%。其中，受理一审案件429件，结案381件，结案率为88.8%；受理二审案件230件，结案224件，结案率为97.4%。

2. 精品案件不断涌现

银川市中级人民法院办理的甘肃洮河拖拉机公司与宁夏康惟鹏公司、宁夏帅之媛公司侵害发明专利权纠纷一案入选2020年中国法院50件典型知识产权案例，其判决书入选第三届全国法院百篇优秀裁判文书；中国石化润滑油公司与银川市卓力汽车配件经销部、甘肃长城公司侵害商标权及不正当竞争纠纷一案的判决书，荣获最高人民法院2015—2020年优秀裁判文书三等奖。

银川市中级人民法院审理的源德盛公司针对银川地区三家经销商提起的“一种一体式自拍装置”侵害实用新型专利权纠纷案件在CCTV-13《法治在线》获专题报道，最高人民法院充分肯定了对侵权行为的末端侵权人可在法定赔偿限额下予以裁量、合理引导专利权人从侵权产品制造环节制止侵权行为的裁判理念。

二、强化顶层设计，注重知识产权司法体系创新

1. 知识产权审判“三合一”有序推进

认真落实《最高人民法院关于在全国法院推进知识产权民事、行政和刑事审判“三合一”工作的意见》精神，成立知识产权“三合一”专业合议庭，依法审理知识产权刑事、行政案件，进一步优化审判资源配置，提高审判质量和效率，为创新创业营造良好营商环境提供坚强有力的司法保障。

2. 多元解纷成效突出

近三年来，知识产权案件调撤率高达五成左右。在自治区建立知识产权纠纷特邀调解员名册，通过诉前、诉中调解，促进当事人圆满达成调解协议并当场履行，进一步提升知识产权纠纷解决效率。同时，聘请宁夏大学及专利事务所相关技术领域的知识产权专家、学者教授作为专家陪审员，参与审理专业性较强的知识产权案件。

3. 司法职能日趋多元化

选择宁东基地作为试点，与宁东能源化工基地管理委员会签订《构建知识产权多元化矛盾纠纷化解综合服务平台合作协议》，设立知识产权司法保护服务站。赴宁夏倬昱新材料公司等企业开展交流、走访调研活动，听取民营企业意见，了解企业知识产权纠纷多发领域和原因，形成“需求动态掌握—司法精准回应”的良性循环机制。组织“企业商业秘密管理及案例解析”法律宣讲，鼓励企业建立知识产权保护自律机制，增强社会大众尊重和保护知识产权的意识。

4. 司法公开程度日益加深

广泛运用各类互联网平台，推进司法公开信息化、数据化、精细化，以公开促公正。创新庭审公开形式、拓展庭审公开范围，并将依法可以公开的生效裁判文书全部上传至中国裁判文书网，主动接受社会各界的监督。做到庭审直播“应播尽播”，裁判文书上网“应上尽上”。围绕世界知识产权日“为绿色未来而创新”主题，依托官方微博、微信公众号、抖音官方账号等新媒体、自媒体，联合各大新闻媒介，大力宣传知识产权法律法规和司法政策，集中宣判一批音乐作品著作权侵权案件，助推建立音乐作品合法规范使用的市场秩序，树立经营者有偿使用他人享有著作权的音乐作品的理念，把宣传普及提升到传播以“尊重知识，崇尚创新，诚信守法”为核心理念的知识产权文化建设。邀请人大代表、政协委员参加庭审旁听，自觉接受监督。邀请高校师生及社会群众观摩庭审，通过庭审

直播、庭审观摩的方式以案说法、以案普法，正面宣传司法保护知识产权的主导作用，营造知识产权保护的良好氛围。

供稿：宁夏回族自治区高级人民法院
知识产权审判庭

检察工作

一、加强组织领导，落实工作责任

成立打击侵犯知识产权和制售假冒伪劣商品工作领导小组，明确责任领导、责任部门和具体责任人，统筹协调，强化指导，压实责任，深入推动开展知识产权保护工作，切实提高知识产权保护的能力和水平，确保全区知识产权保护行稳致远。

二、聚焦主责主业，严厉打击侵犯知识产权犯罪

2020 年，受理侵犯知识产权审查逮捕案件 11 件 13 人，其中，批准逮捕 7 件 7 人，不批准逮捕 6 人；受理审查起诉 13 件 18 人，已审结 15 件 21 人，依法提起公诉 13 件 18 人，提出抗诉 1 件 3 人。

三、发挥公益诉讼检察职能作用，强化本土品牌司法保护

各级检察机关结合当地经济社会发展特点，依托专项行动，打防并举，强化食药领域知识产权保护。组织开展落实食品药品安全"四个最严"要求专项行动，严厉打击食品、药品领域侵权假冒犯罪。石嘴山市检察机关提出行政公益诉讼诉前检察建议 18 件；中卫市人民检察院部署开展地方特色农产品品牌保护专项活动。

四、充分利用"两法衔接"平台，拓展线索来源

以"两法衔接"平台为监督抓手，及时发现并移送线索，跟踪线索核查情况，严厉打击侵犯知识产权犯罪。发现监督线索 25 条 28 人。银川市人民检察院通过"两法衔接"平台，与市场监督管理局联合开展执法监督检查，顺利办结沈某某销售假冒注册商标的商品案。青铜峡市人民检察院发现某企业涉嫌假冒注册商标的犯罪线索，监督市场监督管理局将有关线索向公安机关移送。

五、加强对知识产权刑事案件法律适用问题的研究

按照最高人民检察院的工作部署，对近五年来全区检察机关办理侵犯知识产权案件进行专题调研，系统研究，形成《宁夏检察机关关于侵犯知识产权刑事案件法律适用问题研究报告》，为完善我国知识产权保护法律体系贡献智慧力量。

供稿：最高人民检察院
知识产权检察办公室

新疆维吾尔自治区

知识产权工作

一、知识产权创造概况

2020 年，申请专利 19 387 件，同比增长 31.25%；授权专利 12 763 件，同比增长 47.52%。PCT 专利申请 39 件，同比增长 290%。截至 2020 年底，有效发明专利拥有量 5684 件，同比增长 5.7%。2020 年，商标注册申请 84 648 件，注册 42 967 件，有效注册量 221 995 件。

二、强化知识产权运用

做好企业与金融机构对接，在一定程度上缓解中小微企业"融资难、融资贵"的

问题。2020年，专利权质押登记28笔133件，质押融资金额达18.59亿元。组织完成2020年度专利实施计划项目工作，通过企业申报、地州推荐、资格审核、法律状态查询、专家评审、实地考察等环节，确定2020年度新上项目18个。2020年，发放专利实施资金共计894万元。完成国家知识产权优势、示范企业考核工作。组织37家企业成功上报考核材料，四人获评国家企业知识产权工作先进个人。对国家知识产权试点、示范城市等相关工作开展情况进行系统评估。乌鲁木齐成功入选知识产权运营服务体系建设重点城市名单，获批支持资金1.5亿元。

三、推进地理标志助力脱贫攻坚

建立地理标志资源库。加强兵地合作，推动区域地理标志资源共享，与兵团市场监管局签订《地理标志产品保护和商标使用合作备忘录》。加大地理标志宣传力度，制作吐鲁番葡萄、阿克苏苹果等特色林果业地理标志宣传片。开展"地理标志助力脱贫攻坚"系列直播活动，组织对哈密瓜、玫瑰花、薰衣草等地理标志产品进行在线直播，参与人数22 375人次，累计销售额108万元。开展地理标志专用标志更换工作，确保企业正常用标。为34家企业完成换标，完成率达到97.14%。截至2020年底，地理标志保护产品38件，地理标志商标注册量89件。

四、依法加强知识产权保护

印发《关于强化知识产权保护的实施意见》《2020—2021年贯彻落实〈关于强化知识产权保护的实施意见〉推进计划》。

获批建设中国（克拉玛依）知识产权保护中心。建设石油开采加工产业及新材料产业知识产权保护中心，促进克拉玛依市石油产业的调整和转型升级。制定《新疆维吾尔自治区市场监督管理局落实〈关于进一步加强知识产权维权援助工作的指导意见〉的实施方案》，对2020—2025年的知识产权维权援助工作进行安排部署。

在元旦、春节期间开展知识产权保护专项行动。重点对知识产权保护规范化市场内的食品药品、家用电器、日用品、电子信息产品等热销产品组织开展专项检查，查处侵犯"茅台""红牛""伊力"等注册商标专用权和假冒专利的知识产权违法案件13起，罚没款31万元。

深入开展知识产权执法"铁拳"行动。对商标、专利、地理标志等侵权假冒违法行为进行严厉打击。截至2020年9月30日，开展执法行动2715次，出动执法人员9581人次；查处知识产权违法案件立案523件，结案367件，涉案金额428.45万元，罚没款344.98万元。

加强第127届、第128届广交会知识产权保护工作。明确和细化工作任务，做好应急处置准备；在展会前、展会期间，指导参展企业自查。

加强知识产权执法协作与指导，移送国家知识产权局转办的专利代理违法违规线索。向阿克苏、喀什、和田等地区转办8起专利侵权纠纷案件。定期监督指导案件办理情况。

五、探索健全知识产权监管保护模式

深化开展"蓝天"专项行动，对自治区264家商标代理机构进行自查整改、告知和信用承诺等工作，对14家专利代理机构开展"双随机、一公开"检查，对国家知识产权局转办的关于自治区非正常专利申请和涉嫌无资质专利代理行为的线索进行核查，并及时反馈核查结果。

制定印发《"互联网+知识产权保护"实施方案》，将"互联网+知识产权保护"工作纳入自治区"互联网+监管"体系内，探索开发专利、商标侵权判定智能系统模块，搭建区域性专利、商标等知识产权相关数据库。

六、多层次开展培训宣传工作

举办党政领导干部知识产权培训班，60人参加培训；举办全区知识产权实务培训班，共有140名知识产权执法人员参加培训；积极组织执法人员参加国家知识产权局举办的线上、线下知识产权执法业务培训。组织编制知识产权保护状况白皮书，向社会公众彰显自治区知识产权保护力度和成效。

各级市场监管局利用广交会新疆交易团的微信群和企业走访等方式对《专利法》《商标法》《展会知识产权保护办法》等进行宣传普及，提升企业知识产权保护和贸易纠纷防范意识。

七、夯实知识产权公共服务基础

实现专利商标业务“一窗通办”，让群众“一趟不用跑”和“最多跑一趟”。

稳步提高知识产权受理质量和效率。2020年，受理专利电子申请审查2381件，受理商标业务440件，受理向外审查业务315件；完成登记簿副本231件，自取通知书本地打印599件；受理专利缴费4万余笔，总金额1500万余元；完成费减备案6660件，其中为1637家企业依法减免专利费用1900万余元。

上线新疆知识产权公共服务平台（一期），集成“数据中心、知产运营、网上教育、维权援助、新闻动态和地理标志”6项功能模块、30项服务内容。收录国家15个知识产权数据系统，合计收录专利信息数据近10万条。发布38项地理标志产品信息，200多种特色农业品牌产品推介。开辟知识产权网上课堂，邀请49名业内专家开展线上公益直播培训39场次，受益企业千余家，听课人员超万人次。

指导新疆大学筹建申报第三批技术与创新支持中心（TISC），于9月正式批准运行。

供稿：新疆维吾尔自治区知识产权局

版权工作

一、版权执法监管

一是强化日常监管，组织各地常态化开展执法检查。开展执法行动2.2万次，出动执法人员3.5万人次，检查各类文化市场2万余次，立案查处侵权盗版案件25起，收缴侵权盗版图书、光碟6000余册（张），罚款19万元。

二是加大打击力度，向公安机关移送涉嫌犯罪案件1起，调解处理著作权纠纷3起，督办各地查办案件2起，案件信息公开25起。

三是开展专项整治。开展打击网络侵权盗版“剑网2020”专项行动，严厉打击视听作品、电商平台、社交平台、在线教育等领域的侵权盗版行为，共检查网站1058家、微信公众号1.4万个，以及微博、自媒体账号1500余个，下发网站整改通知书98份，约谈违规网站3家，对4个微信公众号负责人予以警告，封堵传播盗版电影网站3家，下架侵权新闻53条。

二、软件正版化

制定印发《2020年新疆维吾尔自治区推进使用正版软件工作计划》《关于开展软件正版化考核的通知》，对14个地（州、市）、158家自治区级机关事业单位及国有企业单位软件正版化工作进行考核评定，推动党政机关、企事业单位投入7258万元新购置正版软件，巩固拓展了软件正版化工作成果。加强软件正版化工作日常监管，注重技术应用，推广使用正版软件管理系统，通过平台管理，在线统计、分析、检查，加强对各单位软件正版化工作的动态监管。加快推进国有企业软件正版化工作。协调自治区审计部门对政府机关采购正版软件资金使用、资产管理进行审计监督，促进软件正版化工作落实。

三、版权宣传培训

结合“4·26世界知识产权日”宣传活动，组织开展以“强化版权治理　优化版权生态”为主题的版权宣传活动。制作发放宣传册34 000余份、公益海报40 000余份、宣传展板1000余块、横幅2500余条，通过微博、微信、抖音、新闻客户端等新媒体推送版权保护公益宣传片，总阅读量超过50万人次。通过新疆广播电视台各频道和新疆广播电台《新疆新闻联播》《新广早新闻》《新闻夜班车》等栏目播出以“知识产权与健康中国”“强化版权治理，优化版权生态”为主题的版权宣传片，累计播出800余条次。与自治区高级人民法院共同召开“强化知识产权保护、助力脱贫攻坚座谈会”，开展知识产权案件公开庭审周活动；举办版权执法监管暨软件正版化工作视频培训会议，培训各地版权工作人员300人次。指导伊犁州、喀什地区、区内部分厅局开展软件正版化工作培训8期，培训800余人次。

四、版权社会服务

开展作品登记工作，核查申请登记作品的内容导向、权属证明，确保登记的作品导向正确，合法合规。共核查办理作品登记756件，其中美术作品429件，文字作品195件，音乐作品106件，工程设计图、产品设计图作品22件，地图、示意图作品1件，录像制品3件。办理出版外国图书授权合同备案8件。接待咨询群众600余人次。引导出版单位与周边国家、“一带一路”沿线国家开展版权交流合作，申报实施“丝路书香工程”等对外版权输出、合作出版项目65个，对8种引进版图书进行合同登记。

供稿：新疆维吾尔自治区版权局

司法工作

一、依法履行审判职能，充分发挥司法保护主导作用

一是依法审理知识产权案件。2020年，审理知识产权民事案件773件，其中旧存66件，新收707件，审结745件，结案率96.38%，其中调撤率为65.63%。审理知识产权刑事案件26件，其中旧存5件，新收21件，已结23件，结案率88.46%。受理并审结知识产权行政案件2件。

二是坚持分类施策，提供有效司法保护。加大对驰名商标、著名商标等标识类权利的司法保护，加大对恶意侵权、重复侵权等行为的惩处力度。高度重视文化创意、计算机软件等战略性新兴文化产业的著作权保护；通过大力保护创新程度高的发明创造成果和商业秘密等，推动技术突破和技术创新。依法支持行政执法行为的同时，强化对执法行为的程序审查和执法标准的实体审查。

二、健全司法保护机制，深入推进知识产权审判领域改革

一是依法加大知识产权侵权行为惩治力度，制定并下发量刑及办案指南。制定并下发《关于知识产权侵权损害赔偿数额确定的办案指南》，指导自治区法院坚持损害赔偿数额与知识产权的市场价值、创新程度相匹配的原则，营造不敢侵权、不愿侵权的法治氛围。下发《新疆维吾尔自治区高级人民法院关于知识产权犯罪的量刑指南》，推动知识产权刑事案件量刑规范化，指导自治区法院始终保持从快从重打击侵犯知识产权违法犯罪活动的高压态势。

二是进一步推进知识产权民事、行政和刑事案件审判“三合一”工作。下发新疆维吾尔自治区高级人民法院关于在自治区法院推进知识产权民事、行政和刑事审判“三合一”工作的实施方案，持续深化知识产权审判“三合一”改革，全方位加强对知识产权权利人的保护力度。

三是积极推进乌鲁木齐知识产权法庭建设。乌鲁木齐知识产权法庭于2020年4月26日正式挂牌，跨区域管辖自治区范围内专利等技术类案件。

四是健全知识产权多元化纠纷解决机制。开展调解优先推荐工作，邀请相关单位、组织共同开展调解和释法明理工作，做到“案结事了”，实质性解决纠纷。

五是建立知识产权审判快审机制，有效提升审判效率。印发《关于在乌鲁木齐知识产权法庭试点“知识产权类型化案件快审机制”的操作指引》，在乌鲁木齐知识产权法庭开展类型化案件快审试点工作，对事实清楚的民事、刑事、行政关联案件，集中开庭快审、快结。

六是完善技术事实查明机制。下发《新疆维吾尔自治区高级人民法院技术调查官选任管理暂行办法》及《技术调查官手册》，对技术调查官选任条件、职责范围、管理模式和培养机制等进行明确。

七是积极开展调研，促进成果转化。印发《关于开展知识产权相关调研的通知》，安排自治区分中级人民法院开展知识产权诉讼证据相关调研，重点就知识产权诉讼证据及涉外知识产权审判程序便利性等问题开展调研，将相关调研材料以及部分优秀调研材料汇编成册——《知识产权调研材料汇编》。

三、服务经济社会发展，持续优化法治营商环境

一是加强沟通协调，构建知识产权保护长效机制。扎实开展打击侵犯知识产权和制售假冒伪劣商品工作。与公安、检察机关以及政府相关职能部门交流沟通，建立各渠道有机衔接、优势互补的运行机制。积极参与行政执法与刑事司法衔接信息共享平台建设。优化完善《关于加强合作共建打击商标侵权行为协调机制的备忘录》，整合社会资源，顺畅沟通联络渠道。制定知识产权刑事司法保护联席会议制度，联合签署《关于对知识产权审判“三合一”改革中刑事司法保护若干问题的意见(试行)》。

二是强化普法宣传，营造崇尚创新良好氛围。通过公开审判、文书上网、发布典型案例等多种方式，教育和引导群众树立“保护知识产权就是保护创新”的意识。充分利用“4·26”等时间节点，加强对知识产权保护的普法宣传工作。通过召开新闻发布会，组织人大代表、政协委员及特约监督员、媒体记者和学生代表旁听案件审理及参与座谈等方式，展现知识产权司法保护成果。将知识产权庭审纳入高校网课课程，高校师生利用“中国庭审公开网”这一平台参与旁听庭审。

三是延伸审判职能，充分发挥法院司法能动作用。开展“知识产权助力脱贫攻坚”活动，制定并下发《新疆维吾尔自治区高级人民法院强化知识产权保护　助力脱贫攻坚战略行动方案》。召开“强化知识产权保护、助力脱贫攻坚行动”座谈会，为扶贫企业发展提供切实有效司法服务保障课题。编制民营企业知识产权保护指南及合同范本、维权流程等操作指引。完成《企业经营知识产权保护与风险防范建议》《涉外企业法律风险防范建议》等。

四是发挥涉外职能，提升知识产权保护的国际影响力。与新疆大学共同建立“丝绸之路经济带”沿线国家法律查明研究中心。持续推进中哈霍尔果斯边境合作中心“中哈联合纠纷化解平台”建设。出台《关于涉外民商事审判的审理指南》《关于审理仲裁司法审查案件指南》《关于规范涉外及涉港澳台民商事案件司法文书送达有关事项的通知》。

供稿：新疆维吾尔自治区高级人民法院
知识产权审判庭

检察工作

一、立足服务大局，加强对知识产权的司法保护

一是发挥职能，积极服务“一带一路”建设，助推知识产权保护。主动融入丝绸之路经济带建设大局，加强与高校合作，开展中亚地区知识产权领域的法律法规翻译

工作，促进与中亚地区的法律合作。二是立足本职，积极部署知识产权检察工作，加强知识产权司法保护。喀什地区检察机关召开关于“打击侵犯知识产权和制售伪劣商品”专项行动会议，制定《关于深入开展打击制假售假侵犯知识产权犯罪专项工作的实施方案》，下设专项行动办公室，及时开展相关工作。三是借助“外脑”，为知识产权检察工作提供技术支持。新疆维吾尔自治区人民检察院聘请5名知识产权领域的专家作为第三批专家咨询委员，助力指导重大、疑难知识产权案件办理。

二、充分履职尽责，加大侵犯知识产权犯罪惩治力度

一是严厉打击侵犯商标权等知识产权犯罪，有力维护知识产权权利人合法利益。二是积极推动“双打”平台建设，强化知识产权领域行政执法与刑事司法衔接质效。三是坚持“少捕慎诉”理念，全面发挥法律监督职能。四是重点关注疑难知识产权案件，适时介入，确保案件办理质量。

三、加强公检法合作，增强打击侵犯知识产权犯罪合力

一是加强公检法知识产权合作，形成知识产权保护合力。与新疆维吾尔自治区高级人民法院、公安厅共同印发关于新疆维吾尔自治区知识产权刑事司法保护会议制度的通知，建立定期联席会议制度，加强和规范知识产权案件协调合作，统一执法、司法标准。二是积极配合法院系统知识产权审判“三合一”改革。与新疆维吾尔自治区高级人民法院、公安厅会签《关于对知识产权审判“三审合一”改革中刑事司法保护若干问题的意见（试行）》，确定由县级人民检察院负责加强侵犯知识产权犯罪案件的审查批准逮捕，并对是否提起公诉进行初步审查，经审查认为需要提起公诉的，将案件移送市（地）级检察机关，由市（地）级检察机关负责审查起诉工作。三是形成检侦合作机制，提高知识产权案件侦查质量。与新疆维吾尔自治区公安厅联合会签印发《加强经济犯罪办案联系协作工作机制》，从制度层面保障和加强知识产权领域的办案协作，增强对侵犯知识产权犯罪的打击力度。四是细化量刑意见，统一司法标准。对《新疆维吾尔自治区高级人民法院知识产权刑事案件量刑指南（试行）》积极提供意见和建议，统一知识产权执法尺度和量刑标准，避免同罪异罚现象。

四、加强法治宣传，提高群众知识产权保护意识

一是按照“谁执法、谁普法”的原则，采用贴近人民群众的方式开展知识产权保护普法宣传，阐释法律规定，解答法律疑惑，有效提升人民群众的知识产权保护意识。二是积极发布知识产权典型案例，以案释法。例如，发布2019年以来办理的7个保护知识产权的典型案例，从法律角度进行详细解析，引导广大消费者提高辨识能力，取得良好效果。

供稿：最高人民检察院
知识产权检察办公室

新疆生产建设兵团

知识产权工作

一、知识产权创造

2020年，专利申请量2732件，同比增长34.25%。其中，发明专利申请量801件，同比增长32.62%；实用新型专利申请量1852件，同比增长37.49%；外观设计专利申请量79件，同比下降5.95%。2020

年，专利授权总量1570件，同比增长43.12%。其中，发明专利授权量147件，同比增长18.55%；实用新型专利授权量1348件，同比增长46.36%；外观设计专利授权量75件，同比增长44.23%。截至2020年底，有效发明专利830件，每万人发明专利拥有量2.56件。

2020年，商标申请总量2221件，注册973件。截至2020年底，商标有效注册量5565件，中国驰名商标12件。以地理标志商标为抓手，加强品牌建设，提交地理标志证明商标申请8件。

二、知识产权保护

2020年，先后印发兵团知识产权战略实施要点、兵团打击侵犯知识产权和制售假冒伪劣商品领导小组制度、兵团市场监管行政执法与刑事司法衔接四项工作机制等文件，进一步完善跨部门跨区域办案协作机制，提高知识产权治理能力和治理水平。加强知识产权维权援助工作，建立健全知识产权维权工作体系，推动知识产权援助服务向基层组织延伸。指导第四师可克达拉市、第六师五家渠市、第八师石河子市建立3个知识产权维权工作站。组织开展知识产权执法“铁拳”行动和“蓝天”专项整治活动，开展执法行动2472次，查处商标侵权案件34件，结案28件，涉案金额28.32万元，罚没款20.26万元，挽回权利人经济损失6.92万元。强化知识产权司法保护，受理审查起诉侵犯知识产权犯罪案件1件4人，起诉1件4人。

三、知识产权运用

2020年，为推动兵地地理标志资源共享共用，与新疆维吾尔自治区市场监督管理局签署《地理标志产品保护和商标使用合作备忘录》，建立地理标志商标管理资源共享机制，支持兵团辖区内市场主体以合理方式取得已注册地理标志商标的使用权。支持知识产权转移转化，指导高校完善相关制度，促进发明专利成果运用提升效益。石河子大学转化成果214项，合同经费2600万余元，与福建圣维生物科技有限公司就“布鲁氏菌病灭活疫苗产品技术”转化达成2000万元合作意向。

四、知识产权服务

2020年，兵团市场监督管理局加快知识产权信息公共服务体系建设，石河子大学被国家知识产权局、教育部确定为第二批高校国家知识产权信息服务中心。组织开展“知识产权服务万里行”活动，先后组织10名专家赴兵团第一师、第二师、第三师、第五师、第十师开展活动，通过实地调研、座谈讨论、专家讲座等方式就专利、商标、地理标志和品牌创建等内容进行12场咨询和培训服务，有近110家企业400余人次参加活动。

供稿：新疆生产建设兵团知识产权局

司法工作

一、案件情况

2020年，受理知识产权民事案件39件。其中，知识产权合同纠纷14件，知识产权权属、侵权纠纷25件；审结37件，结案率94.87%；调解、撤诉13件，调撤率35.14%。

受理知识产权刑事案件1件（销售假冒注册商标的商品罪），审结1件，结案率100%。

二、主要做法

一是注重“司法主导、严格保护、分类施策、比例协调”的知识产权司法政策，坚持“常规案件快速审、疑难案件精心审”，发挥司法的治理与引领功能。二是注重提升审判水平。对知识产权法官进行审判技能强化培训，妥善处理依法保护与适度保护的辩证关系，充分利用民事救济途径保护手段多、保护内容多、适用较轻侵权行为的特点，定向施策，给权利人提供充分司法救济，着力破解知识产权侵权诉讼“赔偿低”问题，降低维权成本。三是注重调解，维护社会和谐稳定。坚持知识产权案件“全程、全员、全面调解”，尽最大可能促使当事双方和解，实现知识产权保护和科技成果转化的双重效果。四是注重完善多元化纠纷解决机制。加强与知识产权行政部门、人民调解组织、仲裁机构、行业协会、专业调解组织等的协调配合，创新纠纷解决方式，动员和发挥社会各界力量，形成知识产权保护合力。邀请人大代表、政协委员等协助诉讼调解工作，邀请商会、行业协会和行政执法部门参与送达和协调工作，有效化解各类知识产权纠纷。五是深化司法公开和注重司法宣传。知识产权宣传周期间，利用微博、微信等自媒体进行报道。在冬季农闲时节，开展法律“六进”活动，深入基层街道、社区和企业开展知识产权维权宣传，向职工群众进行释法宣讲；定期回访企业，深入了解企业品牌建设状况和维权需求，找准知识产权审判保障民生、服务地方经济发展的切入点。

三、取得的成效

第四师两级法院受理了多起假冒新疆伊力特实业股份有限公司产品进行销售的不正当竞争民事案件和销售假冒注册商标的商品罪的刑事案件，通过刑事、民事案件的审判，对制假贩假行为予以严厉的刑事处罚和民事制裁，切实保护市场主体知识产权。

坚持“调判结合、案结事了”的能动司法理念。在审理一批泸州老窖公司侵害商标权案件中，依职权调取图木舒克市对商标侵权案件的行政处罚证据材料，排除虚假诉讼的可能。原告聘请异地律师费用支出较高，为了减少原告往来交通费，降低被告将要承担的损失，在新冠肺炎疫情防控工作的关键时期有效避免因人员聚集带来的风险，运用“智慧法院”建设成果，充分依靠信息化手段，实现了法官和当事人的“隔空对话”，让数据“多跑路”，让群众少跑路。

针对侵犯知识产权案件是以非法经营数额或违法所得数额作为入罪标准，又根据假冒品牌酒销往各个地区的特点，多次召开庭前联席会议，加强同公安机关、检察机关以及知识产权相关主管部门的沟通协调，密切配合，进一步明确侦查方向和证据标准，严格执行法律规定，依法正确认定被告人的涉案数额，确保被告人的犯罪行为与所处刑罚相一致。

落实诉讼指导，增加便民措施。在诉讼服务中心放置知识产权民事案件诉讼指南，从法律依据、技术鉴定、诉前禁令、财产及证据保全、举证分配等方面，用简明通俗的语言全面介绍知识产权诉讼各阶段的程序，从事实、证据、法律等方面向当事人进行释明，指导当事人正确行使诉权。

供稿：新疆维吾尔自治区高级人民法院
生产建设兵团分院知识产权审判庭

检察工作

一、切实发挥检察职能作用，依法办理侵犯知识产权案件

新疆生产建设兵团检察机关通过召开系统视频会议，解读知识产权保护和打击侵犯知识产权犯罪的相关法律法规，进一步提升各级检察机关保护知识产权的思想认识。2020 年，办理侵犯知识产权案件 1 件。

二、强化部门配合协作，顺畅工作渠道形成打击合力

一是加强部门沟通协作。各级检察机关立足检察职能，与相关单位谋划推进知识产权司法保护工作。如第六师检察机关组织召开保护知识产权和打击制售伪劣商品罪联席会议，结合辖区实际，研究讨论侵犯知识产权和制售假冒伪劣商品违法犯罪行为的新情况、新特点。二是做好涉知识产权问题专项排查。莫索湾垦区人民检察

院刑事检察部积极联合民事行政和公益诉讼检察部，深入辖区团场开展关于“双打”工作线索的排查。下野地垦区人民检察院与当地工商部门密切配合，在辖区各团场开展监督检查工作。石河子市人民检察院与工商部门开展联合执法检查，打击假劣农资犯罪。第十三师分院积极联系当地市场监督管理局、城市执法管理局等部门，积极深入新时代“枫桥经验”示范连队（社区）等开展制售假劣农资用品专项排查，积极服务保障复工复产，维护干部群众合法权益。三是推动“双打”平台建设。推进“两法衔接”工作，积极配合兵团“双打办”加快行政执法与刑事司法衔接信息共享系统建设。与国家“双打”平台对接，构建查处、移送、监督三位一体的“行刑衔接”机制，有效解决有案不立、有案难立、以罚代刑等突出问题。

三、多种形式开展法律宣传，形成良好舆论氛围

利用检察开放日、微信公众号等时间节点和载体，开展反假冒侵权犯罪检务公开，多措并举开展反假冒侵权犯罪普法宣传。五家渠市人民检察院干警到2家民营企业开展“送法进企业”活动，实地了解企业在复工复产方面的问题和困难，为服务和保障辖区民营企业健康发展提供政策指引和法律指南。第九师检察机关深入辖区5个团场，围绕打击侵犯知识产权相关法律知识以及检察机关在“双打”工作中的职责进行广泛宣传，鼓励群众积极举报揭发侵犯知识产权违法犯罪行为。第七师分院成立侵犯知识产权法律咨询处，为群众提供法律咨询和维权途径。第十三师分院积极借力“民有所呼、我有所应——群众信访件件有回复”新时代检察宣传周活动，先后前往辖区工业园区、淖毛湖农场，积极开展“双打”知识宣传，现场解答知识产权保护相关知识，强化群众知识产权保护意识。

供稿：最高人民检察院
知识产权检察办公室

台湾地区

知识产权工作

一、专利事务

1. 统计数据

2020年，台湾地区知识产权主管部门共受理发明专利申请46 664件，请求实质审查43 035件，结案42 024件，待办案件49 297件。从结案状态来看，授权30 542件，驳回10 509件，其他973件，各占72.7%、25.0%和2.3%。2020年，发明专利审查共发出44 602件审查意见通知书，其中第一次审查意见通知书39 381件，第二次（含以上）审查意见通知书5221件。另外，发出最后通知书100件。发明专利首次通知周期与审结周期逐年下降，2020年平均首次通知周期与平均审结周期分别为8.7个月和13.9个月。

受理新型专利申请案17 555件，结案17 428件，平均审结周期2.2个月。发出新型技术报告850件，报告平均制作周期为5.5个月。

受理设计专利申请8019件，结案8491件。其中，授权7164件，驳回989件，其他338件，各占84.4%、11.6%和4.0%。2020年，设计专利申请平均首次通知周期为6.2个月，平均审结周期为7.4个月。

2. 审查人力现况

台湾地区知识产权主管部门共有员工788人，从事专利审查的员工共计390人，约占总人数的49.5%。

3. 修订相关规定

修订相关规定，修订重点包括：实行发

明专利申请案序列表电子化申请；新增电子档案过大或主管部门系统故障时，申请人可采用电子传达替代方法进行电子申请。

二、商标事务

1. 统计数据

2020 年，商标注册申请案受理以案件计共 94 089 件，办结 94 203 件，待办案件 48 750 件。商标注册申请案受理以类别计共 119 660 类，办结 119 858 类，待办案件 67 600 类。

2020 年，商标注册申请案的平均首次通知周期为 4.7 个月，平均结案周期为 6.5 个月。

2. 审查人力现况

台湾地区知识产权主管部门从事商标审查的员工共计 86 人，约占总人数的 10.9%。

3. 修订相关规定

新增申请人可使用电子传达替代方式进行电子申请。

三、著作权事务

2020 年，办理 7 项费率审议案，其中 1 项驳回申请，4 项不予受理，2 项尚在审议中；受理并完成著作权人不明著作利用许可授权案 1 件，涉及 5 件音乐著作，其中驳回许可 1 件、申请人撤回 4 件；许可 208 件音乐著作强制授权申请案。

供稿：国家知识产权局港澳台办公室
根据台湾地区知识产权主管部门
提供的素材整理

香港特别行政区

知识产权工作

香港特区政府知识产权署（以下简称知识产权署）下设商标注册处、专利注册处、外观设计注册处和版权特许机构注册处，负责就知识产权的政策和法例提出专业意见，并向特区政府提供知识产权方面的民事法律意见。此外，知识产权署还负责增进公众对知识产权的认识和尊重，以及促进香港特区成为亚太区内的知识产权贸易中心。

一、保护知识产权

香港特区有健全的知识产权保护制度，通过健全的法律法规、简便易用的注册系统、严格的执法行动和公众教育计划，在有效保护知识产权方面，建立良好声誉。

二、注册

知识产权署通过互联网提供电子注册及管理服务。公众可在知识产权署的电子注册纪录册上随时免费查阅中英文资料，知识产权权利人及代理人可以通过电子提交系统安全地提交申请，直接更改注册纪录册上有关其注册及申请的资料。2020 年，以电子方式提交商标、专利和外观设计注册申请的比例分别为 77%、97%和 81%。

三、商标

2020 年，商标注册处收到 33 708 件注册申请，较 2019 年减少 8%。注册的商标有 34 743 件。截至 2020 年底，电子注册纪录册上的注册商标达 460 805 件。2020 年，提出注册申请的国家和地区有 107 个。

四、专利

香港特区政府（以下简称特区政府）推出新的“原授专利”制度，申请人可直接在香港特区提交标准专利申请，再由专利注册处进行实质审查。特区政府保留了现有的“再注册”制度，向获国家知识产权局、英国知识产权局或欧洲专利局（指定英国专利)其中一方专利授权的申请人,批予标准专利。特区政府还优化了短期专利制度,短期专利拥有人或对该项专利的有效性具有正当利益的第三方,可要求专利注册处先授予专利,然后再进行实质审查。

2020 年,专利注册处收到 21 302 件转录标准专利申请、254 件原授标准专利申请和 689 件短期专利申请,并批予 7658 项转录标准专利和 729 项短期专利,较 2019 年分别上升 12.9%和 40.2%。

五、外观设计

2020 年,外观设计注册处收到 2015 件申请,要求为 3878 项外观设计注册;获准注册的外观设计有 5045 项,较 2019 年增长 10.2%。

六、版权

根据香港特区《版权条例》,原创的文学、戏剧、音乐及艺术作品、已发表版本的排印编排、声音纪录、影片、广播、有线传播节目,以及表演者的表演,不论其作者及表演者属何居籍,均无须办理注册也可获得保护。香港特区《2020 年版权(修订)条例》于 6 月生效,优化了阅读残障人士的法定版权豁免,以符合《关于为盲人、视力障碍者或其他印刷品阅读障碍者获得已出版作品提供便利的马拉喀什条约》的标准。

七、公众教育

知识产权署推广知识产权贸易的价值及保护知识产权的重要性。2020 年,来自 9 个商会逾 1200 个零售商参加知识产权署的正版正货承诺计划,涵盖逾 6700 个销售点和网上商店。此外,还通过学校讲座和互动剧场进行推广,涵盖 40 所学校超过 10 800 名学生。

八、知识产权贸易

知识产权署在香港特区推动知识产权商品化和知识产权贸易,并加强香港特区作为亚太区内的知识产权贸易中心的地位。提供免费咨询服务和推行知识产权管理人员计划(升级版),举办研讨会和培训课程,并推广企业在粤港澳大湾区经营知识产权贸易的成功个案。知识产权署还与律政司合作,推广以仲裁和调解方式解决知识产权争议。

九、与内地合作

知识产权署与内地(包括粤港澳大湾区)相关部门合作,推广知识产权保护、管理及贸易。

十、参与国际组织活动

知识产权署派员参加世界贸易组织辖下与贸易有关的知识产权理事会及世界知识产权组织的活动,以及代表中国香港参加亚太经合组织知识产权专家小组的会议。

供稿:国家知识产权局港澳台办公室
根据香港特区政府知识产权署
提供的素材整理

澳门特别行政区

知识产权工作

一、工业产权申请与授权

2020 年,澳门特区的商标申请量受疫情影响出现下调,受理 13 475 件申请,较 2019 年下降 12.45%,但商标申请量仍占各类工业产权申请总量的 93.32%,继续稳占榜首位置。

2020年，在澳门特区提交的发明专利申请共66件，较2019年大幅增加73.68%。同年，获授权的发明专利共23件。截至2020年底，发明专利累计申请总量为1699件。2020年，申请延伸至澳门生效的国家知识产权局发明专利共628件，较2019年增加33.62%，同年获准延伸至澳门生效的共590件。2020年，实用专利的申请共有43件，较2019年增加34.38%，同年获授权的实用专利共6件。2020年，设计/新型的申请共有207件，较2019年减少11.54%。

2020年，营业场所名称及标志的申请共16件，较2019年增加23.08%，获准登记共14件。截至2020年底，共受理18件有关请求发出药品及植物药剂产品保护补充证明书的申请，3件有关原产地名称/地理标记的申请。

二、优化行政服务

2020年，为向公众提供高效便捷的优质服务，以达到便民简政及优化公共行政服务的目的，澳门特区政府经济及科技发展局[1]持续优化内部工作业务流程管理，建立良好运作机制，提高对外服务水平，进一步提升公共行政的服务效能。

跟进及完善“服务承诺计划”。2020年，全部11项知识产权服务项目，共65项服务质量指标全部达标，实际执行率均达到或高于目标比率的要求。2月至12月，进行了年度服务满意度调查，调查结果显示，公众对知识产权公共服务的满意度在“满意”值及“极满意”值区间。

全面评估工业产权申请数码化接待流程。3月，针对已推出的工业产权注册申请电子服务流程展开全面评估，确认所有的工业产权申请数码化接待均符合澳门特区《电子政务》及澳门特区《电子政务施行细则》等相关法例的规定。

三、扶持中小企业发展

为向中小企业提供更加多元化和便捷的服务，配合澳门特区政府扶持中小企业发展政策，持续推行多项便民措施，包括支持商会为澳门企业提供内地商标申请咨询及对接服务；上门为中小微企业及青年创业者办理商标注册申请手续；协助老店应对新冠肺炎疫情的短期经济冲击；实施“澳门特色老店品牌重塑扶助计划”。

四、电子化建设

通过实施“知识产权公共服务电子化”计划，持续加强知识产权电子申请、资讯基础设施建设，致力提升知识产权公共服务的便捷程度，截至2020年，推出17项有关工业产权申请的电子服务。2020年，通过电子申请系统提交的商标申请占总申请量的68.19%，所占比例较2019年增加10.95%。

五、宣传与培训活动

2020年，与海关等部门合作，在2020年年宵市场举办期间举行联合巡查，宣传讲解知识产权相关法律规定；与海关合作开展“保护知识产权学校宣传计划”，持续到澳门各校进行巡回宣传及举办讲座；派员出席由澳门连锁加盟商会主办的“2020连锁加盟经营专业知识讲座”，向与会者讲解特许经营发展中知识产权保护的重要性；为“第二十五届澳门国际贸易投资展览会”“澳门国际品牌连锁加盟展2020”及“2020年葡语国家产品及服务展（澳门）”提供知识产权现场咨询服务。

六、合作与交流

为进一步深化澳门特区与内地在知识产权领域的交流与合作，6月2日，在与国家知识产权局2003年签署的《关于在知识产权领域合作的协议》基础上，签署《关于深化在知识产权领域交流合作的安排》，深

[1] 澳门特区政府经济及科技发展局前身为澳门特区政府经济局，于2021年2月1日重组成立，增加了推动科技创新发展的职能。

化两局在专利实质审查、发明专利的延伸、专利和商标信息自动化、知识产权信息交流、人员培训以及共同举办研讨会与技术交流会议等方面的交流合作。截至2020年底，共受理4608件国家知识产权局发明专利要求延伸至澳门特区生效的申请，其中已获准在澳门生效的达4164件，占申请总量的90.36%。国家知识产权局为澳门特区专利审查工作提供支持协助，截至2020年底，已寄送国家知识产权局作实质审查的发明专利申请1133件，实用专利申请213件。

积极推动和参与泛珠三角区域和粤港澳大湾区交流合作。12月23日，派员出席在海南省海口市举行的"第十五届泛珠三角区域知识产权联席会议"。与粤港澳相关机构联合主办"2020年粤港澳大湾区高价值专利培育布局大赛"和"2020粤港澳大湾区知识产权交易博览会"等活动。

开展粤澳知识产权合作。派员参加内地知识产权交流团考察活动，前往广州参访广东省知识产权保护中心及内地商标代理机构。协助澳门考生参加全国专利代理师资格考试。派员参加在珠海举行的"第十二届中医药发展论坛·民族卫生健康大会暨首届中国(珠澳)中医药国际博览会"。

供稿：国家知识产权局港澳台办公室
根据澳门特区政府经济及
科技发展局提供的素材整理

国家知识产权局

1. 深化知识产权领域“放管服”改革意见印发。1月3日，国家知识产权局印发《关于深化知识产权领域“放管服”改革　营造良好营商环境的实施意见》。

2. 全国知识产权局局长会议召开。1月6日至7日，2020年全国知识产权局局长会议在北京召开。

3. 地理标志保护产品专用标志使用核准改革试点启动工作会召开。1月8日，国家知识产权局地理标志保护产品专用标志使用核准改革试点启动工作会在北京召开。

4. 中共国家知识产权局党组扩大会召开。1月10日，2020年中共国家知识产权局党组扩大会在北京召开。

5.“中国专利40年”座谈会举办。1月14日，“中国专利40年”座谈会在北京举办。

6. 国家知识产权局第350号公告发布。1月28日，国家知识产权局发布《关于专利、商标、集成电路布图设计受疫情影响相关期限事项的公告》发布(第350号)。

7. 支持复工复产十条出台。2月15日，《市场监管总局　国家药监局　国家知识产权局支持复工复产十条》出台。

8. 知识产权试点示范高校建设工作方案发布。2月24日，《国家知识产权试点示范高校建设工作方案(试行)》发布。

9. 国家知识产权局定点扶贫区县全部实现脱贫摘帽。2月29日，国家知识产权局定点扶贫县桑植县，经过第三方实地评估检查，符合贫困县退出条件，经当地省级人民政府批复，脱贫摘帽。至此，国家知识产权局承担的中央定点扶贫区县全部实现脱贫摘帽。

10. 全国专利密集型产业增加值数据首次正式发布。3月13日，我国首次正式发布全国专利密集型产业增加值数据。

11. 中挪(威)专利审查高速路(PPH)试点启动。4月1日，中挪(威)专利审查高速路(PPH)试点启动。

12.《地理标志专用标志使用管理办法(试行)》出台。4月3日，国家知识产权局出台《地理标志专用标志使用管理办法(试行)》。

13. 申长雨出席WIPO视频会议。4月6日，世界知识产权组织(WIPO)举行视频会议，研讨疫情期间知识产权机构相关应对措施。申长雨局长出席会议，并介绍了国家知识产权局应对疫情采取的相关举措。

14. 申长雨与韩国特许厅厅长朴原住举行视频会议。4月9日，中国国家知识产权局局长申长雨与韩国特许厅厅长朴原住举行视频会议，就应对新冠肺炎疫情专利信息服务、第十三次中美欧日韩知识产权五局合作局长会议延期、深化双边知识产权合作，以及双方共同关心的议题深入交换了意见。

15. 2020年全国知识产权宣传周活动启

幕。4月20日，2020年全国知识产权宣传周活动启动仪式在线上举行。本年度宣传周活动主题为“知识产权与健康中国”。

16. 2019年中国知识产权发展状况新闻发布会举行。4月23日，国务院新闻办公室在北京举行2019年中国知识产权发展状况新闻发布会。

17. 中国知识产权维权援助线上服务平台上线。4月26日，中国知识产权维权援助线上服务平台正式上线。

18. 商标审查工作会议召开。5月11日，国家知识产权局商标局2020年商标审查工作会议在北京召开。

19. 知识产权战略实施年度推进计划印发。5月13日，《2020年深入实施国家知识产权战略 加快建设知识产权强国推进计划》印发。

20. 申长雨与日本特许厅长官松永明举行视频会议。5月26日，中国国家知识产权局局长申长雨与日本特许厅长官松永明举行视频会议，就新冠肺炎疫情期间两局相关工作、双边知识产权合作及五局合作等议题深入交换了意见。

21. 申长雨与WIPO候任总干事邓鸿森举行电话会议。5月28日，中国国家知识产权局局长申长雨与世界知识产权组织(WIPO)候任总干事邓鸿森举行电话会议，就深化国家知识产权局与WIPO之间的合作，推动全球知识产权体系平衡、包容、有效发展等议题深入交换了意见。

22. 机关党的建设工作会议召开。6月2日，国家知识产权局召开2020年机关党的建设工作会议。

23.《商标侵权判断标准》出台。6月15日，《商标侵权判断标准》出台。

24. 内地与澳门签署新的知识产权领域合作安排。6月16日，《国家知识产权局和澳门特别行政区政府经济局关于深化在知识产权领域交流合作的安排》生效。

25. 申长雨与欧洲专利局局长安东尼奥·坎普诺斯举行视频会议。6月29日，中国国家知识产权局局长申长雨与欧洲专利局局长安东尼奥·坎普诺斯举行视频会议。双方同意发布两局关于共同应对新型冠状病毒肺炎疫情的联合声明。

26. 第二十一届中国专利奖授奖决定发布。7月14日，第二十一届中国专利奖授奖决定发布。

27. 中欧地理标志协定正式签署。7月20日，欧盟理事会授权正式签署中欧地理标志协定。

28. 第十三次中美欧日韩知识产权五局合作局长会议召开。7月21日，第十三次中美欧日韩知识产权五局合作局长会议召开，共同发布2020年中美欧日韩知识产权五局合作局长联合声明。

29. 第十二届金砖国家知识产权局局长会议召开。8月26日，第十二届金砖国家知识产权局局长会议以视频会议形式召开，申长雨局长出席会议并发言。

30. 申长雨应邀出席新加坡知识产权周有关活动。8月26日，申长雨局长应邀出席在新加坡知识产权周活动期间举办的“知识产权领导者论坛”视频会议，并作主旨发言。

31. WIPO发布2020年全球创新指数。9月2日，WIPO发布2020年全球创新指数。中国排名居第14位，与2019年持平，部分指标稳居全球领先地位。9月3日，申长雨局长应邀出席由WIPO主办、WIPO中国办事处承办的“2020全球创新指数(GII)报告”高级别圆桌会议，并发表主旨演讲。

32. 第十一届中国—东盟知识产权局局长会议举行。9月10日，第十一届中国—东盟知识产权局局长会议以视频会议形式举行。

33. 申长雨与澳大利亚知识产权局局长迈克尔·施瓦格举行视频会议。9月14日，中国国家知识产权局局长申长雨与澳大利亚知识产权局局长迈克尔·施瓦格举行视频会议，双方就新冠肺炎疫情的影响与应对措施、双边合作等议题进行了交流。

34. 第四届国家知识产权专家咨询委员会成立。9月15日，第四届国家知识产权专家咨询委员会成立。同期举办的国家知识产权专家咨询委员会高级研讨班，就“十四五”时期知识产权事业发展进行了研讨。申长雨局长向新一届专家咨询委员会委员颁发聘书并讲话。

35. WIPO成员国大会第六十一届系列会议开幕。9月21日，WIPO成员国大会第六十一届系列会议在瑞士日内瓦开幕，首次以线上加实体的混合模式举行。申长雨局长率中国政府代表团出席会议，以远程方式作大会一般性发言。

36. 申长雨与欧盟知识产权局局长克里斯蒂安·阿尔尚博举行视频会议。9月25日，中国国家知识产权局局长申长雨与欧盟知识产权局局长克里斯蒂安·阿尔尚博举行视频会议，双方就新冠肺炎疫情期间各自知识产权工作进展、双边合作及商标和外观设计五局合作等议题进行了深入交流，并签署了两局商标信息交换协议和2021年度双边合作工作计划。

37. 申长雨与新任日本特许厅长官糟谷敏秀举行视频会议。9月29日，中国国家知识产权局局长申长雨与新任日本特许厅长官糟谷敏秀举行视频会议。双方围绕各自知识产权工作最新进展、两国知识产权法律法规和相关政策措施制修订情况、各合作项目推进情况等议题进行了深入交流。

38. 申长雨受邀出席国际保护知识产权协会(AIPPI)活动。10月13日，中国国家知识产权局局长申长雨受邀出席AIPPI首届线上国际知识产权大会上举办的中美欧日韩知识产权五局局长对话会，并以视频形式发言。

39. 申长雨与沙特阿拉伯知识产权局首席执行官阿卜杜勒-阿齐兹·斯瓦勒姆举行视频会议。10月13日，中国国家知识产权局局长申长雨与沙特阿拉伯知识产权局首席执行官阿卜杜勒-阿齐兹·斯瓦勒姆举行视频会议，会上中沙两局签署了专利审查高速路(PPH)合作协议。

40. 修改专利法的决定表决通过。10月17日，十三届全国人大常委会第二十二次会议表决通过关于修改专利法的决定。

41. 国家知识产权局与浙江省人民政府举行知识产权年度合作会商会议。10月18日，国家知识产权局与浙江省人民政府2020—2021年知识产权合作会商会议在杭州举行。

42. 申长雨应邀出席第二十四届俄罗斯知识产权局国际会议。10月20日，第二十四届俄罗斯知识产权局国际会议在线上召开，中国国家知识产权局局长申长雨应邀出席，并以视频形式发言。

43. 国家知识产权局与中国商飞公司签署新一轮战略合作框架协议。10月20日，国家知识产权局局长申长雨与中国商飞公司董事长贺东风代表双方签署新一轮战略合作框架协议。

44. 申长雨出席第八届中蒙俄知识产权研讨会。10月21日，第八届中蒙俄知识产权研讨会以线上会议形式举行。中国国家知识产权局局长申长雨以视频形式致辞。

45. 国家知识产权局与甘肃省人民政府举行知识产权合作会商签约仪式。10月22日，国家知识产权局与甘肃省人民政府知识产权合作会商签约仪式暨第一次会商会议在兰州举行。

46. 申长雨出席世界知识产权挑战论坛视

频会议。**10月26日，中国国家知识产权局局长申长雨应邀出席沙特阿拉伯知识产权局举办的世界知识产权挑战论坛视频会议，并以视频形式发言。

47. 中沙(特)专利审查高速路(PPH)试点启动。11月1日，中沙(特)专利审查高速路(PPH)试点启动。

48. 申长雨深入国家知识产权局定点扶贫县区调研。11月2日至4日，申长雨局长一行先后深入国家知识产权局定点扶贫县区湖南省桑植县、河北省张家口市崇礼区调研扶贫工作。

49. 第十二届中国国际专利技术与产品交易会开幕。11月11日，以“知识产权引领经济高质量发展”为主题的第十二届中国国际专利技术与产品交易会在大连开幕，第二十一届中国专利奖在开幕式上颁发，申长雨局长出席开幕式并为获奖代表颁奖。

50. 第十六届中国(无锡)国际设计博览会开幕。11月14日，第十六届中国(无锡)国际设计博览会开幕，第二十一届中国专利奖(外观设计)在开幕式上颁发，申长雨局长出席开幕式并为获奖代表颁奖。

51. 2020年专利代理师资格考试举行。11月14日至15日，2020年专利代理师资格考试在全国30个考点城市同时举行，各项疫情防控措施落实到位，考试实施过程平稳安全有序。

52. 申长雨与智利工业产权局局长洛蕾托·布雷斯基举行视频会议。11月17日，中国国家知识产权局局长申长雨与智利工业产权局局长洛蕾托·布雷斯基举行视频会议。会后，双方共同签署了《中国国家知识产权局与智利工业产权局为在专利审查领域深化合作　延长专利审查高速路试点项目的联合意向声明》。

53. 第一届中国知识产权学术年会在北京召开。11月24日，以“知识产权与高质量发展暨纪念专利法实施三十五周年”为主题的第一届中国知识产权学术年会在北京召开。申长雨局长以视频形式致辞。

54. 申长雨与英国知识产权局局长蒂姆·摩斯举行视频会议。11月24日，中国国家知识产权局局长申长雨与英国知识产权局局长蒂姆·摩斯举行视频会议。

55. 第26次中韩知识产权局局长会议举行。11月27日，第26次中韩知识产权局局长会议以视频形式举行。

56. 第20次中日韩知识产权局局长会议举行。12月1日，第20次中日韩知识产权局局长会议以视频形式举行。

57. 第27次中日知识产权局局长会议举行。12月1日，第27次中日知识产权局局长会议以视频形式举行。

58. 中欧两局专利合作条约国际检索单位试点项目启动。12月1日，中欧两局专利合作条约国际检索单位试点项目启动。中国专利申请人可以选择欧洲专利局作为国际检索单位。

59. 第14次中欧两局局长会议以视频形式举行。12月4日，第14次中欧两局局长会议以视频形式举行。

60.《人民日报》发表申长雨署名文章《全面加强我国知识产权保护工作》。12月9日，《人民日报》发表申长雨署名文章《全面加强我国知识产权保护工作》。

61. 申长雨与WIPO总干事邓鸿森举行视频会谈。12月9日，中国国家知识产权局局长申长雨与世界知识产权组织(WIPO)总干事邓鸿森举行视频会谈。

62. 申长雨应邀赴中央党校作形势与任务报告。12月11日，申长雨局长以“落实习近平总书记重要指示，全面加强知识产权保护工作”为主题，应邀赴中央党校作形势与任务报告。

63. 国家知识产权局2020年京外专利审查协作中心运营和管理现场会召开。12月24日，国家知识产权局2020年京外专利审查协作中心运营和管理现场会在江苏苏州召开。

供稿：国家知识产权局办公室

国家版权局

1. 著作权法律制度进一步完善。2020年是《中华人民共和国著作权法》颁布30周年，多部法律颁布、修改，进一步完善了著作权法律制度。5月28日，十三届全国人大三次会议表决通过《中华人民共和国民法典》，为加强知识产权工作提供了重要制度遵循。11月11日，第十三届全国人大常委会第二十三次会议表决通过《关于修改〈中华人民共和国著作权法〉的决定》，完善了作品、权利等相关概念和制度，加大了对侵权行为的惩治力度，强化了著作权主管部门的执法手段。12月26日，第十三届全国人大常委会第二十四次会议表决通过《刑法修正案（十一）》，提高了侵犯著作权犯罪的法定刑期，加大了对侵犯著作权行为的打击力度。

2.《视听表演北京条约》生效。4月28日，世界知识产权组织《视听表演北京条约》生效。《视听表演北京条约》于2012年6月26日在北京缔结，是中华人民共和国成立以来第一个在我国缔结、以我国城市命名的国际知识产权条约。该条约旨在全面保护表演者对其表演享有的精神权利和经济权利，其缔结和生效全面提升了国际社会对表演者权利保护的水平，将有力促进视听表演产业发展。在世界知识产权组织成员国大会第六十一届系列会议上，中国版权协会理事长阎晓宏当选为《视听表演北京条约》首届缔约方会议主席，这是我国代表首次在世界知识产权组织担任版权领域条约缔约方会议主席职务。

3.“两高”发布一系列著作权相关司法解释和文件。2020年，最高人民法院、最高人民检察院出台了《关于加强著作权和与著作权有关的权利保护的意见》《关于全面加强知识产权司法保护的意见》《关于依法加大知识产权侵权行为惩治力度的意见》《关于办理侵犯知识产权刑事案件具体应用法律若干问题的解释（三）》《关于审理涉电子商务平台知识产权民事案件的指导意见》《关于知识产权民事诉讼证据的若干规定》等一系列文件。这些知识产权司法解释和文件，强化了知识产权司法保护工作，充分体现了“两高”强化知识产权保护的坚定态度。特别是《关于加强著作权和与著作权有关的权利保护的意见》，对依法加强创作者权益保护、大力提高案件审理质效等方面作出了明确规定。

4. 国家版权局强化版权行政执法监管。2020年，国家版权局重视版权制度建设，强化版权行政执法监管，加大版权保护力度。5月，国家版权局发布《关于规范摄影作品版权秩序的通知》，加大图片领域版权整治力度，规范摄影作品版权秩序，推动构建摄影作品版权保护长效机制。11月，国家版权局发布《关于进一步做好著作权行政执法证据审查和认定工作的通知》，减轻权利人维权负担，完善著作权行政执法工作机制，提升著作权行政执法效能。

5. 江苏扬州“幽灵机”盗录院线电影案判决。国家版权局、工业和信息化部、公安部、国家互联网信息办公室联合开展“剑网2020”专项行动，针对群众反映强烈、社会舆论关注的网络侵权盗版问题和侵权盗版多发的重点领域开展集中整治，删除侵权盗版链接323.94万条，关闭侵权盗版网站、App 2884 个，查办网络侵权盗版案件 724 件。专项行动推动了网络侵权盗版大案要案的查办进度，江苏扬州“幽灵机”盗录传播院线电影案在专项行动期间一审判决，主犯马某予被判处有期徒刑 6 年，并处罚金 550 万元，另有 27 名被告人被刑事处罚，有效惩戒了困扰业界的“幽灵机”盗录传播院线电影违法行为。

6. 2020 年中国版权金奖评选结果公布。 12 月 2 日，国家版权局公布 2020 年中国版权金奖评选结果。《三体》等 6 部作品获“作品奖”，“学习强国”学习平台等 5 家单位获“推广运用奖”，最高人民法院民事审判第三庭第五合议庭等 5 家单位获“保护奖”，北京市版权局版权管理处等 4 家单位获“管理奖”。中国版权金奖是我国版权界最高奖项，由中国国家版权局与世界知识产权组织于 2008 年联合设立，旨在表彰、鼓励我国在版权创作、保护、运用和管理中做出突出贡献的单位或个人，推进中国版权事业进步、版权产业发展。

7. 北京市高级人民法院再审改判体育赛事节目著作权案。 9 月，北京市高级人民法院对新浪公司与天盈九州公司、乐视公司侵犯著作权及不正当竞争纠纷案作出再审判决，认定涉案中超赛事节目构成类电作品，撤销二审判决，维持一审判决。体育赛事节目著作权问题与体育产业发展密切关联，业界多年来存在不同看法。本案自 2015 年诉至法院，一审和二审均引起广泛关注。本案再审判决“尘埃落定”，体现了人民法院对于体育赛事节目著作权问题的态度，将对蓬勃发展的体育产业带来深刻影响。

8. 我国版权产业快速发展。 12 月 30 日，中国新闻出版研究院发布 2019 年中国版权产业的经济贡献调研结果：2019 年中国版权产业的行业增加值为 7.32 万亿元，占 GDP 的比重为 7.39%。其中，核心版权产业的行业增加值达到 4.59 万亿元，占全部版权产业的比重达 63%。版权产业在国民经济中的比重稳步提升，总体规模进一步壮大。9 月 16 日，国家版权局网络版权产业研究基地发布的《2019 年中国网络版权产业发展报告》显示：2019 年中国网络版权产业市场规模达 9584.2 亿元，同比增长 29.1%。网络版权产业继续保持稳定增长，内容质量不断提升，产业结构更加合理。

9. 近 300 名影视从业者和网络作家联名抵制抄袭剽窃。 12 月，近 300 名知名影视从业者和网络作家发布联名公开信或倡议书，呼吁媒体平台抵制抄袭剽窃，引发社会广泛关注。12 月底，郭敬明、于正分别就此前的抄袭行为向庄羽、琼瑶进行公开道歉，庄羽、琼瑶分别表示接受道歉并提出相关倡议。此事件反映了业界和民众对净化版权环境的诉求，引发了对尊重版权、抵制抄袭的广泛讨论，提升了全社会尊重版权、尊重创作的意识。

10. 卡拉 OK 领域版权秩序进一步规范。 国家版权局联合有关部门持续加强对著作权集体管理的监管，不断规范卡拉 OK 领域版权秩序，保障权利人和使用者的合法权益。1 月，中国音像著作权集体管理协会等单位联合发布《歌舞娱乐行业著作权许可业务实施方案》，完善卡拉 OK 领域著作权许可和收费分配机制，坚持以著作权集体管理方式解决卡拉 OK 领域版权问题。为应对新冠肺炎疫情影响，有关协会发布《2020 年卡拉 OK 领域著作权许可使用费实施方案》，减免卡拉 OK 场所著作权许可使用费，帮助相关企业平稳恢复经营，巩固卡拉 OK 领域版权市场秩序。

供稿：中央宣传部版权管理局

农业农村部

1. 提高向国际植物新品种保护联盟(UPOV)缴纳会费额度。2020 年,中国向 UPOV 缴纳会费由往年的 0.5 个额度增加到 2 个额度,为 107 282 瑞士法郎,约合人民币 75 万元。这是我国自 1999 年加入 UPOV 以来首次增加会费额度,为今后我国进一步参与植物新品种保护国际事务提供了有利条件。

2. 举办主要国家种业政策交流视频会议。4 月 23 日,召开主要国家种业政策交流视频会议,与会人员交流了亚太地区种业管理制度,以及越南、印度尼西亚、缅甸等 8 个国家的政策法规和种业情况,为了解国外品种保护政策,进一步推动我国种业"走出去"打下基础。近 2 万人参加了此次会议。

3. 印发《2020 年自主开展农业植物新品种特异性 一致性 稳定性测试管理工作方案》的通知。5 月 22 日,印发《2020 年自主开展农业植物新品种特异性 一致性 稳定性测试管理工作方案》的通知,强化委托测试和自主测试监管。

4. 农业品种权申请系统正式纳入农业农村部政务服务平台统一管理。6 月 16 日,农业品种权申请系统纳入农业农村部政务服务平台统一管理,增设种业窗口,负责农业植物新品种保护申请工作,并将申请入口变更为农业农村部政务服务平台。

5. 举办 DUS 测试线上国际培训班。10 月 20 日至 22 日,与欧盟植物新品种保护办公室(CPVO)联合举办 DUS 测试线上国际培训班。

6. 举办品种权实施与维权线上国际研讨会。11 月 30 日至 12 月 2 日,与欧盟植物新品种保护办公室(CPVO)联合举办品种权实施与维权线上国际研讨会,我国农业行政执法系统、最高人民法院知识产权法庭、种子种苗企业、科研院所等代表共百余人参加。

7. 举办 2020 年全国农业植物新品种权保护研讨会。12 月 9 日,在山东寿光举办 2020 年全国农业植物新品种保护研讨会,发布了《农业植物新品种保护十大典型案例》《农业植物新品种权转让合同范本》和《植物新品种权复审申请指南》。

8. 国家水稻良种重大科研联合攻关组率先试点实质性派生品种(EDV)制度。12 月 19 日至 20 日,在湖南省长沙市举办第三届全国优质稻品种食味品质鉴评暨国家水稻良种重大科研联合攻关推进活动上,国家水稻良种重大科研联合攻关组率先试点实质性派生品种(EDV)制度,攻关成员单位签订实施协议,约定 EDV 判定阈值为遗传相似系数 92%,试点自 12 月 20 日起正式实施。

供稿:农业农村部科技教育司

工业和信息化部

印发《2020 年工业和信息化部知识产权推进计划》。7 月 6 日,工业和信息化部办公厅印发《2020 年工业和信息化部知识产权推进计划》,以提升制造业企业知识产权保护意识与能力为主线,从强化知识产权布局、保护、运用、服务、重大问题研究等五个方面，持续增强制造业知识产权布局与协同运用能力，营造公平有序的创新创业和营商环境。

供稿：工业和信息化部科技司

公 安 部

1. 全国公安机关应对新冠肺炎疫情侦查打击工作视频会议召开。2 月 19 日，公安部召开全国公安机关应对新冠肺炎疫情侦查打击工作视频会议，就涉疫情违法犯罪侦查打击工作进行再动员、再部署，时任公安部党委委员、反恐专员刘跃进在主会场出席会议并讲话。

2. 全国公安机关视频会议召开。3 月 30 日，公安部在北京召开全国公安机关视频会议，就进一步依法严厉打击制售假劣涉疫情物资违法犯罪工作进行再部署，时任公安部党委委员、反恐专员刘跃进出席会议并讲话。

3. 公安部推出公安机关依法打击食药环和知识产权领域犯罪，保障疫情防控期间复工复产十项措施。4 月 2 日，为认真贯彻落实习近平总书记关于统筹推进疫情防控和经济社会发展的重要指示精神，全力以赴做好新冠肺炎疫情防控、保障疫情防控期间复工复产工作，公安部推出公安机关依法打击食药环和知识产权领域犯罪，保障疫情防控期间复工复产十项措施。

4. 刘跃进参加 2020 年全国知识产权宣传周活动启动仪式。4 月 20 日，时任公安部党委委员、反恐专员刘跃进在 2020 年全国知识产权宣传周活动启动仪式上致辞。

5. 公安部公布打击制假售假犯罪十大典型案例。4 月 22 日，公安部于 2020 年全国知识产权宣传周期间公布打击制假售假犯罪十大典型案例，并下发通知部署各地公安食药侦部门积极配合开展好此次宣传周活动，充分宣传公安机关依法打击知识产权犯罪工作成效。

6. 全国公安机关“昆仑 2020”专项行动动员部署视频会议召开。5 月 12 日，全国公安机关“昆仑 2020”专项行动动员部署视频会议在北京召开，时任公安部党委委员、反恐专员刘跃进出席并讲话。

7. 全国公安机关“昆仑 2020”专项行动推进视频会议召开。6 月 15 日，全国公安机关“昆仑 2020”专项行动推进视频会议在北京召开。

8. 公安部食品药品犯罪侦查局组织广泛开展“惠民利企大调研大走访”活动。9 月 27 日，公安部食品药品犯罪侦查局下发通知，组织全国公安食药侦部门和森林公安机关广泛开展“惠民利企大调研大走访”活动。

9. 公安部对外公布公安机关打击危害粮食生产安全犯罪十起典型案例。10 月 16 日，公安部在“世界粮食日”对外公布公安机关打击危害粮食生产安全犯罪十起典型案例。全国公安机关充分发挥职能作用，严厉打击制售假劣农资、非法占用农用地、污染环境等危害粮食生产安全的犯罪活动，全力保障农业生产，切实维护国家粮食安全。

10. 举办全国公安机关食药侦民警培训班。11 月 6 日至 11 日，公安部食品药品犯罪侦查局在南京森林警察学院举办全国公安机关食药侦民警培训班。全国 32 个省级公安机关食药侦部门（含森林公安）业务骨干、计划单列市和部分地（市）支队领导共 150 人参加了培训。

11. 公安部公布严厉打击利用互联网侵权假冒犯罪 8 起典型案例。11 月 9 日，公安部公布严厉打击利用互联网侵权假冒犯罪8起典型案例。公安机关严厉打击利用互联网侵权假冒犯罪，切实维护消费者和企业合法权益。

12. 举办全国公安机关食药侦民警大比武活动。12月16日至17日，公安部食品药品犯罪侦查局在南京森林警察学院举办全国公安机关食药侦民警大比武活动。来自全国各省级公安机关食药侦和森林公安部门32支代表队共192名队员参加了比赛。

供稿：公安部食品药品犯罪侦查局

商　务　部

1. 在国际消费类电子产品展览会设立知识产权服务站。1月7日，国际消费类电子产品展览会（CES）在拉斯维加斯举行，为做好海外展会知识产权维权工作，商务部继续在该展会上设立知识产权服务站，聘请专业人员为参展企业提供法律服务，现场协助解决纠纷，取得了良好的效果。

2. 与欧盟贸易总司共同主持召开第二十三次中欧知识产权工作组会议。1月14日至15日，商务部与欧盟贸易总司共同主持召开第二十三次中欧知识产权工作组会议，双方围绕立法进展、打击商标恶意注册、知识产权执法、商业秘密保护四大优先领域，就著作权法律改革、标准必要专利、欧洲统一专利法院、药品试验数据保护、网络售假和假冒等前沿热点问题进行了深入交流。

3. 与俄罗斯知识产权局共同主持召开第十一次中俄知识产权工作组会议。8月6日至7日，商务部与俄罗斯知识产权局共同主持召开第十一次中俄知识产权工作组会议，就双方在知识产权立法和执法方面的最新进展、原产地和地理标志方面的规则和实践开展了富有成效的交流。双方一致同意继续加强知识产权交流，加大知识产权执法合作。

4. 正式签署《中欧地理标志协定》。9月14日，中欧双方正式签署《中欧地理标志协定》。协定生效后，第一批中方100个、欧方96个地理标志已分别在对方市场获得保护，第二批各175个地理标志也将于协定生效后四年内完成相关保护程序，这将为中欧经贸合作发展注入新的动力。

5. 带队赴贵州开展软件正版化检查。12月，根据推进使用正版软件工作部际联席会议办公室的工作安排，商务部条法司牵头有关部门组成督查组赴贵州省贵阳市，对地方政府的软件正版化工作开展了督导检查。

供稿：商务部条法司

国家林业和草原局

1. 开展2020年全国林草知识产权宣传周活动。4月20日，国家林业和草原局正式启动全国林草知识产权宣传周系列活动。以国家林业和草原局政府网、中国林业知识产权网、林业专业知识服务系统、《中国绿色时报》等媒体为载体，采取多种形式宣传林草知识产权知识，展示实施林草知识产权战略取得的新进展、新成就。

2. 召开《中华人民共和国植物新品种保护条例修订草案（征求意见稿）》专家咨询会。

4月24日，国家林业和草原局科技发展中心组织召开《中华人民共和国植物新品种保护条例修订草案（征求意见稿）》专家咨询会，与会专家对该修订草案进行了逐条审议。

3. 赴北京密云开展植物新品种惠农工作调研。5月27日，国家林业和草原局科技发展中心赴北京市密云区巨各庄镇蔡家洼村就林草新品种转化运用进行调研，详细考察了蔡家洼村月季新品种创制、月季苗木生产销售及新品种上下产业链开发等情况。

4. 召开林草植物新品种惠农工作座谈会。6月5日，国家林业和草原局科技发展中心在北京召开林草植物新品种惠农工作座谈会，30余位林草新品种典型企业、科研单位新品种权所有人开展了交流座谈。

5. 组织参加UPOV品种数据库（UPOV PLUTO）会议。6月30日，国家林业和草原局科技发展中心组织专家参加UPOV关于品种数据库变化的视频会议。

6.《2019中国林业和草原知识产权年度报告》正式出版。7月6日，国家林业和草原局科技发展中心和国家林业和草原局知识产权研究中心编写的《2019中国林业和草原知识产权年度报告》正式出版，该报告全面总结了2019年林业和草原知识产权工作的主要进展和成果。

7. 召开第七批林草植物新品种保护名录专家评审会。8月28日，国家林业和草原局科技发展中心在北京组织召开了第七批林草植物新品种保护名录专家评审会，来自中国林科院、中国农科院草原研究所、北京林业大学、山东农业大学、中南林业科技大学、中国医学科学院药用植物研究所等单位的9名专家组成评审专家组。

8. 印发《2020年加快建设知识产权强国林草推进计划》。9月14日，国家林业和草原局科技发展中心会同有关单位制定了《2020年加快建设知识产权强国林草推进计划》，明确了2020年林草知识产权工作的18项重点任务和工作措施。

9. 举办全国林草植物新品种保护培训班。9月15日至17日，国家林业和草原局科技发展中心在北戴河举办了全国林草植物新品种保护培训班，各省级林草主管部门和部分省级林科院等的管理人员、技术骨干共95位代表参加了培训。

10. 林草植物新品种惠农座谈会在上海召开。10月14日，国家林业和草原局科技发展中心在上海组织召开林草植物新品种惠农座谈会，上海市林业总站、上海市园林科学院等单位的20余位专家出席会议。

11. 参加UPOV2020年度系列国际会议。10月26日至30日，国际植物新品种保护联盟（UPOV）2020年度系列国际会议在线上召开，UPOV日内瓦秘书处组织召开了第五十六届技术委员会（TC）、第七十七届行政法律委员会（CAJ）和第五十四届理事会（C）等系列会议。由国家林业和草原局、国家知识产权局和农业农村部组成的中国政府代表团参加了本次会议。

12. 开展玉兰、皂荚创制转化运用调研。11月11日，国家林业和草原局科技发展中心派员赴河南省南召县开展新品种审查监督工作，调研了南召玉兰、皂荚新品种创制和产业发展情况。

13. 举办2020年全国林草知识产权保护与管理培训班。11月24日至27日，国家林业和草原局科技发展中心在深圳举办全国林草知识产权保护与管理培训班。各省级林草主管部门知识产权管理工作负责人、国家林业和草原局有关直属单位知识产权管理工作负责人及林草知识产权试点示范、转化运用项目负责人共80人参加了本次培训。

14. 举办中欧植物新品种权实施与维权国际研讨会。11月30日至12月2日，中欧植物新品种权实施与维权国际研讨会在线上召开，来自国际植物新品种保护联盟(UPOV)秘书处、欧盟植物新品种保护方面的专家学者，以及国内农、林部门管理和技术人员共100余人参加了本次研讨会。

15. 林业和草原知识产权战略信息工作获表彰。12月，国务院知识产权战略实施工作部际联席会议办公室发布《关于公布2020年知识产权战略信息工作先进个人及优秀战略信息的通知》（国知战联办〔2020〕12号），国家林业和草原局科技发展中心王地利被评为知识产权战略信息工作先进个人，陈光撰写的《加强林草植物新品种保护转化　推动惠农工作深入开展》被评为优秀知识产权战略信息三等奖。

16. 第七批林草植物新品种保护名录发布。12月8日，国家林业和草原局公告（2020年第22号）发布《中华人民共和国植物新品种保护名录（林草部分）（第七批）》，包括百子莲属、冰草属和楤木属等78个属（种），自2021年1月1日起施行。

17. 赴云南省开展林草新品种创制工作调研。12月9日至10日，国家林业和草原局科技发展中心派员赴昆明就云南省林草新品种创制相关工作开展调研，调研了孟连县牛油果产业发展状况，并走访了中国科学院昆明植物研究所、玉溪迪瑞特花卉有限公司和昆明测试站。

供稿：国家林业和草原局科技发展中心

最高人民法院

1. 最高人民法院召开知识产权法庭工作座谈会。1月9日，最高人民法院召开知识产权法庭工作座谈会，周强院长出席会议并讲话。中央编办、全国人大常委会法工委、国家知识产权局有关领导，部分全国人大代表、全国政协委员及业内专家学者出席。

2. 最高人民法院首次线上审理案件。2月25日，依托"中国移动微法院"平台对2起案件进行远程视频询问，此系最高人民法院首次线上审理案件。

3. 印发《关于全面加强知识产权司法保护的意见》。4月15日，最高人民法院印发《关于全面加强知识产权司法保护的意见》，要求各级人民法院充分认识全面加强知识产权司法保护的重大意义，准确把握知识产权司法保护服务大局的出发点和目标定位，为创新型国家建设、社会主义现代化强国建设、国家治理体系和治理能力现代化提供有力的司法服务和保障。

4. 最高人民法院发布白皮书、十大知识产权案件和50件典型案例、年度报告。4月16日至23日，全国知识产权宣传周期间，最高人民法院发布《中国法院知识产权司法保护状况（2019）》、2019年中国法院十大知识产权案件和50件典型知识产权案例、《最高人民法院知识产权案件年度报告（2019）》。

5. 发布系列知识产权司法解释、指导意见。9月、11月，最高人民法院先后发布《关于审理侵犯商业秘密民事案件适用法律若干问题的规定》《关于审理专利授权确权行政案件适用法律若干问题的规定（一）》《最高人民法院、最高人民检察院关于办理侵犯知识产权刑事案件具体应用法律若干问题的解释（三）》《关于涉网络知识产权侵权纠纷几个法律适用问题的批复》《关于知识产权民事诉讼证据的若干规定》《关于审理涉电子商务平台知识产权民事案件的指导意见》《关于依法加大知识产权侵权行为惩治力度的意见》《关于加强著作权和与著作权有关的权利保护的意见》一系列司法解释、指导意见。

6. 召开推进长三角一体化科技创新知识产权保护工作座谈会。9月15日，推进长三角一体化科技创新知识产权保护工作座谈会在江苏南京召开。三省一市（上海、江苏、浙江、安徽）法院和知识产权局签署《长三角区域人民法院和知识产权局关于推进长三角一体化科技创新知识产权保护备忘录》，最高人民法院常务副院长贺荣出席会议并讲话。

7. 最高人民法院通报第四届全国知识产权优秀裁判文书评选及第二届全国知识产权优秀调研成果评选活动获奖业务成果。10月22日，最高人民法院决定对146篇优秀裁判文书、61篇优秀调研成果进行通报。

8. 召开全国法院知识产权审判工作座谈会。11月12日，全国法院知识产权审判工作座谈会在广东广州召开。最高人民法院院长周强提出要求，常务副院长贺荣出席会议并讲话。

9. 最高人民法院民三庭第五合议庭荣获2020年中国版权金奖保护奖。11月17日，国家版权局发布《国家版权局关于公布2020年中国版权金奖获奖名单的通知》，最高人民法院民三庭第五合议庭荣获2020年中国版权金奖保护奖。

10. 举办“走进最高人民法院知识产权法庭”主题活动。12月24日，举行“贯彻落实党的十九届五中全会精神，助力实施创新驱动发展战略——走进最高人民法院知识产权法庭”主题活动，邀请全国人大代表，科技界、法律界相关专家及媒体工作者走进法庭。

供稿：最高人民法院民三庭

最高人民检察院

1. 发布2019年检察机关加强知识产权司法保护工作情况和2019年度检察机关保护知识产权典型案例。4月25日，最高人民检察院发布2019年检察机关加强知识产权司法保护工作情况和2019年度检察机关保护知识产权典型案例。

2. 下发《关于进一步规范侵犯知识产权刑事案件权利人诉讼权利义务告知试点工作的几点意见》。7月，最高人民检察院第四检察厅下发《关于进一步规范侵犯知识产权刑事案件权利人诉讼权利义务告知试点工作的几点意见》，稳步推进侵犯知识产权刑事案件权利人诉讼权利义务告知试点工作。

3. 联合发布《关于加强侵权假冒商品销毁工作的意见》。8月13日，最高人民检察院与全国“双打办”等九部委联合发布《关于加强侵权假冒商品销毁工作的意见》。

4. 发布《最高人民法院、最高人民检察院关于办理侵犯知识产权刑事案件具体应用法律若干问题的解释(三)》。9月12日，最高人民检察院与最高人民法院联合发布《最高人民法院、最高人民检察院关于办理侵犯知识产权刑事案件具体应用法律若干问题的解释(三)》。

5. 发布《最高人民检察院　公安部关于修改侵犯商业秘密刑事案件立案追诉标准的决定》。9月17日，最高人民检察院会同公安部发布《最高人民检察院　公安部关于修改侵犯商业秘密刑事案件立案追诉标准的决定》。

6. 设立知识产权检察办公室。11月6日，最高人民检察院设立知识产权检察办公室，整合知识产权刑事、民事、行政检察职能，统筹加强检察机关知识产权保护的制度设计和研究指导，加强知识产权全方位司法保护。

7. 开展知识产权检察职能集中统一履职试点工作。12 月，最高人民检察院在北京、天津、上海、江苏、浙江、福建、海南、重庆、四川等九个省（直辖市）人民检察院开展为期一年的知识产权检察职能集中统一履职试点工作。

供稿：最高人民检察院
知识产权检察办公室

专　利

表 1　　分国内外三种专利申请量/授权量/有效量(2020 年)　　(单位:件)

统计范围		发明		实用新型		外观设计	
		数量	构成	数量	构成	数量	构成
合计	申请量	1 497 159	28.8%	2 926 633	56.3%	770 362	14.8%
	授权量	530 127	14.6%	2 377 223	65.3%	731 918	20.1%
	有效量	3 057 844	25.1%	6 947 697	57.0%	2 187 356	17.9%
国内	申请量	1 344 817	26.8%	2 918 874	58.2%	752 339	15.0%
	授权量	440 691	12.5%	2 368 651	67.3%	711 559	20.2%
	有效量	2 279 123	20.3%	6 895 886	61.4%	2 061 859	18.3%
国外	申请量	152 342	85.5%	7759	4.4%	18 023	10.1%
	授权量	89 436	75.6%	8572	7.2%	20 359	17.2%
	有效量	778 721	81.5%	51 811	5.4%	125 497	13.1%

注:有效量指报告期末处于专利权维持状态的案卷数量,统计范围包括发明、实用新型、外观设计。与申请量和授权量不同,有效量是存量数据而非流量数据。

表 2　　分国内外三种专利申请年度状况(1985—2020 年)　　(单位:件)

统计范围	年份	发明	实用新型	外观设计
合计	1985—2014	5 255 996	5 498 406	4 700 379
	2015	1 101 864	1 127 577	569 059
	2016	1 338 503	1 475 977	650 344
	2017	1 381 594	1 687 593	628 658
	2018	1 542 002	2 072 311	708 799
	2019	1 400 661	2 268 190	711 617
	2020	1 497 159	2 926 633	770 362
国内	1985—2014	3 885 343	5 456 994	4 515 027
	2015	968 251	1 119 714	551 481
	2016	1 204 981	1 468 295	631 949
	2017	1 245 709	1 679 807	610 817
	2018	1 393 815	2 063 860	689 097
	2019	1 243 568	2 259 765	691 771
	2020	1 344 817	2 918 874	752 339

续表

统计范围	年份	发明	实用新型	外观设计
国外	1985—2014	1 370 653	41 412	185 352
	2015	133 613	7863	17 578
	2016	133 522	7682	18 395
	2017	135 885	7786	17 841
	2018	148 187	8451	19 702
	2019	157 093	8425	19 846
	2020	152 342	7759	18 023

注:"发明"列数据中,2016 年及之前的数据为专利申请受理量,2017 年及之后的数据为专利申请量。

表 3 **分地区国内发明专利申请量** (单位:件)

地区	2015 年	2019 年	2020 年
全国	968 251	1 243 568	1 344 817
北京	88 930	129 930	145 035
天津	28 510	24 574	22 057
河北	11 259	20 536	22 131
山西	5680	8424	9472
内蒙古	2254	4889	5381
辽宁	19 332	22 592	21 830
吉林	6154	11 269	11 113
黑龙江	14 663	13 125	13 163
上海	46 976	71 398	81 042
江苏	154 608	172 409	177 995
浙江	67 674	112 981	129 708
安徽	68 314	62 743	69 663
福建	17 663	30 019	32 929
江西	5722	14 101	20 285
山东	93 475	69 350	74 420
河南	21 338	30 260	32 609
湖北	30 204	47 450	47 767
湖南	19 499	39 104	48 530
广东	103 941	203 311	215 926
广西	30 815	12 412	12 854
海南	1211	2183	2618
重庆	35 086	20 103	22 273
四川	40 437	39 539	41 417
贵州	7538	10 770	10 693
云南	6301	8996	9753
西藏	128	456	477

续表

地区	2015 年	2019 年	2020 年
陕西	17 322	34 812	38 262
甘肃	5504	6056	5684
青海	1103	1232	1417
宁夏	2626	2525	2574
新疆	3024	3544	3776
台湾	9933	11 152	10 766
香港	1001	1200	1121
澳门	26	123	76
广州	20 087	46 676	52 644
长春	4664	9210	9124
武汉	15 077	33 202	34 247
南京	27 825	42 573	47 623
杭州	17 814	43 403	52 604
西安	14 244	29 592	33 623
济南	15 120	16 112	18 785
沈阳	9946	9752	9027
成都	29 791	28 145	29 776
大连	5130	7908	7296
厦门	4326	9023	9845
哈尔滨	12 500	10 473	10 228
深圳	40 028	82 820	87 267
青岛	44 962	21 582	22 643
宁波	16 056	18 266	18 517
新疆兵团	564	604	764

表 4 **分地区国内实用新型专利申请量** （单位:件）

地区	2015 年	2019 年	2020 年
全国	1 119 714	2 259 765	2 918 874
北京	53 243	73 021	84 579
天津	46 845	64 871	83 825
河北	24 646	63 798	85 163
山西	7911	20 938	28 030
内蒙古	5609	13 895	18 747
辽宁	19 554	41 694	58 230
吉林	7345	17 280	20 552
黑龙江	16 914	20 406	26 058
上海	41 736	80 604	104 791
江苏	154 281	373 495	489 165

续表

地区	2015 年	2019 年	2020 年
浙江	150 172	218 628	267 768
安徽	51 559	90 655	117 727
福建	44 339	87 345	105 867
江西	18 620	53 552	64 034
山东	85 872	166 858	233 626
河南	40 778	96 203	126 789
湖北	35 676	81 197	102 936
湖南	23 641	48 462	60 879
广东	135 717	369 143	470 055
广西	9740	22 026	30 786
海南	1521	6073	10 704
重庆	38 533	39 566	53 616
四川	41 859	71 474	97 251
贵州	8317	28 364	33 180
云南	9147	22 765	31 684
西藏	90	1296	1366
陕西	21 449	40 395	54 902
甘肃	6825	19 226	22 490
青海	1184	3396	4970
宁夏	1591	6249	9006
新疆	6354	9936	13 968
台湾	7730	5716	5228
香港	881	1043	850
澳门	35	195	52
广州	24 763	81 850	121 174
长春	4907	12 505	13 866
武汉	16 158	38 776	51 678
南京	20 549	54 374	62 372
杭州	29 126	54 089	69 287
西安	15 970	28 690	39 100
济南	12 235	27 403	43 220
沈阳	7046	13 957	19 794
成都	26 084	41 396	52 844
大连	4696	12 082	16 710
厦门	8057	17 975	22 041
哈尔滨	11 058	11 113	12 782
深圳	41 632	113 798	146 305
青岛	15 926	40 635	53 459
宁波	24 869	30 691	37 353
新疆兵团	912	1347	1720

表 5　　分地区国内外观设计专利申请量　　(单位:件)

地区	2015 年	2019 年	2020 年
全国	551 481	691 771	752 339
北京	14 139	23 162	24 551
天津	4608	6600	5632
河北	8155	16 940	18 314
山西	1357	2343	2800
内蒙古	1013	2285	2096
辽宁	3267	5446	6467
吉林	1301	2503	2773
黑龙江	3034	3782	4031
上海	11 294	21 584	24 460
江苏	119 448	48 345	52 292
浙江	89 418	104 274	109 574
安徽	7836	13 473	14 908
福建	21 144	35 769	36 071
江西	12 594	23 821	25 419
山东	13 873	27 003	29 234
河南	12 257	17 547	19 187
湖北	8360	12 674	12 910
湖南	11 361	18 547	19 164
广东	116 281	235 246	281 223
广西	3141	7462	8072
海南	395	1046	1038
重庆	9172	7602	7937
四川	28 450	20 516	21 368
贵州	2440	5194	5327
云南	2155	3451	3716
西藏	91	552	453
陕西	36 133	16 880	6072
甘肃	2255	2355	2558
青海	303	389	349
宁夏	177	501	592
新疆	2872	1291	1099
台湾	1568	1638	1326
香港	1437	1505	1304
澳门	152	45	22
广州	18 563	48 919	74 621
长春	611	1444	1594
武汉	2385	5119	5151

续表

地区	2015 年	2019 年	2020 年
南京	7767	6182	6671
杭州	14 041	16 301	17 436
西安	31 447	15 073	4235
济南	1630	3112	3514
沈阳	1120	2045	1965
成都	21 663	11 245	12 182
大连	744	1188	1229
厦门	4011	7584	7876
哈尔滨	1944	1943	1923
深圳	23 841	64 821	70 654
青岛	2800	5795	6104
宁波	17 854	21 347	21 926
新疆兵团	62	84	80

表 6　分地区分申请人类型国内发明专利申请量(2020 年)　(单位:件)

地区	合计	高等院校	科研机构	企业	事业单位	个人
全国	1 344 817	226 090	69 564	898 925	19 425	130 813
北京	145 035	18 000	18 484	101 971	2263	4317
天津	22 057	6511	1697	12 329	296	1224
河北	22 131	3434	1307	13 049	342	3999
山西	9472	2889	663	4276	99	1545
内蒙古	5381	745	328	2981	110	1217
辽宁	21 830	7011	2694	9552	207	2366
吉林	11 113	4391	1321	4112	89	1200
黑龙江	13 163	6341	817	3627	56	2322
上海	81 042	12 672	4917	59 045	1311	3097
江苏	177 995	32 124	4521	126 672	1998	12 680
浙江	129 708	15 966	3136	91 646	1151	17 809
安徽	69 663	7097	1443	49 155	427	11 541
福建	32 929	4921	981	22 811	370	3846
江西	20 285	3339	943	10 507	180	5316
山东	74 420	13 489	3287	47 957	1464	8223
河南	32 609	8001	1471	15 662	636	6839
湖北	47 767	11 703	1905	29 645	553	3961
湖南	48 530	9656	639	31 084	628	6523
广东	215 926	16 192	6130	176 030	3107	14 467
广西	12 854	3699	1170	5534	604	1847
海南	2618	588	334	1358	76	262
重庆	22 273	6271	918	12 569	483	2032
四川	41 417	9647	3547	23 279	904	4040

续表

地区	合计	高等院校	科研机构	企业	事业单位	个人
贵州	10 693	1474	510	6640	417	1652
云南	9753	2239	1121	4057	719	1617
西藏	477	62	71	240	13	91
陕西	38 262	14 364	2773	16 971	392	3762
甘肃	5684	1490	1115	1901	178	1000
青海	1417	220	240	641	93	223
宁夏	2574	439	239	1659	47	190
新疆	3776	843	434	1850	138	511
台湾	10 766	94	407	9264	58	943
香港	1121	136	1	825	15	144
澳门	76	42	0	26	1	7
广州	52 644	9451	2937	32 946	1342	5968
长春	9124	3710	1286	3528	56	544
武汉	34 247	10 094	1472	20 263	437	1981
南京	47 623	16 179	2453	25 441	778	2772
杭州	52 604	10 548	1355	36 278	499	3924
西安	33 623	13 297	2726	14 830	325	2445
济南	18 785	4836	1554	10 227	483	1685
沈阳	9027	2589	1601	3817	99	921
成都	29 776	8443	2052	16 629	645	2007
大连	7296	3110	1032	2652	85	417
厦门	9845	1426	241	7615	74	489
哈尔滨	10 228	5536	691	2520	53	1428
深圳	87 267	2987	1977	77 823	439	4041
青岛	22 643	4399	1193	15 653	530	868
宁波	18 517	1234	755	14 009	132	2387
新疆兵团	764	466	54	143	7	94

表 7　分地区分申请人类型国内实用新型专利申请量(2020 年)　(单位:件)

地区	合计	高等院校	科研机构	企业	事业单位	个人
全国	2 918 874	169 208	27 789	213 3461	61 503	526 913
北京	84 579	4096	4026	64 206	3344	8907
天津	83 825	2419	917	75 615	747	4127
河北	85 163	3769	731	58 775	1159	20 729
山西	28 030	2874	531	14 526	331	9768
内蒙古	18 747	1808	407	9251	528	6753
辽宁	58 230	6134	733	36 390	1135	13 838
吉林	20 552	3270	266	10 433	317	6266
黑龙江	26 058	3747	894	8594	194	12 629
上海	104 791	3754	1365	90 712	2396	6564

续表

地区	合计	高等院校	科研机构	企业	事业单位	个人
江苏	489 165	21 739	1685	426 007	9741	29 993
浙江	267 768	9793	1325	220 743	5424	30 483
安徽	117 727	6026	870	80 980	1452	28 399
福建	105 867	4197	500	83 116	1001	17 053
江西	64 034	5416	500	42 439	458	15 221
山东	233 626	10 209	2043	150 474	3623	67 277
河南	126 789	11 355	1087	78 628	3233	32 486
湖北	102 936	7610	803	77 259	2757	14 507
湖南	60 879	7231	343	39 176	861	13 268
广东	470 055	10 087	2280	354 546	3394	99 748
广西	30 786	5282	867	12 167	2872	9598
海南	10 704	648	187	7903	331	1635
重庆	53 616	5870	471	37 415	2077	7783
四川	97 251	7842	1375	62 265	6220	19 549
贵州	33 180	3878	299	12 595	2175	14 233
云南	31 684	3927	690	18 733	2664	5670
西藏	1366	81	148	782	36	319
陕西	54 902	10 189	848	31 215	769	11 881
甘肃	22 490	3242	603	8629	954	9062
青海	4970	321	217	2263	312	1857
宁夏	9006	499	222	6410	121	1754
新疆	13 968	1874	537	6937	831	3789
台湾	5228	4	19	3664	1	1540
香港	850	13	0	602	21	214
澳门	52	4	0	11	24	13
广州	121 174	5372	1201	55 990	1037	57 574
长春	13 866	2721	216	7964	255	2710
武汉	51 678	5361	649	39 100	1711	4857
南京	62 372	10 040	863	45 294	1957	4218
杭州	69 287	4342	533	56 426	1503	6483
西安	39 100	7459	801	24 240	553	6047
济南	43 220	2475	825	30 471	781	8668
沈阳	19 794	2581	487	11 046	817	4863
成都	52 844	5278	787	37 235	2256	7288
大连	16 710	1365	136	12 837	179	2193
厦门	22 041	773	65	19 429	185	1589
哈尔滨	12 782	2788	606	4576	77	4735
深圳	146 305	1331	440	129 428	1038	14 068
青岛	53 459	3343	454	42 958	758	5946
宁波	37 353	782	368	31 780	475	3948
新疆兵团	1720	501	124	694	39	362

表 8　　分地区分申请人类型国内外观设计专利申请量(2020 年)　　(单位:件)

地区	合计	高等院校	科研机构	企业	事业单位	个人
全国	752 339	24 144	1618	413 128	2449	311 000
北京	24 551	474	358	20 550	247	2922
天津	5632	479	42	4206	8	897
河北	18 314	702	44	7148	43	10 377
山西	2800	289	5	1274	23	1209
内蒙古	2096	119	6	1027	20	924
辽宁	6467	842	37	2087	30	3471
吉林	2773	223	11	1332	4	1203
黑龙江	4031	623	32	918	14	2444
上海	24 460	996	112	21 242	196	1914
江苏	52 292	2861	103	35 681	386	13 261
浙江	109 574	1878	55	64 560	222	42 859
安徽	14 908	905	36	7567	159	6241
福建	36 071	819	76	19 488	58	15 630
江西	25 419	695	31	6721	17	17 955
山东	29 234	824	61	17 628	67	10 654
河南	19 187	913	48	8034	223	9969
湖北	12 910	1146	43	4758	87	6876
湖南	19 164	862	7	5213	35	13 047
广东	281 223	2559	277	154 602	192	123 593
广西	8072	711	16	1602	74	5669
海南	1038	88	8	542	10	390
重庆	7937	457	12	4680	43	2745
四川	21 368	1098	70	11 036	79	9085
贵州	5327	1251	19	1688	34	2335
云南	3716	932	50	1553	66	1115
西藏	453	0	5	403	3	42
陕西	6072	690	27	3406	36	1913
甘肃	2558	483	16	1172	25	862
青海	349	21	4	148	26	150
宁夏	592	129	2	315	7	139
新疆	1099	75	4	479	9	532
台湾	1326	0	1	957	0	368
香港	1304	0	0	1101	2	201
澳门	22	0	0	10	4	8
广州	74 621	1235	175	30 608	44	42 559
长春	1594	149	10	1042	2	391
武汉	5151	739	32	3156	40	1184

续表

地区	合计	高等院校	科研机构	企业	事业单位	个人
南京	6671	961	41	4728	66	875
杭州	17 436	722	21	14 302	88	2303
西安	4235	446	24	2747	19	999
济南	3514	196	15	2657	26	620
沈阳	1965	276	23	862	6	798
成都	12 182	775	47	8429	46	2885
大连	1229	207	14	509	4	495
厦门	7876	159	0	6741	9	967
哈尔滨	1923	407	9	602	2	903
深圳	70 654	176	49	60 506	38	9885
青岛	6104	145	30	4969	12	948
宁波	21 926	136	26	13 973	50	7741
新疆兵团	80	11	0	34	0	35

表 9　　按国别(地区)分国外在华发明专利申请量　　(单位:件)

国家或地区	2015 年	2019 年	2020 年
合计	133 613	157 093	152 342
安道尔	0	4	3
阿联酋	16	19	32
安提瓜和巴布达	0	49	87
安圭拉	1	10	15
亚美尼亚	1	0	0
阿根廷	17	9	7
奥地利	982	1032	958
澳大利亚	635	757	729
阿塞拜疆	1	0	0
波黑	0	0	1
巴巴多斯	116	193	208
孟加拉国	5	1	0
比利时	638	799	713
保加利亚	9	8	13
巴林	0	4	0
百慕大	97	116	52
文莱	1	1	0
巴西	134	105	125
巴哈马	22	4	2
白俄罗斯	0	0	6

续表

国家或地区	2015 年	2019 年	2020 年
伯利兹	7	2	1
加拿大	1025	1168	1061
刚果(金)	0	0	3
瑞士	3432	3820	3732
库克群岛	1	0	0
智利	22	26	28
哥伦比亚	8	5	0
哥斯达黎加	1	2	1
古巴	12	5	8
库拉索	1	0	0
塞浦路斯	17	22	18
捷克	41	65	59
德国	13 851	16 421	16 115
丹麦	845	1037	975
多米尼加	0	2	2
阿尔及利亚	1	0	0
爱沙尼亚	2	9	16
埃及	5	6	5
西班牙	342	421	406
芬兰	1041	912	955
法国	4702	4826	4887
英国	2221	2957	2850
格鲁吉亚	0	0	1
根西岛	0	6	0
直布罗陀	0	0	3
几内亚	0	1	1
希腊	18	36	27
克罗地亚	3	6	3
匈牙利	43	37	31
印度尼西亚	9	5	7
爱尔兰	189	430	511
以色列	700	1018	1053
马恩岛	0	1	0
印度	235	321	302
伊拉克	1	0	1
伊朗	0	2	6

续表

国家或地区	2015 年	2019 年	2020 年
冰岛	10	9	12
意大利	1430	1845	1742
泽西岛	2	2	1
牙买加	1	0	0
约旦	7	0	1
日本	40 078	48 867	47 862
肯尼亚	1	0	1
柬埔寨	2	0	8
圣基茨和尼维斯	0	0	6
韩国	12 907	16 019	16 725
开曼群岛	2961	4943	3114
哈萨克斯坦	4	4	1
老挝	0	0	1
黎巴嫩	2	1	2
列支敦士登	114	180	177
斯里兰卡	1	0	1
立陶宛	5	8	9
卢森堡	231	264	236
拉脱维亚	4	4	3
利比亚	0	1	0
摩洛哥	1	4	4
摩纳哥	15	11	10
摩尔多瓦	0	2	0
马绍尔群岛	2	0	0
北马其顿	0	0	1
马里	9	8	4
蒙古	0	1	0
马耳他	39	24	29
毛里求斯	3	4	3
墨西哥	52	55	35
马来西亚	92	74	79
纳米比亚	0	1	0
尼日尔	0	1	0
尼日利亚	0	1	0
荷兰	3032	3348	3116
挪威	224	285	296
尼泊尔	0	1	0
新西兰	164	146	173

续表

国家或地区	2015 年	2019 年	2020 年
阿曼	0	0	1
巴拿马	1	4	15
秘鲁	1	3	4
菲律宾	23	9	5
巴基斯坦	1	6	0
波兰	81	77	90
波多黎各	3	4	1
巴勒斯坦	0	1	0
葡萄牙	28	70	46
卡塔尔	6	6	4
罗马尼亚	0	3	4
塞尔维亚	2	4	2
俄罗斯	148	220	202
沙特阿拉伯	152	244	356
塞舌尔	13	17	22
苏丹	1	0	0
瑞典	1948	2638	2340
新加坡	714	1089	1318
斯洛文尼亚	22	25	30
斯洛伐克	11	19	13
圣马力诺	0	4	1
叙利亚	1	0	1
泰国	20	77	76
突尼斯	2	1	1
土耳其	82	100	95
乌克兰	13	9	9
美国	37 216	39 450	37 880
乌拉圭	5	4	1
乌兹别克斯坦	0	2	0
圣文森特和格林纳丁斯	2	0	0
委内瑞拉	4	1	0
英属维尔京群岛	174	103	80
越南	2	11	6
萨摩亚	18	42	22
南非	68	55	46
赞比亚	1	1	0
津巴布韦	0	1	0
其他	7	0	0

表 10　　按国别(地区)分国外在华实用新型专利申请量　　(单位:件)

国家或地区	2015 年	2019 年	2020 年
合计	7863	8425	7759
阿联酋	3	0	1
安圭拉	0	5	5
阿根廷	1	1	0
奥地利	26	34	28
澳大利亚	70	83	88
巴巴多斯	1	4	1
比利时	29	43	41
保加利亚	0	0	1
百慕大	4	8	0
文莱	1	1	1
巴西	6	9	22
巴哈马	0	1	0
白俄罗斯	0	0	1
伯利兹	14	0	0
加拿大	46	66	84
刚果(金)	0	0	7
瑞士	166	118	178
库克群岛	0	0	1
智利	0	0	1
哥斯达黎加	0	1	0
塞浦路斯	4	0	4
捷克	11	8	11
德国	771	817	802
丹麦	32	32	33
爱沙尼亚	0	4	8
埃及	0	1	0
西班牙	34	36	22
芬兰	68	45	54
法国	289	415	400
英国	115	149	136
直布罗陀	1	0	0
希腊	1	1	1
危地马拉	0	1	0
匈牙利	3	6	0
印度尼西亚	0	4	9
爱尔兰	6	10	16
以色列	33	52	30

续表

国家或地区	2015 年	2019 年	2020 年
印度	9	16	14
伊拉克	0	0	1
伊朗	0	1	0
冰岛	1	0	1
意大利	137	167	196
约旦	0	6	4
日本	2701	2512	2082
吉尔吉斯斯坦	0	0	1
柬埔寨	0	0	11
圣基茨和尼维斯	0	0	1
朝鲜	0	1	2
韩国	672	892	801
开曼群岛	36	180	71
哈萨克斯坦	0	1	1
老挝	0	0	1
黎巴嫩	2	1	0
列支敦士登	3	5	7
卢森堡	19	11	8
拉脱维亚	0	1	0
摩洛哥	0	1	0
摩纳哥	2	0	0
马绍尔群岛	1	0	0
马里	2	6	0
蒙古	0	0	1
马耳他	6	0	1
墨西哥	3	4	2
马来西亚	14	26	25
尼日尔	0	1	0
尼日利亚	0	1	1
荷兰	111	164	185
挪威	7	7	2
新西兰	10	18	19
阿曼	0	0	1
巴拿马	3	0	0
秘鲁	0	2	2
菲律宾	6	5	3
巴基斯坦	1	0	0
波兰	2	7	5

续表

国家或地区	2015 年	2019 年	2020 年
葡萄牙	0	1	1
卡塔尔	0	0	1
罗马尼亚	1	2	2
塞尔维亚	0	1	1
俄罗斯	24	20	18
沙特阿拉伯	1	1	2
塞舌尔	11	2	10
瑞典	53	87	120
新加坡	93	558	550
斯洛文尼亚	0	3	1
斯洛伐克	0	4	0
圣马力诺	0	1	0
乍得	1	0	0
泰国	5	11	13
土耳其	8	6	8
乌克兰	1	4	7
美国	2110	1674	1545
乌拉圭	0	0	3
英属维尔京群岛	58	40	31
越南	1	3	4
萨摩亚	7	11	3
南非	5	4	4
赞比亚	1	0	0
津巴布韦	0	1	0

表 11　　按国别(地区)分国外在华外观设计专利申请量　　(单位:件)

国家或地区	2015 年	2019 年	2020 年
合计	17 578	19 846	18 023
阿联酋	3	7	12
阿富汗	0	0	1
安圭拉	0	2	0
安哥拉	0	1	0
阿根廷	3	1	0
奥地利	62	47	69
澳大利亚	183	318	260
巴巴多斯	18	23	98
比利时	78	97	77
保加利亚	4	1	1

续表

国家或地区	2015 年	2019 年	2020 年
巴林	1	0	0
百慕大	1	0	1
玻利维亚	0	0	2
巴西	30	48	38
巴哈马	1	0	0
白俄罗斯	0	0	1
伯利兹	1	0	0
加拿大	82	150	139
刚果(金)	13	0	0
瑞士	840	858	749
哥伦比亚	0	9	0
塞浦路斯	2	14	29
捷克	101	66	30
德国	1623	1811	1579
丹麦	135	194	203
多米尼加	0	0	1
厄瓜多尔	2	1	0
爱沙尼亚	2	10	3
埃及	0	0	1
西班牙	139	153	137
芬兰	116	92	155
法国	663	989	826
英国	696	569	663
格鲁吉亚	4	3	0
根西岛	0	1	1
直布罗陀	3	0	0
希腊	23	10	4
危地马拉	6	0	0
洪都拉斯	0	1	0
克罗地亚	1	2	5
匈牙利	2	4	3
印度尼西亚	3	13	6
爱尔兰	9	33	38
以色列	44	102	103
马恩岛	0	5	0
印度	36	35	45
伊拉克	2	0	3
伊朗	14	0	4

续表

国家或地区	2015 年	2019 年	2020 年
冰岛	0	1	1
意大利	549	822	572
泽西岛	0	0	1
约旦	4	1	3
日本	3827	3949	3424
韩国	2818	3089	2932
科威特	0	0	3
开曼群岛	419	409	169
哈萨克斯坦	0	0	1
黎巴嫩	1	0	0
列支敦士登	37	33	19
斯里兰卡	14	1	2
立陶宛	0	2	2
卢森堡	63	136	83
拉脱维亚	1	0	8
摩洛哥	34	7	2
摩纳哥	1	2	93
摩尔多瓦	0	0	1
马绍尔群岛	0	5	1
北马其顿	0	1	0
马里	5	1	2
缅甸	0	2	0
蒙古	0	0	1
马耳他	3	0	4
毛里求斯	2	1	0
墨西哥	30	11	8
马来西亚	29	30	70
尼日利亚	0	6	1
荷兰	252	359	319
挪威	26	32	27
新西兰	41	55	78
阿曼	0	0	1
巴拿马	7	1	1
秘鲁	0	1	0
巴布亚新几内亚	2	0	0
菲律宾	3	1	1
巴基斯坦	2	2	2
波兰	6	28	18

续表

国家或地区	2015 年	2019 年	2020 年
葡萄牙	4	5	6
卡塔尔	2	0	6
罗马尼亚	0	2	1
塞尔维亚	0	1	0
俄罗斯	25	105	46
沙特阿拉伯	1	23	11
塞舌尔	18	14	8
瑞典	210	310	306
新加坡	68	125	141
斯洛文尼亚	7	10	10
斯洛伐克	5	1	1
圣马力诺	0	1	7
叙利亚	1	1	0
泰国	16	58	42
突尼斯	0	0	1
土耳其	36	16	34
乌克兰	0	5	11
美国	3952	4433	4164
英属维尔京群岛	86	61	67
越南	8	5	10
萨摩亚	3	2	1
南非	14	10	13

表 12 **分国内外三种专利授权年度状况(1985—2020 年)** (单位:件)

统计范围	年份	发明	实用新型	外观设计
合计	1985—2014	1 551 887	4 093 119	3 083 691
	2015	359 316	876 217	482 659
	2016	404 208	903 420	446 135
	2017	420 144	973 294	442 996
	2018	432 147	1 479 062	536 251
	2019	452 804	1 582 274	556 529
	2020	530 127	2 377 223	731 918
国内	1985—2014	898 543	4 057 480	2 913 351
	2015	263 436	868 734	464 807
	2016	302 136	897 035	429 710
	2017	326 970	967 416	426 442
	2018	345 959	1 471 759	517 693
	2019	360 919	1 574 205	539 282
	2020	440 691	2 368 651	711 559

续表

统计范围	年份	发明	实用新型	外观设计
国外	1985—2014	653 344	35 639	170 340
	2015	95 880	7483	17 852
	2016	102 072	6385	16 425
	2017	93 174	5878	16 554
	2018	86 188	7303	18 558
	2019	91 885	8069	17 247
	2020	89 436	8572	20 359

表 13　分地区国内发明专利授权量　（单位：件）

地区	总累计	2015 年	2019 年	2020 年
全国	2 938 654	263 436	360 919	44 0691
北京	416 837	35 308	53 127	63 266
天津	53 947	4624	5025	5262
河北	42 619	3840	5130	6365
山西	24 260	2432	2300	2987
内蒙古	8793	797	911	1162
辽宁	71 901	6569	7501	7936
吉林	28 324	2240	3006	3969
黑龙江	42 071	4024	4144	4598
上海	199 150	17 601	22 735	24 208
江苏	334 641	36 015	39 681	45 975
浙江	262 040	23 345	33 964	49 888
安徽	108 699	11 180	14 958	21 432
福建	66 245	5730	8963	10 250
江西	21 138	1639	2744	4407
山东	171 601	16 881	20 652	26 745
河南	63 186	5384	6991	9183
湖北	95 998	7766	14 178	17 555
湖南	72 364	6776	8479	11 537
广东	429 472	33 477	59 742	70 695
广西	31 868	4017	3413	3521
海南	4990	417	530	721
重庆	49 158	3964	6988	7637
四川	96 258	9105	12 053	14 187
贵州	16 881	1501	1900	2268
云南	22 089	2079	2174	2458
西藏	610	40	79	96
陕西	77 829	6812	9843	12 122

续表

地区	总累计	2015 年	2019 年	2020 年
甘肃	12 509	1238	1154	1446
青海	2322	207	292	333
宁夏	4872	442	598	703
新疆	8515	950	856	859
台湾	90 257	6398	6197	6259
香港	7017	621	592	630
澳门	193	17	19	31
广州	85 796	6626	12 235	15 093
长春	22 346	1832	2601	3472
武汉	76 689	6003	11 754	14 667
南京	93 115	8268	12 399	14 904
杭州	97 791	8298	11 753	17 343
西安	69 174	5992	9096	11 161
济南	41 187	3915	4850	5832
沈阳	30 141	2680	3351	3596
成都	68 248	6206	9159	10 875
大连	24 732	2337	2810	2975
厦门	18 895	1694	2672	3068
哈尔滨	34 474	3490	3430	3747
深圳	208 907	16 956	26 055	31 131
青岛	50 997	5170	7703	8636
宁波	44 275	5412	5075	5340
新疆兵团	1268	174	124	146

表 14　　分地区国内实用新型专利授权量　　（单位：件）

地区	总累计	2015 年	2019 年	2020 年
全国	12 205 280	868 734	1 574 205	2 368 651
北京	558 768	45 773	58 393	75 336
天津	347 706	28 486	48 252	64 221
河北	299 946	19 103	40 562	68 466
山西	103 147	6037	12 758	21 933
内蒙古	61 682	3757	8768	14 423
辽宁	294 144	15 706	28 237	46 681
吉林	96 281	5638	10 926	17 363
黑龙江	161 188	12 502	13 308	20 211
上海	526 847	33 131	61 640	92 249
江苏	1 687 642	119 513	233 114	405 885
浙江	1 447 841	124 465	168 340	231 693

续表

地区	总累计	2015 年	2019 年	2020 年
安徽	461 748	41 094	57 511	84 609
福建	457 251	34 086	61 530	99 956
江西	210 459	13 408	37 564	51 326
山东	963 345	68 776	106 429	184 564
河南	452 964	32 592	65 341	95 894
湖北	373 427	25 298	50 159	80 229
湖南	270 089	18 467	32 699	49 052
广东	1797 657	105 254	282 741	380 882
广西	104 412	7091	14 130	23 061
海南	20 103	1148	3065	7027
重庆	262 082	25 444	30 648	40 021
四川	411 684	31 420	51 521	73 927
贵州	107 769	7007	19 392	27 714
云南	111 148	7437	17 405	23 095
西藏	2894	51	625	1049
陕西	221 079	16 151	26 574	42 227
甘肃	75 148	4478	11 722	17 503
青海	13 668	687	2452	4050
宁夏	28 152	1267	4644	6477
新疆	64 341	5049	6792	10 805
台湾	195 605	7596	5493	5649
香港	14 463	802	1322	953
澳门	600	20	148	120
广州	338 217	17 293	54 804	83 574
长春	58 701	3681	8411	12 449
武汉	189 408	13 609	23 413	39 377
南京	222 198	15 093	37 416	55 702
杭州	303 905	24 816	36 374	58 629
西安	160 220	12 135	19 302	30 698
济南	157 638	10 070	17 888	31 928
沈阳	95 841	5388	9800	15 734
成都	246 497	19 954	30 244	43 443
大连	84 041	4076	8670	13 472
厦门	98 313	6619	14 752	19 053
哈尔滨	82 909	7579	7219	10 036
深圳	536 851	33 104	87 409	121 615
青岛	191 033	12 320	26 889	43 088
宁波	252 027	23 071	24 733	32 122
新疆兵团	7626	709	921	1349

表 15　　分地区国内外观设计专利授权量　　(单位:件)

地区	总累计	2015 年	2019 年	2020 年
全国	6 002 844	464 807	539 282	711 559
北京	161 264	12 950	20 196	24 222
天津	50 004	4232	4522	5951
河北	90 589	7187	12 117	17 365
山西	18 609	1551	1540	2376
内蒙古	14 873	968	1380	2373
辽宁	48 217	2907	4299	5568
吉林	18 844	1000	1647	2619
黑龙江	41 438	2417	2537	3666
上海	228 177	9891	16 212	23 323
江苏	1 123 604	94 762	41 600	47 307
浙江	1 056 907	87 173	83 038	110 119
安徽	113 969	6765	10 055	13 655
福建	237 685	21 805	28 462	35 722
江西	112 913	9114	18 832	24 506
山东	198 597	12 444	19 400	27 469
河南	118 169	9790	13 915	17 732
湖北	83 896	5717	9603	12 318
湖南	112 319	8832	13 507	18 134
广东	1 527 733	102 445	184 907	258 148
广西	39 314	2465	5144	7888
海南	7159	496	828	830
重庆	87 651	9506	6236	7719
四川	249 599	24 428	18 492	20 272
贵州	36 658	5607	3437	4989
云南	27 946	2142	2745	3390
西藏	2213	107	316	557
陕西	82 107	10 387	7684	6175
甘肃	14 929	1196	2018	2042
青海	3242	323	302	310
宁夏	4684	156	313	530
新疆	15 529	2762	1004	1099
台湾	40 974	1660	1404	1599
香港	32 435	1517	1523	1564
澳门	597	105	67	22
广州	256 134	15 964	37 867	57 333
长春	9388	468	903	1462
武汉	35 378	2128	4091	4879

续表

地区	总累计	2015 年	2019 年	2020 年
南京	58 426	4792	5266	5810
杭州	158 219	13 206	13 506	16 581
西安	59 509	7245	6210	4497
济南	21 614	1588	2488	3231
沈阳	18 100	966	1436	1823
成都	182 000	18 692	11 351	11 132
大连	11 100	768	999	1196
厦门	47 740	4161	5602	7482
哈尔滨	20 013	1398	1242	1792
深圳	355 627	22 066	53 118	69 678
青岛	42 320	2686	4165	6040
宁波	254 496	17 605	17 412	23 113
新疆兵团	586	47	52	75

表 16　　分地区分专利权人类型国内发明专利授权量　　（单位：件）

地区	总累计						2020 年					
	合计	高等院校	科研机构	企业	事业单位	个人	合计	高等院校	科研机构	企业	事业单位	个人
全国	2 938 654	685 532	221 792	1 711 025	38 337	281 968	440 691	118 675	31 349	268 366	5377	16 924
北京	416 837	86 501	73 321	230 375	5923	20 717	63 266	14 643	10 965	35 908	849	901
天津	53 947	19 409	3944	26 327	1003	3264	5262	2486	477	2115	57	127
河北	42 619	9105	2153	23 008	643	7710	6365	1997	433	3460	61	414
山西	24 260	8444	2451	9116	301	3948	2987	1528	240	1021	35	163
内蒙古	8793	1392	492	4442	149	2318	1162	267	77	692	17	109
辽宁	71 901	24 014	10 080	26 835	797	10175	7936	3973	1179	2496	51	237
吉林	28 324	11 896	6268	5843	495	3822	3969	2151	830	803	55	130
黑龙江	42 071	26 369	2080	8182	190	5250	4598	3262	205	914	15	202
上海	199 150	50 311	20 190	118 244	2767	7638	24 208	5530	2142	15 978	245	313
江苏	334 641	91 484	12 125	206 973	4159	19 900	45 975	14 986	1611	27 882	523	973
浙江	262 040	57 931	7968	155 199	1947	38 995	49 888	9981	1226	33 938	319	4424
安徽	108 699	15 725	4484	76 057	755	11 678	21 432	3454	549	16 214	163	1052
福建	66 245	12 990	2996	37 898	2199	10 162	10 250	2393	467	6544	102	744
江西	21 138	5994	1025	10 635	117	3367	4407	1211	254	2722	24	196
山东	171 601	36 614	9587	89 202	3676	32 522	26 745	6871	1429	15 310	659	2476
河南	63 186	18 948	2771	29 871	1372	10 224	9183	4010	451	3865	282	575
湖北	95 998	37 223	5482	46 876	598	5819	17 555	7224	845	9050	144	292
湖南	72 364	24 807	2129	34 868	534	10 026	11 537	5013	299	5768	79	378
广东	429 472	36 101	15 129	343 753	3109	31 380	70 695	7174	2459	59 037	774	1251
广西	31 868	7946	2218	13 944	1509	6251	3521	1204	425	1442	144	306

续表

地区	总累计						2020年					
	合计	高等院校	科研机构	企业	事业单位	个人	合计	高等院校	科研机构	企业	事业单位	个人
海南	4990	729	1006	2288	89	878	721	197	154	325	15	30
重庆	49 158	15 184	2246	26 560	1235	3933	7637	2959	323	3994	182	179
四川	96 258	26 723	8993	49 949	2281	8312	14 187	5741	1434	6480	227	305
贵州	16 881	2246	1481	10 896	357	1901	2268	458	154	1506	70	80
云南	22 089	6351	3028	9177	623	2910	2458	1005	384	925	84	60
西藏	610	44	64	416	18	68	96	7	11	75	2	1
陕西	77 829	44 223	7430	20 823	611	4742	12 122	7933	1342	2484	95	268
甘肃	12 509	3450	2976	4088	146	1849	1446	529	464	361	14	78
青海	2322	170	773	986	19	374	333	58	72	188	3	12
宁夏	4872	483	184	3489	67	649	703	112	32	509	3	47
新疆	8515	1184	1757	3807	249	1518	859	163	147	440	39	70
台湾	90 257	535	4928	76 022	366	8406	6259	55	267	5458	42	437
香港	7017	955	33	4794	30	1205	630	88	2	450	3	87
澳门	193	51	0	82	3	57	31	12	0	12	0	7
广州	85 796	26 793	8188	43 093	1469	6253	15 093	4876	1278	8264	323	352
长春	22 346	10 496	5879	3837	404	1730	3472	1865	815	670	46	76
武汉	76 689	34 153	4731	34 451	450	2904	14 667	6557	666	7176	117	151
南京	93 115	47 883	6009	33 849	1247	4127	14 904	7361	895	6283	155	210
杭州	97 791	42 724	3392	45 386	692	5597	17 343	6826	511	9691	97	218
西安	69 174	42 483	7155	16 328	506	2702	11 161	7614	1319	1984	86	158
济南	41 187	15 218	4043	15 408	1277	5241	5832	2862	662	1955	136	217
沈阳	30 141	10 913	5202	10 325	265	3436	3596	1824	529	1128	31	84
成都	68 248	24 183	5307	32 580	1774	4404	10 875	5267	795	4477	172	164
大连	24 732	10 238	4384	7491	140	2479	2975	1670	609	609	15	72
厦门	18 895	5344	507	11 658	140	1246	3068	998	96	1904	8	62
哈尔滨	34 474	24 363	1814	5580	111	2606	3747	2845	183	591	10	118
深圳	208 907	5226	5027	189 759	724	8171	31 131	1300	743	28 585	129	374
青岛	50 997	12 598	3912	27 228	1624	5635	8636	2283	538	5003	392	420
宁波	44 275	5046	2344	29 821	253	6811	5340	609	322	4155	23	231
新疆兵团	1268	553	178	368	21	148	146	96	14	26	2	8

表 17　　分地区分专利权人类型国内实用新型专利授权量　　（单位：件）

地区	总累计						2020年					
	合计	高等院校	科研机构	企业	事业单位	个人	合计	高等院校	科研机构	企业	事业单位	个人
全国	12 205 280	806 958	193 411	8 282 382	198 594	2 723 935	2 368 651	162 615	26 134	1 822 840	49 849	307 213
北京	558 768	25 156	33 839	384 266	12 082	103 425	75 336	3449	4058	59 605	2306	5918
天津	347 706	15 121	6821	285 127	3916	36 721	64 221	2669	922	57 251	650	2729

续表

地区	总累计						2020 年					
	合计	高等院校	科研机构	企业	事业单位	个人	合计	高等院校	科研机构	企业	事业单位	个人
河北	299 946	19 665	3878	178 133	3734	94 536	68 466	4050	583	48 497	808	14 528
山西	103 147	8427	4460	54 365	1202	34 693	21 933	2842	462	12 299	251	6079
内蒙古	61 682	5473	1802	27 528	1029	25 850	14 423	1649	352	7640	401	4381
辽宁	294 144	26 588	7242	143 917	5013	111 384	46 681	5855	690	30 935	976	8225
吉林	96 281	17 351	3095	37 923	1714	36 198	17 363	3448	252	9705	317	3641
黑龙江	161 188	32 806	5616	43 353	1576	77 837	20 211	3505	761	6816	189	8940
上海	526 847	27 636	11 801	420 488	15 483	51 439	92 249	2939	1058	82 763	1976	3513
江苏	1 687 642	101 050	12 347	1 367 113	28 971	178 161	405 885	20 492	1840	360 382	8505	14 666
浙江	1 447 841	72 979	7954	1 021 585	13 791	331 532	231 693	9331	1095	196 868	3747	20 652
安徽	461 748	31 567	4935	355 374	3934	65 938	84 609	5797	821	66 793	1111	10 087
福建	457 251	19 036	3346	312 336	4094	118 439	99 956	4728	501	78 998	801	14 928
江西	210 459	19 815	2218	146 839	1225	40 362	51 326	4747	419	39 107	348	6705
山东	963 345	53 863	12 446	491 976	13 970	391 090	184 564	9114	2022	120 189	2984	50 255
河南	452 964	46 177	5768	273 599	10 502	116 918	95 894	11 738	908	62 709	3115	17 424
湖北	373 427	37 241	6731	238 611	7670	83 174	80 229	7364	791	61 179	2155	8740
湖南	270 089	32 747	3256	153 707	2672	77 707	49 052	8334	337	31 910	614	7857
广东	1 797 657	42 889	13 529	1 403 871	15 382	321 986	380 882	9870	2208	318 035	3082	47 687
广西	104 412	13 352	3119	47 386	7254	33 301	23 061	4458	936	9692	2779	5196
海南	20 103	1822	1552	10 954	657	5118	7027	405	221	5259	190	952
重庆	262 082	23 022	3675	178 979	8423	47 983	40 021	5376	456	28 864	1788	3537
四川	411 684	34 898	10 928	269 382	10 380	86 096	73 927	7503	1395	51 963	3458	9608
贵州	107 769	12 280	3392	54 206	6934	30 957	27 714	4034	216	11 077	2493	9894
云南	111 148	14 921	2961	67 341	5223	20 702	23 095	3701	580	14 149	2151	2514
西藏	2894	147	286	1741	69	651	1049	75	128	732	28	86
陕西	221 079	52 260	7276	113 360	3870	44 313	42 227	9936	841	24 390	795	6265
甘肃	75 148	11 052	4178	32 571	2374	24 973	17 503	3030	494	7949	846	5184
青海	13 668	710	561	7729	464	4204	4050	355	157	2090	256	1192
宁夏	28 152	1579	646	18 969	567	6391	6477	441	209	4709	112	1006
新疆	64 341	4897	3091	31 559	2361	22 433	10 805	1366	392	5612	566	2869
台湾	195 605	213	526	98 382	1850	94 634	5649	4	29	3933	4	1679
香港	14 463	67	2	9256	54	5084	953	5	0	682	9	257
澳门	600	42	0	202	137	219	120	5	0	58	38	19
广州	338 217	23 883	7516	232 987	5477	68 354	83 574	5039	1210	55 379	1126	20 820
长春	58 701	14 314	2380	28 546	1021	12 440	12 449	2920	218	7639	232	1440
武汉	189 408	23 675	5315	116 792	3696	39 930	39 377	4997	634	29 359	1233	3154
南京	222 198	41 749	5942	145 728	6677	22 102	55 702	9884	958	40 818	1719	2323

续表

地区	总累计						2020 年					
	合计	高等院校	科研机构	企业	事业单位	个人	合计	高等院校	科研机构	企业	事业单位	个人
杭州	303 905	36 076	4010	214 361	3801	45 657	58 629	4150	514	49 513	1000	3452
西安	160 220	39 785	6671	87 633	3024	23 107	30 698	6855	802	18 916	591	3534
济南	157 638	12 415	4834	82 440	3334	54 615	31 928	1920	848	22 458	578	6124
沈阳	95 841	10 369	4964	43 229	2793	34 486	15 734	2523	534	9301	767	2609
成都	246 497	24 052	5959	171 456	5763	39 267	43 443	5194	737	32 178	1442	3892
大连	84 041	8077	1037	46 047	665	28 215	13 472	1243	86	10 679	111	1353
厦门	98 313	4214	341	83 185	560	10 013	19 053	660	52	17 339	136	866
哈尔滨	82 909	22 236	4099	25 208	630	30 736	10 036	2522	580	3639	74	3221
深圳	536 851	4317	2678	457 840	5006	67 010	121 615	1105	446	111 122	942	8000
青岛	191 033	21 281	3235	127 470	4337	34 710	43 088	2686	461	34 987	659	4295
宁波	252 027	6379	972	182 671	1258	60 747	32 122	715	216	28 032	324	2835
新疆兵团	7626	2576	565	2663	145	1677	1349	439	82	546	13	269

表 18　　分地区分专利权人类型国内外观设计专利授权量　　(单位:件)

地区	总累计						2020 年					
	合计	高等院校	科研机构	企业	事业单位	个人	合计	高等院校	科研机构	企业	事业单位	个人
全国	6 002 844	140 707	13 743	3 023 134	39 405	2 785 855	711 559	22 381	1493	395 975	2545	289 165
北京	161 264	1656	2258	119 190	1383	36 777	24 222	451	343	20 679	200	2549
天津	50 004	3102	426	31 850	431	14 195	5951	488	54	4522	10	877
河北	90 589	2607	158	34 580	196	53 048	17 365	713	31	6698	32	9891
山西	18 609	426	170	8208	136	9669	2376	238	12	969	11	1146
内蒙古	14 873	285	49	6681	82	7776	2373	135	4	1025	18	1191
辽宁	48 217	6251	217	15 086	308	26 355	5568	755	24	1852	26	2911
吉林	18 844	660	96	7824	93	10171	2619	171	8	1219	13	1208
黑龙江	41 438	3505	192	8406	156	29 179	3666	481	29	917	16	2223
上海	228 177	6262	1008	181 181	13 031	26 695	23 323	899	81	20 363	216	1764
江苏	1 123 604	20 882	1428	624 671	6491	470 132	47 307	2399	86	31 553	346	12 923
浙江	1 056 907	26 130	860	517 871	2575	509 471	110 119	1599	65	64 366	217	43 872
安徽	113 969	4114	200	59 882	862	48 911	13 655	794	35	6932	167	5727
福建	237 685	2919	603	119 484	993	113 686	35 722	787	90	19 174	56	15 615
江西	112 913	5516	156	31 421	291	75 529	24 506	623	36	6017	25	17 805
山东	198 597	3085	1040	108 572	818	85 082	27 469	852	36	16 751	60	9770
河南	118 169	3451	646	53 433	835	59 804	17 732	813	44	7445	402	9028
湖北	83 896	6395	342	39 368	579	37 212	12 318	1074	54	4520	64	6606

续表

地区	总累计						2020 年					
	合计	高等院校	科研机构	企业	事业单位	个人	合计	高等院校	科研机构	企业	事业单位	个人
湖南	112 319	3428	220	39 659	298	68 714	18 134	789	14	4521	26	12 784
广东	1 527 733	14 745	1750	691 401	5551	814 286	258 148	2886	249	148 670	202	106 141
广西	39 314	2613	153	11 544	268	24 736	7888	706	17	1571	64	5530
海南	7159	144	102	2915	76	3922	830	37	12	358	15	408
重庆	87 651	2168	244	57 823	643	26 773	7719	400	10	4689	63	2557
四川	249 599	5769	394	127 689	1270	114 477	20 272	1041	36	10 256	77	8862
贵州	36 658	3055	267	18 503	226	14 607	4989	1178	15	1508	22	2266
云南	27 946	2124	222	13 492	340	11 768	3390	724	49	1547	85	985
西藏	2213	4	20	1569	18	602	557	1	4	510	5	37
陕西	82 107	7452	290	24 514	276	49 575	6175	813	22	2977	34	2329
甘肃	14 929	1515	107	6156	139	7012	2042	350	12	967	23	690
青海	3242	70	12	1818	69	1273	310	25	2	150	30	103
宁夏	4684	130	50	2615	27	1862	530	104	12	270	12	132
新疆	15 529	214	24	6182	126	8983	1099	51	6	493	5	544
台湾	40 974	18	31	23 215	760	16 950	1599	3	1	1126	0	469
香港	32 435	13	8	25 947	36	6431	1564	0	0	1347	1	216
澳门	597	1	0	463	2	131	22	1	0	13	2	6
广州	256 134	6188	636	126 765	1251	121 294	57 333	1344	133	28 592	56	27 208
长春	9388	399	64	5153	32	3740	1462	93	8	917	10	434
武汉	35 378	5062	226	21 955	395	7740	4879	719	45	2998	31	1086
南京	58 426	9106	373	33 464	229	15 254	5810	839	44	4053	57	817
杭州	158 219	18 948	203	100 530	1036	37 502	16 581	631	26	13 617	92	2215
西安	59 509	6091	175	16 589	115	36 539	4497	577	22	2399	9	1490
济南	21 614	1224	86	12 061	145	8098	3231	237	8	2318	22	646
沈阳	18 100	2960	91	5720	135	9194	1823	246	12	774	10	781
成都	182 000	3355	239	100 239	674	77 493	11 132	708	26	7470	43	2885
大连	11 100	1878	93	4776	41	4312	1196	177	12	475	3	529
厦门	47 740	444	12	36 671	20	10 593	7482	156	0	6488	7	831
哈尔滨	20 013	2884	153	4810	77	12 089	1792	337	8	545	3	899
深圳	355 627	589	393	242 117	305	112 223	69 678	161	52	59 402	47	10 016
青岛	42 320	601	636	32 381	262	8440	6040	149	13	4937	5	936
宁波	254 496	1528	114	138 349	305	114 200	23 113	143	23	14 869	39	8039
新疆兵团	586	29	6	265	3	283	75	3	4	28	0	40

表 19　按国别(地区)分国外在华发明专利授权量　(单位:件)

国家或地区	总累计	2015 年	2019 年	2020 年
合计	1 211 979	95 880	91 885	89 436
安道尔	9	0	1	3
阿联酋	93	8	14	16
安提瓜和巴布达	4	0	0	0
安圭拉	1	0	1	0
亚美尼亚	4	0	0	0
阿根廷	57	6	5	2
美属萨摩亚	1	1	0	0
奥地利	7248	690	685	668
澳大利亚	6177	458	317	319
阿塞拜疆	2	1	0	0
巴巴多斯	1010	107	135	99
孟加拉国	1	0	1	0
比利时	5996	499	427	416
保加利亚	54	3	7	7
巴林	1	0	0	0
百慕大	702	34	74	60
文莱	30	7	1	1
巴西	877	88	53	55
巴哈马	152	18	8	3
白俄罗斯	9	0	0	1
伯利兹	11	0	2	0
加拿大	9065	731	568	575
刚果(金)	2	0	1	1
中非	1	0	1	0
瑞士	31 734	2580	2329	2353
库克群岛	5	0	0	0
智利	109	14	12	8
喀麦隆	1	0	0	0
哥伦比亚	39	4	2	4
哥斯达黎加	4	0	0	0
古巴	111	7	3	0
库拉索	2	0	0	0
塞浦路斯	173	9	12	9
捷克	307	14	38	36
德国	123 466	10 533	9989	9397
丹麦	7282	636	555	696
多米尼加	5	1	0	0

续表

国家或地区	总累计	2015 年	2019 年	2020 年
阿尔及利亚	3	1	0	0
厄瓜多尔	4	0	0	0
爱沙尼亚	32	5	7	4
埃及	11	0	1	1
西班牙	2716	234	221	223
芬兰	11 299	852	694	553
斐济	1	0	0	1
法国	44 088	3503	2997	2949
加蓬	2	0	0	0
英国	19 713	1414	1310	1380
格鲁吉亚	2	0	0	0
根西岛	2	0	0	0
直布罗陀	27	2	1	1
几内亚	1	0	0	1
希腊	176	16	14	20
克罗地亚	63	0	2	2
匈牙利	467	22	16	17
印度尼西亚	37	3	0	0
爱尔兰	1879	171	236	255
以色列	4161	365	381	422
印度	1655	198	100	131
伊朗	7	0	0	2
冰岛	159	9	3	6
意大利	15 229	1156	1102	1171
泽西岛	6	0	0	0
牙买加	4	0	1	0
约旦	9	0	2	0
日本	454 976	36 418	30 401	28 955
肯尼亚	1	0	0	0
吉尔吉斯斯坦	4	0	0	0
圣基茨和尼维斯	1	0	0	0
朝鲜	12	0	1	0
韩国	99 939	6262	9437	9311
科威特	6	0	0	0
开曼群岛	7030	318	1426	2723
哈萨克斯坦	19	1	0	4
黎巴嫩	10	3	1	2
列支敦士登	1103	89	82	93

续表

国家或地区	总累计	2015 年	2019 年	2020 年
斯里兰卡	7	2	0	0
利比里亚	2	0	0	0
立陶宛	15	1	4	6
卢森堡	1698	142	201	204
拉脱维亚	34	5	1	1
摩洛哥	9	1	0	1
摩纳哥	79	3	3	5
摩尔多瓦	1	0	0	0
马达加斯加	3	0	0	0
马绍尔群岛	7	1	0	1
北马其顿	2	0	0	0
马里	7	1	1	1
蒙古	5	0	0	0
马耳他	150	9	24	10
毛里求斯	78	7	3	4
马尔代夫	1	0	0	0
墨西哥	310	31	21	21
马来西亚	459	53	34	25
纳米比亚	2	0	0	0
尼日利亚	1	0	1	0
荷兰	33 569	2284	2033	1957
挪威	2417	202	122	129
新西兰	974	73	62	82
阿曼	4	0	0	2
巴拿马	231	2	2	0
秘鲁	5	1	1	0
菲律宾	55	9	8	4
巴基斯坦	4	1	1	0
波兰	357	36	45	33
波多黎各	11	3	1	3
葡萄牙	188	21	17	30
卡塔尔	13	0	0	3
罗马尼亚	19	0	2	2
塞尔维亚	9	1	1	2
俄罗斯	1197	89	84	71
沙特阿拉伯	706	55	101	74
塞舌尔	86	9	11	6
瑞典	20 179	1495	1484	1450

续表

国家或地区	总累计	2015 年	2019 年	2020 年
新加坡	4831	343	566	1048
斯洛文尼亚	217	25	11	13
斯洛伐克	63	6	7	9
圣马力诺	11	0	4	1
萨尔瓦多	2	0	0	0
叙利亚	1	0	0	0
斯威士兰	1	0	0	0
泰国	193	17	31	38
突尼斯	4	0	0	0
土耳其	504	61	32	37
特立尼达和多巴哥	3	0	0	0
乌克兰	76	8	5	2
美国	280 833	23 157	23 114	21 084
乌拉圭	16	0	1	0
乌兹别克斯坦	8	2	1	2
圣文森特和格林纳丁斯	9	1	0	0
委内瑞拉	42	3	0	0
英属维尔京群岛	1522	149	121	76
越南	18	3	1	4
瓦努阿图	5	0	0	0
萨摩亚	73	7	16	12
南非	792	61	29	26
赞比亚	2	0	0	1
津巴布韦	3	0	0	0
其他	257	9	1	0

表 20　按国别(地区)分国外在华实用新型专利授权量　(单位:件)

国家或地区	总累计	2015 年	2019 年	2020 年
合计	79 329	7483	8069	8572
安道尔	1	1	0	0
阿联酋	28	5	2	0
安圭拉	8	0	2	4
阿尔巴尼亚	1	0	0	0
阿根廷	16	0	3	1
美属萨摩亚	1	0	0	0
奥地利	381	26	38	36
澳大利亚	719	71	69	72
阿塞拜疆	1	0	0	0

续表

国家或地区	总累计	2015 年	2019 年	2020 年
巴巴多斯	19	0	1	3
孟加拉国	1	0	0	0
比利时	257	23	37	50
保加利亚	9	1	1	0
百慕大	123	8	11	4
文莱	37	1	0	0
巴西	144	8	14	15
巴哈马	20	0	0	1
白俄罗斯	3	0	0	3
伯利兹	57	11	0	0
加拿大	676	46	63	71
刚果(金)	1	0	0	0
瑞士	1781	185	159	131
库克群岛	2	0	0	0
智利	7	0	1	0
哥伦比亚	5	0	0	2
哥斯达黎加	2	0	1	1
塞浦路斯	25	3	1	0
捷克	118	12	9	9
德国	7465	920	860	876
丹麦	344	38	18	41
多米尼加	3	0	0	0
阿尔及利亚	3	0	1	0
厄瓜多尔	1	0	0	0
爱沙尼亚	15	1	5	6
埃及	9	0	0	1
西班牙	323	32	20	39
埃塞俄比亚	1	1	0	0
芬兰	620	59	45	53
斐济	8	0	0	0
法国	2794	274	392	406
英国	1304	102	138	149
格鲁吉亚	1	0	0	0
直布罗陀	2	1	0	0
希腊	3	0	0	0
危地马拉	1	0	0	1
克罗地亚	5	0	0	0
匈牙利	27	2	1	5

续表

国家或地区	总累计	2015 年	2019 年	2020 年
印度尼西亚	26	0	0	7
爱尔兰	94	7	11	11
以色列	373	33	44	43
印度	103	9	14	16
伊拉克	3	0	0	0
伊朗	15	0	1	1
冰岛	2	0	0	1
意大利	1238	74	146	168
约旦	17	0	5	7
日本	26 659	2799	2280	2461
吉尔吉斯斯坦	1	0	0	1
圣基茨和尼维斯	1	0	0	0
朝鲜	6	1	2	0
韩国	6803	470	844	969
开曼群岛	712	32	125	173
哈萨克斯坦	8	0	0	0
老挝	1	0	1	0
黎巴嫩	11	0	1	2
列支敦士登	19	1	0	5
斯里兰卡	2	0	0	0
莱索托	1	0	0	0
立陶宛	2	0	0	0
卢森堡	163	20	7	20
拉脱维亚	5	0	0	1
摩洛哥	3	0	0	1
摩纳哥	9	1	0	0
马绍尔群岛	3	2	0	0
马里	15	0	0	5
蒙古	4	0	0	1
马耳他	10	0	0	1
毛里求斯	28	0	0	0
墨西哥	17	0	3	1
马来西亚	227	14	14	29
尼日尔	1	0	0	1
尼日利亚	3	0	0	1
荷兰	937	86	129	168
挪威	63	4	10	11
尼泊尔	2	0	0	0

续表

国家或地区	总累计	2015 年	2019 年	2020 年
新西兰	112	13	4	19
阿曼	1	0	0	0
巴拿马	9	1	0	0
秘鲁	4	0	0	2
菲律宾	50	1	8	3
巴基斯坦	3	0	0	0
波兰	44	1	10	5
波多黎各	1	0	0	0
葡萄牙	5	0	2	0
罗马尼亚	5	1	0	3
塞尔维亚	2	0	0	1
俄罗斯	333	32	30	23
沙特阿拉伯	15	3	1	1
塞舌尔	63	10	11	6
瑞典	681	49	56	89
新加坡	2567	61	645	581
斯洛文尼亚	5	0	0	3
斯洛伐克	6	0	0	3
圣马力诺	4	0	0	1
叙利亚	1	0	0	0
乍得	1	0	0	0
泰国	129	3	11	14
土耳其	90	7	5	7
坦桑尼亚	1	0	0	0
乌克兰	29	2	2	4
美国	19 294	1844	1717	1660
乌拉圭	3	0	0	1
乌兹别克斯坦	1	0	0	0
英属维尔京群岛	704	54	28	43
越南	13	0	3	6
萨摩亚	143	10	5	8
也门	1	0	0	0
南非	42	5	2	4
赞比亚	1	1	0	0
其他	7	1	0	0

表 21　　按国别(地区)分国外在华外观设计专利授权量　　(单位:件)

国家或地区	总累计	2015 年	2019 年	2020 年
合计	277 335	17 852	17 247	20 359
安道尔	2	0	0	0
阿联酋	201	6	5	7
阿富汗	12	0	0	0
安提瓜和巴布达	3	0	0	0
安圭拉	2	0	0	2
阿尔巴尼亚	1	0	0	0
亚美尼亚	1	0	0	0
安哥拉	2	0	0	1
阿根廷	20	3	0	1
奥地利	1056	70	45	61
澳大利亚	3634	237	294	300
波黑	1	0	0	0
巴巴多斯	274	21	31	62
孟加拉国	4	0	0	0
比利时	1032	90	102	77
保加利亚	31	1	1	1
贝宁	1	0	0	0
百慕大	106	8	2	0
文莱	28	3	0	0
玻利维亚	1	0	0	1
巴西	576	60	58	31
巴哈马	48	4	0	0
白俄罗斯	7	0	0	1
伯利兹	12	1	0	0
加拿大	1944	97	132	146
刚果(金)	13	6	0	0
中非	2	0	0	0
瑞士	10 576	659	729	880
科特迪瓦	1	0	0	0
库克群岛	20	0	1	0
智利	4	1	0	0
哥伦比亚	31	0	3	7
哥斯达黎加	1	0	0	0
古巴	2	0	0	0
塞浦路斯	112	1	17	17
捷克	971	98	54	36
德国	24 061	1739	1553	1884

续表

国家或地区	总累计	2015 年	2019 年	2020 年
丹麦	2474	147	161	215
多米尼加	5	0	0	1
阿尔及利亚	3	0	0	0
厄瓜多尔	7	2	0	1
爱沙尼亚	42	4	5	9
埃及	21	0	0	0
西班牙	2407	148	119	178
埃塞俄比亚	1	0	0	0
芬兰	2145	116	92	141
斐济	1	0	0	0
马尔维纳斯群岛(福克兰)	1	0	0	0
法国	11 732	664	839	978
英国	8142	675	480	623
格鲁吉亚	15	0	3	3
根西岛	6	0	2	1
直布罗陀	4	2	0	0
希腊	84	14	2	8
危地马拉	6	1	0	0
洪都拉斯	1	0	0	0
克罗地亚	9	0	0	3
海地	1	0	0	0
匈牙利	52	1	6	7
印度尼西亚	177	5	7	11
爱尔兰	309	13	19	43
以色列	987	55	81	115
印度	552	34	41	56
伊拉克	12	1	0	1
伊朗	36	14	0	0
冰岛	3	1	0	2
意大利	9573	539	660	798
约旦	13	3	2	0
日本	85 401	4218	3558	4067
肯尼亚	1	0	0	0
吉尔吉斯斯坦	1	0	0	0
韩国	31 092	2689	2354	2853
科威特	6	0	0	2
开曼群岛	2700	374	457	389
哈萨克斯坦	1	0	0	1

续表

国家或地区	总累计	2015 年	2019 年	2020 年
黎巴嫩	8	1	0	0
列支敦士登	708	35	28	23
斯里兰卡	27	1	0	2
利比里亚	1	0	0	0
立陶宛	13	0	1	1
卢森堡	787	71	62	149
拉脱维亚	14	2	2	1
摩洛哥	52	34	0	8
摩纳哥	77	1	4	52
摩尔多瓦	1	1	0	0
黑山	1	0	0	0
马绍尔群岛	5	0	0	5
北马其顿	1	0	0	1
马里	15	4	0	1
缅甸	14	4	6	1
蒙古	3	0	1	1
马耳他	20	0	0	0
毛里求斯	45	3	1	0
墨西哥	251	79	7	12
马来西亚	743	60	28	78
尼日利亚	23	3	4	3
荷兰	5792	288	282	412
挪威	444	32	29	31
尼泊尔	2	0	0	0
新西兰	625	45	89	65
阿曼	1	0	0	0
巴拿马	44	4	0	2
秘鲁	1	0	0	1
巴布亚新几内亚	2	1	0	0
菲律宾	36	3	1	1
巴基斯坦	24	3	1	2
波兰	237	7	18	28
波多黎各	4	0	0	0
葡萄牙	89	11	4	4
巴拉圭	3	0	0	0
卡塔尔	6	2	0	0
罗马尼亚	11	1	2	1
塞尔维亚	1	0	1	0

续表

国家或地区	总累计	2015 年	2019 年	2020 年
俄罗斯	464	32	97	47
沙特阿拉伯	498	1	14	17
塞舌尔	56	17	9	9
瑞典	4265	233	287	351
新加坡	1721	85	149	137
斯洛文尼亚	97	6	8	10
斯洛伐克	55	3	3	1
圣马力诺	10	0	0	8
塞内加尔	1	0	0	0
叙利亚	4	1	1	0
特克斯和凯科斯群岛	1	0	0	0
泰国	497	7	59	48
突尼斯	2	0	0	0
土耳其	538	44	31	22
特立尼达和多巴哥	4	0	0	0
坦桑尼亚	1	0	0	0
乌克兰	40	2	3	8
乌干达	2	0	0	0
美国	54 162	3841	4048	4726
乌拉圭	1	0	0	0
乌兹别克斯坦	1	0	1	0
委内瑞拉	8	1	0	0
英属维尔京群岛	1564	38	34	47
越南	137	3	7	7
萨摩亚	58	4	1	0
也门	10	0	0	0
南非	171	13	9	15
津巴布韦	1	0	0	0
其他	19	0	0	0

表 22　　分国内外三种专利有效年度状况(2015—2020 年)　　(单位:件)

统计范围	年份	发明	实用新型	外观设计
合计	2015	1 472 374	2 732 554	1 272 697
	2016	1 772 203	3 154 485	1 358 550
	2017	2 085 367	3 603 187	1 459 054
	2018	2 366 314	4 403 658	1 610 616
	2019	2 670 784	5 262 039	1 789 671
	2020	3 057 844	6 947 697	2 187 356

续表

统计范围	年份	发明	实用新型	外观设计
国内	2015	921 757	2 700 833	1 169 766
	2016	1 158 203	3 118 410	1 250 570
	2017	1 413 911	3 563 389	1 346 915
	2018	1 662 269	4 359 926	1 495 596
	2019	1 926 122	5 214 362	1 671 586
	2020	2 279 123	6 895 886	2 061 859
国外	2015	550 617	31 721	102 931
	2016	614 000	36 075	107 980
	2017	671 456	39 798	112 139
	2018	704 045	43 732	115 020
	2019	744 662	47 677	118 085
	2020	778 721	51 811	125 497

表 23　　分地区国内发明专利有效量　　（单位：件）

地区	2015 年	2019 年	2020 年
全国	921 757	1 926 122	2 279 123
北京	133 040	284 288	335 575
天津	18 493	34 726	38 152
河北	12 279	28 868	34 147
山西	8104	14 298	16 471
内蒙古	3051	5895	6943
辽宁	23 242	42 282	47 788
吉林	7705	14 696	17 260
黑龙江	12 955	24 526	27 336
上海	69 982	129 768	145 604
江苏	113 160	242 803	291 648
浙江	70 981	160 609	199 572
安徽	26 075	74 812	98 186
福建	17 868	43 791	50 756
江西	5322	13 210	16 989
山东	47 694	100 892	124 512
河南	17 571	37 311	43 547
湖北	24 998	59 379	73 548
湖南	22 183	46 736	56 285
广东	138 878	295 869	350 501
广西	9418	22 347	24 776
海南	2111	3150	4274
重庆	12 810	32 443	35 353

续表

地区	2015 年	2019 年	2020 年
四川	28 723	60 231	70 421
贵州	5428	11 218	12 558
云南	7608	13 703	15 575
西藏	298	688	766
陕西	22 662	46 190	54 646
甘肃	4093	7432	8310
青海	655	1636	1848
宁夏	1148	3205	3691
新疆	3072	5379	5684
台湾	46 129	58 931	61 093
香港	3948	4697	5194
澳门	73	113	114
广州	24 142	58 496	71 419
长春	5724	11 564	13 802
武汉	19 610	46 108	58 157
南京	27 173	58 474	70 479
杭州	30 280	58 651	73 395
西安	19 787	41 727	49 525
济南	11 387	25 438	29 329
沈阳	9104	17 219	19 795
成都	19 758	42 046	50 004
大连	8135	14 897	16 989
厦门	5550	13 646	16 272
哈尔滨	10 618	20 373	22 687
深圳	83 905	138 656	160 046
青岛	13 047	31 932	38 552
宁波	14 132	26 870	30 551
新疆兵团	432	771	830

表 24　　分地区国内实用新型专利有效量　　(单位:件)

地区	2015 年	2019 年	2020 年
全国	2 700 833	5 214 362	6 895 886
北京	175 610	291 646	340 086
天津	73 557	149 930	189 936
河北	57 744	129 271	183 267
山西	21 773	41 711	57 553
内蒙古	10 769	25 529	36 714
辽宁	58 904	96 529	131 833

续表

地区	2015 年	2019 年	2020 年
吉林	17 693	33 330	45 570
黑龙江	37 013	42 501	53 491
上海	144 098	252 308	320 272
江苏	370 168	732 163	1 053 773
浙江	363 027	584 454	735 073
安徽	114 736	193 140	246 346
福建	93 335	194 986	265 172
江西	29 514	94 991	128 457
山东	186 544	319 432	455 859
河南	87 001	180 601	246 313
湖北	79 125	155 996	212 957
湖南	63 061	110 785	145 696
广东	370 988	960 233	1 235 185
广西	20 921	42 207	59 510
海南	2953	7901	14 332
重庆	59 821	100 880	124 806
四川	90 146	175 550	227 165
贵州	19 428	49 697	69 322
云南	20 543	52 261	67 215
西藏	161	1264	2109
陕西	48 040	82 669	111 940
甘肃	12 013	29 001	40 094
青海	1557	6303	9478
宁夏	3612	12 632	16 817
新疆	13 936	23 360	29 938
台湾	49 041	35 831	34 655
香港	3874	4979	4598
澳门	127	291	354
广州	58 161	180 016	244 692
长春	11 629	24 967	33 868
武汉	44 404	79 782	109 814
南京	46 979	107 551	151 834
杭州	77 349	128 732	173 689
西安	37 187	62 400	84 228
济南	30 862	57 408	81 817
沈阳	18 069	32 683	44 732
成都	55 229	104 847	135 047
大连	16 284	28 010	38 227

续表

地区	2015 年	2019 年	2020 年
厦门	24 626	53 803	68 373
哈尔滨	20 921	25 185	29 985
深圳	123 086	284 352	374 957
青岛	36 057	80 888	113 144
宁波	74 772	99 545	120 995
新疆兵团	1694	2912	3625

表 25　　分地区国内外观设计专利有效量　　（单位：件）

地区	2015 年	2019 年	2020 年
全国	1 169 766	1 671 586	2 061 859
北京	36 266	77 119	92 429
天津	11 725	14 290	17 452
河北	16 337	37 238	48 611
山西	4132	5645	6973
内蒙古	2979	4833	6245
辽宁	8824	13 613	16 604
吉林	3648	6040	7552
黑龙江	8821	7712	9483
上海	37 077	61 434	76 650
江苏	190 725	128 959	138 360
浙江	234 881	278 047	341 778
安徽	21 366	34 058	40 679
福建	51 248	82 293	101 817
江西	16 988	40 650	53 810
山东	36 682	65 528	81 840
河南	21 809	38 054	47 109
湖北	15 222	29 177	35 938
湖南	21 844	37 450	47 740
广东	292 627	547 773	710 575
广西	6876	13 696	18 581
海南	1352	2352	2669
重庆	22 344	24 853	27 181
四川	50 334	56 492	61 244
贵州	10 053	9583	12 280
云南	5894	8932	10 584
西藏	265	827	1215
陕西	15 351	17 840	17 470
甘肃	2474	4543	5370

续表

地区	2015 年	2019 年	2020 年
青海	763	1008	1094
宁夏	557	1104	1381
新疆	4673	4734	5320
台湾	8683	8102	8292
香港	6786	7222	7163
澳门	160	385	370
广州	42 897	97 978	140 404
长春	2070	3549	4359
武汉	6836	13 295	16 072
南京	13 678	16 623	18 546
杭州	34 548	47 505	57 577
西安	10 242	13 167	12 442
济南	4605	9128	10 648
沈阳	3128	4860	5853
成都	34 681	34 135	34 503
大连	2236	3342	3984
厦门	10 968	20 042	24 837
哈尔滨	4307	3937	4681
深圳	67 357	152 243	198 114
青岛	9061	15 960	19 721
宁波	56 684	62 842	76 973
新疆兵团	122	234	262

表 26　分地区分专利权人类型国内发明专利有效量(2020 年)　(单位:件)

地区	合计	高等院校	科研机构	企业	事业单位	个人
全国	2 279 123	442 523	165 253	1 556 937	19 094	95 316
北京	335 575	57 764	54 598	212 467	3186	7560
天津	38 152	13 320	2825	20 729	210	1068
河北	34 147	5622	2050	23 486	259	2730
山西	16 471	5189	1596	8429	88	1169
内蒙古	6943	941	378	4742	26	856
辽宁	47 788	15 192	6309	23 574	150	2563
吉林	17 260	7123	3229	5789	41	1078
黑龙江	27 336	16 651	1194	7946	55	1490
上海	145 604	25 984	13 041	102 981	885	2713
江苏	291 648	58 323	10 444	211 335	3063	8483
浙江	199 572	34 918	6401	144 449	1146	12 658
安徽	98 186	11 303	3597	77 301	760	5225

续表

地区	合计	高等院校	科研机构	企业	事业单位	个人
福建	50 756	10 485	2143	34 321	380	3427
江西	16 989	3661	878	11 301	40	1109
山东	124 512	24 403	7082	82 162	1460	9405
河南	43 547	11 240	2684	25 736	537	3350
湖北	73 548	23 974	4079	43 155	405	1935
湖南	56 285	17 776	1504	33 980	351	2674
广东	350 501	26 520	12 374	298 082	2875	10 650
广西	24 776	6077	1884	13 316	841	2658
海南	4274	736	665	2561	31	281
重庆	35 353	9785	1766	22 136	299	1367
四川	70 421	17 775	6952	42 611	433	2650
贵州	12 558	1603	841	9253	273	588
云南	15 575	4199	2097	8005	358	916
西藏	766	26	41	671	7	21
陕西	54 646	28 107	6790	18 025	212	1512
甘肃	8310	1643	2201	3738	75	653
青海	1848	117	532	1083	8	108
宁夏	3691	288	108	3074	20	201
新疆	5684	618	1020	3438	124	484
台湾	61 093	343	3916	53 122	461	3251
香港	5194	782	34	3895	35	448
澳门	114	35	0	44	0	35
广州	71 419	19 609	6912	41 105	1420	2373
长春	13 802	6271	3178	3768	22	563
武汉	58 157	21 721	3460	31 665	301	1010
南京	70 479	31 447	4951	31 897	471	1713
杭州	73 395	25 410	2578	43 455	371	1581
西安	49 525	27 396	6680	14 306	178	965
济南	29 329	10 104	2927	14 294	536	1468
沈阳	19 795	6676	3284	8891	72	872
成都	50 004	16 236	4429	27 632	267	1440
大连	16 989	6734	2906	6595	34	720
厦门	16 272	3726	383	11 679	27	457
哈尔滨	22 687	15 372	1081	5396	39	799
深圳	160 046	4233	4064	148 287	302	3160
青岛	38 552	9081	3141	23 930	607	1793
宁波	30 551	2578	2046	24 202	176	1549
新疆兵团	830	289	107	384	2	48

表 27　　分地区分专利权人类型国内实用新型专利有效量(2020 年)　　(单位:件)

地区	合计	高等院校	科研机构	企业	事业单位	个人
全国	6 895 886	360 477	99 097	5 701 368	91 747	643 197
北京	340 086	11 623	17 116	285 577	5425	20 345
天津	189 936	6779	3427	171 988	1424	6318
河北	183 267	8100	2010	142 245	1739	29 173
山西	57 553	5189	1596	38 998	460	11 310
内蒙古	36 714	3167	904	23 137	714	8792
辽宁	131 833	12 747	3366	96 972	1069	17 679
吉林	45 570	7876	1114	28 409	312	7859
黑龙江	53 491	8564	2040	24 007	423	18 457
上海	320 272	8951	5521	291 096	4456	10 248
江苏	1 053 773	46 539	6605	949 882	15 673	35 074
浙江	735 073	21 661	4148	644 743	7880	56 641
安徽	246 346	12 548	2745	211 921	1930	17 202
福建	265 172	11 579	1788	222 104	1513	28 188
江西	128 457	8 419	1411	105 648	648	12 331
山东	455 859	18 191	5925	340 234	4682	86 827
河南	246 313	21 891	3055	182 492	3981	34 894
湖北	212 957	16 849	3769	171 365	2845	18 129
湖南	145 696	16 044	1320	109 162	849	18 321
广东	1 235 185	26 927	8633	1 088 879	8935	101 811
广西	59 510	8053	2660	32 979	5703	10 115
海南	14 332	981	956	10 054	506	1835
重庆	124 806	11 959	1584	101 089	2322	7852
四川	227 165	18 564	5455	177 272	5224	20 650
贵州	69 322	9648	960	37 284	4615	16 815
云南	67 215	7155	2409	47 984	4495	5172
西藏	2109	115	218	1572	49	155
陕西	111 940	19 950	4418	74 747	991	11 834
甘肃	40 094	6189	1662	22 337	1070	8836
青海	9478	557	332	6263	414	1912
宁夏	16 817	988	442	13 173	164	2050
新疆	29 938	2576	1321	19 495	1004	5542
台湾	34 655	55	187	24 823	40	9550
香港	4598	29	0	3300	49	1220
澳门	354	14	0	137	143	60
广州	244 692	14 431	5068	191 919	3157	30 117
长春	33 868	6949	1068	22 398	176	3277
武汉	109 814	11 226	3015	87 419	1254	6900

续表

地区	合计	高等院校	科研机构	企业	事业单位	个人
南京	151 834	21 013	3715	117 747	3422	5937
杭州	173 689	10 532	2555	150 450	2066	8086
西安	84 228	14 695	4277	57 740	739	6777
济南	81 817	4398	2842	62 093	1095	11 389
沈阳	44 732	5984	2771	29 515	674	5788
成都	135 047	11 822	2997	109 372	2240	8616
大连	38 227	2881	331	31 775	158	3082
厦门	68 373	2009	186	63 576	213	2389
哈尔滨	29 985	6307	100	14 641	197	7140
深圳	374 957	2929	1769	348 227	1548	20 484
青岛	113 144	5943	1421	96 084	974	8722
宁波	120 995	2214	575	108 178	806	9222
新疆兵团	3625	873	249	1905	22	576

表 28　　分地区分专利权人类型国内外观设计专利有效量(2020 年)　　(单位:件)

地区	合计	高等院校	科研机构	企业	事业单位	个人
全国	2 061 859	44 321	5058	1 270 163	5428	736 889
北京	92 429	862	1 484	80 273	694	9116
天津	17 452	827	139	13 624	36	2826
河北	48 611	1291	86	23 027	58	24 149
山西	6973	335	28	3807	36	2767
内蒙古	6245	199	12	3291	44	2699
辽宁	16 604	1251	70	7588	58	7637
吉林	7552	290	25	3981	35	3221
黑龙江	9483	781	92	3358	40	5212
上海	76 650	1655	338	68 601	282	5774
江苏	138 360	4994	347	98 067	758	34 194
浙江	341 778	3188	207	215 484	599	122 300
安徽	40 679	1768	126	24 894	247	13 644
福建	101 817	1903	170	60 212	200	39 332
江西	53 810	1416	76	16 073	71	36 174
山东	81 840	1396	131	54 997	136	25 180
河南	47 109	1599	134	23 480	442	21 454
湖北	35 938	2028	145	17 735	84	15 946
湖南	47 740	1446	60	16 851	47	29 336
广东	710 575	6650	739	428 301	567	274 318
广西	18 581	1215	51	5161	122	12 032
海南	2669	66	33	1434	41	1095

续表

地区	合计	高等院校	科研机构	企业	事业单位	个人
重庆	27 181	799	49	19 451	101	6781
四川	61 244	2469	171	36 958	245	21 401
贵州	12 280	2100	41	5545	56	4538
云南	10 584	1141	116	6363	208	2756
西藏	1215	4	4	1093	15	99
陕西	17 470	1644	92	9799	96	5839
甘肃	5370	714	44	3016	31	1565
青海	1094	42	4	722	36	290
宁夏	1381	122	25	905	12	317
新疆	5320	117	6	3629	19	1549
台湾	8292	5	13	5992	6	2276
香港	7163	3	0	6134	4	1022
澳门	370	1	0	317	2	50
广州	140 404	2909	318	86 213	223	50 741
长春	4359	163	25	2999	12	1160
武汉	16 072	1375	121	11 807	40	2729
南京	18 546	1818	156	13 648	124	2800
杭州	57 577	1288	82	49 102	327	6778
西安	12 442	1260	73	7472	22	3615
济南	10 648	469	48	7715	61	2355
沈阳	5853	345	37	3071	24	2376
成都	34 503	1686	112	24 987	97	7621
大连	3984	383	30	2287	4	1280
厦门	24 837	286	0	21 873	10	2668
哈尔滨	4681	545	70	1820	10	2236
深圳	198 114	344	211	163 107	87	34 365
青岛	19 721	285	43	16 866	12	2515
宁波	76 973	476	58	52 339	90	24 010
新疆兵团	262	8	4	136	0	114

表 29　　按国别(地区)分国外在华发明专利有效量　　(单位:件)

国家或地区	2015 年	2019 年	2020 年
合计	550 617	744 662	778 721
安道尔	6	6	9
阿联酋	31	81	94
安提瓜和巴布达	4	0	0
安圭拉	0	3	3
亚美尼亚	0	2	1

续表

国家或地区	2015 年	2019 年	2020 年
阿根廷	23	38	35
美属萨摩亚	1	1	1
奥地利	2769	4816	5195
澳大利亚	2361	2862	2920
阿塞拜疆	2	0	0
波黑	1	0	0
巴巴多斯	447	1017	613
孟加拉国	0	1	1
比利时	2806	3802	3927
保加利亚	17	32	34
巴林	3	0	0
百慕大	308	438	412
文莱	24	6	7
巴西	391	466	487
巴哈马	98	87	79
白俄罗斯	0	0	9
伯利兹	4	12	7
加拿大	4425	5427	5886
刚果(金)	0	1	2
中非	0	1	0
瑞士	14 708	19 652	20 719
库克群岛	5	3	2
智利	48	73	74
喀麦隆	1	0	0
哥伦比亚	17	16	20
哥斯达黎加	0	3	3
古巴	72	59	56
库拉索	1	2	3
塞浦路斯	59	81	76
捷克	111	192	213
德国	52 764	77 805	81 127
丹麦	3297	4743	5071
多米尼加	2	1	1
阿尔及利亚	1	2	2
厄瓜多尔	3	2	2
爱沙尼亚	15	20	23
埃及	4	3	4
西班牙	1038	1479	1580

续表

国家或地区	2015 年	2019 年	2020 年
芬兰	5462	6705	6701
斐济	0	0	1
法国	20 237	25 500	26 331
英国	7755	10 803	11 258
格鲁吉亚	1	1	0
根西岛	0	2	0
直布罗陀	17	22	22
几内亚	0	0	1
希腊	72	110	119
克罗地亚	7	10	11
匈牙利	140	151	158
印度尼西亚	17	25	23
爱尔兰	829	2302	2423
以色列	1501	2576	2775
马恩岛	1	1	1
印度	720	943	972
伊朗	3	1	2
冰岛	100	70	72
意大利	6678	9125	9690
泽西岛	3	3	2
牙买加	0	3	3
约旦	0	7	7
日本	221 854	276 746	286 474
肯尼亚	1	0	0
吉尔吉斯斯坦	1	0	0
圣基茨和尼维斯	2	1	1
朝鲜	2	4	2
韩国	42 312	60 635	65 872
科威特	2	1	1
开曼群岛	1538	5587	7331
哈萨克斯坦	10	7	10
黎巴嫩	3	4	5
圣卢西亚	2	0	0
列支敦士登	400	659	686
斯里兰卡	4	3	3
立陶宛	3	7	13
卢森堡	1110	1284	1322
拉脱维亚	21	17	15

续表

国家或地区	2015 年	2019 年	2020 年
摩洛哥	8	8	9
摩纳哥	39	24	27
马达加斯加	2	1	0
马绍尔群岛	1	4	5
北马其顿	0	2	1
马里	2	3	4
缅甸	0	2	2
蒙古	1	0	0
马耳他	61	139	137
毛里求斯	114	110	108
墨西哥	225	246	255
马来西亚	264	284	272
纳米比亚	0	1	1
尼日利亚	0	1	1
荷兰	14 602	18 308	19 015
挪威	1081	1251	1295
新西兰	371	564	605
阿曼	0	1	3
巴拿马	142	48	37
秘鲁	2	4	4
菲律宾	56	53	55
巴基斯坦	2	2	1
波兰	118	232	244
波多黎各	3	8	12
葡萄牙	77	105	127
卡塔尔	2	9	12
罗马尼亚	2	4	5
塞尔维亚	3	5	8
俄罗斯	394	507	530
沙特阿拉伯	186	495	541
塞舌尔	42	55	46
瑞典	9597	11 632	11 854
新加坡	1579	3935	5306
斯洛文尼亚	100	122	129
斯洛伐克	16	37	46
圣马力诺	1	5	6
萨尔瓦多	2	2	2
泰国	58	116	152

续表

国家或地区	2015 年	2019 年	2020 年
突尼斯	1	3	3
土耳其	228	236	195
特立尼达和多巴哥	3	3	3
乌克兰	22	31	28
美国	122 829	177 951	185 117
乌拉圭	6	10	10
乌兹别克斯坦	3	4	5
圣文森特和格林纳丁斯	25	1	1
委内瑞拉	24	2	2
英属维尔京群岛	959	909	886
越南	7	12	11
萨摩亚	186	200	208
南非	406	397	373
赞比亚	0	1	2
其他	90	27	15

表 30　　按国别(地区)分国外在华实用新型专利有效量　　(单位:件)

国家或地区	2015 年	2019 年	2020 年
合计	31 721	47 677	51 811
安道尔	1	1	1
阿联酋	14	16	14
安圭拉	1	6	10
阿根廷	3	4	6
美属萨摩亚	2	2	2
奥地利	179	246	268
澳大利亚	244	327	354
阿塞拜疆	0	1	0
巴巴多斯	2	26	31
孟加拉国	1	0	0
比利时	89	155	181
保加利亚	3	6	5
百慕大	65	55	54
文莱	14	5	5
巴西	56	76	86
巴哈马	3	0	1
白俄罗斯	0	0	5
伯利兹	31	16	13
加拿大	221	286	301

续表

国家或地区	2015 年	2019 年	2020 年
刚果(金)	0	1	1
瑞士	937	1390	1454
库克群岛	1	1	1
智利	2	2	2
哥伦比亚	2	1	3
哥斯达黎加	0	1	2
塞浦路斯	7	7	8
捷克	52	49	57
德国	3231	4843	5287
丹麦	128	221	243
多米尼加	0	1	1
阿尔及利亚	0	1	1
爱沙尼亚	1	6	11
埃及	0	2	4
西班牙	97	122	146
埃塞俄比亚	1	0	0
芬兰	308	377	406
法国	1105	1791	2047
英国	468	733	782
格鲁吉亚	0	1	1
直布罗陀	1	2	2
希腊	1	2	1
危地马拉	0	0	1
克罗地亚	1	1	0
匈牙利	8	13	18
印度尼西亚	7	6	10
爱尔兰	30	151	130
以色列	184	202	213
印度	31	59	68
伊拉克	3	2	2
伊朗	2	11	6
冰岛	0	1	2
意大利	341	667	771
约旦	0	5	12
日本	12 195	16 647	17 648
吉尔吉斯斯坦	0	0	1
圣基茨和尼维斯	1	0	0
朝鲜	2	4	4

续表

国家或地区	2015 年	2019 年	2020 年
韩国	1514	3718	4384
开曼群岛	271	383	529
哈萨克斯坦	4	2	2
老挝	0	1	1
黎巴嫩	2	2	4
列支敦士登	2	8	14
斯里兰卡	0	0	1
立陶宛	2	3	3
卢森堡	79	80	88
拉脱维亚	2	2	3
摩洛哥	0	0	1
摩纳哥	1	2	2
马绍尔群岛	2	1	1
马里	2	5	10
缅甸	0	9	9
蒙古	0	1	2
马耳他	1	6	6
毛里求斯	3	2	0
墨西哥	5	8	8
马来西亚	83	113	140
尼日尔	0	0	1
尼日利亚	0	0	1
荷兰	342	537	661
挪威	29	31	39
尼泊尔	2	0	0
新西兰	34	51	64
阿曼	0	1	1
巴拿马	3	0	0
秘鲁	2	1	3
菲律宾	3	23	26
巴基斯坦	2	3	3
波兰	11	29	27
波多黎各	1	0	0
葡萄牙	1	3	3
罗马尼亚	2	0	3
塞尔维亚	0	0	1
俄罗斯	129	134	137
沙特阿拉伯	6	5	4

续表

国家或地区	2015 年	2019 年	2020 年
塞舌尔	30	45	46
瑞典	313	365	439
新加坡	223	2114	2595
斯洛文尼亚	1	1	4
斯洛伐克	1	1	4
圣马力诺	0	0	1
叙利亚	1	0	0
乍得	0	1	1
泰国	26	44	53
土耳其	45	33	32
坦桑尼亚	1	0	0
乌克兰	13	5	9
美国	7968	10 962	11 399
乌拉圭	0	1	2
英属维尔京群岛	363	283	268
越南	2	4	10
萨摩亚	102	84	66
也门	0	1	1
南非	14	18	16
赞比亚	1	0	0
其他	1	0	0

表 31　按国别(地区)分国外在华外观设计专利有效量　(单位:件)

国家或地区	2015 年	2019 年	2020 年
合计	102 931	118 085	125 497
安道尔	1	0	0
阿联酋	44	69	49
阿富汗	7	2	0
安提瓜和巴布达	3	0	0
安圭拉	0	0	2
亚美尼亚	1	1	0
安哥拉	1	0	1
阿根廷	4	5	6
美属萨摩亚	1	1	1
奥地利	484	444	451
澳大利亚	1302	1398	1514
巴巴多斯	63	226	277
孟加拉国	1	1	3

续表

国家或地区	2015 年	2019 年	2020 年
比利时	423	482	500
保加利亚	5	10	7
贝宁	1	0	0
百慕大	87	67	64
文莱	8	0	0
玻利维亚	0	0	1
巴西	295	217	223
巴哈马	19	8	4
白俄罗斯	0	0	4
伯利兹	10	9	2
加拿大	949	868	880
刚果(金)	6	0	0
瑞士	3669	4967	5345
科特迪瓦	0	1	0
库克群岛	17	11	9
智利	2	1	1
哥伦比亚	4	12	14
哥斯达黎加	1	1	1
塞浦路斯	17	60	74
捷克	347	442	413
德国	10 859	11 830	12 462
丹麦	958	991	1096
多米尼加	0	4	5
阿尔及利亚	2	1	0
厄瓜多尔	4	3	4
爱沙尼亚	10	25	34
埃及	5	2	2
西班牙	799	882	910
埃塞俄比亚	1	0	0
芬兰	832	533	624
法国	4098	5087	5512
英国	2669	3859	4054
格鲁吉亚	0	6	9
根西岛	0	5	6
直布罗陀	3	1	0
希腊	42	42	24
危地马拉	1	0	0
克罗地亚	0	1	4

续表

国家或地区	2015 年	2019 年	2020 年
匈牙利	18	22	24
印度尼西亚	36	44	51
爱尔兰	70	211	236
以色列	340	479	517
印度	114	194	228
伊拉克	3	8	13
伊朗	15	5	2
冰岛	1	1	3
意大利	3335	3796	4148
约旦	3	4	3
日本	33 444	31 612	32 114
吉尔吉斯斯坦	0	1	1
韩国	10 709	14 213	15 408
科威特	1	0	2
开曼群岛	690	2009	2224
哈萨克斯坦	0	2	1
黎巴嫩	5	5	2
列支敦士登	182	215	224
斯里兰卡	1	2	4
立陶宛	7	5	6
卢森堡	294	411	501
拉脱维亚	6	4	4
摩洛哥	36	29	37
摩纳哥	6	20	72
摩尔多瓦	1	1	1
马绍尔群岛	0	0	5
北马其顿	0	0	1
马里	4	11	11
缅甸	4	12	10
蒙古	0	1	2
马耳他	3	17	15
毛里求斯	15	5	3
墨西哥	113	112	123
马来西亚	291	195	226
尼日利亚	4	7	7
荷兰	2102	2265	2494
挪威	173	190	184
尼泊尔	1	1	0

续表

国家或地区	2015 年	2019 年	2020 年
新西兰	189	346	372
阿曼	0	1	1
巴拿马	27	6	4
秘鲁	0	0	1
巴布亚新几内亚	1	0	0
菲律宾	15	7	8
巴基斯坦	4	10	8
波兰	89	107	116
波多黎各	2	1	1
葡萄牙	33	38	37
巴拉圭	0	2	2
卡塔尔	4	4	4
罗马尼亚	0	3	3
塞尔维亚	0	1	1
俄罗斯	139	199	223
沙特阿拉伯	165	172	181
塞舌尔	28	38	46
瑞典	1673	2237	2456
新加坡	568	804	902
斯洛文尼亚	15	53	58
斯洛伐克	15	23	24
圣马力诺	0	0	8
叙利亚	1	2	2
特克斯和凯科斯群岛	1	0	0
泰国	134	206	225
土耳其	232	178	161
特立尼达和多巴哥	0	2	0
坦桑尼亚	1	0	0
乌克兰	8	21	25
美国	18 748	24 169	26 459
乌兹别克斯坦	0	1	0
委内瑞拉	1	0	0
英属维尔京群岛	642	592	529
越南	18	91	51
萨摩亚	35	17	16
也门	1	3	3
南非	60	67	71

表 32　　分地区国内发明专利申请代理量(2020 年)　　(单位:件)

地区	合计	职务	非职务
全国	1 126 514	1 073 967	52 547
北京	132 599	130 386	2213
天津	18 128	17 707	421
河北	17 416	15 904	1512
山西	8129	7363	766
内蒙古	4029	3644	385
辽宁	19 263	18 201	1062
吉林	9720	9187	533
黑龙江	9311	8125	1186
上海	71 925	70 682	1243
江苏	144 754	140 180	4574
浙江	99 583	92 923	6660
安徽	54 396	50 621	3775
福建	25 579	24 101	1478
江西	13 746	12 702	1044
山东	60 333	56 199	4134
河南	26 270	23 698	2572
湖北	41 356	39 861	1495
湖南	39 264	36 016	3248
广东	189 062	183 812	5250
广西	10 273	9524	749
海南	2160	2038	122
重庆	19 523	18 614	909
四川	34 651	32 882	1769
贵州	9168	8432	736
云南	7962	7374	588
西藏	355	339	16
陕西	34 404	32 344	2060
甘肃	4831	4385	446
青海	1224	1128	96
宁夏	2101	1992	109
新疆	3036	2734	302
台湾	10 766	9823	943
香港	1121	977	144
澳门	76	69	7
广州	43 901	42 161	1740
长春	8245	7987	258
武汉	31 109	30 455	654

续表

地区	合计	职务	非职务
南京	39 747	38 731	1016
杭州	42 762	41 810	952
西安	31 070	29 526	1544
济南	16 164	15 196	968
沈阳	8166	7745	421
成都	24 827	24 025	802
大连	6792	6570	222
厦门	8503	8303	200
哈尔滨	6962	6316	646
深圳	76 416	75 181	1235
青岛	19 441	19 151	290
宁波	14 262	13 513	749
新疆兵团	545	503	42

表 33　　分地区国内实用新型专利申请代理量(2020 年)　　(单位:件)

地区	合计	职务	非职务
全国	2 149 889	1 912 263	237 626
北京	66 719	62 291	4428
天津	61 423	59 150	2273
河北	60 871	49 951	10 920
山西	19 708	15 152	4556
内蒙古	13 016	9062	3954
辽宁	43 812	37 153	6659
吉林	16 040	13 210	2830
黑龙江	17 448	10 292	7156
上海	79 949	77 233	2716
江苏	359 565	348 912	10 653
浙江	208 019	193 977	14 042
安徽	77 013	70 218	6795
福建	72 761	68 019	4742
江西	43 181	38 220	4961
山东	157 654	120 245	37 409
河南	96 827	84 195	12 632
湖北	79 684	73 599	6085
湖南	46 226	40 169	6057
广东	353 497	308 063	45 434
广西	23 446	18 819	4627
海南	7295	6531	764

续表

地区	合计	职务	非职务
重庆	39 762	36 724	3038
四川	71 850	64 821	7029
贵州	25 786	16 670	9116
云南	23 214	20 819	2395
西藏	963	886	77
陕西	40 703	34 704	5999
甘肃	15 954	11 383	4571
青海	3699	2765	934
宁夏	7125	6295	830
新疆	10 553	8372	2181
台湾	5226	3688	1538
香港	848	636	212
澳门	52	39	13
广州	76 020	52 077	23 943
长春	11 532	10 275	1257
武汉	39 910	37 749	2161
南京	48 240	46 396	1844
杭州	49 983	47 309	2674
西安	30 525	27 014	3511
济南	28 308	23 644	4664
沈阳	15 046	12 746	2300
成都	39 836	37 011	2825
大连	12 433	11 409	1024
厦门	17 452	16 839	613
哈尔滨	8285	5937	2348
深圳	113 047	105 887	7160
青岛	35 665	32 778	2887
宁波	29 558	27 533	2025
新疆兵团	1269	1039	230

表 34　分地区国内外观设计专利申请代理量(2020 年)　(单位:件)

地区	合计	职务	非职务
全国	579 290	353 318	225 972
北京	20 028	18 195	1833
天津	4124	3557	567
河北	13 220	5875	7345
山西	2123	1311	812
内蒙古	1563	876	687

续表

地区	合计	职务	非职务
辽宁	4706	2532	2174
吉林	2267	1359	908
黑龙江	2883	1095	1788
上海	19 886	18 446	1440
江苏	38 314	28 766	9548
浙江	85 919	53 887	32 032
安徽	11 754	7441	4313
福建	24 818	15 591	9227
江西	18 043	5461	12 582
山东	19 850	13 697	6153
河南	14 953	7638	7315
湖北	9833	4812	5021
湖南	14 500	5075	9425
广东	221 442	127 861	93 581
广西	6107	1842	4265
海南	841	536	305
重庆	6135	4225	1910
四川	17 292	10 661	6631
贵州	4542	2699	1843
云南	2633	1798	835
西藏	266	228	38
陕西	4774	3243	1531
甘肃	2167	1455	712
青海	316	181	135
宁夏	496	402	94
新疆	845	498	347
台湾	1324	958	366
香港	1304	1103	201
澳门	22	14	8
广州	56 588	24 559	32 029
长春	1381	1091	290
武汉	3847	3070	777
南京	4828	4300	528
杭州	13 973	12 101	1872
西安	3399	2562	837
济南	2461	2032	429
沈阳	1543	967	576
成都	9987	7997	1990

续表

地区	合计	职务	非职务
大连	1060	648	412
厦门	6381	5775	606
哈尔滨	1301	681	620
深圳	55 350	48 207	7143
青岛	4539	3968	571
宁波	16 731	11 563	5168
新疆兵团	52	33	19

表 35　　发明、实用新型专利申请按 IPC 部的分类统计(2020 年)　　(单位:件)

分类	发明		实用新型	
	数量	构成	数量	构成
A——H 合计	1 523 789	100.0%	2 915 978	100.0%
A 部 人类生活必需	187 970	12.3%	482 776	16.6%
B 部 作业、运输	307 704	20.2%	1 077 960	37.0%
C 部 化学、冶金	177 501	11.6%	99 821	3.4%
D 部 纺织、造纸	21 548	1.4%	42 504	1.5%
E 部 固定建筑物	75 849	5.0%	253 208	8.7%
F 部 机械工程;照明; 加热;武器;爆破	105 272	6.9%	357 719	12.3%
G 部 物理	409 971	26.9%	315 292	10.8%
H 部 电学	237 974	15.6%	286 698	9.8%

表 36　　发明、实用新型专利授权按 IPC 部的分类统计(2020 年)　　(单位:件)

分类	发明		实用新型	
	数量	构成	数量	构成
A——H 合计	530 127	100.0%	2 377 223	100.0%
A 部 人类生活必需	46 210	8.7%	378 949	15.9%

续表

分类	发明		实用新型	
	数量	构成	数量	构成
B部 作业、运输	93 532	17.6%	865 604	36.4%
C部 化学、冶金	73 712	13.9%	83 292	3.5%
D部 纺织、造纸	7236	1.4%	35 766	1.5%
E部 固定建筑物	21 279	4.0%	204 354	8.6%
F部 机械工程;照明; 加热;武器;爆破	37 541	7.1%	290 637	12.2%
G部 物理	132 967	25.1%	272 572	11.5%
H部 电学	117 650	22.2%	246 049	10.4%

表 37　按受理局计中国申请人在境外发明专利申请量(2019 年)　(单位:件)

国家、地区或组织	合计	直接申请	进入国家阶段的国际发明专利申请
合计	83 548	34 626	48 922
阿联酋	54	11	43
安哥拉	1	0	1
非洲地区知识产权组织	46	13	33
阿根廷	57	57	0
奥地利	7	3	4
澳大利亚	1832	376	1456
波黑	4	3	1
孟加拉国	34	34	0
比利时	57	57	0
巴林	4	0	4
巴西	1204	30	1174
白俄罗斯	5	0	5
加拿大	1486	275	1211
瑞士	30	20	10
智利	256	1	255
哥伦比亚	42	1	41

续表

国家、地区或组织	合计	直接申请	进入国家阶段的国际发明专利申请
哥斯达黎加	3	1	2
古巴	2	0	2
捷克	1	0	1
德国	449	246	203
丹麦	13	6	7
多米尼加	6	0	6
阿尔及利亚	12	0	12
欧亚组织	95	5	90
厄瓜多尔	6	0	6
埃及	38	2	36
欧洲	12 163	2677	9486
西班牙	9	5	4
芬兰	3	2	1
法国	89	89	0
英国	739	586	153
海湾阿拉伯国家合作委员会专利局	6	6	0
危地马拉	1	0	1
中国香港	1740	1740	0
洪都拉斯	1	0	1
匈牙利	1	0	1
印度尼西亚	765	28	737
以色列	314	7	307
印度	3767	355	3412
伊朗	38	38	0
意大利	136	136	0
约旦	1	1	0
日本	7947	3056	4891
肯尼亚	4	0	4
韩国	3723	609	3114
斯里兰卡	8	3	5
立陶宛	22	22	0
卢森堡	137	137	0
拉脱维亚	3	3	0
摩洛哥	99	29	70
摩纳哥	5	5	0
蒙古	9	1	8

续表

国家、地区或组织	合计	直接申请	进入国家阶段的国际发明专利申请
墨西哥	555	35	520
马来西亚	643	43	600
荷兰	134	134	0
挪威	8	5	3
新西兰	194	44	150
非洲知识产权组织	16	0	16
巴拿马	3	0	3
秘鲁	26	1	25
菲律宾	634	75	559
巴基斯坦	24	24	0
波兰	5	4	1
葡萄牙	69	69	0
卡塔尔	32	0	32
罗马尼亚	3	1	2
俄罗斯	1071	92	979
沙特阿拉伯	94	12	82
瑞典	8	5	3
新加坡	1100	194	906
泰国	425	35	390
土耳其	39	3	36
乌克兰	51	0	51
美国	39 055	22 950	16 105
乌兹别克斯坦	5	2	3
越南	1179	56	1123
南非	701	166	535

注：数据来自世界知识产权组织（WIPO）网站，http://www.wipo.int。

表 38　按受理局计中国权利人在境外发明专利授权量（2019 年）　（单位：件）

国家、地区或组织	合计	直接申请	进入国家阶段的国际发明专利申请
合计	38 086	15 914	22 172
阿联酋	32	3	29
非洲地区知识产权组织	5	0	5
阿根廷	23	23	0
奥地利	1	1	0
澳大利亚	884	167	717

续表

国家、地区或组织	合计	直接申请	进入国家阶段的国际发明专利申请
比利时	26	26	0
保加利亚	1	0	1
巴西	181	12	169
白俄罗斯	4	1	3
加拿大	597	92	505
瑞士	11	5	6
智利	37	2	35
哥伦比亚	16	0	16
哥斯达黎加	1	0	1
捷克	1	0	1
德国	169	83	86
欧亚组织	89	3	86
厄瓜多尔	1	0	1
埃及	1	0	1
欧洲	6228	1200	5028
西班牙	6	4	2
芬兰	2	1	1
法国	83	83	0
英国	189	98	91
海湾阿拉伯国家合作委员会专利局	2	2	0
格鲁吉亚	2	0	2
危地马拉	1	0	1
中国香港	483	483	0
洪都拉斯	1	0	1
匈牙利	2	1	1
印度尼西亚	516	25	491
以色列	39	0	39
印度	817	70	747
伊朗	29	29	0
意大利	14	14	0
日本	3738	1195	2543
肯尼亚	1	0	1
韩国	2032	209	1823
哈萨克斯坦	16	3	13
斯里兰卡	2	1	1
立陶宛	29	29	0

续表

国家、地区或组织	合计	直接申请	进入国家阶段的国际发明专利申请
拉脱维亚	11	11	0
摩洛哥	13	1	12
蒙古	10	0	10
中国澳门	1	1	0
墨西哥	223	5	218
马来西亚	170	21	149
荷兰	61	61	0
挪威	2	1	1
新西兰	75	18	57
非洲知识产权组织	15	3	12
巴拿马	2	0	2
秘鲁	9	0	9
菲律宾	35	3	32
巴基斯坦	3	3	0
波兰	2	0	2
罗马尼亚	1	1	0
俄罗斯	895	122	773
沙特阿拉伯	9	0	9
苏丹	1	1	0
瑞典	3	2	1
新加坡	227	34	193
泰国	77	36	41
土耳其	8	2	6
乌克兰	26	5	21
美国	19 209	11 574	7635
乌兹别克斯坦	6	1	5
越南	178	6	172
南非	502	137	365

注：数据来自世界知识产权组织(WIPO)网站，http://www.wipo.int。

表 39　　按受理局计中国权利人在境外发明专利有效量(2019 年)　　(单位：件)

国家、地区或组织	合计
合计	215 439
阿联酋	43
非洲地区知识产权组织	69
奥地利	3629
澳大利亚	3875

续表

国家、地区或组织	合计
波黑	4
保加利亚	192
巴西	413
白俄罗斯	78
加拿大	2797
瑞士	6778
智利	139
哥伦比亚	59
哥斯达黎加	6
古巴	1
捷克	466
丹麦	865
多米尼加	3
爱沙尼亚	91
埃及	76
西班牙	4016
芬兰	1113
法国	12 843
英国	19 221
海湾阿拉伯国家合作委员会专利局	22
格鲁吉亚	10
希腊	375
危地马拉	3
中国香港	2835
洪都拉斯	2
克罗地亚	91
匈牙利	571
以色列	203
印度	2020
伊朗	210
冰岛	81
意大利	3391
约旦	3
日本	17 768
吉尔吉斯斯坦	3
韩国	9296

续表

国家、地区或组织	合计
斯里兰卡	7
立陶宛	25
卢森堡	7137
拉脱维亚	92
摩洛哥	170
摩纳哥	4853
摩尔多瓦	2
马达加斯加	4
北马其顿	85
蒙古	69
中国澳门	3
墨西哥	1675
马来西亚	650
荷兰	5730
挪威	446
新西兰	405
巴拿马	9
秘鲁	30
巴基斯坦	16
波兰	1045
葡萄牙	718
罗马尼亚	449
塞尔维亚	52
俄罗斯	5377
沙特阿拉伯	115
瑞典	2214
新加坡	1495
泰国	305
土耳其	1194
乌克兰	184
美国	84 323
乌兹别克斯坦	11
越南	779
南非	2109

注：数据来自世界知识产权组织（WIPO）网站，http://www.wipo.int。

表 40 **PCT 国际专利申请受理量** （单位：件）

地区		2019 年	2020 年
合计		60 993	72 349
国内	国内小计	56 796	66 948
	北京	7165	8283
	天津	313	374
	河北	494	595
	山西	82	99
	内蒙古	31	37
	辽宁	577	456
	吉林	77	147
	黑龙江	82	78
	上海	3173	3558
	江苏	6635	9606
	浙江	2955	4307
	安徽	548	615
	福建	978	1587
	江西	334	282
	山东	2927	3418
	河南	257	225
	湖北	2127	1504
	湖南	555	624
	广东	24 725	28 098
	广西	167	149
	海南	34	47
	重庆	218	363
	四川	503	591
	贵州	58	57
	云南	89	114
	西藏	0	6
	陕西	329	476
	甘肃	68	53
	青海	12	7
	宁夏	17	30
	新疆	13	39
	台湾	635	569
	香港	611	549
	澳门	7	5
国外	国外小计	4197	5401

供稿：国家知识产权局战略规划司

商　标

表 1　　分国内外商标申请注册年度状况(1979—2020 年)　　(单位:件)

统计范围	年份	申请量	注册量
合计	1979—2014	15 526 695	10 027 462
	2015	2 876 048	2 226 441
	2016	3 691 365	2 254 945
	2017	5 748 175	2 792 072
	2018	7 370 709	5 007 395
	2019	7 837 441	6 405 840
	2020	9 347 568	5 760 652
国内	1979—2014	13 883 975	8 789 541
	2015	2 699 156	2 077 037
	2016	3 526 827	2 119 032
	2017	5 538 980	2 656 039
	2018	7 127 032	4 796 851
	2019	7 582 356	6 177 791
	2020	9 116 454	5 576 545
国外	1979—2014	1 642 720	1 237 921
	2015	176 892	149 404
	2016	164 538	135 913
	2017	209 195	136 033
	2018	243 677	210 544
	2019	255 085	228 049
	2020	231 114	184 107

表 2　　分地区国内商标申请量、注册量及年末有效注册量　　(单位:件)

地区	申请量		注册量		年末有效注册量	
	2019 年	2020 年	2019 年	2020 年	2019 年	2020 年
全国	7 582 356	9 116 454	6 177 791	5 576 545	23 543 513	28 393 188
北京	546 590	564 510	474 645	362 738	1 921 978	2 223 056
天津	73 310	85 096	56 538	51 092	245 828	288 949
河北	234 388	283 859	197 054	175 632	679 742	837 897
山西	65 833	85 379	47 756	48 021	181 625	223 410
内蒙古	63 759	71 501	54 247	45 125	202 198	240 565
辽宁	117 269	130 597	95 524	81 384	397 769	462 852
吉林	64 441	75 384	57 058	45 193	216 256	253 691

续表

地区	申请量		注册量		年末有效注册量	
	2019 年	2020 年	2019 年	2020 年	2019 年	2020 年
黑龙江	85 783	93 939	70 128	58 824	272 831	321 190
上海	438 815	505 260	361 036	307 405	1 472 627	1 737 353
江苏	488 511	603 118	414 190	367 645	1 545 380	1 862 454
浙江	733 528	874 293	610 478	566 301	2 503 624	2 975 001
安徽	234 339	303 305	186 040	174 516	608 523	768 729
福建	432 736	540 649	350 193	331 738	1 282 576	1 571 895
江西	151 127	199 735	120 407	120 294	402 535	512 617
山东	465 121	565 318	372 223	349 751	1 297 764	1 610 086
河南	353 497	435 379	271 345	267 953	873 721	1 121 088
湖北	189 427	210 889	147 131	133 448	546 864	665 143
湖南	198 822	244 048	158 843	149 261	578 641	710 913
广东	1 463 989	1 755 995	1 187 686	1 079 852	4 477 109	5 430 003
广西	89 684	121 558	69 572	65 922	235 568	295 756
海南	36 627	44 326	26 944	23 493	99 885	120 720
重庆	143 996	160 862	117 711	104 748	484 628	576 973
四川	281 564	351 668	225 104	202 200	833 692	1 014 106
贵州	89 652	125 649	62 033	58 618	212 200	266 864
云南	116 347	140 461	91 901	83 847	360 061	435 055
西藏	10 510	13 360	9532	7572	30 763	37 178
陕西	134 777	172 599	101 488	96 266	402 944	490 260
甘肃	39 244	44 459	28 474	27 215	98 929	123 823
青海	12 303	16 828	10 101	9 331	40 592	48 516
宁夏	18 023	23 252	13 674	13 139	55 642	67 201
新疆	59 058	84 648	38 522	42 967	185 954	221 995
台湾	19 719	14 441	19 270	13 130	177 309	178 968
香港	128 121	172 615	129 563	110 947	610 556	691 065
澳门	1446	1474	1380	977	7199	7816
广州	409 397	486 261	337 354	298 343	1 250 876	1 514 106
长春	30 687	36 889	27 659	21 781	101 144	119 135
武汉	96 551	98 544	72 249	67 206	276 406	335 561
南京	94 840	111 933	74 750	69 581	279 383	342 504
杭州	217 041	260 743	177 235	164 476	668 093	812 977
西安	83 165	101 542	61 692	58 842	255 771	307 186
济南	75 604	91 400	58 999	57 103	205 190	263 105
沈阳	45 532	49 736	38 155	31 226	154 311	179 060
成都	175 542	219 807	139 690	125 246	504 667	615 645
大连	27 918	30 565	22 259	18 889	103 205	117 534
厦门	99 026	123 348	87 547	75 630	325 284	391 606
哈尔滨	45 213	48 198	36 734	30 204	145 250	170 275
深圳	500 905	584 659	395 243	362 942	1 396 734	1 730 268
青岛	86 585	110 549	68 911	67 342	246 891	306 949
宁波	77 660	93 526	65 778	60 163	279 102	328 218

表 3　按国别(地区)分国外在华商标申请量、注册量及年末有效注册量　(单位:件)

国家或地区	申请量		注册量		年末有效注册量	
	2019 年	2020 年	2019 年	2020 年	2019 年	2020 年
合计	255 085	231 114	228 049	184 107	1 675 003	1 779 897
安道尔	3	4	8	0	89	79
阿联酋	486	565	467	388	3978	4249
阿富汗	66	68	50	48	379	383
安提瓜和巴布达	8	21	14	9	47	56
安圭拉	41	59	215	53	759	778
阿尔巴尼亚	5	7	1	2	20	22
亚美尼亚	47	28	32	25	157	185
安哥拉	0	6	6	0	65	42
阿根廷	246	198	200	147	1485	1547
奥地利	1555	1432	1395	1243	13 111	13 828
澳大利亚	9220	8248	7428	6400	39 028	44 117
阿鲁巴	0	0	0	0	1	1
阿塞拜疆	48	30	30	33	318	308
波黑	5	9	3	0	15	15
巴巴多斯	89	51	85	53	939	1022
孟加拉国	42	23	18	24	143	164
比利时	1505	1403	1478	1019	12 593	13 155
布基纳法索	3	4	2	3	15	17
保加利亚	224	167	159	198	1607	1705
巴林	12	13	3	7	140	121
布隆迪	1	0	0	1	15	16
贝宁	4	1	0	0	26	25
百慕大	196	261	262	205	2128	2131
文莱	16	28	7	15	263	246
玻利维亚	8	5	13	3	53	53
巴西	654	542	356	393	4025	4159
巴哈马	95	64	60	74	1037	1001
博茨瓦纳	5	0	5	0	136	92
白俄罗斯	203	188	191	135	906	988
伯利兹	48	43	108	40	601	605
加拿大	5287	4131	3955	3852	20 513	23 215
刚果(金)	2	3	3	2	20	20
刚果(布)	3	0	0	3	4	7
瑞士	8664	7680	8112	6163	73 247	76 264
科特迪瓦	7	1	16	2	44	42
库克群岛	45	23	32	25	298	289

续表

国家或地区	申请量		注册量		年末有效注册量	
	2019 年	2020 年	2019 年	2020 年	2019 年	2020 年
智利	429	477	313	316	2872	2958
喀麦隆	205	13	7	128	34	162
哥伦比亚	129	138	94	76	946	981
哥斯达黎加	27	9	13	18	91	104
古巴	15	23	7	12	209	201
佛得角	0	2	0	1	0	1
库拉索	10	6	34	5	262	255
塞浦路斯	418	467	423	353	3618	3713
捷克	507	361	630	404	4009	4192
德国	19 664	16 814	21 062	14 106	170 735	178 787
吉布提	0	5	0	0	4	4
丹麦	2070	2097	2066	1373	15 745	16 580
多米尼克	1	1	3	1	21	20
多米尼加	65	43	17	43	130	176
阿尔及利亚	68	69	32	30	216	228
厄瓜多尔	49	63	34	17	189	200
爱沙尼亚	95	147	114	91	570	660
埃及	169	157	94	91	804	826
厄立特里亚	0	0	0	0	2	2
西班牙	3341	2723	2521	2055	23 655	24 172
埃塞俄比亚	9	5	2	7	27	28
芬兰	1833	1677	1771	1559	12 349	13 598
斐济	7	13	5	4	59	59
法国	13 779	10 166	12 764	8871	104 677	109 036
加蓬	0	0	0	0	1	1
英国	24 422	23 105	17 893	18 560	103 057	117 343
格林纳达	18	3	7	0	9	7
格鲁吉亚	39	29	25	28	187	211
根西岛	11	6	4	4	94	76
加纳	30	12	8	21	34	54
直布罗陀	24	22	21	8	163	166
格陵兰	0	4	0	0	1	1
冈比亚	1	0	1	0	4	4
几内亚	29	3	42	9	51	59
赤道几内亚	1	1	0	1	0	1
希腊	302	155	231	139	1670	1668
危地马拉	28	14	17	10	81	94

续表

国家或地区	申请量		注册量		年末有效注册量	
	2019 年	2020 年	2019 年	2020 年	2019 年	2020 年
几内亚比绍	1	0	0	1	0	1
圭亚那	0	4	0	0	13	13
洪都拉斯	7	5	0	3	6	9
克罗地亚	54	26	29	17	477	456
海地	0	5	0	1	31	32
匈牙利	219	160	234	164	1423	1501
印度尼西亚	893	690	871	632	4078	4481
爱尔兰	946	839	633	657	4964	5558
以色列	1060	844	826	621	4434	4811
马恩岛	33	57	77	29	1331	1306
印度	833	723	519	583	4174	4492
伊拉克	392	309	203	326	993	1271
伊朗	234	211	212	132	1823	1840
冰岛	107	55	89	62	708	741
意大利	8370	7632	8168	5894	80 463	82 881
泽西岛	102	20	34	31	360	355
牙买加	4	7	0	2	71	62
约旦	173	109	55	99	416	469
日本	31 191	29 515	27 022	23 962	221 866	236 586
肯尼亚	27	27	21	17	138	143
吉尔吉斯斯坦	18	28	6	42	50	86
柬埔寨	38	61	18	26	115	135
科摩罗	1	0	0	0	0	0
圣基茨和尼维斯	4	2	12	6	29	31
朝鲜	55	44	31	24	144	168
韩国	18 650	17 826	17 154	14 266	102 830	113 332
科威特	36	33	14	21	334	281
开曼群岛	3287	2131	5903	2177	32 490	28 376
哈萨克斯坦	203	160	154	203	669	798
老挝	5	8	3	2	23	25
黎巴嫩	83	64	41	51	518	508
圣卢西亚	6	0	0	2	15	14
列支敦士登	227	159	211	175	3000	3040
斯里兰卡	75	59	25	50	263	296
利比里亚	1	8	12	4	25	29
立陶宛	289	138	194	154	535	680
卢森堡	982	631	880	626	9777	9350

续表

国家或地区	申请量		注册量		年末有效注册量	
	2019 年	2020 年	2019 年	2020 年	2019 年	2020 年
拉脱维亚	56	104	51	39	434	443
利比亚	47	34	20	34	85	115
摩洛哥	142	61	115	61	638	683
摩纳哥	284	259	298	154	1960	1984
摩尔多瓦	81	47	68	35	239	262
黑山	12	2	15	0	36	35
马达加斯加	2	3	1	3	36	40
马绍尔群岛	89	85	84	58	899	907
北马其顿	17	13	33	11	100	104
马里	14	17	15	11	125	89
缅甸	97	177	71	69	336	395
蒙古	31	21	28	21	143	148
北马里亚纳群岛	8	2	0	1	2	3
毛里塔尼亚	1	2	6	0	22	20
蒙塞拉特岛	0	0	0	0	2	2
马耳他	108	112	139	60	1258	1260
毛里求斯	38	157	55	25	718	621
马尔代夫	6	6	4	5	8	13
马拉维	0	3	0	1	7	7
墨西哥	574	419	436	406	4701	4760
马来西亚	2295	1888	1721	1572	10 671	11 484
莫桑比克	3	16	1	1	27	26
纳米比亚	1	1	0	1	59	60
尼日尔	3	0	2	1	12	11
尼日利亚	63	64	32	47	283	281
尼加拉瓜	5	0	2	3	6	9
荷兰	4240	4215	3724	2905	33 588	35 084
挪威	829	691	1042	518	5087	5406
尼泊尔	23	10	30	10	83	86
瑙鲁	0	0	0	0	4	4
新西兰	2304	2127	1969	1762	10 517	11 872
阿曼	25	42	13	18	163	179
巴拿马	110	147	57	78	724	690
秘鲁	98	91	61	47	373	394
波利尼西亚	1	0	0	0	13	9
巴布亚新几内亚	1	1	2	0	41	41
菲律宾	177	305	150	118	1350	1394

续表

国家或地区	申请量		注册量		年末有效注册量	
	2019 年	2020 年	2019 年	2020 年	2019 年	2020 年
巴基斯坦	146	108	144	94	708	717
波兰	1213	1121	887	729	5317	5832
波多黎各	23	21	16	8	81	86
巴勒斯坦	8	9	9	2	25	20
葡萄牙	344	329	336	248	2892	3033
帕劳	8	0	0	0	21	20
巴拉圭	12	7	11	8	58	57
卡塔尔	67	39	41	25	343	349
罗马尼亚	147	109	104	100	786	806
塞尔维亚	89	80	133	40	358	379
俄罗斯	2852	2341	4237	2410	18 518	19 680
卢旺达	1	2	0	1	4	5
沙特阿拉伯	149	145	104	89	1075	1056
所罗门群岛	0	0	0	0	2	2
塞舌尔	908	765	1014	680	3985	4539
苏丹	52	16	9	36	86	121
瑞典	2604	2627	2677	2114	19 106	20 589
新加坡	5555	5103	4133	3867	28 148	31 126
斯洛文尼亚	253	202	251	110	1320	1401
斯洛伐克	141	101	148	67	1057	1068
塞拉利昂	0	0	3	0	14	14
圣马力诺	31	23	26	14	230	214
塞内加尔	3	19	19	9	49	58
索马里	3	3	1	3	1	4
苏里南	0	1	0	0	1	1
南苏丹	0	1	0	0	0	0
萨尔瓦多	15	6	3	3	13	16
荷属圣马丁	0	0	0	0	3	3
叙利亚	116	106	76	57	438	438
特克斯和凯科斯群岛	4	4	6	1	51	52
乍得	2	2	1	1	21	16
多哥	50	4	0	49	46	91
泰国	3122	2369	2289	1919	10 359	12 006
塔吉克斯坦	3	8	7	7	28	33
土库曼斯坦	6	11	8	5	56	61
突尼斯	19	9	16	7	146	145
汤加	1	0	0	1	0	1

续表

国家或地区	申请量		注册量		年末有效注册量	
	2019 年	2020 年	2019 年	2020 年	2019 年	2020 年
土耳其	873	812	916	608	7741	7870
特立尼达和多巴哥	2	13	0	0	82	81
坦桑尼亚	18	12	11	11	93	100
乌克兰	435	410	414	347	2067	2284
乌干达	6	13	4	5	20	25
美国	53 612	50 882	45 494	38 764	346 979	370 733
乌拉圭	73	73	50	57	222	274
乌兹别克斯坦	19	38	19	19	86	96
圣文森特和格林纳丁斯	0	6	0	4	15	16
委内瑞拉	30	52	34	31	330	349
英属维尔京群岛	3874	4381	4331	2807	35 747	35 162
越南	488	345	313	254	1723	1792
瓦努阿图	8	1	32	4	96	99
萨摩亚	100	28	472	80	2688	2510
也门	179	208	82	101	310	404
南非	389	293	293	262	2917	2961
赞比亚	1	3	0	2	7	9
津巴布韦	0	0	7	0	17	17
其他	2	5	3	4	400	423

表 4　　分地区马德里商标国际注册申请量　　(单位:件)

地区	2019 年	2020 年
全国	6491	7553
北京	323	319
天津	48	30
河北	221	384
山西	10	13
内蒙古	32	35
辽宁	23	20
吉林	9	7
黑龙江	18	9
上海	340	382
江苏	891	1485
浙江	712	740
安徽	230	392
福建	306	371
江西	54	41

续表

地区	2019 年	2020 年
山东	836	956
河南	34	43
湖北	65	63
湖南	606	475
广东	1413	1448
广西	42	34
海南	4	3
重庆	67	84
四川	93	107
贵州	27	9
云南	9	14
西藏	3	13
陕西	36	29
甘肃	3	5
青海	0	0
宁夏	0	1
新疆	6	12
台湾	27	26
其他	3	3
广州	315	275
长春	5	5
武汉	39	35
南京	307	549
杭州	169	163
西安	23	18
济南	162	197
沈阳	1	7
成都	69	55
大连	7	8
厦门	65	84
哈尔滨	7	6
深圳	638	745
青岛	98	107
宁波	103	117

注：本表统计国家知识产权局收到的马德里商标国际注册申请情况。香港、澳门不是马德里体系缔约方，如香港、澳门申请人在网上提交马德里申请，将不予受理，故在本表中划入"其他"统计项名下。

供稿：国家知识产权局战略规划司

地理标志

表 1　　地理标志作为集体商标、证明商标累计注册量　　(单位:件)

国家或地区	2019 年末累计注册量	2020 年末累计注册量
合计	5324	6085
国内总计	5131	5875
北京	13	16
天津	27	27
河北	150	223
山西	64	81
内蒙古	149	170
辽宁	130	139
吉林	81	94
黑龙江	89	102
上海	15	17
江苏	323	354
浙江	238	261
安徽	163	185
福建	492	549
江西	90	113
山东	720	812
河南	87	95
湖北	437	474
湖南	154	195
广东	76	86
广西	63	71
海南	64	85
重庆	252	278
四川	382	481
贵州	100	111
云南	254	283
西藏	106	120
陕西	135	141
甘肃	123	148
青海	36	37
宁夏	24	27

续表

国家或地区	2019 年末累计注册量	2020 年末累计注册量
新疆	89	95
台湾	5	5
香港	0	0
澳门	0	0
国外在华总计	193	210
德国	2	2
西班牙	2	2
法国	135	152
英国	3	3
格鲁吉亚	3	3
意大利	23	23
牙买加	2	2
日本	1	1
墨西哥	2	2
泰国	6	6
美国	14	14

表 2　　地理标志产品累计批准量　　（单位：件）

国家或地区	2019 年末累计批准量	2020 年末累计批准量
合计	2385	2391
国内总计	2324	2330
北京	13	13
天津	13	13
河北	70	70
山西	26	26
内蒙古	41	41
辽宁	89	89
吉林	53	53
黑龙江	73	74
上海	12	12
江苏	91	91
浙江	115	115
安徽	82	83
福建	107	107
江西	61	62
山东	79	80
河南	116	116
湖北	165	165

续表

国家或地区	2019 年末累计批准量	2020 年末累计批准量
湖南	83	83
广东	158	159
广西	92	92
海南	12	12
重庆	14	14
四川	295	295
贵州	146	147
云南	62	62
西藏	35	35
陕西	86	86
甘肃	68	68
青海	16	16
宁夏	13	13
新疆	38	38
台湾	0	0
香港	0	0
澳门	0	0
国外在华总计	61	61
西班牙	2	2
法国	51	51
英国	4	4
意大利	2	2
墨西哥	1	1
美国	1	1

供稿：国家知识产权局战略规划司

版　权

表 1　　　　2020 年全国作品登记情况统计　　　　（单位：件）

统计范围	文字	口述	音乐	戏剧	曲艺	舞蹈	杂技	美术	摄影	建筑	影视	图形	模型	其他	录音	录像	合计
全国	212 797	2014	16 478	474	246	187	45	1 295 415	1 510 914	381	191 332	14 765	520	35 737	28 765	6185	3 316 255
北京	12 700	0	3889	48	0	4	0	8075	976 333	0	1296	1413	3	915	0	0	1 004 676
天津	951	0	61	9	6	1	0	41 543	156 129	1	14 342	371	1	0	0	0	213 415
河北	4373	5	255	24	158	13	0	14 767	4424	12	217	900	36	396	44	343	25 967
山西	68	0	3	9	0	0	0	1300	1	0	84	7	0	24	0	0	1496
内蒙古	708	0	441	11	13	39	0	1571	491	1	90	19	7	140	8	21	3560
辽宁	1003	0	280	9	0	4	0	7194	54	0	2627	10	0	3	1	887	12 072
吉林	148	0	36	6	0	0	0	10 511	55	0	131	2	0	230	0	0	11 119
黑龙江	489	1	64	0	0	0	0	456	1002	0	34	11	0	0	0	0	2057
上海	27 007	0	1717	23	1	7	0	183 460	49 483	0	16 014	141	9	18 330	20 617	2097	318 906
江苏	55 725	1550	609	22	10	18	2	186 545	21 097	3	13 569	1949	3	0	243	639	281 984
浙江	942	0	192	0	0	0	0	27 816	2534	0	88	35	0	824	23	136	32 590
安徽	4725	0	116	70	27	14	0	16 891	61 264	8	640	403	55	520	25	0	84 758
福建	3576	0	150	5	0	2	5	138 092	11 343	11	4598	347	37	1353	4020	247	163 786
江西	9448	0	75	2	1	6	0	11 545	1942	0	143	9	4	0	24	45	23 244
山东	12 201	211	595	13	8	7	0	41 411	143 500	1	1752	435	22	1025	0	0	201 181
河南	472	0	16	5	0	0	0	732	159	0	89	20	0	20	0	0	1513
湖北	5929	0	94	5	0	0	33	42 789	576	0	488	33	0	0	40	478	50 465
湖南	666	0	48	0	0	0	0	4443	1350	0	1168	82	3	276	12	59	8107
广东	1579	4	977	13	2	17	0	40 730	12 207	0	770	1944	0	4078	1756	119	64 196
广西	319	0	62	1	0	1	0	794	39	0	66	415	0	4	0	54	1755
海南	37	0	9	7	0	2	0	106	0	0	3	26	0	2	0	0	192
重庆	2830	6	323	11	1	1	1	50 433	1503	13	114 723	590	48	603	32	86	171 204
四川	42 330	6	2015	3	7	17	2	62 488	52 461	319	1452	1818	114	46	0	0	163 078
贵州	1982	9	490	0	0	7	1	126 192	1955	2	1768	2806	118	600	78	264	136 272
云南	1965	0	171	0	0	0	0	3951	2684	0	1376	3	49	107	173	650	11 129
西藏	0	0	0	0	0	0	0	0	0	0	12	0	0	0	0	0	12
陕西	1433	0	55	15	0	2	0	8612	1782	0	7760	5	0	11	441	12	20 128
甘肃	4278	218	374	80	0	3	1	4603	5549	3	146	7	2	0	4	1	15 269
青海	6	0	29	0	0	0	0	17	0	0	0	0	0	1	0	0	53
宁夏	44	0	11	0	0	0	0	302	0	0	2	101	0	0	0	0	460
新疆	237	0	140	0	0	0	0	515	0	0	0	23	0	1	0	2	918
中国版权保护中心	14 626	4	3181	83	12	22	0	257 531	997	7	5884	840	9	6228	1224	45	290 693

表 2　　2020 年全国引进出版物版权汇总　　（单位：项）

原版权所在国家或地区名称	合计	图书	录音制品	录像制品	电子出版物
引进出版物版权总数	14 185	13 919	79	154	33
美国	3601	3588	8	5	
英国	3291	3254		13	24
德国	935	923	2	10	
法国	865	847		18	
俄罗斯	116	115		1	
加拿大	115	111		4	
新加坡	279	277	1	1	
日本	2111	2039	15	49	8
韩国	446	446			
中国香港	267	230	35	2	
中国澳门	8	8			
中国台湾	513	495	18		
其他	1638	1586		51	1

表 3　　2020 年全国输出出版物版权汇总　　（单位：项）

版权购买者所在国家或地区名称	合计	图书	录音制品	录像制品	电子出版物
输出出版物版权总数	13 895	12 915	230	14	736
美国	884	711			173
英国	509	492			17
德国	420	351			69
法国	126	120			6
俄罗斯	894	882			12
加拿大	192	191			1
新加坡	838	809			29
日本	400	387			13
韩国	568	539	6		23
中国香港	714	504	190	4	16
中国澳门	80	80			
中国台湾	1070	990	10	10	60
其他	7200	6859	24		317

供稿：中央宣传部版权管理局

集成电路布图设计

表 1　　集成电路布图设计登记申请发证年度状况　　(单位:件)

统计范围	年份	申请量	发证量
合计	2001—2014	11 117	10 089
	2015	2058	1800
	2016	2360	2154
	2017	3228	2670
	2018	4431	3815
	2019	8319	6614
	2020	14 375	11 727
国内	2001—2014	10 111	9138
	2015	1970	1694
	2016	2241	2040
	2017	3174	2574
	2018	4346	3719
	2019	8223	6473
	2020	14 297	11 647
国外	2001—2014	1006	951
	2015	88	106
	2016	119	114
	2017	54	96
	2018	85	96
	2019	96	141
	2020	78	80

表 2　　集成电路布图设计登记申请量　　(单位:件)

国家或地区	2019 年	2020 年
合计	8319	14 375
国内总计	8223	14 297
北京	331	492
天津	77	191
河北	36	86
山西	33	50
内蒙古	2	9
辽宁	20	43

续表

国家或地区	2019 年	2020 年
吉林	17	51
黑龙江	8	87
上海	1181	1839
江苏	1976	3113
浙江	435	730
安徽	402	655
福建	108	254
江西	12	70
山东	151	403
河南	319	470
湖北	219	254
湖南	53	102
广东	2369	4293
广西	9	53
海南	14	68
重庆	48	170
四川	251	453
贵州	38	42
云南	0	10
西藏	0	4
陕西	94	175
甘肃	0	5
青海	0	2
宁夏	9	21
新疆	2	4
台湾	7	4
香港	2	94
澳门	0	0
国外在华总计	96	78
美国	88	78
英国	4	0
英属维尔京群岛	3	0
意大利	1	0

表 3　　集成电路布图设计登记发证量　　（单位：件）

国家或地区	2019 年	2020 年
合计	6614	11 727
国内总计	6473	11 647
北京	322	429

续表

国家或地区	2019 年	2020 年
天津	50	156
河北	30	65
山西	24	27
内蒙古	1	6
辽宁	11	34
吉林	10	42
黑龙江	16	63
上海	958	1650
江苏	1465	2469
浙江	346	601
安徽	297	569
福建	117	193
江西	6	47
山东	115	319
河南	300	336
湖北	162	196
湖南	56	89
广东	1800	3498
广西	6	40
海南	12	68
重庆	43	146
四川	215	307
贵州	28	39
云南	0	6
西藏	0	1
陕西	65	150
甘肃	0	5
青海	0	1
宁夏	7	21
新疆	3	3
台湾	4	5
香港	4	66
澳门	0	0
国外在华总计	141	80
美国	136	79
英国	2	1
英属维尔京群岛	3	0
意大利	0	0

供稿：国家知识产权局战略规划司

农业植物新品种

1999—2020 年品种权申请/授权情况汇总按植物种类划分

(单位:件)

作物种类	植物种属	累计申请量	累计授权量	2020 年申请量	2020 年授权量
大田作物 累计申请量:32 533 累计授权量:13 587	水稻	10 688	4730	1801	653
	玉米	13 362	5261	2590	641
	马铃薯	267	115	74	12
	普通小麦	2939	1192	442	195
	大豆	1729	795	366	138
	甘蓝型油菜	558	276	128	52
	花生	539	177	130	6
	甘薯	250	112	53	26
	谷子	168	69	14	7
	高粱	140	64	17	2
	大麦属	195	90	31	10
	苎麻属	5	3	2	0
	棉属	788	443	76	66
	亚麻	6	4	0	0
	桑属	45	20	17	7
	芥菜型油菜	1	0	0	0
	绿豆	63	16	14	0
	橡胶树	23	10	3	0
	茶组	261	78	42	23
	芝麻	39	10	12	2
	木薯	18	0	8	0
	甘蔗属	159	56	38	13
	小豆	26	6	3	0
	燕麦	12	0	3	0
	烟草	13	6	3	0
	向日葵	182	50	40	44
	荞麦属	18	0	3	0
	白菜型油菜	14	0	2	0
	薏苡属	4	0	2	0
	蓖麻	14	4	0	0
	菊芋	1	0	0	0
	甜菜	0	0	0	0

续表

作物种类	植物种属	累计申请量	累计授权量	2020 年申请量	2020 年授权量
大田作物 累计申请量:32 533 累计授权量:13 587	稷(糜子)	0	0	0	0
	大麻槿(红麻)	0	0	0	0
	可可	2	0	1	0
	苋属	4	0	3	0
蔬菜 累计申请量:4136 累计授权量:1099	大白菜	240	90	40	17
	普通番茄	580	199	147	78
	黄瓜	294	102	64	19
	辣椒属	683	140	119	27
	普通西瓜	508	149	94	61
	普通结球甘蓝	165	60	42	8
	食用萝卜	87	18	19	7
	茄子	121	32	33	1
	蚕豆	35	16	8	1
	豌豆	26	3	13	0
	菜豆	65	17	13	9
	豇豆	38	7	5	0
	大葱	20	3	4	2
	西葫芦	95	45	20	12
	花椰菜	118	19	39	1
	芹菜	5	1	0	0
	胡萝卜	11	0	2	0
	甜瓜	284	89	80	39
	大蒜	11	5	0	0
	不结球白菜	234	39	75	20
	芥菜	33	4	8	1
	芥蓝	24	3	3	2
	莴苣	32	1	10	1
	苦瓜	79	27	24	6
	冬瓜	16	1	2	0
	菠菜	26	0	16	0
	南瓜	106	8	24	2
	丝瓜属	20	2	14	0
	青花菜	64	17	28	17
	洋葱	36	0	8	0
	姜	0	0	0	0
	茭白(菰)	1	0	0	0
	芦笋(石刁柏)	0	0	0	0
	山药(薯蓣)	10	0	3	0

续表

作物种类	植物种属	累计申请量	累计授权量	2020 年申请量	2020 年授权量
蔬菜 累计申请量:4136 累计授权量:1099	咖啡黄葵	11	2	7	2
	魔芋属	11	0	9	0
	芋	3	0	2	0
	荠	0	0	0	0
	蕹菜(空心菜)	18	0	2	0
	芫荽(香菜)	2	0	0	0
	韭菜	11	0	0	0
	紫苏	13	0	7	0
观赏植物 累计申请量:3039 累计授权量:1154	春兰	8	0	2	0
	菊属	796	344	182	35
	石竹属	217	99	32	23
	唐菖蒲属	4	2	1	0
	兰属	127	45	26	16
	百合属	146	73	8	1
	鹤望兰属	4	0	4	0
	补血草属	6	3	2	0
	非洲菊	207	103	21	3
	花毛茛	23	0	4	0
	华北八宝	0	0	0	0
	雁来红	0	0	0	0
	花烛属	295	142	40	13
	果子蔓属	66	38	6	0
	莲	88	19	30	13
	蝴蝶兰属	735	227	164	66
	秋海棠属	36	22	6	2
	凤仙花	3	0	0	0
	非洲凤仙花	0	0	0	0
	新几内亚凤仙花	23	10	6	0
	万寿菊属	17	7	0	0
	郁金香属	2	0	1	0
	仙客来	0	0	0	0
	一串红	11	0	4	0
	三色堇	0	0	0	0
	矮牵牛(碧冬茄)	45	10	15	10
	马蹄莲属	19	0	0	0
	铁线莲属	1	0	0	0
	萱草属	52	10	1	6
	薰衣草属	6	0	2	0

续表

作物种类	植物种属	累计申请量	累计授权量	2020 年申请量	2020 年授权量
观赏植物 累计申请量:3039 累计授权量:1154	欧报春	0	0	0	0
	水仙属	1	0	1	0
	石蒜属	8	0	7	0
	睡莲属	9	0	5	0
	天竺葵属	9	0	6	0
	鸢尾属	29	0	8	0
	芍药组	1	0	0	0
	六出花属	12	0	3	0
	香雪兰属	3	0	3	0
	蟹爪兰属	14	0	0	0
	朱顶红属	9	0	2	0
	满天星	7	0	2	0
果树 累计申请量:1604 累计授权量:626	梨属	166	97	26	15
	桃	149	80	31	16
	荔枝	20	5	7	0
	苹果属	234	84	44	18
	柑橘属	156	62	25	4
	香蕉	59	22	22	5
	猕猴桃属	210	97	27	9
	葡萄属	203	86	31	14
	李	32	6	3	1
	草莓	195	57	27	17
	龙眼	4	0	3	0
	枇杷	27	11	12	3
	樱桃	33	6	7	3
	芒果	37	1	4	1
	杨梅属	5	3	1	0
	椰子	11	2	1	2
	凤梨属	15	5	5	3
	番木瓜	4	0	4	0
	木菠萝(菠萝蜜)	1	0	0	0
	无花果	4	1	1	1
	芭蕉属	2	0	2	0
	量天尺属	8	1	4	1
	西番莲属	27	0	16	0
	梅	2	0	0	0

续表

作物种类	植物种属	累计申请量	累计授权量	2020 年申请量	2020 年授权量
牧草 累计申请量:37 累计授权量:6	紫花苜蓿	14	1	3	0
	草地早熟禾	4	0	0	0
	柱花草属	6	3	0	1
	酸模属	4	0	0	0
	结缕草	4	2	0	0
	狗牙根属	2	0	1	0
	鸭茅	0	0	0	0
	红车轴草(红三叶)	0	0	0	0
	黑麦草属	0	0	0	0
	羊茅属	0	0	0	0
	狼尾草属	3	0	2	0
	白车轴草(白三叶)	0	0	0	0
药用植物 累计申请量:191 累计授权量:20	人参	10	3	4	0
	三七	4	3	0	0
	石斛属	69	8	24	5
	枸杞属	1	0	0	0
	天麻	0	0	0	0
	灯盏花(短莛飞蓬)	0	0	0	0
	何首乌	0	0	0	0
	菘蓝	1	0	0	0
	甜菊(甜叶菊)	5	2	0	1
	红花	3	0	3	0
	淫羊藿属	5	0	4	0
	松果菊属	9	0	0	0
	金银花	2	0	1	0
	柴胡属	0	0	0	0
	黄芪属	0	0	0	0
	美丽鸡血藤(牛大力)	67	4	0	4
	穿心莲	0	0	0	0
	丹参	6	0	2	0
	黄花蒿	4	0	0	0
	砂仁	5	0	5	0
菌类 累计申请量:176 累计授权量:16	白灵侧耳	13	1	0	0
	羊肚菌属	10	5	1	0
	香菇	42	4	18	4
	黑木耳	8	3	0	0
	灵芝属	7	3	0	3
	双孢蘑菇	14	0	0	0

续表

作物种类	植物种属	累计申请量	累计授权量	2020 年申请量	2020 年授权量
菌类 累计申请量:176 累计授权量:16	金针菇	16	0	14	0
	蛹虫草	1	0	1	0
	长根菇	0	0	0	0
	猴头菌	2	0	2	0
	毛木耳	8	0	3	0
	蝉花	1	0	0	0
	真姬菇	18	0	10	0
	平菇(糙皮侧耳、弗罗里达侧耳)	33	0	14	0
	秀珍菇(肺形侧耳)	3	0	2	0

供稿:农业农村部科技教育司

林草植物新品种

表 1　林草植物新品种申请量和授权量统计(1999—2020 年)　(单位:件)

年份	申请量			授权量		
	国内申请人	国外申请人	合计	国内品种权人	国外品种权人	合计
1999	181	1	182	6	0	6
2000	7	4	11	18	5	23
2001	8	2	10	19	0	19
2002	13	4	17	1	0	1
2003	14	35	49	7	0	7
2004	17	19	36	16	0	16
2005	41	32	73	19	22	41
2006	22	29	51	8	0	8
2007	35	26	61	33	45	78
2008	57	20	77	35	5	40
2009	62	5	67	42	13	55
2010	85	4	89	26	0	26
2011	123	16	139	11	0	11
2012	196	26	222	169	0	169
2013	169	8	177	115	43	158
2014	243	11	254	150	19	169
2015	208	65	273	164	12	176
2016	328	72	400	178	17	195
2017	516	107	623	153	7	160
2018	720	186	906	359	46	405
2019	656	146	802	351	88	439
2020	897	150	1047	332	109	441
合计	4598	968	5566	2212	431	2643

表 2　林草授权植物新品种中不同植物类别授权量统计(1999—2020 年)　(单位:件)

年份	林木	经济林	观赏植物	竹	木质藤本	其他	合计
1999	6	0	0	0	0	0	6
2000	3	0	20	0	0	0	23
2001	2	2	14	0	0	1	19
2002	0	1	0	0	0	0	1

续表

年份	林木	经济林	观赏植物	竹	木质藤本	其他	合计
2003	6	1	0	0	0	0	7
2004	6	4	5	0	0	1	16
2005	3	1	34	0	0	3	41
2006	5	0	3	0	0	0	8
2007	7	1	70	0	0	0	78
2008	10	6	19	1	0	4	40
2009	14	1	39	0	0	1	55
2010	10	6	10	0	0	0	26
2011	2	1	5	0	0	3	11
2012	27	20	113	0	2	7	169
2013	34	9	114	1	0	0	158
2014	24	13	121	1	0	10	169
2015	31	28	106	1	2	8	176
2016	44	40	104	2	3	2	195
2017	18	17	120	1	1	3	160
2018	62	99	238	2	3	1	405
2019	69	70	287	1	0	12	439
2020	89	77	257	1	0	17	441
合计	472	397	1679	11	11	73	2643

表 3　林草授权植物新品种中各国的授权量统计　（单位：件）

排名	国家	1999—2020 年授权总量	2020 年授权量	主要植物属
1	中国	2212	332	蔷薇属、杨属、山茶属、杜鹃属
2	荷兰	132	31	蔷薇属
3	德国	69	5	蔷薇属、大戟属
4	法国	64	18	蔷薇属
4	美国	59	20	越橘属、悬钩子属、大戟属、槭属
6	英国	37	3	蔷薇属
7	丹麦	32	9	蔷薇属
8	澳大利亚	21	20	越橘属、大戟属
9	比利时	6	0	杜鹃属
10	日本	6	3	杜鹃属
11	意大利	4	0	蔷薇属
12	新西兰	1	0	蔷薇属
合计		2643	441	

表 4　　1999—2020 年各国授权品种的属(种)授权量统计　　(单位:件)

属(种)	中国	荷兰	德国	法国	美国	英国	丹麦	澳大利亚	比利时	日本	意大利	新西兰	合计
蔷薇属	238	124	54	64	0	33	32	2	0	0	4	1	552
杨属	168	0	0	0	0	0	0	0	0	0	0	0	168
山茶属	125	0	0	0	0	0	0	0	0	0	0	0	125
杜鹃属	108	0	0	0	0	0	0	0	6	3	0	0	117
紫薇	88	0	0	0	0	0	0	0	0	0	0	0	88
越橘属	48	0	0	0	26	0	0	13	0	0	0	0	87
芍药属	78	0	0	0	0	0	0	0	0	0	0	0	78
桂花	57	0	0	0	0	0	0	0	0	0	0	0	57
柳属	53	0	0	0	0	0	0	0	0	0	0	0	53
核桃属	51	0	0	0	0	0	0	0	0	0	0	0	51
槭属	45	0	0	0	4	0	0	0	0	0	0	0	49
苹果属	45	0	0	0	0	0	0	0	0	0	0	0	45
卫矛属	42	0	0	0	0	0	0	0	0	0	0	0	42
含笑属	41	0	0	0	0	0	0	0	0	0	0	0	41
木兰属	40	0	0	0	0	0	0	0	0	0	0	0	40
文冠果	40	0	0	0	0	0	0	0	0	0	0	0	40
杏	34	0	0	0	2	0	0	0	0	0	0	0	36
大戟属	3	2	15	0	7	0	0	6	0	0	0	0	33
牡丹	33	0	0	0	0	0	0	0	0	0	0	0	33
榆属	31	0	0	0	0	0	0	0	0	0	0	0	31

供稿:国家林业和草原局科技发展中心

海关知识产权保护

表 1　　2020 年海关扣留侵权货物统计按进出口类型分

进出口类型	批次	占比	商品数量(件/双)	占比
合计	61 975	100.00%	56 181 970	100.00%
进口	614	0.99%	1 205 748	2.15%
出口	61 361	99.01%	54 976 222	97.85%

表 2　　2020 年海关扣留侵权货物统计按渠道分

渠道	批次	占比	商品数量(件/双)	占比
货运渠道	1271	2.05%	40 336 238	71.8%
非货运渠道	60 704	97.95%	15 845 732	28.2%

供稿:海关总署综合业务司

知识产权司法保护

2020 年全国法院受理和审结各类知识产权案件统计

项目	数量
1. 全国地方法院刑事案件	
新收侵犯知识产权罪一审案件(件)	5544
同比上升(%)	5.76
审结侵犯知识产权罪一审案件(件)	5520
同比上升(%)	8.77
假冒注册商标罪	2260
销售假冒注册商标的商品罪	2528
非法制造、销售非法制造的注册商标标识罪	395
假冒专利罪	2
侵犯著作权罪	273
销售侵权复制品罪	17
侵犯商业秘密罪	45
新收涉知识产权刑事二审案件(件)	869
审结涉知识产权刑事二审案件(件)	854
2. 全国地方法院行政案件	
新收一审案件(件)	18 464
同比增长(%)	14.44
新收专利案件(件)	1417
新收商标案件(件)	17 035
新收著作权案件(件)	12
审结一审案件(件)	17 942
较上年增长(件)	4
新收二审案件(件)	6092
审结二审案件(件)	6183
3. 全国地方法院民事案件	
新收一审案件(件)	443 326
同比增长(%)	11.1
专利案件(件)	28 528
同比增长(%)	28.09
商标案件(件)	78 157
同比增长(%)	19.86
著作权案件(件)	313 497

续表

项目	数量
同比增长(%)	6.97
技术合同案件(件)	3277
同比增长(%)	4.53
竞争案件(件)	4723
同比上升(%)	14.41
其他知识产权案件(件)	15 144
同比上升(%)	34.96
审结一审案件(件)	442 722
同比增长(%)	12.22
新收二审案件(件)	42 975
审结二审案件(件)	43 511
4. 最高人民法院知识产权审判庭案件	
新收知识产权民事案件(件)	3470
审结知识产权民事案件(件)	3260
新收知识产权行政案件(件)	1909
审结知识产权行政案件(件)	1735

供稿:最高人民法院民三庭

第二十二届中国专利金奖获奖项目简介

专利名称：一种测量参考信号的信令配置系统及方法
专 利 号：ZL201010155563.X
专利权人：中兴通讯股份有限公司
发 明 人：王瑜新 戴 博 郝 鹏 梁春丽 喻 斌 朱 鹏 杨维维

本专利提供了测量参考信号的信令配置和发送的主要物理层过程，属于4G/5G无线通信国际标准中的物理层导频设计方案，解决了测量参考信号的发送以及信令配置的相关问题。Massive MIMO技术可有效增强立体覆盖，已成为千兆LTE系统和5G通信提升容量/速率的关键技术之一。

本专利方案应用于Massive MIMO技术，与传统技术相比，既增加了用户的复用容量，又显著地提高了信道测量的准确度，将基站波束根据需求的变化更准确地打向用户，从而提升系统的容量和频谱效率，有效地满足人们对移动数据速率日益增长的需求。本专利方案是4G、5G技术的标准必选项，应用于芯片、终端和基站产品，有效帮助Massive MIMO技术提升小区容量。

本专利方法主要实现于基站系统的基带单元，广泛用于人口密集的体育场馆、集市街道、机场等场景。产品经过严格的内场和外场测试，性能优越，实现批量的工业自动化生产，用5G制造5G。包含该专利技术的产品远销国内外，基站产品累计发货300多万台，终端产品达上亿部，相关产品的销售额累计达2800多亿元。

专利名称：一种关节软骨修复再生用支架及其制备方法
专 利 号：ZL201110021494.8
专利权人：北京万洁天元医疗器械股份有限公司
发 明 人：敖英芳 张 辛 何震明 马 勇 周春燕

关节软骨修复是极具挑战性的骨科临床难题之一。目前在临床上被广泛应用的方法有保守治疗与手术治疗两大类。其中，保守治疗只能够起到暂时性的减轻局部疼痛的作用，而手术治疗包括微骨折术、自体软骨移植、自体软骨细胞移植等，在修复效果、临床费用等方面具有无可比拟的优势。

关节软骨修复材料由支撑层和功能层构成，支撑层为薄层皮质骨，可为手术固定提供足够的强度；功能层为松质骨，可为骨髓干细胞贴附、增殖、分化提供所必需的三维孔隙结构，避免血凝块早期脱落和细胞流失。本专利产品本身所含骨形态发生蛋白可诱导骨髓干细胞定向分化成软骨细胞，分泌软骨基质，促进软骨修复。

目前国内尚无软骨修复产品在售。本专利产品关节软骨修复材料将填补这一市场空白，带动我国骨科临床治疗技术升级，与世界领先水平的软骨修复技术看齐，实现跨越式发展。这一产品的上市可让众多的软骨疾病患者得到早期治疗，不用再忍受膝关节软骨疾病所带来的持续而长久的痛苦，同时通过减少膝关节表面置换数量，大大提高患者的生活质量，增进患者福祉。

专利名称：气化炉
专 利 号：ZL201110044695.X
专利权人：清华大学，北京盈德清大科技有限责任公司
发 明 人：张建胜　马宏波　顾大地

本专利技术解决了高温下水冷壁保护、无蓄热点火、稳定传热和灰渣堵塞矛盾问题，并以 PCT 方式获得了 113 个国家和地区的专利授权。围绕本专利，布局相关专利 182 件，形成了“水煤浆水冷壁气化炉”专利群。国际首创的水煤浆水冷壁气化技术，突破了水煤浆气化炉不能使用高硫、高灰、高灰熔点等劣质煤的瓶颈，解决了高温（1400℃以上）高压设备直连和密封难题。发明了环形单筒体和径向双面膜式水冷壁辐射受热面、合成气与黑水共出口等关键部件的专利结构，解决了辐射废锅稳定传热与灰渣堵塞的矛盾。该专利系统热效率提高 1.9 个百分点，具有煤种适应性宽、单炉运行时间长、可用率和系统效率高、制造维护成本低等优势。

本专利近三年新签合同市场占有率在 70%以上，共签订 74 台套，新增销售额超 76 亿元，专利技术已出口至朝鲜，实现了化工、电力、燃气、供热领域的综合利用。系列技术为全国“三高煤”的综合利用、气化煤实现本地化提供了新方法、新手段，科技性、创新性、环保性强，符合国家能源安全、环境保护等战略需求，经济效益和社会效益显著。

专利名称：左心耳封堵器
专 利 号：ZL201110146287.5
专利权人：先健科技（深圳）有限公司
发 明 人：李安宁　张德元

LAmbre™左心耳封堵器系统是先健科技自主研发的全球范围内上市的唯一国产左心耳封堵器，用于经皮介入封堵左心耳手术，预防由非瓣膜性心房颤动导致左心耳内产生血栓引起的脑卒中。

本专利产品技术处于国际领先水平，首创的双盘器械结构，使其拥有多重稳定机制；特有的 U 形弯和独立支撑杆，使器械被植入后更加稳定；独特的伞状固定架避免重复定位时损伤左心耳，且无须深入心耳内部，减小对左心耳造成的损伤，避免内部血栓脱落。产品卓越的性能获得海内外专家的高度认可，填补了国内技术空白，促进了行业科技进步。

目前，本专利产品已在 40 余个国家的数百家医院和中心得到推广应用，并在全国 25 个省、自治区及直辖市的近 200 家医院获得临床应用，实现 90%以上省会三甲医院的覆盖率，产品效果显著，中国市场份额第二。本专利产品凭借优异的性能和有竞争力的价格，降低了治疗成本，推动了国产替代，为广大患者预防脑卒中带来了新选择。

专利名称：制造永磁电机转子的方法
专 利 号：ZL201210019996.1
专利权人：浙江大学
发 明 人：方攸同　马子魁　黄晓艳
卢琴芬　马吉恩　张建承
陈　威

永磁电机具有高效率、高功率密度和高可控性的突出优点，在交通、能源、先进制造和国防领域得到广泛应用。可靠性约束下如何同时提高电机的功率密度与效率是电机行业的核心技术难题。

大功率、高效率、高速永磁电机通常采用内置式转子结构。高速条件下，传统内置式转子的离心力主要由磁桥承受，导致转子漏磁与强度成正比，电磁性能和机械性能负相关，电机的功率密度和效率无法同时获得提升。为此，浙江大学方攸同等人另辟蹊径，提出了一种全新的制造永磁电机转子的方法，实现了内置转子永磁电

机电磁性能和机械性能的解耦，在保证电机可靠性的前提下大幅提升了电机效率与功率密度。本专利成功应用于高速列车，效率与功率密度国际领先，支撑实现了国内首列永磁高铁的商业运营。本专利技术与传统异步牵引技术相比，大幅降低了能耗，社会效益和经济效益显著。

专利名称：语音识别方法及系统
专 利 号：ZL201210073412.9
专利权人：科大讯飞股份有限公司
发 明 人：潘青华　鹿晓亮　何婷婷　王智国　胡国平　胡　郁　刘庆峰

语音语言是人类最自然便捷的交流方式，是文化的基础和民族的象征，语音交互已成为智能设备的关键交互入口，将引领万物互联时代的交互变革。语音识别技术作为语音交互的核心技术之一，正在深刻影响并改变人类的生活和生产方式。

本专利提出“静态+动态”网络空间实时融合路径解码寻优算法，利用该算法将常用词、特定热词分别构建静态网络和动态网络，首创多网络并行解码，大幅降低了热词定制成本，提高了更新速度，解决了面向多领域、多用户、多场景下识别效果差等技术问题。

目前，依托本专利成果的科大讯飞语音识别技术不仅连续四年服务全国两会、G20峰会、博鳌论坛、北京冬奥会和冬残奥会等重要会议，而且在医疗、司法、办公等领域也有广泛应用。在医疗领域，智医助理和电话随访机器人可有效提升基层医生诊疗水平，解决医疗资源不均衡问题。在司法领域，智能庭审可有效降低书记员的工作量，提升庭审流畅度。在办公领域，相关办公产品覆盖个人办公、教育培训、办公会议、媒体采访场景，使得工作效率显著提升。科大讯飞依托本专利成果，建设智能语音国家人工智能开放创新平台，构建完整的语音产业生态，累计终端用户数超过数十亿个。

专利名称：一种桥梁用Q345qDNH耐候钢的焊接方法
专 利 号：ZL201210367974.4
专利权人：中铁山桥集团有限公司
发 明 人：徐向军　贝玉成　范军旗　单亚廷　刘　壮　刘振刚　曹　磊　刘洪柱　陈英杰　马立鹏

免涂装耐候钢桥在建造时无须涂装，可以避免油漆生产、涂装作业对环境造成的污染，改善施工作业环境，减少对作业人员的健康危害；其在运行过程中不存在涂层破损老化复涂现象，维护简便，全寿命周期成本低，可大幅节约社会资源。建造免涂装耐候钢桥符合绿色制造的指导思想。

我国耐候钢桥制造处于起步阶段，焊接技术的缺乏是制约其发展的瓶颈。本专利发明了焊缝力学性能和耐候性与母材匹配的耐候钢新焊材，创造了多元素最优组合的耐候桥梁钢焊接新工艺，解决了耐候钢焊接性差，容易产生焊接缺陷的难题，使焊缝力学性能、耐候性满足使用要求，填补了耐候钢桥焊接技术的空白。

本专利成果应用于阿拉斯加铁路桥、港珠澳大桥、新西兰铁路桥、北盘江大桥、官厅水库公路桥等国内外项目，为《桥梁用结构钢》(GB/T 714)标准的修订提供了依据，推动了我国免涂装耐候钢桥快速发展，提高了我国钢桥梁制造的国际竞争力。截至2020年底，已经应用该专利成果实现产值5.18亿元。

专利名称：等离子体处理装置及调节基片边缘区域制程速率的方法
专 利 号：ZL201210378282.X
专利权人：中微半导体设备(上海)股份有限公司
发 明 人：叶如彬　尹志尧　倪图强　周　宁

等离子体刻蚀设备是制造集成电路微观器件的关键设备，在等离子体刻蚀工艺中，等离子体中心和边缘分布均匀性至关重要，直接决定了晶圆整体的刻蚀均匀性。等离子体刻蚀需要离子尽量垂直于晶圆表面入射，以达到从上到下刻蚀形貌的一致性及准直性，这对高深宽比刻蚀尤其重要。

随着现有技术的进步，要求集成电路的尺寸越来越小，线宽均匀度越来越高。由于边缘效应的存在导致晶圆边缘到制程组件的过渡区域等离子体分布非连续性，极大地影响了刻蚀速率快慢和刻蚀形貌的方向性。因此，如何提高刻蚀过程中等离子体中心和边缘的分布均匀性，成为制约芯片刻蚀向更小尺寸发展的瓶颈问题。

本专利为芯片刻蚀提供了一种动态调节边缘效应的解决方案。通过调节等离子体中心和边缘射频源的功率和相位差，在制程组件下设置一个边缘电极，利用功率分配器来调节边缘电极馈入的射频功率，根据工艺制程需要动态调节边缘效应及刻蚀效果。该方案有效解决了等离子体刻蚀领域控制中心区域和边缘区域等离子体分布均匀性这一关键性技术难题，为刻蚀设备更新迭代奠定基础。

专利名称：抗 PD-1 抗体及其应用
专 利 号：ZL201310258289.2
专利权人：上海君实生物医药科技股份有限公司，上海君实生物工程有限公司
发 明 人：陈 博 武 海

本专利公开了一种全新的抗 PD-1 单抗药物——特瑞普利单抗注射液（商品名：拓益），是我国批准上市的首个国产的以 PD-1 为靶点的单抗药物，已在国内获批三项适应症，涉及黑色素瘤、鼻咽癌和尿路上皮癌；并且作为首个国产抗 PD-1 单抗药物，于 2020 年第一季度在美国申请上市。

本专利成果拥有全新的分子结构，不仅能阻断 PD-1/PD-L1 通路，而且具有优异的抗原结合特异性和亲和力，以及很强的介导 PD-1 内吞的作用，多次获得“重大新药创制”国家科技重大专项项目支持。

本专利成果的上市价格定位在同类产品海外定价的 1/6 水平，打破了进口高价药的垄断地位，现已被纳入医保目录，在改善患者用药可及性及可负担性等方面发挥了极其重要的作用。作为广谱抗癌药，本专利成果未来有望作为肿瘤免疫治疗的基础疗法，广泛应用于多种肿瘤治疗，对我国乃至全球肿瘤患者的临床用药选择具有积极意义。

截至 2020 年底，本专利成果累计销售收入约 17.8 亿元。

专利名称：臂架振动控制方法、控制装置、控制系统以及工程机械
专 利 号：ZL201310642578.2
专利权人：中联重科股份有限公司
发 明 人：曾 光 付 玲

工程机械是“国之重器”，臂长超百米的工程机械在能源、交通等重大工程建设、消防应急救援中发挥着重要作用。大型工程机械，臂架长，变形大，关节多，载荷重，振动也很大。臂架振动是制约大型工程机械精准、高效、平稳施工的瓶颈。

中联重科股份有限公司是工程机械龙头企业，从中国工程机械技术发源地成长为国际标准制定者、全球工程机械前五强，始终坚持技术的自主创新。针对工程机械大型化面临的臂架振动核心技术瓶颈，付玲同志带领团队，历经多年研发，创新提出了高效减振激励计算方法，并发明了减振控制精准执行系统，做到了臂架振动控制过程中，测得准、算得对、控得好，实现了各种姿态和工况下，工程机械长臂架的精准、高效、平稳主动减振控制，达成了大型工程机械作业“稳、准、快”。

本专利技术解决了制约工程机械超大型化的核心技术瓶颈，保障了“华龙一号”

核电站、“中国天眼”、港珠澳大桥等国家战略工程建设的自主可控，支撑了中国工程机械迈向全球领先。

本专利成套技术广泛应用于泵车、起重机、高空作业车、消防车四大系列产品，新增销售额近百亿元。

专利名称：一种抑制骨传导扬声器漏音的方法及骨传导扬声器
专 利 号：ZL201410005804.0
专利权人：深圳市韶音科技有限公司
发 明 人：齐　心　廖风云

本专利所述的骨传导扬声器原理为：利用声波干涉原理，通过在外壳开设引声孔，将骨传导扬声器外壳内的振动声波引出壳外，与外壳振动产生的漏音声波发生干涉，以消减振幅，从而达到骨传导耳机减小漏音的效果。该技术方案不仅抑制漏音的效果好，而且实现简单，器件的体积和重量不增加，产品成本也不会增加。本专利方法基于骨传导耳机具有解放双耳、不损伤耳膜的先天优势，创造性地解决了困扰行业的关键性技术难题，是目前骨传导领域内解决漏音问题、保证耳机私密性的基础性专利之一，对于骨传导扬声器在该领域内的发展起到了指导性的作用。

本专利技术已成功应用于骨传导消费电子领域，用户佩戴骨传导耳机进行跑步、骑行、爬山等运动时，不仅能够享受音乐，而且能够留意到外界环境，从而避免意外事故的发生。并且，本专利技术可防止汗液倒灌在耳朵中引起不适，让用户更安全舒适地连接数字生活。

专利名称：基于177堆芯的能动加非能动核蒸汽供应系统及其核电站
专 利 号：ZL201410105700.7
专利权人：中国核动力研究设计院
发 明 人：吴　琳　张森如　罗　琦
刘昌文　李海颖　曹　锐
冷贵君　蒲小芬　张富源
王华金　曾忠秀　钟元章
李　庆　康志彬　卢毅力
李　兰　汤华鹏

本专利是我国“华龙一号”自主三代核电技术的核心基础专利，也是专利权人历经30余年自主研发形成的重要成果。

本专利是从系统层面上，运用系统工程理论，对多维指标进行平衡优化，提出了一种基于自主知识产权“177堆芯”的核蒸汽供应系统设计，实现了反应堆和反应堆冷却剂系统、能动与非能动以及严重事故缓解措施等多重手段有机结合，具有较强的固有安全和自主安全特性，解决了因三代核电安全要求高而导致经济性差的世界性难题，主要安全性和经济性指标均优于国际主要三代堆型。

基于本专利的“华龙一号”核电技术填补了我国在自主三代核电技术领域的空白，是我国第一个具有完整自主知识产权的核电技术、第一个通过国际原子能机构(IAEA)通用安全审查(GRSR)的核电技术，也是我国第一个实现工程出口的三代核电技术。以本专利为核心，在海内外形成了600余项知识产权的综合布局，覆盖“华龙一号”核电技术各领域，实现了全方位知识产权保护。

目前，以本专利为核心的“华龙一号”三代核电技术已在国内外多地同时获建并投入运营，为我国实现“碳达峰”“碳中和”提供绿色可持续能源。

专利名称：一种城市污水改良 A^2/O 强化脱氮除磷处理装置及工艺
专 利 号：ZL201410175831.2
专利权人：华南理工大学，贵州科学院
发 明 人：周少奇　周　晓　黎　强
周　娟

生物脱氮除磷是污水处理行业最核心的关键技术难题与影响行业发展的技术瓶颈问题。本专利针对国际上城市污水脱氮除磷工艺复杂、构筑物多、运行控制不稳定

等缺点，在国际上首先发现了四种新的反硝化除磷菌（DPB 可以 O_2、NO_2^-、NO_3^- 为交替电子受体实现好氧/缺氧聚磷），自主研发出反硝化脱氮除磷新技术原理，开发出结构简单、运行灵活、占地面积小、脱氮除磷效果优异的同步反硝化除磷新装置及新工艺。

本发明专利在技术原理、技术工艺、设备与装备、工程化及产业化方面实现了全链条创新。该技术与国内外普遍采用的 A^2/O 工艺比较，可节省投资 40%，节省占地 30%，节省能耗 25%以上。成果鉴定委员会认为“该成果在一体化反硝化脱氮除磷与 A^2/O 工艺同步脱氮除磷机理研究及工艺优化研究应用方面达到国际领先水平”。

通过与贵州、广东、山东等省区专业设计院及骨干企业产学研深度合作，本专利成果在全国 20 多个省区实现工程推广和产业化应用，合计污水处理规模达 17.72 亿吨/年，累计获运营收入 127.7 亿元，获利润与节支效益 7.1 亿元，并取得巨大的环境效益。

专利名称：一种倒装焊耐潮湿防护工艺方法

专 利 号：ZL201410827891.8

专利权人：北京时代民芯科技有限公司，北京微电子技术研究所

发 明 人：赵元富　姚全斌　李京苑　练滨浩　熊盛阳　黄颖卓　姜学明　田玲娟　林鹏荣

航天芯片是支撑宇宙探索的核心基础，倒装焊封装的高速、高密度芯片是电子系统升级的关键，但该封装结构不耐潮湿，无法满足航天应用需求。

本专利发明了一种耐湿“内防护”结构，并提出了耐高温、致密均匀的“内防护膜”工艺方法。对防护材料改性，使其能耐受焊接与电装高温；利用热失重分析方法，实现材料完全单分子裂解，确保致密；基于分子自由程原理，令裂解后的材料均匀沉积在复杂倒装焊封装结构内部。本专利解决了传统外防护方法无法隔离芯片内部填充胶释放水汽的难题，架起了高端芯片的航天应用之桥。

基于本专利建成了国内首条航天芯片倒装焊生产线，制定了倒装焊集成电路首个国家标准。专利产品也成功应用于载人、探月、北斗等航天工程，且被批量出口至俄罗斯和欧洲其他国家；成果已惠及国内需要高可靠倒装焊封装的主要单位，为我国航天工程自主可控发挥关键作用。本专利已扩展应用于高压绝缘防护和高密度键合丝短路隔离等方面，解决了多项工程难题，累计经济效益超 4.5 亿元。

专利名称：一种闪烁脉冲的数字化方法

专 利 号：ZL201510003057.1

专利权人：苏州瑞派宁科技有限公司

发 明 人：谢庆国　张求德　龙岸文　熊章靖

PET（正电子发射计算机断层成像）是当前尖端医学分子影像技术之一，其生化灵敏度极高，能够用于无创、定量、动态地观测活体内的生理生化反应。传统 PET 一直受到超高速闪烁脉冲信号采样问题的制约，四十年来始终未能突破“模数混合”的技术路线，长期存在测不准、使用难、应用窄三大短板。所有这些使 PET 的巨大潜力未能得到充分发挥。

本专利解决了超高速脉冲精确采样的世界性难题，在数据采集源头实现了脉冲信号的精确数字化，具有“全数字”和“精确采样”两大本质特点，并且形成了从理论、技术、部件乃至系统的完整创新链，开创了全数字 PET 这一新方向，改变了 PET 的评价标准，引领了 PET 行业的发展。

本专利本质上解决了超高速、超宽量程、超多通道等复杂情况下的模数转化难题，其应用远不止 PET 领域，目前还应用于核辐射探测、安检、石油探测等领域，发展出了全数字辐射探测解决方案、透视背

散安检机以及国产石油探测器等产品，并正在改变这些行业的技术发展。

专利名称：一种高速轨道车辆转向架
专 利 号：ZL201510061590.3
专利权人：中车青岛四方机车车辆股份有限公司，中国铁路总公司
发 明 人：张振先　周平宇　马利军　丁叁叁　崔志国　张国平

转向架是高速轨道车辆关键系统，其结构性能是保证列车达速且平稳运行的决定性因素。我国特有的超大规模路网、超长距离持续高速运营工况，是世界高铁史上前所未有的挑战。研究适合中国国情、路情，兼顾海外推广且具备高安全性、高可靠性、高平稳性特征的持续350千米/小时商业运行新型转向架技术，尤为必要。

本专利公开了一种新型高速轨道车辆转向架，采用悬挂参数簇优化匹配技术，首次提出了全寿命周期参数簇阈值管控策略；创新性提出适用于不同场景的气室连通结构及吊挂结构型式，实现高承载构架轻量化；首次提出动车组脱轨三级防护体系及脱轨安全防护装置技术要点，填补了该领域技术空白；提出的一种新型整体提吊装置，大大提升了车辆运维效率。

本专利成果已成功应用于“复兴号”动车组家族，并且该项技术已外溢于国内外其他轨道车辆产品。专利成果自2017年投入运用，经过逾2.78亿千米运营考验，其结构安全性、可靠性、舒适性及经济性表现优异，实现销售收入超过60亿元。

专利名称：液晶组合物及液晶显示器件
专 利 号：ZL201510197266.4
专利权人：江苏和成显示科技有限公司
发 明 人：戴慧娟　韩文明　丁文全　李鹏飞　徐海彬　贺　笛　刘云云　姚利芳　马文阳　马定福　张鹤鸣

液晶显示面板，需要满足光学指标、电学性能、信赖性、制造良率、使用场景的温度范围等多方面要求，尤其是现在应用最广的IPS/FFS面板，对复合型功能要求更高。

本专利提供了一种高穿透的液晶组合物及其应用（IPS/FFS），由江苏和成显示科技有限公司自主研究开发并实施。在该液晶组合物中引入二烷类液晶单体与特定的二氟醚类化合物的组合，在维持较低黏度的前提下，有效提升了液晶组合物的介电各向异性、清亮点及电压保持率，解决了当前正性液晶显示器长期存在的高穿透率、高对比度、快响应、低驱动功耗、宽的使用温度范围、高可靠性等各项指标难以兼顾的关键共性问题，具有技术独创性与先进性，处于行业领先水平。同时，建立了完整的IPS/FFS技术应用体系，结合本专利开发出多个不同需求规格的IPS液晶，并在高世代产线量产，成功取代国外进口液晶，大幅提高国产IPS液晶材料自主化生产能力，提高我国液晶产业整体竞争力，推动形成完整的国产化液晶产业链。本专利成果截至2020年累计销售达4亿元，产量稳定并逐年递增。

专利名称：一种仿生钻井液及其制备方法
专 利 号：ZL201510245651.1
专利权人：中国石油大学（北京）
发 明 人：蒋官澄　宣　扬　张县民　伍贤柱　陈俊斌　欧阳伟　罗陶涛

随着我国油气勘探开发逐步向非常规与复杂油气资源迈进，钻探过程中遭遇的井壁失稳、储层损害愈发频繁，每年给我国石油工业造成高达百亿元的经济损失，严重制约安全环保、降本增效核心目标的实现。

针对这一难题，本项目开创性地将仿生学引入钻井液领域，首次获得兼具水基和油基钻井液优点的仿生钻井液，不仅可提高钻井液自身性能，还可提高井壁岩石

颗粒间内聚力，实现强化、封堵、抑制的协同效应，为高效勘探开发非常规与复杂油气提供先进技术，推动水基钻井液技术发展进入新时代。

本专利产品和形成的技术已在国内外数千口井中获得规模化应用，占我国非常规与复杂油气井 50%以上市场份额，其中高难度煤层气井的市场份额甚至占 80%以上，并在海外 10 个国家 35 个油气田得到推广应用，产生了近 300 亿元的直接经济效益，该项技术已成为安全、高效钻探油气的关键核心技术。

专利名称：一种制备氢化 C9 石油树脂的方法

专 利 号：ZL201510354808.4

专利权人：大连理工大学

发 明 人：梁长海 李 闯 张 淼 靳少华 汪 镭

氢化石油树脂主要用于胶粘剂行业，这一市场长期以来被进口产品占领。我国对石油树脂的研究起步较晚，虽然一些石油化工企业相继建立了石油树脂生产装置，但生产工艺落后，生产的石油树脂色泽较深，热稳定性差，使用范围受限。

针对 C9 石油树脂催化加氢过程中反应物分子大、空间位阻大、不饱和键难活化、催化剂活性低、反应产物易氢解、产品收率低、反应条件苛刻、胶质多以及杂质含量高等关键技术难题，发明了加氢吸附脱硫和深度加氢脱色两段加氢工艺及相应催化剂，填补了氢化 C9 石油树脂产业的空白，为我国石油树脂产业的科技革命和在世界范围内抢占制高点打下坚实的基础，推动了我国石油树脂产业向全球价值链高端跃升的前进步伐；打破了国外公司如伊斯曼、埃克森美孚、韩国科隆、日本瑞翁等的技术垄断，形成具有自主知识产权的技术，带动氢化聚合物产业的快速发展，为其在胶粘剂、润滑油、食品工业、高档涂料、医疗卫生等高端领域的广泛应用奠定了基础。

专利名称：一种部分支化部分交联聚合物驱油剂及其制备方法

专 利 号：ZL201510482896.6

专利权人：中国石油化工股份有限公司胜利油田分公司勘探开发研究院，四川大学

发 明 人：孙焕泉 曹绪龙 黄光速 宋新旺 郑 静 刘 坤 姜祖明 陈晓彦 李江波

石油被称为“国民经济的血液”，面对我国石油对外依存度超过 72%的严峻形势，习近平总书记作出了重要批示。落实总书记重要批示，保障石油供给主要有两大途径：一是发现新资源，二是将已发现资源开发到极致。目前，我国高含水老油田动用地质储量占全国的 74.4%，采收率仅为 31%，仍有近 70%储量滞留地下。但是，开发出该类储量缺乏高效的大幅度提高采收率的技术，其核心是研发调驱一体化的驱油剂。

本专利首创支化、交联共存的分子结构，通过支化结构增加黏性，通过交联结构增加弹性，实现高黏性、高弹性一体化。首次建立了交联结构的动力学调控方法，实现了支化与交联结构的精准控制，聚合反应转化率高，符合化学反应的原子经济性。根据油藏特征生产了结构可控的系列驱油剂，产品可连续变形通过地下孔喉运移。对基于该产品构筑的非均相复合驱油技术在中国石化胜利油田孤岛中一区 Ng3 矿场进行先导试验后，采收率提高 8.5%，最终采收率高达 63.6%。

本专利成果在中国石化胜利油田、河南油田等特高含水油藏获得广泛应用，老油田采收率突破 60%，为胜利油田打造百年胜利、保持产量稳定提供了技术支撑；同时，也为全国 256 亿吨高含水油藏高质量发展开辟了新途径。

专利名称：一种数据传输方法、系统以及相关设备

专 利 号：ZL201510543206.3

专利权人：腾讯科技（深圳）有限公司

发 明 人：薛 笛

近年来，随着在线会议、远程办公、在线教育等业务的繁荣发展，多人实时音视频通话服务后台面临着实时性和稳定性要求极高、短时间内数据量激增等多种难题。为此，腾讯公司研发出一种数据传输方法，突破传统 MCU 级联上限限制，打破后台性能瓶颈，从最底层技术架构上支持超大规模实时并发音视频传输。

本专利技术提供了一种大规模实时并发音视频传输解决方案，是腾讯会议的后台架构基础专利。与传统技术相比，本专利技术既能通过平行扩展满足单房间超大规模同时在线需求，又具有低延迟、高稳定性的优势。基于此专利研发的数据传输方法，既可以与传统方案兼容，又解决了超大规模音视频房间后台瓶颈和系统服务不稳定的问题。

本专利广泛应用于“云办公”“云会议”等音视频在线工具。尤其是新冠肺炎疫情期间，基于本专利的腾讯会议，8 天内紧急扩容超 10 万台云主机，投入的计算资源超 100 万核，支撑超过 1000 万用户的在线沟通需求，在第一时间响应了突发公共卫生事件，加速了办公云化和生产自动化。

专利名称：基于人工智能的人机交互方法和系统

专 利 号：ZL201510563338.2

专利权人：百度在线网络技术（北京）有限公司

发 明 人：王海峰 吴 华 田 浩 赵世奇 孙雯玉 吴 甜 忻 舟 马艳军 吕雅娟

让机器像人类一样，通过语言、听觉、视觉等实现对复杂场景的理解和认知，从而实现自由交互，是人机交互技术的行业难题之一。传统的人机交互系统缺乏用户理解能力，缺乏主动性和联想力，对于复杂指令或深度问题很难做出有效回答。

本专利发明中，综合运用知识图谱及深度学习等技术，以深度语义理解为基础，提出融合主动推荐、搜索、对话流等异构信息的高效语义排序方法，使用户可以用复杂的自然语言实现灵活自如的表达输入，实现了跨越语言、语音、图像等模态的交互，使人机交互系统实现了从工具化、机械化到智能化、拟人化的跨越。

本专利已广泛应用于智能搜索、智能硬件、智能客服等领域，百度搜索在中文搜索领域长期排名第一，小度智能音箱出货量位居国内前列，DuerOS 累计激活设备数已达 4.93 亿个。通过百度智能云，该专利被输出给各行各业，赋能电信、能源、金融、市政、医疗、教育等产业智能化升级，广泛应用于 6.5 万家企事业单位、110 多款智能硬件、354 款软件 App。

专利名称：金属构筑成形方法

专 利 号：ZL201511027492.4

专利权人：中国科学院金属研究所

发 明 人：李殿中 孙明月 徐 斌 刘宏伟 李依依

大锻件是国家战略性关键装备的核心部件。当前，大锻件通常用“以大制大”方法制造而成，即先冶炼大铸锭，再将大铸锭锻造成大锻件。然而，铸锭慢冷凝固造成的组织缺陷问题严重影响锻件质量，大锻件的均质化制备成为亟待解决的世界性难题。

为解决这一难题，提出了本专利“金属构筑成形方法”，将多块小尺寸的均质化板坯经表面清洁、真空封装、高温加热、变形连接、锻造成形等步骤，消除界面，实现“无痕”连接，最终通过“以小制大”获得一体化的大尺寸均质锻件。该技术突破了传统的“以大制大”的思路局限，可以通过“以小制大”解决大锻件的均质性问题。应用该技

术，完成了四代核电 ϕ15.6 米无焊缝整体不锈钢环形锻件、四代核电大口径不锈钢压力管、百万千瓦级水轮机转轮主轴、压水堆核电站反应器和蒸发器、万吨回转窑轮带等关键锻件的研制制造与应用。该技术在伊莱特能源装备股份有限公司获得转化实施，五年内新增产值 15.5 亿元，新增利润 2 亿元。

专利名称：一种深部矿电磁探测方法与装置
专 利 号：ZL201610133889.X
专利权人：中国科学院地质与地球物理研究所
发 明 人：底青云 王中兴 付长民 安志国 王 若 张文秀 杨永友 陈彬彬 薛国强

针对我国地面电磁探测装备 90%以上依赖进口的局面，本专利技术解决了高性能电磁装备的技术难题，提出了集恒稳大功率发射、低噪声磁传感、高精度多通道采集等技术于一体的地面电磁阵列式三维探测系统，建立了电磁干扰抑制与电性参数提取方法，形成了一种大深度、高精度的电磁探测体系，大力提升了我国深部资源电磁探测装备研发能力与探测水平。

基于本专利，已形成以 29 个专利为核心的“大深度电磁探测装备与方法”专利群。专利技术打破了国外产品在我国的垄断局面，专利产品得到国内地质调查、有色金属勘查等部门的关注。与勘查部门及科研单位合作开展了大量野外勘探应用示范，专利产品成功应用于资源勘探、深埋长隧道地质灾害调查、油气田探测等领域，取得了显著的探测成果和经济效益。本专利技术联合团队的电磁探测理论成果荣获 2019 年度国家科技进步奖二等奖、2015 年度中国科学院杰出科技成就奖及 3 项学会一等奖，入选中科院“率先行动”计划第一阶段标志性重大成果。

专利名称：敞开式掘进机
专 利 号：ZL201610784961.5
专利权人：中国铁建重工集团股份有限公司
发 明 人：刘飞香 程永亮 郑大桥 何其平 梁海斌 李深远

敞开式掘进机又称 TBM，主要用于硬岩隧道掘进，具有安全、高效、优质、绿色、精准的优点，代表了一个国家的高端装备技术水平。随着隧道建设向长、大、深、硬方向发展，尤其是高地应力环境下软弱围岩和膨胀性围岩易产生围岩收敛，引起洞径缩小，如不能及时处理，将导致掘进机卡死、关键部件损坏，甚至发生隧道塌方、设备被埋等重大工程事故。

本专利首创了一种敞开式掘进机，具备护盾扩径支撑、双向协同控制、智能支护等功能，有效提高了掘进机扩径和支护效果，实现扩径范围提升 75%、支护范围提升 125%，解决了掘进机在大埋深、高地应力围岩条件下施工由于洞径收缩导致的刀盘护盾易被卡、隧道易坍塌难题，提高了隧道安全水平和施工效率。

本专利成果已成功应用于当前世界上最大的掘进机集群工程，同时在鄂北宝林隧洞、秘鲁圣加旺水电站等百余个国内外重大工程中施工效果良好，能够从容应对极易塌方的蚀变破碎带，使极端复杂地域钻山打洞变成现实。本专利产品国内市场占有率达 75%以上，是工业和信息化部认定的“制造业单项冠军产品”，截至 2019 年底实现新增销售额 102.9 亿元。

专利名称：风电臂翻转方法及起重机
专 利 号：ZL201611092558.2
专利权人：徐州重型机械有限公司
发 明 人：单增海 赵瑞学 陈志灿 贾体锋 王守伟 张正得 于敬利 张平海

“十三五”期间，我国风电产业得到了高速发展，新增装机容量 1.5 亿千瓦，占全球新增装机容量的50%。在如此高强度的风电安装背景下,如何缩短建设周期、降低建设成本是风电产业面临的巨大挑战。

全地面起重机由全地形越野底盘、伸缩臂、风电臂等作业装置组成,转场快速,作业高效,通过性强,特别适用于地形复杂、道路狭窄的山地丘陵环境。在转场时,传统起重设备需用辅助起重机将风电臂拆下后运输,拆装占地面积大,效率低,成本高。面对风电建设的艰巨任务,为提高风电安装效率,降低安装成本,需开发一种风电臂免拆装技术,实现风电臂无须辅助起重机即可随主机快速转场。

本专利创造性地利用车载超起卷扬系统,新增多级大行程翻转油缸,协同接力驱动,实现风电臂翻转,可以在不借助其他辅助车辆的情况下实现带有风电臂起重机的转场运输。

本专利首次实现风电臂全状态免拆装并随车运输,单风机风电臂拆装时间缩短91%,作业面积减小72%,建设成本降低25%。应用本技术研发的全球吊载能力最强的XCA1600全地面起重机产品,将风电建设高度从110米提高到140米,创造了轮式起重机风电安装的世界纪录。截至2020年9月底,该专利应用产品累计销售额达到25亿元。

专利名称:PD-1抗体
专 利 号:ZL201680040482.0
专利权人:信达生物制药(苏州)有限公司
发 明 人:H. 巴鲁亚　陈　乘　刘晓林　曾竣玮　俞德超

本专利提供了一种新一代肿瘤免疫治疗药物,具有广谱抗癌作用。其通过在酵母中表达IgG4亚型抗体,弱化抗体依赖性细胞介导的细胞毒性(ADCC)和补体依赖的细胞毒性(CDC)效应,提高分子亲和力,解决现有技术抗体的亲和力低、阻断性能低的问题。

本专利产品,信迪利单抗注射液(商品名为达伯舒)目前已获批的适应症是复发/难治性经典型霍奇金淋巴瘤、一线治疗非鳞状非小细胞肺癌、鳞状非小细胞肺癌以及肝癌。2021年5月18日,该专利产品被美国食品药品监督管理局(FDA)受理并进入正式审评阶段,成为我国首个PD-1抗癌药上市申请被FDA正式受理的案例。

2019年,达伯舒被纳入医保,成为首个被纳入国家医保目录的PD-1抗体,并通过“达伯舒卫生扶贫公益项目”为全国低保和建档立卡的复发/难治性典型霍奇金淋巴瘤患者免费提供两年的药品援助;舒心可依——肿瘤免疫治疗患者救助项目中,患者治疗成本仅3.98万元,为国外同类进口产品的几十分之一。截至2020年底,本专利产品销售总额达33.06亿元。

专利名称:空调机组控制方法和装置
专 利 号:ZL201810141010.5
专利权人:珠海格力电器股份有限公司
发 明 人:卓明胜　程　琦　陈培生　刘　华

以绿色发展为动力,本专利创新发明了动态双变流量解耦控制技术,实现制冷量和除湿量的解耦独立控制,突破了传统控制中两者不可兼得的难题;发明了多元、多维度稳态自动寻优技术,建立起以综合能效最优为目标的寻优算法,可实现压缩机与风机的综合功耗实时最低;建立直接制冷式空调机组运行技术体系,实现精准、高效、舒适的控制目标。

目前,应用该专利技术的相关产品已广泛服务于洛阳地铁、太原地铁、阿曼Sohar银行等国内外重点项目。专利技术成果已经应用于直接制冷式磁悬浮机组等四大产品品类,两项国家“十三五”重点研发计划,具有突出的节能性,与传统方案相比节能约53.3%,对推动高大空间建筑和轨道交通工程的节能改造具有重要意义,助力我国碳达峰、碳中和目标的早日实现。

专利名称:一种呼吸机
专 利 号:ZL201820240430.4
专利权人:江苏鱼跃医疗设备股份有限公司,苏州鱼跃医疗科技有限公司,苏州医疗用品厂有限公司,江苏鱼跃信息系统有限公司,南京鱼跃软件技术有限公司
发 明 人:赵 帅 尤景良 潘能御 郑耀明 杜文芝 郭建明 朱 晶 张宏圣 乐志超 张 佳

本专利聚焦结构创新,通过“四大创新”突破国产呼吸机产业瓶颈,产品性能与舒适性显著提升。

创新层流结构,消除气道湍流,降低雷诺系数,实现了气道气流稳定,大幅度提升输出压力与流程控制精度。创新开发双轴交叉气道结构和气道分流、变径调频降噪技术,在降低气道流体噪声的同时实现高效湿化,对于中度、重度新冠肺炎患者等呼吸窘迫患者的治疗有重要意义。创新性地实现了可拆卸的模块化设计,便于消毒与更换,阻断传播途径,减少院内交叉感染,保障患者和医护人员安全。创新设置柔性缓冲件,使模块处于柔性连接的悬浮状态,解决了噪声、阻抗甚至漏气故障。经测试,该技术应用使整机噪声下降 4 分贝。

目前,该专利已覆盖鱼跃睡眠呼吸机、院用呼吸机等产品,并大量应用于抗击新冠肺炎临床治疗。随着信息技术在医疗装备领域的广泛应用,对鱼跃呼吸机进一步开发、搭载了数据传输功能,携手多家三甲医院成立物联网睡眠中心,从而可实现远程压力滴定,便于长期管理并及时调整诊疗方案。

专利名称:提高玉米浸泡效果的复合菌剂及其应用
专 利 号:ZL201910220358.8
专利权人:中粮集团有限公司,吉林中粮生化有限公司
发 明 人:佟 毅 李 义 陶 进 潘 忠 张 媛 焦 琳

我国玉米深加工年消费玉米 8000 万吨,产值超 4500 亿元,对拉动国家粮食生产、促进农民增收和满足人民美好生活需要起到重要支撑作用。浸泡是玉米淀粉及其深加工行业的核心环节,对玉米籽粒中各组分的有效分离起决定性作用,直接影响淀粉及其深加工产品的收率、质量、能耗和生产效率。常规玉米浸泡属于化学浸泡工艺,存在周期长、能耗高、污染大等突出问题,限制了玉米淀粉及其深加工行业的绿色、高效、可持续发展,也是行业国际共性难题。

中粮集团是国内最大的玉米深加工企业,为解决上述问题,成立专项课题组,依托玉米深加工国家工程研究中心,基于玉米浸泡过程中微生物及其代谢产物的变化规律、玉米籽粒显微结构变化等机理研究成果,开展了大量研发工作,历经 11 年技术攻关,发明了一种显著提高玉米浸泡效果的组合功能菌剂,并基于此首创出生物浸泡新技术,使得玉米浸泡周期缩短 50%、SO_2用量减少 83%,提升了玉米籽粒内淀粉、蛋白质与纤维的绿色高效预分离效果,大幅提高产品质量、收率和加工效率。该专利技术在行业内得到广泛应用推广,实现了生物制造技术对传统玉米深加工的转型升级,推动了行业绿色高质量发展,取得了显著的经济、社会和生态效益。

供稿:国家知识产权局
知识产权运用促进司

第二十二届中国外观设计金奖获奖项目简介

专利名称：彩色超声诊断仪
专 利 号：ZL201230168771.3
专利权人：飞依诺科技（苏州）有限公司
发 明 人：尼　克　周夏君　奚　水

在飞依诺开始设计彩超设备之初，市场上的高端彩超设备多由国外品牌垄断，而民族品牌又大多不注重外观设计，产品厚重、巨大、单调，缺乏美感。形象上不够好，甚至招致“山寨货”的质疑，内在品质也很难被市场接受。飞依诺坚定打造兼具艺术美感与高科技的高端彩超设备正是源于这一初衷。

为了实现轻巧、便携、简洁、美观、时尚的设计理念，飞依诺在不影响产品性能的前提下，优化了部分内在结构系统，并创造性地采用了“超跑”“游艇”“飞机升降舵”等精致简约的现代表现形式，与“螳螂臂”“八卦图”“太极图”等极具中国传统文化的设计元素相结合。这种设计既为彩超设备注入了时尚的科技灵魂，带来了流畅的人机交互体验，又表达了飞依诺作为中国高端民族品牌的自豪感和审美意趣，整体效果和谐而雅致。

本专利产品已顺利打开国内外市场，远销全球80多个国家和地区，挑战了通用电气、飞利浦、西门子三大医疗巨头的市场地位。截至2019年底，实施专利产品新增销售额67 682万元，新增利润37 837万元，出口创汇33 253万元。本专利先后获得意大利A’Design医疗器械设计金奖、江苏省首届工业设计大赛银奖、江苏省优秀专利项目奖等奖项，推动了我国彩色超声行业的发展。

专利名称：插座（GN－U303U）
专 利 号：ZL201530461954.8
专利权人：公牛集团股份有限公司
发 明 人：高诗博　杨　涛

传统的插座往往以长方体形状的普通插排形式出现，设计呆板，使用不便，应对多插头取电场景时产品往往具有较大的体积。针对该情况，本专利突破性地改变了传统插座的使用形式，将USB取电口和插座孔位集成在长方体的各个平面上，通过首创的“零拔模角度”“环形分界线”“整体面板设计”“强弱电操作分离”等技术，带来全新的操作体验，提升了用户满意度。

魔方插座产品如其名，设计理念源自魔方的多面性。插座外观设计采用数码风格，顶面和底面采用苹果曲面设计，线条流畅，角度圆润，体现出产品的多面玲珑。插座表面经过细腻的磨砂处理，结合光面哑光材质，使得产品视觉丰富、触感细腻。本专利产品凭借小身材、口袋装的特点，既可在家中的任何角落使用，又是良好的出行伴侣，用于随时解决各种设备充电问题，更符合当代电子消费市场的需求。

本专利产品自2016年4月正式上市以来，备受消费者喜爱，已实现批量生产。截至2021年3月，本专利产品全系列累计销量达1850万余只，全系列累计销售额达8.34亿元。

专利名称：汽车
专 利 号：ZL201630332527.4
专利权人：比亚迪股份有限公司
发 明 人：廉玉波　唐文全　范吉晗
　　　　　侯晓光　余舒鹏　宿　伟
　　　　　杨　静

比亚迪设计的“宋MAX”是首款采用“Dragon Face”家族化设计的大七座MPV车型，专为“中国三代”家庭量身打造。比亚迪从中国“龙”元素中汲取灵感，融合西方简约豪华设计风格，历时数年打造出“Dragon Face”这一比亚迪王朝车系的全新家族化设计“语言”。“印象”“科技”“文化”是辨识这一设计“语言”的三大关键词。其中，鲜明的品牌识别和豪华简约是产品追求的整体印象，精确的细节设计展现了产品的高品质和感知质量，悬浮则是体现轻量与科技的核心设计语言。比亚迪将中国文化的精髓融入设计中，龙作为核心的文化要素，产品形神兼备，自信优雅。

随着消费升级，用户对汽车的造型、舒适性与智能安全配置等方面均格外关注。“宋 MAX”作为比亚迪第一款 MPV 车型，将能够满足“三孩”时代全家用车的需求。本产品将空间与美学完美结合，一经上市就获得极高的市场关注度，并连续数月摘得销量冠军，突破了 10 万元级 MPV 价格天花板，销售额超过百亿元。

专利名称：客车（Q）
专 利 号：ZL201730117501.2
专利权人：郑州宇通客车股份有限公司
发 明 人：于　伟　姬　冰　李正平
邵　杨　辛　冰　朱卉甫
陈东洋

本产品是行业内首款商业化运营智能网联客车，不仅满足了 2018 年进博会接驳线需求及高品质智慧公交系统需求，而且让宇通实现了从“中国客车第一品牌”向“全球领先的公共出行解决方案商”的完美转型。本产品运用智能网联技术，实现了“人、车、城市和谐共生”的设计理念。

整车造型采用全面屏一体化设计，线条灵动，更显科技时尚；矩阵式 LED 大灯彰显智能网联客车身份。前后围 LED 大灯寿命达 50 000 小时，发光 LOGO 提升了车辆的辨识度；车外氛围灯和城市环境灯光融合，带给乘客全新的舒适体验；内饰造型采用明亮的双层航空内顶设计，高对比度色彩方案，营造出安全舒适的车内空间；驾驶区一体化集成设计，自动调光全液晶仪表，随动仪表台，新型触感翘板开关，提升操控体验；低地板无障碍设计，ECAS 自动升降，关爱特殊人群出行。本专利造型获得世界客车博览会车辆设计奖、中国设计红星奖等设计类荣誉。

基于本外观设计的系列产品在市场上取得了良好的业绩和口碑，自 2018 年上市以来实现销售额 47.6 亿元。

专利名称：充电桩
专 利 号：ZL201730438354.9
专利权人：上海蔚来汽车有限公司
发 明 人：克里斯·托马森　徐周虎
吉姆·巴斯特　夏丽建
杨　潮　赵志凌　罗瑞斌
邵　洁　郝天磊　侯文洁
帕特里克·尼尔·麦戈德里克
克里斯托夫·普罗塞
马修·加伍德
迈克尔·崔普尔

蔚来充电桩是蔚来 NIO Power“可充、可换、可升级”智能加电体系的重要组成部分，遵循“只需插入和充电”的极简设计理念。充电桩前面板有着家族标志性的 X-Bar，看起来几乎悬浮并形成独特表面，整体视觉上更具科技感和冲击力。以明暗束形线条设计配合 LED 光源，在充电桩视觉中心点上生动地呈现出能量流动。内置的 4G 蜂窝网络模块确保每根桩都能和蔚来云保持联网状态，用户可以在 NIO App 上随时随地查看充电状态。为了使每次充电简化到只有插入充电枪这一个动作，蔚来研发了智能 Wi-Fi 通信模块，停车时充电桩就和车辆连接匹配，拔枪接近车辆时车辆充电口自动打开。轻量化设计的充电枪头质量仅有 376 克，相当于一瓶 380 毫升的矿泉水。

蔚来充电桩作为一款高频使用产品，经历过包含安全性、可靠性、电气性能、操作性能等 135 项严苛测试验证。例如，还原极端恶劣天气，挑战480分钟雨水沙尘侵袭，超过行业IP54标准；还原海洋盐雾空气，挑战168小时中性盐雾性空气，以168小时模拟7年真实环境，远超行业24小时的标准；还原内蒙古和新疆地区昼夜40℃温差真实环境，远超行业5次循环标准；还原枪头机械疲劳，挑战10 000次无损插拔；还原车辆碾压电缆，满载整车至3吨，用车轮反复碾压以模拟电缆在停车时可能遭受的冲击。

专利名称：质子治疗装置
专 利 号：ZL201730527939.8
专利权人：合肥中科离子医学技术装备有限公司
发 明 人：宋云涛　魏江华　毕延芳　常　佩　冯汉升　陈永华　陈　根　杨庆喜　丁开忠　李君君

质子治疗技术是目前国际上先进的放射治疗技术，依赖独特的布拉格峰形剂量分布，可对肿瘤区域实施高精准治疗，对比手术治疗、化疗和普通放疗，其副作用更小，治疗效果更好，存活率更高。

本专利公开了一种质子治疗装置，整体造型犹如巨大而温暖的蚕蛹，两侧为上升的弧线，将操作屏幕区域围合在整体造型之中，仿佛即将“化茧成蝶”。质子治疗舱采用的是全封闭式设计，并配置有可变灯光，以适应不同病患的心理需求。设计理念体现了以人为本和人文关怀，让患者在温暖和舒适的环境中得到治疗。同时，“化茧成蝶”也是对患者的祝福和鼓励。

本外观专利荣获多项大奖，包括中国设计红星奖金奖、中国设计智造大奖创智奖、安徽省专利奖外观设计金奖等。基于该获奖专利的外观设计已在合肥中科离子医学技术装备有限公司国产化超导质子治疗装置中得到应用。

专利名称：汽车
专 利 号：ZL201730635075.1
专利权人：广州小鹏汽车科技有限公司
发 明 人：张利华　杨效东　马万兵　赵　里　何　涛　何春娟

小鹏汽车致力于做更懂中国的智能汽车，通过融合前沿互联网和人工智能技术，用数据驱动智能电动汽车的变革，引领未来出行方式。本专利产品为小鹏汽车旗下首款SUV车型“小鹏G3”，搭载了小鹏自主研发的Xpilot自动驾驶系统和Xmart OS车载系统，并具备OTA升级、智能座舱、V2X及超级快充等功能，就智能化、续航里程和价格等方面而言，在同级别车型中处于领先地位。

小鹏G3的外观造型突破常规设计思路，在保证SUV空间及视野的基础上，增加更多跑车风格的设计元素，让整车的气质更加年轻化、个性化、运动化；采用高辨识度的一体式鲨鱼前脸，搭配高宽车身比，将整车风阻系数进一步降至0.29，达到同级别车型优秀水平。小鹏G3凭借惊艳的星际设计，一举摘得2019年度“iF”设计大奖，成为中国汽车工业设计的典范。此外，本专利产品还获得了2018年广东省第九届省长杯工业设计大赛决赛金奖和第九届省长杯广州市工业设计比赛银奖。

专利名称：空调器柜机
专 利 号：ZL201830122705.X
专利权人：青岛海高设计制造有限公司、青岛海尔空调器有限总公司
发 明 人：王　丽　李剑波　刘　为　黄泽平　张　鹏　江云香　谭普兆　李雄威

卡萨帝指挥家空调，采用现代理性美学设计，借鉴法国拉德芳斯凯旋门的贯穿式设计，双塔式造型，颠覆传统空调印象。秉承“少即是多”的理性设计，应用纯粹的几何元素，采用块面切割的设计手法，实现“2+1”功能平衡融合。从稀有矿石中提取机身颜色，历经上千次调试，将紫色首次带入家电，彰显产品的高贵、典雅与艺术。

双塔设计+双循环送风系统，可实现双循环软风，制冷因人而异(分区送风，左右可单独控制，温差最大可达8℃)；可以实现射流匀风，出风凉而不冷；双动力新风，恒温新氧吧，吸得多、吹得远；创新 UI 设计，场景体验替代功能选择，TFT 语音大屏，可指挥空气、管理空气、定制空气，引领智慧交互方式。

卡萨帝指挥家空调上市两年即实现良好社会效益：实现高端份额翻番，累计销售收入达 5 亿元；实现行业容量翻番，高端行业占比由 1.3%提升至 6.8%。双塔软风，受到用户追捧；艺术外观，引领设计趋势；荣获艾普兰设计奖、红顶奖等荣誉高达 11 项，全球发明专利高达 69 项。

专利名称：汽车
专 利 号：ZL201930060651.3
专利权人：重庆长安汽车股份有限公司
发 明 人：陈 政 邓 鑫 胡 健 胡 旺 韩文一

本专利运用于长安汽车自主研发的产品 CS75PLUS 上。CS75PLUS 基于长安性能家族化理念深入打造，通过平台架构、动力系统的升级，综合用户用车场景下各项性能的平衡，定位于 A+级 SUV 明日座驾，以超前的产品实力，满足用户未来的用车需求，其系列车型年销量突破 26.7 万辆。

CS75PLUS 由来自 24 个国家、200 多名外籍设计师组成的欧洲设计团队操刀设计，采用了“御岳”的设计理念，有张力的前脸、动感的体态、搭配协调的色彩，让整部车充满了未来设计风格。高配车型上搭载了长安首发的 APA5.0 系统，以及手机蓝牙钥匙等智能化的功能，全系 AT 车型更是标配梧桐车联智能系统，与腾讯合作，整合腾讯的生态资源，是真正的智慧互联的汽车。

CS75PLUS 获得 C－NCAP 五星安全和中保研碰撞测试 6 项优秀的优异成绩，搭载六安全气囊，配上全车 38.3%高强度钢材，领先同级水平。

专利名称：轨道车辆车头(2018－02)
专 利 号：ZL201930063921.6
专利权人：中车青岛四方机车车辆股份有限公司
发 明 人：丁叁叁 张 冶 王学亮 梁君海

轨道车辆车头设计，不仅要体现人文背景与现代艺术，还需综合考量运能需求、气动性能等多重影响因素，对保障轨道车辆运行速度、稳定性和舒适度发挥着重要作用。

本专利采用外观和技术交互式设计，以头型长度、关键型线、导流等为设计变量，对头型曲面参数化建模，利用启发式优化算法，开展多目标循环优化，得到兼顾外形和性能的最优头型方案。外观造型创意以“白鲸”为原型，与“北京”谐音，提取白鲸的形态特征，微笑面孔，表达“北京欢迎您”的主题，塑造具有时代感、速度感和强烈自信心的中国全自动驾驶车辆崭新形象。头型设计方案应用后，相比同类市域轨道车辆，性能大幅提升，空气阻力降低 19%，气动噪声降低 1.5 分贝，隧道压力波降低约 9%。

本专利应用于北京新机场线快轨车辆，被誉为“国门第一线”，其运营速度高达 160 千米/小时，日均客流量约 10 万人次，单程 41.36 千米仅需 18 分钟，为国内新型市域车辆树立了标杆，对加速京津冀地区经济融合、助力新引擎建设起到积极推进作用。自 2019 年投入应用，已实现销售额 96 691.25 万元。

供稿：国家知识产权局
知识产权运用促进司

2020年新增地理标志商标名录

序号	商标名称	注册人	注册号	类别	商品	国家（国内省、自治区、直辖市）
1	岳西大鲵	岳西县大鲵研究所	28052583	31	大鲵（活鱼）	安徽
2	皇庆圩大米	滁州市南谯区科技农业产业发展协会	31996222	30	大米	安徽
3	和村苹果	淮北市烈山区宋疃镇经济发展服务中心	33179881	31	新鲜苹果	安徽
4	庐江矾山土鸡	庐江县土鸡产业协会	33294052	31	活鸡（活动物）	安徽
5	界首马铃薯	界首市农产品质量安全检验检测中心	29833971	31	新鲜土豆（马铃薯）	安徽
6	怀宁媒鸭	怀宁县家禽养殖协会	36467923	31	活鸭	安徽
7	仲兴羊肉	固镇县肉羊产业服务中心	31756365	29	羊肉	安徽
8	雷官板鸭	来安县雷官板鸭协会	34281405	29	板鸭	安徽
9	金寨豆腐	金寨县农业产业发展中心	34601408	29	豆腐	安徽
10	金寨黄大茶	金寨县农业产业发展中心	31793671	30	黄大茶	安徽
11	马井韭黄	萧县鑫恒韭黄种植协会	37075982	31	新鲜韭黄	安徽
12	五河葡萄	五河县绿色农产品协会	38674132	31	新鲜葡萄	安徽
13	金寨黄精	金寨县农业产业发展中心	35611692	5	黄精（中药材）	安徽
14	金寨桑黄	金寨县农业产业发展中心	35611784	5	桑黄（中药材）	安徽
15	霍邱大米	霍邱县大米产业协会	37201197	30	大米	安徽
16	夹沟香稻米	宿州市夹沟香稻米协会	21480734	30	大米	安徽
17	笄山笋	安徽省广德县卢村乡农村经济技术服务中心	31128685	31	笋（新鲜的）	安徽
18	霍邱鹅肥肝	霍邱县鹅肥肝产业协会	37632464	29	鹅肥肝	安徽
19	桐城桔梗	桐城市黄甲镇桔梗种植协会	37676381	5	药用桔梗	安徽
20	明光梅鱼	明光市水产技术推广站	38613372	31	翘嘴鲌（活鱼）	安徽
21	含山龙虾	含山县渔业协会	39057034	31	龙虾（活的）	安徽
22	绩溪火腿	绩溪县畜牧兽医水产局	40589257	29	火腿	安徽
23	高口红椿	北京市昌平区流村镇农业服务中心	33061300	31	香椿（新鲜蔬菜）	北京

续表

序号	商标名称	注册人	注册号	类别	商品	国家（国内省、自治区、直辖市）
24	西峰山小枣	北京市昌平区流村镇农业服务中心	33061301	31	鲜枣	北京
25	延庆香白杏	北京市延庆区果品服务中心	33152904	31	新鲜杏	北京
26	COTES DE PROVENCE	普罗旺斯丘葡萄酒联盟	33407238	33	葡萄酒	法国
27	PUISSEGUIN SAINT-EMILION	波尔多葡萄酒行业联合委员会	34227159	33	葡萄酒	法国
28	赛龙	波尔多葡萄酒行业联合委员会	34227163	33	葡萄酒	法国
29	苏玳	波尔多葡萄酒行业联合委员会	34227162	33	葡萄酒	法国
30	CERONS	波尔多葡萄酒行业联合委员会	34227164	33	葡萄酒	法国
31	普瑟冈-圣埃米利永	波尔多葡萄酒行业联合委员会	34227158	33	葡萄酒	法国
32	BOURGOGNE	勃艮第葡萄酒行业协会	33407240	33	葡萄酒	法国
33	勃艮第	勃艮第葡萄酒行业协会	33407239	33	葡萄酒	法国
34	普罗旺斯丘	普罗旺斯丘葡萄酒联盟	34858356	33	葡萄酒	法国
35	玛歌	波尔多葡萄酒行业联合委员会	35908130	33	葡萄酒	法国
36	COGNAC	法国国家干邑行业管理局	22195379	33	葡萄蒸馏酒	法国
37	干邑	法国国家干邑行业管理局	22195380	33	葡萄蒸馏酒	法国
38	圣埃米利永 SAINT-EMILION	波尔多葡萄酒行业联合委员会	15616000	33	葡萄酒	法国
39	佩萨克-雷奥良 PESSAC-LEOG-NAN	波尔多葡萄酒行业联合委员会	15615988	33	葡萄酒	法国
40	蒙塔涅-圣埃米利永 MONTAGNE-SAINT-EMILION	波尔多葡萄酒行业联合委员会	15615991	33	葡萄酒	法国
41	特级圣埃米利永 SAINT-EMILION GRAND CRU	波尔多葡萄酒行业联合委员会	15616002	33	葡萄酒	法国
42	慕里斯 MOULIS	波尔多葡萄酒行业联合委员会	15615990	33	葡萄酒	法国

续表

序号	商标名称	注册人	注册号	类别	商品	国家（国内省、自治区、直辖市）
43	上杭石潭鸡	上杭县贵妃鸡养殖协会	21685194	31	鸡(活家禽)	福建
44	牛途地瓜干	政和县澄源乡“三农”服务中心	29663745	29	地瓜干(熟)	福建
45	建瓯大米	建瓯市特色产品发展研究会	31024795	30	大米	福建
46	湖头米粉	安溪县湖头米粉产业研究会	31481005	30	米粉(条状)	福建
47	武平白兔	武平县养禽协会	31481016	31	白兔(活的)	福建
48	宁化薏米	宁化县农学会	32258696	30	薏米	福建
49	大田华兴茶油	大田县华兴镇农业服务中心	32698363	29	食用茶籽油	福建
50	五寨黄金百香果	平和县五寨乡农业服务中心	33032541	31	百香果(新鲜浆果)	福建
51	建宁猕猴桃	建宁县猕猴桃产业协会	33266135	31	新鲜猕猴桃	福建
52	白砂香菇	上杭县种养协会	33551046	31	新鲜香菇	福建
53	惠安余甘	惠安县粮果蔬产业协会	33577509	29	余甘(腌制水果)	福建
54	惠安余甘	惠安县粮果蔬产业协会	33577510	31	余甘(新鲜水果)	福建
55	南阳金橘	上杭县种养协会	33629425	31	新鲜柑橘	福建
56	平和坂仔香蕉	平和县特产协会	34744747	31	香蕉	福建
57	漳墩贡眉白茶	南平市建阳区漳墩镇三农服务中心	29294011	30	白茶	福建
58	顺昌秀水草莓	顺昌县元坑镇三农服务中心	31606881	31	草莓	福建
59	泰宁尤源粉干	泰宁县旅游食品行业协会	37001664	30	米粉(条状)	福建
60	济阳黄花菜	大田县济阳乡农业服务中心	30421797	29	黄花菜	福建
61	浦城大米	浦城县粮食行业协会	30932416	30	大米	福建
62	顺昌元坑毛边纸	顺昌县元坑镇三农服务中心	31606878	16	毛边纸	福建
63	顺昌洋坊早芋	顺昌县元坑镇三农服务中心	31606879	31	新鲜芋头	福建
64	顺昌洋坊粉干	顺昌县元坑镇三农服务中心	31606880	30	米粉(条状)	福建
65	建瓯香菇	建瓯市特色产品发展研究会	30672808	31	香菇(鲜食用菌)	福建
66	建瓯香菇	建瓯市特色产品发展研究会	30672809	29	香菇(干食用菌)	福建
67	金淘盐露豆干	南安市金淘镇豆制品产业协会	37201257	29	豆干	福建

续表

序号	商标名称	注册人	注册号	类别	商品	国家(国内省、自治区、直辖市)
68	适中薏米	龙岩市新罗区适中特色产业协会	28685358	30	薏米(脱壳后的)	福建
69	建瓯芦柑	建瓯市特色产品发展研究会	30872932	31	芦柑(新鲜柑橘)	福建
70	宁化客家黑笋干	宁化县治平畲族乡竹业协会	32638497	29	笋干	福建
71	宁化客家黑笋干	宁化县治平畲族乡竹业协会	32638498	29	笋干	福建
72	中仙无核柿	尤溪县中仙乡农业服务中心	35188717	31	新鲜柿子	福建
73	平潭坛紫菜	平潭综合实验区农业农村发展服务中心	35496391	29	紫菜	福建
74	上杭小米椒	上杭县种养协会	33551244	30	小米椒(调味品)	福建
75	连城冠豸山铁皮石斛	连城县冠豸山铁皮石斛研究所	34281323	5	铁皮石斛(中药材)	福建
76	宁化玉扣纸	宁化县治平畲族乡竹业协会	35985190	16	绘画和书写用纸	福建
77	政和香菇	政和县澄源乡“三农”服务中心	29663588	29	香菇(干食用菌)	福建
78	泰宁新桥白笋干	泰宁县旅游食品行业协会	36467831	29	白笋干	福建
79	芦芝桂花柚	漳平市桂花柚协会	37631921	31	新鲜柚子	福建
80	连城百香果	连城县农民创业服务中心	37945519	31	百香果(鲜水果)	福建
81	漳平青仁乌豆	漳平市豆类作物协会	32665745	31	黑豆(未加工的)	福建
82	武平蜂蜜	武平县养蜂协会	34021548	30	蜂蜜	福建
83	闽清毛脚鸡	闽清县农产品协会	34316112	31	活鸡	福建
84	闽清毛脚鸡	闽清县农产品协会	34316113	29	鸡肉	福建
85	松溪笋干	松溪县特色产品发展研究学会	34982794	29	笋干	福建
86	通贤乌兔	上杭县兔业协会	35460123	31	兔(活的)	福建
87	通贤乌兔	上杭县兔业协会	35460124	29	兔(非活的)	福建
88	尤溪八字桥佛手瓜	尤溪县八字桥乡农业服务中心	35611983	31	佛手瓜	福建
89	屏南鸳鸯果	屏南县鸳鸯果协会	35907003	30	粉条(以苦槠为原料)	福建

续表

序号	商标名称	注册人	注册号	类别	商品	国家（国内省、自治区、直辖市）
90	泰宁锥栗	泰宁县旅游食品行业协会	36467830	31	新鲜栗子	福建
91	夏茂晒烟	沙县夏茂镇农业服务中心	36845934	34	烟草	福建
92	连城雪薯	连城县农民创业服务中心	37945518	31	新鲜薯蓣	福建
93	武平百香果	武平县百香果产业协会	38613905	31	百香果（鲜水果）	福建
94	闽清陶瓷	闽清县建筑陶瓷行业协会	38832211	19	瓷砖	福建
95	武平百香果	武平县百香果产业协会	38929382	31	百香果（鲜水果）	福建
96	礁美海瓜子	云霄县陈岱镇农村经济服务中心	39172636	31	海瓜子（活的）	福建
97	槐南粉干	永安市槐南镇农业综合服务中心	29804900	30	米粉（条状）	福建
98	尤溪联合花生	尤溪县联合镇农业服务中心	39965841	31	新鲜花生	福建
99	陈岱东方鲀	云霄县陈岱镇农村经济服务中心	39172635	31	河鲀鱼（活的）	福建
100	泰宁金饶山茶油	泰宁县旅游食品行业协会	39965840	29	食用茶籽油	福建
101	将乐山茶油	将乐县茶油技术协会	40753472	29	食用山茶油	福建
102	通渭苹果	通渭县土特产行业协会	29746051	31	新鲜苹果	甘肃
103	古浪枸杞	古浪县枸杞发展协会	30416047	5	枸杞	甘肃
104	关山红牛	平凉市牛产业开发办公室	31393205	31	活牛	甘肃
105	平川陶瓷	白银市平川陶瓷研究中心	33294658	19	瓷砖，陶瓷砖，铺地和饰面用瓷砖，釉面陶瓷砖，地面用瓷砖，墙用瓷砖，陶瓷屋顶瓦片，陶瓷地板砖，陶瓷墙砖，陶瓷砖	甘肃
106	平川陶瓷	白银市平川陶瓷研究中心	32555115	21	瓷器，瓷器装饰品，瓷制艺术品，日用瓷器（包括盆、碗、盘、壶、餐具、缸、坛、罐）	甘肃

续表

序号	商标名称	注册人	注册号	类别	商品	国家（国内省、自治区、直辖市）
107	漳县沙棘	漳县土特产品行业协会	34982786	5	沙棘（中药材）	甘肃
108	庄浪胡麻油	庄浪县土特产行业协会	35102534	29	胡麻油	甘肃
109	张掖小米	张掖市小米产业化协会	34830764	30	小米	甘肃
110	天祝土豆	天祝藏族自治县经济作物技术推广站	31996211	31	新鲜土豆	甘肃
111	民勤蜜瓜	民勤县收成乡甜瓜产销协会	33407344	31	蜜瓜	甘肃
112	泾川苹果	泾川县果业局	35050611	31	新鲜苹果	甘肃
113	礼县苹果	礼县园艺技术推广站	42070154	31	新鲜苹果	甘肃
114	礼县大黄	礼县中药材开发办公室	42070174	5	药用大黄	甘肃
115	崆峒牛肉	平凉市崆峒区畜牧兽医局	33746240	29	牛肉	甘肃
116	成县核桃	成县核桃科技服务中心	27400831	31	核桃（新鲜的）	甘肃
117	平川陶瓷	白银市平川陶瓷研究中心	33294657	11	陶瓷抽水马桶，陶瓷盥洗盆（卫生设备部件），陶瓷盥洗池（卫生设备部件），陶瓷马桶水箱，陶瓷洗涤槽，陶瓷小便池，陶瓷浴缸，陶瓷澡盆，陶瓷坐便器	甘肃
118	天祝藜麦	天祝藏族自治县农业技术推广中心	31996219	30	藜麦（加工过的）	甘肃
119	关山红牛	平凉市牛产业开发办公室	32170578	29	牛肉	甘肃
120	崆峒山药	平凉市崆峒区蔬菜工作站	33407266	31	新鲜山药	甘肃
121	板桥白黄瓜	合水县蔬菜开发办公室	34022289	31	新鲜黄瓜	甘肃
122	临夏紫斑牡丹	临夏市河州紫斑牡丹产业发展协会	34682263	31	牡丹花	甘肃
123	红古黑陶	兰州市红古区文化馆	35554654	21	陶器	甘肃
124	红古玉雕	兰州市红古区文化馆	35765604	14	玉雕艺术品	甘肃
125	民勤羊肉	民勤县东湖镇羊肉产销协会	41969622	29	羊肉	甘肃
126	会宁紫花苜蓿	会宁县草畜产业发展协会	39762104	31	苜蓿（植物）	甘肃

续表

序号	商标名称	注册人	注册号	类别	商品	国家（国内省、自治区、直辖市）
127	遂溪海红香米	广东省遂溪县农业技术推广中心	29331194	30	红香米	广东
128	从化荔枝	广州市从化区农业技术推广中心	29664094	31	新鲜荔枝	广东
129	新垦莲藕	广州市南沙区万顷沙镇农业综合服务中心	29804670	31	新鲜莲藕	广东
130	从化流溪娟鱼	广州市从化区禽畜水产技术推广中心(广州市从化区水生动物防疫检疫站)	30103754	31	鲤鱼(活鱼)	广东
131	德庆肉桂	德庆县农业技术推广中心	32458497	5	药用肉桂	广东
132	德庆鸳鸯桂味荔枝 DQYYGWLZ	德庆县农业技术推广中心	32458499	31	新鲜荔枝	广东
133	湛江对虾	湛江市农林牧渔地标产品协会	37503200	29	对虾(非活)	广东
134	揭西擂茶	揭西县特色美食协会	28414291	30	擂茶粉	广东
135	德庆广佛手 DQGFS	德庆县农业技术推广中心	32458498	5	药用广佛手	广东
136	南澳紫菜	南澳县农特产品协会	27934073	29	紫菜	广东
137	武鸣沃柑	南宁市武鸣区沃柑产业联合会	29633462	31	新鲜沃柑	广西
138	象州大米	象州县农业技术推广站	29024044	30	大米	广西
139	玉林三黄鸡	玉林市水产畜牧业协会	32613860	31	活鸡	广西
140	木格白玉蔗	贵港市港南区农业技术推广中心	28993517	31	甘蔗	广西
141	陆川橘红	陆川县橘红产业协会	30874470	5	药用橘红	广西
142	梧州六堡茶 WU ZHOU LIUPAO TEA	梧州市茶产业发展办公室	32401277	30	黑茶	广西
143	博白蕹菜	博白县蕹菜产业协会	36149016	31	新鲜蕹菜(空心菜)	广西
144	博白芋苗	博白县芋产品产业协会	37676833	31	芋苗(植物)	广西
145	剑河小香鸡	剑河县畜牧渔业管理办公室	31970246	29	鸡(非活)	贵州
146	剑河小香鸡	剑河县畜牧渔业管理办公室	31970247	31	鸡(活家禽)	贵州
147	普安天麻	普安县林下天麻种植繁育专业技术协会	26204451	5	天麻(中药材)	贵州

续表

序号	商标名称	注册人	注册号	类别	商品	国家（国内省、自治区、直辖市）
148	盘县火腿	盘州市畜牧兽医学会	27564186	29	火腿	贵州
149	普安蜜柚	普安县水果蔬菜协会	35496903	31	新鲜柚子	贵州
150	荔波瑶山鸡	荔波县畜牧水产发展促进中心	34924303	31	活鸡	贵州
151	荔波瑶山鸡	荔波县畜牧水产发展促进中心	34924304	29	鸡肉	贵州
152	黔东南小香鸡	黔东南州科技开发中心	35344136	31	鸡(活家禽)	贵州
153	黔东南小香鸡	黔东南州科技开发中心	35344306	29	鸡肉(肉)	贵州
154	黄平太子参	黄平县市场监督管理检验检测中心	39925126	5	药用太子参	贵州
155	黄平魔芋	黄平县市场监督管理检验检测中心	39925127	31	新鲜魔芋	贵州
156	保亭菠萝蜜	保亭黎族苗族自治县农业服务中心	33550500	31	菠萝蜜（新鲜水果）	海南
157	保亭百香果	保亭黎族苗族自治县农业服务中心	33550964	31	百香果（新鲜水果）	海南
158	乐东黑米	乐东黎族自治县农业技术推广服务中心	35073377	30	黑米	海南
159	保亭黄牛	保亭黎族苗族自治县农业服务中心	33550974	31	黄牛(活牛)	海南
160	保亭龙眼	保亭黎族苗族自治县农业服务中心	33629284	31	龙眼（新鲜水果）	海南
161	保亭黄秋葵	保亭黎族苗族自治县农业服务中心	33656108	31	新鲜秋葵	海南
162	三亚芒果 SANYA MANGO	三亚市芒果协会	32023361	31	芒果	海南
163	保亭六弓鹅	保亭黎族苗族自治县农业服务中心	33629273	31	鹅(活家禽)	海南
164	保亭毛感鸭	保亭黎族苗族自治县农业服务中心	33656112	31	活鸭	海南
165	乐东芒果	乐东黎族自治县热作办公室	35073402	31	新鲜芒果	海南
166	乐东龙眼	乐东黎族自治县热作办公室	35073403	31	龙眼（新鲜水果）	海南
167	乐东金钱树	乐东黎族自治县林业服务中心	35074245	31	金钱树(植物)	海南

续表

序号	商标名称	注册人	注册号	类别	商品	国家（国内省、自治区、直辖市）
168	东方 黎锦	东方市文化馆	31363028	24	黎锦（纺织织物）	海南
169	东方 黎锦	东方市文化馆	31363029	25	黎锦（服装）	海南
170	乐东蜜瓜	乐东黎族自治县农业技术推广服务中心	35685018	31	新鲜蜜瓜	海南
171	乐东尖峰黄花梨	乐东黎族自治县林业服务中心	35073401	31	黄花梨（树木）	海南
172	乐东腰果	乐东黎族自治县热作办公室	35073372	31	新鲜腰果	海南
173	乐东尖峰地瓜	乐东黎族自治县农业技术推广服务中心	35074272	31	新鲜甘薯	海南
174	澄迈无核荔枝 CHENGMAI SEEDLESS LITCHI	澄迈县无核荔枝产销协会	36675845	31	新鲜荔枝	海南
175	大路莲雾 DALU WAX APPLE	琼海市大路镇农业服务中心	38613798	31	莲雾（新鲜水果）	海南
176	乐东毛豆	乐东黎族自治县农业技术推广服务中心	40589215	31	毛豆（新鲜连荚大豆）	海南
177	鹿泉石榴	石家庄市鹿泉区石榴协会	25783504	31	新鲜石榴	河北
178	隆尧周张梨 LONG YAO ZHOU ZHANG PEAR	隆尧县北楼乡周张果品协会	29262627	31	新鲜梨	河北
179	隆尧大葱	隆尧县泽阳园农业科技开发协会	29583793	31	新鲜大葱	河北
180	隆尧香梨	隆尧县香梨协会	29805081	31	新鲜梨（香梨）	河北
181	永清黄芽韭菜	永清县蔬菜协会	30745181	31	新鲜韭菜	河北
182	赞皇酸枣仁	赞皇县农产品协会	31295328	5	药用酸枣仁	河北
183	东光棉花	东光县棉花协会	31422341	22	未加工的棉花	河北
184	泊头桑椹	泊头市营子镇农村经济服务中心	32170425	31	新鲜桑椹	河北

续表

序号	商标名称	注册人	注册号	类别	商品	国家（国内省、自治区、直辖市）
185	香河韭菜	香河县蔬菜协会	32698809	31	新鲜韭菜	河北
186	肥乡玫瑰香葡萄	邯郸市肥乡区名优产品流通协会	32947211	31	新鲜葡萄	河北
187	正定黄桃	正定县农业技术推广协会	34101299	31	新鲜黄桃	河北
188	张北莜面	张北县农特产品流通协会	34601385	30	莜面	河北
189	张北莜麦	张北县农特产品流通协会	34601386	31	莜麦（未加工的）	河北
190	赞皇苹果	赞皇县农产品协会	31295327	31	新鲜苹果	河北
191	隆尧辣椒	隆尧县泽阳园农业科技开发协会	29771220	29	干辣椒（干蔬菜）	河北
192	安国白术	安国市中药材标准化生产协会	32725088	5	药用白术	河北
193	涞源豆腐	涞源县豆制产品服务中心	33961330	29	豆腐	河北
194	平泉杏仁	平泉市林果技术推广总站	30903642	29	杏仁（加工过的坚果）	河北
195	无极豆腐	无极县特色产品推广协会	31547058	29	豆腐	河北
196	保定苹果 BAODING APPLE	保定市林果技术推广站	32080933	31	苹果	河北
197	行唐防风	行唐县农村专业技术协会	33908731	5	药用防风	河北
198	柏乡红薯	柏乡县绿色农业协会	33908737	31	新鲜红薯	河北
199	平山黄芩	平山县富农中药材协会	34170911	5	药用黄芩	河北
200	乐亭海参	乐亭县海华水产养殖协会	36913682	29	海参(非活)	河北
201	都山党参	秦皇岛市中药材商会	28377022	5	药用党参	河北
202	藁城宫米	石家庄市藁城区地方特产推广服务中心	32725085	30	小米	河北
203	辛集鸭梨	辛集市林业技术推广站	29228137	31	新鲜梨	河北
204	赞皇红薯粉条	赞皇县农产品协会	31756367	30	粉条	河北
205	邯郸粉皮	邯郸市永年区粉皮协会	31996224	30	粉皮	河北
206	晋州甜玉米	晋州市农林协会	33061308	31	甜玉米	河北
207	遵化板栗	遵化市燕山板栗商会	33961292	29	板栗（加工过的）	河北
208	遵化板栗	遵化市燕山板栗商会	33961293	31	板栗（新鲜板栗）	河北

续表

序号	商标名称	注册人	注册号	类别	商品	国家（国内省、自治区、直辖市）
209	衡水鸭蛋	衡水市桃城区烤鸭蛋科技服务中心	34774785	29	鸭蛋	河北
210	威县雪桃	威县特色产业协会	34775307	31	桃	河北
211	承德国光苹果	承德县农产品行业协会	34858601	31	新鲜苹果	河北
212	柏乡葡萄	柏乡县农产品种植协会	33432813	31	新鲜葡萄	河北
213	魏县鸭梨	魏县鸭梨协会	33680169	31	新鲜梨	河北
214	吴桥棉花	吴桥县棉农服务者协会	35704850	22	未加工棉花	河北
215	固安小磨香油	固安小磨香油工艺传承发展协会	35959381	29	香油	河北
216	滦南海蟹 LN	滦南县海产品流通协会	35984275	31	海蟹（甲壳动物（活的））	河北
217	万全糯玉米	张家口市万全区鲜食玉米协会	39146030	31	玉米	河北
218	泊头葡萄	泊头市四营乡灌河村果蔬协会	39146035	31	新鲜葡萄	河北
219	馆陶艾草	馆陶县艾草协会	33061408	5	药用艾草	河北
220	滦平黄芩	滦平县农牧技术推广站	33961328	5	药用黄芩	河北
221	献县红玉米	献县名优特农产品协会	34455134	31	玉米	河北
222	赞皇雪花梨	赞皇县农产品协会	31295325	31	新鲜梨	河北
223	隆化肉牛	隆化县特色农产品开发协会	31996221	29	牛肉	河北
224	辛寨西瓜	邯郸市肥乡区名优产品流通协会	32947210	31	新鲜西瓜	河北
225	阳原石雕	阳原县特色产品协会	33407265	19	石雕艺术品	河北
226	平山苹果	平山县元坊林果协会	34226847	31	新鲜苹果	河北
227	平山黑木耳	平山食用菌产业协会	34226855	29	干木耳	河北
228	正定桑叶	正定县特色产品推广协会	34830767	31	新鲜桑叶	河北
229	北薛庄石榴	石家庄市鹿泉区石榴协会	35188880	31	新鲜石榴	河北
230	黄骅梭子蟹	黄骅市水产技术推广站	35730281	31	活梭子蟹	河北
231	邱县丝棉木	邱县丝棉木协会	36071804	31	丝棉木（树木）	河北
232	定州蜜桃	定州市林果科学院	36791337	31	新鲜桃	河北
233	任丘冬枣	任丘市辛中驿镇农村经济服务中心	36818824	31	冬枣（新鲜的）	河北
234	丰南西红柿	唐山市丰南区蔬菜协会	37043166	31	新鲜西红柿	河北

续表

序号	商标名称	注册人	注册号	类别	商品	国家（国内省、自治区、直辖市）
235	定州鸭梨	定州市电子商务协会	37433027	31	新鲜鸭梨	河北
236	献县麻山药	献县硕兴中药材协会	34924310	31	新鲜山药	河北
237	张铁集山药	大名县农产品推广服务协会	34226842	31	新鲜山药	河北
238	邱县羊肉	邱县肉羊养殖协会	36071802	29	羊肉	河北
239	平山连翘	平山县富农中药材协会	33908736	5	药用连翘	河北
240	井陉黑猪肉	井陉县特色产品服务中心	35960017	29	黑猪肉（肉）	河北
241	唐山对虾	唐山市农业产业化龙头企业协会	41043755	31	活虾	河北
242	唐山板栗	唐山市农业产业化龙头企业协会	41043756	31	新鲜板栗	河北
243	邯郸仙桃	邯山区果树科技服务协会	38704137	31	新鲜桃	河北
244	望都塔桧	望都县林业技术推广站	38802300	31	桧柏（树木）	河北
245	邢台沙河红小米	沙河市特色农产品行业协会	39801400	30	小米	河北
246	邢台沙河红薯粉条	沙河市特色农产品行业协会	39801401	30	粉条	河北
247	固安柳编	固安县柳编协会	40027139	20	柳条制品	河北
248	磁县红薯	磁县红薯协会	40027144	31	新鲜红薯	河北
249	大厂西红柿	大厂回族自治县现代农业科技示范园区管理办公室	41741292	31	西红柿（新鲜的）	河北
250	崇礼蚕豆	张家口市崇礼区农业技术推广站	42837281	31	新鲜蚕豆	河北
251	崇礼蚕豆	张家口市崇礼区农业技术推广站	42867242	29	蚕豆（加工过的坚果）	河北
252	小河白菜	浚县蔬菜协会	29118217	31	新鲜白菜	河南
253	兰考构树	兰考县畜牧兽医工作站	29746050	31	构树	河南
254	卢氏蜂蜜 LUSHI HONEY	卢氏县蜂业协会	26769026	30	蜂蜜	河南
255	范县大米	范县大米协会	34563433	30	大米	河南
256	洛阳牡丹	洛阳牡丹发展中心	38448554	31	牡丹（自然花）	河南
257	嵩县黑猪	嵩县金泰生态养殖专业技术协会	36398506	31	活猪	河南
258	新县葛根粉	新县葛根研究中心	34563434	30	葛根粉	河南
259	大碾萝卜	浚县蔬菜协会	29118218	31	萝卜	河南
260	讷河黑猪	讷河市畜牧技术推广中心	33551291	29	猪肉	黑龙江

续表

序号	商标名称	注册人	注册号	类别	商品	国家（国内省、自治区、直辖市）
261	黑河大豆 HEIHE SOYBEAN	黑河市种子管理处	33320879	30	大豆（加工过的）	黑龙江
262	黑河大豆 HEIHE SOYBEAN	黑河市种子管理处	33320880	31	大豆（未加工过的）	黑龙江
263	肇源白鹅	肇源县畜禽养殖协会	30618909	31	白鹅(活家禽)	黑龙江
264	肇源貉	肇源县畜禽养殖协会	30619156	31	貉(活动物)	黑龙江
265	桦南紫苏	桦南林业局农业种植协会	28551360	31	食用新鲜紫苏	黑龙江
266	林甸大米	林甸县农业科学技术推广中心	32750512	30	大米	黑龙江
267	肇源芡实	肇源县农业技术推广中心	33961332	5	药用芡实	黑龙江
268	杜尔伯特大米	杜尔伯特蒙古族自治县水稻产业协会	42319249	30	大米	黑龙江
269	杜尔伯特小米	杜尔伯特蒙古族自治县水稻产业协会	42319250	30	小米	黑龙江
270	延寿大米 延寿 寿	延寿大米协会	40361886	30	大米	黑龙江
271	鸡东大米	鸡东县农业技术推广中心	40085593	30	大米	黑龙江
272	鸡东黄芩	鸡东县农业技术推广中心	40152211	5	药用黄芩	黑龙江
273	荆山杨桃	南漳县峡门口特色农产品协会	29345538	31	新鲜猕猴桃	湖北
274	沙套湖莲藕	洪湖市燕窝镇莲藕协会	31393103	31	新鲜莲藕	湖北
275	洪湖莲藕	洪湖市水生蔬菜产业开发研究会	31756376	29	莲藕（加工过的）	湖北
276	洪湖藕带	洪湖市水生蔬菜产业开发研究会	31756378	29	藕带（加工过的）	湖北
277	张集黑木耳	钟祥市传统食品研究推广中心	33986482	29	木耳	湖北
278	郧县油橄榄	十堰市郧阳区油橄榄协会	31325493	31	油橄榄树（植物）	湖北
279	府河萝卜	云梦县隔蒲潭镇农业技术推广站	32805455	31	新鲜萝卜	湖北
280	襄阳灵芝	襄阳市特色农产品产销协会	36492890	5	药用灵芝	湖北
281	随州香菇 SUI ZHOU	随州市食用菌协会	38406945	29	干香菇	湖北
282	金海女儿山白茶	黄石经济技术开发区金海白茶协会	30102778	30	白茶	湖北
283	丹江口鳊鱼 D	丹江口市水产协会	30415587	31	鳊鱼(活鱼)	湖北
284	丹江口翘嘴鲌 D	丹江口市水产协会	30415588	31	翘嘴鲌(活鱼)	湖北

续表

序号	商标名称	注册人	注册号	类别	商品	国家（国内省、自治区、直辖市）
285	丹江口鳡鱼 D	丹江口市水产协会	30415590	29	鳡鱼(非活)	湖北
286	丹江口鳙鱼 D	丹江口市水产协会	30415591	29	鳙鱼(非活)	湖北
287	丹江口鳡鱼 D	丹江口市水产协会	30415593	31	鳡鱼(活鱼)	湖北
288	洪湖小龙虾	洪湖市小港管理区小龙虾产业协会	31756379	29	小龙虾(非活)	湖北
289	随县油桃	随县水果专业技术协会	37841220	31	新鲜桃	湖北
290	襄阳杜仲	襄阳市特色农产品产销协会	36468936	5	药用杜仲	湖北
291	襄阳小龙虾	襄阳市襄州区水产养殖协会	30482179	31	小龙虾(活的)	湖北
292	随州香稻	随州市稻米产业协会	38406946	30	大米	湖北
293	阳新太子豆腐	黄石市阳新太子豆腐产业协会	26323462	29	豆腐	湖北
294	麻豪口螃蟹	公安县麻豪口镇水产养殖协会	33746241	31	活螃蟹	湖北
295	孝感香米	孝感市香稻产业协会	31792338	30	大米	湖北
296	恩施土豆	恩施土家族苗族自治州农业技术推广中心	36072582	31	新鲜土豆	湖北
297	南漳官米	南漳有机产业发展协会	32805374	30	大米	湖北
298	巴东椪柑	巴东县经济作物技术推广站	33576754	31	椪柑(新鲜水果)	湖北
299	松滋山羊	松滋市土特产品产销协会	32051947	29	羊肉	湖北
300	钟祥泡泡青	钟祥市传统食品研究推广中心	33986481	31	泡泡青菜(新鲜蔬菜)	湖北
301	江陵道米	江陵县粮食产业联合会	34510815	30	大米	湖北
302	长阳香菇	长阳经济林推广服务中心	37301964	29	干香菇	湖北
303	孝昌血桃	孝昌县果品产业协会	37945909	31	新鲜桃	湖北
304	蕲山药	蕲春县农业技术推广中心	31792339	31	新鲜山药	湖北
305	襄阳山茱萸	襄阳市特色农产品产销协会	39384210	5	药用山茱萸	湖北
306	襄阳豆奶	襄阳市豆奶产业协会	29633440	29	豆奶	湖北
307	金福红栀	长阳金福红栀协会	33515123	5	药用栀果	湖北
308	襄阳款冬花	襄阳市特色农产品产销协会	39604185	5	药用款冬花	湖北
309	南漳天麻	南漳县农产品协会	39892788	5	药用天麻	湖北
310	桑植白茶	桑植县茶业协会	27564212	30	白茶	湖南
311	南岳云雾茶	衡阳市南岳区茶业协会	27564338	30	绿茶	湖南
312	桥头河萝卜	涟源市桥头河蔬菜协会	29422496	31	萝卜	湖南

续表

序号	商标名称	注册人	注册号	类别	商品	国家（国内省、自治区、直辖市）
313	郴州福茶	郴州市茶叶协会	30318028	30	茶	湖南
314	岳阳王鸽	岳阳县杨林乡肉鸽养殖协会	32115101	29	鸽子肉	湖南
315	岳阳王鸽	岳阳县杨林乡肉鸽养殖协会	32115103	31	鸽子(活动物)	湖南
316	临澧黄花鱼	临澧县畜牧兽医水产局	29422497	31	细鳞鲴鱼（活鱼）	湖南
317	华容小龙虾	华容县小龙虾产业协会	31025578	31	小龙虾(活的)	湖南
318	岳阳大米	岳阳县杨林乡优质水稻种植协会	32115102	30	大米	湖南
319	白关丝瓜	株洲市芦淞区白关镇果蔬协会	34425958	31	新鲜丝瓜	湖南
320	君山小龙虾	岳阳市君山区小龙虾协会	29633457	31	小龙虾(活的)	湖南
321	新晃红米	新晃侗族自治县侗藏红米产业开发协会	30037022	30	大米	湖南
322	小塘麻鸭	新邵县麻鸭协会	34170922	31	活鸭	湖南
323	郴州高山禾花鱼	郴州市水产科学研究所	34455133	31	活鲤鱼	湖南
324	通道侗布	通道侗族自治县侗锦编织协会	34744607	24	布(棉织布)	湖南
325	通道芦笙	通道侗族自治县特产商贸协会	34744611	15	芦笙	湖南
326	岳阳红薯粉皮	岳阳县红薯种植协会	35219977	30	粉皮	湖南
327	涟源金秋梨	涟源市古塘金秋梨协会	36735947	31	新鲜梨	湖南
328	安化黄精	安化县中医药健康产业协会	37200842	5	药用黄精	湖南
329	屈原黄栀子	岳阳市屈原管理区农业技术推广中心	34316698	31	黄栀子(植物)	湖南
330	浏阳茶油	浏阳市茶油产业发展促进会	35249876	29	茶油	湖南
331	衡阳鱼丸	衡阳市土特产流通协会	34563436	29	鱼丸（黄皮草鱼肉制）	湖南
332	通道腌肉	通道侗族自治县特产商贸协会	34744610	29	腌制肉(猪肉)	湖南
333	通道藤茶	通道侗族自治县特产商贸协会	34744612	30	藤茶（茶叶代用品）	湖南

续表

序号	商标名称	注册人	注册号	类别	商品	国家(国内省、自治区、直辖市)
334	玉池山桂花蜜	汨罗市益农养蜂协会	35555472	30	蜂蜜	湖南
335	大通湖大米	益阳市大通湖区农业技术推广中心	36884370	30	大米	湖南
336	君山芦笋	岳阳市君山区农业技术推广中心	36913576	31	新鲜芦笋(新鲜蔬菜)	湖南
337	安化厚朴	安化县中医药健康产业协会	37200841	5	药用厚朴	湖南
338	武冈豆腐 WGDF	武冈市特色产业开发办公室	39995884	29	豆腐，豆腐干(豆腐制品)	湖南
339	南县稻虾米	南县粮食行业协会	43989651	30	大米	湖南
340	钱粮湖六门闸风干鱼	岳阳市君山区六门闸风干鱼协会	36913575	29	翘嘴鱼干鱼	湖南
341	茶陵红茶	茶陵县茶产业发展促进会	34599262	30	红茶	湖南
342	株洲王十万黄辣椒	株洲县农业技术推广中心	43450780	31	新鲜辣椒	湖南
343	常德香米	常德市粮食行业协会	34372552	30	大米	湖南
344	新化稻田鲤鱼	新化县曹家镇农业技术推广服务中心	40122827	31	鲤鱼(活的)	湖南
345	桂东黄精	桂东县林下经济协会	41449577	5	药用黄精	湖南
346	桂东罗汉果	桂东县林下经济协会	41449676	5	药用罗汉果	湖南
347	常德米粉	常德市米粉行业协会	41837418	30	米粉(条状)	湖南
348	华容稻 HUARONG RICE	华容县大米行业协会	42288581	30	大米	湖南
349	通榆打瓜	通榆县名优特农畜产品产销协会	30965702	31	新鲜打瓜	吉林
350	通榆红小豆	通榆县优质农产品综合服务协会	31518724	31	红小豆(未加工的)	吉林
351	通榆绿豆	通榆县优质农产品综合服务协会	31607508	31	绿豆	吉林
352	洮南万宝敖牛山牛肉	洮南市万宝镇敖牛山农业产业协会	32402088	29	牛肉	吉林
353	伊通梅花鹿肉	伊通满族自治县满瑞堂鹿业协会	32460404	29	鹿肉	吉林
354	伊通梅花鹿	伊通满族自治县满瑞堂鹿业协会	32460403	31	鹿(活的)	吉林
355	桦甸葡萄	桦甸市出彩农副产业协会	31393002	31	新鲜葡萄	吉林

续表

序号	商标名称	注册人	注册号	类别	商品	国家（国内省、自治区、直辖市）
356	伊通 伊通玉米	伊通满族自治县玉米行业协会	30933208	31	玉米	吉林
357	通榆大黄米	通榆县名优特农畜产品产销协会	31062194	30	黄米	吉林
358	伊通黄牛肉	伊通满族自治县黄牛协会	39734549	29	牛肉	吉林
359	伊通黄牛	伊通满族自治县黄牛协会	39734550	31	牛(活的)	吉林
360	前进蓝莓	蛟河市鑫晟蓝莓协会	31203200	31	新鲜蓝莓（水果）	吉林
361	伊通黑猪肉	伊通满族自治县猪业协会	41837812	29	猪肉	吉林
362	周巷大米	高邮市临泽镇优质食味稻米行业协会	35819798	30	大米	江苏
363	沛县牛蒡	沛县河口镇农业技术推广服务中心	33005874	31	牛蒡(植物)	江苏
364	沭阳地柏	沭阳县盆景协会	37001726	31	地柏树	江苏
365	沭阳月季	沭阳县花木协会	37001728	31	月季花	江苏
366	礼嘉葡萄	常州市武进区礼嘉镇农业服务中心	31233794	31	新鲜葡萄	江苏
367	九龙口冲浪鱼	建湖县水产技术指导站	31363660	31	草鱼(活鱼)	江苏
368	盐城大米	盐城市粮食行业协会	34510910	30	大米	江苏
369	吕四小黄鱼	启东市水产学会	35343791	31	黄鱼(活的)	江苏
370	吕四鲳鱼	启东市水产学会	35344272	31	鲳鱼(活的)	江苏
371	西冯草坪	句容市西冯花草木协会	26667467	31	自然草皮	江苏
372	震泽蚕丝 ZHENZE SILK	苏州市吴江区震泽蚕丝同业公会	29306944	24	蚕丝被	江苏
373	八卦洲韭菜	南京市栖霞区八卦洲野菜经纪人协会	33206825	31	韭菜（新鲜蔬菜）	江苏
374	常熟大米	常熟市作物栽培技术指导站	37042886	30	大米	江苏
375	东台鳗鱼	东台市地方特产行业协会	32919843	31	鳗鱼(活的)	江苏
376	盱眙龙虾香米	江苏省盱眙龙虾协会	34372510	30	大米	江苏
377	大丰梭子蟹	盐城市大丰区三龙镇海洋捕捞专业技术协会	36344449	31	梭子蟹(活的)	江苏
378	大丰蟛蜞	盐城市大丰区三龙镇海洋捕捞专业技术协会	36344450	31	蟛蜞(活的)	江苏
379	兴化荷藕	兴化市荷藕协会	31673950	31	新鲜莲藕	江苏

续表

序号	商标名称	注册人	注册号	类别	商品	国家（国内省、自治区、直辖市）
380	马家荡小龙虾	阜宁县马家荡螃蟹协会	36344451	31	小龙虾（活的）	江苏
381	东台文蛤	东台市地方特产行业协会	32919844	31	文蛤（活的）	江苏
382	溧水草莓	南京市溧水区洪蓝镇农业服务中心	35188756	31	新鲜草莓	江苏
383	便仓枯枝牡丹	盐城市亭湖区便仓镇枯枝牡丹协会	36344435	31	牡丹（植物）	江苏
384	启东青毛豆	启东市高效设施农业协会	40392442	31	毛豆（新鲜连荚大豆）	江苏
385	启东青豌豆	启东市高效设施农业协会	40392443	31	新鲜豌豆（带荚）	江苏
386	启东青蚕豆	启东市高效设施农业协会	40392447	31	新鲜蚕豆（带荚）	江苏
387	启东青玉米	启东市高效设施农业协会	40392448	31	玉米	江苏
388	东山白沙枇杷	苏州市吴中区东山镇农林服务站	38745261	31	新鲜枇杷	江苏
389	睢宁籼米	睢宁县绿色农业发展协会	34924313	30	大米	江苏
390	仪征紫菜薹	仪征市蔬菜行业协会	35344023	31	紫菜苔（新鲜蔬菜）	江苏
391	句容戴庄大米	句容市天王镇大米协会	28021795	30	大米	江苏
392	六合板栗	南京市六合区竹镇镇农业协会	33693193	31	板栗	江苏
393	兴化小龙虾	兴化市水产协会	34316273	31	小龙虾（活的）	江苏
394	盐都郭猛大米	盐城市盐都区郭猛镇农业技术推广综合服务中心	38189816	30	大米	江苏
395	临川荣山灯芯草	抚州市临川区荣山灯芯草专业技术协会	32865333	31	灯芯草（植物）	江西
396	吉州窑陶瓷	吉州窑古陶瓷研究所	35189169	21	瓷器，瓷艺术品，日用瓷器（包括盆、碗、盘、壶、餐具、缸、坛、罐）	江西
397	流芳豆参	湖口县流芳农业技术推广综合服务站	23242790	29	豆泡（豆腐制品）	江西

续表

序号	商标名称	注册人	注册号	类别	商品	国家（国内省、自治区、直辖市）
398	吉州窑	吉州窑古陶瓷研究所	35189168	21	日用瓷器（包括盆、碗、盘、壶、餐具、缸、坛、罐），瓷器，瓷艺术品	江西
399	铅山红芽芋	铅山县红芽芋产业协会	34048234	31	新鲜芋头	江西
400	南城淮山	南城县土特产品协会	28498232	31	新鲜山药	江西
401	莲塘麻鸭	南昌鸭业协会	30619005	31	鸭（活的）	江西
402	黎川黎米	黎川县水稻行业协会	30776743	30	大米	江西
403	黎川草菇	黎川县食用菌行业协会	30776744	29	干草菇	江西
404	泰和乌鸡	泰和县泰和乌鸡产业办公室	33126376	29	鸡（非活）	江西
405	余干芡实	余干县芡实产业协会	32698711	5	药用芡实	江西
406	分宜山茶油	分宜县特产协会	35102286	29	山茶油	江西
407	上高蒙山猪	上高农业企业商会	36398441	31	猪（活的）	江西
408	泰和茶油	泰和县林业技术推广站	37945462	29	茶油	江西
409	宜春油茶	宜春市油茶产业协会	27040198	31	树木（油茶树）	江西
410	分宜苎麻	分宜县特产协会	35011782	31	未加工苎麻	江西
411	分宜夏布绣	分宜县特产协会	35011783	26	苎麻刺绣品	江西
412	乐安山露菜	乐安县山露菜种植协会	28414136	31	山露菜（新鲜蔬菜）	江西
413	共青城板鸭	共青城市市场和质量监督管理检验检测中心	32367752	29	板鸭（非活）	江西
414	共青城龙虾	共青城市市场和质量监督管理检验检测中心	32367753	31	龙虾（活的）	江西
415	分宜夏布	分宜县特产协会	35011781	24	苎麻麻布	江西
416	生米藠头	南昌市红谷滩新区生米藠头协会	36492874	31	藠头（新鲜蔬菜）	江西
417	宜黄黄精	宜黄县农副产品协会	37902386	5	药用黄精	江西
418	丹东板栗	丹东市发家岭板栗专业合作社	18588130	31	新鲜栗子	辽宁
419	抚顺柞蚕	抚顺县峡河乡农业站	35497594	31	活蚕	辽宁
420	凌源香菇	凌源市电子商务协会	36566128	31	新鲜蘑菇	辽宁
421	凌源青椒	凌源市电子商务协会	36566129	31	新鲜青椒	辽宁

续表

序号	商标名称	注册人	注册号	类别	商品	国家（国内省、自治区、直辖市）
422	凌源大扁杏	凌源市电子商务协会	36566132	31	新鲜杏	辽宁
423	凌源黄瓜	凌源市电子商务协会	36566130	31	黄瓜	辽宁
424	凌源百合	凌源市电子商务协会	36566127	31	百合（自然花）	辽宁
425	凌源小米	凌源市电子商务协会	36566131	30	小米	辽宁
426	阜新小米	阜新蒙古族自治县化石戈小米协会	41866809	30	小米	辽宁
427	察右前旗荞面	内蒙古察右前旗特色农副产品协会	29466123	30	荞麦粉	内蒙古
428	察右前旗黄牛肉	内蒙古察右前旗特色农副产品协会	29508274	29	牛肉	内蒙古
429	和林格尔沙棘	呼和浩特市和林格尔县富农农副产品协会	29633458	31	新鲜沙棘果	内蒙古
430	和林格尔亚麻籽油	和林格尔县土特产行业协会	30286650	29	烹饪用亚麻籽油	内蒙古
431	土城子大蒜	和林格尔县土特产行业协会	30286652	31	新鲜蒜	内蒙古
432	苏尼特双峰驼	苏尼特右旗地方产品学会	31959299	31	双峰驼（活动物）	内蒙古
433	突泉小米	突泉县龙头企业协会	35189419	30	小米（加工过的）	内蒙古
434	突泉绿豆	突泉县龙头企业协会	35189421	31	绿豆（未加工的）	内蒙古
435	昆都伦莜面	和林格尔县土特产行业协会	30286651	30	莜面粉	内蒙古
436	乌兰察布牛肉干	乌兰察布名优特产品保护协会	32778296	29	牛肉干	内蒙古
437	察右后旗黑头羊	察右后旗特色农副产品协会	32835760	31	活羊	内蒙古
438	察右中旗胡麻油	察右中旗特色农副产品协会	32699435	29	胡麻油	内蒙古
439	乌审玉米	乌审旗粮食流通服务中心	32725077	31	玉米	内蒙古
440	阿拉善白绒山羊	阿拉善白绒山羊协会	34101297	31	活羊	内蒙古
441	呼和浩特羊绒	呼和浩特羊绒协会	37106405	22	羊绒	内蒙古
442	呼和浩特羊绒围巾	呼和浩特羊绒协会	37106406	25	围巾（羊绒制）	内蒙古
443	呼伦贝尔芥花油 HUNLUNBUIR CANOLAOIL	呼伦贝尔市农牧业产业化协会	38929766	29	芥花油	内蒙古

续表

序号	商标名称	注册人	注册号	类别	商品	国家（国内省、自治区、直辖市）
444	阿拉善双峰驼	阿拉善盟农牧业产业化龙头企业协会	35765596	31	活骆驼	内蒙古
445	翁牛特向日葵 WENGNIUTE SUNFLOWER	翁牛特旗向日葵协会	22558302	29	加工过的葵花籽	内蒙古
446	乌审大红糜子	乌审旗绿洲科技农牧业种养殖协会	34511791	30	糜子(已加工)	内蒙古
447	突泉芦花鸡	突泉县龙头企业协会	35189420	31	鸡(活的)	内蒙古
448	固原马铃薯	固原市农业技术推广服务中心	33692030	31	新鲜土豆	宁夏
449	固原黄牛	固原市畜牧技术推广服务中心	33692922	29	牛肉	宁夏
450	固原胡麻油	固原市农业技术推广服务中心	33264716	29	胡麻油(食用油)	宁夏
451	塘河青稞	海南州农林科学研究所	31481034	31	青稞(大麦)	青海
452	胶河大白菜	青岛市黄岛区胶河经济区农业服务中心	22638418	31	新鲜大白菜	山东
453	高唐坠面	高唐县坠面协会	29361660	30	坠面(挂面)	山东
454	苍山大蒜	兰陵县蔬菜产业(农业)科技信息服务协会	29444300	31	新鲜蒜,新鲜青蒜,新鲜大蒜	山东
455	北宋西瓜	利津县北宋镇农业技术综合服务中心	30037023	31	新鲜西瓜	山东
456	胶莱大姜	胶州市胶莱镇经管审计统计服务中心	30075762	31	新鲜生姜	山东
457	胶莱大葱	胶州市胶莱镇经管审计统计服务中心	30075763	31	新鲜大葱	山东
458	五莲蜂蜜	五莲县养蜂协会	30219716	30	槐花蜂蜜	山东
459	台儿庄黑小麦	枣庄市台儿庄区绿色庄园富硒黑小麦协会	30219714	31	小麦	山东
460	山亭花椒	枣庄市山亭区山城花椒种植产业发展协会	30932965	30	花椒(调味品)	山东
461	淄川大樱桃	淄博市淄川区樱桃协会	31518264	31	新鲜樱桃	山东
462	广饶奶牛	广饶县大王镇现代农业商会	31606927	31	活牛	山东
463	果庄油桃	莒县油桃协会	31676891	31	新鲜油桃	山东

续表

序号	商标名称	注册人	注册号	类别	商品	国家（国内省、自治区、直辖市）
464	齐村镇中良白菜	枣庄市市中区佳农蔬果协会	32805278	31	新鲜白菜	山东
465	安庄黄桃	莒县安庄镇黄桃协会	32947218	31	新鲜桃	山东
466	五莲柞蚕	五莲县特色产品开发服务协会	33746238	31	柞蚕(活的)	山东
467	东明黄河鲤鱼	东明县水产服务中心	35344298	31	活鲤鱼	山东
468	东明小麦	东明县农业技术推广站	35344299	31	小麦	山东
469	文登布蛤	威海市文登区泽库镇农业综合服务中心	32946519	31	布蛤（活的贝壳类动物）	山东
470	文登面蛤	威海市文登区泽库镇农业综合服务中心	32946520	31	面蛤（活的贝壳类动物）	山东
471	乳山杂色蛤	乳山市水产技术推广站	35401367	31	杂色蛤（活的贝壳类动物）	山东
472	乳山无花果	乳山市果茶蚕工作站	35401368	31	无花果（新鲜水果）	山东
473	乳山缢蛏	乳山市水产技术推广站	35401369	31	缢蛏（活的贝壳类动物）	山东
474	蒙山虫草参	临沂蒙山旅游度假区农业种植协会	35459220	5	药用虫草参	山东
475	莒县蚕茧	莒县蚕茧协会	34401344	22	蚕茧	山东
476	即墨海参	即墨市渔业协会	29465792	29	海参(非活)	山东
477	烟台大菱鲆	烟台市海洋经济研究院	31756371	31	大菱鲆(活的)	山东
478	烟台海肠	烟台市海洋经济研究院	31756373	31	海肠(活的)	山东
479	烟台扇贝	烟台市海洋经济研究院	31756374	31	扇贝(活的)	山东
480	山亭马铃薯	枣庄市山亭区城头镇马铃薯种植协会	30645848	31	新鲜土豆	山东
481	滕州草鱼	滕州市水产协会	29633461	31	活草鱼	山东
482	文登银杏	威海市文登区宋村镇农业综合服务中心	26081254	31	新鲜银杏	山东
483	滕州胖头鱼	滕州市水产协会	29466120	31	胖头鱼(活鱼)	山东
484	滕州鲤鱼	滕州市水产协会	29508275	31	鲤鱼(活鱼)	山东
485	沾化渤海毛虾	滨州市沾化区海洋与渔业协会	31422288	31	虾(活的)	山东
486	沾化文蛤	滨州市沾化区海洋与渔业协会	31422290	31	文蛤(活的)	山东

续表

序号	商标名称	注册人	注册号	类别	商品	国家（国内省、自治区、直辖市）
487	方城大米	临沂市兰山区沂颂农作物产业服务中心	31756364	30	大米	山东
488	星村梨	泗水县星村镇农业综合服务中心	32170424	31	新鲜梨	山东
489	齐村樱桃	枣庄市市中区齐村镇卓山土特产协会	32698390	31	新鲜樱桃	山东
490	西王庄镇冬桃	枣庄市市中区西王庄镇农副产品产销协会	32833239	31	新鲜桃	山东
491	枣庄皱皮辣椒	枣庄市市中区西王庄镇农副产品产销协会	32833240	31	新鲜辣椒	山东
492	滨州文蛤	无棣县正海贝类研究所	34538103	31	蛤（活的）	山东
493	滨州金蚝	无棣县正海贝类研究所	34538104	31	蚝（活牡蛎）	山东
494	东营梭子蟹	东营市东营港浩泽渔业服务中心	35052037	31	活梭子蟹	山东
495	盐窝地瓜	利津县盐窝镇农业技术综合服务中心	35765601	29	红薯干	山东
496	前辛章草编	滕州市南沙河镇前辛章草编协会	35765603	20	草工艺品	山东
497	聊城棉籽油	临清市金郝庄镇粮油协会	36149009	29	棉籽油	山东
498	沾化三疣梭子蟹	滨州市沾化区海洋与渔业协会	31422289	31	三疣梭子蟹（活的）	山东
499	泗汶西瓜	汶上县杨店镇农产品协会	26452636	31	新鲜西瓜	山东
500	鄄城赤芍	鄄城县中药材协会	37533921	5	赤芍（中药材）	山东
501	台儿庄大米	枣庄市台儿庄区米业协会	34426608	30	大米	山东
502	博兴对虾	博兴县渔业协会	36363588	31	活虾	山东
503	乐陵枣花蜜	乐陵市地方特产发展协会	34170912	30	枣花蜂蜜	山东
504	淄川粉条	淄博市淄川区粉条技术发展服务中心	37565894	30	粉条	山东
505	巨野黑蒜	巨野县青山大蒜辣椒产业协会	31822697	29	黑蒜（加工过的蒜）	山东
506	平原梨	平原县王打卦镇花园村林果协会	31996223	31	新鲜梨	山东
507	临清桑叶茶	临清市黄河故道椹果协会	32584312	30	桑叶茶	山东
508	张周胡长寿桃	金乡县张周胡长寿桃协会	32699433	31	新鲜桃	山东

续表

序号	商标名称	注册人	注册号	类别	商品	国家（国内省、自治区、直辖市）
509	丁坞奶牛	乐陵市地方特产发展协会	34170913	31	活奶牛	山东
510	乐陵黄粉虫	乐陵市地方特产发展协会	34226865	31	活黄粉虫	山东
511	五莲西葫芦	五莲县特色产品开发服务协会	34483487	31	新鲜西葫芦	山东
512	薛城青萝卜	薛城区周营镇农业综合服务中心	34483489	31	新鲜青萝卜	山东
513	垦利柽柳	东营市垦利区林下农副产品协会	34682268	31	柽柳（植物）	山东
514	宁阳黄姜	宁阳县磁窑镇新燕农副产品服务中心	35052038	31	新鲜黄姜	山东
515	陈家屋子对虾	利津县汀罗镇农业技术综合服务中心	35765600	29	虾（非活）	山东
516	巨野白皮蒜	巨野县青山大蒜辣椒产业协会	37533978	31	新鲜大蒜	山东
517	无棣金丝小枣	无棣县枣类制品研究所	38091311	29	干枣	山东
518	五莲黑猪	五莲县五寨峰五莲黑猪技术推广服务中心	38219196	29	猪肉	山东
519	五莲黑猪	五莲县五寨峰五莲黑猪技术推广服务中心	38219197	31	活猪	山东
520	郓城油桃	郓城县地方特产发展服务中心	38288454	31	新鲜桃	山东
521	德州裂桃	德州中农农业研究院	38288457	31	新鲜桃	山东
522	无棣苜蓿	无棣县绿风农业科学研究所	34895678	31	苜蓿（草本植物）	山东
523	垦利白蜡	东营市垦利区林下农副产品协会	35102536	31	白蜡树	山东
524	乡饮大粉皮	宁阳县乡饮乡南赵村粉皮协会	32946518	30	粉皮	山东
525	汶阳香附	肥城市汶阳镇农业综合服务中心	34682264	5	药用香附	山东
526	潍坊肉鸭 WEIFANG DUCK	潍坊市畜牧协会	35984400	31	鸭（活家禽）	山东
527	潍坊肉鸡 WEIFANG CHICKEN	潍坊市畜牧协会	35984401	31	鸡（活家禽）	山东
528	耿楼芍药	滕州市东沙河镇农业综合服务中心	35820071	5	药用芍药	山东

续表

序号	商标名称	注册人	注册号	类别	商品	国家（国内省、自治区、直辖市）
529	王哥庄西施舌	青岛市崂山区山海小城特色产业服务中心	34226856	31	新鲜西施舌	山东
530	莒县浮来砚	莒县浮来砚协会	37270159	16	砚台	山东
531	莒南花生	莒南县花生加工行业协会	37503198	31	新鲜花生	山东
532	莒南花生	莒南县花生加工行业协会	37503199	29	加工过的花生	山东
533	海阳蛤蜊	海阳市渔业协会	38704334	31	活蛤蜊	山东
534	海阳虾酱	海阳市渔业协会	38704337	29	虾酱	山东
535	海阳对虾	海阳市渔业协会	38802290	31	活对虾	山东
536	莱芜白花丹参	莱芜市岳圣天然药物研究开发中心	39172609	5	丹参（中药材）	山东
537	龙廷丹参	新泰市龙廷镇丹参种植服务中心	39201271	5	药用丹参	山东
538	莒县花生	莒县夏庄镇农业综合服务中心	39762110	31	新鲜花生	山东
539	辛店大米	东营市东营区鲁通米业水稻种植协会	39965946	30	大米	山东
540	郓城柳编	郓城县地方特产发展服务中心	41072721	20	柳编制品（不包括帽、席、垫）	山东
541	东明大豆	东明县农业技术推广站	42069784	31	大豆（未加工）	山东
542	陵川潞党参	陵川县中药材协会	25806794	5	党参（药用植物根）	山西
543	陵川连翘	陵川县中药材协会	28284531	5	连翘（中药材）	山西
544	平顺马铃薯	平顺县地方特产发展协会	31676890	31	新鲜马铃薯	山西
545	岢岚绒山羊	岢岚县畜牧兽医中心	32170423	31	活山羊	山西
546	运城面粉	运城市粮食行业协会	38644343	30	面粉	山西
547	运城面粉	运城市粮食行业协会	38673890	30	面粉	山西
548	平顺连翘	平顺县地方特产发展协会	28314926	5	连翘（中药材）	山西
549	绛县大樱桃	绛县果业发展中心	31482276	31	新鲜樱桃	山西
550	万荣柴胡	万荣中药材协会	32726396	5	药用柴胡	山西
551	连伯韭菜	河津市新耿高新科学技术研究所	35189167	31	新鲜韭菜	山西
552	垣曲核桃	垣曲县核桃种植协会	36736633	29	加工过的核桃	山西
553	高平大黄梨	高平市寺庄镇农村综合便民服务中心	39762102	31	新鲜梨	山西

续表

序号	商标名称	注册人	注册号	类别	商品	国家（国内省、自治区、直辖市）
554	隰 隰县玉露香梨	隰县果业局	35280596	31	新鲜梨	山西
555	临猗鲜桃	临猗县果业发展中心	38481486	31	新鲜桃	山西
556	芮城菊花	芮城县特色农副产品品牌协会	39057031	31	菊花(新鲜的)	山西
557	平顺党参	平顺县地方特产发展协会	40520509	5	药用党参	山西
558	保德油枣	保德县红枣协会	43581334	31	新鲜枣	山西
559	甘谷驿红薯	宝塔区甘谷驿镇瓜薯协会	19505291	31	红薯（食用植物根）	陕西
560	彬州梨	彬县果业服务中心	31673948	31	新鲜梨	陕西
561	志丹黄芥油	志丹县致农种养殖协会	29262349	29	黄芥油	陕西
562	白河木瓜	白河县检验检测中心	31857371	31	木瓜（新鲜水果）	陕西
563	临渭核桃	渭南市临渭区林业工作站(渭南市临渭区核桃研究所)	32665350	31	新鲜核桃	陕西
564	凤县大鲵	凤县水产工作站	36468204	31	大鲵(活鱼)	陕西
565	崇明大米	上海市崇明绿色食品产销联合会	30256012	30	大米	上海
566	崇明黄杨	上海市崇明区林业站	41043753	31	黄杨树	上海
567	范店黄连	乐山市沙湾区范店中药材协会	31363190	5	黄连(中药材)	四川
568	九狮柚	泸州市龙马潭区九狮柚水果开发技术协会	33126145	31	新鲜柚子	四川
569	金堂橄榄油	金堂县油橄榄产业协会	28525236	29	食用橄榄油	四川
570	昭觉玫瑰	昭觉县农技站	29082602	31	玫瑰	四川
571	昭觉苦荞麦	昭觉县农技站	29082639	31	苦荞麦(谷类)	四川
572	乡城苹果	乡城县农业技术推广和土壤肥料站	29804567	31	新鲜苹果	四川
573	乡城蓝莓	乡城县农业技术推广和土壤肥料站	29805378	31	蓝莓（新鲜水果）	四川
574	荣县土陶	荣县陶瓷协会	30872907	21	陶器	四川
575	南溪茵红李	宜宾市南溪区留宾农产品协会	31675242	31	李子（新鲜水果）	四川
576	飞凤枇杷	阆中市飞凤镇农业服务中心	32833449	31	新鲜枇杷	四川

续表

序号	商标名称	注册人	注册号	类别	商品	国家(国内省、自治区、直辖市)
577	茂县羌脆李	茂县经济作物管理站	35189232	31	新鲜李子(新鲜水果)	四川
578	太平枇杷	成都天府新区太平街道枇杷行业协会	36304773	31	新鲜枇杷	四川
579	大林椪柑	成都市天府新区大林镇果业技术协会	36304774	31	新鲜柑橘	四川
580	万源旧院黑鸡	万源市畜禽品种改良站	28686027	29	鸡(非活的)	四川
581	丹巴黄番茄	丹巴县农业技术推广和土壤肥料站	30075618	31	黄番茄(新鲜蔬菜)	四川
582	雅江松茸	雅江县农业技术推广和土壤肥料站	30416448	31	松茸(鲜食用菌)	四川
583	大邑黄柏	大邑县斜源农业综合服务站	30874440	5	药用黄柏	四川
584	珙县下罗土鸡	珙县下罗镇畜牧兽医站	32259006	29	鸡(非活)	四川
585	煎茶竹丝茄	成都天府新区竹丝茄种植服务行业协会	32979889	31	茄子(新鲜蔬菜)	四川
586	南溪榨菜	宜宾市南溪区留宾农产品协会	31675341	31	榨菜(新鲜蔬菜)	四川
587	安居沙田柚	遂宁市安居区沙田柚协会	32805375	31	新鲜柚子	四川
588	蓬溪粉条	蓬溪县农产品质量安全中心	34829891	30	粉条	四川
589	筠连粉条	筠连县农业局农业技术推广站	31915033	30	粉条	四川
590	蓬溪半夏	蓬溪县药学会	32638534	5	药用半夏	四川
591	开江大闸蟹	开江县水产站	33747552	31	大闸蟹(活螃蟹)	四川
592	南充丝绸	南充市茧丝绸协会	34453735	24	丝绸(布料)	四川
593	邻水手工挂面	邻水县九龙农业技术推广站	26504456	30	挂面	四川
594	苍溪鳖	苍溪县水产渔政管理局	30762424	31	鳖(活的)	四川
595	武胜大雅柑	武胜县果树蔬菜技术指导站	32520379	31	新鲜柑橘	四川
596	平昌青芽茶	平昌县茶果产业发展局	33189636	30	绿茶	四川
597	炉霍菜籽油	炉霍县农产品质量安全中心	33550709	29	食用菜籽油	四川
598	炉霍黑青稞	炉霍县农产品质量安全中心	33550794	31	黑青稞(谷类)	四川
599	茂县枇杷	茂县经济作物管理站	35189235	31	新鲜枇杷	四川
600	罗江花生	德阳市罗江区花生协会	34744177	29	加工过的花生	四川

续表

序号	商标名称	注册人	注册号	类别	商品	国家（国内省、自治区、直辖市）
601	罗江花生	德阳市罗江区花生协会	34744721	31	新鲜花生	四川
602	通川脆李	达州市通川区茶果站	35496365	31	新鲜李子	四川
603	米易红糖	米易县食品行业联合会	31097742	30	红糖	四川
604	金阳马铃薯	金阳县农业技术推广站	34709647	31	新鲜土豆	四川
605	羊田粉条	高县农技站	34895361	30	粉条	四川
606	趱滩桂圆	高县果树蔬菜站	34895528	31	桂圆（新鲜水果）	四川
607	黑水凤尾鸡	黑水县畜牧兽医服务中心	35343809	31	凤尾鸡（活动物）	四川
608	雨城藏鸡	雅安市雨城区农业技术推广中心	36187799	29	鸡肉	四川
609	雨城藏鸡	雅安市雨城区农业技术推广中心	36187800	31	鸡(活动物)	四川
610	泸定仙桃	泸定县冷碛镇综合服务站	37338844	31	仙人掌果（新鲜水果）	四川
611	古蔺黄牛	古蔺县特色农产品产业发展服务中心	37945539	29	牛肉	四川
612	木里皱皮柑	木里藏族自治县农业技术推广站	33266169	31	皱皮柑（新鲜水果）	四川
613	色达黑青稞	色达县农业技术推广和土壤肥料站	33550978	31	黑青稞(谷类)	四川
614	嘉陵柑橘	南充市嘉陵区农业技术推广站	34425980	31	新鲜柑橘	四川
615	长宁苦笋	长宁县农业技术推广站	34537250	31	新鲜竹笋	四川
616	蓬溪仙桃	蓬溪县农产品质量安全中心	34829955	31	新鲜桃	四川
617	康定黑青稞	康定市农业技术推广和土壤肥料站	37802101	31	青稞(大麦)	四川
618	界市竹笋	隆昌市界市镇农村经济技术服务中心	28283917	29	笋干	四川
619	界市竹笋	隆昌市界市镇农村经济技术服务中心	28414132	31	竹笋（新鲜蔬菜）	四川
620	梓潼桔梗	梓潼县个体私营经济协会	30415483	5	桔梗(中药材)	四川
621	大邑三文鱼	大邑县西岭农业综合服务站	31200442	29	鲑鱼(非活)	四川
622	大邑三文鱼	大邑县西岭农业综合服务站	31200443	31	鲑鱼(活鱼)	四川

续表

序号	商标名称	注册人	注册号	类别	商品	国家（国内省、自治区、直辖市）
623	通江银耳	通江银耳协会	31894505	31	新鲜银耳	四川
624	宝兴蜂蜜	宝兴县蜂业协会	33692863	30	蜂蜜	四川
625	开江小龙虾	开江县水产站	33746198	31	小龙虾（活的）	四川
626	炉霍大蒜	炉霍县农产品质量安全中心	33775364	31	新鲜大蒜	四川
627	炉霍紫皮马铃薯	炉霍县农产品质量安全中心	33775365	31	新鲜土豆	四川
628	长宁脐橙	长宁县农业技术推广站	34316096	31	脐橙（新鲜水果）	四川
629	丹巴苹果	丹巴县农业技术推广和土壤肥料站	34537153	31	新鲜苹果	四川
630	嘉陵种猪	南充市嘉陵区大通镇畜牧兽医站	34600098	31	猪（活动物）	四川
631	金阳圆根萝卜	金阳县农业技术推广站	34709570	31	萝卜（新鲜蔬菜）	四川
632	兴文罗汉笋	兴文县林业学会	34829840	31	新鲜竹笋	四川
633	朝天黑木耳	广元市朝天区蔬菜产业发展中心	35003560	31	食用鲜黑木耳	四川
634	茂县花椒	茂县经济作物管理站	35189227	31	新鲜花椒	四川
635	都江堰猕猴桃 DU JIANG YAN KIWI	都江堰市猕猴桃协会	35343914	31	新鲜猕猴桃	四川
636	通川草莓	达州市通川区茶果站	35496392	31	草莓（新鲜水果）	四川
637	雨城藏鸡蛋	雅安市雨城区农业技术推广中心	36186683	29	鸡蛋（蛋）	四川
638	广安蜜梨	华蓥市农特产品行业协会	36294262	31	新鲜梨	四川
639	理塘黑木耳	理塘县农业技术推广和土壤肥料站	36565062	31	木耳（鲜食用菌）	四川
640	理塘黑木耳	理塘县农业技术推广和土壤肥料站	36565112	29	木耳	四川
641	蒲江耙耙柑	成都市蒲江地方名特产品保护促进会	36646490	31	新鲜柑橘	四川
642	稻城柠檬	稻城县旅游产业研究协会	36884915	31	新鲜柠檬	四川
643	雨城方竹笋	雅安市雨城区林业技术推广站	37400910	31	方竹笋（新鲜蔬菜）	四川
644	雨城方竹笋	雅安市雨城区林业技术推广站	37401001	29	方竹笋（笋干）	四川

续表

序号	商标名称	注册人	注册号	类别	商品	国家（国内省、自治区、直辖市）
645	古蔺黄牛	古蔺县特色农产品产业发展服务中心	37945538	31	牛（活动物）	四川
646	荥经竹笋	荥经县农业科技指导服务中心（四川省农业广播电视学校荥经分校）	37945904	31	新鲜竹笋	四川
647	色达牦牛肉	色达县畜牧站	38288156	29	牛肉	四川
648	色达藏香猪肉	色达县农旅产品研究发展协会	38288157	29	猪肉	四川
649	田家紫皮大蒜	内江市东兴区田家镇农业服务中心	39485249	31	大蒜（新鲜蒜）	四川
650	金川牦牛	金川县畜牧工作站	35050610	31	牦牛（活动物）	四川
651	九龙花椒	九龙县营林站	35219930	30	花椒	四川
652	广安龙安柚	广安市广安区龙安柚产业发展办公室	36417017	31	新鲜柚子	四川
653	溜姑金沙彩石雕	会东溜姑金沙彩石协会	35219929	19	石雕	四川
654	美姑莲花白	美姑县农业农村发展促进会	41741680	31	新鲜卷心菜	四川
655	筠连水粉	筠连县农业局农业技术推广站	34317120	30	粉条	四川
656	长宁黄粑	长宁县产品质量检验检测中心	34537249	30	黄粑（米糕）	四川
657	长宁长裙竹荪	长宁县经济作物推广站（长宁县竹荪开发研究所）	34538102	31	竹荪（鲜食用菌）	四川
658	雁江中和小龙虾	资阳市雁江区中和镇农业服务中心	40027094	31	小龙虾（活的）	四川
659	雁江中和小龙虾	资阳市雁江区中和镇农业服务中心	40027095	29	小龙虾（非活）	四川
660	长宁腊肉	长宁县产品质量检验检测中心	34537237	29	腊肉（猪肉）	四川
661	高县土火锅	高县文化馆	35189231	21	土火锅（砂锅）	四川
662	美姑荞麦	美姑县农业农村发展促进会	39056771	30	加工过的荞麦	四川
663	盐亭莲花湖鲢鱼	盐亭县农业特色产品推广协会	39485091	31	花鲢（活鱼）	四川
664	资中鲶鱼	资中县渔业发展中心	42554794	29	鲶鱼（非活）	四川
665	资中鲶鱼	资中县渔业发展中心	42554795	31	鲶鱼（活鱼）	四川
666	什邡晒烟	什邡市师古晒菸协会	42972469	34	烟草叶	四川

续表

序号	商标名称	注册人	注册号	类别	商品	国家（国内省、自治区、直辖市）
667	札达沙棘	西藏札达县农牧业技术推广站（农机监理站）	29465796	5	药用沙棘（中药材）	西藏
668	江孜沙棘	西藏江孜县农牧综合服务中心	29866790	31	沙棘（植物）	西藏
669	巴青冬虫夏草	西藏那曲巴青县农牧业科学技术服务站（西藏那曲巴青县动物卫生监督所）	28551858	5	冬虫夏草（中药材）	西藏
670	日喀则朋必	西藏日喀则市农业技术推广服务中心	24806799	30	豌豆凉粉	西藏
671	堆龙德庆黑青稞	拉萨市堆龙德庆区农业机械监理与技术推广服务站	27707577	31	青稞（大麦）	西藏
672	芒康蜜橘	西藏芒康县农业技术推广站	34924229	31	蜜橘（新鲜水果）	西藏
673	亚东鲑鱼	西藏亚东县农牧综合服务中心	34317144	31	鲑鱼（活鱼）	西藏
674	普兰菜籽油 PULAN RAPESEED OIL	普兰县农牧业技术推广站（农机监理站）	32665354	29	食用菜籽油	西藏
675	亚东木耳	西藏亚东县农牧综合服务中心	34316540	31	木耳（鲜食用菌）	西藏
676	亚东鲑鱼	西藏亚东县农牧综合服务中心	34316736	29	鲑鱼（非活）	西藏
677	亚东羊肚菌	西藏亚东县农牧综合服务中心	35189228	31	羊肚菌（鲜食用菌）	西藏
678	亚东羊肚菌	西藏亚东县农牧综合服务中心	35189229	29	羊肚菌（干食用菌）	西藏
679	亚东松茸	西藏亚东县农牧综合服务中心	35189230	29	松茸（干食用菌）	西藏
680	亚东松茸	西藏亚东县农牧综合服务中心	35189233	31	松茸（鲜食用菌）	西藏
681	拉萨酸奶	西藏拉萨市城关区畜牧兽医站	35401297	29	酸奶	西藏
682	英吉沙杏	喀什农村合作经济组织协会	38746070	31	新鲜杏	新疆
683	且末红枣	且末县红枣协会	35219903	29	干枣	新疆
684	岳普湖无花果	喀什农村合作经济组织协会	38746068	31	新鲜无花果	新疆

续表

序号	商标名称	注册人	注册号	类别	商品	国家（国内省、自治区、直辖市）
685	莎车鸽子肉	喀什农村合作经济组织协会	38746071	29	鸽子肉	新疆
686	叶城核桃	喀什农村合作经济组织协会	38746074	31	鲜核桃	新疆
687	伽师新梅	喀什农村合作经济组织协会	38746076	31	新鲜酸梅	新疆
688	元江甜橙	元江县热带果蔬产业发展协会	29379358	31	甜橙（新鲜的）	云南
689	南涧无量山火腿	南涧县无量山高原特色农产品品牌协会	30075764	29	火腿	云南
690	永胜软籽石榴	永胜县园艺技术推广站	30220804	31	新鲜石榴	云南
691	陇川黄牛	陇川县畜牧站	33123975	29	黄牛肉	云南
692	陇川枇杷	陇川县农业技术推广中心	33123976	31	新鲜枇杷	云南
693	陇川黄牛	陇川县畜牧站	33126166	31	黄牛（活动物）	云南
694	盐水石榴	会泽县水果工作站	33126243	31	新鲜石榴	云南
695	宾川附子	宾川县农副产品营销服务中心	27851054	5	附子（药用植物根）	云南
696	元江羊街米	元江县哈尼梯田农业产业发展协会	31362921	30	大米	云南
697	盈江昔马小洋芋	盈江县昔马镇农业综合服务中心	31024823	31	小洋芋（新鲜蔬菜）	云南
698	陇川猕猴桃	陇川县农业技术推广中心	33692921	31	新鲜猕猴桃	云南
699	陇川油茶	陇川县林业局营林工作站	33550692	31	油茶（植物）	云南
700	西街口大蒜	石林彝族自治县西街口镇农业综合服务中心	26584405	31	新鲜蒜	云南
701	罗平大米	罗平县特色产业协会	33848838	30	大米（米）	云南
702	罗平鸡枞	罗平县特色产业协会	33848872	29	鸡枞（干食用菌）	云南
703	宾川软籽石榴 BINCHUAN SOFT-SEED POMEGRANTE	宾川县农副产品营销服务中心	34599303	31	新鲜石榴	云南
704	金平砂仁	金平苗族瑶族傣族自治县农业技术推广中心	35496930	5	砂仁（中药材）	云南
705	金平人参	金平苗族瑶族傣族自治县农业技术推广中心	35496931	5	人参	云南

续表

序号	商标名称	注册人	注册号	类别	商品	国家（国内省、自治区、直辖市）
706	孟连牛油果	孟连傣族拉祜族佤族自治县农业和科学技术局经济作物推广中心	36884457	31	牛油果（新鲜水果）	云南
707	巧家小碗红糖	巧家县热区产业发展中心	31023942	30	红糖	云南
708	祥云百合	祥云县东山乡干海健民百合种植协会	33883449	31	百合（新鲜蔬菜）	云南
709	腾冲江东银杏	腾冲市固东镇林业服务中心	34599800	29	银杏果（加工过的）	云南
710	宾川冬桃 BINCHUAN WINTER PEACH	宾川县农副产品营销服务中心	34600077	31	冬桃(新鲜桃)	云南
711	双柏茶	双柏县白竹山茶叶协会	36187748	30	绿茶	云南
712	德钦藏香猪	德钦县动物疫病预防控制中心	38613468	31	活猪	云南
713	德钦土鸡	德钦县动物疫病预防控制中心	38613765	31	鸡(活家禽)	云南
714	香格里拉辣椒	香格里拉市特色产业协会	40027123	31	新鲜辣椒	云南
715	香格里拉土豆	香格里拉市特色产业协会	40027124	29	土豆片	云南
716	永善天麻	永善县天麻产业开发办公室	39643549	5	药用天麻	云南
717	庆元香菇	庆元县食用菌管理局	24593061	29	香菇（干食用菌）	浙江
718	庆元香菇	庆元县食用菌管理局	24593062	31	新鲜香菇	浙江
719	永康方山柿	永康市经济特产站	30482158	31	柿子	浙江
720	雁荡山铁皮石斛	乐清市铁皮石斛产业协会	33265428	5	药用铁皮石斛	浙江
721	象山红美人	象山县林业特产技术推广中心	38091313	31	新鲜柑橘	浙江
722	湖州湖羊	湖州市农学会	31234017	31	羊(活的)	浙江
723	湖州湖蟹	湖州市农学会	31234030	31	蟹(活的)	浙江
724	文成糯米山药	文成县文成高山蔬菜协会	30645854	31	新鲜山药	浙江
725	临海蓝莓	临海市特产技术推广总站	30872875	31	新鲜蓝莓	浙江
726	青田稻鱼米	青田县农民合作经济组织联合会	30103176	30	大米	浙江
727	磐安云峰	磐安县茶业协会	31024815	30	茶	浙江
728	新丰生姜	嘉兴市南湖区新丰镇农业技术服务中心	35684197	29	腌制姜	浙江

续表

序号	商标名称	注册人	注册号	类别	商品	国家（国内省、自治区、直辖市）
729	新昌年糕	新昌县小吃行业协会	35684196	30	年糕	浙江
730	缙云麻鸭	缙云县麻鸭养殖技术协会	36467783	31	麻鸭(活家禽)	浙江
731	象山竹根雕	象山县文艺家服务中心	39892647	20	竹雕工艺品	浙江
732	桐乡槜李	桐乡市梧桐街道农民合作经济组织联合会	35496400	31	新鲜李子	浙江
733	桐乡槜李	桐乡市梧桐街道农民合作经济组织联合会	36045572	31	新鲜李子	浙江
734	奉化雷笋	宁波市奉化区竹笋专业技术协会	33692027	31	笋(新鲜蔬菜)	浙江
735	嘉兴葡萄	嘉兴市农民合作经济组织联合会	35684983	31	新鲜葡萄	浙江
736	洪合蜜梨	嘉兴市秀洲区洪合镇农民合作经济组织联合会	36044888	31	蜜梨	浙江
737	嘉兴葡萄 JIAXING GRAPE	嘉兴市农民合作经济组织联合会	37075965	31	新鲜葡萄	浙江
738	丽水覆盆子	丽水市覆盆子行业协会	39146022	5	药用覆盆子	浙江
739	佛渡紫菜	舟山市普陀区六横镇渔农民合作经济组织联合会	43628669	29	紫菜	浙江
740	东溪米黄瓜	重庆市綦江区东溪镇农业服务中心	28551394	31	新鲜黄瓜	重庆
741	风岩沟大米	重庆市綦江区农村合作经济组织联合会	31516793	30	大米	重庆
742	巴南接龙蜜柚	重庆市巴南区接龙镇农业服务中心	32833325	31	蜜柚(新鲜柚子)	重庆
743	巴南仙池香桃	重庆市巴南区鱼洞街道农业服务中心	33061228	31	新鲜桃	重庆
744	横山大米	重庆市綦江区农业技术推广站	28551530	30	大米	重庆
745	横山蓝莓	重庆市綦江区经济作物发展管理站	28458250	31	新鲜蓝莓	重庆
746	彭水红薯	彭水苗族土家族自治县网商协会	30903475	31	红薯(新鲜甘薯)	重庆
747	二圣梨	重庆市巴南区二圣镇农业服务中心	32665627	31	新鲜梨	重庆
748	綦江山林黑猪	重庆市綦江区畜牧水产站	33883610	31	猪(活动物)	重庆

续表

序号	商标名称	注册人	注册号	类别	商品	国家（国内省、自治区、直辖市）
749	铜梁龙柚	重庆市铜梁区平滩镇农业服务中心	37338342	31	新鲜柚子	重庆
750	安稳山羊	重庆市綦江区安稳镇农业服务中心	33883612	31	山羊(活动物)	重庆
751	潼南罗盘山贡米	重庆市潼南区新胜镇农业服务中心	35684968	30	大米	重庆
752	南川大白及	重庆市药物种植研究所	34804082	5	大白及(中药材)	重庆
753	彭水响李	彭水苗族土家族自治县农村合作经济组织联合会	37631795	31	新鲜李子	重庆
754	铜梁麻羊	重庆市铜梁区铜梁麻羊养殖协会	31481155	31	麻羊(活动物)	重庆
755	綦江广柑	重庆市綦江区农村合作经济组织联合会	31516792	31	新鲜柑橘	重庆
756	中益蜂蜜	石柱土家族自治县兴农土特产发展服务中心	31756370	30	蜂蜜	重庆
757	青草坝萝卜卷	重庆市合川区蔬菜技术指导站	34021742	29	萝卜干	重庆
758	万州绿壳鸡蛋	重庆市万州区龙驹镇农业服务中心	38449813	29	鸡蛋	重庆
759	江津枳壳	重庆市江津区农产品质量安全中心	38863205	5	药用枳壳	重庆
760	巫山淫羊藿	巫山县特色经作生产管理中心	38613611	5	药用淫羊藿	重庆
761	巫山独活	巫山县特色经作生产管理中心	39056707	5	独活(药用植物根)	重庆
762	奉节党参	奉节县中药材产业协会	39351881	5	药用党参	重庆
763	奉节牛膝	奉节县中药材产业协会	39351882	5	药用牛膝	重庆
764	潼南罗盘山黑猪	重庆市潼南区新胜镇农业服务中心	35684966	31	活猪	重庆
765	巫山川贝	巫山县特色经作生产管理中心	39925365	5	药用川贝	重庆

供稿：国家知识产权局商标局

2020年新认定地理标志保护产品名录

序号	产品名称	省份	申请机构	产地范围	国家知识产权局公告号
1	东宁冰酒	黑龙江省	黑龙江省牡丹江市东宁市人民政府	黑龙江省牡丹江市东宁市东宁镇、三岔口镇和大肚川镇共3个镇现辖行政区域	第三八〇号
2	宜春夏布	江西省	江西省宜春市人民政府	江西省宜春市袁州区、万载县、上高县、宜丰县共4个区县现辖行政区域	第三八〇号
3	龙岗芡实	安徽省	安徽省滁州市天长市人民政府	安徽省滁州市天长市铜城镇、杨村镇现辖行政区域内水域及两镇境域所属高邮湖、沂湖的水面和滩涂	第三九〇号
4	嘉祥白菊花	山东省	山东省济宁市嘉祥县人民政府	山东省济宁市嘉祥县现辖行政区域	第三九〇号
5	紫金春甜桔	广东省	广东省河源市紫金县人民政府	广东省河源市紫金县九和镇、蓝塘镇、凤安镇、好义镇、义容镇共5个镇现辖行政区域	第三九〇号
6	水城红香蒜	贵州省	贵州省六盘水市水城区人民政府	贵州省六盘水市水城区双水街道、尖山街道、董地街道、老鹰山街道、杨梅彝族苗族回族乡、新街彝族苗族布依族乡、野钟苗族彝族布依族乡、果布戛彝族苗族布依族乡、发耳镇、鸡场镇、都格镇、玉舍镇、勺米镇、坪寨彝族乡、陡箐镇、营盘苗族彝族白族乡、比德镇、化乐镇、米箩镇、花戛苗族布依族彝族乡、阿戛镇、蟠龙镇、顺场苗族彝族布依族乡、猴场苗族布依族乡、龙场苗族白族彝族乡共25个乡、镇、街道现辖行政区域	第三九〇号

供稿：国家知识产权局知识产权保护司

2020 年中国版权金奖获奖名单

作品奖（6 个）	《三体》三部曲（文字作品，作者：刘慈欣）
	《中华文明的核心价值》（文字作品，作者：陈来）
	《大江大河》（电视剧作品，制片者：东阳正午阳光影视有限公司）
	《攀登者》（电影作品，制片者：上海电影（集团）有限公司）
	《古剑奇谭》（计算机软件，著作权人：北京网元圣唐娱乐科技有限公司）
	《孔子》（舞蹈作品，著作权人：中国歌剧舞剧院）
推广运用奖（5 个）	中央宣传部宣传舆情研究中心（“学习强国”学习平台）
	江苏凤凰出版传媒股份有限公司
	北京国际版权交易中心
	北京版淘科技有限公司
	江西省景德镇陶溪川文创街区
保护奖（5 个）	最高人民法院民事审判第三庭第五合议庭
	贵州省遵义市人民检察院
	江苏省扬州市公安局
	山东省潍坊市文化市场综合执法支队
	广东省佛山市版权局
管理奖（4 个）	北京市版权局版权管理处
	浙江省义乌市市场监督管理局
	四川省版权事务中心
	中国音像著作权集体管理协会

供稿：中央宣传部版权管理局

法律、法规(无)、规章(无)

中华人民共和国专利法

(1984 年 3 月 12 日第六届全国人民代表大会常务委员会第四次会议通过
根据 1992 年 9 月 4 日第七届全国人民代表大会常务委员会第二十七次会议
《关于修改〈中华人民共和国专利法〉的决定》第一次修正
根据 2000 年 8 月 25 日第九届全国人民代表大会常务委员会第十七次会议
《关于修改〈中华人民共和国专利法〉的决定》第二次修正
根据 2008 年 12 月 27 日第十一届全国人民代表大会常务委员会第六次会议
《关于修改〈中华人民共和国专利法〉的决定》第三次修正
根据 2020 年 10 月 17 日第十三届全国人民代表大会常务委员会第二十二次会议
《关于修改〈中华人民共和国专利法〉的决定》第四次修正)

第一章　总　　则

第一条　为了保护专利权人的合法权益,鼓励发明创造,推动发明创造的应用,提高创新能力,促进科学技术进步和经济社会发展,制定本法。

第二条　本法所称的发明创造是指发明、实用新型和外观设计。

发明,是指对产品、方法或者其改进所提出的新的技术方案。

实用新型,是指对产品的形状、构造或者其结合所提出的适于实用的新的技术方案。

外观设计,是指对产品的整体或者局部的形状、图案或者其结合以及色彩与形状、图案的结合所作出的富有美感并适于工业应用的新设计。

第三条　国务院专利行政部门负责管理全国的专利工作;统一受理和审查专利申请,依法授予专利权。

省、自治区、直辖市人民政府管理专利工作的部门负责本行政区域内的专利管理工作。

第四条　申请专利的发明创造涉及国家安全或者重大利益需要保密的,按照国家有关规定办理。

第五条　对违反法律、社会公德或者妨害公共利益的发明创造,不授予专利权。

对违反法律、行政法规的规定获取或者利用遗传资源,并依赖该遗传资源完成的发明创造,不授予专利权。

第六条　执行本单位的任务或者主要是利用本单位的物质技术条件所完成的发明创造为职务发明创造。职务发明创造申请专利的权利属于该单位,申请被批准后,该单位为专利权人。该单位可以依法处置其职务发明创造申请专利的权利和专利权，促进相关发明创造的实施和运用。

非职务发明创造，申请专利的权利属于发明人或者设计人；申请被批准后，该发明人或者设计人为专利权人。

利用本单位的物质技术条件所完成的发明创造，单位与发明人或者设计人订有合同，对申请专利的权利和专利权的归属作出约定的，从其约定。

第七条 对发明人或者设计人的非职务发明创造专利申请，任何单位或者个人不得压制。

第八条 两个以上单位或者个人合作完成的发明创造、一个单位或者个人接受其他单位或者个人委托所完成的发明创造，除另有协议的以外，申请专利的权利属于完成或者共同完成的单位或者个人；申请被批准后，申请的单位或者个人为专利权人。

第九条 同样的发明创造只能授予一项专利权。但是，同一申请人同日对同样的发明创造既申请实用新型专利又申请发明专利，先获得的实用新型专利权尚未终止，且申请人声明放弃该实用新型专利权的，可以授予发明专利权。

两个以上的申请人分别就同样的发明创造申请专利的，专利权授予最先申请的人。

第十条 专利申请权和专利权可以转让。

中国单位或者个人向外国人、外国企业或者外国其他组织转让专利申请权或者专利权的，应当依照有关法律、行政法规的规定办理手续。

转让专利申请权或者专利权的，当事人应当订立书面合同，并向国务院专利行政部门登记，由国务院专利行政部门予以公告。专利申请权或者专利权的转让自登记之日起生效。

第十一条 发明和实用新型专利权被授予后，除本法另有规定的以外，任何单位或者个人未经专利权人许可，都不得实施其专利，即不得为生产经营目的制造、使用、许诺销售、销售、进口其专利产品，或者使用其专利方法以及使用、许诺销售、销售、进口依照该专利方法直接获得的产品。

外观设计专利权被授予后，任何单位或者个人未经专利权人许可，都不得实施其专利，即不得为生产经营目的制造、许诺销售、销售、进口其外观设计专利产品。

第十二条 任何单位或者个人实施他人专利的，应当与专利权人订立实施许可合同，向专利权人支付专利使用费。被许可人无权允许合同规定以外的任何单位或者个人实施该专利。

第十三条 发明专利申请公布后，申请人可以要求实施其发明的单位或者个人支付适当的费用。

第十四条 专利申请权或者专利权的共有人对权利的行使有约定的，从其约定。没有约定的，共有人可以单独实施或者以普通许可方式许可他人实施该专利；许可他人实施该专利的，收取的使用费应当在共有人之间分配。

除前款规定的情形外，行使共有的专利申请权或者专利权应当取得全体共有人的同意。

第十五条 被授予专利权的单位应当对职务发明创造的发明人或者设计人给予奖励；发明创造专利实施后，根据其推广应用的范围和取得的经济效益，对发明人或者设计人给予合理的报酬。

国家鼓励被授予专利权的单位实行产权激励，采取股权、期权、分红等方式，使发明人或者设计人合理分享创新收益。

第十六条 发明人或者设计人有权在专利文件中写明自己是发明人或者设计人。

专利权人有权在其专利产品或者该产品的包装上标明专利标识。

第十七条 在中国没有经常居所或者营业所的外国人、外国企业或者外国其他组织在中国申请专利的，依照其所属国同中国签订的协议或者共同参加的国际条约，或者依照互惠原则，根据本法办理。

第十八条 在中国没有经常居所或者营业所的外国人、外国企业或者外国其他组织在中国申请专利和办理其他专利事务的，应当委托依法设立的专利代理机构办理。

中国单位或者个人在国内申请专利和办理其他专利事务的，可以委托依法设立的专利代理机构办理。

专利代理机构应当遵守法律、行政法规，按照被代理人的委托办理专利申请或者其他专利事务；对被代理人发明创造的内容，除专利申请已经公布或者公告的以外，负有保密责任。专利代理机构的具体管理办法由国务院规定。

第十九条 任何单位或者个人将在中国完成的发明或者实用新型向外国申请专利的，应当事先报经国务院专利行政部门进行保密审查。保密审查的程序、期限等按照国务院的规定执行。

中国单位或者个人可以根据中华人民共和国参加的有关国际条约提出专利国际申请。申请人提出专利国际申请的，应当遵守前款规定。

国务院专利行政部门依照中华人民共和国参加的有关国际条约、本法和国务院有关规定处理专利国际申请。

对违反本条第一款规定向外国申请专利的发明或者实用新型，在中国申请专利的，不授予专利权。

第二十条 申请专利和行使专利权应当遵循诚实信用原则。不得滥用专利权损害公共利益或者他人合法权益。

滥用专利权，排除或者限制竞争，构成垄断行为的，依照《中华人民共和国反垄断法》处理。

第二十一条 国务院专利行政部门应当按照客观、公正、准确、及时的要求，依法处理有关专利的申请和请求。

国务院专利行政部门应当加强专利信息公共服务体系建设，完整、准确、及时发布专利信息，提供专利基础数据，定期出版专利公报，促进专利信息传播与利用。

在专利申请公布或者公告前，国务院专利行政部门的工作人员及有关人员对其内容负有保密责任。

第二章 授予专利权的条件

第二十二条 授予专利权的发明和实用新型，应当具备新颖性、创造性和实用性。

新颖性，是指该发明或者实用新型不属于现有技术；也没有任何单位或者个人就同样的发明或者实用新型在申请日以前向国务院专利行政部门提出过申请，并记载在申请日以后公布的专利申请文件或者公告的专利文件中。

创造性，是指与现有技术相比，该发明具有突出的实质性特点和显著的进步，该实用新型具有实质性特点和进步。

实用性，是指该发明或者实用新型能够制造或者使用，并且能够产生积极效果。

本法所称现有技术，是指申请日以前在国内外为公众所知的技术。

第二十三条 授予专利权的外观设计，应当不属于现有设计；也没有任何单位或者个人就同样的外观设计在申请日以前向国务院专利行政部门提出过申请，并记载在申请日以后公告的专利文件中。

授予专利权的外观设计与现有设计或者现有设计特征的组合相比，应当具有明显区别。

授予专利权的外观设计不得与他人在申请日以前已经取得的合法权利相冲突。

本法所称现有设计，是指申请日以前在国内外为公众所知的设计。

第二十四条 申请专利的发明创造在申请日以前六个月内，有下列情形之一的，不丧失新颖性：

（一）在国家出现紧急状态或者非常情况时，为公共利益目的首次公开的；

（二）在中国政府主办或者承认的国际展览会上首次展出的；

（三）在规定的学术会议或者技术会议上首次发表的；

（四）他人未经申请人同意而泄露其内容的。

第二十五条 对下列各项，不授予专利权：

（一）科学发现；

（二）智力活动的规则和方法；

（三）疾病的诊断和治疗方法；

（四）动物和植物品种；

（五）原子核变换方法以及用原子核变换方法获得的物质；

（六）对平面印刷品的图案、色彩或者二者的结合作出的主要起标识作用的设计。

对前款第（四）项所列产品的生产方法，可以依照本法规定授予专利权。

第三章 专利的申请

第二十六条 申请发明或者实用新型专利的，应当提交请求书、说明书及其摘要和权利要求书等文件。

请求书应当写明发明或者实用新型的名称，发明人的姓名，申请人姓名或者名称、地址，以及其他事项。

说明书应当对发明或者实用新型作出清楚、完整的说明，以所属技术领域的技术人员能够实现为准；必要的时候，应当有附图。摘要应当简要说明发明或者实用新型的技术要点。

权利要求书应当以说明书为依据，清楚、简要地限定要求专利保护的范围。

依赖遗传资源完成的发明创造，申请人应当在专利申请文件中说明该遗传资源的直接来源和原始来源；申请人无法说明原始来源的，应当陈述理由。

第二十七条 申请外观设计专利的，应当提交请求书、该外观设计的图片或者照片以及对该外观设计的简要说明等文件。

申请人提交的有关图片或者照片应当清楚地显示要求专利保护的产品的外观设计。

第二十八条 国务院专利行政部门收到专利申请文件之日为申请日。如果申请文件是邮寄的，以寄出的邮戳日为申请日。

第二十九条 申请人自发明或者实用新型在外国第一次提出专利申请之日起十二个月内，或者自外观设计在外国第一次提出专利申请之日起六个月内，又在中国就相同主题提出专利申请的，依照该外国同中国签订的协议或者共同参加的国际条约，或者依照相互承认优先权的原则，可以享有优先权。

申请人自发明或者实用新型在中国第一次提出专利申请之日起十二个月内，或者自外观设计在中国第一次提出专利申请之日起六个月内，又向国务院专利行政部门就相同主题提出专利申请的，可以享有优先权。

第三十条 申请人要求发明、实用新型专利优先权的，应当在申请的时候提出书面声明，并且在第一次提出申请之日起十六个月内，提交第一次提出的专利申请文件的副本。

申请人要求外观设计专利优先权的，应当在申请的时候提出书面声明，并且在三个月内提交第一次提出的专利申请文件的副本。

申请人未提出书面声明或者逾期未提交专利申请文件副本的，视为未要求优先权。

第三十一条 一件发明或者实用新型专利申请应当限于一项发明或者实用新型。属于一个总的发明构思的两项以上的发明或者实用新型，可以作为一件申请提出。

一件外观设计专利申请应当限于一项外观设计。同一产品两项以上的相似外观设计，或者用于同一类别并且成套出售或者使用的产品的两项以上外观设计，可以作为一件申请提出。

第三十二条 申请人可以在被授予专利权之前随时撤回其专利申请。

第三十三条 申请人可以对其专利申请文件进行修改，但是，对发明和实用新型专利申请文件的修改不得超出原说明书和权利要求书记载的范围，对外观设计专利申请文件的修改不得超出原图片或者照片表示的范围。

第四章 专利申请的审查和批准

第三十四条 国务院专利行政部门收到发明专利申请后，经初步审查认为符合本法要求的，自申请日起满十八个月，即行公布。国务院专利行政部门可以根据申请人的请求早日公布其申请。

第三十五条 发明专利申请自申请日起三年内，国务院专利行政部门可以根据申请人随时提出的请求，对其申请进行实质审查；申请人无正当理由逾期不请求实质审查的，该申请即被视为撤回。

国务院专利行政部门认为必要的时候，可以自行对发明专利申请进行实质审查。

第三十六条 发明专利的申请人请求实质审查的时候，应当提交在申请日前与其发明有关的参考资料。

发明专利已经在外国提出过申请的，国务院专利行政部门可以要求申请人在指定期限内提交该国为审查其申请进行检索的资料或者审查结果的资料；无正当理由逾期不提交的，该申请即被视为撤回。

第三十七条 国务院专利行政部门对发明专利申请进行实质审查后，认为不符合本法规定的，应当通知申请人，要求其在指定的期限内陈述意见，或者对其申请进行修改；无正当理由逾期不答复的，该申请即被视为撤回。

第三十八条 发明专利申请经申请人陈述意见或者进行修改后，国务院专利行政部门仍然认为不符合本法规定的，应当予以驳回。

第三十九条 发明专利申请经实质审查没有发现驳回理由的，由国务院专利行政部门作出授予发明专利权的决定，发给发明专利证书，同时予以登记和公告。发明专利权自公告之日起生效。

第四十条 实用新型和外观设计专利申请经初步审查没有发现驳回理由的，由国务院专利行政部门作出授予实用新型专利权或者外观设计专利权的决定，发给相应的专利证书，同时予以登记和公告。实用新型专利权和外观设计专利权自公告之日起生效。

第四十一条 专利申请人对国务院专利行政部门驳回申请的决定不服的，可以自收到通知之日起三个月内向国务院专利行政部门请求复审。国务院专利行政部门复审后，作出决定，并通知专利申请人。

专利申请人对国务院专利行政部门的复审决定不服的，可以自收到通知之日起三个月内向人民法院起诉。

第五章 专利权的期限、终止和无效

第四十二条 发明专利权的期限为二十年，实用新型专利权的期限为十年，外观设计专利权的期限为十五年，均自申请日起计算。

自发明专利申请日起满四年，且自实质审查请求之日起满三年后授予发明专利权的，国务院专利行政部门应专利权人的请求，就发明专利在授权过程中的不合理延迟给予专利权期限补偿，但由申请人引起的不合理延迟除外。

为补偿新药上市审评审批占用的时

间，对在中国获得上市许可的新药相关发明专利，国务院专利行政部门应专利权人的请求给予专利权期限补偿。补偿期限不超过五年，新药批准上市后总有效专利权期限不超过十四年。

第四十三条 专利权人应当自被授予专利权的当年开始缴纳年费。

第四十四条 有下列情形之一的，专利权在期限届满前终止：

（一）没有按照规定缴纳年费的；

（二）专利权人以书面声明放弃其专利权的。

专利权在期限届满前终止的，由国务院专利行政部门登记和公告。

第四十五条 自国务院专利行政部门公告授予专利权之日起，任何单位或者个人认为该专利权的授予不符合本法有关规定的，可以请求国务院专利行政部门宣告该专利权无效。

第四十六条 国务院专利行政部门对宣告专利权无效的请求应当及时审查和作出决定，并通知请求人和专利权人。宣告专利权无效的决定，由国务院专利行政部门登记和公告。

对国务院专利行政部门宣告专利权无效或者维持专利权的决定不服的，可以自收到通知之日起三个月内向人民法院起诉。人民法院应当通知无效宣告请求程序的对方当事人作为第三人参加诉讼。

第四十七条 宣告无效的专利权视为自始即不存在。

宣告专利权无效的决定，对在宣告专利权无效前人民法院作出并已执行的专利侵权的判决、调解书，已经履行或者强制执行的专利侵权纠纷处理决定，以及已经履行的专利实施许可合同和专利权转让合同，不具有追溯力。但是因专利权人的恶意给他人造成的损失，应当给予赔偿。

依照前款规定不返还专利侵权赔偿金、专利使用费、专利权转让费，明显违反公平原则的，应当全部或者部分返还。

第六章 专利实施的特别许可

第四十八条 国务院专利行政部门、地方人民政府管理专利工作的部门应当会同同级相关部门采取措施，加强专利公共服务，促进专利实施和运用。

第四十九条 国有企业事业单位的发明专利，对国家利益或者公共利益具有重大意义的，国务院有关主管部门和省、自治区、直辖市人民政府报经国务院批准，可以决定在批准的范围内推广应用，允许指定的单位实施，由实施单位按照国家规定向专利权人支付使用费。

第五十条 专利权人自愿以书面方式向国务院专利行政部门声明愿意许可任何单位或者个人实施其专利，并明确许可使用费支付方式、标准的，由国务院专利行政部门予以公告，实行开放许可。就实用新型、外观设计专利提出开放许可声明的，应当提供专利权评价报告。

专利权人撤回开放许可声明的，应当以书面方式提出，并由国务院专利行政部门予以公告。开放许可声明被公告撤回的，不影响在先给予的开放许可的效力。

第五十一条 任何单位或者个人有意愿实施开放许可的专利的，以书面方式通知专利权人，并依照公告的许可使用费支付方式、标准支付许可使用费后，即获得专利实施许可。

开放许可实施期间，对专利权人缴纳专利年费相应给予减免。

实行开放许可的专利权人可以与被许可人就许可使用费进行协商后给予普通许可，但不得就该专利给予独占或者排他许可。

第五十二条 当事人就实施开放许可发生纠纷的，由当事人协商解决；不愿协商或者协商不成的，可以请求国务院专利行政部门进行调解，也可以向人民法院起诉。

第五十三条 有下列情形之一的，国务院专利行政部门根据具备实施条件的单位或者个人的申请，可以给予实施发明专利或者实用新型专利的强制许可：

（一）专利权人自专利权被授予之日起满三年，且自提出专利申请之日起满四年，无正当理由未实施或者未充分实施其专利的；

（二）专利权人行使专利权的行为被依法认定为垄断行为，为消除或者减少该行为对竞争产生的不利影响的。

第五十四条 在国家出现紧急状态或者非常情况时，或者为了公共利益的目的，国务院专利行政部门可以给予实施发明专利或者实用新型专利的强制许可。

第五十五条 为了公共健康目的，对取得专利权的药品，国务院专利行政部门可以给予制造并将其出口到符合中华人民共和国参加的有关国际条约规定的国家或者地区的强制许可。

第五十六条 一项取得专利权的发明或者实用新型比前已经取得专利权的发明或者实用新型具有显著经济意义的重大技术进步，其实施又有赖于前一发明或者实用新型的实施的，国务院专利行政部门根据后一专利权人的申请，可以给予实施前一发明或者实用新型的强制许可。

在依照前款规定给予实施强制许可的情形下，国务院专利行政部门根据前一专利权人的申请，也可以给予实施后一发明或者实用新型的强制许可。

第五十七条 强制许可涉及的发明创造为半导体技术的，其实施限于公共利益的目的和本法第五十三条第（二）项规定的情形。

第五十八条 除依照本法第五十三条第（二）项、第五十五条规定给予的强制许可外，强制许可的实施应当主要为了供应国内市场。

第五十九条 依照本法第五十三条第（一）项、第五十六条规定申请强制许可的单位或者个人应当提供证据，证明其以合理的条件请求专利权人许可其实施专利，但未能在合理的时间内获得许可。

第六十条 国务院专利行政部门作出的给予实施强制许可的决定，应当及时通知专利权人，并予以登记和公告。

给予实施强制许可的决定，应当根据强制许可的理由规定实施的范围和时间。强制许可的理由消除并不再发生时，国务院专利行政部门应当根据专利权人的请求，经审查后作出终止实施强制许可的决定。

第六十一条 取得实施强制许可的单位或者个人不享有独占的实施权，并且无权允许他人实施。

第六十二条 取得实施强制许可的单位或者个人应当付给专利权人合理的使用费，或者依照中华人民共和国参加的有关国际条约的规定处理使用费问题。付给使用费的，其数额由双方协商；双方不能达成协议的，由国务院专利行政部门裁决。

第六十三条 专利权人对国务院专利行政部门关于实施强制许可的决定不服的，专利权人和取得实施强制许可的单位或者个人对国务院专利行政部门关于实施强制许可的使用费的裁决不服的，可以自收到通知之日起三个月内向人民法院起诉。

第七章 专利权的保护

第六十四条 发明或者实用新型专利权的保护范围以其权利要求的内容为准，说明书及附图可以用于解释权利要求的内容。

外观设计专利权的保护范围以表示在图片或者照片中的该产品的外观设计为准，简要说明可以用于解释图片或者照片所表示的该产品的外观设计。

第六十五条 未经专利权人许可，实施其专利，即侵犯其专利权，引起纠纷的，由当事人协商解决；不愿协商或者协商不成的，专利权人或者利害关系人可以向人民法院起诉，也可以请求管理专利工作的部门处理。管理专利工作的部门处理时，认定侵权行为成立的，可以责令侵权人立即停止侵权行为，当事人不服的，可以自收到处理通知之日起十五日内依照《中华人民共和国行政诉讼法》向人民法院起诉；侵权人期满不起诉又不停止侵权行为的，管理专利工作的部门可以申请人民法院强制执行。进行处理的管理专利工作的部门应当事人的请求，可以就侵犯专利权的赔偿数额进行调解；调解不成的，当事人可以依照《中华人民共和国民事诉讼法》向人民法院起诉。

第六十六条 专利侵权纠纷涉及新产品制造方法的发明专利的，制造同样产品的单位或者个人应当提供其产品制造方法不同于专利方法的证明。

专利侵权纠纷涉及实用新型专利或者外观设计专利的，人民法院或者管理专利工作的部门可以要求专利权人或者利害关系人出具由国务院专利行政部门对相关实用新型或者外观设计进行检索、分析和评价后作出的专利权评价报告，作为审理、处理专利侵权纠纷的证据；专利权人、利害关系人或者被控侵权人也可以主动出具专利权评价报告。

第六十七条 在专利侵权纠纷中，被控侵权人有证据证明其实施的技术或者设计属于现有技术或者现有设计的，不构成侵犯专利权。

第六十八条 假冒专利的，除依法承担民事责任外，由负责专利执法的部门责令改正并予公告，没收违法所得，可以处违法所得五倍以下的罚款；没有违法所得或者违法所得在五万元以下的，可以处二十五万元以下的罚款；构成犯罪的，依法追究刑事责任。

第六十九条 负责专利执法的部门根据已经取得的证据，对涉嫌假冒专利行为进行查处时，有权采取下列措施：

（一）询问有关当事人，调查与涉嫌违法行为有关的情况；

（二）对当事人涉嫌违法行为的场所实施现场检查；

（三）查阅、复制与涉嫌违法行为有关的合同、发票、账簿以及其他有关资料；

（四）检查与涉嫌违法行为有关的产品；

（五）对有证据证明是假冒专利的产品，可以查封或者扣押。

管理专利工作的部门应专利权人或者利害关系人的请求处理专利侵权纠纷时，可以采取前款第（一）项、第（二）项、第（四）项所列措施。

负责专利执法的部门、管理专利工作的部门依法行使前两款规定的职权时，当事人应当予以协助、配合，不得拒绝、阻挠。

第七十条 国务院专利行政部门可以应专利权人或者利害关系人的请求处理在全国有重大影响的专利侵权纠纷。

地方人民政府管理专利工作的部门应专利权人或者利害关系人请求处理专利侵权纠纷，对在本行政区域内侵犯其同一专利权的案件可以合并处理；对跨区域侵犯其同一专利权的案件可以请求上级地方人民政府管理专利工作的部门处理。

第七十一条 侵犯专利权的赔偿数额按照权利人因被侵权所受到的实际损失或者侵权人因侵权所获得的利益确定；权利人的损失或者侵权人获得的利益难以确定的，参照该专利许可使用费的倍数合理确定。对故意侵犯专利权，情节严重的，可以在按照上述方法确定数额的一倍以上五倍以下确定赔偿数额。

权利人的损失、侵权人获得的利益和专利许可使用费均难以确定的，人民法院可以根据专利权的类型、侵权行为的性质和情节等因素，确定给予三万元以上五百万元以下的赔偿。

赔偿数额还应当包括权利人为制止侵

权行为所支付的合理开支。

人民法院为确定赔偿数额，在权利人已经尽力举证，而与侵权行为相关的账簿、资料主要由侵权人掌握的情况下，可以责令侵权人提供与侵权行为相关的账簿、资料；侵权人不提供或者提供虚假的账簿、资料的，人民法院可以参考权利人的主张和提供的证据判定赔偿数额。

第七十二条 专利权人或者利害关系人有证据证明他人正在实施或者即将实施侵犯专利权、妨碍其实现权利的行为，如不及时制止将会使其合法权益受到难以弥补的损害的，可以在起诉前依法向人民法院申请采取财产保全、责令作出一定行为或者禁止作出一定行为的措施。

第七十三条 为了制止专利侵权行为，在证据可能灭失或者以后难以取得的情况下，专利权人或者利害关系人可以在起诉前依法向人民法院申请保全证据。

第七十四条 侵犯专利权的诉讼时效为三年，自专利权人或者利害关系人知道或者应当知道侵权行为以及侵权人之日起计算。

发明专利申请公布后至专利权授予前使用该发明未支付适当使用费的，专利权人要求支付使用费的诉讼时效为三年，自专利权人知道或者应当知道他人使用其发明之日起计算，但是，专利权人于专利权授予之日前即已知道或者应当知道的，自专利权授予之日起计算。

第七十五条 有下列情形之一的，不视为侵犯专利权：

(一)专利产品或者依照专利方法直接获得的产品，由专利权人或者经其许可的单位、个人售出后，使用、许诺销售、销售、进口该产品的；

(二)在专利申请日前已经制造相同产品、使用相同方法或者已经作好制造、使用的必要准备，并且仅在原有范围内继续制造、使用的；

(三)临时通过中国领陆、领水、领空的外国运输工具，依照其所属国同中国签订的协议或者共同参加的国际条约，或者依照互惠原则，为运输工具自身需要而在其装置和设备中使用有关专利的；

(四)专为科学研究和实验而使用有关专利的；

(五)为提供行政审批所需要的信息，制造、使用、进口专利药品或者专利医疗器械的，以及专门为其制造、进口专利药品或者专利医疗器械的。

第七十六条 药品上市审评审批过程中，药品上市许可申请人与有关专利权人或者利害关系人，因申请注册的药品相关的专利权产生纠纷的，相关当事人可以向人民法院起诉，请求就申请注册的药品相关技术方案是否落入他人药品专利权保护范围作出判决。国务院药品监督管理部门在规定的期限内，可以根据人民法院生效裁判作出是否暂停批准相关药品上市的决定。

药品上市许可申请人与有关专利权人或者利害关系人也可以就申请注册的药品相关的专利权纠纷，向国务院专利行政部门请求行政裁决。

国务院药品监督管理部门会同国务院专利行政部门制定药品上市许可审批与药品上市许可申请阶段专利权纠纷解决的具体衔接办法，报国务院同意后实施。

第七十七条 为生产经营目的使用、许诺销售或者销售不知道是未经专利权人许可而制造并售出的专利侵权产品，能证明该产品合法来源的，不承担赔偿责任。

第七十八条 违反本法第十九条规定向外国申请专利，泄露国家秘密的，由所在单位或者上级主管机关给予行政处分；构成犯罪的，依法追究刑事责任。

第七十九条 管理专利工作的部门不得参与向社会推荐专利产品等经营活动。

管理专利工作的部门违反前款规定的，由其上级机关或者监察机关责令改正，消除影响,有违法收入的予以没收;情节严重的,对直接负责的主管人员和其他直接责任人员依法给予处分。

第八十条 从事专利管理工作的国家机关工作人员以及其他有关国家机关工作人员玩忽职守、滥用职权、徇私舞弊,构成犯罪的,依法追究刑事责任;尚不构成犯罪的,依法给予处分。

第八章 附 则

第八十一条 向国务院专利行政部门申请专利和办理其他手续,应当按照规定缴纳费用。

第八十二条 本法自 1985 年 4 月 1 日起施行。

中华人民共和国著作权法

(1990 年 9 月 7 日第七届全国人民代表大会常务委员会第十五次会议通过
根据 2001 年 10 月 27 日第九届全国人民代表大会常务委员会第二十四次会议《关于修改〈中华人民共和国著作权法〉的决定》第一次修正
根据 2010 年 2 月 26 日第十一届全国人民代表大会常务委员会第十三次会议《关于修改〈中华人民共和国著作权法〉的决定》第二次修正
根据 2020 年 11 月 11 日第十三届全国人民代表大会常务委员会第二十三次会议《关于修改〈中华人民共和国著作权法〉的决定》第三次修正)

第一章 总 则

第一条 为保护文学、艺术和科学作品作者的著作权,以及与著作权有关的权益,鼓励有益于社会主义精神文明、物质文明建设的作品的创作和传播,促进社会主义文化和科学事业的发展与繁荣,根据宪法制定本法。

第二条 中国公民、法人或者非法人组织的作品,不论是否发表,依照本法享有著作权。

外国人、无国籍人的作品根据其作者所属国或者经常居住地国同中国签订的协议或者共同参加的国际条约享有的著作权,受本法保护。

外国人、无国籍人的作品首先在中国境内出版的,依照本法享有著作权。

未与中国签订协议或者共同参加国际条约的国家的作者以及无国籍人的作品首次在中国参加的国际条约的成员国出版的,或者在成员国和非成员国同时出版的,受本法保护。

第三条 本法所称的作品,是指文学、艺术和科学领域内具有独创性并能以一定形式表现的智力成果,包括:

(一)文字作品;

(二)口述作品;

(三)音乐、戏剧、曲艺、舞蹈、杂技艺术作品;

(四)美术、建筑作品;

(五)摄影作品;

(六)视听作品;

(七)工程设计图、产品设计图、地图、示意图等图形作品和模型作品;

(八)计算机软件;

(九)符合作品特征的其他智力成果。

第四条 著作权人和与著作权有关的权利人行使权利,不得违反宪法和法律,不得损害公共利益。国家对作品的出版、传播依法进行监督管理。

第五条 本法不适用于:

(一)法律、法规,国家机关的决议、决

定、命令和其他具有立法、行政、司法性质的文件，及其官方正式译文；

（二）单纯事实消息；

（三）历法、通用数表、通用表格和公式。

第六条 民间文学艺术作品的著作权保护办法由国务院另行规定。

第七条 国家著作权主管部门负责全国的著作权管理工作；县级以上地方主管著作权的部门负责本行政区域的著作权管理工作。

第八条 著作权人和与著作权有关的权利人可以授权著作权集体管理组织行使著作权或者与著作权有关的权利。依法设立的著作权集体管理组织是非营利法人，被授权后可以以自己的名义为著作权人和与著作权有关的权利人主张权利，并可以作为当事人进行涉及著作权或者与著作权有关的权利的诉讼、仲裁、调解活动。

著作权集体管理组织根据授权向使用者收取使用费。使用费的收取标准由著作权集体管理组织和使用者代表协商确定，协商不成的，可以向国家著作权主管部门申请裁决，对裁决不服的，可以向人民法院提起诉讼；当事人也可以直接向人民法院提起诉讼。

著作权集体管理组织应当将使用费的收取和转付、管理费的提取和使用、使用费的未分配部分等总体情况定期向社会公布，并应当建立权利信息查询系统，供权利人和使用者查询。国家著作权主管部门应当依法对著作权集体管理组织进行监督、管理。

著作权集体管理组织的设立方式、权利义务、使用费的收取和分配，以及对其监督和管理等由国务院另行规定。

第二章 著作权

第一节 著作权人及其权利

第九条 著作权人包括：

（一）作者；

（二）其他依照本法享有著作权的自然人、法人或者非法人组织。

第十条 著作权包括下列人身权和财产权：

（一）发表权，即决定作品是否公之于众的权利；

（二）署名权，即表明作者身份，在作品上署名的权利；

（三）修改权，即修改或者授权他人修改作品的权利；

（四）保护作品完整权，即保护作品不受歪曲、篡改的权利；

（五）复制权，即以印刷、复印、拓印、录音、录像、翻录、翻拍、数字化等方式将作品制作一份或者多份的权利；

（六）发行权，即以出售或者赠与方式向公众提供作品的原件或者复制件的权利；

（七）出租权，即有偿许可他人临时使用视听作品、计算机软件的原件或者复制件的权利，计算机软件不是出租的主要标的的除外；

（八）展览权，即公开陈列美术作品、摄影作品的原件或者复制件的权利；

（九）表演权，即公开表演作品，以及用各种手段公开播送作品的表演的权利；

（十）放映权，即通过放映机、幻灯机等技术设备公开再现美术、摄影、视听作品等的权利；

（十一）广播权，即以有线或者无线方式公开传播或者转播作品，以及通过扩音器或者其他传送符号、声音、图像的类似工具向公众传播广播的作品的权利，但不包括本款第十二项规定的权利；

（十二）信息网络传播权，即以有线或者无线方式向公众提供，使公众可以在其选定的时间和地点获得作品的权利；

（十三）摄制权，即以摄制视听作品的方法将作品固定在载体上的权利；

（十四）改编权，即改变作品，创作出具

有独创性的新作品的权利；

（十五）翻译权，即将作品从一种语言文字转换成另一种语言文字的权利；

（十六）汇编权，即将作品或者作品的片段通过选择或者编排，汇集成新作品的权利；

（十七）应当由著作权人享有的其他权利。

著作权人可以许可他人行使前款第（五）项至第（十七）项规定的权利，并依照约定或者本法有关规定获得报酬。

著作权人可以全部或者部分转让本条第一款第（五）项至第（十七）项规定的权利，并依照约定或者本法有关规定获得报酬。

第二节　著作权归属

第十一条　著作权属于作者，本法另有规定的除外。

创作作品的自然人是作者。

由法人或者非法人组织主持，代表法人或者非法人组织意志创作，并由法人或者非法人组织承担责任的作品，法人或者非法人组织视为作者。

第十二条　在作品上署名的自然人、法人或者非法人组织为作者，且该作品上存在相应权利，但有相反证明的除外。

作者等著作权人可以向国家著作权主管部门认定的登记机构办理作品登记。

与著作权有关的权利参照适用前两款规定。

第十三条　改编、翻译、注释、整理已有作品而产生的作品，其著作权由改编、翻译、注释、整理人享有，但行使著作权时不得侵犯原作品的著作权。

第十四条　两人以上合作创作的作品，著作权由合作作者共同享有。没有参加创作的人，不能成为合作作者。

合作作品的著作权由合作作者通过协商一致行使；不能协商一致，又无正当理由的，任何一方不得阻止他方行使除转让、许可他人专有使用、出质以外的其他权利，但是所得收益应当合理分配给所有合作作者。

合作作品可以分割使用的，作者对各自创作的部分可以单独享有著作权，但行使著作权时不得侵犯合作作品整体的著作权。

第十五条　汇编若干作品、作品的片段或者不构成作品的数据或者其他材料，对其内容的选择或者编排体现独创性的作品，为汇编作品，其著作权由汇编人享有，但行使著作权时，不得侵犯原作品的著作权。

第十六条　使用改编、翻译、注释、整理、汇编已有作品而产生的作品进行出版、演出和制作录音录像制品，应当取得该作品的著作权人和原作品的著作权人许可，并支付报酬。

第十七条　视听作品中的电影作品、电视剧作品的著作权由制作者享有，但编剧、导演、摄影、作词、作曲等作者享有署名权，并有权按照与制作者签订的合同获得报酬。

前款规定以外的视听作品的著作权归属由当事人约定；没有约定或者约定不明确的，由制作者享有，但作者享有署名权和获得报酬的权利。

视听作品中的剧本、音乐等可以单独使用的作品的作者有权单独行使其著作权。

第十八条　自然人为完成法人或者非法人组织工作任务所创作的作品是职务作品，除本条第二款的规定以外，著作权由作者享有，但法人或者非法人组织有权在其业务范围内优先使用。作品完成两年内，未经单位同意，作者不得许可第三人以与单位使用的相同方式使用该作品。

有下列情形之一的职务作品，作者享有署名权，著作权的其他权利由法人或者非法人组织享有，法人或者非法人组织可以给予作者奖励：

（一）主要是利用法人或者非法人组织的物质技术条件创作，并由法人或者非法人组织承担责任的工程设计图、产品设计图、地图、示意图、计算机软件等职务作品；

（二）报社、期刊社、通讯社、广播电台、电视台的工作人员创作的职务作品；

（三）法律、行政法规规定或者合同约定著作权由法人或者非法人组织享有的职务作品。

第十九条 受委托创作的作品，著作权的归属由委托人和受托人通过合同约定。合同未作明确约定或者没有订立合同的，著作权属于受托人。

第二十条 作品原件所有权的转移，不改变作品著作权的归属，但美术、摄影作品原件的展览权由原件所有人享有。

作者将未发表的美术、摄影作品的原件所有权转让给他人，受让人展览该原件不构成对作者发表权的侵犯。

第二十一条 著作权属于自然人的，自然人死亡后，其本法第十条第一款第（五）项至第（十七）项规定的权利在本法规定的保护期内，依法转移。

著作权属于法人或者非法人组织的，法人或者非法人组织变更、终止后，其本法第十条第一款第（五）项至第（十七）项规定的权利在本法规定的保护期内，由承受其权利义务的法人或者非法人组织享有；没有承受其权利义务的法人或者非法人组织的，由国家享有。

第三节 权利的保护期

第二十二条 作者的署名权、修改权、保护作品完整权的保护期不受限制。

第二十三条 自然人的作品，其发表权、本法第十条第一款第（五）项至第（十七）项规定的权利的保护期为作者终生及其死亡后五十年，截止于作者死亡后第五十年的12月31日；如果是合作作品，截止于最后死亡的作者死亡后第五十年的12月31日。

法人或者非法人组织的作品、著作权（署名权除外）由法人或者非法人组织享有的职务作品，其发表权的保护期为五十年，截止于作品创作完成后第五十年的12月31日；本法第十条第一款第五项至第十七项规定的权利的保护期为五十年，截止于作品首次发表后第五十年的12月31日，但作品自创作完成后五十年内未发表的，本法不再保护。

视听作品，其发表权的保护期为五十年，截止于作品创作完成后第五十年的12月31日；本法第十条第一款第五项至第十七项规定的权利的保护期为五十年，截止于作品首次发表后第五十年的12月31日，但作品自创作完成后五十年内未发表的，本法不再保护。

第四节 权利的限制

第二十四条 在下列情况下使用作品，可以不经著作权人许可，不向其支付报酬，但应当指明作者姓名或者名称、作品名称，并且不得影响该作品的正常使用，也不得不合理地损害著作权人的合法权益：

（一）为个人学习、研究或者欣赏，使用他人已经发表的作品；

（二）为介绍、评论某一作品或者说明某一问题，在作品中适当引用他人已经发表的作品；

（三）为报道新闻，在报纸、期刊、广播电台、电视台等媒体中不可避免地再现或者引用已经发表的作品；

（四）报纸、期刊、广播电台、电视台等媒体刊登或者播放其他报纸、期刊、广播电台、电视台等媒体已经发表的关于政治、经济、宗教问题的时事性文章，但著作权人声明不许刊登、播放的除外；

（五）报纸、期刊、广播电台、电视台等媒体刊登或者播放在公众集会上发表的讲话，但作者声明不许刊登、播放的除外；

（六）为学校课堂教学或者科学研究，翻译、改编、汇编、播放或者少量复制已经发表的作品，供教学或者科研人员使用，但不得出版发行；

（七）国家机关为执行公务在合理范围内使用已经发表的作品；

（八）图书馆、档案馆、纪念馆、博物馆、美术馆、文化馆等为陈列或者保存版本的需要，复制本馆收藏的作品；

（九）免费表演已经发表的作品，该表演未向公众收取费用，也未向表演者支付报酬且不以营利为目的；

（十）对设置或者陈列在公共场所的艺术作品进行临摹、绘画、摄影、录像；

（十一）将中国公民、法人或者非法人组织已经发表的以国家通用语言文字创作的作品翻译成少数民族语言文字作品在国内出版发行；

（十二）以阅读障碍者能够感知的无障碍方式向其提供已经发表的作品；

（十三）法律、行政法规规定的其他情形。

前款规定适用于对与著作权有关的权利的限制。

第二十五条 为实施义务教育和国家教育规划而编写出版教科书，可以不经著作权人许可，在教科书中汇编已经发表的作品片段或者短小的文字作品、音乐作品或者单幅的美术作品、摄影作品、图形作品，但应当按照规定向著作权人支付报酬，指明作者姓名或者名称、作品名称，并且不得侵犯著作权人依照本法享有的其他权利。

前款规定适用于对与著作权有关的权利的限制。

第三章 著作权许可使用和转让合同

第二十六条 使用他人作品应当同著作权人订立许可使用合同，本法规定可以不经许可的除外。

许可使用合同包括下列主要内容：

（一）许可使用的权利种类；

（二）许可使用的权利是专有使用权或者非专有使用权；

（三）许可使用的地域范围、期间；

（四）付酬标准和办法；

（五）违约责任；

（六）双方认为需要约定的其他内容。

第二十七条 转让本法第十条第一款第（五）项至第（十七）项规定的权利，应当订立书面合同。

权利转让合同包括下列主要内容：

（一）作品的名称；

（二）转让的权利种类、地域范围；

（三）转让价金；

（四）交付转让价金的日期和方式；

（五）违约责任；

（六）双方认为需要约定的其他内容。

第二十八条 以著作权中的财产权出质的，由出质人和质权人依法办理出质登记。

第二十九条 许可使用合同和转让合同中著作权人未明确许可、转让的权利，未经著作权人同意，另一方当事人不得行使。

第三十条 使用作品的付酬标准可以由当事人约定，也可以按照国家著作权主管部门会同有关部门制定的付酬标准支付报酬。当事人约定不明确的，按照国家著作权主管部门会同有关部门制定的付酬标准支付报酬。

第三十一条 出版者、表演者、录音录像制作者、广播电台、电视台等依照本法有关规定使用他人作品的，不得侵犯作者的署名权、修改权、保护作品完整权和获得报酬的权利。

第四章 与著作权有关的权利

第一节 图书、报刊的出版

第三十二条 图书出版者出版图书应当和著作权人订立出版合同，并支付报酬。

第三十三条 图书出版者对著作权人

交付出版的作品，按照合同约定享有的专有出版权受法律保护，他人不得出版该作品。

第三十四条 著作权人应当按照合同约定期限交付作品。图书出版者应当按照合同约定的出版质量、期限出版图书。

图书出版者不按照合同约定期限出版，应当依照本法第六十一条的规定承担民事责任。

图书出版者重印、再版作品的，应当通知著作权人，并支付报酬。图书脱销后，图书出版者拒绝重印、再版的，著作权人有权终止合同。

第三十五条 著作权人向报社、期刊社投稿的，自稿件发出之日起十五日内未收到报社通知决定刊登的，或者自稿件发出之日起三十日内未收到期刊社通知决定刊登的，可以将同一作品向其他报社、期刊社投稿。双方另有约定的除外。

作品刊登后，除著作权人声明不得转载、摘编的外，其他报刊可以转载或者作为文摘、资料刊登，但应当按照规定向著作权人支付报酬。

第三十六条 图书出版者经作者许可，可以对作品修改、删节。

报社、期刊社可以对作品作文字性修改、删节。对内容的修改，应当经作者许可。

第三十七条 出版者有权许可或者禁止他人使用其出版的图书、期刊的版式设计。

前款规定的权利的保护期为十年，截止于使用该版式设计的图书、期刊首次出版后第十年的12月31日。

第二节 表　　演

第三十八条 使用他人作品演出，表演者应当取得著作权人许可，并支付报酬。演出组织者组织演出，由该组织者取得著作权人许可，并支付报酬。

第三十九条 表演者对其表演享有下列权利：

（一）表明表演者身份；

（二）保护表演形象不受歪曲；

（三）许可他人从现场直播和公开传送其现场表演，并获得报酬；

（四）许可他人录音录像，并获得报酬；

（五）许可他人复制、发行、出租录有其表演的录音录像制品，并获得报酬；

（六）许可他人通过信息网络向公众传播其表演，并获得报酬。

被许可人以前款第（三）项至第（六）项规定的方式使用作品，还应当取得著作权人许可，并支付报酬。

第四十条 演员为完成本演出单位的演出任务进行的表演为职务表演，演员享有表明身份和保护表演形象不受歪曲的权利，其他权利归属由当事人约定。当事人没有约定或者约定不明确的，职务表演的权利由演出单位享有。

职务表演的权利由演员享有的，演出单位可以在其业务范围内免费使用该表演。

第四十一条 本法第三十九条第一款第（一）项、第（二）项规定的权利的保护期不受限制。

本法第三十九条第一款第（三）项至第（六）项规定的权利的保护期为五十年，截止于该表演发生后第五十年的12月31日。

第三节 录音录像

第四十二条 录音录像制作者使用他人作品制作录音录像制品，应当取得著作权人许可，并支付报酬。

录音制作者使用他人已经合法录制为录音制品的音乐作品制作录音制品，可以不经著作权人许可，但应当按照规定支付报酬；著作权人声明不许使用的不得使用。

第四十三条 录音录像制作者制作录音录像制品，应当同表演者订立合同，并支付报酬。

第四十四条 录音录像制作者对其制作的录音录像制品，享有许可他人复制、发行、出租、通过信息网络向公众传播并获得报酬的权利；权利的保护期为五十年，截止于该制品首次制作完成后第五十年的12月31日。

被许可人复制、发行、通过信息网络向公众传播录音录像制品，应当同时取得著作权人、表演者许可，并支付报酬；被许可人出租录音录像制品，还应当取得表演者许可，并支付报酬。

第四十五条 将录音制品用于有线或者无线公开传播，或者通过传送声音的技术设备向公众公开播送的，应当向录音制作者支付报酬。

第四节 广播电台、电视台播放

第四十六条 广播电台、电视台播放他人未发表的作品，应当取得著作权人许可，并支付报酬。

广播电台、电视台播放他人已发表的作品，可以不经著作权人许可，但应当按照规定支付报酬。

第四十七条 广播电台、电视台有权禁止未经其许可的下列行为：

（一）将其播放的广播、电视以有线或者无线方式转播；

（二）将其播放的广播、电视录制以及复制；

（三）将其播放的广播、电视通过信息网络向公众传播。

广播电台、电视台行使前款规定的权利，不得影响、限制或者侵害他人行使著作权或者与著作权有关的权利。

本条第一款规定的权利的保护期为五十年，截止于该广播、电视首次播放后第五十年的12月31日。

第四十八条 电视台播放他人的视听作品、录像制品，应当取得视听作品著作权人或者录像制作者许可，并支付报酬；播放他人的录像制品，还应当取得著作权人许可，并支付报酬。

第五章 著作权和与著作权有关的权利的保护

第四十九条 为保护著作权和与著作权有关的权利，权利人可以采取技术措施。

未经权利人许可，任何组织或者个人不得故意避开或者破坏技术措施，不得以避开或者破坏技术措施为目的制造、进口或者向公众提供有关装置或者部件，不得故意为他人避开或者破坏技术措施提供技术服务。但是，法律、行政法规规定可以避开的情形除外。

本法所称的技术措施，是指用于防止、限制未经权利人许可浏览、欣赏作品、表演、录音录像制品或者通过信息网络向公众提供作品、表演、录音录像制品的有效技术、装置或者部件。

第五十条 下列情形可以避开技术措施，但不得向他人提供避开技术措施的技术、装置或者部件，不得侵犯权利人依法享有的其他权利：

（一）为学校课堂教学或者科学研究，提供少量已经发表的作品，供教学或者科研人员使用，而该作品无法通过正常途径获取；

（二）不以营利为目的，以阅读障碍者能够感知的无障碍方式向其提供已经发表的作品，而该作品无法通过正常途径获取；

（三）国家机关依照行政、监察、司法程序执行公务；

（四）对计算机及其系统或者网络的安全性能进行测试；

（五）进行加密研究或者计算机软件反向工程研究。

前款规定适用于对与著作权有关的权利的限制。

第五十一条 未经权利人许可，不得进行下列行为：

（一）故意删除或者改变作品、版式设

计、表演、录音录像制品或者广播、电视上的权利管理信息，但由于技术上的原因无法避免的除外；

（二）知道或者应当知道作品、版式设计、表演、录音录像制品或者广播、电视上的权利管理信息未经许可被删除或者改变，仍然向公众提供。

第五十二条 有下列侵权行为的，应当根据情况，承担停止侵害、消除影响、赔礼道歉、赔偿损失等民事责任：

（一）未经著作权人许可，发表其作品的；

（二）未经合作作者许可，将与他人合作创作的作品当作自己单独创作的作品发表的；

（三）没有参加创作，为谋取个人名利，在他人作品上署名的；

（四）歪曲、篡改他人作品的；

（五）剽窃他人作品的；

（六）未经著作权人许可，以展览、摄制视听作品的方法使用作品，或者以改编、翻译、注释等方式使用作品的，本法另有规定的除外；

（七）使用他人作品，应当支付报酬而未支付的；

（八）未经视听作品、计算机软件、录音录像制品的著作权人、表演者或者录音录像制作者许可，出租其作品或者录音录像制品的原件或者复制件的，本法另有规定的除外；

（九）未经出版者许可，使用其出版的图书、期刊的版式设计的；

（十）未经表演者许可，从现场直播或者公开传送其现场表演，或者录制其表演的；

（十一）其他侵犯著作权以及与著作权有关的权利的行为。

第五十三条 有下列侵权行为的，应当根据情况，承担本法第五十二条规定的民事责任；侵权行为同时损害公共利益的，由主管著作权的部门责令停止侵权行为，予以警告，没收违法所得，没收、无害化销毁处理侵权复制品以及主要用于制作侵权复制品的材料、工具、设备等，违法经营额五万元以上的，可以并处违法经营额一倍以上五倍以下的罚款；没有违法经营额、违法经营额难以计算或者不足五万元的，可以并处二十五万元以下的罚款；构成犯罪的，依法追究刑事责任：

（一）未经著作权人许可，复制、发行、表演、放映、广播、汇编、通过信息网络向公众传播其作品的，本法另有规定的除外；

（二）出版他人享有专有出版权的图书的；

（三）未经表演者许可，复制、发行录有其表演的录音录像制品，或者通过信息网络向公众传播其表演的，本法另有规定的除外；

（四）未经录音录像制作者许可，复制、发行、通过信息网络向公众传播其制作的录音录像制品的，本法另有规定的除外；

（五）未经许可，播放、复制或者通过信息网络向公众传播广播、电视的，本法另有规定的除外；

（六）未经著作权人或者与著作权有关的权利人许可，故意避开或者破坏技术措施的，故意制造、进口或者向他人提供主要用于避开、破坏技术措施的装置或者部件的，或者故意为他人避开或者破坏技术措施提供技术服务的，法律、行政法规另有规定的除外；

（七）未经著作权人或者与著作权有关的权利人许可，故意删除或者改变作品、版式设计、表演、录音录像制品或者广播、电视上的权利管理信息的，知道或者应当知道作品、版式设计、表演、录音录像制品或者广播、电视上的权利管理信息未经许可被删除或者改变，仍然向公众提供的，法律、行政法规另有规定的除外；

（八）制作、出售假冒他人署名的作品的。

第五十四条 侵犯著作权或者与著作

权有关的权利的，侵权人应当按照权利人因此受到的实际损失或者侵权人的违法所得给予赔偿；权利人的实际损失或者侵权人的违法所得难以计算的，可以参照该权利使用费给予赔偿。对故意侵犯著作权或者与著作权有关的权利，情节严重的，可以在按照上述方法确定数额的一倍以上五倍以下给予赔偿。

权利人的实际损失、侵权人的违法所得、权利使用费难以计算的，由人民法院根据侵权行为的情节，判决给予五百元以上五百万元以下的赔偿。

赔偿数额还应当包括权利人为制止侵权行为所支付的合理开支。

人民法院为确定赔偿数额，在权利人已经尽了必要举证责任，而与侵权行为相关的账簿、资料等主要由侵权人掌握的，可以责令侵权人提供与侵权行为相关的账簿、资料等；侵权人不提供，或者提供虚假的账簿、资料等的，人民法院可以参考权利人的主张和提供的证据确定赔偿数额。

人民法院审理著作权纠纷案件，应权利人请求，对侵权复制品，除特殊情况外，责令销毁；对主要用于制造侵权复制品的材料、工具、设备等，责令销毁，且不予补偿；或者在特殊情况下，责令禁止前述材料、工具、设备等进入商业渠道，且不予补偿。

第五十五条　主管著作权的部门对涉嫌侵犯著作权和与著作权有关的权利的行为进行查处时，可以询问有关当事人，调查与涉嫌违法行为有关的情况；对当事人涉嫌违法行为的场所和物品实施现场检查；查阅、复制与涉嫌违法行为有关的合同、发票、账簿以及其他有关资料；对于涉嫌违法行为的场所和物品，可以查封或者扣押。

主管著作权的部门依法行使前款规定的职权时，当事人应当予以协助、配合，不得拒绝、阻挠。

第五十六条　著作权人或者与著作权有关的权利人有证据证明他人正在实施或者即将实施侵犯其权利、妨碍其实现权利的行为，如不及时制止将会使其合法权益受到难以弥补的损害的，可以在起诉前依法向人民法院申请采取财产保全、责令作出一定行为或者禁止作出一定行为等措施。

第五十七条　为制止侵权行为，在证据可能灭失或者以后难以取得的情况下，著作权人或者与著作权有关的权利人可以在起诉前依法向人民法院申请保全证据。

第五十八条　人民法院审理案件，对于侵犯著作权或者与著作权有关的权利的，可以没收违法所得、侵权复制品以及进行违法活动的财物。

第五十九条　复制品的出版者、制作者不能证明其出版、制作有合法授权的，复制品的发行者或者视听作品、计算机软件、录音录像制品的复制品的出租者不能证明其发行、出租的复制品有合法来源的，应当承担法律责任。

在诉讼程序中，被诉侵权人主张其不承担侵权责任的，应当提供证据证明已经取得权利人的许可，或者具有本法规定的不经权利人许可而可以使用的情形。

第六十条　著作权纠纷可以调解，也可以根据当事人达成的书面仲裁协议或者著作权合同中的仲裁条款，向仲裁机构申请仲裁。

当事人没有书面仲裁协议，也没有在著作权合同中订立仲裁条款的，可以直接向人民法院起诉。

第六十一条　当事人因不履行合同义务或者履行合同义务不符合约定而承担民事责任，以及当事人行使诉讼权利、申请保全等，适用有关法律的规定。

第六章　附　　则

第六十二条　本法所称的著作权即版权。

第六十三条　本法第二条所称的出

版，指作品的复制、发行。

第六十四条　计算机软件、信息网络传播权的保护办法由国务院另行规定。

第六十五条　摄影作品，其发表权、本法第十条第一款第五项至第十七项规定的权利的保护期在 2021 年 6 月 1 日前已经届满，但依据本法第二十三条第一款的规定仍在保护期内的，不再保护。

第六十六条　本法规定的著作权人和出版者、表演者、录音录像制作者、广播电台、电视台的权利，在本法施行之日尚未超过本法规定的保护期的，依照本法予以保护。

本法施行前发生的侵权或者违约行为，依照侵权或者违约行为发生时的有关规定处理。

第六十七条　本法自 1991 年 6 月 1 日起施行。

司法解释

最高人民法院
关于审理侵犯商业秘密民事案件
适用法律若干问题的规定

法释〔2020〕7号

（2020年8月24日最高人民法院审判委员会
第1810次会议通过，自2020年9月12日起施行）

为正确审理侵犯商业秘密民事案件，根据《中华人民共和国反不正当竞争法》《中华人民共和国民事诉讼法》等有关法律规定，结合审判实际，制定本规定。

第一条 与技术有关的结构、原料、组分、配方、材料、样品、样式、植物新品种繁殖材料、工艺、方法或其步骤、算法、数据、计算机程序及其有关文档等信息，人民法院可以认定构成反不正当竞争法第九条第四款所称的技术信息。

与经营活动有关的创意、管理、销售、财务、计划、样本、招投标材料、客户信息、数据等信息，人民法院可以认定构成反不正当竞争法第九条第四款所称的经营信息。

前款所称的客户信息，包括客户的名称、地址、联系方式以及交易习惯、意向、内容等信息。

第二条 当事人仅以与特定客户保持长期稳定交易关系为由，主张该特定客户属于商业秘密的，人民法院不予支持。

客户基于对员工个人的信赖而与该员工所在单位进行交易，该员工离职后，能够证明客户自愿选择与该员工或者该员工所在的新单位进行交易的，人民法院应当认定该员工没有采用不正当手段获取权利人的商业秘密。

第三条 权利人请求保护的信息在被诉侵权行为发生时不为所属领域的相关人员普遍知悉和容易获得的，人民法院应当认定为反不正当竞争法第九条第四款所称的不为公众所知悉。

第四条 具有下列情形之一的，人民法院可以认定有关信息为公众所知悉：

（一）该信息在所属领域属于一般常识或者行业惯例的；

（二）该信息仅涉及产品的尺寸、结构、材料、部件的简单组合等内容，所属领域的相关人员通过观察上市产品即可直接获得的；

（三）该信息已经在公开出版物或者其他媒体上公开披露的；

（四）该信息已通过公开的报告会、展览等方式公开的；

（五）所属领域的相关人员从其他公开渠道可以获得该信息的。

将为公众所知悉的信息进行整理、改进、加工后形成的新信息，符合本规定第三条规定的，应当认定该新信息不为公众所知悉。

第五条 权利人为防止商业秘密泄露，在被诉侵权行为发生以前所采取的合理保密措施，人民法院应当认定为反不正当竞争法第九条第四款所称的相应保密措施。

人民法院应当根据商业秘密及其载体的性质、商业秘密的商业价值、保密措施的可识别程度、保密措施与商业秘密的对应程度以及权利人的保密意愿等因素，认定权利人是否采取了相应保密措施。

第六条 具有下列情形之一，在正常情况下足以防止商业秘密泄露的，人民法院应当认定权利人采取了相应保密措施：

（一）签订保密协议或者在合同中约定保密义务的；

（二）通过章程、培训、规章制度、书面告知等方式，对能够接触、获取商业秘密的员工、前员工、供应商、客户、来访者等提出保密要求的；

（三）对涉密的厂房、车间等生产经营场所限制来访者或者进行区分管理的；

（四）以标记、分类、隔离、加密、封存、限制能够接触或者获取的人员范围等方式，对商业秘密及其载体进行区分和管理的；

（五）对能够接触、获取商业秘密的计算机设备、电子设备、网络设备、存储设备、软件等，采取禁止或者限制使用、访问、存储、复制等措施的；

（六）要求离职员工登记、返还、清除、销毁其接触或者获取的商业秘密及其载体，继续承担保密义务的；

（七）采取其他合理保密措施的。

第七条 权利人请求保护的信息因不为公众所知悉而具有现实的或者潜在的商业价值的，人民法院经审查可以认定为反不正当竞争法第九条第四款所称的具有商业价值。

生产经营活动中形成的阶段性成果符合前款规定的，人民法院经审查可以认定该成果具有商业价值。

第八条 被诉侵权人以违反法律规定或者公认的商业道德的方式获取权利人的商业秘密的，人民法院应当认定属于反不正当竞争法第九条第一款所称的以其他不正当手段获取权利人的商业秘密。

第九条 被诉侵权人在生产经营活动中直接使用商业秘密，或者对商业秘密进行修改、改进后使用，或者根据商业秘密调整、优化、改进有关生产经营活动的，人民法院应当认定属于反不正当竞争法第九条所称的使用商业秘密。

第十条 当事人根据法律规定或者合同约定所承担的保密义务，人民法院应当认定属于反不正当竞争法第九条第一款所称的保密义务。

当事人未在合同中约定保密义务，但根据诚信原则以及合同的性质、目的、缔约过程、交易习惯等，被诉侵权人知道或者应当知道其获取的信息属于权利人的商业秘密的，人民法院应当认定被诉侵权人对其获取的商业秘密承担保密义务。

第十一条 法人、非法人组织的经营、管理人员以及具有劳动关系的其他人员，人民法院可以认定为反不正当竞争法第九条第三款所称的员工、前员工。

第十二条 人民法院认定员工、前员工是否有渠道或者机会获取权利人的商业秘密，可以考虑与其有关的下列因素：

（一）职务、职责、权限；

（二）承担的本职工作或者单位分配的任务；

（三）参与和商业秘密有关的生产经营活动的具体情形；

（四）是否保管、使用、存储、复制、控制或者以其他方式接触、获取商业秘密及其载体；

（五）需要考虑的其他因素。

第十三条 被诉侵权信息与商业秘密不存在实质性区别的，人民法院可以认定被诉侵权信息与商业秘密构成反不正当竞争法第三十二条第二款所称的实质上相同。

人民法院认定是否构成前款所称的实质上相同，可以考虑下列因素：

（一）被诉侵权信息与商业秘密的异同程度；

（二）所属领域的相关人员在被诉侵权行为发生时是否容易想到被诉侵权信息与商业秘密的区别；

（三）被诉侵权信息与商业秘密的用途、使用方式、目的、效果等是否具有实质性差异；

（四）公有领域中与商业秘密相关信息的情况；

（五）需要考虑的其他因素。

第十四条 通过自行开发研制或者反向工程获得被诉侵权信息的，人民法院应当认定不属于反不正当竞争法第九条规定的侵犯商业秘密行为。

前款所称的反向工程，是指通过技术手段对从公开渠道取得的产品进行拆卸、测绘、分析等而获得该产品的有关技术信息。

被诉侵权人以不正当手段获取权利人的商业秘密后，又以反向工程为由主张未侵犯商业秘密的，人民法院不予支持。

第十五条 被申请人试图或者已经以不正当手段获取、披露、使用或者允许他人使用权利人所主张的商业秘密，不采取行为保全措施会使判决难以执行或者造成当事人其他损害，或者将会使权利人的合法权益受到难以弥补的损害的，人民法院可以依法裁定采取行为保全措施。

前款规定的情形属于民事诉讼法第一百条、第一百零一条所称情况紧急的，人民法院应当在四十八小时内作出裁定。

第十六条 经营者以外的其他自然人、法人和非法人组织侵犯商业秘密，权利人依据反不正当竞争法第十七条的规定主张侵权人应当承担的民事责任的，人民法院应予支持。

第十七条 人民法院对于侵犯商业秘密行为判决停止侵害的民事责任时，停止侵害的时间一般应当持续到该商业秘密已为公众所知悉时为止。

依照前款规定判决停止侵害的时间明显不合理的，人民法院可以在依法保护权利人的商业秘密竞争优势的情况下，判决侵权人在一定期限或者范围内停止使用该商业秘密。

第十八条 权利人请求判决侵权人返还或者销毁商业秘密载体，清除其控制的商业秘密信息的，人民法院一般应予支持。

第十九条 因侵权行为导致商业秘密为公众所知悉的，人民法院依法确定赔偿数额时，可以考虑商业秘密的商业价值。

人民法院认定前款所称的商业价值，应当考虑研究开发成本、实施该项商业秘密的收益、可得利益、可保持竞争优势的时间等因素。

第二十条 权利人请求参照商业秘密许可使用费确定因被侵权所受到的实际损失的，人民法院可以根据许可的性质、内容、实际履行情况以及侵权行为的性质、情节、后果等因素确定。

人民法院依照反不正当竞争法第十七条第四款确定赔偿数额的，可以考虑商业秘密的性质、商业价值、研究开发成本、创新程度、能带来的竞争优势以及侵权人的主观过错、侵权行为的性质、情节、后果等因素。

第二十一条 对于涉及当事人或者案外人的商业秘密的证据、材料，当事人或者案外人书面申请人民法院采取保密措施的，人民法院应当在保全、证据交换、质证、委托鉴定、询问、庭审等诉讼活动中采取必要的保密措施。

违反前款所称的保密措施的要求，擅自披露商业秘密或者在诉讼活动之外使用或者允许他人使用在诉讼中接触、获取的商业秘密的，应当依法承担民事责任。构成民事诉讼法第一百一十一条规定情形的，人民法院可以依法采取强制措施。构成犯罪的，依法追究刑事责任。

第二十二条 人民法院审理侵犯商业秘密民事案件时，对在侵犯商业秘密犯罪刑事诉讼程序中形成的证据，应当按照法定程序，全面、客观地审查。

由公安机关、检察机关或者人民法院保存的与被诉侵权行为具有关联性的证据，侵犯商业秘密民事案件的当事人及其诉讼代理人因客观原因不能自行收集，申请调查收集的，人民法院应当准许，但可能影响正在进行的刑事诉讼程序的除外。

第二十三条 当事人主张依据生效刑事裁判认定的实际损失或者违法所得确定涉及同一侵犯商业秘密行为的民事案件赔偿数额的，人民法院应予支持。

第二十四条 权利人已经提供侵权人因侵权所获得的利益的初步证据，但与侵犯商业秘密行为相关的账簿、资料由侵权人掌握的，人民法院可以根据权利人的申请，责令侵权人提供该账簿、资料。侵权人无正当理由拒不提供或者不如实提供的，人民法院可以根据权利人的主张和提供的证据认定侵权人因侵权所获得的利益。

第二十五条 当事人以涉及同一被诉侵犯商业秘密行为的刑事案件尚未审结为由，请求中止审理侵犯商业秘密民事案件，人民法院在听取当事人意见后认为必须以该刑事案件的审理结果为依据的，应予支持。

第二十六条 对于侵犯商业秘密行为，商业秘密独占使用许可合同的被许可人提起诉讼的，人民法院应当依法受理。

排他使用许可合同的被许可人和权利人共同提起诉讼，或者在权利人不起诉的情况下自行提起诉讼的，人民法院应当依法受理。

普通使用许可合同的被许可人和权利人共同提起诉讼，或者经权利人书面授权单独提起诉讼的，人民法院应当依法受理。

第二十七条 权利人应当在一审法庭辩论结束前明确所主张的商业秘密具体内容。仅能明确部分的，人民法院对该明确的部分进行审理。

权利人在第二审程序中另行主张其在一审中未明确的商业秘密具体内容的，第二审人民法院可以根据当事人自愿的原则就与该商业秘密具体内容有关的诉讼请求进行调解；调解不成的，告知当事人另行起诉。双方当事人均同意由第二审人民法院一并审理的，第二审人民法院可以一并裁判。

第二十八条 人民法院审理侵犯商业秘密民事案件，适用被诉侵权行为发生时的法律。被诉侵权行为在法律修改之前已经发生且持续到法律修改之后的，适用修改后的法律。

第二十九条 本规定自2020年9月12日起施行。最高人民法院以前发布的相关司法解释与本规定不一致的，以本规定为准。

本规定施行后，人民法院正在审理的一审、二审案件适用本规定；施行前已经作出生效裁判的案件，不适用本规定再审。

最高人民法院
关于审理专利授权确权行政案件
适用法律若干问题的规定(一)

法释〔2020〕8号

(2020年8月24日最高人民法院审判委员会第1810次会议通过,自2020年9月12日起施行)

为正确审理专利授权确权行政案件,根据《中华人民共和国专利法》《中华人民共和国行政诉讼法》等法律规定,结合审判实际,制定本规定。

第一条 本规定所称专利授权行政案件,是指专利申请人因不服国务院专利行政部门作出的专利复审请求审查决定,向人民法院提起诉讼的案件。

本规定所称专利确权行政案件,是指专利权人或者无效宣告请求人因不服国务院专利行政部门作出的专利无效宣告请求审查决定,向人民法院提起诉讼的案件。

本规定所称被诉决定,是指国务院专利行政部门作出的专利复审请求审查决定、专利无效宣告请求审查决定。

第二条 人民法院应当以所属技术领域的技术人员在阅读权利要求书、说明书及附图后所理解的通常含义,界定权利要求的用语。权利要求的用语在说明书及附图中有明确定义或者说明的,按照其界定。

依照前款规定不能界定的,可以结合所属技术领域的技术人员通常采用的技术词典、技术手册、工具书、教科书、国家或者行业技术标准等界定。

第三条 人民法院在专利确权行政案件中界定权利要求的用语时,可以参考已被专利侵权民事案件生效裁判采纳的专利权人的相关陈述。

第四条 权利要求书、说明书及附图中的语法、文字、数字、标点、图形、符号等有明显错误或者歧义,但所属技术领域的技术人员通过阅读权利要求书、说明书及附图可以得出唯一理解的,人民法院应当根据该唯一理解作出认定。

第五条 当事人有证据证明专利申请人、专利权人违反诚实信用原则,虚构、编造说明书及附图中的具体实施方式、技术效果以及数据、图表等有关技术内容,并据此主张相关权利要求不符合专利法有关规定的,人民法院应予支持。

第六条 说明书未充分公开特定技术内容,导致在专利申请日有下列情形之一的,人民法院应当认定说明书及与该特定技术内容相关的权利要求不符合专利法第二十六条第三款的规定:

(一)权利要求限定的技术方案不能实施的;

(二)实施权利要求限定的技术方案不能解决发明或者实用新型所要解决的技术问题的;

(三)确认权利要求限定的技术方案能够解决发明或者实用新型所要解决的技术问题,需要付出过度劳动的。

当事人仅依据前款规定的未充分公开的特定技术内容,主张与该特定技术内容相关的权利要求符合专利法第二十六条第四款关于“权利要求书应当以说明书为依据”的规定的,人民法院不予支持。

第七条 所属技术领域的技术人员根据说明书及附图,认为权利要求有下列情形之一的,人民法院应当认定该权利要求不符合专利法第二十六条第四款关于清楚地限定要求专利保护的范围的规定：

（一）限定的发明主题类型不明确的；

（二）不能合理确定权利要求中技术特征的含义的；

（三）技术特征之间存在明显矛盾且无法合理解释的。

第八条 所属技术领域的技术人员阅读说明书及附图后，在申请日不能得到或者合理概括得出权利要求限定的技术方案的，人民法院应当认定该权利要求不符合专利法第二十六条第四款关于“权利要求书应当以说明书为依据”的规定。

第九条 以功能或者效果限定的技术特征，是指对于结构、组分、步骤、条件等技术特征或者技术特征之间的相互关系等，仅通过其在发明创造中所起的功能或者效果进行限定的技术特征，但所属技术领域的技术人员通过阅读权利要求即可直接、明确地确定实现该功能或者效果的具体实施方式的除外。

对于前款规定的以功能或者效果限定的技术特征，权利要求书、说明书及附图未公开能够实现该功能或者效果的任何具体实施方式的，人民法院应当认定说明书和具有该技术特征的权利要求不符合专利法第二十六条第三款的规定。

第十条 药品专利申请人在申请日以后提交补充实验数据，主张依赖该数据证明专利申请符合专利法第二十二条第三款、第二十六条第三款等规定的，人民法院应予审查。

第十一条 当事人对实验数据的真实性产生争议的，提交实验数据的一方当事人应当举证证明实验数据的来源和形成过程。人民法院可以通知实验负责人到庭，就实验原料、步骤、条件、环境或者参数以及完成实验的人员、机构等作出说明。

第十二条 人民法院确定权利要求限定的技术方案的技术领域，应当综合考虑主题名称等权利要求的全部内容、说明书关于技术领域和背景技术的记载，以及该技术方案所实现的功能和用途等。

第十三条 说明书及附图未明确记载区别技术特征在权利要求限定的技术方案中所能达到的技术效果的，人民法院可以结合所属技术领域的公知常识，根据区别技术特征与权利要求中其他技术特征的关系，区别技术特征在权利要求限定的技术方案中的作用等，认定所属技术领域的技术人员所能确定的该权利要求实际解决的技术问题。

被诉决定对权利要求实际解决的技术问题未认定或者认定错误的，不影响人民法院对权利要求的创造性依法作出认定。

第十四条 人民法院认定外观设计专利产品的一般消费者所具有的知识水平和认知能力，应当考虑申请日时外观设计专利产品的设计空间。设计空间较大的，人民法院可以认定一般消费者通常不容易注意到不同设计之间的较小区别；设计空间较小的，人民法院可以认定一般消费者通常更容易注意到不同设计之间的较小区别。

对于前款所称设计空间的认定，人民法院可以综合考虑下列因素：

（一）产品的功能、用途；

（二）现有设计的整体状况；

（三）惯常设计；

（四）法律、行政法规的强制性规定；

（五）国家、行业技术标准；

（六）需要考虑的其他因素。

第十五条 外观设计的图片、照片存在矛盾、缺失或者模糊不清等情形，导致一般消费者无法根据图片、照片及简要说明确定所要保护的外观设计的，人民法院应当认定其不符合专利法第二十七条第二款关于“清楚地显示要求专利保护的产品的外观设计”的规定。

第十六条 人民法院认定外观设计是否符合专利法第二十三条的规定，应当综合判断外观设计的整体视觉效果。

为实现特定技术功能必须具备或者仅

有有限选择的设计特征，对于外观设计专利视觉效果的整体观察和综合判断不具有显著影响。

第十七条 外观设计与相同或者相近种类产品的一项现有设计相比，整体视觉效果相同或者属于仅具有局部细微区别等实质相同的情形的，人民法院应当认定其构成专利法第二十三条第一款规定的“属于现有设计”。

除前款规定的情形外，外观设计与相同或者相近种类产品的一项现有设计相比，二者的区别对整体视觉效果不具有显著影响的，人民法院应当认定其不具有专利法第二十三条第二款规定的“明显区别”。

人民法院应当根据外观设计产品的用途，认定产品种类是否相同或者相近。确定产品的用途，可以参考外观设计的简要说明、外观设计产品分类表、产品的功能以及产品销售、实际使用的情况等因素。

第十八条 外观设计专利与相同种类产品上同日申请的另一项外观设计专利相比，整体视觉效果相同或者属于仅具有局部细微区别等实质相同的情形的，人民法院应当认定其不符合专利法第九条关于“同样的发明创造只能授予一项专利权”的规定。

第十九条 外观设计与申请日以前提出申请、申请日以后公告，且属于相同或者相近种类产品的另一项外观设计相比，整体视觉效果相同或者属于仅具有局部细微区别等实质相同的情形的，人民法院应当认定其构成专利法第二十三条第一款规定的“同样的外观设计”。

第二十条 根据现有设计整体上给出的设计启示，以一般消费者容易想到的设计特征转用、拼合或者替换等方式，获得与外观设计专利的整体视觉效果相同或者仅具有局部细微区别等实质相同的外观设计，且不具有独特视觉效果的，人民法院应当认定该外观设计专利与现有设计特征的组合相比不具有专利法第二十三条第二款规定的“明显区别”。

具有下列情形之一的，人民法院可以认定存在前款所称的设计启示：

（一）将相同种类产品上不同部分的设计特征进行拼合或者替换的；

（二）现有设计公开了将特定种类产品的设计特征转用于外观设计专利产品的；

（三）现有设计公开了将不同的特定种类产品的外观设计特征进行拼合的；

（四）将现有设计中的图案直接或者仅做细微改变后用于外观设计专利产品的；

（五）将单一自然物的特征转用于外观设计专利产品的；

（六）单纯采用基本几何形状或者仅做细微改变后得到外观设计的；

（七）使用一般消费者公知的建筑物、作品、标识等的全部或者部分设计的。

第二十一条 人民法院在认定本规定第二十条所称的独特视觉效果时，可以综合考虑下列因素：

（一）外观设计专利产品的设计空间；

（二）产品种类的关联度；

（三）转用、拼合、替换的设计特征的数量和难易程度；

（四）需要考虑的其他因素。

第二十二条 专利法第二十三条第三款所称的“合法权利”，包括就作品、商标、地理标志、姓名、企业名称、肖像，以及有一定影响的商品名称、包装、装潢等享有的合法权利或者权益。

第二十三条 当事人主张专利复审、无效宣告请求审查程序中的下列情形属于行政诉讼法第七十条第三项规定的“违反法定程序的”，人民法院应予支持：

（一）遗漏当事人提出的理由和证据，且对当事人权利产生实质性影响的；

（二）未依法通知应当参加审查程序的专利申请人、专利权人及无效宣告请求人等，对其权利产生实质性影响的；

（三）未向当事人告知合议组组成人

员，且合议组组成人员存在法定回避事由而未回避的；

（四）未给予被诉决定对其不利的一方当事人针对被诉决定所依据的理由、证据和认定的事实陈述意见的机会的；

（五）主动引入当事人未主张的公知常识或者惯常设计，未听取当事人意见且对当事人权利产生实质性影响的；

（六）其他违反法定程序，可能对当事人权利产生实质性影响的。

第二十四条 被诉决定有下列情形之一的，人民法院可以依照行政诉讼法第七十条的规定，判决部分撤销：

（一）被诉决定对于权利要求书中的部分权利要求的认定错误，其余正确的；

（二）被诉决定对于专利法第三十一条第二款规定的“一件外观设计专利申请”中的部分外观设计认定错误，其余正确的；

（三）其他可以判决部分撤销的情形。

第二十五条 被诉决定对当事人主张的全部无效理由和证据均已评述并宣告权利要求无效，人民法院认为被诉决定认定该权利要求无效的理由均不能成立的，应当判决撤销或者部分撤销该决定，并可视情判决被告就该权利要求重新作出审查决定。

第二十六条 审查决定系直接依据生效裁判重新作出且未引入新的事实和理由，当事人对该决定，提起诉讼的，人民法院依法裁定不予受理；已经受理的，依法裁定驳回起诉。

第二十七条 被诉决定查明事实或者适用法律确有不当，但对专利授权确权的认定结论正确的，人民法院可以在纠正相关事实查明和法律适用的基础上判决驳回原告的诉讼请求。

第二十八条 当事人主张有关技术内容属于公知常识或者有关设计特征属于惯常设计的，人民法院可以要求其提供证据证明或者作出说明。

第二十九条 专利申请人、专利权人在专利授权确权行政案件中提供新的证据，用于证明专利申请不应当被驳回或者专利权应当维持有效的，人民法院一般应予审查。

第三十条 无效宣告请求人在专利确权行政案件中提供新的证据，人民法院一般不予审查，但下列证据除外：

（一）证明在专利无效宣告请求审查程序中已主张的公知常识或者惯常设计的；

（二）证明所属技术领域的技术人员或者一般消费者的知识水平和认知能力的；

（三）证明外观设计专利产品的设计空间或者现有设计的整体状况的；

（四）补强在专利无效宣告请求审查程序中已被采信证据的证明力的；

（五）反驳其他当事人在诉讼中提供的证据的。

第三十一条 人民法院可以要求当事人提供本规定第二十九条、第三十条规定的新的证据。

当事人向人民法院提供的证据系其在专利复审、无效宣告请求审查程序中被依法要求提供但无正当理由未提供的，人民法院一般不予采纳。

第三十二条 本规定自 2020 年 9 月 12 日起施行。

本规定施行后，人民法院正在审理的一审、二审案件适用本规定；施行前已经作出生效裁判的案件，不适用本规定再审。

最高人民法院
关于涉网络知识产权侵权纠纷
几个法律适用问题的批复

法释〔2020〕9号

（2020年8月24日最高人民法院审判委员会第1810次会议通过，自2020年9月14日起施行）

各省、自治区、直辖市高级人民法院，解放军军事法院，新疆维吾尔自治区高级人民法院生产建设兵团分院：

近来，有关方面就涉网络知识产权侵权纠纷法律适用的一些问题提出建议，部分高级人民法院也向本院提出了请示。经研究，批复如下。

一、知识产权权利人主张其权利受到侵害并提出保全申请，要求网络服务提供者、电子商务平台经营者迅速采取删除、屏蔽、断开链接等下架措施的，人民法院应当依法审查并作出裁定。

二、网络服务提供者、电子商务平台经营者收到知识产权权利人依法发出的通知后，应当及时将权利人的通知转送相关网络用户、平台内经营者，并根据构成侵权的初步证据和服务类型采取必要措施；未依法采取必要措施，权利人主张网络服务提供者、电子商务平台经营者对损害的扩大部分与网络用户、平台内经营者承担连带责任的，人民法院可以依法予以支持。

三、在依法转送的不存在侵权行为的声明到达知识产权权利人后的合理期限内，网络服务提供者、电子商务平台经营者未收到权利人已经投诉或者提起诉讼通知的，应当及时终止所采取的删除、屏蔽、断开链接等下架措施。因办理公证、认证手续等权利人无法控制的特殊情况导致的延迟，不计入上述期限，但该期限最长不超过20个工作日。

四、因恶意提交声明导致电子商务平台经营者终止必要措施并造成知识产权权利人损害，权利人依照有关法律规定请求相应惩罚性赔偿的，人民法院可以依法予以支持。

五、知识产权权利人发出的通知内容与客观事实不符，但其在诉讼中主张该通知系善意提交并请求免责，且能够举证证明的，人民法院依法审查属实后应当予以支持。

六、本批复作出时尚未终审的案件，适用本批复；本批复作出时已经终审，当事人申请再审或者按照审判监督程序决定再审的案件，不适用本批复。

最高人民法院、最高人民检察院关于办理侵犯知识产权刑事案件具体应用法律若干问题的解释(三)

法释〔2020〕10号

(2020年8月31日最高人民法院审判委员会第1811次会议、2020年8月21日最高人民检察院第十三届检察委员会第四十八次会议通过,自2020年9月14日起施行)

为依法惩治侵犯知识产权犯罪,维护社会主义市场经济秩序,根据《中华人民共和国刑法》《中华人民共和国刑事诉讼法》等有关规定,现就办理侵犯知识产权刑事案件具体应用法律的若干问题解释如下:

第一条 具有下列情形之一的,可以认定为刑法第二百一十三条规定的"与其注册商标相同的商标":

(一)改变注册商标的字体、字母大小写或者文字横竖排列,与注册商标之间基本无差别的;

(二)改变注册商标的文字、字母、数字等之间的间距,与注册商标之间基本无差别的;

(三)改变注册商标颜色,不影响体现注册商标显著特征的;

(四)在注册商标上仅增加商品通用名称、型号等缺乏显著特征要素,不影响体现注册商标显著特征的;

(五)与立体注册商标的三维标志及平面要素基本无差别的;

(六)其他与注册商标基本无差别、足以对公众产生误导的商标。

第二条 在刑法第二百一十七条规定的作品、录音制品上以通常方式署名的自然人、法人或者非法人组织,应当推定为著作权人或者录音制作者,且该作品、录音制品上存在着相应权利,但有相反证明的除外。

在涉案作品、录音制品种类众多且权利人分散的案件中,有证据证明涉案复制品系非法出版、复制发行,且出版者、复制发行者不能提供获得著作权人、录音制作者许可的相关证据材料的,可以认定为刑法第二百一十七条规定的"未经著作权人许可""未经录音制作者许可"。但是,有证据证明权利人放弃权利、涉案作品的著作权或者录音制品的有关权利不受我国著作权法保护、权利保护期限已经届满的除外。

第三条 采取非法复制、未经授权或者超越授权使用计算机信息系统等方式窃取商业秘密的,应当认定为刑法第二百一十九条第一款第一项规定的"盗窃"。

以贿赂、欺诈、电子侵入等方式获取权利人的商业秘密的,应当认定为刑法第二百一十九条第一款第一项规定的"其他不正当手段"。

第四条 实施刑法第二百一十九条规定的行为,具有下列情形之一的,应当认定为"给商业秘密的权利人造成重大损失":

(一)给商业秘密的权利人造成损失数额或者因侵犯商业秘密违法所得数额在三十万元以上的;

(二)直接导致商业秘密的权利人因重大经营困难而破产、倒闭的;

(三)造成商业秘密的权利人其他重大损失的。

给商业秘密的权利人造成损失数额或者因侵犯商业秘密违法所得数额在二百五十万元以上的,应当认定为刑法第二百一十九条规定的“造成特别严重后果”。

第五条 实施刑法第二百一十九条规定的行为造成的损失数额或者违法所得数额，可以按照下列方式认定：

（一）以不正当手段获取权利人的商业秘密，尚未披露、使用或者允许他人使用的，损失数额可以根据该项商业秘密的合理许可使用费确定；

（二）以不正当手段获取权利人的商业秘密后，披露、使用或者允许他人使用的，损失数额可以根据权利人因被侵权造成销售利润的损失确定，但该损失数额低于商业秘密合理许可使用费的，根据合理许可使用费确定；

（三）违反约定、权利人有关保守商业秘密的要求，披露、使用或者允许他人使用其所掌握的商业秘密的，损失数额可以根据权利人因被侵权造成销售利润的损失确定；

（四）明知商业秘密是不正当手段获取或者是违反约定、权利人有关保守商业秘密的要求披露、使用、允许使用，仍获取、使用或者披露的，损失数额可以根据权利人因被侵权造成销售利润的损失确定；

（五）因侵犯商业秘密行为导致商业秘密已为公众所知悉或者灭失的，损失数额可以根据该项商业秘密的商业价值确定。商业秘密的商业价值，可以根据该项商业秘密的研究开发成本、实施该项商业秘密的收益综合确定；

（六）因披露或者允许他人使用商业秘密而获得的财物或者其他财产性利益，应当认定为违法所得。

前款第二项、第三项、第四项规定的权利人因被侵权造成销售利润的损失，可以根据权利人因被侵权造成销售量减少的总数乘以权利人每件产品的合理利润确定；销售量减少的总数无法确定的，可以根据侵权产品销售量乘以权利人每件产品的合理利润确定；权利人因被侵权造成销售量减少的总数和每件产品的合理利润均无法确定的，可以根据侵权产品销售量乘以每件侵权产品的合理利润确定。商业秘密系用于服务等其他经营活动的，损失数额可以根据权利人因被侵权而减少的合理利润确定。

商业秘密的权利人为减轻对商业运营、商业计划的损失或者重新恢复计算机信息系统安全、其他系统安全而支出的补救费用，应当计入给商业秘密的权利人造成的损失。

第六条 在刑事诉讼程序中，当事人、辩护人、诉讼代理人或者案外人书面申请对有关商业秘密或者其他需要保密的商业信息的证据、材料采取保密措施的，应当根据案件情况采取组织诉讼参与人签署保密承诺书等必要的保密措施。

违反前款有关保密措施的要求或者法律法规规定的保密义务的，依法承担相应责任。擅自披露、使用或者允许他人使用在刑事诉讼程序中接触、获取的商业秘密，符合刑法第二百一十九条规定的，依法追究刑事责任。

第七条 除特殊情况外，假冒注册商标的商品、非法制造的注册商标标识、侵犯著作权的复制品、主要用于制造假冒注册商标的商品、注册商标标识或者侵权复制品的材料和工具，应当依法予以没收和销毁。

上述物品需要作为民事、行政案件的证据使用的，经权利人申请，可以在民事、行政案件终结后或者采取取样、拍照等方式对证据固定后予以销毁。

第八条 具有下列情形之一的，可以酌情从重处罚，一般不适用缓刑：

（一）主要以侵犯知识产权为业的；

（二）因侵犯知识产权被行政处罚后再次侵犯知识产权构成犯罪的；

（三）在重大自然灾害、事故灾难、公共卫生事件期间，假冒抢险救灾、防疫物资等商品的注册商标的；

（四）拒不交出违法所得的。

第九条 具有下列情形之一的，可以酌情从轻处罚：

（一）认罪认罚的；

（二）取得权利人谅解的；

（三）具有悔罪表现的；

（四）以不正当手段获取权利人的商业秘密后尚未披露、使用或者允许他人使用的。

第十条 对于侵犯知识产权犯罪的，应当综合考虑犯罪违法所得数额、非法经营数额、给权利人造成的损失数额、侵权假冒物品数量及社会危害性等情节，依法判处罚金。

罚金数额一般在违法所得数额的一倍以上五倍以下确定。违法所得数额无法查清的，罚金数额一般按照非法经营数额的百分之五十以上一倍以下确定。违法所得数额和非法经营数额均无法查清，判处三年以下有期徒刑、拘役、管制或者单处罚金的，一般在三万元以上一百万元以下确定罚金数额；判处三年以上有期徒刑的，一般在十五万元以上五百万元以下确定罚金数额。

第十一条 本解释发布施行后，之前发布的司法解释和规范性文件与本解释不一致的，以本解释为准。

第十二条 本解释自 2020 年 9 月 14 日起施行。

最高人民法院
关于知识产权民事诉讼证据的若干规定

法释〔2020〕12 号

（2020 年 11 月 9 日最高人民法院审判委员会第 1815 次会议通过，自 2020 年 11 月 18 日起施行）

为保障和便利当事人依法行使诉讼权利，保证人民法院公正、及时审理知识产权民事案件，根据《中华人民共和国民事诉讼法》等有关法律规定，结合知识产权民事审判实际，制定本规定。

第一条 知识产权民事诉讼当事人应当遵循诚信原则，依照法律及司法解释的规定，积极、全面、正确、诚实地提供证据。

第二条 当事人对自己提出的主张，应当提供证据加以证明。根据案件审理情况，人民法院可以适用民事诉讼法第六十五条第二款的规定，根据当事人的主张及待证事实、当事人的证据持有情况、举证能力等，要求当事人提供有关证据。

第三条 专利方法制造的产品不属于新产品的，侵害专利权纠纷的原告应当举证证明下列事实：

（一）被告制造的产品与使用专利方法制造的产品属于相同产品；

（二）被告制造的产品经由专利方法制造的可能性较大；

（三）原告为证明被告使用了专利方法尽到合理努力。

原告完成前款举证后，人民法院可以要求被告举证证明其产品制造方法不同于专利方法。

第四条 被告依法主张合法来源抗辩的，应当举证证明合法取得被诉侵权产品、复制品的事实，包括合法的购货渠道、合理的价格和直接的供货方等。

被告提供的被诉侵权产品、复制品来源证据与其合理注意义务程度相当的，可以认定其完成前款所称举证，并推定其不知道被诉侵权产品、复制品侵害知识产权。被告的经营规模、专业程度、市场交易习惯等，可以作为确定其合理注意义务的证据。

第五条 提起确认不侵害知识产权之诉的原告应当举证证明下列事实：

（一）被告向原告发出侵权警告或者对原告进行侵权投诉；

（二）原告向被告发出诉权行使催告及催告时间、送达时间；

（三）被告未在合理期限内提起诉讼。

第六条 对于未在法定期限内提起行政诉讼的行政行为所认定的基本事实，或者行政行为认定的基本事实已为生效裁判所确认的部分，当事人在知识产权民事诉讼中无须再证明，但有相反证据足以推翻的除外。

第七条 权利人为发现或者证明知识产权侵权行为，自行或者委托他人以普通购买者的名义向被诉侵权人购买侵权物品所取得的实物、票据等可以作为起诉被诉侵权人侵权的证据。

被诉侵权人基于他人行为而实施侵害知识产权行为所形成的证据，可以作为权利人起诉其侵权的证据，但被诉侵权人仅基于权利人的取证行为而实施侵害知识产权行为的除外。

第八条 中华人民共和国领域外形成的下列证据，当事人仅以该证据未办理公证、认证等证明手续为由提出异议的，人民法院不予支持：

（一）已为发生法律效力的人民法院裁判所确认的；

（二）已为仲裁机构生效裁决所确认的；

（三）能够从官方或者公开渠道获得的公开出版物、专利文献等；

（四）有其他证据能够证明真实性的。

第九条 中华人民共和国领域外形成的证据，存在下列情形之一的，当事人仅以该证据未办理认证手续为由提出异议的，人民法院不予支持：

（一）提出异议的当事人对证据的真实性明确认可的；

（二）对方当事人提供证人证言对证据的真实性予以确认，且证人明确表示如作伪证愿意接受处罚的。

前款第二项所称证人作伪证，构成民事诉讼法第一百一十一条规定情形的，人民法院依法处理。

第十条 在一审程序中已经根据民事诉讼法第五十九条、第二百六十四条的规定办理授权委托书公证、认证或者其他证明手续的，在后续诉讼程序中，人民法院可以不再要求办理该授权委托书的上述证明手续。

第十一条 人民法院对于当事人或者利害关系人的证据保全申请，应当结合下列因素进行审查：

（一）申请人是否已就其主张提供初步证据；

（二）证据是否可以由申请人自行收集；

（三）证据灭失或者以后难以取得的可能性及其对证明待证事实的影响；

（四）可能采取的保全措施对证据持有人的影响。

第十二条 人民法院进行证据保全，应当以有效固定证据为限，尽量减少对保全标的物价值的损害和对证据持有人正常生产经营的影响。

证据保全涉及技术方案的，可以采取制作现场勘验笔录、绘图、拍照、录音、录像、复制设计和生产图纸等保全措施。

第十三条 当事人无正当理由拒不配合或者妨害证据保全，致使无法保全证据的，人民法院可以确定由其承担不利后果。构成民事诉讼法第一百一十一条规定情形的，人民法院依法处理。

第十四条 对于人民法院已经采取保全措施的证据，当事人擅自拆装证据实物、篡改证据材料或者实施其他破坏证据的行为，致使证据不能使用的，人民法院可以确定由其承担不利后果。构成民事诉讼法第一百一十一条规定情形的，人民法院依法处理。

第十五条 人民法院进行证据保全，可以要求当事人或者诉讼代理人到场，必要时可以根据当事人的申请通知有专门知识的人到场，也可以指派技术调查官参与证据保全。

证据为案外人持有的，人民法院可以对其持有的证据采取保全措施。

第十六条 人民法院进行证据保全，应当制作笔录、保全证据清单，记录保全时间、地点、实施人、在场人、保全经过、保全标的物状态，由实施人、在场人签名或者盖章。有关人员拒绝签名或者盖章的，不影响保全的效力，人民法院可以在笔录上记明并拍照、录像。

第十七条 被申请人对证据保全的范围、措施、必要性等提出异议并提供相关证据，人民法院经审查认为异议理由成立的，可以变更、终止、解除证据保全。

第十八条 申请人放弃使用被保全证据，但被保全证据涉及案件基本事实查明或者其他当事人主张使用的，人民法院可以对该证据进行审查认定。

第十九条 人民法院可以对下列待证事实的专门性问题委托鉴定：

（一）被诉侵权技术方案与专利技术方案、现有技术的对应技术特征在手段、功能、效果等方面的异同；

（二）被诉侵权作品与主张权利的作品的异同；

（三）当事人主张的商业秘密与所属领域已为公众所知悉的信息的异同、被诉侵权的信息与商业秘密的异同；

（四）被诉侵权物与授权品种在特征、特性方面的异同，其不同是否因非遗传变异所致；

（五）被诉侵权集成电路布图设计与请求保护的集成电路布图设计的异同；

（六）合同涉及的技术是否存在缺陷；

（七）电子数据的真实性、完整性；

（八）其他需要委托鉴定的专门性问题。

第二十条 经人民法院准许或者双方当事人同意，鉴定人可以将鉴定所涉部分检测事项委托其他检测机构进行检测，鉴定人对根据检测结果出具的鉴定意见承担法律责任。

第二十一条 鉴定业务领域未实行鉴定人和鉴定机构统一登记管理制度的，人民法院可以依照《最高人民法院关于民事诉讼证据的若干规定》第三十二条规定的鉴定人选任程序，确定具有相应技术水平的专业机构、专业人员鉴定。

第二十二条 人民法院应当听取各方当事人意见，并结合当事人提出的证据确定鉴定范围。鉴定过程中，一方当事人申请变更鉴定范围，对方当事人无异议的，人民法院可以准许。

第二十三条 人民法院应当结合下列因素对鉴定意见进行审查：

（一）鉴定人是否具备相应资格；

（二）鉴定人是否具备解决相关专门性问题应有的知识、经验及技能；

（三）鉴定方法和鉴定程序是否规范，技术手段是否可靠；

（四）送检材料是否经过当事人质证且符合鉴定条件；

（五）鉴定意见的依据是否充分；

（六）鉴定人有无应当回避的法定事由；

（七）鉴定人在鉴定过程中有无徇私舞弊或者其他影响公正鉴定的情形。

第二十四条 承担举证责任的当事人书面申请人民法院责令控制证据的对方当事人提交证据，申请理由成立的，人民法院应当作出裁定，责令其提交。

第二十五条 人民法院依法要求当事人提交有关证据，其无正当理由拒不提交、提交虚假证据、毁灭证据或者实施其他致使证据不能使用行为的，人民法院可以推定对方当事人就该证据所涉证明事项的主张成立。

当事人实施前款所列行为，构成民事诉讼法第一百一十一条规定情形的，人民法院依法处理。

第二十六条 证据涉及商业秘密或者其他需要保密的商业信息的，人民法院应当在相关诉讼参与人接触该证据前，要求其签订保密协议、作出保密承诺，或者以裁定等法律文书责令其不得出于本案诉讼之外的任何目的披露、使用、允许他人使用在诉讼程序中接触到的秘密信息。

当事人申请对接触前款所称证据的人员范围作出限制，人民法院经审查认为确有必要的，应当准许。

第二十七条 证人应当出庭作证，接受审判人员及当事人的询问。

双方当事人同意并经人民法院准许，证人不出庭的，人民法院应当组织当事人对该证人证言进行质证。

第二十八条 当事人可以申请有专门知识的人出庭，就专业问题提出意见。经法庭准许，当事人可以对有专门知识的人进行询问。

第二十九条 人民法院指派技术调查官参与庭前会议、开庭审理的，技术调查官可以就案件所涉技术问题询问当事人、诉讼代理人、有专门知识的人、证人、鉴定人、勘验人等。

第三十条 当事人对公证文书提出异议，并提供相反证据足以推翻的，人民法院对该公证文书不予采纳。

当事人对公证文书提出异议的理由成立的，人民法院可以要求公证机构出具说明或者补正，并结合其他相关证据对该公证文书进行审核认定。

第三十一条 当事人提供的财务账簿、会计凭证、销售合同、进出货单据、上市公司年报、招股说明书、网站或者宣传册等有关记载，设备系统存储的交易数据，第三方平台统计的商品流通数据，评估报告，知识产权许可使用合同以及市场监管、税务、金融部门的记录等，可以作为证据，用以证明当事人主张的侵害知识产权赔偿数额。

第三十二条 当事人主张参照知识产权许可使用费的合理倍数确定赔偿数额的，人民法院可以考量下列因素对许可使用费证据进行审核认定：

（一）许可使用费是否实际支付及支付方式，许可使用合同是否实际履行或者备案；

（二）许可使用的权利内容、方式、范围、期限；

（三）被许可人与许可人是否存在利害关系；

（四）行业许可的通常标准。

第三十三条 本规定自2020年11月18日起施行。本院以前发布的相关司法解释与本规定不一致的，以本规定为准。

最高人民法院
关于审理著作权民事纠纷案件适用法律若干问题的解释

法释〔2020〕19号

（2002年10月12日最高人民法院审判委员会第1246次会议通过。根据2020年12月23日最高人民法院审判委员会第1823次会议通过的《最高人民法院关于修改〈最高人民法院关于审理侵犯专利权纠纷案件应用法律若干问题的解释（二）〉等十八件知识产权类司法解释的决定》修正）

为了正确审理著作权民事纠纷案件，根据《中华人民共和国民法典》《中华人民共和国著作权法》《中华人民共和国民事诉讼法》等法律的规定，就适用法律若干问题解释如下：

第一条 人民法院受理以下著作权民事纠纷案件：

（一）著作权及与著作权有关权益权属、侵权、合同纠纷案件；

（二）申请诉前停止侵害著作权、与著作权有关权益行为，申请诉前财产保全、诉前证据保全案件；

（三）其他著作权、与著作权有关权益纠纷案件。

第二条 著作权民事纠纷案件，由中级以上人民法院管辖。

各高级人民法院根据本辖区的实际情况，可以报请最高人民法院批准，由若干基层人民法院管辖第一审著作权民事纠纷案件。

第三条 对著作权行政管理部门查处的侵害著作权行为，当事人向人民法院提起诉讼追究该行为人民事责任的，人民法院应当受理。

人民法院审理已经过著作权行政管理部门处理的侵害著作权行为的民事纠纷案件，应当对案件事实进行全面审查。

第四条 因侵害著作权行为提起的民事诉讼，由著作权法第四十七条、第四十八条所规定侵权行为的实施地、侵权复制品储藏地或者查封扣押地、被告住所地人民法院管辖。

前款规定的侵权复制品储藏地，是指大量或者经常性储存、隐匿侵权复制品所在地；查封扣押地，是指海关、版权等行政机关依法查封、扣押侵权复制品所在地。

第五条 对涉及不同侵权行为实施地的多个被告提起的共同诉讼，原告可以选择向其中一个被告的侵权行为实施地人民法院提起诉讼；仅对其中某一被告提起的诉讼，该被告侵权行为实施地的人民法院有管辖权。

第六条 依法成立的著作权集体管理组织，根据著作权人的书面授权，以自己的名义提起诉讼，人民法院应当受理。

第七条 当事人提供的涉及著作权的底稿、原件、合法出版物、著作权登记证书、认证机构出具的证明、取得权利的合同等，可以作为证据。

在作品或者制品上署名的自然人、法人或者非法人组织视为著作权、与著作权有关权益的权利人，但有相反证明的除外。

第八条 当事人自行或者委托他人以定购、现场交易等方式购买侵权复制品而取得的实物、发票等，可以作为证据。

公证人员在未向涉嫌侵权的一方当事人表明身份的情况下，如实对另一方当事人按照前款规定的方式取得的证据和取证过程出具的公证书，应当作为证据使用，但有相反证据的除外。

第九条 著作权法第十条第（一）项规定的“公之于众”，是指著作权人自行或者经著作权人许可将作品向不特定的人公开，但不以公众知晓为构成条件。

第十条 著作权法第十五条第二款所指的作品，著作权人是自然人的，其保护期适用著作权法第二十一条第一款的规定；著作权人是法人或非法人组织的，其保护期适用著作权法第二十一条第二款的规定。

第十一条 因作品署名顺序发生的纠纷，人民法院按照下列原则处理：有约定的按约定确定署名顺序；没有约定的，可以按照创作作品付出的劳动、作品排列、作者姓氏笔画等确定署名顺序。

第十二条 按照著作权法第十七条规定委托作品著作权属于受托人的情形，委托人在约定的使用范围内享有使用作品的权利；双方没有约定使用作品范围的，委托人可以在委托创作的特定目的范围内免费使用该作品。

第十三条 除著作权法第十一条第三款规定的情形外，由他人执笔，本人审阅定稿并以本人名义发表的报告、讲话等作品，著作权归报告人或者讲话人享有。著作权人可以支付执笔人适当的报酬。

第十四条 当事人合意以特定人物经历为题材完成的自传体作品，当事人对著作权权属有约定的，依其约定；没有约定的，著作权归该特定人物享有，执笔人或整理人对作品完成付出劳动的，著作权人可以向其支付适当的报酬。

第十五条 由不同作者就同一题材创作的作品，作品的表达系独立完成并且有创作性的，应当认定作者各自享有独立著作权。

第十六条 通过大众传播媒介传播的单纯事实消息属于著作权法第五条第（二）项规定的时事新闻。传播报道他人采编的时事新闻，应当注明出处。

第十七条 著作权法第三十三条第二款规定的转载，是指报纸、期刊登载其他报刊已发表作品的行为。转载未注明被转载作品的作者和最初登载的报刊出处的，应当承担消除影响、赔礼道歉等民事责任。

第十八条 著作权法第二十二条第（十）项规定的室外公共场所的艺术作品，是指设置或者陈列在室外社会公众活动处所的雕塑、绘画、书法等艺术作品。

对前款规定艺术作品的临摹、绘画、摄影、录像人，可以对其成果以合理的方式和范围再行使用，不构成侵权。

第十九条 出版者、制作者应当对其出版、制作有合法授权承担举证责任，发行者、出租者应当对其发行或者出租的复制品有合法来源承担举证责任。举证不能的，依据著作权法第四十七条、第四十八条的相应规定承担法律责任。

第二十条 出版物侵害他人著作权的，出版者应当根据其过错、侵权程度及损害后果等承担赔偿损失的责任。

出版者对其出版行为的授权、稿件来源和署名、所编辑出版物的内容等未尽到合理注意义务的，依据著作权法第四十九条的规定，承担赔偿损失的责任。

出版者应对其已尽合理注意义务承担举证责任。

第二十一条 计算机软件用户未经许可或者超过许可范围商业使用计算机软件的，依据著作权法第四十八条第（一）项、《计算机软件保护条例》第二十四条第（一）项的规定承担民事责任。

第二十二条 著作权转让合同未采取书面形式的，人民法院依据民法典第四百九十条的规定审查合同是否成立。

第二十三条 出版者将著作权人交付出版的作品丢失、毁损致使出版合同不能履行的，著作权人有权依据民法典第一百八十六条、第二百三十八条、第一千一百八十四条等规定要求出版者承担相应的民事责任。

第二十四条 权利人的实际损失，可以根据权利人因侵权所造成复制品发行减少量或者侵权复制品销售量与权利人发行该复制品单位利润乘积计算。发行减少量难以确定的，按照侵权复制品市场销售量确定。

第二十五条 权利人的实际损失或者侵权人的违法所得无法确定的，人民法院根据当事人的请求或者依职权适用著作权法第四十九条第二款的规定确定赔偿数额。

人民法院在确定赔偿数额时，应当考虑作品类型、合理使用费、侵权行为性质、后果等情节综合确定。

当事人按照本条第一款的规定就赔偿数额达成协议的，应当准许。

第二十六条 著作权法第四十九条第一款规定的制止侵权行为所支付的合理开支，包括权利人或者委托代理人对侵权行为进行调查、取证的合理费用。

人民法院根据当事人的诉讼请求和具体案情，可以将符合国家有关部门规定的律师费用计算在赔偿范围内。

第二十七条 侵害著作权的诉讼时效为三年，自著作权人知道或者应当知道权利受到损害以及义务人之日起计算。权利人超过三年起诉的，如果侵权行为在起诉时仍在持续，在该著作权保护期内，人民法院应当判决被告停止侵权行为；侵权损害赔偿数额应当自权利人向人民法院起诉之日起向前推算三年计算。

第二十八条 人民法院采取保全措施的，依据民事诉讼法及《最高人民法院关于审查知识产权纠纷行为保全案件适用法律若干问题的规定》的有关规定办理。

第二十九条 除本解释另行规定外，人民法院受理的著作权民事纠纷案件，涉及著作权法修改前发生的民事行为的，适用修改前著作权法的规定；涉及著作权法修改以后发生的民事行为的，适用修改后著作权法的规定；涉及著作权法修改前发生，持续到著作权法修改后的民事行为的，适用修改后著作权法的规定。

第三十条 以前的有关规定与本解释不一致的，以本解释为准。

最高人民法院
关于审理侵害信息网络传播权民事纠纷案件
适用法律若干问题的规定

法释〔2020〕19 号

（2012 年 11 月 26 日由最高人民法院审判委员会第 1561 次会议通过。根据 2020 年 12 月 23 日最高人民法院审判委员会第 1823 次会议通过的《最高人民法院关于修改〈最高人民法院关于审理侵犯专利权纠纷案件应用法律若干问题的解释（二）〉等十八件知识产权类司法解释的决定》修正）

为正确审理侵害信息网络传播权民事纠纷案件，依法保护信息网络传播权，促进信息网络产业健康发展，维护公共利益，根据《中华人民共和国民法典》《中华人民共和国著作权法》《中华人民共和国民事诉讼法》等有关法律规定，结合审判实际，制定本规定。

第一条 人民法院审理侵害信息网络传播权民事纠纷案件，在依法行使裁量权时，应当兼顾权利人、网络服务提供者和社会公众的利益。

第二条 本规定所称信息网络，包括以计算机、电视机、固定电话机、移动电话机等电子设备为终端的计算机互联网、广播电视网、固定通信网、移动通信网等信息网络，以及向公众开放的局域网络。

第三条 网络用户、网络服务提供者未经许可，通过信息网络提供权利人享有信息网络传播权的作品、表演、录音录像制品，除法律、行政法规另有规定外，人民法院应当认定其构成侵害信息网络传播权行为。

通过上传到网络服务器、设置共享文件或者利用文件分享软件等方式，将作品、表演、录音录像制品置于信息网络中，使公众能够在个人选定的时间和地点以下载、浏览或者其他方式获得的，人民法院应当认定其实施了前款规定的提供行为。

第四条 有证据证明网络服务提供者与他人以分工合作等方式共同提供作品、表演、录音录像制品，构成共同侵权行为的，人民法院应当判令其承担连带责任。网络服务提供者能够证明其仅提供自动接入、自动传输、信息存储空间、搜索、链接、文件分享技术等网络服务，主张其不构成共同侵权行为的，人民法院应予支持。

第五条 网络服务提供者以提供网页快照、缩略图等方式实质替代其他网络服务提供者向公众提供相关作品的，人民法院应当认定其构成提供行为。

前款规定的提供行为不影响相关作品的正常使用，且未不合理损害权利人对该作品的合法权益，网络服务提供者主张其未侵害信息网络传播权的，人民法院应予支持。

第六条 原告有初步证据证明网络服务提供者提供了相关作品、表演、录音录像制品，但网络服务提供者能够证明其仅提供网络服务，且无过错的，人民法院不应认定为构成侵权。

第七条 网络服务提供者在提供网络服务时教唆或者帮助网络用户实施侵害信息网络传播权行为的，人民法院应当判令其承担侵权责任。

网络服务提供者以言语、推介技术支持、奖励积分等方式诱导、鼓励网络用户实施侵害信息网络传播权行为的，人民法院应当认定其构成教唆侵权行为。

网络服务提供者明知或者应知网络用户利用网络服务侵害信息网络传播权，未采取删除、屏蔽、断开链接等必要措施，或者提供技术支持等帮助行为的，人民法院应当认定其构成帮助侵权行为。

第八条 人民法院应当根据网络服务提供者的过错，确定其是否承担教唆、帮助侵权责任。网络服务提供者的过错包括对于网络用户侵害信息网络传播权行为的明知或者应知。

网络服务提供者未对网络用户侵害信息网络传播权的行为主动进行审查的，人民法院不应据此认定其具有过错。

网络服务提供者能够证明已采取合理、有效的技术措施，仍难以发现网络用户侵害信息网络传播权行为的，人民法院应当认定其不具有过错。

第九条 人民法院应当根据网络用户侵害信息网络传播权的具体事实是否明显，综合考虑以下因素，认定网络服务提供者是否构成应知：

（一）基于网络服务提供者提供服务的性质、方式及其引发侵权的可能性大小，应当具备的管理信息的能力；

（二）传播的作品、表演、录音录像制品的类型、知名度及侵权信息的明显程度；

（三）网络服务提供者是否主动对作品、表演、录音录像制品进行了选择、编辑、修改、推荐等；

（四）网络服务提供者是否积极采取了预防侵权的合理措施；

（五）网络服务提供者是否设置便捷程序接收侵权通知并及时对侵权通知作出合理的反应；

（六）网络服务提供者是否针对同一网络用户的重复侵权行为采取了相应的合理措施；

（七）其他相关因素。

第十条 网络服务提供者在提供网络服务时，对热播影视作品等以设置榜单、目录、索引、描述性段落、内容简介等方式进行推荐，且公众可以在其网页上直接以下载、浏览或者其他方式获得的，人民法院可以认定其应知网络用户侵害信息网络传播权。

第十一条 网络服务提供者从网络用户提供的作品、表演、录音录像制品中直接获得经济利益的，人民法院应当认定其对该网络用户侵害信息网络传播权的行为负有较高的注意义务。

网络服务提供者针对特定作品、表演、录音录像制品投放广告获取收益，或者获取与其传播的作品、表演、录音录像制品存在其他特定联系的经济利益，应当认定为前款规定的直接获得经济利益。网络服务提供者因提供网络服务而收取一般性广告费、服务费等，不属于本款规定的情形。

第十二条 有下列情形之一的，人民法院可以根据案件具体情况，认定提供信息存储空间服务的网络服务提供者应知网络用户侵害信息网络传播权：

（一）将热播影视作品等置于首页或者其他主要页面等能够为网络服务提供者明显感知的位置的；

（二）对热播影视作品等的主题、内容

主动进行选择、编辑、整理、推荐，或者为其设立专门的排行榜的；

（三）其他可以明显感知相关作品、表演、录音录像制品为未经许可提供，仍未采取合理措施的情形。

第十三条 网络服务提供者接到权利人以书信、传真、电子邮件等方式提交的通知及构成侵权的初步证据，未及时根据初步证据和服务类型采取必要措施的，人民法院应当认定其明知相关侵害信息网络传播权行为。

第十四条 人民法院认定网络服务提供者转送通知、采取必要措施是否及时，应当根据权利人提交通知的形式，通知的准确程度，采取措施的难易程度，网络服务的性质，所涉作品、表演、录音录像制品的类型、知名度、数量等因素综合判断。

第十五条 侵害信息网络传播权民事纠纷案件由侵权行为地或者被告住所地人民法院管辖。侵权行为地包括实施被诉侵权行为的网络服务器、计算机终端等设备所在地。侵权行为地和被告住所地均难以确定或者在境外的，原告发现侵权内容的计算机终端等设备所在地可以视为侵权行为地。

第十六条 本规定施行之日起，《最高人民法院关于审理涉及计算机网络著作权纠纷案件适用法律若干问题的解释》（法释〔2006〕11 号）同时废止。

本规定施行之后尚未终审的侵害信息网络传播权民事纠纷案件，适用本规定。本规定施行前已经终审，当事人申请再审或者按照审判监督程序决定再审的，不适用本规定。

最高人民法院关于全面加强知识产权司法保护的意见

法发〔2020〕11 号

加强知识产权保护，是完善产权保护制度最重要的内容，也是提高我国经济竞争力最大的激励。知识产权司法保护是知识产权保护体系的重要力量，发挥着不可替代的关键作用。全面加强知识产权司法保护，不仅是我国遵守国际规则、履行国际承诺的客观需要，更是我国推动经济高质量发展、建设更高水平开放型经济新体制的内在要求。要充分认识全面加强知识产权司法保护的重大意义，准确把握知识产权司法保护服务大局的出发点和目标定位，为创新型国家建设、社会主义现代化强国建设、国家治理体系和治理能力现代化提供有力的司法服务和保障。现就人民法院知识产权司法保护工作，提出如下意见。

一、总体要求

1. 坚持以习近平新时代中国特色社会主义思想为指导，深入贯彻落实中共中央办公厅、国务院办公厅《关于加强知识产权审判领域改革创新若干问题的意见》《关于强化知识产权保护的意见》，紧紧围绕“努力让人民群众在每一个司法案件中感受到公平正义”目标，坚持服务大局、司法为民、公正司法，充分运用司法救济和制裁措施，完善知识产权诉讼程序，健全知识产权审判体制机制，有效遏制知识产权违法犯罪行为，全面提升知识产权司法保护水平，加快推进知识产权审判体系和审判能力现代化，为实施创新驱动发展战略、培育稳定公平透明可预期的营商环境提供有力司法服务和保障。

二、立足各类案件特点，切实维护权利人合法权益

2. 加强科技创新成果保护。制定专

利授权确权行政案件司法解释，规范专利审查行为，促进专利授权质量提升；加强专利、植物新品种、集成电路布图设计、计算机软件等知识产权案件审判工作，实现知识产权保护范围、强度与其技术贡献程度相适应，推动科技进步和创新，充分发挥科技在引领经济社会发展过程中的支撑和驱动作用。加强药品专利司法保护研究，激发药品研发创新动力，促进医药产业健康发展。

3. 加强商业标志权益保护。综合考虑商标标志的近似程度、商品的类似程度、请求保护商标的显著性和知名度等因素，依法裁判侵害商标权案件和商标授权确权案件，增强商标标志的识别度和区分度。充分运用法律规则，在法律赋予的裁量空间内作出有效规制恶意申请注册商标行为的解释，促进商标申请注册秩序正常化和规范化。加强驰名商标保护，结合众所周知的驰名事实，依法减轻商标权人对于商标驰名的举证负担。加强地理标志保护，依法妥善处理地理标志与普通商标的权利冲突。

4. 加强著作权和相关权利保护。根据不同作品的特点，妥善把握作品独创性判断标准。妥善处理信息网络技术发展与著作权、相关权利保护的关系，统筹兼顾创作者、传播者、商业经营者和社会公众的利益，协调好激励创作、促进产业发展、保障基本文化权益之间的关系，促进文化创新和业态发展。依法妥善审理体育赛事、电子竞技传播纠纷等新类型案件，促进新兴业态规范发展。加强著作权诉讼维权模式问题研究，依法平衡各方利益，防止不正当牟利行为。

5. 加强商业秘密保护。正确把握侵害商业秘密民事纠纷和刑事犯罪的界限。合理适用民事诉讼举证责任规则，依法减轻权利人的维权负担。完善侵犯商业秘密犯罪行为认定标准，规范重大损失计算范围和方法，为减轻商业损害或者重新保障安全所产生的合理补救成本，可以作为认定刑事案件中“造成重大损失”或者“造成特别严重后果”的依据。加强保密商务信息等商业秘密保护，保障企业公平竞争、人才合理流动，促进科技创新。

6. 完善电商平台侵权认定规则。加强打击和整治网络侵犯知识产权行为，有效回应权利人在电子商务平台上的维权诉求。完善“通知—删除”等在内的电商平台治理规则，畅通权利人网络维权渠道。妥善审理网络侵犯知识产权纠纷和恶意投诉不正当竞争纠纷，既要依法免除错误下架通知善意提交者的责任，督促和引导电子商务平台积极履行法定义务，促进电子商务的健康发展，又要追究滥用权利、恶意投诉等行为人的法律责任，合理平衡各方利益。

7. 积极促进智力成果流转应用。依法妥善审理知识产权智力成果流转、转化、应用过程中的纠纷，秉持尊重当事人意思自治、降低交易成本的精神，合理界定智力成果从创造到应用各环节的法律关系、利益分配和责任承担，依法准确界定职务发明与非职务发明，有效保护职务发明人的产权权利，保障研发人员获得奖金和专利实施报酬的合法权益。

8. 依法惩治知识产权犯罪行为。严厉打击侵害知识产权的犯罪行为，进一步推进以审判为中心的刑事诉讼制度改革，切实落实庭审实质化要求，完善鉴定程序，规范鉴定人出庭作证制度和认罪认罚从宽制度。准确把握知识产权刑事法律关系与民事法律关系的界限，强化罚金刑的适用，对以盗窃、威胁、利诱等非法手段获取商业秘密以及其他社会危害性大的犯罪行为，依法从严从重处罚，有效发挥刑罚惩治和震慑知识产权犯罪的功能。

9. 平等保护中外主体合法权利。依法妥善审理因国际贸易、外商投资等引发的涉外知识产权纠纷，坚持依法平等保护，依法简化公证认证程序，进一步健全公正高效权威的纠纷解决机制，增强知识产权司法的国际影响力和公信力。

三、着力解决突出问题，增强司法保护实际效果

10. 切实降低知识产权维权成本。制定知识产权民事诉讼证据司法解释，完善举证责任分配规则、举证妨碍排除制度和证人出庭作证制度，拓宽电子数据证据的收集途径，准确把握电子数据规则的适用，依法支持当事人的证据保全、调查取证申请，减轻当事人的举证负担。

11. 大力缩短知识产权诉讼周期。积极开展繁简分流试点工作，推进案件繁简分流、轻重分离、快慢分道。深化知识产权裁判方式改革，实现专利商标民事、行政程序的无缝对接，防止循环诉讼。严格依法掌握委托鉴定、中止诉讼、发回重审等审查标准，减少不必要的时间消耗。依法支持知识产权行为保全申请，为裁判的及时执行创造条件。

12. 有效提高侵权赔偿数额。充分运用工商税务部门、第三方商业平台、侵权人网站或上市文件显示的相关数据以及行业平均利润率等，依法确定侵权获利情况。综合考虑知识产权市场价值、侵权人主观过错以及侵权行为的持续时间、影响范围、后果严重程度等因素，合理确定法定赔偿数额。对于情节严重的侵害知识产权行为，依法从高确定赔偿数额，依法没收、销毁假冒或盗版商品以及主要用于侵权的材料和工具，有效阻遏侵害知识产权行为的再次发生。

13. 依法制止不诚信诉讼行为。妥善审理因恶意提起知识产权诉讼损害责任纠纷，依法支持包括律师费等合理支出在内的损害赔偿请求。强化知识产权管辖纠纷的规则指引，规制人为制造管辖连接点、滥用管辖权异议等恶意拖延诉讼的行为。研究将违反法院令状、伪造证据、恶意诉讼等不诚信的诉讼行为人纳入全国征信系统。

14. 有效执行知识产权司法裁判。结合知识产权案件特点，全面优化知识产权案件执行管辖规则。研究完善行为保全和行为执行工作机制。制定知识产权裁判执行实施计划和工作指南，充分运用信息化网络查控、失信联合信用惩戒等手段加大裁判的执行力度，确保知识产权裁判得以有效执行。

四、加强体制机制建设，提高司法保护整体效能

15. 健全知识产权专门化审判体系。根据知识产权审判的现状、规律和趋势，研究完善专门法院设置，优化知识产权案件管辖法院布局，完善知识产权案件上诉机制，统一审判标准，实现知识产权案件审理专门化、管辖集中化、程序集约化和人员专业化。

16. 深入推行“三合一”审判机制。建立和完善与知识产权民事、行政、刑事诉讼“三合一”审判机制相适应的案件管辖制度和协调机制，提高知识产权司法保护整体效能。把握不同诉讼程序证明标准的差异，依法对待在先关联案件裁判的既判力，妥善处理知识产权刑事、行政、民事交叉案件。

17. 不断完善技术事实查明机制。适当扩大技术调查人员的来源，充实全国法院技术调查人才库，建立健全技术调查人才共享机制。构建技术调查官、技术咨询专家、技术鉴定人员、专家辅助人参与诉讼活动的技术事实查明机制，提高技术事实查明的中立性、客观性、科学性。

18. 加强知识产权案例指导工作。建立最高人民法院指导案例、公报案例、典型案例多位一体的知识产权案例指导体系，充分发挥典型案例在司法裁判中的指引作用，促进裁判规则统一。

19. 依托四大平台落实审判公开。充分利用审判流程公开、庭审活动公开、裁判文书公开、执行信息公开四大平台，最大限度地保障当事人和社会公众的知情权、参与权和监督权。丰富“4·26世界知识产权日”宣传内容，扩大对外宣传效果，增进社会各界对知识产权司法保护的了解、认同、尊重和信任。

20. 加强知识产权国际交流合作。积极参与知识产权保护多边体系建设，共同推动相关国际新规则创制。加强与国外司法、研究、实务机构以及知识产权国际组织的交流合作，积极开展具有国际影响力的知识产权研讨交流活动，加大中国知识产权裁判文书的翻译推介工作，扩大中国知识产权司法的国际影响力。

五、加强工作沟通协调，形成知识产权保护整体合力

21. 健全完善多元化纠纷解决机制。支持知识产权纠纷的多渠道化解，开展知识产权纠纷调解协议司法确认试点，充分发挥司法在多元化纠纷解决机制建设中的引领、推动作用，提升解决纠纷的整体效能。

22. 优化知识产权保护协作机制。加强与公安、检察机关在知识产权司法程序中的沟通协调，加强与知识产权、市场监管、版权、海关、农业等行政主管部门在知识产权行政执法程序上的衔接，推动形成知识产权保护的整体合力。

23. 建立信息沟通协调共享机制。建立健全与知识产权行政主管机关的数据交换机制，实现知识产权大数据分析工具运用常态化，提高综合研判和决策水平。

六、加强审判基础建设，有力支撑知识产权司法保护工作

24. 加强知识产权审判队伍建设。完善员额法官借调交流机制，积极推动选派优秀法官助理到下级法院挂职，遴选优秀法官到上级法院任职，实现知识产权人才的交流共享。加强知识产权司法人员业务培训。加强司法辅助人员配备，打造“审、助、书”配置齐全、技术调查官有效补充的专业审判队伍。

25. 加强专门法院法庭基础建设。加强最高人民法院知识产权法庭和各地知识产权法院、法庭建设，加强专业审判机构在机构设置、人员编制、办公场所、活动经费等方面的保障，为知识产权司法保护提供坚实的人力和物质基础。

26. 加强知识产权审判信息化建设。加强知识产权司法装备现代化、智能化建设，积极推进跨区域的知识产权远程诉讼平台建设。大力推进网上立案、网上证据交换、电子送达、在线开庭、智能语音识别、电子归档、移动微法院等信息化技术的普及应用，支持全流程审判业务网上办理，提高司法解决知识产权纠纷的便捷性、高效性和透明度。加强对电子卷宗、裁判文书、审判信息等的深度应用，充分利用司法大数据提供智能服务和精准决策。

最高人民法院

2020年4月11日

最高人民法院
关于审理涉电子商务平台知识产权民事案件的指导意见

法发〔2020〕32号

为公正审理涉电子商务平台知识产权民事案件，依法保护电子商务领域各方主体的合法权益，促进电子商务平台经营活动规范、有序、健康发展，结合知识产权审判实际，制定本指导意见。

一、人民法院审理涉电子商务平台知识产权纠纷案件，应当坚持严格保护知识产权的原则，依法惩治通过电子商务平台提供假冒、盗版等侵权商品或者服务的行为，积极引导当事人遵循诚实信用原则，依法正当行使权利，并妥善处理好知识产权权利人、电子商务平台经营者、平台内经营者等各方主体之间的关系。

二、人民法院审理涉电子商务平台知识产权纠纷案件，应当依照《中华人民共和国电子商务法》(以下简称电子商务法)第九条的规定，认定有关当事人是否属于电子商务平台经营者或者平台内经营者。

人民法院认定电子商务平台经营者的行为是否属于开展自营业务，可以考量下列因素：商品销售页面上标注的“自营”信息；商品实物上标注的销售主体信息；发票等交易单据上标注的销售主体信息等。

三、电子商务平台经营者知道或者应当知道平台内经营者侵害知识产权的，应当根据权利的性质、侵权的具体情形和技术条件，以及构成侵权的初步证据、服务类型，及时采取必要措施。采取的必要措施应当遵循合理审慎的原则，包括但不限于删除、屏蔽、断开链接等下架措施。平台内经营者多次、故意侵害知识产权的，电子商务平台经营者有权采取终止交易和服务的措施。

四、依据电子商务法第四十一条、第四十二条、第四十三条的规定，电子商务平台经营者可以根据知识产权权利类型、商品或者服务的特点等，制定平台内通知与声明机制的具体执行措施。但是，有关措施不能对当事人依法维护权利的行为设置不合理的条件或者障碍。

五、知识产权权利人依据电子商务法第四十二条的规定，向电子商务平台经营者发出的通知一般包括：知识产权权利证明及权利人的真实身份信息；能够实现准确定位的被诉侵权商品或者服务信息；构成侵权的初步证据；通知真实性的书面保证等。通知应当采取书面形式。

通知涉及专利权的，电子商务平台经营者可以要求知识产权权利人提交技术特征或者设计特征对比的说明、实用新型或者外观设计专利权评价报告等材料。

六、人民法院认定通知人是否具有电子商务法第四十二条第三款所称的“恶意”，可以考量下列因素：提交伪造、变造的权利证明；提交虚假侵权对比的鉴定意见、专家意见；明知权利状态不稳定仍发出通知；明知通知错误仍不及时撤回或者更正；反复提交错误通知等。

电子商务平台经营者、平台内经营者以错误通知、恶意发出错误通知造成其损害为由，向人民法院提起诉讼的，可以与涉电子商务平台知识产权纠纷案件一并审理。

七、平台内经营者依据电子商务法第四十三条的规定，向电子商务平台经营者提交的不存在侵权行为的声明一般包括：平台内经营者的真实身份信息；能够实现准确定位、要求终止必要措施的商品或者服务信息；权属证明、授权证明等不存在侵权行为的初步证据；声明真实性的书面保证等。声明应当采取书面形式。

声明涉及专利权的，电子商务平台经营者可以要求平台内经营者提交技术特征或者设计特征对比的说明等材料。

八、人民法院认定平台内经营者发出声明是否具有恶意，可以考量下列因素：提供伪造或者无效的权利证明、授权证明；声明包含虚假信息或者具有明显误导性；通知已经附有认定侵权的生效裁判或者行政处理决定，仍发出声明；明知声明内容错误，仍不及时撤回或者更正等。

九、因情况紧急，电子商务平台经营者不立即采取商品下架等措施将会使其合法利益受到难以弥补的损害的，知识产权权利人可以依据《中华人民共和国民事诉讼法》第一百条、第一百零一条的规定，向人民法院申请采取保全措施。

因情况紧急，电子商务平台经营者不立即恢复商品链接、通知人不立即撤回通知或者停止发送通知等行为将会使其合法利益受到难以弥补的损害的，平台内经营者可以依据前款所述法律规定，向人民法院申请采取保全措施。

知识产权权利人、平台内经营者的申请符合法律规定的，人民法院应当依法予以支持。

十、人民法院判断电子商务平台经营者是否采取了合理的措施，可以考量下列因素：构成侵权的初步证据；侵权成立的可能性；侵权行为的影响范围；侵权行为的具体情节，包括是否存在恶意侵权、重复侵权情形；防止损害扩大的有效性；对平台内经营者利益可能的影响；电子商务平台的服务类型和技术条件等。

平台内经营者有证据证明通知所涉专利权已经被国家知识产权局宣告无效，电子商务平台经营者据此暂缓采取必要措施，知识产权权利人请求认定电子商务平台经营者未及时采取必要措施的，人民法院不予支持。

十一、电子商务平台经营者存在下列情形之一的，人民法院可以认定其“应当知道”侵权行为的存在：

（一）未履行制定知识产权保护规则、审核平台内经营者经营资质等法定义务；

（二）未审核平台内店铺类型标注为“旗舰店”“品牌店”等字样的经营者的权利证明；

（三）未采取有效技术手段，过滤和拦截包含“高仿”“假货”等字样的侵权商品链接、被投诉成立后再次上架的侵权商品链接；

（四）其他未履行合理审查和注意义务的情形。

最高人民法院
关于依法加大知识产权侵权行为惩治力度的意见

法发〔2020〕33号

为公正审理案件，依法加大对知识产权侵权行为的惩治力度，有效阻遏侵权行为，营造良好的法治化营商环境，结合知识产权审判实际，制定如下意见。

一、加强适用保全措施

1. 对于侵害或者即将侵害涉及核心技术、知名品牌、热播节目等知识产权以及在展会上侵害或者即将侵害知识产权等将会造成难以弥补的损害的行为，权利人申请行为保全的，人民法院应当依法及时审查并作出裁定。

2. 权利人在知识产权侵权诉讼中既申请停止侵权的先行判决，又申请行为保全的，人民法院应当依法一并及时审查。

3. 权利人有初步证据证明存在侵害知识产权行为且证据可能灭失或者以后难以取得的情形，申请证据保全的，人民法院应当依法及时审查并作出裁定。涉及较强专业技术问题的证据保全，可以由技术调查官参与。

4. 对于已经被采取保全措施的被诉侵权产品或者其他证据，被诉侵权人擅自毁损、转移等，致使侵权事实无法查明的，人民法院可以推定权利人就该证据所涉证明事项的主张成立。属于法律规定的妨害诉讼情形的，依法采取强制措施。

二、依法判决停止侵权

5. 对于侵权事实已经清楚、能够认定

侵权成立的，人民法院可以依法先行判决停止侵权。

6. 对于假冒、盗版商品及主要用于生产或者制造假冒、盗版商品的材料和工具，权利人在民事诉讼中举证证明存在上述物品并请求迅速销毁的，除特殊情况外，人民法院应予支持。在特殊情况下，人民法院可以责令在商业渠道之外处置主要用于生产或者制造假冒、盗版商品的材料和工具，尽可能减少进一步侵权的风险；侵权人请求补偿的，人民法院不予支持。

三、依法加大赔偿力度

7. 人民法院应当充分运用举证妨碍、调查取证、证据保全、专业评估、经济分析等制度和方法，引导当事人积极、全面、正确、诚实举证，提高损害赔偿数额计算的科学性和合理性，充分弥补权利人损失。

8. 人民法院应当积极运用当事人提供的来源于工商税务部门、第三方商业平台、侵权人网站、宣传资料或者依法披露文件的相关数据以及行业平均利润率等，依法确定侵权获利情况。

9. 权利人依法请求根据侵权获利确定赔偿数额且已举证的，人民法院可以责令侵权人提供其掌握的侵权获利证据；侵权人无正当理由拒不提供或者未按要求提供的，人民法院可以根据权利人的主张和在案证据判定赔偿数额。

10. 对于故意侵害他人知识产权，情节严重的，依法支持权利人的惩罚性赔偿请求，充分发挥惩罚性赔偿对于故意侵权行为的威慑作用。

11. 人民法院应当依法合理确定法定赔偿数额。侵权行为造成权利人重大损失或者侵权人获利巨大的，为充分弥补权利人损失，有效阻遏侵权行为，人民法院可以根据权利人的请求，以接近或者达到最高限额确定法定赔偿数额。

人民法院在从高确定法定赔偿数额时应当考虑的因素包括：侵权人是否存在侵权故意，是否主要以侵权为业，是否存在重复侵权，侵权行为是否持续时间长，是否涉及区域广，是否可能危害人身安全、破坏环境资源或者损害公共利益等。

12. 权利人在二审程序中请求将新增的为制止侵权行为所支付的合理开支纳入赔偿数额的，人民法院可以一并审查。

13. 人民法院应当综合考虑案情复杂程度、工作专业性和强度、行业惯例、当地政府指导价等因素，根据权利人提供的证据，合理确定权利人请求赔偿的律师费用。

四、加大刑事打击力度

14. 通过网络销售实施侵犯知识产权犯罪的非法经营数额、违法所得数额，应当综合考虑网络销售电子数据、银行账户往来记录、送货单、物流公司电脑系统记录、证人证言、被告人供述等证据认定。

15. 对于主要以侵犯知识产权为业、在特定期间假冒抢险救灾、防疫物资等商品的注册商标以及因侵犯知识产权受到行政处罚后再次侵犯知识产权构成犯罪的情形，依法从重处罚，一般不适用缓刑。

16. 依法严格追缴违法所得，加强罚金刑的适用，剥夺犯罪分子再次侵犯知识产权的能力和条件。

最高人民法院

2020年9月14日

最高人民法院
关于加强著作权和与著作权有关的权利保护的意见

法发〔2020〕42号

为切实加强文学、艺术和科学领域的著作权保护，充分发挥著作权审判对文化建设的规范、引导、促进和保障作用，激发全民族文化创新创造活力，推进社会主义精神文明建设，繁荣发展文化事业和文化产业，提升国家文化软实力和国际竞争力，服务经济社会高质量发展，根据《中华人民共和国著作权法》等法律规定，结合审判实际，现就进一步加强著作权和与著作权有关的权利保护，提出如下意见。

1. 依法加强创作者权益保护，统筹兼顾传播者和社会公众利益，坚持创新在我国现代化建设全局中的核心地位。依法处理好鼓励新兴产业发展与保障权利人合法权益的关系，协调好激励创作和保障人民文化权益之间的关系，发挥好权利受让人和被许可人在促进作品传播方面的重要作用，依法保护著作权和与著作权有关的权利，促进智力成果的创作和传播，发展繁荣社会主义文化和科学事业。

2. 大力提高案件审理质效，推进案件繁简分流试点工作，着力缩短涉及著作权和与著作权有关的权利的类型化案件审理周期。完善知识产权诉讼证据规则，允许当事人通过区块链等方式保存、固定和提交证据，有效解决知识产权权利人举证难问题。依法支持当事人的行为保全、证据保全、财产保全请求，综合运用多种民事责任方式，使权利人在民事案件中得到更加全面充分的救济。

3. 在作品、表演、录音制品上以通常方式署名的自然人、法人和非法人组织，应当推定为该作品、表演、录音制品的著作权人或者与著作权有关的权利的权利人，但有相反证据足以推翻的除外。对于署名的争议，应当结合作品、表演、录音制品的性质、类型、表现形式以及行业习惯、公众认知习惯等因素，作出综合判断。权利人完成初步举证的，人民法院应当推定当事人主张的著作权或者与著作权有关的权利成立，但是有相反证据足以推翻的除外。

4. 适用署名推定规则确定著作权或者与著作权有关的权利归属且被告未提交相反证据的，原告可以不再另行提交权利转让协议或其他书面证据。在诉讼程序中，被告主张其不承担侵权责任的，应当提供证据证明已经取得权利人的许可，或者具有著作权法规定的不经权利人许可而可以使用的情形。

5. 高度重视互联网、人工智能、大数据等技术发展新需求，依据著作权法准确界定作品类型，把握好作品的认定标准，依法妥善审理体育赛事直播、网络游戏直播、数据侵权等新类型案件，促进新兴业态规范发展。

6. 当事人请求立即销毁侵权复制品以及主要用于生产或者制造侵权复制品的材料和工具，除特殊情况外，人民法院在民事诉讼中应当予以支持，在刑事诉讼中应当依职权责令销毁。在特殊情况下不宜销毁的，人民法院可以责令侵权人在商业渠道之外以适当方式对上述材料和工具予以处置，以尽可能消除进一步侵权的风险。销毁或者处置费用由侵权人承担，侵权人请求补偿的，人民法院不予支持。

在刑事诉讼中，权利人以为后续可能提起的民事或者行政诉讼保全证据为由，请求对侵权复制品及材料和工具暂不销毁的，人民法院可以予以支持。权利人在后续民事或者行政案件中请求侵权人赔偿其垫付的保管费用的，人民法院可以予以支持。

7. 权利人的实际损失、侵权人的违法所得、权利使用费难以计算的，应当综合考虑请求保护的权利类型、市场价值和侵权人主观过错、侵权行为性质和规模、损害后果严重程度等因素，依据著作权法及司法解释等相关规定合理确定赔偿数额。侵权人故意侵权且情节严重，权利人请求适用惩罚性赔偿的，人民法院应当依法审查确定。权利人能够举证证明的合理维权费用，包括诉讼费用和律师费用等，人民法院应当予以支持并在确定赔偿数额时单独计算。

8. 侵权人曾经被生效的法院裁判、行政决定认定构成侵权或者曾经就相同侵权行为与权利人达成和解协议，仍然继续实施或者变相重复实施被诉侵权行为的，应当认定为具有侵权的故意，人民法院在确定侵权民事责任时应当充分考虑。

9. 要通过诚信诉讼承诺书等形式，明确告知当事人不诚信诉讼可能承担的法律责任，促使当事人正当行使诉讼权利，积极履行诉讼义务，在合理期限内积极、诚实地举证，在诉讼过程中作真实、完整的陈述。

10. 要完善失信惩戒与追责机制，对于提交伪造、变造证据，隐匿、毁灭证据，作虚假陈述、虚假证言、虚假鉴定、虚假署名等不诚信诉讼行为，人民法院可以依法采取训诫、罚款、拘留等强制措施。构成犯罪的，依法追究刑事责任。

最高人民法院
2020 年 11 月 16 日

最高人民检察院、公安部关于印发《关于修改侵犯商业秘密刑事案件立案追诉标准的决定》的通知(2020)

高检发〔2020〕15 号

各省、自治区、直辖市人民检察院、公安厅(局)，解放军军事检察院，新疆生产建设兵团人民检察院、公安局：

现将《最高人民检察院 公安部关于修改侵犯商业秘密刑事案件立案追诉标准的决定》印发给你们，请遵照执行。各地在执行中遇到的问题，请及时向最高人民检察院和公安部请示报告。

最高人民检察院
公安部
2020 年 9 月 17 日

最高人民检察院、公安部关于修改侵犯商业秘密刑事案件立案追诉标准的决定

为依法惩治侵犯商业秘密犯罪，加大对知识产权的刑事司法保护力度，维护社会主义市场经济秩序，将《最高人民检察院、公安部关于公安机关管辖的刑事案件立案追诉标准的规定(二)》第七十三条侵犯商业秘密刑事案件立案追诉标准修改为：【侵犯商业秘密案(刑法第二百一十九条)】侵犯商业秘密，涉嫌下列情形之一的，应予立案追诉：

（一）给商业秘密权利人造成损失数额在三十万元以上的；

（二）因侵犯商业秘密违法所得数额在三十万元以上的；

（三）直接导致商业秘密的权利人因重大经营困难而破产、倒闭的；

（四）其他给商业秘密权利人造成重大损失的情形。

前款规定的造成损失数额或者违法所得数额，可以按照下列方式认定：

（一）以不正当手段获取权利人的商业秘密，尚未披露、使用或者允许他人使用的，损失数额可以根据该项商业秘密的合理许可使用费确定；

（二）以不正当手段获取权利人的商业秘密后，披露、使用或者允许他人使用的，损失数额可以根据权利人因被侵权造成销售利润的损失确定，但该损失数额低于商业秘密合理许可使用费的，根据合理许可使用费确定；

（三）违反约定、权利人有关保守商业秘密的要求，披露、使用或者允许他人使用其所掌握的商业秘密的，损失数额可以根据权利人因被侵权造成销售利润的损失确定；

（四）明知商业秘密是不正当手段获取或者是违反约定、权利人有关保守商业秘密的要求披露、使用、允许使用，仍获取、使用或者披露的，损失数额可以根据权利人因被侵权造成销售利润的损失确定；

（五）因侵犯商业秘密行为导致商业秘密已为公众所知悉或者灭失的，损失数额可以根据该项商业秘密的商业价值确定。商业秘密的商业价值，可以根据该项商业秘密的研究开发成本、实施该项商业秘密的收益综合确定；

（六）因披露或者允许他人使用商业秘密而获得的财物或者其他财产性利益，应当认定为违法所得。

前款第二项、第三项、第四项规定的权利人因被侵权造成销售利润的损失，可以根据权利人因被侵权造成销售量减少的总数乘以权利人每件产品的合理利润确定；销售量减少的总数无法确定的，可以根据侵权产品销售量乘以权利人每件产品的合理利润确定；权利人因被侵权造成销售量减少的总数和每件产品的合理利润均无法确定的，可以根据侵权产品销售量乘以每件侵权产品的合理利润确定。商业秘密系用于服务等其他经营活动的，损失数额可以根据权利人因被侵权而减少的合理利润确定。

商业秘密的权利人为减轻对商业运营、商业计划的损失或者重新恢复计算机信息系统安全、其他系统安全而支出的补救费用，应当计入给商业秘密的权利人造成的损失。

其他规范性文件

市场监管总局、国家药监局、国家知识产权局支持复工复产十条

（国市监综〔2020〕30 号）

各省、自治区、直辖市及计划单列市、副省级城市、新疆生产建设兵团市场监管局（厅、委）、药监局、知识产权局：

为贯彻落实习近平总书记重要讲话和指示批示精神，按照党中央、国务院关于切实加强疫情科学防控、有序做好企业复工复产工作的部署，现就充分发挥职能作用，解决企业复工复产中面临的实际问题，提出十条政策措施。

一、登记网上办理

充分依托“网上办、掌上办、寄递办、预约办”等有效手段，进一步压减登记注册环节、时间和成本，对生产防疫用品的企业登记注册实行特事特办。对于疫情期间出现的新产业新业态，及时调整经营范围标准。

二、实行告知承诺

对凡涉及生产许可证、强制性认证的复产转产企业产品，快捷办理，压缩审批时限。对具备生产条件但因办理耗时长、暂不能提交相应材料的企业实行告知承诺制，由企业承诺在相应时限内补充提交相关材料后当场给予办结。

在保障食品安全的前提下，简化食品生产、经营许可流程，推进网上办理，推广食品经营许可电子证书的发放。对于申请许可的新办企业、申请许可变更的企业，需要现场核查的，由省级市场监管部门依据本地区食品安全风险分级情况，对低风险食品试点开展告知承诺，对符合条件的实施“先证后查”。

检验检测机构资质认定，全面实行网上办理、邮寄办理，采取延期评审、告知承诺、远程监控评审、专家文审等方式进行。

便利企业并购交易，经营者集中反垄断审查实行网上申报，提高简易案件审查效率，保障企业并购交易顺利进行。优化经营者集中反垄断审查工作机制，加强企业竞争合规指导和服务。

三、建立行政许可应急绿色通道

对生产企业转产生产口罩、防护服等应急物资的，简化生产资质审批程序，合并产品注册及生产许可证检查流程，启动加急检验检测程序，同时认可企业的部分自检报告。对符合许可条件的企业现场确认后，立即办理产品注册和发给生产许可证。对于转产生产医疗器械的企业，实行应急审批，依法办理医疗器械注册证和生产许

可证。

对疫情防控所需药品的注册申请，在确保安全性和有效性的基础上，加快审评审批。对疫情防控所需的药品，各省级药品监管部门要指导企业合理安排生产，充分释放产能，全力保障临床供应。对医用口罩、防护服等医疗器械产品注册、生产许可和检验检测等实施特别措施，合并审批流程。

对涉及防治新冠肺炎的专利申请、商标注册，依请求予以优先审查办理。支持企业开展知识产权质押融资，建立知识产权质押登记绿色通道，支持企业快速融资和续贷，缓解资金困难。

四、延长行政许可期限

对在疫情防控期间营业执照登记事项发生变化又不能及时办理变更登记的，延期至疫情解除之后一个月内办理。

对因疫情影响未能按时办理工业产品生产许可证换证导致许可证书过期的生产企业，可办理许可证延期，待疫情解除后再行提交延期申请。

对食品生产、经营许可证到期的，有效期可顺延至当地疫情解除。

对因疫情影响不能按时完成换证的特种设备生产单位及检验检测机构，可办理许可证延期。鼓励符合条件的特种设备生产单位，采用自我声明承诺的方式免评审换证。

对受疫情影响无法按期申请办理检验检测机构复查换证的，可以延期至疫情解除后办理，证书有效期延长至疫情解除后三个月。

对复工复产企业办理专利、商标、集成电路布图设计等事务，因受疫情影响超出相关期限的，依法给予期限中止、顺延，以及请求恢复权利等便利化救济政策措施。

五、加快标准转换应用

支持外贸出口企业复产，加快国际标准与国内标准的转换，推动出口产品依据标准和国内标准的衔接。对依据国际标准生产，且相关国际标准主要技术指标达到强制性国家标准安全要求的，允许在国内生产销售。鼓励社会团体组织制定相关团体标准，增加企业复工复产所需标准的有效供给。对于生产国外标准口罩用于出口、有能力生产国内标准口罩未取得相关资质的企业，加快办理。

六、审慎异常名录管理

对生产、经营疫情防控相关物资的企业，已被列入经营异常名录的，经企业申请，可以简化流程、尽快移出。对因受疫情影响暂时失联的企业，可以暂不列入经营异常名录。

七、严查乱收费乱涨价

加强价格监管，严查各类涉及企业的乱收费行为，减轻企业复工复产负担。支持企业增加产能，严厉打击口罩等防控物资生产领域哄抬价格等违法行为，维护防控物资生产所需机器设备、原辅材料市场价格秩序稳定。

八、加强质量技术服务帮扶

实行计量型式评价专人受理，缩短试验时间。对到期的有关计量标准器具，经所在单位自行核查满足相关技术要求，可适当延长有效期。

鼓励标准化技术组织和机构，围绕企业复工复产提供标准化咨询等标准技术服务。帮助企业尽快建立可操作的防疫质量控制流程和规范，实现防疫控制与企业复工的精细化管理。启动物品编码业务 24 小时快速响应机制。

引导认证机构加强对复工复产企业的技术服务，开辟线上咨询、受理、评价等综合服务通道，采取线上认证申请受理、延期现场审核检查、优先安排 3C 认证等方式进行办理。

九、减免技术服务收费

疫情防控期间，市场监管总局所属的计量检定机构、产品质量检验检测机构、特种设备检验检测机构，对复工复产企业计量器具的检定校准收费、产品质量检验检测项目收费、特种设备检验项目收费减少50%，对湖北省企业免除各类检定校准和检验检测费用。市场监管总局所属的标准化技术机构，对中外标准信息咨询服务、标准时效性确认和标准翻译费用予以免收。

十、鼓励企业参加“三保”行动

持续深入开展“保价格、保质量、保供应”行动，不断提升活动覆盖面，为企业搭建与民生期望互通互信的平台。鼓励引导更多企业参加“三保”行动，承诺加快恢复产能，保证产品质量，保持价格稳定，保障市场供应，凝聚疫情防控合力。

各级市场监管、药监、知识产权部门要加强组织领导，强化责任担当，紧密结合各地实际，把十条政策措施进一步细化，落实落细落到位，更好服务于企业复工复产工作，坚决打赢疫情防控阻击战。

市场监管总局
国家药监局
国家知识产权局
2020 年 2 月 15 日

关于专利、商标、集成电路布图设计受疫情影响相关期限事项的公告

（国家知识产权局公告第三五〇号）

为落实党中央、国务院防控新型冠状病毒感染肺炎疫情的决策部署，切实维护受疫情影响的当事人办理专利、商标、集成电路布图设计等事务的合法权益，根据突发事件应对法、专利法及其实施细则、商标法及其实施条例、集成电路布图设计保护条例及其实施细则等法律法规规章的有关规定，现对专利、商标、集成电路布图设计等事务办理的相关期限事项公告如下：

一、当事人因疫情相关原因延误专利法及其实施细则规定的期限或者国家知识产权局指定的期限，导致其权利丧失的，适用专利法实施细则第六条第一款的规定。当事人可以自障碍消除之日起 2 个月内，最迟自期限届满之日起 2 年内，请求恢复权利。请求恢复权利的，无需缴纳恢复权利请求费，但需提交恢复权利请求书，说明理由，附具相应的证明材料，同时办理权利丧失前应当办理的相应手续。

二、当事人因疫情相关原因延误商标法及其实施条例规定的期限或者国家知识产权局指定的期限，导致其不能正常办理相关商标事务的，相关期限自权利行使障碍产生之日起中止，待权利行使障碍消除之日继续计算，法律另有规定的除外；因权利行使障碍导致其商标权利丧失的，可以自权利行使障碍消除之日起 2 个月内提出书面申请，说明理由，出具相应的证明材料，请求恢复权利。

三、当事人因疫情相关原因延误集成电路布图设计保护条例及其实施细则规定的期限或者国家知识产权局指定的期限，导致其权利丧失的，适用集成电路布图设计保护条例实施细则第九条第一款的规定。当事人可以自障碍消除之日起 2 个月内，最迟自期限届满之日起 2 年内，请求恢

复权利。请求恢复权利的，无需缴纳恢复权利请求费，但需提交恢复权利请求书，说明理由，附具相应的证明材料，同时办理权利丧失前应当办理的相应手续。

四、办理专利、商标、集成电路布图设计等事务的各类期限，届满日在2020年春节假期期间的，期限届满日将根据国务院办公厅有关春节假期的安排顺延至假期结束后第一个工作日。

特此公告。

国家知识产权局
2020年1月28日

关于发布《地理标志专用标志使用管理办法（试行）》的公告

（国家知识产权局公告第三五号四）

为加强我国地理标志保护，统一和规范地理标志专用标志使用，制定《地理标志专用标志使用管理办法（试行）》。现予发布，自发布之日起施行。

特此公告。

国家知识产权局
2020年4月3日

地理标志专用标志使用管理办法（试行）

第一条 为加强我国地理标志保护，统一和规范地理标志专用标志使用，依据《中华人民共和国民法总则》《中华人民共和国商标法》《中华人民共和国产品质量法》《中华人民共和国标准化法》《中华人民共和国商标法实施条例》《地理标志产品保护规定》《集体商标、证明商标注册和管理办法》《国外地理标志产品保护办法》，制定本办法。

第二条 本办法所称的地理标志专用标志，是指适用在按照相关标准、管理规范或者使用管理规则组织生产的地理标志产品上的官方标志。

第三条 国家知识产权局负责统一制定发布地理标志专用标志使用管理要求，组织实施地理标志专用标志使用监督管理。地方知识产权管理部门负责地理标志专用标志使用的日常监管。

第四条 地理标志专用标志合法使用人应当遵循诚实信用原则，履行如下义务：

（一）按照相关标准、管理规范和使用管理规则组织生产地理标志产品；

（二）按照地理标志专用标志的使用要求，规范标示地理标志专用标志；

（三）及时向社会公开并定期向所在地知识产权管理部门报送地理标志专用标志使用情况。

第五条 地理标志专用标志的合法使用人包括下列主体：

（一）经公告核准使用地理标志产品专用标志的生产者；

（二）经公告地理标志已作为集体商标注册的注册人的集体成员；

（三）经公告备案的已作为证明商标注册的地理标志的被许可人；

（四）经国家知识产权局登记备案的其他使用人。

第六条 地理标志专用标志的使用要求如下：

（一）地理标志保护产品和作为集体商

标、证明商标注册的地理标志使用地理标志专用标志的，应在地理标志专用标志的指定位置标注统一社会信用代码。国外地理标志保护产品使用地理标志专用标志的，应在地理标志专用标志的指定位置标注经销商统一社会信用代码。图样如下：

（二）地理标志保护产品使用地理标志专用标志的，应同时使用地理标志专用标志和地理标志名称，并在产品标签或包装物上标注所执行的地理标志标准代号或批准公告号。

（三）作为集体商标、证明商标注册的地理标志使用地理标志专用标志的，应同时使用地理标志专用标志和该集体商标或证明商标，并加注商标注册号。

第七条 地理标志专用标志合法使用人可在国家知识产权局官方网站下载基本图案矢量图。地理标志专用标志矢量图可按比例缩放，标注应清晰可识，不得更改专用标志的图案形状、构成、文字字体、图文比例、色值等。

第八条 地理标志专用标志合法使用人可采用的地理标志专用标志标示方法有：

（一）采取直接贴附、刻印、烙印或者编织等方式将地理标志专用标志附着在产品本身、产品包装、容器、标签等上；

（二）使用在产品附加标牌、产品说明书、介绍手册等上；

（三）使用在广播、电视、公开发行的出版物等媒体上，包括以广告牌、邮寄广告或者其他广告方式为地理标志进行的广告宣传；

（四）使用在展览会、博览会上，包括在展览会、博览会上提供的使用地理标志专用标志的印刷品及其他资料；

（五）将地理标志专用标志使用于电子商务网站、微信、微信公众号、微博、二维码、手机应用程序等互联网载体上；

（六）其他合乎法律法规规定的标示方法。

第九条 地理标志专用标志合法使用人未按相应标准、管理规范或相关使用管理规则组织生产的，或者在 2 年内未在地理标志保护产品上使用专用标志的，知识产权管理部门停止其地理标志专用标志使用资格。

第十条 对于未经公告擅自使用或伪造地理标志专用标志的；或者使用与地理标志专用标志相近、易产生误解的名称或标识及可能误导消费者的文字或图案标志，使消费者将该产品误认为地理标志的行为，知识产权管理部门及相关执法部门依照法律法规和相关规定进行调查处理。

第十一条 省级知识产权管理部门应加强本辖区地理标志专用标志使用日常监管，定期向国家知识产权局报送上一年使用和监管信息。鼓励地理标志专用标志使用和日常监管信息通过地理标志保护信息平台向社会公开。

第十二条 原相关地理标志专用标志使用过渡期至 2020 年 12 月 31 日。在 2020 年 12 月 31 日前生产的使用原标志的产品可以继续在市场流通。

第十三条 本办法由国家知识产权局负责解释。

第十四条 本办法自发布之日起实施。

国家知识产权局关于《注册商标专用权质押登记程序规定》的公告

（国家知识产权局公告第三五八号）

为持续优化营商环境，进一步提升政务服务水平，充分发挥注册商标专用权的价值，促进高质量发展，根据《物权法》、《担保法》、《商标法》和《商标法实施条例》有关规定，制定《注册商标专用权质押登记程序规定》，现予发布。本规定自2020年5月1日起施行。

国家知识产权局
2020年4月22日

注册商标专用权质押登记程序规定

第一条 为充分发挥注册商标专用权无形资产的价值，促进经济发展，根据《物权法》、《担保法》、《商标法》和《商标法实施条例》的有关规定，制定本规定。

国家知识产权局负责办理注册商标专用权质权登记。

第二条 自然人、法人或者其他组织以其注册商标专用权出质的，出质人与质权人应当订立书面合同，并向国家知识产权局办理质权登记。

质权登记申请应由质权人和出质人共同提出。质权人和出质人可以直接向国家知识产权局申请，也可以委托商标代理机构代理办理。在中国没有经常居所或者营业所的外国人或者外国企业应当委托代理机构办理。

第三条 办理注册商标专用权质权登记，出质人应当将在相同或者类似商品/服务上注册的相同或者近似商标一并办理质权登记。质权合同和质权登记申请书中应当载明出质的商标注册号。

共有商标办理质权登记的，除全体共有人另有约定的以外，应当取得其他共有人的同意。

第四条 申请注册商标专用权质权登记的，应提交下列文件：

（一）申请人签字或者盖章的《商标专用权质权登记申请书》；

（二）主合同和注册商标专用权质权合同；

（三）申请人签署的承诺书；

（四）委托商标代理机构办理的，还应当提交商标代理委托书。

上述文件为外文的，应当同时提交其中文译文。中文译文应当由翻译单位和翻译人员签字盖章确认。

第五条 注册商标专用权质权合同一般包括以下内容：

（一）出质人、质权人的姓名（名称）及住址；

（二）被担保的债权种类、数额；

（三）债务人履行债务的期限；

（四）出质注册商标的清单（列明注册商标的注册号、类别及专用期）；

（五）担保的范围；

（六）当事人约定的其他事项。

第六条 申请登记书件齐备、符合规定的，国家知识产权局予以受理并登记。质权自登记之日起设立。国家知识产权局自登记之日起2个工作日内向双方当事人发放《商标专用权质权登记证》。

《商标专用权质权登记证》应当载明下列内容：出质人和质权人的名称（姓名）、出质商标注册号、被担保的债权数额、质权登记期限、质权登记日期。

第七条 质权登记申请不符合本办法第二条、第三条、第四条、第五条规定的，国家知识产权局应当通知申请人，并允许其在30日内补正。申请人逾期不补正或者补正不符合要求的，视为其放弃该质权登记申请，国家知识产权局应当通知申请人。

第八条 有下列情形之一的，国家知识产权局不予登记：

（一）出质人名称与国家知识产权局档案所记载的名称不一致，且不能提供相关证明证实其为注册商标权利人的；

（二）合同的签订违反法律法规强制性规定的；

（三）注册商标专用权已经被撤销、被注销或者有效期满未续展的；

（四）注册商标专用权已被人民法院查封、冻结的；

（五）其他不符合出质条件的。

不予登记的，国家知识产权局应当通知当事人，并说明理由。

第九条 质权登记后，有下列情形之一的，国家知识产权局应当撤销登记：

（一）发现有属于本办法第八条所列情形之一的；

（二）质权合同无效或者被撤销；

（三）出质的注册商标因法定程序丧失专用权的；

（四）提交虚假证明文件或者以其他欺骗手段取得注册商标专用权质权登记的。

撤销登记的，国家知识产权局应当通知当事人。

第十条 质权人或出质人的名称（姓名）更改，以及质权合同担保的主债权数额变更的，当事人可以凭下列文件申请办理变更登记：

（一）申请人签字或者盖章的《商标专用权质权登记事项变更申请书》；

（二）主债权数额变更的，双方签订的有关的补充或变更协议；

（三）申请人签署的相关承诺书；

（四）委托商标代理机构办理的，还应当提交商标代理委托书。

出质人名称（姓名）发生变更的，还应按照《商标法》及《商标法实施条例》的相关规定在国家知识产权局办理变更注册人名义申请。

第十一条 因被担保的主合同履行期限延长、主债权未能按期实现等原因需要延长质权登记期限的，质权人和出质人双方应当在质权登记期限到期前，持以下文件申请办理延期登记：

（一）申请人签字或者盖章的《商标专用权质权登记期限延期申请书》；

（二）当事人双方签署的延期协议；

（三）申请人签署的相关承诺书；

（四）委托商标代理机构办理的，还应当提交商标代理委托书。

主债权未能按期实现，双方又未能达成有关延期协议的，质权人可以出具相关书面保证函，说明债权未能实现的相关情况，申请延期。国家知识产权局予以延期登记的，应当通知出质人。

第十二条 办理质权登记事项变更申请或者质权登记期限延期申请后，由国家知识产权局在2个工作日内重新核发《商标专用权质权登记证》。

第十三条 注册商标专用权质权登记需要注销的，质权人和出质人双方可以持下列文件办理注销申请：

（一）申请人签字或者盖章的《商标专用权质权登记注销申请书》；

（二）申请人签署的相关承诺书；

（三）委托商标代理机构办理的，还应当提交商标代理委托书。

注销登记的，国家知识产权局应当在2个工作日内通知当事人。

质权登记期限届满后，该质权登记自动失效。

第十四条 《商标专用权质权登记证》遗失的，可以向国家知识产权局申请补发。

第十五条 国家知识产权局对注册商标质权登记的相关信息进行公告。

第十六条 反担保及最高额质权适用本规定。

第十七条 本规定自2020年5月1日起施行，原《注册商标专用权质权登记程序规定》(工商标字〔2009〕182号)同日起不再执行。

国家知识产权局关于印发《商标侵权判断标准》的通知

(国知发保字〔2020〕23号)

各省、自治区、直辖市及新疆生产建设兵团知识产权局(知识产权管理部门)：

为深入贯彻落实党中央、国务院关于强化知识产权保护的决策部署，加强商标执法指导工作，统一执法标准，提升执法水平，强化商标专用权保护，根据《商标法》、《商标法实施条例》的有关规定，制定《商标侵权判断标准》。现予印发，请遵照执行。各地在执行中遇到的新情况、新问题，请及时报告。

国家知识产权局

2020年6月15日

商标侵权判断标准

第一条 为加强商标执法指导工作，统一执法标准，提升执法水平，强化商标专用权保护，根据《中华人民共和国商标法》(以下简称商标法)、《中华人民共和国商标法实施条例》(以下简称商标法实施条例)以及相关法律法规、部门规章，制定本标准。

第二条 商标执法相关部门在处理、查处商标侵权案件时适用本标准。

第三条 判断是否构成商标侵权，一般需要判断涉嫌侵权行为是否构成商标法意义上的商标的使用。

商标的使用，是指将商标用于商品、商品包装、容器、服务场所以及交易文书上，或者将商标用于广告宣传、展览以及其他商业活动中，用以识别商品或者服务来源的行为。

第四条 商标用于商品、商品包装、容器以及商品交易文书上的具体表现形式包括但不限于：

(一)采取直接贴附、刻印、烙印或者编织等方式将商标附着在商品、商品包装、容器、标签等上，或者使用在商品附加标牌、产品说明书、介绍手册、价目表等上；

(二)商标使用在与商品销售有联系的交易文书上，包括商品销售合同、发票、票据、收据、商品进出口检验检疫证明、报关单据等。

第五条 商标用于服务场所以及服务交易文书上的具体表现形式包括但不限于：

(一)商标直接使用于服务场所，包括介绍手册、工作人员服饰、招贴、菜单、价目表、名片、奖券、办公文具、信笺以及其他提供服务所使用的相关物品上；

(二)商标使用于和服务有联系的文件资料上，如发票、票据、收据、汇款单据、服务协议、维修维护证明等。

第六条 商标用于广告宣传、展览以及其他商业活动中的具体表现形式包括但不限于：

(一)商标使用在广播、电视、电影、互联网等媒体中，或者使用在公开发行的出版物上，或者使用在广告牌、邮寄广告或者其他广告载体上；

（二）商标在展览会、博览会上使用，包括在展览会、博览会上提供的使用商标的印刷品、展台照片、参展证明及其他资料；

（三）商标使用在网站、即时通讯工具、社交网络平台、应用程序等载体上；

（四）商标使用在二维码等信息载体上；

（五）商标使用在店铺招牌、店堂装饰装潢上。

第七条 判断是否为商标的使用应当综合考虑使用人的主观意图、使用方式、宣传方式、行业惯例、消费者认知等因素。

第八条 未经商标注册人许可的情形包括未获得许可或者超出许可的商品或者服务的类别、期限、数量等。

第九条 同一种商品是指涉嫌侵权人实际生产销售的商品名称与他人注册商标核定使用的商品名称相同的商品，或者二者商品名称不同但在功能、用途、主要原料、生产部门、消费对象、销售渠道等方面相同或者基本相同，相关公众一般认为是同种商品。

同一种服务是指涉嫌侵权人实际提供的服务名称与他人注册商标核定使用的服务名称相同的服务，或者二者服务名称不同但在服务的目的、内容、方式、提供者、对象、场所等方面相同或者基本相同，相关公众一般认为是同种服务。

核定使用的商品或者服务名称是指国家知识产权局在商标注册工作中对商品或者服务使用的名称，包括《类似商品和服务区分表》（以下简称区分表）中列出的商品或者服务名称和未在区分表中列出但在商标注册中接受的商品或者服务名称。

第十条 类似商品是指在功能、用途、主要原料、生产部门、消费对象、销售渠道等方面具有一定共同性的商品。

类似服务是指在服务的目的、内容、方式、提供者、对象、场所等方面具有一定共同性的服务。

第十一条 判断是否属于同一种商品或者同一种服务、类似商品或者类似服务，应当在权利人注册商标核定使用的商品或者服务与涉嫌侵权的商品或者服务之间进行比对。

第十二条 判断涉嫌侵权的商品或者服务与他人注册商标核定使用的商品或者服务是否构成同一种商品或者同一种服务、类似商品或者类似服务，参照现行区分表进行认定。

对于区分表未涵盖的商品，应当基于相关公众的一般认识，综合考虑商品的功能、用途、主要原料、生产部门、消费对象、销售渠道等因素认定是否构成同一种或者类似商品；

对于区分表未涵盖的服务，应当基于相关公众的一般认识，综合考虑服务的目的、内容、方式、提供者、对象、场所等因素认定是否构成同一种或者类似服务。

第十三条 与注册商标相同的商标是指涉嫌侵权的商标与他人注册商标完全相同，以及虽有不同但视觉效果或者声音商标的听觉感知基本无差别、相关公众难以分辨的商标。

第十四条 涉嫌侵权的商标与他人注册商标相比较，可以认定与注册商标相同的情形包括：

（一）文字商标有下列情形之一的：

1. 文字构成、排列顺序均相同的；

2. 改变注册商标的字体、字母大小写、文字横竖排列，与注册商标之间基本无差别的；

3. 改变注册商标的文字、字母、数字等之间的间距，与注册商标之间基本无差别的；

4. 改变注册商标颜色，不影响体现注册商标显著特征的；

5. 在注册商标上仅增加商品通用名称、图形、型号等缺乏显著特征内容，不影响体现注册商标显著特征的；

（二）图形商标在构图要素、表现形式

等视觉上基本无差别的；

（三）文字图形组合商标的文字构成、图形外观及其排列组合方式相同，商标在整体视觉上基本无差别的；

（四）立体商标中的显著三维标志和显著平面要素相同，或者基本无差别的；

（五）颜色组合商标中组合的颜色和排列的方式相同，或者基本无差别的；

（六）声音商标的听觉感知和整体音乐形象相同，或者基本无差别的；

（七）其他与注册商标在视觉效果或者听觉感知上基本无差别的。

第十五条 与注册商标近似的商标是指涉嫌侵权的商标与他人注册商标相比较，文字商标的字形、读音、含义近似，或者图形商标的构图、着色、外形近似，或者文字图形组合商标的整体排列组合方式和外形近似，或者立体商标的三维标志的形状和外形近似，或者颜色组合商标的颜色或者组合近似，或者声音商标的听觉感知或者整体音乐形象近似等。

第十六条 涉嫌侵权的商标与他人注册商标是否构成近似，参照现行《商标审查及审理标准》关于商标近似的规定进行判断。

第十七条 判断商标是否相同或者近似，应当在权利人的注册商标与涉嫌侵权商标之间进行比对。

第十八条 判断与注册商标相同或者近似的商标时，应当以相关公众的一般注意力和认知力为标准，采用隔离观察、整体比对和主要部分比对的方法进行认定。

第十九条 在商标侵权判断中，在同一种商品或者同一种服务上使用近似商标，或者在类似商品或者类似服务上使用相同、近似商标的情形下，还应当对是否容易导致混淆进行判断。

第二十条 商标法规定的容易导致混淆包括以下情形：

（一）足以使相关公众认为涉案商品或者服务是由注册商标权利人生产或者提供；

（二）足以使相关公众认为涉案商品或者服务的提供者与注册商标权利人存在投资、许可、加盟或者合作等关系。

第二十一条 商标执法相关部门判断是否容易导致混淆，应当综合考量以下因素以及各因素之间的相互影响：

（一）商标的近似情况；

（二）商品或者服务的类似情况；

（三）注册商标的显著性和知名度；

（四）商品或者服务的特点及商标使用的方式；

（五）相关公众的注意和认知程度；

（六）其他相关因素。

第二十二条 自行改变注册商标或者将多件注册商标组合使用，与他人在同一种商品或者服务上的注册商标相同的，属于商标法第五十七条第一项规定的商标侵权行为。

自行改变注册商标或者将多件注册商标组合使用，与他人在同一种或者类似商品或者服务上的注册商标近似、容易导致混淆的，属于商标法第五十七条第二项规定的商标侵权行为。

第二十三条 在同一种商品或者服务上，将企业名称中的字号突出使用，与他人注册商标相同的，属于商标法第五十七条第一项规定的商标侵权行为。

在同一种或者类似商品或者服务上，将企业名称中的字号突出使用，与他人注册商标近似、容易导致混淆的，属于商标法第五十七条第二项规定的商标侵权行为。

第二十四条 不指定颜色的注册商标，可以自由附着颜色，但以攀附为目的附着颜色，与他人在同一种或者类似商品或者服务上的注册商标近似、容易导致混淆的，属于商标法第五十七条第二项规定的商标侵权行为。

注册商标知名度较高，涉嫌侵权人与注册商标权利人处于同一行业或者具有较大关联性的行业，且无正当理由使用与注册商标相同或者近似标志的，应当认定涉嫌侵权人具有攀附意图。

第二十五条 在包工包料的加工承揽经营活动中，承揽人使用侵犯注册商标专用权商品的，属于商标法第五十七条第三项规定的商标侵权行为。

第二十六条 经营者在销售商品时，附赠侵犯注册商标专用权商品的，属于商标法第五十七条第三项规定的商标侵权行为。

第二十七条 有下列情形之一的，不属于商标法第六十条第二款规定的“销售不知道是侵犯注册商标专用权的商品”：

（一）进货渠道不符合商业惯例，且价格明显低于市场价格的；

（二）拒不提供账目、销售记录等会计凭证，或者会计凭证弄虚作假的；

（三）案发后转移、销毁物证，或者提供虚假证明、虚假情况的；

（四）类似违法情形受到处理后再犯的；

（五）其他可以认定当事人明知或者应知的。

第二十八条 商标法第六十条第二款规定的“说明提供者”是指涉嫌侵权人主动提供供货商的名称、经营地址、联系方式等准确信息或者线索。

对于因涉嫌侵权人提供虚假或者无法核实的信息导致不能找到提供者的，不视为“说明提供者”。

第二十九条 涉嫌侵权人属于商标法第六十条第二款规定的销售不知道是侵犯注册商标专用权的商品的，对其侵权商品责令停止销售，对供货商立案查处或者将案件线索移送具有管辖权的商标执法相关部门查处。

对责令停止销售的侵权商品，侵权人再次销售的，应当依法查处。

第三十条 市场主办方、展会主办方、柜台出租人、电子商务平台等经营者怠于履行管理职责，明知或者应知市场内经营者、参展方、柜台承租人、平台内电子商务经营者实施商标侵权行为而不予制止的；或者虽然不知情，但经商标执法相关部门通知或者商标权利人持生效的行政、司法文书告知后，仍未采取必要措施制止商标侵权行为的，属于商标法第五十七条第六项规定的商标侵权行为。

第三十一条 将与他人注册商标相同或者相近似的文字注册为域名，并且通过该域名进行相关商品或者服务交易的电子商务，容易使相关公众产生误认的，属于商标法第五十七条第七项规定的商标侵权行为。

第三十二条 在查处商标侵权案件时，应当保护合法在先权利。

以外观设计专利权、作品著作权抗辩他人注册商标专用权的，若注册商标的申请日先于外观设计专利申请日或者有证据证明的该著作权作品创作完成日，商标执法相关部门可以对商标侵权案件进行查处。

第三十三条 商标法第五十九条第三款规定的“有一定影响的商标”是指在国内在先使用并为一定范围内相关公众所知晓的未注册商标。

有一定影响的商标的认定，应当考虑该商标的持续使用时间、销售量、经营额、广告宣传等因素进行综合判断。

使用人有下列情形的，不视为在原使用范围内继续使用：

（一）增加该商标使用的具体商品或者服务；

（二）改变该商标的图形、文字、色彩、结构、书写方式等内容，但以与他人注册商标相区别为目的而进行的改变除外；

（三）超出原使用范围的其他情形。

第三十四条 商标法第六十条第二款规定的“五年内实施两次以上商标侵权行为”指同一当事人被商标执法相关部门、人民法院认定侵犯他人注册商标专用权的行政处罚或者判决生效之日起，五年内又实施商标侵权行为的。

第三十五条 正在国家知识产权局审理或者人民法院诉讼中的下列案件，可以适用商标法第六十二条第三款关于“中止”的规定：

（一）注册商标处于无效宣告中的；

（二）注册商标处于续展宽展期的；

（三）注册商标权属存在其他争议情形的。

第三十六条 在查处商标侵权案件过程中，商标执法相关部门可以要求权利人对涉案商品是否为权利人生产或者其许可生产的商品出具书面辨认意见。权利人应当对其辨认意见承担相应法律责任。

商标执法相关部门应当审查辨认人出具辨认意见的主体资格及辨认意见的真实性。涉嫌侵权人无相反证据推翻该辨认意见的，商标执法相关部门将该辨认意见作为证据予以采纳。

第三十七条 本标准由国家知识产权局负责解释。

第三十八条 本标准自公布之日起施行。

关于发布《商标注册档案管理办法》的公告

（国家知识产权局公告第三七〇号）

为适应商标注册便利化改革需要，提高商标注册档案管理效能和管理水平，根据《中华人民共和国档案法》及《中华人民共和国档案法实施办法》的相关规定，国家知识产权局制定了《商标注册档案管理办法》，经国家档案局同意，现予以发布，并自公布之日起施行。

特此公告。

国家知识产权局

2020年8月20日

商标注册档案管理办法

第一条 为加强商标注册档案管理，根据《中华人民共和国档案法》《中华人民共和国商标法》和国家有关规定，制定本办法。

第二条 本办法所称商标注册档案，是指在商标注册申请、异议、撤销、复审、无效等过程中形成的具有保存和利用价值的各种形式和载体的历史记录。

第三条 国家知识产权局监督和指导商标注册档案工作，接受国家档案主管部门对商标注册档案工作的监督、指导和检查。商标注册档案的立档、归档和管理工作由商标局具体承办。

第四条 商标注册档案实行集中统一管理，维护商标注册档案完整与安全，便于社会各方面的利用。

第五条 商标注册文件材料归档范围主要包括：

（一）商标注册申请及后续业务类；

（二）商标异议业务类；

（三）商标撤销业务类；

（四）商标复审业务类；

（五）商标无效业务类；

（六）其他类。

出具商标注册证明材料、补发商标注册证材料、补发商标变更、转让、续展证明材料等可不归档。

第六条 对属于归档范围的商标注册文件材料，商标业务经办部门在案件审结后应当按照归档要求及时整理并归档。

商标注册档案管理部门应当严格审查归档质量。对符合归档要求的，履行交接手续；对不符合归档要求的，退回业务经办部门重新整理。

归档的商标注册文件材料一般应当为原件，确实无法获得原件的，可以是与原件核对无异的复印件，但是应当注明原因。商标业务经办部门应当保证商标注册档案的系统性、完整性、准确性。

第七条 商标电子注册文件归档工作，应当按照国家有关电子文件管理标准执行。

商标电子注册文件应当采用适合长期保存的文件存储格式与元数据一并归档并建立持久有效的关联。

第八条 商标注册档案的管理以卷为保管单位，根据商标业务类型以申请号或者注册号等分别立卷保管。

商标注册档案的建立按照分类、组卷、排列、编号、装订、编目等顺序进行，做到分类清楚、排列有序、目录准确、装订整齐。

第九条 商标注册档案库房应当符合国家有关标准，具备防火、防盗、防高温、防潮、防尘、防光、防磁、防有害生物、防有害气体等保管条件，确保档案的安全。

第十条 商标注册档案的保管期限分为永久和定期两种，具体按照本办法附件《商标注册文件材料归档范围和商标注册档案保管期限表》执行。

对保管期限为永久的商标注册档案，按照国家有关规定向国家档案馆移交。

第十一条 商标电子注册档案可以采用在线或者离线方式保存，并定期备份。在线存储应当使用档案专用存储服务器，离线存储应当确保载体的耐久性。

商标电子注册档案的保管应当符合国家有关标准，通过数据备份、异地容灾等手段保证数据安全。

第十二条 商标局对保管期限届满的商标注册档案应当及时进行鉴定并形成鉴定报告，对仍有保存价值的档案，应当根据实际延长保管期限继续保存；对不再具有保存价值、确定销毁的档案，应当清点核对并编制档案销毁清册，经报国家知识产权局分管商标工作的领导审批后，按照有关规定销毁，销毁清册永久保存。

第十三条 除涉及国家秘密、商业秘密和个人隐私等内容外，任何人可以依照相关规定查阅、复制商标注册档案。

第十四条 开展商标注册档案的整理、数字化服务以及保管等外包工作应当符合国家有关规定。

第十五条 涉及国家秘密、商业秘密和个人隐私等内容的商标注册档案的保管、利用，应当依照国家有关规定办理。

第十六条 违反国家档案管理规定，造成商标注册档案失真、损毁、泄密、丢失的，依法追究相关人员责任；涉嫌犯罪的，移交司法机关依法追究刑事责任。

第十七条 商标局可以依据本办法，结合商标注册档案管理的工作实际制定档案管理工作规程。

第十八条 本办法自公布之日起施行。

附件：商标注册文件材料归档范围和商标注册档案保管期限表

附件

商标注册文件材料归档范围和商标注册档案保管期限表

类别	业务类型	归档范围	保管期限
一、注册申请及后续	商标注册、变更、转让、续展、更正、删减、注销、放弃、合并	商标注册、变更、转让、续展、更正、删减、注销、放弃、合并申请书及主要证明文件、通知书、决定书	永久
	国际注册转国内申请和代替国内注册加注	国际注册转国内申请和代替国内注册加注申请书及主要证明文件、通知书、决定书	永久
二、商标异议	商标异议	商标异议申请书及主要证明文件、通知书、决定书	永久
		商标异议案件证据材料	5年
三、商标撤销	撤销注册商标	撤销连续三年不使用注册商标、撤销成为商品/服务通用名称注册商标申请书及主要证明文件、通知书、决定书，撤销自行改变注册事项注册商标决定书等材料	永久
		撤销连续三年不使用注册商标、撤销成为商品/服务通用名称注册商标案件证据材料	5年
四、商标复审	驳回商标注册申请复审、不予注册复审、异议复审、撤销注册商标复审、注册商标无效宣告复审	驳回商标注册申请复审、不予注册复审、异议复审、撤销注册商标复审、注册商标无效宣告复审申请书及主要证明文件、通知书、决定书	永久
		驳回商标注册申请复审案件证据材料	5年
		不予注册复审、异议复审、撤销注册商标复审、注册商标无效宣告复审证据材料	10年
五、商标无效	注册商标无效宣告	注册商标无效宣告申请书及主要证明文件、通知书、决定书、裁定书	永久
		注册商标无效宣告证据材料	10年
六、其他类		注册商标争议申请书及主要证明文件、通知书、决定书、裁定书	永久
		商标公告	永久
		商标注册簿	永久
		商标信息和程序更正单	永久
		驳回申请材料	5年
		注册商标争议证据材料	10年
		商标专用权质权登记、人民法院查封注册商标材料、商标使用许可备案材料	10年

国家知识产权局关于修改《专利审查指南》的公告

（国家知识产权局第三九一号）

为全面贯彻习近平总书记关于加强知识产权保护的重要指示精神，深化落实“放管服”改革决策部署，积极回应经济科技快速发展对审查规则的诉求，提高专利审查质量和审查效率，国家知识产权局决定对《专利审查指南》作出修改，现予发布，自2021年1月15日起施行。

特此公告。

国家知识产权局

2020年12月11日

国家知识产权局关于修改《专利审查指南》的决定

国家知识产权局决定对《专利审查指南》作如下修改：

一、第二部分第十章第3.5节的修改

将《专利审查指南》第二部分第十章第3.5节修改为：

3.5　关于补交的实验数据

3.5.1　审查原则

判断说明书是否充分公开，以原说明书和权利要求书记载的内容为准。

对于申请日之后申请人为满足专利法第二十二条第三款、第二十六条第三款等要求补交的实验数据，审查员应当予以审查。补交实验数据所证明的技术效果应当是所属技术领域的技术人员能够从专利申请公开的内容中得到的。

3.5.2　药品专利申请的补交实验数据

按照本章第3.5.1节的审查原则，给出涉及药品专利申请的审查示例。

【例1】

权利要求请求保护化合物A，说明书记载了化合物A的制备实施例、降血压作用及测定降血压活性的实验方法，但未记载实验结果数据。为证明说明书充分公开，申请人补交了化合物A的降血压效果数据。对于所属技术领域的技术人员来说，根据原始申请文件的记载，化合物A的降血压作用已经公开，补交实验数据所要证明的技术效果能够从专利申请文件公开的内容中得到。应该注意的是，该补交实验数据在审查创造性时也应当予以审查。

【例2】

权利要求请求保护通式I化合物，说明书记载了通式I及其制备方法，通式I中多个具体化合物A、B等的制备实施例，也记载了通式I的抗肿瘤作用、测定抗肿瘤活性的实验方法和实验结果数据，实验结果数据记载为实施例化合物对肿瘤细胞IC50值在10—100nM范围内。为证明权利要求具备创造性，申请人补交了对比实验数据，显示化合物A的IC50值为15nM，而对比文件1化合物为87nM。对于所属技术领域的技术人员来说，根据原始申请文件的记载，化合物A及其抗肿瘤作用已经公开，补交实验数据所要证明的技术效果能够从专利申请文件公开的内容中得到。应该注意的是，此时，审查员还需要结合补交实验数据进一步分析权利要求请求保护的技术方案是否满足创造性的要求。

二、第二部分第十章第4.2.3节的修改

将《专利审查指南》第二部分第十章第

4.2.3 节最后一段中的“则应写成性能限定型或者用途限定型”修改为“通常需要写成性能限定型或者用途限定型”，将“在某些领域中，例如合金，通常应当写明发明合金所固有的性质和/或用途。”修改为“在某些领域中，例如合金，通常应当写明发明合金所固有的性能和/或用途。”

本节其他内容无修改。

三、第二部分第十章第 5.1 节的修改

将《专利审查指南》第二部分第十章第 5.1 节中的第(1)项修改为：

(1)专利申请要求保护一种化合物的，如果在一份对比文件中记载了化合物的化学名称、分子式(或结构式)等结构信息，使所属技术领域的技术人员认为要求保护的化合物已经被公开，则该化合物不具备新颖性，但申请人能提供证据证明在申请日之前无法获得该化合物的除外。

如果依据一份对比文件中记载的结构信息不足以认定要求保护的化合物与对比文件公开的化合物之间的结构异同，但在结合该对比文件记载的其他信息，包括物理化学参数、制备方法和效果实验数据等进行综合考量后，所属技术领域的技术人员有理由推定二者实质相同，则要求保护的化合物不具备新颖性，除非申请人能提供证据证明结构确有差异。

本节其他内容无修改。

四、第二部分第十章第 6.1 节的修改

将《专利审查指南》第二部分第十章第 6.1 节修改为：

6.1　化合物的创造性

(1)判断化合物发明的创造性，需要确定要求保护的化合物与最接近现有技术化合物之间的结构差异，并基于进行这种结构改造所获得的用途和/或效果确定发明实际解决的技术问题，在此基础上，判断现有技术整体上是否给出了通过这种结构改造以解决所述技术问题的技术启示。

需要注意的是，如果所属技术领域的技术人员在现有技术的基础上仅仅通过合乎逻辑的分析、推理或者有限的试验就可以进行这种结构改造以解决所述技术问题，得到要求保护的化合物，则认为现有技术存在技术启示。

(2)发明对最接近现有技术化合物进行的结构改造所带来的用途和/或效果可以是获得与已知化合物不同的用途，也可以是对已知化合物某方面效果的改进。在判断化合物创造性时，如果这种用途的改变和/或效果的改进是预料不到的，则反映了要求保护的化合物是非显而易见的，应当认可其创造性。

(3)需要说明的是，判断化合物发明的创造性时，如果要求保护的技术方案的效果是已知的必然趋势所导致的，则该技术方案没有创造性。例如，现有技术的一种杀虫剂 A—R，其中 R 为 C1—3 的烷基，并且已经指出杀虫效果随着烷基 C 原子数的增加而提高。如果某一申请的杀虫剂是 A—C4H9，杀虫效果比现有技术的杀虫效果有明显提高。由于现有技术中指出了提高杀虫效果的必然趋势，因此该申请不具备创造性。

(4)创造性判断示例

【例 1】

现有技术：

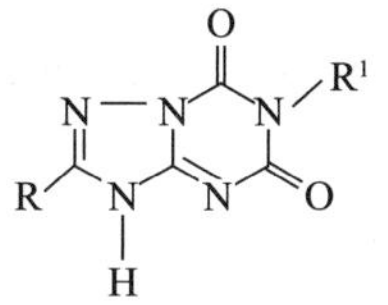

(Ia)

申请：

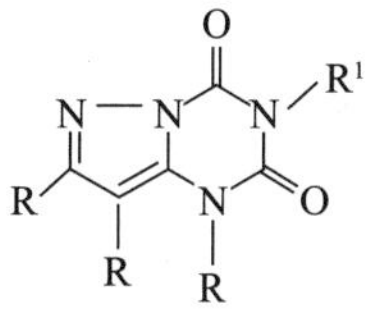

(Ib)

(Ⅰb)与(Ⅰa)的母核结构不同，但二者具有相同的用途。所属技术领域的技术人员通常认为结构接近的化合物具有相同或类似的用途，且结构接近通常是指化合物具有相同的基本核心部分或者基本的环。现有技术中不存在对（Ⅰa）的基本的环进行改造以获得（Ⅰb）且用途不变的技术启示，故（Ⅰb）具有创造性。

【例 2】

现有技术：H2N—C6H4—SO2NHR1（Ⅱa）

申请：H2N—C6H4—SO2—NHCON-HR1（Ⅱb）

（Ⅱb）是在（Ⅱa）NHR1 结构片段中插入了—CONH—，二者用途完全不同，（Ⅱa）磺胺是抗菌素，（Ⅱb）磺酰脲是抗糖尿药。所属技术领域的技术人员没有动机将抗菌素中的 R1 改造为 CONHR1 以获得抗糖尿药，故（Ⅱb）具有创造性。

【例 3】

现有技术：H2N—C6H4—SO2NHCONHR1（Ⅲa）

申请：H3C—C6H4—SO2NHCONHR1（Ⅲb）

（Ⅲa）氨基-磺酰脲与（Ⅲb）甲基-磺酰脲之间仅存在 NH2 与 CH3 的结构差异，两者均为抗糖尿药，且效果相当，（Ⅲb）相对于（Ⅲa）为所属技术领域提供了另一种抗糖尿药。由于 NH2 与 CH3 是经典一价电子等排体，所属技术领域的技术人员为获得相同或相当的抗糖尿活性有动机进行这种电子等排体置换，故（Ⅲb）无创造性。

【例 4】

现有技术：

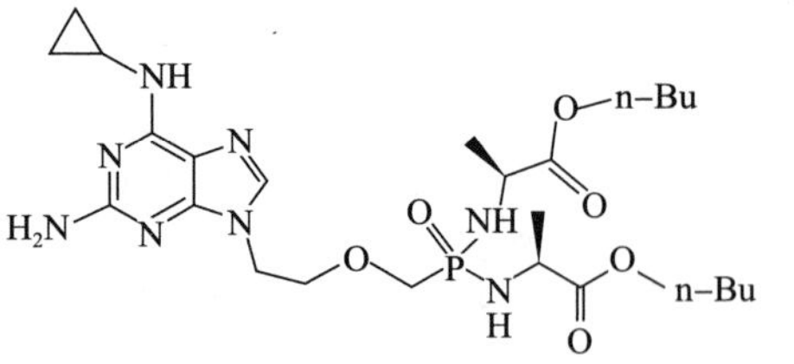

（Ⅳa）

申请：

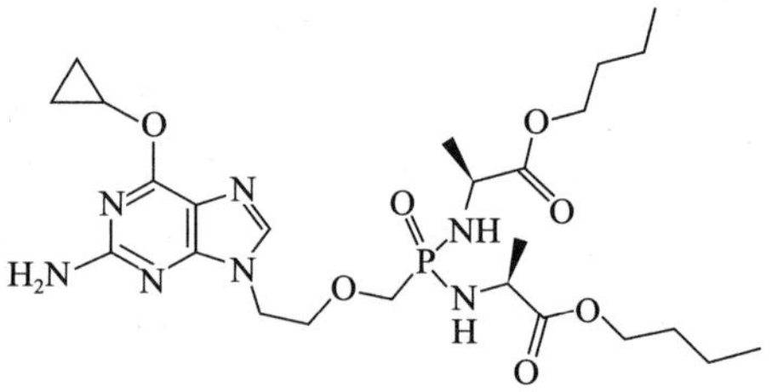

（Ⅳb）

（Ⅳb）与（Ⅳa）化合物的区别仅在于嘌呤 6-位上以—O—替换了—NH—。尽管—O—与—NH—为所属技术领域公知的经典电子等排体，但（Ⅳb）的癌细胞生长抑制活性比（Ⅳa）提高约 40 倍，（Ⅳb）相对于（Ⅳa）取得了预料不到的技术效果，由此反映（Ⅳb）是非显而易见的，故（Ⅳb）具有创造性。

【例 5】

现有技术：

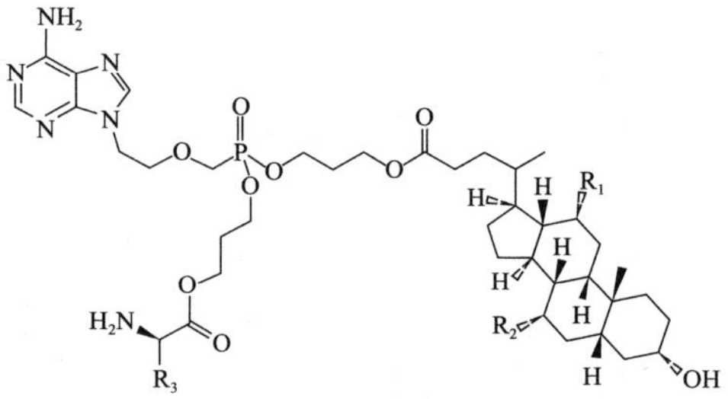

（Ⅴa）

其中 R1 = OH，R2 = H 且 R3 = CH2CH(CH3)2。

申请：

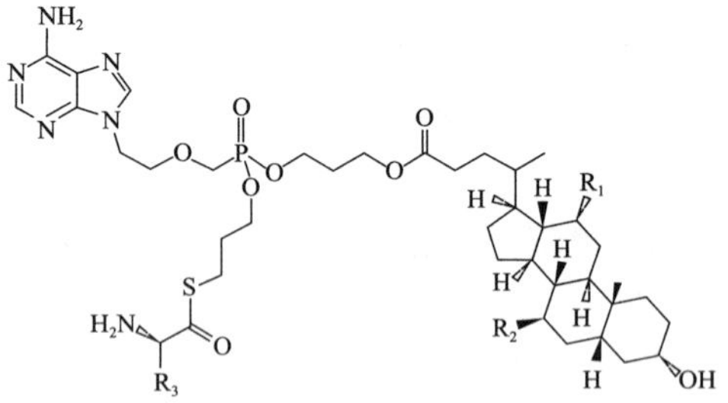

（Ⅴb）

其中 R1 和 R2 选自 H 或 OH，R3 选自 C1—6 烷基，并包括了 R1＝OH，R2＝H 且 R3＝CHCH3CH2CH3 的具体化合物（Ⅴb1）。且（Ⅴb1）的抗乙肝病毒活性明显优于（Ⅴa）。

当要求保护（Ⅴb）通式化合物时，（Ⅴb）与（Ⅴa）的区别仅在于磷酰基烷基与氨基酸残基之间的连接原子不同，(Ⅴb)为—S—，而(Ⅴa)为—O—。(Ⅴb)通式化合物相对于(Ⅴa)为所属技术领域提供了另一种抗乙肝病毒药。由于—S—与—O—性质接近，为获得同样具有抗乙肝病毒活性的其他药物，所属技术领域的技术人员有动机进行这种替换并获得所述(Ⅴb)通式化合物，故(Ⅴb)无创造性。

当要求保护(Ⅴb1)具体化合物时，(Ⅴb1)与(Ⅴa)的区别不仅在于上述连接原子不同，而且R3位取代基亦不相同，(Ⅴb1)的抗乙肝病毒活性明显优于(Ⅴa)。现有技术中不存在通过所述结构改造以提升抗乙肝病毒活性的技术启示，故(Ⅴb1)具有创造性。

五、第二部分第十章第9.2.1节的修改

将《专利审查指南》第二部分第十章第9.2.1节第(4)项中的“其中包括位于我国北京的中国微生物菌种保藏管理委员会普通微生物中心(CGMCC)和位于武汉的中国典型培养物保藏中心(CCTCC)。”修改为“其中包括位于我国北京的中国微生物菌种保藏管理委员会普通微生物中心(CGMCC)、位于武汉的中国典型培养物保藏中心(CCTCC)和位于广州的广东省微生物菌种保藏中心(GDMCC)。”

本节其他内容无修改。

六、第二部分第十章第9.3.1.7节的修改

将《专利审查指南》第二部分第十章第9.3.1.7节修改为：

9.3.1.7　单克隆抗体

针对单克隆抗体的权利要求可以用结构特征限定，也可以用产生它的杂交瘤来限定。

【例如】

(1)抗原A的单克隆抗体，其包含氨基酸序列如SEQ ID NO：1—3所示的VHCDR1、VHCDR2和VHCDR3，和氨基酸序列如SEQ ID NO：4—6所示的VLCDR1、VLCDR2和VLCDR3。

(2)抗原A的单克隆抗体，由保藏号为CGMCC NO：×××的杂交瘤产生。

七、第二部分第十章第9.4.2节的修改

(一)在《专利审查指南》第二部分第十章第9.4.2节创造性标题下新增三段，内容如下：

生物技术领域发明创造性的判断，同样要判断发明是否具备突出的实质性特点和显著的进步。判断过程中，需要根据不同保护主题的具体限定内容，确定发明与最接近的现有技术的区别特征，然后基于该区别特征在发明中所能达到的技术效果确定发明实际解决的技术问题，再判断现有技术整体上是否给出了技术启示，基于此得出发明相对于现有技术是否显而易见。

生物技术领域的发明创造涉及生物大分子、细胞、微生物个体等不同水平的保护主题。在表征这些保护主题的方式中，除结构与组成等常见方式以外，还包括生物材料保藏号等特殊方式。创造性判断需要考虑发明与现有技术的结构差异、亲缘关系远近和技术效果的可预期性等。

以下，示出本领域不同保护主题创造性判断中的一些具体情形。

(二)将《专利审查指南》第二部分第十章第9.4.2.1节第(1)项修改为：

(1)基因

如果某结构基因编码的蛋白质与已知的蛋白质相比，具有不同的氨基酸序列，并具有不同类型的或改善的性能，而且现有技术没有给出该序列差异带来上述性能变化的技术启示，则编码该蛋白质的基因发明具有创造性。

如果某蛋白质的氨基酸序列是已知的，则编码该蛋白质的基因的发明不具有

创造性。如果某蛋白质已知而其氨基酸序列是未知的，那么只要本领域技术人员在该申请提交时可以容易地确定其氨基酸序列，编码该蛋白质的基因发明就不具有创造性。但是，上述两种情形下，如果该基因具有特定的碱基序列，而且与其他编码所述蛋白质的、具有不同碱基序列的基因相比，具有本领域技术人员预料不到的效果，则该基因的发明具有创造性。

如果一项发明要求保护的结构基因是一个已知结构基因的可自然获得的突变的结构基因，且该要求保护的结构基因与该已知结构基因源于同一物种，也具有相同的性质和功能，则该发明不具备创造性。

（三）在《专利审查指南》第二部分第十章第 9.4.2.1 节中增加第(2)项多肽或蛋白质，内容如下：

(2)多肽或蛋白质

如果发明要求保护的多肽或蛋白质与已知的多肽或蛋白质在氨基酸序列上存在区别，并具有不同类型的或改善的性能，而且现有技术没有给出该序列差异带来上述性能变化的技术启示，则该多肽或蛋白质的发明具有创造性。

（四）将《专利审查指南》第二部分第十章第 9.4.2.1 节中的“(2)重组载体”修改为“(3)重组载体”，并在原有内容前插入一段，内容如下：

如果发明针对已知载体和/或插入基因的结构改造实现了重组载体性能的改善，而且现有技术没有给出利用上述结构改造以改善性能的技术启示，则该重组载体的发明具有创造性。

（五）将《专利审查指南》第二部分第十章第 9.4.2.1 节中的“(3)转化体”修改为“(4)转化体”，并在原有内容前插入一段，内容如下：

如果发明针对已知宿主和/或插入基因的结构改造实现了转化体性能的改善，而且现有技术没有给出利用上述结构改造以改善性能的技术启示，则该转化体的发明具有创造性。

（六）将《专利审查指南》第二部分第十章第 9.4.2.1 节中的“(4)融合细胞”修改为“(5)融合细胞”。

（七）将《专利审查指南》第二部分第十章第 9.4.2.1 节中的“(5)单克隆抗体”修改为“(6)单克隆抗体”，并将内容整体修改为：

如果抗原是已知的，采用结构特征表征的该抗原的单克隆抗体与已知单克隆抗体在决定功能和用途的关键序列上明显不同，且现有技术没有给出获得上述序列的单克隆抗体的技术启示，且该单克隆抗体能够产生有益的技术效果，则该单克隆抗体的发明具有创造性。

如果抗原是已知的，并且很清楚该抗原具有免疫原性(例如由该抗原的多克隆抗体是已知的或者该抗原是大分子多肽就能得知该抗原明显具有免疫原性)，那么仅用该抗原限定的单克隆抗体的发明不具有创造性。但是，如果该发明进一步由分泌该抗原的单克隆抗体的杂交瘤限定，并因此使其产生了预料不到的效果，则该单克隆抗体的发明具有创造性。

本节其他内容无修改。

本决定自 2021 年 1 月 15 日起施行。

国家版权局关于规范摄影作品版权秩序的通知

（国版发〔2020〕1号）

各省、自治区、直辖市版权局：

为保护摄影作品著作权人合法权益，规范摄影作品版权秩序，推动摄影作品广泛有序传播，根据《中华人民共和国著作权法》《中华人民共和国著作权法实施条例》《信息网络传播权保护条例》等有关规定，现就有关问题通知如下。

一、摄影作品是著作权法保护的作品之一，应具有独创性，并符合著作权法实施条例第四条第（十）项的特征。

以新闻事件为主题的摄影作品不属于著作权法规定的时事新闻，受著作权法律法规保护。

二、新闻单位、互联网内容提供商、互联网公众账号、图库经营单位、非媒体机构和个人等使用他人摄影作品，应当严格遵守著作权法律法规，取得摄影作品著作权人许可并支付报酬。法律法规另有规定或者当事人另有约定的除外。

未经摄影作品作者许可，不得对摄影作品的构图、色彩等进行实质性修改，不得歪曲篡改摄影作品标题和作品原意。

使用著作权保护期届满的摄影作品，不得侵犯摄影作品作者依法享有的署名权、修改权、保护作品完整权。

三、摄影作品著作权人可以将难以有效行使的权利授权摄影著作权集体管理组织进行管理。著作权集体管理组织经授权后，可以以自己的名义主张权利，并可以作为当事人进行相关诉讼、仲裁活动。

未经批准的任何机构或个人不得擅自从事摄影作品著作权集体管理活动。

四、图库经营单位应当健全版权管理机制，规范版权运营活动，与摄影作品著作权人订立合同，在双方约定的权限范围内行使相关权利。

图库经营单位向用户提供的摄影作品应当权属清晰且获得合法授权，并指明作者及授权方式、授权期限和授权范围等必要信息。

图库经营单位应当合理收取版权许可使用费，并明示使用费价格。

五、图库经营单位应当本着诚实信用的原则开展授权和维权活动，不得对不享有版权的摄影作品虚构版权，不得向他人提供未获授权的摄影作品及主张权利，不得以投机性牟利为目的实施不正当维权行为。

六、图库经营单位对著作权保护期届满及著作权人放弃财产权的摄影作品进行收集、整理、编辑并向用户提供的，应当指明作者及可使用的权利范围等必要信息，且不得侵犯作者依法享有的其他权利，不得以版权许可使用费的名义收取费用。

七、为摄影作品的传播提供服务的网络服务商应当严格遵守《信息网络传播权保护条例》相关规定，提供公开、便捷的维权渠道，及时处理侵权纠纷投诉，切实履行“通知——删除”法律义务。

八、为实施九年制义务教育和国家教育规划而编写出版教科书，除作者事先声明不许使用的外，可以不经著作权人许可，在教科书中汇编已经发表的单幅摄影作品，但应当按照《教科书法定许可使用作品支付报酬办法》相关规定向著作权人或著作权集体管理组织支付报酬，指明作者姓名、作品名称，且不得侵犯著作权人依法享有的其他权利。

九、摄影作品著作权人及使用者、图库经营单位、摄影行业组织等应当共同探索合理、便捷的摄影作品授权体系，进一步完善摄影作品授权交易机制，促进摄影作品的合法有序传播。

摄影行业组织应当在推动版权自律、公平交易、争议调解、合法维权等方面发挥积极作用，并积极探索建设面向中小微企业等用户的微利图库和面向扶贫、科教等领域的公益图库。

十、摄影作品著作权人向著作权行政管理部门进行行政投诉时，应当提交申请书、权利证明、被侵权作品以及其他证据。摄影作品的原件、合法出版物、著作权登记证书、取得权利的合同等，可以作为取得著作权的证据。权利声明、摄影作品上的水印不能单独作为著作权权属的证据。

各级著作权行政管理部门要加强日常监管，加大惩处力度，依法严厉打击摄影作品侵权盗版行为，严肃查处虚构摄影作品版权、进行虚假授权的行为。

本通知自印发之日起实施。

国家版权局

2020 年 5 月 20 日

国家版权局关于进一步做好著作权行政执法证据审查和认定工作的通知

（国版发〔2020〕2 号）

各省、自治区、直辖市版权局，北京市、天津市、上海市、重庆市文化市场综合行政执法部门：

为深入贯彻落实《中共中央办公厅、国务院办公厅印发〈关于强化知识产权保护的意见〉的通知》，进一步加大著作权保护力度，提升著作权行政执法效能，完善著作权行政执法工作机制，减轻权利人维权负担，营造良好营商环境，现就进一步做好著作权行政执法证据审查和认定工作通知如下。

一、关于权利证明

1. 投诉人向著作权行政执法部门投诉时，著作权行政执法部门应当要求投诉人提供其主张的著作权或者与著作权有关的权利的证据。

2. 投诉人提交的下列材料，可以作为著作权或者与著作权有关的权利归属的证据：作品底稿、原件；合法出版物；著作权登记证书；取得权利的合同；国家著作权行政管理部门指定的著作权认证机构或者著作权集体管理组织出具的著作权认证文书；其他可以据以推定权利归属的证明材料。

3. 著作权行政执法部门应当查明投诉人提出权利主张的作品、表演或录音制品受《中华人民共和国著作权法》保护且尚在保护期内。如无相反证据，著作权行政执法部门应当推定投诉人主张的著作权或者与著作权有关的权利存在于该作品、表演或录音制品中。

4. 如无相反证据，以通常方式署名的作者、出版者、表演者或录音制作者，著作权行政执法部门应当推定为该作品、表演或录音制品的著作权人或者与著作权有关的权利人。

5. 著作权行政执法部门在依据本通知第 4 条推定权利归属时，如被投诉人无法提交相反证据，不再要求投诉人为证明其权利归属、已取得许可或者被投诉人的行为构成侵权而提交著作权或者与著作权有关的权利的许可、转让协议或者其他书面证据。

二、关于侵权证据

6. 投诉人向著作权行政执法部门投

诉时，著作权行政执法部门应当要求投诉人提供被投诉人侵犯其著作权或者与著作权有关的权利的证据。

7. 投诉人提交的下列材料，可以作为其提出权利主张的作品、表演或录音制品被侵权的证据：侵权作品、表演或录音制品和购买记录；涉及侵权行为的账目、合同和加工、制作单据；证明侵权行为的照片、视频或网页截图；证明出版者、复制发行者伪造、涂改授权许可文件或者超出授权许可范围的证据；其他能够证明侵权行为的材料。

三、关于侵权认定

8. 投诉人提交权利证明文件以及侵权证据等相关证据材料后，被投诉人主张已经取得著作权人或者与著作权有关的权利人许可的，应当提交取得许可的证据，著作权行政执法部门应当进行调查核实。被投诉人不能提交上述证据且现有证据足以支持侵权认定的，或者被投诉人提交的证据不足以证明取得许可的，著作权行政执法部门应当认定被投诉人的行为构成侵权。

9. 复制品的出版者、制作者不能证明其出版、制作有合法授权的，复制品的发行者不能证明其发行的复制品有合法来源的，著作权行政执法部门应当认定其行为构成侵权。

10. 根据投诉人提交的权利证明文件以及侵权证据，著作权行政执法部门能够直接认定被投诉人的行为构成侵权的，无需委托鉴定机构进行鉴定。

11. 著作权行政执法部门依法查处通过虚构授权、虚假授权等方式非法传播他人作品的侵权行为，依法规范权属不清、不正当维权等行为。

国家版权局

2020 年 11 月 15 日

国家林业和草原局公告

（2020 年第 22 号）

根据《中华人民共和国植物新品种保护条例》《中华人民共和国植物新品种保护条例实施细则（林业部分）》的规定，现将《中华人民共和国植物新品种保护名录（林草部分）（第七批）》（见附件）予以公布，自2021 年 1 月 1 日起施行。

特此公告。

国家林业和草原局

2020 年 12 月 8 日

中华人民共和国植物新品种保护名录（林草部分）（第七批）

序号	种或者属名	学名
1	蓍属	*Achillea* L.
2	百子莲属	*Agapanthus* L'Hér.
3	冰草属	*Agropyron* Gaertn.
4	楤木属	*Aralia* L.

续表

序号	种或者属名	学名
5	艾	*Artemisia argyi* Lévl. & Van.
6	落新妇属	*Astilbe* Buch.-Ham. ex D. Don
7	秋海棠属	*Begonia* L.
8	秋枫属	*Bischofia* Blume
9	野海棠属	*Bredia* Blume
10	雀麦属	*Bromus* L.
11	舞春花属	*Calibrachoa* Cerv.
12	夏蜡梅属	*Calycanthus* L.
13	薹草属	*Carex* L.
14	莸属	*Caryopteris* Bunge
15	卡特兰属	*Cattleya* Lindl.
16	蓝雪花属	*Ceratostigma* Bunge
17	菊属	*Chrysanthemum* L.
18	君子兰属	*Clivia* Lindl.
19	柏木属	*Cupressus* L.
20	青冈属	*Cyclobalanopsis* Oerst.
21	青钱柳属	*Cyclocarya* Iljinsk.
22	兰属	*Cymbidium* Sw.
23	杓兰属	*Cypripedium* L.
24	大丽花属	*Dahlia* Cav.
25	石斛属	*Dendrobium* Sw.
26	溲疏属	*Deutzia* Thunb.
27	石竹属	*Dianthus* L.
28	油棕	*Elaeis gunieensis* Jacq.
29	木香薷	*Elsholtzia stauntonii* Benth.
30	披碱草属	*Elymus* L.
31	吊钟花属	*Enkianthus* Lour.
32	银钟花属	*Halesia* J. Ellis ex L.
33	向日葵属	*Helianthus* L.
34	铁筷子属	*Helleborus* L.
35	萱草属	*Hemerocallis* L.
36	刺榆属	*Hemiptelea* Planch.
37	矾根属	*Heuchera* L.

续表

序号	种或者属名	学名
38	凤仙花属	*Impatiens* L.
39	鸢尾属	*Iris* L.
40	薰衣草属	*Lavandula* L.
41	羊草	*Leymus chinensis*（Trin.）Tzvel.
42	补血草属	*Limonium* Mill.
43	羽扇豆属	*Lupinus* L.
44	澳洲坚果	*Macadamia integrifolia* Maiden & Betche
45	十大功劳属	*Mahonia* Nutt.
46	苜蓿属	*Medicago* L.
47	陀螺果属	*Melliodendron* Hand.-Mazz.
48	九里香属	*Murraya* J. Koenig
49	玉叶金花属	*Mussaenda* L.
50	牛至属	*Origanum* L.
51	兜兰属	*Paphiopedilum* Pfitzer
52	重楼属	*Paris* L.
53	银缕梅属	*Parrotia* C. A. Meyer
54	狼尾草属	*Pennisetum* Rich.
55	鳄梨	*Persea americana* Mill.
56	蝴蝶兰属	*Phalaenopsis* Blume
57	山梅花属	*Philadelphus* L.
58	余甘子	*Phyllanthus emblica* L.
59	风箱果属	*Physocarpus*（Cambess.）Raf.
60	马醉木属	*Pieris* D. Don
61	草地早熟禾	*Poa pratensis* L.
62	黄精属	*Polygonatum* Mill.
63	马齿苋属	*Portulaca* L.
64	报春花属	*Primula* L.
65	报春苣苔属	*Primulina* Hance
66	白辛树属	*Pterostyrax* Siebold & Zucc.
67	棕竹属	*Rhapis* L. f. ex Aiton
68	茶藨子属	*Ribes* L.
69	鼠尾草属	*Salvia* L.
70	无忧花属	*Saraca* L.

续表

序号	种或者属名	学名
71	黄芩属	*Scutellaria* L.
72	景天属	*Sedum* L.
73	白鹤芋属	*Spathiphyllum* Schott
74	安息香属	*Styrax* L.
75	车轴草属	*Trifolium* L.
76	雷公藤	*Tripterygium wilfordii* Hook. f.
77	万代兰属	*Vanda* Jones ex R. Br.
78	结缕草属	*Zoysia* Willd.

2020年度知识产权系统典型案例

2020年度专利复审无效十大案件

案例1 “β-阻断剂在制备用于治疗血管瘤药物中的用途”发明专利权无效宣告请求案

一、案情介绍

涉案专利名称为“β-阻断剂在制备用于治疗血管瘤药物中的用途”，专利号为ZL200880111892.5，专利权人为波尔多大学，无效宣告请求人为亚宝药业集团股份有限公司。

药品是一种特殊商品，关系公众的身体健康和生命安全，广受老百姓关注。药品发明专利包括新药物、新制备方法和新用途，本案涉及的是使用萘心安治疗婴幼儿血管瘤的药品新用途发明。婴幼儿血管瘤是婴幼儿最常见的良性肿瘤，在本专利申请日之前尚缺乏有效的治疗方法，主要通过外科手术、激素进行治疗，效果欠佳。萘心安原是一种传统的治疗心血管疾病的β-阻断剂类药物，安全性较高。2008年，发明人在治疗患儿的其他疾病时意外发现萘心安可用于治疗婴幼儿血管瘤，该新用途的发现被业界公认为开启了婴幼儿血管瘤治疗的全新篇章。

本案审理过程中涉及多个法律问题，包括权利要求中特定技术术语的理解，说明书是否充分公开了萘心安在治疗婴幼儿血管瘤疾病的治疗效果以及对已知药物的新用途发明的创造性判断等。

经审理，国家知识产权局作出第46004号无效宣告请求审查决定，在专利权人提交的修改文本的基础上维持专利权有效。

二、典型意义

本案综合考虑专利说明书的记载和现有技术公开的内容，从相关证据中梳理技术发展脉络，从而确定提出申请时特定技术术语在该技术领域中的含义，并据此廓清权利要求的保护范围，为类似案件的处理提供参考借鉴。本案还阐释了对于“老药新用”类发明，在创造性评判时需要全面考虑体内生理环境的复杂性、致病机理的多样性和不确定性等因素，避免出现沿着已知药理学、病理学的蛛丝马迹而反推本专利技术方案的“事后之明”。

案例2 “利用直流/DC电源的分布式功率收集系统”发明专利权无效宣告请求系列案

一、案情介绍

本系列无效宣告请求案件共涉及两项专利权，名称分别为“利用直流电源的分布式功率收集系统”“使用DC电源的分布式功率收集系统”，专利号分别为ZL200780045351.2、ZL201210253614.1，专利权人均为太阳能安吉科技有限公司，无效宣告请求人均为华为技术有限公司。

光伏产业是近年来发展迅速的新兴产业。本系列案专利权人和请求人均为光伏发电领域知名企业，两公司的光伏逆变器和优化器产品发货量均在全球排名前三，为该领域全球最主要的竞争对象。近几年，两公司在国内外相互发起多起无效宣告和侵权纠纷，对业界产生了广泛影响。

本系列案件审理过程中涉及两个疑难问题：一是如何准确合理地理解权利要求中的争议技术特征；二是如何客观把握技术启示的判断，以最大限度地避免在创造性判断中带入主观因素。

经审理，国家知识产权局作出第47398号和第47400号无效宣告请求审查决定，宣告上述两项专利权无效。

二、典型意义

本系列案诠释了在专利确权程序中，对理解存在争议的技术特征，应站位本领域技术人员，以专利公开的内容为基础，以本领域的通常含义来理解，在充分考虑双方当事人意见基础上作出准确认定。这样既可以厘清专利发明构思的应有之义，又可以保障公众的信赖利益。本系列案还诠释了在判断技术启示时，如何考量其他现有技术与最接近现有技术之间是否能够架起技术上结合的"桥梁"，最终实现对权利要求创造性的客观评判。本系列案的审查对于推动企业积极参与市场竞争、促进光伏产业的健康发展具有重要的现实意义。

案例3 "板材上下料装置及手机玻璃加工中心"发明专利权无效宣告请求案

一、案情介绍

涉案专利名称为"板材上下料装置及手机玻璃加工中心"，专利号为ZL201520396790.X，专利权人为苏州恒远精密数控设备有限公司，无效宣告请求人为深圳市创世纪机械有限公司。

制造业是实体经济的主体，在发展方式由规模速度型向质量效益型转变过程中，技术创新起到至关重要的作用。涉案专利涉及一种手机玻璃加工装置，主要应用于各种超薄玻璃的精细加工，在消费电子领域具有巨大市场。本案专利权人和无效宣告请求人均是国内致力于精密数控机床研发、生产、销售的知名企业，是全球最大的手机玻璃面板生产商伯恩光学的产品供应商。伯恩光学更是占据全球手机玻璃面板60%以上的市场份额，是苹果、华为、三星等品牌的零部件供应商。因此，双方的专利纠纷微观来看影响着涉案两家公司及其上下游产业、销售链，宏观上看也是制造业发展方式转变过程中技术创新和专利价值的缩影。

本案审理过程涉及对权利要求技术方案的理解、创造性技术启示的判断，以及使用公开证据链的认定等诸多法律问题。

经审理，国家知识产权局作出第35297号无效宣告请求审查决定书，维持该专利权有效。

二、典型意义

本案阐释了在创造性的审查过程中，要从现有技术"整体"考量是否存在技术启示，而不能将现有技术中的手段进行简单叠加或拼凑。如果最接近的现有技术本身不存在改进的基础，那么即使另一份现有技术公开了能够实现相应作用的区别技术特征，本领域技术人员也没有动机将上述现有技术进行结合。本案还深入分析了在专利无效程序中如何判断使用公开的证据是否构成完整的证据链。本案不仅对类案审查具有借鉴意义，对创新主体深入了解专利无效制度和保护自身知识产权也有指导价值。

案例4 “一种驱动液态镜头的音圈马达及其镜头组”实用新型专利权无效宣告请求案

一、案情介绍

涉案专利名称为“一种驱动液态镜头的音圈马达及其镜头组”，专利号为ZL201820385939.8，专利权人为爱佩仪(东莞)光电科技有限公司，无效宣告请求人为华为技术有限公司。

随着手机产品的更新迭代，其在人们生活中的作用已不再是一种满足通话功能的基础通信设备，社交、娱乐、工作……越来越多的属性被附加到这类产品中。与此同时，对于实现拍照、录像等功能的手机硬件的要求也越来越高。本案涉及可应用于移动通信设备等领域的液态镜头。液态镜头是近年来逐渐发展起来的新型镜头，不仅能在对焦和防抖方面提升图像质量，而且占用空间小，可实现手机轻薄化设计，是手机镜头未来的发展方向，具有巨大的市场前景。因此，众多手机生产商争先抢滩，围绕液态镜头相关技术进行专利布局。

本案的主要争议焦点在于美国临时申请能否作为中国专利申请的优先权基础，以及本专利和对比文件的技术方案是否相同。由于涉及新兴技术，可供参考的背景技术资源较少，对比文件的公开日期与本专利的申请日非常接近，对技术方案的理解和把握存在一定的困难和挑战。

经审理，国家知识产权局作出第46459号无效宣告请求审查决定，在专利权人提交的修改文本的基础上维持专利权有效。

二、典型意义

本案详细阐释了美国临时申请可以作为中国专利申请的外国优先权基础的理由。本案还阐述了在新颖性评述中，应该基于本领域技术人员对技术发展一般规律的认知，注重技术方案的整体性，准确把握技术方案的实质，从而分析判断两者技术方案是否相同。

案例5 “无线通信系统”发明专利权无效宣告请求案

一、案情介绍

涉案专利名称为“无线通信系统”，专利号为ZL01819676.4，专利权人为夏普株式会社(以下简称夏普公司)，无效宣告请求人为OPPO广东移动通信有限公司(以下简称OPPO公司)。

通信领域技术发展快、社会影响大，专利“战火”连绵不断。2020年，夏普公司先后在多地发动针对OPPO公司的一系列专利侵权诉讼。为应对夏普公司“意在市场”的专利诉讼，OPPO公司针对相关专利提出了多件无效宣告请求。该系列专利纠纷因涉及专利数量多、经济利益大，受到了业界广泛关注。本案即是双方“专利大战”中的一件。

本案审理过程中，专利权人对权利要求作了修改。双方的争议焦点在于无效程序中关于权利要求中明显错误的认定，以及如何理解和把握专利审查指南中“权利要求的进一步限定”式修改的要求。

经审理，国家知识产权局作出第46741号无效宣告请求审查决定，宣告涉案专利无效。

二、典型意义

本案涉及在无效程序中对权利要求中明显错误的修改的审查标准，即修改后的内容应该是根据说明书和权利要求的记载可以直接、毫无疑义确定的唯一答案，并不存在作其他解释或修改的可能。本案还从《专利审查指南》中对“权利要求的进一步限定”式修改的目的与要求出发，结合涉案专利的技术实质，充分论述了该修改方式不仅要求在形式上增加新的技术特征，而且要求在实质上针对授权公告权利要求的主题作出进一步缩小保护范围的修改。

案例6 "用于移动通信终端的图形用户界面"外观设计专利权无效宣告请求案

一、案情介绍

涉案专利名称为"用于移动通信终端的图形用户界面",专利号为ZL201830455426.5,专利权人为北京金山安全软件有限公司(以下简称金山公司),无效宣告第一请求人为上海触乐信息科技有限公司(以下简称触乐公司),第二请求人为上海萌家网络科技有限公司(以下简称萌家公司)。

图形用户界面(GUI)自2014年被纳入外观设计保护客体以来,引发了业内外人士对审查标准的关注和争论,同时也促进了审查标准的不断修订和完善。本案专利涉及一种输入法的图形用户界面。随着移动终端应用商店中输入法应用的大量出现,围绕输入法应用的GUI的专利纠纷也"燃起战火"。2019年,金山公司主张触乐公司的"触宝输入法"的GUI、萌家公司的"趣键盘输入法"的GUI、北京智慧章鱼有限公司的"章鱼输入法"的GUI侵犯其专利权,向上海知识产权法院提起侵权诉讼。随后,这3家公司先后多次就涉案专利向国家知识产权局提起无效宣告请求。

本案涉及GUI外观设计专利的多个判断难点,包括如何确定GUI外观设计专利的保护范围、是否属于专利法保护的客体、设计特征的组合能否成立、静态GUI和动态GUI如何判断等。

经审理,国家知识产权局作出第44580号和第44582号无效宣告请求审查决定,宣告涉案专利设计1—7无效,在设计8—10的基础上维持专利权有效。

二、典型意义

本案阐明了在现行法律框架下,确定没有显示图案的GUI空白区域的保护范围时,其界面视图(特别是空白区域)和交互方式的确定需要结合图片和简要说明作客观分析和判断。本案的指导意义在于,指引创新主体进行GUI外观设计专利申请时需根据GUI类型明确其保护重点,以便清晰界定其保护范围。

案例7 "丁苯酞环糊精或环糊精衍生物包合物及其制备方法和用途"发明专利权无效宣告请求案

一、案情介绍

涉案专利名称为"丁苯酞环糊精或环糊精衍生物包合物及其制备方法和用途",专利号为ZL02123000.5,专利权人为石药集团中奇制药技术(石家庄)有限公司和石药集团恩必普药业有限公司,无效宣告请求人为张某颖。

涉案专利涉及国产创新药丁苯酞,该药是我国第三个自主研发的一类新药,是全球第一个以"缺血性脑卒中治疗"为主要适应症的全新化学药物。丁苯酞系列药物曾获"国家战略性创新产品"证书,多年占据国产创新药的首要地位。丁苯酞注射液从2010年4月获批生产以来,因其可以直接静脉滴注,给药依从性好、起效快,受到医疗界和患者的广泛认可。然而丁苯酞本身呈油性,将丁苯酞制成注射剂,必须首先解决其不溶于水的问题。涉案专利使用羟丙基-β-环糊精包合丁苯酞,制成了一种改善丁苯酞水溶性的包合物,解决了丁苯酞难溶于水的问题。本案中双方的主要争议焦点在于对其创造性的认定。

经审理,国家知识产权局作出第43478号无效宣告请求审查决定,维持专利权有效。

二、典型意义

化学药品的价值在很大程度上取决于

技术效果，技术效果是判断化学药品发明创造性的重要因素。本案在深入理解现有技术的基础上，挖掘实验数据背后所反映的技术信息，站位本领域技术人员，恰当认定药物所具备的医学价值，对于准确评价化学药品发明的创造性，尤其是对于已知化合物的改进型发明如何评价其创造性具有一定的借鉴意义。

案例8 “一种移动电源的租借方法、系统及租借终端”发明专利权无效宣告请求案

一、案情介绍

涉案专利名称为“一种移动电源的租借方法、系统及租借终端”，专利号为ZL201580000024.X，专利权人为深圳来电科技有限公司和北京博合智慧科技有限公司。针对该专利，深圳街电科技有限公司、挚享科技（上海）有限公司和深圳市云充吧科技有限公司分别提出了无效宣告请求。

共享充电宝是在“共享”风口上出现的全新细分行业。据统计显示，共享充电宝的总用户规模从2017年的0.8亿人增长到2020年的2.9亿人，四年时间用户规模接近翻两番。就市场主体而言，目前逐步形成了由来电、街电、小电、怪兽四家公司组成的“三电一兽”的市场格局。本案专利权人和请求人均是本行业内的头部厂商，自2017年起展开了一系列专利纠纷，涉及30多个案件，索赔总额超过6000万元。

涉案专利涉及共享充电宝领域的基础技术，是共享充电宝系列专利纠纷的重头戏。自2017年8月1日起至本案被提出，本专利先后8次被提起无效宣告请求，其审理结论对市场具有较大影响，受到业界广泛关注。本案的审理焦点在于对商业规则和方法相关的发明专利的审查思路，是新业态、新领域专利保护的生动实例。

经审理，国家知识产权局作出第44977号和第44984号无效宣告请求审查决定，维持专利权有效。

二、典型意义

本案对新业态、新领域商业方法类发明专利的创造性判断标准具有示范作用。针对此类专利进行创造性判断时，如果区别特征为商业规则和方法特征，不应将其与技术特征简单割裂开来，一味地否定商业规则和方法特征的作用，而应从两者是否存在相互作用的角度进行考量，判断商业规则和方法特征与技术特征之间是否通过相互支持、相互作用解决了相应的技术问题并能够带来相应的技术效果。本案体现了涉及商业方法的微创新发明创造的创造性判断思路，对类案的审查具有指导意义，有利于加强新业态、新领域创新成果的知识产权保护。

案例9 “平针针织机”发明专利权无效宣告请求案

一、案情介绍

涉案专利名称为“平针针织机”，专利号为ZL201610534695.0，专利权人为H.斯托尔股份两合公司，无效宣告请求人为株式会社岛精机制作所。

中国是世界上最大的纺织品服装生产和出口大国，纺织行业的企业利润总额达千亿元。本案专利涉及的平针针织机是纺织行业内一种重要的生产设备，能够生产图案丰富的高附加值产品，市场竞争激烈。双方当事人均是针织机领域的知名公司，在多个国家和地区均占有较大市场份额。因市场竞争关系，双方当事人分别针对对方专利权提起多个无效宣告请求，本案即是其中之一。

本案涉及多个争议焦点，包括涉案专利说明书是否充分公开了要求保护的技术方案、权利要求是否清楚以及相对于现有技术是否具备新颖性和创造性等。

经审理，国家知识产权局作出第 47197 号无效宣告请求审查决定，维持专利权有效。

二、典型意义

正确理解权利要求是专利授权确权审查的基础，本案明确了在说明书未对某术语给出特别界定的情况下，对权利要求中术语的理解应当考虑所属领域的通常含义，以及在涉案专利语境下，该通常含义与本领域技术人员根据说明书及附图得到的内容是否一致。同时，对于技术术语的理解，可进一步结合涉案专利的“内部证据”，例如优先权文本，探知其真实含义。本案通过对专利权的保护范围进行明确界定，给予专利权人与其创新高度和贡献程度相适应的保护，体现出确权程序中既严格保护知识产权又维护社会公共利益的审查理念。

案例 10 “取代的噁唑烷酮和其在血液凝固领域中的应用”发明专利权无效宣告请求案

一、案情介绍

涉案专利名称为“取代的噁唑烷酮和其在血液凝固领域中的应用”，专利号为 ZL00818966.8，专利权人为拜耳知识产权有限责任公司（以下简称拜耳公司），无效宣告请求人为南京正大天晴制药有限公司（以下简称正大天晴公司）。

仿制药在我国具有巨大的市场，但仿制药上市，不仅需要获得国家行政部门的许可，还取决于是否受到相关专利的制约。本案专利涉及一种新型口服抗凝药物——“利伐沙班”，原研药由拜耳公司与强生公司联合开发。“利伐沙班”广泛用于静脉血栓栓塞性疾病的预防与治疗，以及非瓣膜性房颤的卒中预防。2019 年，正大天晴公司提交了“利伐沙班片”的上市申请并获得 NMPA 批准，是国内首个拿到该品种仿制药上市资格的厂家。截至本案被提起时，已有 16 家国内药企获得仿制药注册批件。“利伐沙班”原研化合物专利已于 2020 年底到期，但拜耳对原料药销售和许诺销售行为的大力维权举措仍在进行，专利侵权诉讼涉及多家国内知名药企，涉案专利的有效性仍是争议的焦点。作为专利侵权诉讼的当事人之一，正大天晴公司于 2019 年 12 月针对涉案专利提起无效宣告请求。本案涉及化合物创造性判断中的诸多焦点问题。

经审理，国家知识产权局作出第 45997 号无效宣告请求审查决定，在专利权人提交的修改文本的基础上维持专利权有效。

二、典型意义

本案诠释了化合物领域如何适用创造性的审查标准，即从寻找最接近现有技术出发，探究药物化合物发明的起点，分析要求保护的化合物与最接近现有技术的结构差异，进而基于这种结构改造所获得的用途和/或效果来确定专利实际解决的技术问题，从而确立“创造性三步法”中显而易见性判断的基础。本案对于化学领域的专利授权确权审查具有指导作用，同时也有助于创新主体深入了解类案审理思路，进而有效地保护其合法权益。

供稿：国家知识产权局专利局
复审和无效审理部

2020 年度商标异议和评审典型案例

案例 1 第 33953937 号“中智行”商标异议案

一、基本案情

异议人：中智行科技有限公司

被异议人：徐某杰

被异议商标：中智行

异议人主要异议理由：被异议商标侵犯了异议人的在先字号权；被异议人恶意

抢注异议人在先使用的“中智行”商标；被异议人在多个类别上申请注册了170余件商标，其中多件商标与他人在先字号完全相同。被异议人不以使用为目的，违反诚实信用原则，扰乱了正常的商标注册秩序，损害了公共利益。

被异议人未在规定期限内作出答辩。

经审查，国家知识产权局商标局认为，被异议商标“中智行”指定使用于第39类“货运；河运”等服务上。异议人称被异议人恶意抢注其在先使用并有一定影响的商标，并侵犯其在先字号权，但异议人提供的证据不足以证明在被异议商标申请日前，异议人已于“货运；河运”等相同或类似的服务上在先使用“中智行”商标、商号并具有一定影响，异议人上述异议理由不成立。但经查，被异议人先后在20多个商品或服务类别上申请注册了170余件商标，其中数十件商标与他人企业字号相同或近似，如“科旭业”“博盛尚”“瞬知”“禧涤”“VEONEER”“安软慧视”“锱云科技”等，被异议人并未提交上述商标使用证据及创作来源，亦未提供其意图使用上述商标的证据，其申请注册商标数量、类别明显超出了市场主体的正常需求。结合被异议商标与异议人具有一定独创性的字号文字完全相同的事实，可以认定被异议人申请被异议商标的行为已构成《商标法》第4条所指的“不以使用为目的的恶意商标注册申请”之情形。依据《商标法》第4条、第35条规定，被异议商标不予注册。

二、案件评析

本案焦点问题在于如何判断是否构成“不以使用为目的的恶意申请”。如何把握“不以使用为目的”和“恶意”两个要件，应综合考虑申请人的行业特点、经营范围、经营资质等基本情况；申请人商标注册申请的数量、类别跨度和时间跨度等整体情况；商标注册申请的具体构成、实际使用情况以及申请人是否存在恶意注册等多方面因素，综合判断其申请是否明显不符合商业惯例、明显超出正当经营需要和实际经营能力以及明显具有牟取不正当利益之意图。

本案中，被异议人作为一名自然人，先后在20多个商品或服务类别上申请注册了170余件商标，其申请注册商标指定商品或服务类别行业跨度较大，如第33类“白酒”、第5类“人用药”等；其中包含了有较强行业属性及资质要求的特殊类别，如第7类“金属加工机械”、第36类“保险咨询”、第38类“无线广播服务”等；被异议人申请商标的数量、类别明显超出了市场主体的正常需求，且存在大量涉嫌抄袭、模仿新兴科学技术行业企业字号的行为。被异议人申请注册商标与他人在先使用且显著性较强的商标或字号近似程度之高、数量之多，实难谓巧合；且被异议人亦未能举证证明被异议商标为其独立创作完成或说明其商标设计创意来源，亦未提交上述商标的使用证据。因此，可以认定被异议商标的申请注册属于《商标法》第4条“不以使用为目的的恶意商标注册申请”之情形，不应予以核准注册。

三、典型意义

本案是一件运用《商标法》第4条对不以使用为目的恶意申请商标行为予以规制的案件。该条款的成立需要被异议人的申请注册商标达到一定数量，但并没有绝对量化的标准，也不应简单地从申请数量去判断，而应从申请商标的“量”与“质”等多个维度去考量、评价申请人的商标注册申请行为。本案中被异议人申请注册数量并未达到特别巨大，但综合考虑其注册类别、数量，明显超出其自身的正常需求和经营能力，并且包括多件与他人企业字号完全相同的商标，且未提交上述商标使用证据及商标创作来源，其行为亦不属于为了开拓市场而进行的合理商标储备。综上，可以认为被异议人的注册申请行为构成《商标法》第4条所指情形。

案例 2 第 31919844 号“草薙家族草薙京冒菜”商标异议案

一、基本案情

异议人：日商 SNK 股份有限公司

被异议人：李某军

被异议商标：草薙家族草薙京冒菜

指定使用服务：第 43 类“咖啡馆、餐厅、快餐馆、酒吧服务、活动房屋出租”等。

异议人主要理由：“草薙京”是异议人《拳皇》等作品中独创的重要角色名称，被异议商标的申请注册侵犯其享有的合法在先权益，违反《商标法》第 32 条的规定。被异议人未在规定期限内答辩。

经审查，国家知识产权局商标局认为：在案证据显示，“草薙京”是异议人《拳皇》系列中的核心虚拟人物。《拳皇 94——初现峥嵘》游戏于 1994 年在 MVS 游戏机板上开始发售，并陆续推出《拳皇》系列游戏延续至今。异议人在 2013 年开放中文官方网站，并入驻新浪微博和腾讯微博两大互动平台，将《拳皇》系列游戏推进中国市场，进一步扩大了这款系列游戏在我国的影响力。“草薙京”作为这款系列游戏中的虚拟人物角色名称，经由异议人运营和长期宣传使用已成为具有明确指向性、对应性以及较高商业价值的名称，该名称包含的财产价值与经济利益，本质上来源于异议人的智力创作与资本投入，应由异议人享有。被异议商标完整包含异议人具有较强独创性和一定知名度的角色名称，易使相关公众认为被异议商标指定使用服务来源于“草薙京”角色名称的相关权利人或与其具有特定联系，进而产生混淆误认，使被异议人获取本应属于异议人的交易机会。被异议人申请注册被异议商标的行为不当利用了异议人所创立角色的知名度及影响力，可能会使异议人丧失因该角色名称所带来的商业价值或商业机会，对异议人在先权益造成损害，被异议商标的申请注册已构成《商标法》第 32 条所指“损害他人现有的在先权利”之情形。依据《商标法》第 32 条、第 35 条规定，被异议商标不予注册。

二、案件评析

本案焦点问题在于被异议商标是否损害异议人“草薙京”角色名称相关权益，构成《商标法》第 32 条所指“损害他人现有的在先权利”的情形。

知名角色名称具有较高的商业价值，不予保护将减损权利人财产性利益，具有法律保护的必要性和正当性。本案异议人是《拳皇》（*THE KING OF FIGHTERS*）等对战性系列格斗游戏的知名游戏研发运营公司，“草薙京”为异议人知名系列游戏《拳皇》中核心角色名称。被异议商标指定使用的第 43 类“咖啡馆、餐厅、快餐馆、酒吧服务、活动房屋出租”等服务与网络游戏的消费群体均以年轻人居多，而且在游戏、电竞等服务场所，在提供相关服务的同时通常也会为游戏玩家提供餐饮甚至食宿等服务，在消费群体和消费场所等方面具有较高的重合度和关联性。本案被异议商标完整包含异议人具有较强独创性和知名度的角色名称，被异议人未就商标创作来源作出合理解释并提供相应证据。被异议人未经许可申请注册被异议商标易使相关公众认为被异议商标指定使用服务来源于“草薙京”角色名称相关权利人或与其具有特定关联，进而产生混淆误认，不仅侵占真正智慧成果创作者潜在的商业利益和交易机会，而且不利于维护公平竞争的市场秩序。因此，被异议商标的注册损害了异议人的“草薙京”角色名称权益。

三、典型意义

游戏产业是全球范围内发展最为迅猛的文化产业之一，因其承载巨大的商业利益，由此产生的知识产权纠纷增长迅速。本案是在网络游戏衍生服务上对网络游戏角色名称权益给予商标法保护的典型案例。在判断申请注册的商标是否损害他人角色名称权益时，需要综合考虑角色名称的知名度和影响力以及是否存在混淆误认的可能性。角色名称的保护范围与其知名度和影响力成正比，知名度越高，影响力越强，则混淆误认的可能性越大，保护范围越宽。当前商业环境下，游戏中角色名称衍生产品和衍生服务发展日益多元化。当申请注册的商标指定使用的商品或服务与他人角色名称衍生产品或者衍生服务具有重合可能性时，应当从保护角色名称承载的正当利益、防止相关公众误认的角度出发，坚决制止不正当竞争行为，以保护市场主体创新创造的意愿和动力，促进市场经济的创新繁荣发展。

案例3　第24438839号“亮神”商标异议案

一、基本案情

异议人：永康市杜德工贸有限公司

被异议人：芜湖乌梢蛇商贸有限公司

被异议商标：**亮神**

异议人主要理由：被异议商标与异议人第9807838号“亮神 LIANGSHEN 及图”商标构成类似商品上的近似商标。被异议商标的注册已构成对异议人在先使用并有一定影响的商标的抢注。被异议人及其关联公司恶意囤积商标高达2000余件，多为天猫旗舰店品牌，不具备注册商标应有的正当性。

异议人提交的主要证据：被异议人及其部分关联公司工商信息及商标注册情况，异议人京东及天猫店销售记录、品牌授权书，被异议人抢注其他天猫商家店铺信息截图等。

被异议人答辩理由主要为被异议商标已在先使用并提供了包装定制合同、广告制作合同等。

经审查，国家知识产权局商标局认为：被异议商标指定使用于第11类“电炊具；烹饪用炉；烹调用装置和设备”等商品，与引证商标核定使用的第21类“家用器皿；厨房用具；晾衣架”等商品在功能用途上有一定区别，不属于类似商品，故双方商标未构成使用于类似商品上的近似商标。异议人称被异议人抢注其在先使用并有一定影响的商标，但异议人提供的证据材料尚不足以证明在被异议商标申请注册日之前，异议人已在与被异议商标指定使用商品相同或类似的商品上在先使用“亮神”商标并使之具有一定影响，故上述异议理由不成立。

经查，被异议人及关联公司除本案被异议商标外还申请注册了大量与他人在先注册或在先使用的商标文字相同或近似的商标，并已被多家主体提出异议，被异议人未就此作出合理解释。据此，可以认为被异议人申请注册被异议商标的行为具有明显的抄袭、摹仿他人商标的故意，该注册行为扰乱了正常的商标注册管理秩序，违背了《商标法》第44条第1款禁止“以欺骗手段或者其他不正当手段取得注册”之立法精神，被异议商标不予注册。

二、案件评析

本案的重点在于判定被异议人申请注册商标是否属于《商标法》第44条第1款禁止的“以其他不正当手段取得注册”之情形，该条款所规制的主要为违反诚实信用原则，基于进行不正当竞争、牟取非法利益的目的，恶意注册并损害公平竞争的市场秩序和商标注册管理秩序的情形。

本案中，被异议人先后在多类商品上申请注册86件商标，除本案被异议商标外，另有“三书”“夕姿”“宜莎恋香”等多件商标与他人天猫旗舰店名称相同或近似，其中部分商标已在注册审查程序中被驳回，初步审定公告后被异议的16件商标均因恶意注册商标而不予核准注册。此外，被异议人关联公司包括易县北极狐商贸有限公司（申请79件商标，被异议17件）、保定白子莲花商贸有限公司（申请44件商标，被异议5件）、保定森林鹦鹉商贸有限公司（申请81件商标，被异议12件）等公司申请的部分商标也均与他人天猫旗舰店名称相同或近似，其中部分商标已在注册审查和异议程序中被驳回或不予核准注册，部分商标在无效宣告程序中被认定构成《商标法》第 44 条第 1 款所规定的“以其他不正当手段取得注册”的情形。综上并结合本案双方商标文字相同的事实，可以认定被异议人大量注册商标的行为超出一般市场主体实际使用商标的合理需要，且具有明显的抄袭、摹仿他人商标的故意，此种注册申请行为不仅损害了其他市场主体的合法权益，同时也扰乱了正常的商标注册秩序，属于《商标法》第 44 条第 1 款所指的“以其他不正当手段取得注册”之情形。

三、典型意义

本案是一起典型的关联公司联合大量注册，进行不正当竞争，扰乱商标注册秩序的案件。与其他恶意抢注案件不同的是，被异议人并不是抢注知名品牌，而是抢注天猫网店名称。为了规避法律风险，被异议人法定代表人名下同时注册了多家公司，联合申请注册商标，且均为抄袭、摹仿天猫店铺名称。这种行为相当具有隐蔽性，若孤立审查则很难用现有法律予以规制。国家知识产权局商标局对此类注册申请的审查，不限于申请人本人，也包括与其存在特定关系的主体。在异议程序中通过查询关联企业信息、商标申请审查、关联案件审理情况等，对商标申请人及关联企业的申请注册行为进行综合分析、研判，甄别是否具有恶意注册情形，从而有效地限缩申请人恶意注册的空间，更好地实现立法意图，维护正常的商标注册和管理秩序。

案例 4　第 33838169 号“好待百”、第 33827187 号“梦多加喱”商标异议案

一、基本案情

异议人：好侍食品集团本社株式会社

被异议人：南京姚盛商贸有限公司

被异议商标：好待百　夢多加喱

指定使用商品：第 30 类“食用淀粉；咖喱粉（调味品）”等。

引证商标：好　侍　百梦多　温馨美味 尽在好侍 好侍食品

指定使用商品：第 30 类“食用淀粉；胡椒；咖喱粉”等。

异议人主要理由：被异议商标与异议人引证第 275135 号“好侍”、第 274651 号“好侍”、第 8081501 号“好侍食品　温馨美味尽在好侍 H”、第 4076864 号“百梦多”商标指定使用商品类似。被异议商标“好待百”“梦多加喱”是对其引证商标的改动、拆分，被异议商标使用在其指定商品上，易使消费者对商品的来源产生混淆误认，被异议商标的申请注册违反《商标法》第 30 条的规定。

异议人提交的主要证据为“好侍百梦多”咖喱的销售票据、报纸、杂志等相关媒体的广告宣传等。

被异议人未在规定期限内作出答辩。

经审查，国家知识产权局商标局认为：异议人的“好侍”“百梦多”商标经过长期宣传、使用，在咖喱产品行业已具有一定知名度，被异议商标“好待百”“梦多加喱”与异议人在先“好侍”“百梦多”商标在文字构成上近似。被异议商标与异议人引证商标均指定使用于食用淀粉、咖喱粉等，并存使用易造成消费者对商品来源的混淆误认，因此双方商标构成使用于类似商品上的近似商标。被异议商标的申请违反《商标法》第 30 条的规定，依法不予注册。

二、案件评析

本案焦点问题为双方商标是否构成类似商品上的近似商标。商标异议案件中对于商标相同近似的判定同样依据《商标审查及审理标准》，但在具体案件中还需对申请人的申请行为、引证商标知名度、实际使用情况等因素进行综合考量。

首先，异议人在先商标的实际使用情况和知名度。异议人提供的证据表明，异议人“好侍”“百梦多”等商标在被异议商标申请注册前均已获准注册，并以商标组合形式使用在“咖喱”等产品上，经异议人长期广泛宣传使用，其在先实际使用的“好侍百梦多咖喱”商标标识已在相关公众中具有一定知名度。

其次，被异议人申请注册商标的情况。本案被异议人除申请“好待百”“梦多加喱”外，还申请注册了“好待百梦夘加喱”“好待白梦夘加喱”商标。在商标注册申请的实质审查中，将“好待百”“梦多加喱”隔离审查，与异议人在先注册使用的商标均尚可区分，但两件单独注册商标属于同一被异议人，不能排除被异议人有商标组合使用的意图。从被异议人申请注册情况来看，被异议人申请注册“好待百”“梦多加喱”商标有将异议人“好侍”“百梦多”等商标与“咖喱”商品进行改动、拆分注册，从而逃避商标审查的嫌疑，具有摹仿、攀附异议人具有知名度商标的故意。被异议商标“好待百”“梦多加喱”若获准注册组合使用于指定商品上，与异议人具有知名度的“好侍百梦多咖喱”标识高度近似。该商标若在“咖喱粉（调味品）”等相同或类似商品上获准注册，并在市场经营活动中使用，相关公众以一般注意力情况下，根本无法区分，易对商品的来源产生混淆误认。

综合考量上述情形，本案将两商标进行并案处理，可以判定被异议商标与异议人引证商标构成类似商品上的近似商标，被异议商标的注册违反《商标法》第 30 条的规定。

三、典型意义

本案是一起典型的将国外知名商标改动、拆分进行注册的案件。随着商标行政管理机关制止恶意注册力度的加大，出现了很多更为隐蔽的抢注方式。如通过将他人知名商标进行改动、拆分等方式进行注册，此种注册在审查程序不易发现。在异议程序中，通过查询申请人的商标注册情况、考察在先商标知名度情况，能够及时发现、甄别具有抢注恶意的情形，对于围绕同一在先知名商标通过变形、拆分等方式进行摹仿、抄袭的注册申请行为，不再孤立审查，割裂各商标之间的内在联系，而是将申请人在同一主观恶意支配下申请的系列商标作为整体考虑，将上述多个异议案件合并审理，从而全面考虑双方商标的近似程度、在先商标的知名度、在后商标申请人的主观意图等因素，以达到制止“傍名牌”之目的。

案例 5　第 33255177 号“橙米 CNMI”商标异议案

一、基本案情

异议人：小米科技有限责任公司

被异议人：泉州广玉电子商务有限公司

被异议商标：橙米 cnmi

异议人主要理由：被异议商标与异议人第 32028118 号、第 10674961 号“MI”等商标构成相同或类似商品上的近似商标。被异议商标侵犯了异议人在先美术作品著作权。

被异议人未在法定期限内答辩。

经审查，国家知识产权局商标局认为，被异议商标橙米 cnmi 指定使用于第 7 类“搅拌机；制食品用电动机械；熨衣机；厨房用电动机器”等商品上。异议人引证商标 mi 核定使用于第 7 类“搅拌机；熨衣机；洗衣机；粉刷机；充电式扫地机”等商品上。双方商标指定使用商品属于同一种或类似商品，被异议商标完整包含异议人具有独特设计的引证商标，故双方商标构成使用在同一种或类似商品上的近似商标。异议人提供的著作权登记证书表明该作品于 2011 年 9

月创作完成，并于2012年7月在国家版权局进行登记，异议人对该作品享有在先著作权。被异议商标英文部分中的“MI”与该作品在设计手法、表现形式、视觉效果等方面相近，已构成实质性近似。异议人提供的证据材料证明，经异议人长期使用和广泛宣传，该作品已在相关公众中具有一定知名度，被异议人有接触该作品的可能。因此，被异议人申请注册被异议商标已构成对异议人在先著作权的侵犯。依据《商标法》第30条、第32条、第35条规定，被异议商标不予注册。

二、案件评析

本案的焦点问题为被异议商标是否违反《商标法》第30条和第32条的规定，双方商标是否构成类似商品上的近似商标。

本案中，异议人引证商标mi设计独特，具有独创性，且经异议人的长期使用和广泛宣传，具有了一定的知名度。被异议商标完整包含了具有独创性和一定知名度的引证商标；同时，其汉字部分“橙米”，亦与异议人商号及中文商标“小米”含义有一定关联。可见，被异议人主观上具有摹仿异议人在先知名商标，不正当借助异议人商誉的意图，此种意图更易增加双方商标在市场上混淆的可能性。因此，双方商标构成使用在同一种或类似商品上的近似商标。

被异议商标的注册申请是否损害异议人著作权。

本案中，异议人提供的著作权登记证书时间明显早于被异议商标申请注册时间，异议人对该作品享有在先著作权。且在被异议商标申请注册前，异议人已将mi标识申请注册为商标。鉴于异议人提交的著作权登记证产生于被异议商标申请注册前，具有较强的证明力，其与商标注册证结合，在没有相反证据予以推翻的情况下，可以推定异议人为著作权人。

在著作权归属确定的情况下，判断诉争商标是否损害著作权，还需符合“实质性相似+接触可能”要件。

认定实质性相似主要考虑被异议商标是否使用了异议人作品中具有独创性的内容。与商标近似判断并不完全相同，商标近似通常以音、形、义整体判断，但实质性相似并不要求整体的近似性，只要其中某一部分与他人在先作品在设计手法上雷同即构成实质性相似。本案中，mi只是被异议商标的一部分，但该部分与异议人享有著作权的作品在构成元素、设计手法、视觉效果上完全相同，可以认为二者构成实质性相似。

关于是否具有接触可能，通常作品如在先发表、作为商标公开或进行商业使用，可以推定接触。本案中，异议人商标mi在先申请并经初步审定公告，已在先公开，同时异议人在市场亦将作为其主要商业标识进行使用和广泛宣传，并具有一定知名度。因此，可以认为被异议人有接触异议人作品的可能。

综合考虑以上因素，本案可以认定被异议人申请注册被异议商标已构成对异议人在先著作权的损害。

三、典型意义

本案是一起典型的制止“傍名牌”，对国内知名品牌进行保护的案件。本案中异议人同时主张《商标法》第30条、第32条。本案较好把握了两个条款的立法意图和构成要件，在认定商标近似时，坚持整体观察，并充分考虑异议人在先商标知名度，被异议人攀附其商誉之主观意图；在认定损害著作权时，准确理解实质性相似的判断标准，回归著作权保护之本意。本案典型意义在于，在商标权与著作权并存的情况下厘清两种权利的保护要件和规则，综合运用好两个条款，有力地制止了商标注册申请中的“傍名牌”“搭便车”的行为。

案例6　第36699370号“云铜”等系列商标无效宣告案

一、基本案情

争议商标：**云铜**

“云铜”、牛角图形等系列共97件商标分别由云南云瑞之祥文化传播有限公司（以下简称云瑞之祥）、美国奥洛海集团公司（以下简称美国奥洛海）、中国云铜集团有限公司（以下简称中国云铜）（上述三方公司统称被申请人）在多个商品及服务类别上注册。云南铜业（集团）有限公司（系列案件申请人，以下简称云南铜业集团）分别对上述“云铜”等系列商标（以下统称争议商标）提出无效宣告请求。申请人主张其为1996年经批准成立的大型企业，“云铜”作为申请人简称，已经与申请人建立了唯一、固定的对应关系。美国奥洛海、中国云铜均系以云瑞之祥为核心设立的公司，上述三家公司联合囤积注册大量“云铜”等商标，虚假宣传，以牟取非法利益，其系列注册行为严重违反诚实信用原则，对商标注册秩序造成破坏，请求依据《商标法》第4条、第44条第1款等规定，对争议商标予以无效宣告。被申请人在规定期限内未予答辩。

经审理认为，在案证据显示争议商标申请日前，“云铜”已作为申请人企业名称的简称与申请人形成对应关系，在有色金属行业具有一定知名度。争议商标与申请人的企业名称的简称完全相同，被申请人对此无合理解释。被申请人三方核心股东重合，中国云铜昆明代表处与云瑞之祥地址相同，上述三家公司具有关联关系。被申请人在全部45个商品及服务类别上通过申请注册、转让等方式大量持有“云铜”及与申请人企业标识完全相同的牛角图形等商标，并以此为权利基础对申请人提出多起民事侵权诉讼，同时通过中金通汇国际投资有限公司向申请人关联公司发出报价80亿元的《关于就“云铜”等商标进行合作与服务的报告》。被申请人大量申请、囤积注册商标，以合作为名索取高额转让费，同时利用注册商标进行恶意诉讼，中国云铜在其官网发布其于2019年和2020年分别以2.34亿美元和43.7亿美元收购美国奥洛海持有的“云铜”商标进行炒作。上述行为明显有悖于诚实信用原则，具有通过抢注商标牟取不当利益的目的，严重扰乱了正常的商标注册秩序，已构成2019年《商标法》第4条“不以使用为目的的恶意商标注册申请”以及2013年《商标法》和2019年《商标法》第44条第1款所指“以其他不正当手段取得注册”之情形。

二、案件评析

规制恶意注册、保护合法在先权利，商标确权授权案件审理实践中所涉及的法律条款包括《商标法》第13条、第15条以及第32条。若系争商标权利人的注册行为超出损害特定民事权益，构成不正当占用公共资源、损害公共利益、扰乱商标注册秩序或者其他不正当方式牟取不正当利益等其他不正当手段取得注册情形，则属于《商标法》第44条第1款“以其他不正当手段取得注册”情形调整的范围。2019年《商标法》第4条增设了“不以使用为目的的恶意商标注册申请，应当予以驳回”的规定，旨在坚决遏制“不以使用为目的”的恶意申请商标行为，打击囤积商标的注册申请行为。该条款中“不以使用为目的的注册”以“恶意”为限定，即豁免了申请人为防止他人抢注其注册商标基于防御目的的申请相同或近似商标以及为具有现实预期的未来业务预先适量申请商标的情形。商标申请人“不以使用为目的”地大量申请商标和意欲借此牟利，囤积商标，构成不正当占用商标资源和扰乱商标注册秩序，此为第4条所规制的“恶意”。2019年《商标法》第4条和第44条第1款“以其他不正当手段取得注册”情形中恶意申请注册的商标均不以系争商标申请人本人申请注册的商标为限，还包括与该行为人具有串通合谋行为或者具有特定身份关系或者其他特定联系的自然人、法人或者其他组织申请注册的商标。

“云铜”等系列无效宣告案件中，云瑞之祥、美国奥洛海、中国云铜三方关联公司在全部 45 个商品及服务类别上通过申请注册、相互转让等方式大量持有与申请人知名企业名称简称及企业标识相同的“云铜”及牛角图形等商标，并以此为权利基础对申请人提起多个民事侵权诉讼，同时通过第三方向申请人关联公司发出报价数十亿元人民币的“云铜”系列商标转让邀约，发布天价收购“云铜”商标新闻意图炒作。上述大量囤积商标、以此牟利的恶意注册行为，严重违反了诚实信用原则且破坏了商标注册秩序，在社会上造成恶劣影响，足可见商标注册的“恶意”且已构成“以其他不正当手段取得注册”之情形。

2019 年《商标法》第 4 条在设置方面强调规制“不以使用为目的”的恶意注册，商标是否以使用为目，可作为区分该法律条款和第 44 条第 1 款的适用依据。值得注意的是，两个法律条款设置的根本均源于商标注册人违反诚信义务。当商标权人的注册行为不具备真实使用意图，不当占用了公共资源，客观结果均造成对商标注册秩序的扰乱和公平竞争市场秩序的冲击，此时二者在法律适用上存在竞合。打击恶意注册要保持高压态势，多效并举、合理运用法律规范商标注册行为，是营造良好营商环境初心的践行。

案例 7　第 32315366 号“图形(三维标志、指定颜色)”商标驳回复审案

一、基本案情

申请人：费列罗有限公司

申请商标图样：

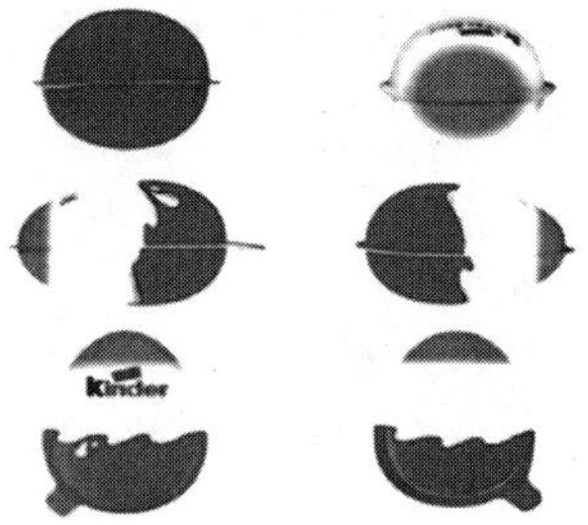

(一)驳回理由

申请商标使用在指定商品上，缺乏显著性，不具备商标识别作用，违反了《商标法》第 11 条第 1 款第(3)项的规定。

(二)国家知识产权局商标局决定

申请商标是由蛋壳状三维标志、红蓝白三种颜色和外文“Kinder”组合而成的立体商标，其中带有指定颜色的蛋壳状三维标志使用在“巧克力”商品上具有显著特征，外文“Kinder”使用在复审商品上亦具有显著特征。同时，申请人提交的证据可以证明该三维标志商标自进入中国市场起，通过广泛宣传和大力推广，该商标在“巧克力”商品上已具有一定知名度，并与申请人形成唯一对应关系。综上，申请商标在上述商品上具有显著性，并通过实际使用进一步增强了其识别性，可以起到区分商品来源的作用。申请商标指定使用在巧克力商品上的注册申请予以初步审定。申请商标指定使用的“甜食”商品涉及范围较广，且不明确，同时在案证据不足以证明其在甜食商品上经使用已产生显著性。综上，申请商标在甜食商品上的注册申请予以驳回。

二、案件评析

三维标志商标和其他类型的商标一样，都要接受禁用条款、显著特征，以及相同、近似审查。此外，三维标志商标还要接受功能性审查，而显著性和非功能性是立体商标获准注册的关键。

(一)三维标志商标显著性与非功能性

显著性是商标的基本属性。按照《商标审查及审理标准》,三维标志显著性的判定需要审查三维标志是否属于基本、简单和普通的立体形状,装饰性的立体形状,行业通用或常用商品的立体形状及商品包装物的立体形状等,以相关公众是否能够以该标志区分商品的来源为标准,针对指定使用的商品逐项审查。

功能性要求体现在《商标法》第 12 条对三维标志的规定中,其目的在于确保具有实用价值的商品特征不能通过获取可无限续展的注册商标专用权的方式来永久保护,以鼓励合法的市场竞争。

显著性与三维标志非功能性问题在实践中往往存在交叉,如独特的设计就容易吸引审查员关注其显著性而忽视其可能存在功能性的注册障碍。所以,明确二者的区别,是十分必要的。通常情况下,具有性质功能性、技术功能性的商品形状可以通过外观设计专利权进行保护;具有美学功能性的商品形状可以通过著作权寻求保护;而商标权保护的是显著性,即使该三维标志是作者独立创作的,但它若不能识别商品或服务的来源,则无法获得商标法的保护。具有功能性的三维标志经过使用是否可以获准商标注册呢? 事实上,《商标法》第 12 条并无但书,即该条列举的三种三维标志即使经过长期使用,仍然不能被注册为商标。基于上述分析,三维标志商标的非功能性与显著性这两个要件需要分别审查,不应混同。

就本案而言,申请商标作为独特造型的蛋形撕拉口式容器,申请使用在"巧克力"等商品上,该商品包装的形状既不是由商品自身的性质而产生的立体形状,也不是为了满足某种技术效果的商品形状,而且即使被其他包装形状所替代,并不会显著影响消费者的购买选择和"巧克力"等的实质性价值。所以,本案申请商标满足申请立体商标的非功能性要求。

如前所述,独创性并非三维标志显著性的判断要件,但是不可否认的是,标识独创性有助于增强其作为立体商标时的显著性。本案申请人选择蛋壳形立体形状、红白蓝三色上下排列的颜色组合,并将字母组合置于蛋壳的中上部,有别于同行业巧克力商品的常用或惯用标识,形成了具有独特性的显著整体形象。

(二)三维标志商标经使用取得显著性

三维标志商标通过使用是否足以使其发挥识别商品来源作用,应当综合考量以下因素:使用三维标志商标的持续使用与宣传的时间、地域、范围、销售规模等因素,以相关公众为判断主体,对指定使用商品进行逐一判定。关于上述标志持续使用与宣传的情况,本案中,费列罗有限公司提供的多家媒体报道、经销协议节选及销售发票等证据可以证明,自 2011 年,标注三维标志商标的"巧克力"产品即进入中国大陆市场,通过电视广告、报纸等媒体对其进行了广泛宣传,销售范围涉及全国多个省市,而且已持续使用长达近 10 年。在相关公众的认知中,形成了申请商标与申请人之间的稳定对应关系,使得相关公众能够结合其三维标志商标对商品的来源进行认知,即申请商标具有了识别商品来源的作用。关于指定使用商品保护范围的判定,申请注册商标经使用取得显著特征的标志,应当限定在实际使用的商品上,即对本案申请商标在"巧克力"商品上予以保护。

三、典型意义

在案件审理实践中,商标申请人申请注册立体商标的案件日趋增多,本案从三维标志商标的显著性与功能性审查方面进行逐一分析论述,明确了二者的关系,并结合案例重点分析了三维标志商标经使用取得显著性所需要考量的因素,为以后此类涉及非传统类型商标案件的解决提供了有益的思路。

案例 8 第 18338886 号颜色组合商标无效宣告案

第 18338886 号、第 18338885 号颜色组合商标因显著性问题被多个主体提起无效宣告申请，在行业内影响较大。因两商标案情相似，下面仅针对第 18338886 号无效宣告案作出分析阐释。

一、基本案情

申请人：湖南杰希重工有限公司、惠州市契贝科技有限公司邓某、湖南鹏翔星通汽车有限公司

被申请人：中联重科股份有限公司

争议商标：

（一）申请人主张

争议商标的注册申请不符合颜色组合商标的形式审查要求；争议商标的颜色组合是行业内机械产品的通用色；该颜色组合未经被申请人大量使用并起到区分产品来源的作用。故请求对争议商标予以宣告无效。

（二）国家知识产权局商标局审理与裁定

首先，被申请人按照《商标审查及审理标准》中颜色组合商标形式审查规定的要求提交了表示颜色组合方式色块的彩色图样并进行了相关声明，说明了颜色名称和色号，描述了其在商业活动中的具体使用方式，故争议商标的注册申请符合颜色组合商标的形式审查要求。其次，申请人提交的证据不能证明该颜色组合已经成为同类商品的描述性颜色。最后，该颜色组合作为被申请人混凝土机械、起重机械、环境产业等产品的新涂装于 2015 年 4 月 15 日进行了全球发布，并在 2015 年 9 月 3 日的世界反法西斯战争胜利 70 周年阅兵仪式上进行了展示，诸多媒体进行了相关报道，上述证据可以证明该颜色组合在争议商标申请日前经过大量使用和宣传，已与被申请人形成了对应关系，可以起到区分商品来源的作用。因此，争议商标的申请注册并不违反《商标法》第 11 条第 1 款第(3)项的规定。

二、案件评析

（一）颜色组合商标的形式审查

根据《商标审查及审理标准》中“颜色组合商标的审查”规定可知，目前颜色组合商标的申请要求必须具备三个基本要件：在申请书中予以声明；提交清晰彩色图样，并说明颜色名称和色号；说明商标的具体使用方式。本案被申请人按照上述要求进行了声明，提交了彩色图样并对颜色名称和色号进行了说明，亦说明了商标的具体使用方式。因此，该颜色组合商标的注册申请符合相关的形式审查要求。

（二）颜色组合商标的实质审查

本案重点是颜色组合商标显著特征的审查。颜色组合商标的显著性问题有两个层次。第一个层次是“作为商标”意义上的显著性，是指在相关公众的认知习惯里，某个标识是不是“商标”。第二个层次是在此基础上，讨论商标的显著性，即区分商品来源的识别作用，包括固有显著性和获得显著性。

1. 颜色组合作为商标的可识别性问题

一般情况下，颜色组合在相关公众的认知习惯中不易被当作商标加以识别，但随着近年来市场主体使用习惯的培养，消费者逐渐形成了将颜色组合作为商品或服务来源识别标志的认知习惯，加之该颜色组合进行了色差安排的设计，因此，其具有作为商标的可识别性。

2. 颜色组合商标的固有显著性问题

《商标审查及审理标准》中将对指定使用商品的天然颜色、商品本身或者包装物以及服务场所通用或常用颜色具有描述性的颜色组合排除在具有显著特征的颜色组合商标之外。而本案申请人提交的证据不能证明该颜色组合在争议商标申请日前属

于同类商品的描述性颜色。

3. *颜色组合商标使用获得显著性的考虑因素及具体适用*

在判定颜色组合商标是否经过使用获得显著特征时，应结合《商标审查及审理标准》中判定某个标志是否经过使用取得显著特征的一般性规定，考虑颜色组合商标自身情况、相关公众认知习惯、同行业使用情况和惯例、颜色组合商标的使用和宣传情况，以判定系争商标是否与申请主体产生了稳定对应联系，是否具备了区分商品或服务来源的功能为标准。对前三项考虑因素在争议商标的可识别性和固有显著性问题中已经进行剖析，故下面主要从颜色组合商标的使用和宣传角度进行分析。

本案被申请人提交的其在长沙、米兰召开新涂装全球发布会的报道资料、参展图片和合同、参与反法西斯战争胜利70周年阅兵仪式的资料以及在争议商标获准注册后的参展资料，分别可以证明该颜色组合商标使用和宣传地域的普遍性、受众范围的广泛性、宣传强度、持续使用情况。基于此足以判定，在争议商标申请日前，在相关公众的认知中，该颜色组合商标已经与被申请人建立了可以相互指代的稳定对应联系，具备了区分商品来源的功能，可以起到区分商品来源的作用，且通过使用进一步强化了其显著性。因此，该颜色组合商标的注册予以维持。

三、典型意义

随着社会经济的发展和知识产权制度的不断完善，颜色组合商标逐渐成为消费者识别商品来源的一种重要手段。作为非传统商标，显著性是颜色组合商标审查的难点，上述评析从颜色组合商标的可识别性、固有显著性、使用获得显著性等多方面进行了深入剖析，对厘清颜色组合商标显著性的问题进而满足颜色组合商标保护的迫切需要具有重要意义。

案例9 第12676248号“上海故事STORY OF shanghai及图”商标无效宣告案

争议商标：

引证商标：上海故事

一、基本案情

申请人：上海故事丝绸发展有限公司

被申请人：杭州绫绝顶服饰有限公司

争议商标：第12676248号“上海故事STORY OF shanghai”商标

申请人的主要理由：(1)“上海故事”是申请人使用多年并已建立极高知名度的注册商标。争议商标与申请人的第10087133号“上海故事”商标（以下简称引证商标）构成类似商品上的近似商标。(2)争议商标的实际使用容易使消费者对商品来源、品质等特点产生误认，争议商标的实际使用将具有欺骗性。被申请人有意摹仿他人在先知名商标的行为也将产生“不良影响”，并属于以“其他不正当手段”申请商标注册的行为。(3)被申请人股东亲属曾在申请人公司工作，属于明知争议商标存在并进行抢注的行为。(4)被申请人具有恶意注册他人在先知名商标和不诚信的行为，扰乱了商标注册秩序和市场竞争秩序。综上，请求依据2013年《商标法》第4条、第10条第1款第(7)和(8)项、第15条第2款、第30条、第44条第1款、第45条的规定，对争议商标予以无效宣告。

被申请人答辩的主要理由：(1)被申请人及控股股东最早自2002年起经营上海故事品牌，远早于申请人引证商标的申请注册日。(2)依据2013年《商标法》第59条第3款的规定，在先使用并未注册的商标经使用具有一定知名度之后可以与已注册商标共存，本案中争议商标在先使用，具有一定知名度并且已经注册的商标能够与本案引证商标共存。(3)争议商标与引证商标不构成近似商标。(4)争议商标为被申请人独创,不存在任何主观恶意行为。综上,请求维持争议商标的注册。

二、案件评析

被申请人主张依据2013年《商标法》第59条第3款的规定,争议商标可与引证商标共存。2013年《商标法》第59条第3款规定:"商标注册人申请商标注册前,他人已经在同一种商品或者类似商品上先于商标注册人使用与注册商标相同或者近似并有一定影响的商标的,注册商标专用权人无权禁止该使用人在原使用范围内继续使用该商标,但可以要求其附加适当区别标识。"首先,该条款旨在保护已经在市场上在先自创并善意使用的未注册但有一定影响的商标的所有人权益,并非商标授权确权条款。其次,被申请人所谓早期经营"上海故事"及"STORY OF shanghai"品牌的证据不能证明是其自创使用。根据在案证据可知,上海紫琦服饰有限公司与申请人的法定代表人均为杨某良,同时上海紫琦服饰有限公司亦为申请人的股东;在案证据显示,申请人的股东上海紫琦服饰有限公司曾与陈某珠签订了特许加盟备忘录、特许经销商协议,上海紫琦服饰有限公司授权陈某珠在杭州市河坊街店铺、杭州市河坊街道136号店铺、杭州市武林路337号店铺、河坊街183号店铺、绍兴市鲁迅故里主街区33号店铺对"上海故事"及"STORY OF shanghai"品牌的产品进行经销、推广活动。上述申请人的股东上海紫琦服饰有限公司与陈某珠签订合同的最早时间为2006年8月18日。在案证据显示,被申请人法定代表人陈某勇曾在2006—2008年分别在南京市秦淮区夫子庙贡院西街127号、南京市秦淮区贡院街168号、杭州市河坊街191—201号、鲁迅故里主街区33号单独或与他人(陈某珠或陈柳某)开设门店,经营"上海故事"品牌的系列产品。上述陈某勇最早租赁房屋的签订时间是2006年9月25日。据此可知,申请人授权陈某珠经营"上海故事"及"STORY OF shanghai"门店的时间早于陈某勇开设门店经营"上海故事"及"STORY OF shanghai"产品的时间。依据本案查明事实可知,陈某勇既为被申请人的法定代表人,又与陈某珠具有亲属关系,陈某勇开设的门店位置与陈某珠经营"上海故事"及"STORY OF shanghai"门店的位置在距离上相近或重合。综上,在案证据不能证明在引证商标申请日之前,被申请人在先自创并善意使用了"上海故事"及"STORY OF shanghai"商标。因此,被申请人请求争议商标应与引证商标共存的主张不予支持。

三、典型意义

本案中,重点在于被申请人是否在先使用争议商标且具有一定影响力,其在后注册商标是否可以依据2013年《商标法》第59条第3款的规定与申请人的商标并存。

2013年《商标法》第59条第3款规定:"商标注册人申请商标注册前,他人已经在同一种商品或者类似商品上先于商标注册人使用与注册商标相同或者近似并有一定影响的商标的,注册商标专用权人无权禁止该使用人在原使用范围内继续使用该商标,但可以要求其附加适当区别标识。"本条规定的是他人对注册商标的正当使用问题。我国作为商标注册制国家,商标经注册获得商标专用权,但也存在有些商标使用人没有注册商标,但其已经使用并具有一定影响的情形。如果商标注册人在同一种或类似商品上注册与在先使用人相同或者近似的商标,并因此禁止在先使用人使用,对在先使用人对于该商标的付出明显不公平。故为了平衡商标注册人和商标使用人之间的利益,弥补商标注册制的局限,2013年《商标法》对在先使用的未注册商标也在一定条件下给予保护,此条款即为其中之一。但我国作为商标注册制国家，对于已注册商标的保护仍应遵循 2013 年《商标法》的其他相关规定。

案例 10　第 17393381 号“佳丽芙 Jialifu”商标无效宣告案

争议商标：佳丽芙 Jialifu

一、基本案情

第 17393381 号“佳丽芙 Jialifu”商标（以下简称争议商标）由马某辉（以下简称争议商标原申请人）于 2015 年 7 月 9 日申请注册，于 2017 年 11 月 21 日核准注册，核定使用在第 3 类“化妆品、洗发液”等商品上，商标专用权期限至 2026 年 9 月 6 日。该商标于 2018 年 8 月 13 日转让至杨某平（本案被申请人）名下。S. C. 庄臣父子公司（本案申请人）于 2019 年 4 月 15 日对争议商标提出无效宣告请求。申请人称：争议商标原申请人是经备案的商标代理机构广州市洋智广告设计有限公司（以下简称洋智公司）的唯一自然人股东，在《商标法》第 19 条第 4 款规定的制约下，该代理机构转而以其唯一自然人股东名义提出商标注册申请，恶意囤积商标并进行转让牟利。依据《商标法》第 19 条第 4 款的规定，申请人请求对争议商标予以无效宣告。被申请人在规定期限内未予答辩。

二、案件评析

争议商标的申请注册是否违反《商标法》第 19 条第 4 款之规定。本案中，洋智公司为自然人独资的有限责任公司，系经国家知识产权局商标局备案的商标代理机构，争议商标原申请人马某辉系其唯一股东，马某辉申请注册商标多达 2000 余件，其中包含“喜运登”“三菱”“丽仕”“保罗约翰顿”“御佰草”“美汝莲”“卡诗娇”“娇韵尚”“LG”“佐米菲”等大量与他人知名商标相同或者近似的商标，包括争议商标在内的其名下大量商标由该代理机构代理申请注册。据此可以认定，争议商标原申请人、洋智公司具有抢注他人商标、囤积商标的共同故意，争议商标系该商标代理机构假借其唯一股东之名申请注册，以达到规避法律之目的，争议商标原申请人的行为应视为商标代理机构的行为。争议商标指定使用的“化妆品”等商品不属于《商标法》第 19 条第 4 款中所规定的“代理服务”。综上，争议商标的申请注册违反了《商标法》第 19 条第 4 款之规定。

三、典型意义

本案涉及商标代理机构假借他人名义恶意规避《商标法》第 19 条第 4 款的规定进行抢注和囤积商标的问题。《商标法》第 19 条第 4 款规定：“商标代理机构除对其代理服务申请商标注册外，不得申请注册其他商标。”其立法目的在于防止商标代理机构利用自身优势恶意抢注商标或者囤积商标牟取利益的行为，规范商标代理市场。为解决商标代理活动中的混乱现象以及严重扰乱商标市场秩序情形的出现，应当严格执行商标法有关商标代理机构行为规范的内容。与商标代理机构具有串通合谋行为或者具有特定关系的人抢注、囤积商标的行为，应视为商标代理机构的行为，适用《商标法》第 19 条第 4 款予以规制，以防止商标代理机构假借他人名义恶意规避该规定而抢注和囤积商标，致使该条款立法目的无法实现。本案中，洋智公司系经备案的商标代理机构，争议商标原申请人马某辉系该代理机构股东（持股比例 100%），其申请注册商标多达 2000 余件，其中包含大量与他人知名商标相同或者近似的商标，涵盖的商品类别广泛，并多由该代理机构代理申请注册，显然不是为了正常的商业使用目的，二者具有明显串通合谋抢注他人商标、囤积商标的共同故意，该商标代理机构假借其股东之名义在第 3 类“化妆品”

等商品上申请注册争议商标，以规避《商标法》第 19 条第 4 款的规定，该股东的行为应视为商标代理机构的行为。其申请注册争议商标时所具有的不正当性不因争议商标转让而改变，被申请人是否善意受让争议商标亦不影响对上述行为的判断，因为，此种“毒树之果”缺乏受法律保护的正当性基础。由此，本案适用《商标法》第 19 条第 4 款之规定对上述行为予以规制。

供稿：国家知识产权局商标局

2020 年度专利行政保护十大典型案例

案例 1　河北省石家庄市知识产权局处理“取代的噁唑烷酮和其在血液凝固领域中的应用”发明专利侵权纠纷案

一、案情简介

请求人拜耳知识产权有限责任公司名称为“取代的噁唑烷酮和其在血液凝固领域中的应用”的发明专利申请于 2006 年 7 月 5 日获得授权，专利号为 ZL00818966.8。涉案专利权在请求人提起侵权纠纷处理请求时合法有效。

请求人称，被控侵权产品在被请求人石家庄斯迪亚诺精细化工有限公司官网（http://www.sdynchem.com/）首页“产品展示”项下的“医药中间体”栏目中有明确展示，在其后的“CAS 号”中注明“366789-02-8”，并给出产品的化学结构式。被请求人产品的名称、CAS 号以及化学结构式与涉案专利完全一致。同时，被请求人在 Chemicalbook 网站上公开许诺销售利伐沙班化合物。请求人发现被请求人正在销售利伐沙班化合物后，遂自被请求人处购买了该化合物，并对整个过程进行了公证。请求人向河北省石家庄市知识产权局提出专利侵权纠纷处理请求，请求确认被请求人生产、销售的利伐沙班化合物侵犯了其发明专利权，责令被请求人立即停止生产、许诺销售、销售、使用侵犯请求人专利权的化合物的行为。2020 年 3 月 26 日，石家庄市知识产权局依法予以立案。

经审理，石家庄市知识产权局认为，被请求人在其官网展示的 CAS 号为“366789-02-8”的化合物构成了许诺销售专利产品行为，并落入涉案专利权利要求 2 的保护范围。被请求人陈述意见、所提供的营业执照及采购合同等证据证明被请求人没有生产资质，案件调查中也未发现其有生产专利产品的行为。因此，被请求人构成了许诺销售、销售专利产品行为，侵犯了请求人的专利权。石家庄市知识产权局作出行政裁决，责令被请求人立即停止许诺销售、销售未经专利权人许可的结构式与涉案专利相同的化合物，立即下架在其官网上展示的侵权产品。

二、专家点评

本案的典型意义主要体现在以下两方面：一是维护了专利权人的合法权益，满足了快速有效制止侵权行为的需求，有助于坚定药品侵权案件专利权人通过行政程序维护自己合法权益的信心，有利于构建公平竞争的市场环境和良好营商环境。二是本案涉及复杂的专业性问题，对于药品类专利权人维权有较强的指导和示范意义。办案机关在决定书中结合在案证据，认真仔细陈述处理过程，摆明事实根据，得出“被请求方构成了许诺销售、销售专利产品行为，侵犯了请求人的专利权，侵权行为成立”的结论。依法、高效、专业的处理，注重说理的观念和做法，凸显了行政裁决的优势，具有指导和示范作用。

案例 2　浙江省温州市知识产权局处理“三维包装机的传动机构”实用新型专利侵权纠纷案

一、案情简介

请求人瑞安市豪运机械有限公司于

2017年2月8日获得名称为“三维包装机的传动机构”实用新型专利权，专利号为ZL201620913636.X。该专利权在请求人提起侵权纠纷处理请求时合法有效。

请求人认为，被请求人郭某未经许可，擅自制造和销售与其专利技术相同的机器设备，该行为已经构成侵权，对请求人造成了极其恶劣的影响。请求人向浙江省温州市知识产权局请求行政裁决。温州市知识产权局于2019年7月4日依法予以立案。

温州市知识产权局对被请求人的生产场地进行了现场调查。经查，此次侵权行为人是温州市知识产权局2017年第59号案件的被请求人，涉案设备也是相同的设备，温州市知识产权局在前案中已对涉案设备作出过侵权判定，并已责令被请求人停止侵权行为。在口头审理阶段，温州市知识产权局发现现场调查过程中抽样封存的涉案设备封条被撕毁，且设备结构遭到破坏。对此，被请求人提出是电风扇造成封条掉落，但被请求人未履行向办案人员及时进行汇报的义务，导致涉案设备结构遭到破坏。温州市知识产权局根据前次侵权行为，结合此次案件的调查笔录以及现场勘验笔录内容，最终推定被请求人的侵权行为成立，责令被请求人立即停止侵权行为。

被请求人不服温州市知识产权局作出的行政裁决，向宁波市中级人民法院提起行政诉讼。宁波市中级人民法院于2020年3月24日作出一审判决，对被请求人的诉请予以驳回。被请求人不服一审判决，向最高人民法院提起上诉，后被请求人提出撤诉申请，最高人民法院在对案件进行审核后，作出撤案裁定书。

二、专家点评

《专利行政执法办法》规定，管理专利工作的部门或者人民法院作出认定侵权成立并责令侵权人立即停止侵权行为的处理决定或者判决之后，被请求人就同一专利权再次作出相同类型的侵权行为，专利权人或者利害关系人请求处理的，管理专利工作的部门可以直接作出责令立即停止侵权行为的处理决定。在实践中，侵权人抗拒专利行政执法、重复侵权等恶性侵权行为时有发生，不仅损害了专利权人的合法权益，也严重干扰了专利部门的执法行为，浪费了宝贵的行政资源，影响十分恶劣，属于我国知识产权法律重点制裁的行为。

本案中，温州市知识产权局接到举报后迅速立案，并及时到现场调查取证，发现涉案设备是之前已经被认定为侵权的设备。被请求人拒不配合执法，非法破坏被封存的涉案设备，具有明显的侵权恶意，属于故意实施专利重复侵权行为。温州市知识产权局结合调查笔录及现场勘验笔录，认定专利侵权成立，并责令被请求人立即停止侵权行为。在后续的行政诉讼程序中，本案的处理决定得到了人民法院的支持。本案充分体现了专利行政机关快速有效打击重复侵权的执法优势，不仅维护了公平竞争的市场秩序，也有助于提高知识产权行政保护的社会满意度，具有典型意义。

案例3　重庆市知识产权局处理“小天才”电话手表系列专利侵权纠纷案

一、案情简介

请求人广东小天才科技有限公司于2019年7月5日获得名称为“电话手表(Z6)”的外观设计专利权，专利号为ZL201930053063.7；于2019年7月9日获得名称为“一种具有摄像功能的智能穿戴设备”的实用新型专利权，专利号为ZL201821610111.4。上述专利权在请求人提起侵权纠纷处理请求时均合法有效。2020年8月14日，重庆市知识产权局依法予以立案。

请求人认为，被请求人重庆读书郎公司未经请求人许可许诺销售、销售涉案专利产品，损害了请求人的合法权益。请求人以第

ZL201821610111.4号专利中权利要求7的技术方案和第ZL201930053063.7号专利中的设计1为其请求的权利基础，请求责令被请求人立即停止许诺销售、销售涉案产品。

被请求人辩称，涉案专利属于现有设计，被请求人仅为涉案产品的代理销售商，不知道涉案产品存在争议，且有真实合法的进货来源，对请求人的处理请求应依法予以驳回。

经审理，重庆市知识产权局于2020年12月10日作出专利侵权纠纷行政裁决，认定被请求人合法来源抗辩不成立，其许诺销售、销售涉案产品的行为构成侵权行为，责令该公司停止相关侵权行为。

二、专家点评

本案的典型意义主要在于以下四个方面：一是专利权人通过联合举证实用新型和外观设计专利主张侵权事实，在侵权事实的认定方面技术复杂性和难度较高；二是对于确认被请求人的许诺销售、销售行为是否侵犯实用新型、外观设计专利，判断产品是否属于合法来源，证据必须准确翔实；三是行政裁决是快速、高效处理专利纠纷的有效途径，对专利纠纷中的技术事实、证据合法性认定是专利侵权行政裁决工作的重点；四是本案专利权人为广东企业，被请求人为重庆企业，重庆市知识产权局在案件处理过程中严格按照程序、依据事实办案，作出公正的裁决，是强化知识产权工作相关协调机制，坚决克服地方保护主义，加强知识产权跨区域协同保护的典范。

案例4　湖南省长沙市知识产权局处理“一种轨道式自适应刮粪机”实用新型专利侵权纠纷案

一、案情简介

请求人智慧畜牧机械河北有限公司于2018年10月26日获得名称为“一种轨道式自适应刮粪机”的实用新型专利权，专利号为ZL201820406359.2。该专利权在请求人提起侵权纠纷处理请求时合法有效。

2020年9月4日，请求人于2020年第十八届中国畜牧业博览会现场向湖南省长沙市知识产权局办案人员投诉称，被请求人焦作方大农牧科技有限公司展出的产品“轨道式自适应刮粪机”与涉案专利技术特征相同，侵犯其专利权。经审核该请求符合立案条件，长沙市知识产权局当场作出立案决定。

长沙市知识产权局办案人员在展会主办方配合下开展现场调查，对被请求人的参展区域及展出的被控侵权产品进行拍照取证，同时由中国（长沙）知识产权保护中心快速出具了专利侵权判定咨询意见。被请求人未能向展会举办方提供不构成侵权的证据，于次日主动将涉案产品撤展。2020年9月25日，长沙市知识产权局对该案进行口头审理。10月28日，被请求人补充提交了现有技术抗辩的证据。

经比对，长沙市知识产权局认定被控侵权产品全面覆盖涉案专利权利要求1、2、3、5的技术特征。另核，被请求人的现有技术抗辩主张不成立。经审理，长沙市知识产权局认为，被请求人以生产经营为目的制造被控侵权产品的行为构成侵权，被请求人应立即停止制造侵犯涉案实用新型专利产品的行为。

二、专家点评

通过展会展览相关产品，可以在短时间内迅速扩大其影响力，如不及时对参展的侵权产品进行处理，可能会对被侵权人造成难以挽回的损失；但如果处理错误，则会对被投诉人的权益产生巨大影响。故在及时处理的同时，确保处理决定合法准确是展会知识产权行政保护的目标。

长沙市知识产权局在收到请求人投诉后，及时调查取证，并立足已有证据事实，结合中国(长沙)知识产权保护中心的专家意见,要求被请求人主动撤展,而后举行口头审理,最终作出构成侵权的行政裁决。整个办案过程既审慎又及时,高效快速地保障了权利人的合法权益,也较好地维护了展会的秩序,是值得推广的良好的展会保护模式。

案例5 湖北省武汉市知识产权局处理展会"拖拉机"外观设计专利侵权纠纷案

一、案情简介

请求人雷沃重工股份有限公司于2016年1月12日获得名为"拖拉机"的外观设计专利权,专利号为ZL201530271655.8。该专利权在请求人提起侵权纠纷处理请求时合法有效。

请求人于2018年10月在中国国际农业机械展览会现场发现,被请求人山东巨明机械有限公司展出的"轮式拖拉机"涉嫌侵犯其专利权,即对现场展物公证取证。请求人向湖北省武汉市知识产权局提出专利侵权纠纷行政裁决请求。2018年11月26日,武汉市知识产权局依法予以立案。

被请求人认为,其没有销售被控侵权产品,仅是许诺销售,而且已停止许诺销售;被控侵权产品主要由从市场上购买的通用部件组装形成,且与涉案专利设计特征至少有25个部位不相同也不近似,不构成侵权。

经审理,武汉市知识产权局认为,被控侵权设计与涉案专利外观设计的差异对于拖拉机的整体视觉形状和风格来说,均属于局部细微差异,在整体视觉效果上无实质性差异,构成近似。2019年3月22日,武汉市知识产权局认定被控侵权产品的设计落入涉案专利权的保护范围,并作出行政裁决,责令被请求人立即停止许诺销售的侵权行为,消除影响,并且不得进行任何形式的实际销售行为。鉴于该展会已结束,被请求人已撤展,视同其已停止许诺销售行为。

被请求人不服武汉市知识产权局作出的行政裁决,于2019年4月向武汉市中级人民法院提起行政诉讼。武汉市中级人民法院经审理,判决驳回被请求人的诉讼请求。被请求人不服一审判决,于2020年10月向最高人民法院提起上诉。最高人民法院于2020年12月判决驳回上诉,维持原判。

二、专家点评

本案涉及展会外观设计专利权的维权。在外观设计的侵权判定中,相同的外观设计往往不会有争议,争议主要在是否相近似的判断上。判断的标准是,站在一般消费者的视角,采用单独对比的原则,进行直接观察,对比时采用整体观察、综合判断的方式。本案的启示在于:一是被控侵权产品是否由从市场上购买的通用部件组装而成,与组装后是否侵权没有必然关系;二是判断是否相近似时采取整体观察、综合判断的方式,而非局部观察和比对。本案的行政裁决得到包括最高人民法院在内的两级法院的认同,体现了较高的行政保护专业水准。

案例6 北京市知识产权局处理"动平衡车(迷你)"外观设计专利侵权纠纷系列案件

一、案情简介

请求人纳恩博(北京)科技有限公司(以下简称纳恩博公司)于2016年1月获得名称为"动平衡车(迷你)"的外观设计专利权,专利号为ZL201530316168.9。该专利权在请求人提起侵权纠纷处理请求时合法有效。

请求人发现杭州锦锋智能科技有限公司、杭州杰泽贸易有限公司、深圳市飞特威科技有限公司等多个被请求人在电商平台销售的平衡车产品落入涉案专利权的保护范围，遂向北京市知识产权局提出专利侵权纠纷处理请求。2019 年 3 月 18 日，北京市知识产权局依法受理该系列案件，针对被请求人及被控侵权产品型号共立案 20 件。

被请求人认为，被控侵权产品与涉案专利相比存在较大的区别，且被控侵权产品与涉案专利的相同点均被现有设计所公开，并非涉案专利的设计要点，被控侵权产品与涉案专利的区别点相较相同点对整体视觉效果更具影响，被控侵权产品与涉案专利既不相同也不近似，不构成侵权。

经审理，北京市知识产权局认为，平衡车类产品由车体、轮子、控制杆及提手组成的设计较为常见。涉案专利中轮子直径与腿控杆的长度比例关系形成的整体小巧轻便的视觉效果在现有设计中从未出现，其属于创新性设计特征，这种小巧轻便的设计风格会给一般消费者留下更为深刻的印象，更具显著性。被控侵权产品与涉案专利在相关部位上设计特征基本相同。根据“整体观察、综合判断”的原则，被控侵权产品与专利产品相比不具有明显区别，在整体视觉效果上无实质性差异，属于相近似设计。北京市知识产权局认定上述被请求人侵权行为成立，责令其立即停止销售侵犯涉案外观设计专利权的产品。

二、专家点评

本系列案件属于在互联网、电子商务平台上发生的群体性侵权案件。北京市知识产权局依法立案，对在本行政区域内侵犯同一专利权的 20 个案件合并处理，根据“整体观察、综合判断”的原则，判定被控侵权产品与专利产品相比在整体视觉效果上无实质性差异，属于相近似设计，及时作出外观设计专利侵权纠纷行政裁决。

近年来，涉及网络销售的侵权案件时有发生，其危害性和专利权人维权难的问题不容忽视，已成为我国知识产权保护过程中亟待解决的新问题。本系列案件便捷高效的办结对今后此类案件的处理具有借鉴意义。

案例 7　广东省汕头市知识产权局处理“全向轮”外观设计专利侵权纠纷案

一、案情简介

请求人汕头市益尔乐玩具有限公司于 2019 年 2 月 22 日获得名称为“全向轮（99002）”的外观设计专利权，专利号为 ZL201830515943.7。该专利权在请求人提起侵权纠纷处理请求时合法有效。

2019 年 7 月 20 日，请求人向广东省汕头市知识产权局提出专利侵权纠纷处理请求。请求人认为，被请求人汕头市澄海区拾美玩具厂未经许可制造、许诺销售、销售的炫舞横行车涉嫌侵犯其外观设计专利权。2019 年 7 月 25 日，汕头市知识产权局依法予以立案。

被请求人承认有制造、销售炫舞横行车整车的行为，但认为被控产品的车轮，即与专利产品相近似的车轮只是整车的零部件之一，并不是其制造的，而是其向他人购买后组装到炫舞横行车上，被控产品炫舞横行车整体外观与专利产品“全向轮”不相同也不近似，其行为并不构成侵权。

汕头市知识产权局经审理认为：(1)涉案专利产品为零部件，应当将被控侵权产品中的相应部分作为比对的内容，因此应当将被控侵权产品的车轮与涉案专利进行对比，而不是将整车与涉案专利进行对比，经对比被控侵权产品炫舞横行车的车轮与专利产品外观相同；(2)虽然涉案标的物只是零部件，且不是被请求人制造的，但被请求人制造、销售的整车包含了与专利产品相同的部件，参照相关司法解释的规定“将侵犯外观设计专利权的产品作为零部件，制造另一产品并销售的，人民法院应当认定属于专利法第十一条规定的销售行为”，该行为属于销售行为。汕头市知识产权局认定被请求人侵权行为成立，责令其立即停止侵权行为。

被请求人不服该行政裁决，向广州知识产权法院提起行政诉讼。后因开庭时被请求人未到庭，法院裁定按撤诉处理。

二、专家点评

本案中，汕头市知识产权局准确确定了侵权对比对象，即应将被请求人所销售炫舞横行车的“车轮”与请求人的“全向轮”外观设计专利产品进行对比。虽然“车轮”是玩具车的一部分，但属于能够分割和独立销售的零部件，也应属于专利法规定的外观设计产品。办案机关对被控侵权产品的外观设计与外观设计专利进行对比分析后得出相同外观设计的结论。另外，参照相关司法解释，认定将侵犯外观设计专利权的产品作为零部件，制造另一产品并销售的，应当属于未经许可的销售行为，因此认定侵权行为成立。这一结论不仅有效维护了本案专利权人的合法权益，也体现了行政执法标准与司法裁判标准的统一，对其他类似案件的处理具有参考意义。

案例8　上海市知识产权局处理“电动机”外观设计专利侵权纠纷案

一、案情简介

请求人松下电器产业株式会社于2014年6月25日获得名称为“电动机”的外观设计专利权，专利号为ZL201330488292.4。该专利权在请求人提起侵权纠纷处理请求时合法有效。

2020年9月23日，请求人认为被请求人上海六盛电机有限公司未经许可在其官网上展示的型号为ZWF-60-3的电机产品、在淘宝网上展示并销售的生产商为被请求人的该型号电机产品落入涉案专利权的保护范围，请求上海市知识产权局责令被请求人停止制造、许诺销售、销售被控侵权产品，删除被控侵权产品的宣传网页。上海市知识产权局于2020年9月29日依法予以立案。

被请求人辩称：被控侵权电机产品的外观与涉案专利外观设计既不相同也不近似，并未落入涉案专利权的保护范围；被控侵权电机产品为被请求人自主设计开发，到案发之日仅停留在样品试制阶段，其曾于2019年在官网上短暂展示过该产品，后因重新对该产品进行优化设计，已完全改变了结构和外观，官网上的展示信息也随之更新；被请求人从未量产过被控侵权产品，也没有对外销售过，其销售渠道均对口国内知名家电制造厂，从未有过网络销售行为。

经审理，上海市知识产权局认为，被请求人在其官方网站（www.powerful-motor.com）的“产品中心”栏目展示被控侵权产品的立体外观和产品性能信息，应当认定其许诺销售行为成立；被请求人向第三人授权销售并实际提供了被控侵权产品，该被控侵权产品进入商业流通领域，应当认定被请求人制造、销售被控侵权产品行为成立。本案中，被控侵权产品外观设计和涉案专利外观设计的整体形状、组成部件的位置和形状等仅存在局部细微差异，可以认定被控侵权产品设计与涉案专利外观设计在整体视觉效果上无实质差异，构成近似设计，被控侵权产品落入请求人涉案外观设计专利权的保护范围。据此，上海市知识产权局作出行政裁决，责令被请求人立即停止制造、许诺销售、销售侵犯涉案专利权的电机产品。

二、专家点评

本案给外观设计专利权人利用网络公开的信息举证侵权行为提供了借鉴。一是侵权比对。通常来讲，权利人为了证明专利侵权行为，需要购买实体的侵权产品，否则很难进行侵权比对。本案中，涉案外观设计专利保护一种用于冰箱的送风机的电动机，从外观图片来看，电动机外观设计并不复杂，可以将通过网络展示的产品作为证据进行侵权判定。二是关于第三人销售。尽管在网上销售的是第三人，但是行政机关通过对相关证据和事实的认真梳理，认定被请求人向第三人授权销售并实际提供了被控侵权产品，故其制造、销售被控侵权产品的行为成立，这为专利权人追究侵权产品生产商的责任提供了新途径，有利于更好地维护专利权人的利益。相比其他维权途径，行政保护具有特殊的优势，本案请求人的成功维权，对外国专利权人通过行政途径维权提供了范例，体现了行政机关对中外权利人一视同仁的“同保护”。

案例 9 江苏省盐城市大丰区市场监督管理局查处建湖金茂医药有限公司销售假冒专利医疗器械案

一、案情简介

2020 年 5 月，江苏省盐城市大丰区市场监督管理局对盐城市大丰人民医院和盐城市大丰区第二人民医院进行检查，发现建湖金茂医药有限公司（以下简称建湖金茂公司）销售至上述两处医疗机构的留路针产品涉嫌假冒专利。上述产品的生产单位为苏州林华医疗器械股份有限公司（以下简称林华公司），产品名称为“一次性使用静脉留置针”。建湖金茂公司为林华公司的销售商。建湖金茂公司销售至盐城市大丰人民医院的留置针型号为 ZFⅡ-B 型，包装上印有 ZL200620076287.7、ZL200720037665.5、ZL200720038724.0 等专利号；销售至盐城市大丰区第二人民医院的留置针产品型号为Ⅱ-A 型，包装上均印有 ZL200720038724.0 的专利号。上述产品的销售金额合计 21.736 万元。

经大丰区市场监督管理局调查核实，林华公司确曾拥有上述 3 件专利权，由于专利权期限届满，该 3 件专利权在建湖金茂公司销售上述涉案产品时均已终止。林华公司在上述 3 件专利权终止后，继续将专利号印制在产品包装上销售给建湖金茂公司。大丰区市场监督管理局认定，建湖金茂公司的上述行为违反了《专利法实施细则》第 84 条第 1 款第(2)项的规定，属于假冒专利行为。根据《专利法》第 63 条规定，大丰区市场监督管理局作出行政处罚决定，责令建湖金茂公司改正违法行为并予公告，没收违法所得 21.74 万元。同时将案件线索移交生产地处理。

二、专家点评

本案是县级专利行政执法部门查处假冒医疗器械专利案件。首先，执法主体适格。根据《江苏省专利促进条例》，江苏省盐城市大丰区市场监督管理局具有查处假冒专利行为的执法权。其次，执法行为恰当。假冒医疗器械专利，不仅涉及相关企业经济利益与市场竞争秩序，更关乎人民群众的生命健康。行政执法具有高效便捷的特点，能够迅速阻断假冒专利的医疗器械流入市场，特别在新冠肺炎疫情常态化防控的大背景下，更应当强化对医疗器械的查处力度。最后，行政处罚合理。根据专利法规定，行政机关不仅可以没收违法所得，还可以并处违法所得 4 倍以下的罚款。本案中，大丰区市场监督管理局作出没收违法所得的决定，彰显了专利行政执法的合理性和规范性。

案例 10 四川省绵阳市知识产权局调解“一种导航系统”实用新型专利权属和发明人资格纠纷案

一、案情简介

被请求人四川某科技有限公司于 2018

年4月3日获得名称为"一种导航系统"的实用新型专利权，专利号为ZL201721283498.2。该专利权在请求人提起侵权纠纷处理请求时合法有效。

2020年12月17日，请求人某油气田分公司与被请求人因"一种导航系统"实用新型专利权属纠纷向四川省绵阳市知识产权局提出处理请求，获得对方当事人同意后，绵阳市知识产权局于12月22日依法予以立案。

请求人认为，其与被请求人签订了技术合作合同，请求人的技术人员作为该技术合作项目的开发人员，参与了从立项到验收的全过程工作，包括手持式井站巡检导航终端方案设计、资料收集和整理，场站地理、交通信息收集和整理，设备试用问题反馈；请求人与被请求人的技术人员对涉案专利发明创造的实质性特点均作出创造性贡献。请求人据此请求将专利权人由被请求人变更为请求人和被请求人，增加赵某、贺某某、邹某等9人为该专利的发明人。

经调解，被请求人对请求人的意见无异议，双方达成和解并签订了《专利纠纷调解书》，被请求人同意配合请求人办理专利权人、发明人相关变更手续。

二、专家点评

根据专利法的相关规定，管理专利工作的部门可以应当事人请求，对涉案专利权属纠纷进行调解。本案处理从申请到立案再到进行纠纷调解，前后仅用了一周的时间。双方经调解后达成协议，纠纷得到妥善解决。这充分凸显了专利行政保护专业、快捷、高效的优势。将事实清楚、关系简明的争诉交由行政机构及时处理，既避免给当事人带来过高的成本，又防止进入司法程序浪费宝贵的司法资源。

供稿：国家知识产权局办公室

2020年度商标行政保护十大典型案例

案例1 安徽省马鞍山市市场监督管理局查处侵犯"風車"等注册商标专用权案

一、案情简介

第753230号"風車"商标、第639160号"　"商标、第1239101号"　"商标均为米拉尼有限公司（以下简称米拉尼公司）在食用土豆粉、玉米粉等商品上的注册商标，专用权期限分别至2025年6月27日、2023年4月27日、2029年1月13日。

2019年6月10日，安徽省马鞍山市市场监督管理局根据投诉，对马鞍山上嘉食品有限公司（以下统称当事人）进行检查。经查，当事人自2018年9月起，生产"車风"牌生粉，上述产品使用的商标与米拉尼公司的注册商标近似。

2019年8月7日，办案机关认定当事人在同一种商品上使用与米拉尼公司注册商标近似的商标，容易导致混淆，构成《商标法》第57条第(2)项规定的侵权行为，根据《商标法》第60条第2款，责令当事人立即停止侵权行为，作出没收侵权商品和主要用于制造侵权商品的未使用包装、罚款150.4万元的行政处罚。

当事人不服行政处罚决定，先后提起行政复议和行政诉讼，马鞍山市人民政府与马鞍山市雨山区人民法院均维持行政处罚决定。2020年10月28日，马鞍山市中级人民法院终审判决，驳回上诉，维持原判。2020年12月30日，安徽省高级人民法院驳回当事人再审请求。

二、专家点评

本案涉案商品为食品，案件的查办有效阻止了侵权食品流入市场，守护了人民群众"舌尖上的安全"。办案机关认定准确，其关于近似商标的判定思路对此类案件具有借鉴意义。本案历经行政复议和行政诉讼，行政处罚决定最终获得司法机关支持，这对营造良好营商环境、增强外资企业在我国的投资信心具有积极意义。

案例 2　上海市浦东新区知识产权局查处侵犯“BORDEAUX”地理标志商标专用权案

一、案情简介

第 19564618 号“BORDEAUX”商标是波尔多葡萄酒行业联合委员会在葡萄酒商品上注册的地理标志集体商标，专用权期限至 2027 年 7 月 20 日。

2019 年 4 月 25 日，上海市浦东新区知识产权局接到成都市市场监督管理局通报的线索：当事人上海菲桐贸易有限公司(以下简称菲桐公司)在全国糖酒商品交易会上展出涉嫌侵犯“BORDEAUX”注册商标专用权的葡萄酒。经查，2018 年 7 月起，当事人委托烟台奥威依曼酒业有限公司(以下简称奥威依曼公司)加工生产“伯克拉斐”系列干红葡萄酒，由当事人提供酒瓶、酒盖、酒瓶标贴、内外箱等物料。其中，酒瓶标贴系当事人提供样式并委托深圳市大卫福音包装设计印刷有限公司设计、生产，再交由奥威依曼公司加贴。当事人擅自在葡萄酒酒瓶标贴上使用“BORDEAUX”字样，违法经营额 38.59 万元。

办案机关认为，当事人生产销售上述侵权商品的行为构成《商标法》第 57 条第(1)项规定的侵权行为。因涉案商品数量多、案值大，已达到刑事追诉标准，办案机关将该案移送公安机关。

2020 年 6 月 4 日，上海市浦东新区人民法院依法作出刑事判决，判处被告单位菲桐公司犯假冒注册商标罪，罚金 10 万元；被告人诸葛某某(系菲桐公司实际经营人)犯假冒注册商标罪，判处有期徒刑 1 年 6 个月，缓刑 1 年 6 个月，罚金 5 万元；对查获的假冒注册商标的葡萄酒予以没收；禁止被告人诸葛某某在缓刑考验期限内从事食品生产、销售及相关活动。

二、专家点评

地理标志是特定地区的宝贵资源和财富。生产销售假冒地理标志的商品，会严重损害地理标志声誉，严重侵害特定地区生产经营者的竞争优势等合法权益。保护地理标志既是我国履行知识产权保护国际条约义务的体现，也是推进乡村振兴战略的重要举措。有观点认为，《刑法》第 213 条假冒注册商标犯罪的侵害客体不包括集体商标和证明商标。本案的查处，从实证角度明确了地理标志集体商标属于假冒注册商标犯罪的侵害客体，体现了我国对国内外地理标志商标的“同保护”，反映了我国商标行政执法跨地区协作机制的有效运行和商标行政执法与刑事司法的有效衔接。

案例 3　江苏省张家港保税区市场监督管理局查处侵犯“EagleBurgmann”“GRUNDFOS”“格兰富”等注册商标专用权案

一、案情简介

第 G913774 号“EagleBurgmann”商标是依格博格曼德国有限两合公司(EAGLEBURGMANN GERMANY GMBH&CO. KG)在机械的零部件、泵、压缩机的密封装置等商品上的注册商标，专用权期限至 2026 年 8 月 25 日；第 13760797 号“GRUNDFOS”商标为格兰富控股公司(GRUNDFOS HOLDING A/S)在泵(机器、引擎或马达部件)等商品上的注册商标，专用权期限至 2025 年 8 月 20 日；第 7652880 号“格兰富”商标为格兰富水泵(上海)有限公司在轴承(机器零件)、机械密封件商品上的注册商标,专用权期限至 2025 年 10 月 20 日。

2020 年 6 月 9 日,根据权利人投诉,江苏省张家港保税区市场监督管理局会同公安部门对辖区 13 家机械密封件生产、销售企业进行突击检查。现场查获侵犯“EagleBurgmann”“GRUNDFOS”“格兰富”等注册商标专用权的各型号密封件产品共计 200 余个,包装盒 1000 余个,伪造的标签、合格证 3 万余个,以及用于伪造注册商标的激光打标机 5 套,查扣涉案电脑 20 余台,涉案金额 659 万余元。随后,执法人员根据现场查获的交易线索赴海口、长沙、岳阳等地对涉案企业进一步调查取证,成功捣毁一批制假售假窝点。

办案机关认定涉案企业构成《商标法》第 57 条第(1)项、第(2)项、第(3)项规定的侵权行为,依据《商标法》第 60 条第 2 款的规定,没收并销毁侵权商品,对涉案企业处罚款共计 1034.92 万元,并将其中涉嫌犯罪的 6 家企业 7 名当事人依法移送公安机关。案件办结后德国驻上海总领事馆、丹麦驻上海总领事馆分别发函致谢。

二、专家点评

本案涉及侵权商品的生产、加工、销售等全链条,执法机关从个案的调查摸排,到辖区内同行业的集中调查,扩展为全国多个省份的联合打击,最终成功端掉制假售假窝点。本案涉案地域广,涉案企业多,涉及多个商标,案情复杂,行政执法部门跨区域联动,全链条打击,并与公安机关密切协作,充分体现出行政保护的优势。

案例 4　福建省泉州市市场监督管理局查处侵犯“FILA”注册商标专用权案

一、案情简介

第 163333 号“FILA”商标是满景(IP)有限公司(以下简称满景公司)在衣服、鞋、短筒袜等商品上的注册商标,经续展,专用权期限至 2022 年 10 月 14 日。

2019 年 7 月 24 日,福建省泉州市市场监督管理局执法人员对当事人石狮市韩诗萱服装贸易有限公司进行调查,在仓库查获标有“EiLA”标志的服装 1.392 万套。经查,当事人自 2019 年 3 月起通过天猫店铺销售标有“EiLA”标志的服装,违法经营额共计 773.85 万元。当事人称涉案服装是从石狮市奥儿崎服饰有限公司和流动档口购进的,但执法人员查证后获知该公司已于 2019 年 3 月 25 日注销,且无流动档口。另查明,涉案“EiLA”标志于 2019 年 10 月 31 日被国家知识产权局驳回注册申请,理由是“该商标与满景公司在类似商品上已注册的第 163333 号‘FILA’商标近似”。该案查处过程中,权利人另行提起商标侵权的民事诉讼,后当事人与权利人达成和解协议。

2020 年 9 月 16 日,泉州市市场监督管理局认定涉案标志“EiLA”与“FILA”注册商标近似,容易导致混淆,当事人的行为构成《商标法》第 57 条第(3)项规定的侵权行为。考虑当事人系初次违法,积极配合调查,且与权利人达成调解协议,泉州市市场监督管理局对其作出罚款 100 万元的行政处罚。后当事人向泉州市人民政府申请行政复议,2020 年 12 月 15 日,复议机关维持行政处罚决定。

二、专家点评

本案中,当事人辩称不知道销售的是侵权产品,认为其不应承担赔偿责任。办案机关依据《商标法》相关规定,作出准确认定。对于民事赔偿和行政处罚是否可以同时适用,也就是“一赔加一罚”的竞合问题,主要考虑二者调整的法律关系不同,民事赔偿属于平等主体之间的法律关系,而行政处罚是在保护商标专用权的同时,维护社会公共秩序。因此本案中尽管当事人与权利人在司法诉讼阶段达成和解协议，但其行政责任并不能免除，行政机关在作出处罚时综合考量当事人违法情节，作出相应行政处罚，是过罚相当原则在商标行政保护中的具体体现。

案例 5　吉林省长春市市场监督管理局查处侵犯“哈药”注册商标专用权案

一、案情简介

第 10484474 号、第 14419610 号、第 3126576 号“哈药”商标分别是哈药集团有限公司在补药、人用药、膏剂、中药成药等商品，维生素制剂、补药、药用蜂王浆等商品，原料药、粉针剂等商品上的注册商标，专用权期限分别至 2023 年 5 月 27 日、2025 年 7 月 6 日、2023 年 6 月 13 日。

2019 年 10 月 24 日，吉林省长春市市场监督管理局对当事人长春市医药经销有限公司租赁的仓库进行检查，发现大量涉嫌侵权药品。经查，2018 年 4 月 26 日，原国家工商行政管理总局商标评审委员会因“哈总”与“哈药”构成商标近似，裁定“哈总”商标无效。原“哈总”商标注册人吉林省哈总药业集团有限公司法定代表人以口头方式将此事告知当事人业务员。当事人明知“哈总”商标已被裁定无效，仍于 2019 年 4 月、5 月分别从吉林省亿红药业有限公司（以下简称亿红公司）等企业购进标注“哈总”字样的药品共计 38.944 万盒。截至案发时，当事人已销售 17.034 万盒，销售款 68.38 万元，剩余 21.91 万盒未售出。

2020 年 3 月 16 日，办案机关认定当事人的行为构成《商标法》第 57 条第（3）项规定的侵权行为，依据《商标法》第 60 条第 2 款责令当事人立即停止侵权行为，并作出没收侵权商品、罚款 50 万元的行政处罚。对亿红公司等企业的违法行为另案处理。

二、专家点评

商标的近似判断是商标侵权案件中认定侵权与否的关键之一。本案当事人明知“哈药”系知名度较高的商标，仍然购入使用与“哈药”注册商标近似的“哈总”商标的药品进行销售，容易导致消费者对商品来源产生混淆、误认或者认为其来源与“哈药”有特定联系。办案机关查办及时，适用法律准确，有力维护了商标注册人的合法权益和消费者的用药安全。

案例 6　浙江省杭州市市场监督管理局查处侵犯“”等注册商标专用权案

一、案情简介

第 839916 号“”商标是浙江广播电视集团在无线电广播、新闻社、电视播放等服务上的注册商标，经续展，专用权期限至 2026 年 5 月 13 日。第 7010742 号“”商标是浙江广播电视集团在安排和组织大会、广播和电视节目制作、无线电文娱节目等服务上的注册商标，专用权期限至 2022 年 1 月 20 日。

2019 年 11 月 22 日，浙江省杭州市市场监督管理局收到举报，举报人称杭州鲸熹网络技术有限公司（以下简称鲸熹公司）未经许可在某 App 新产品推介会中使用“浙江卫视”名称及“”标识录制现场推介会采访视频，并在公司官网、微信、微博等平台宣传，涉嫌侵权。经查，鲸熹公司为推广 App，委托杭州多意分文化创意有限公司（以下简称多意分公司）承办新品推介会，并要求现场邀请“浙江卫视”媒体采访。因当事人举办的活动达不到“浙江卫视”采访要求，多意分公司根据鲸熹公司要求，使用标注有“”标识的话筒采访，并将编辑标注有“”标识、“”标识及“浙江卫视”名称的采访视频提供给鲸熹公司。鲸熹公司明知多意分公司提供标注有“浙江卫视”名称及“ ”标识、“ ”标识的采访视频未经授权，仍以视频、文字、图片的形式，通过公司官网、社交网络、服务号、短视频等平台对外宣传。

2020 年 7 月 7 日，杭州市市场监督管理局认定鲸熹公司、多意分公司的行为构成《商标法》第 57 条第（1）项和第（2）项规定的侵权行为，依据《商标法》第 60 条第 2 款，作出责令当事人立即停止侵权行为，分别罚款 20 万元和 2 万元的行政处罚。

二、专家点评

本案是一起利用多种互联网自媒体平台侵害服务商标专用权的案件。本案当事人突破了传统载体（商品包装或者容器以及商品交易文书）范畴，利用当前流行的互联网自媒体平台，将商标用于广告宣传等商业活动中，侵权形式多样、传播快、隐蔽性强、危害大、取证难。执法人员及时固定涉案证据，准确认定商标使用行为，有效震慑了利用互联网自媒体平台侵犯商标专用权的行为，为办理类似案件积累了有益经验。

案例 7　广东省广州市市场监督管理局查处侵犯“ ”注册商标专用权案

一、案情简介

2018 年 10 月 11 日，我国台湾地区麦吉有限公司分别在杯、碗、饮用吸管等商品，茶饮料、沙冰、水果冰等商品，无酒精碳酸饮料、奶茶（非奶为主）、茶味非酒精饮料等商品，茶馆、酒吧服务、流动饮食供应等服务上向国家知识产权局申请注册第 33962075 号、第 33962074 号、第 33962073 号、第 33962071 号“ ”商标，2019 年 6 月 28 日获准注册，专用权期限至 2029 年 6 月 27 日。权利人与上海麻吉餐饮管理有限公司（以下简称麻吉公司）签订商标独占使用许可合同，授权其使用上述 4 件商标，许可使用期限至 2029 年 6 月 27 日。

2019 年 12 月，广东省广州市市场监督管理局接到麻吉公司举报，称多家企业侵犯“ ”注册商标专用权。经查，广州市信博餐饮管理服务有限公司、茶控企业管理（广州）有限公司、麦吉（广州）餐饮品牌管理有限公司（以下统称涉案当事人）在其提供的与奶茶相关的餐具上、门店装饰中，使用与权利人注册商标图案近似的“ ”“ ”“ ”等图形。涉案当事人或直接开设直营店，或通过收取加盟费用招徕加盟商，在全国各地开设同类奶茶店，牟取暴利。

办案机关认定涉案当事人的行为构成《商标法》第 57 条第（2）项规定的侵权行为。2020 年 8 月，广州市白云、荔湾、番禺三地市场监督管理局根据《商标法》第 60 条第 2 款，责令涉案当事人停止侵权行为，没收侵权物品及工具，共处罚款 552 万余元。

二、专家点评

近年来，以招徕加盟商、经销商等方式实施商标侵权的情形日渐增多。有的侵权人在饮品、小吃、化妆品等商品上使用看似合法的、与他人已经注册且具有一定知名度的商标不完全相同的标识或包装，通过网络大幅推广，误导消费者。这种侵权模式具有较强的隐蔽性，实体店到处可见，但源头难查且跨区域多发，主观恶意明显。在本案中，执法机关联动合作、主动调查取证，从涉案当事人合作客户端提取加盟服务费转账记录等关键证据，为案件查办打下坚实基础，取得良好效果。

案例 8　北京市朝阳区市场监督管理局查处侵犯“3M”注册商标专用权案

一、案情简介

第 6246533 号“3M”商标是美国 3M 公司在除人工呼吸外的呼吸器、安全面罩、防护面罩等商品上的注册商标，经续展，专用权期限至 2030 年 4 月 27 日。

2020 年 1 月 26 日，北京市朝阳区市场监督管理局接到舆情监测信息，反映康佰鑫大药房销售的“3M”口罩涉嫌假冒注册商标。该门店的实际经营主体为北京康佰馨好一生大药房有限公司第一分公司。在前期调查询问基础上，北京市市场监督管理局执法总队协调北京市公安局介入调查，并对公司负责人李某实施抓捕，根据其供述，起获涉嫌假冒“3M”口罩共计 2.1135 万个，经权利人辨认，属于假冒商品。

办案机关认定当事人的行为构成《商标法》第 57 条第(3)项规定的侵权行为，且明确可计算的违法经营额为 29.16 万元，涉嫌犯罪。北京市朝阳区市场监督管理局依法将该案移送公安机关。

2020 年 6 月 19 日，北京市朝阳区人民法院作出一审判决，以生产、销售伪劣商品罪判处李某有期徒刑 15 年，罚金 400 万元；分别判处从犯李某某、罗某某有期徒刑 10 年和 9 年，罚金 300 万元和 250 万元；追缴 3 人违法所得 330 万余元。3 人不服一审判决，上诉至北京市第三中级人民法院。2020 年 8 月 21 日，北京市第三中级人民法院作出裁定，驳回上诉，维持原判。

二、专家点评

面对 2020 年突如其来的新冠肺炎疫情，市场监管部门在有效制止哄抬防疫物资价格、及时查处假冒伪劣防疫物资方面成绩显著。口罩作为重要防疫物资，事关广大人民群众生命健康和身体安全。本案办案机关经过前期周密调查，准确界定行为主体，高效查明涉案事实，同时积极联动公安、检察院等机关，对违法情节严重、损害后果重大、社会影响恶劣的销售假冒口罩等防疫物资的行为给予严厉打击，并将涉案犯罪线索移送处置，起到了良好的示范效应与威慑效果。

案例 9　上海市市场监督管理局查处违法申请注册“ ”商标案

一、案情简介

武汉火神山医院成立于 2020 年 1 月 27 日，统一社会信用代码为 12420100MB1B8439XP。

上海市市场监督管理局根据国家知识产权局关于驳回“火神山”等疫情相关商标的通告及交办的案件线索，对辖区内违法行为开展立案调查。经查，2020 年 2 月 18 日，上海谛麒新材料科技有限公司委托上海佳诚商标代理有限公司为其申请注册“ ”商标 2 件，申请号分别为第 44122152 号和第 44118486 号。就该案定性问题，办案机关积极与上海市知识产权局会商，后上海市知识产权局向国家知识产权局请示办理意见。

2020 年 4 月 22 日，根据国家知识产权局批复意见，并结合该案具体情况，上海市市场监督管理局认定，当事人申请注册“ ”商标的行为，属于《商标法》第 10 条第(8)项和《规范商标申请注册行为若干规定》第 3 条第(6)项所指的有不良影响的行为，同时属于《商标法》第 32 条和《规范商标申请注册行为若干规定》第 3 条第(4)项所指的损害他人在先权利的行为。根据《商标法》第 68 条第 4 款和《规范商标申请注册行为若干规定》第 12 条的规定，办案机关对当事人作出罚款 1 万元的行政处罚，同时对代理机构及其负责人分别作出警告并罚款 8 万元和 0.5 万元的行政处罚。

二、专家点评

“有人抢救生命，有人却在抢注商标。”新冠肺炎疫情期间，个别申请人抢注“火神山”“雷神山”等与疫情相关商标的行为引起广泛关注，产生不良社会影响。办案机关根据国家知识产权局的指导意见，快速反应，准确定性，严厉查处违法申请人、代理机构及其负责人，同时坚持处罚与教育相结合的原则，对涉案企业加强教育。本案的查办体现出抗疫期间商标执法部门的执法力度，也让社会各界对恶意注册商标的违法性和危害性有了进一步认识，起到较强的震慑作用，为抗击新冠肺炎疫情作出积极贡献。

案例 10　浙江省湖州市市场监督管理局查处侵犯“永艺”驰名商标案

一、案情简介

第 15340604 号“永艺”商标是永艺家具股份有限公司(以下简称永艺公司)在家具、座椅、椅子(座椅)等商品上的注册商标，专用权期限至 2025 年 10 月 28 日。

2020 年 4 月 24 日，永艺公司向浙江省湖州市市场监督管理局投诉称，安吉胜丰家具配件厂(以下简称胜丰家具)擅自在其生产销售的座椅弹簧上使用与永艺公司注册商标相同的“永艺”商标，误导公众，损害永艺公司利益，请求驰名商标保护，并禁止其使用。湖州市市场监督管理局于 4 月 28 日立案调查，查明胜丰家具于 2019 年 11 月起，共生产 240 箱 19 200 个标有“永艺”商标标识的座椅弹簧，截至案发共售出 210 箱 16 800 个，合计销售额 3.7 万元，剩有库存 30 箱 2400 个。湖州市市场监督管理局经初步核实和审查，认为虽然座椅弹簧与上述注册商标核定使用的商品不属于类似商品，但座椅弹簧作为座椅的零部件，在生产者、销售者、消费者等方面重叠度较高，关联性较强，且“永艺”商标在相关公众中具有较高知名度，胜丰家具的行为易误导公众，损害商标注册人利益，该案符合《商标法》第 13 条第 3 款规定的情形。根据《驰名商标认定和保护规定》第 11 条规定，湖州市市场监督管理局于 5 月 14 日将驰名商标认定请示、案件材料副本一并报送浙江省知识产权局。浙江省知识产权局经核实和审查，认为符合规定，根据《驰名商标认定和保护规定》第 12 条规定，报请国家知识产权局认定驰名商标。8 月 5 日，国家知识产权局批复认定使用在第 20 类椅子(座椅)、座椅、家具商品上的“永艺”商标为驰名商标。

2020 年 8 月 30 日，湖州市市场监督管理局依据《商标法实施条例》第 72 条规定，作出责令当事人停止在座椅弹簧上使用“永艺”商标，收缴、销毁标有“永艺”商标纸盒的行政处罚，并按规定将处理结果呈报国家知识产权局。

二、专家点评

2001 年修改的《商标法》明确对驰名商标予以扩大保护，2013 年修改的《商标法》进一步完善了驰名商标认定和保护的规定。2019 年，国家知识产权局专门发文加强驰名商标保护，明确要求地方知识产权局对驰名商标要及时保护、援引保护和重点保护。本案是一起及时保护驰名商标的典型案件，整个办理过程只有四个多月，不枉不纵，及时、有效地保护了驰名商标，取得了良好的执法效果和社会反响。

供稿：国家知识产权局办公室

2020年度全国打击侵权盗版十大案件

案例1　北京“10·24”侵犯网络文学著作权案

一、基本案情

2018年9月，根据相关线索，北京市公安机关对该案进行调查。经查，自2018年开始，覃某某等人运营鼎阅公司，未经著作权人许可，在其运营的“鸿雁传书”“TXT全本免费小说”等10余个App平台上向用户提供侵权网络文学作品5072部，并通过广告、付费阅读等方式牟利。2020年12月，北京市海淀区人民法院以侵犯著作权罪，判处鼎阅公司罚金150万元，判处覃某某等4人有期徒刑3年，罚金80万元至20万元不等，判处其他8人有期徒刑并处罚金。

二、案件评析

近年来，国家版权局持续加大网络文学版权保护力度，印发《关于加强网络文学作品版权管理的通知》，要求规范网络文学行业版权秩序。该案系侵犯网络文学著作权的单位犯罪案件，涉案人员众多，涉案作品数量大，非法经营额高。该案的严厉查办对打击网络文学侵权盗版、推动网络文学繁荣健康发展有重要意义。

案例2　上海李某某等制售盗版玩具案

一、基本案情

2018年10月，上海市公安部门网络巡查时发现有网店销售涉嫌侵权盗版玩具线索。经查，2015年至2019年4月，李某某等人未经著作权人许可，拆分乐高玩具后通过电脑建模、复制图纸、委托他人开制模具等方式，对乐高玩具进行复刻，并冠以“乐拼”品牌通过线上线下销售，涉及47个系列663款产品，涉案金额3亿余元。2020年9月，上海市第三中级人民法院以侵犯著作权罪判决李某某有期徒刑6年，并处罚金9000万元；判决其余8人有期徒刑4年6个月至3年不等，并处罚金。2020年12月，上海市高级人民法院裁定驳回上诉，维持原判。

二、案件评析

该案是以玩具为侵权对象的侵犯著作权罪典型案件。该案运用“以涉案产品的表现形式综合判断是否构成实质性相似”的判断方法，对准确把握美术作品的复制、准确认定作品实质性相似等问题进行了有益探索，对运用刑事手段加强美术作品版权保护具有很好的借鉴意义。

案例3　江苏扬州“2·15”侵犯影视作品著作权案

一、基本案情

2019年2月，根据公安部、国家版权局、国家电影局部署，江苏省扬州市公安局会同版权部门对该案进行调查。经查，马某予等2人盗录传播包括《流浪地球》《飞驰人生》等春节档院线电影在内的413部电影，违法所得分别为404.4万余元、55.6万元；文某杰盗录传播电影124部，违法所得103.5万余元；鲁某销售盗版电影，违法所得536万余元。2020年9月，扬州市中级人民法院以侵犯著作权罪判处马某予有期徒刑6年，并处罚金550万元；判处马某松有期徒刑4年，并处罚金60万元；判处文某杰有期徒刑4年，并处罚金120万元；判处鲁某有期徒刑5年，并处罚金550万元；追缴违法所得。仪征市人民法院以侵犯著作权罪对参与侵权传播的24名下线及代理作出判决。

二、案件评析

近年来，院线电影盗录盗播问题引起社会广泛关注，相关执法部门采取严厉措施，加强院线电影版权保护，重拳打击影院盗录偷拍及非法传播行为，先后破获了一批盗版院线电影重大案件，抓获了一批犯罪嫌疑人。该案是春节档院线电影高清盗录和非法销售网络源头，办案部门打掉隐藏多年的“幽灵机”，有力震慑了违法犯罪分子，进一步净化了院线电影版权生态。

案例4　江苏淮安“2·22”销售侵权盗版图书案

一、基本案情

2019年2月，根据权利人投诉线索，江苏淮安市文化市场综合执法支队、公安部门对该案进行调查。经查，2017年至2019年，王某未经著作权人许可，购进用于销售的侵权盗版图书68种、930 475册，其中委托李某某印刷侵权盗版图书59种、929 314册，运至其租赁的北京仓库和淮安仓库储存，后通过网络对外销售，涉案图书码洋9000万余元。2020年11月，江苏省淮安市中级人民法院以侵犯著作权罪判处两被告单位罚金各50万元；判处王某有期徒刑4年，并处罚金300万元；判处李某某有期徒刑3年6个月，并处罚金260万元；判处其他被告人有期徒刑缓刑并处罚金。

二、案件评析

该案是非法印制、存储、销售盗版图书的典型案件。侵权人为掩盖侵权行为，从正规渠道购买极少量正版书籍，通过电商平台进行盗版、正版混搭销售，侵权盗版图书数量巨大，涵盖小说、绘本、教辅、童书等多个种类，社会影响恶劣。该案的查办，充分体现了严格保护的政策导向，取得了良好的办案效果。

案例5　江西南昌“0791DJ音乐网”侵犯音乐作品著作权案

一、基本案情

2018年12月，根据相关线索，江西省南昌市文化执法部门会同公安机关对该案进行调查。经查，龚某某经营“0791DJ音乐网”，未经著作权人许可，在互联网上下载大量音乐作品，提供在线收听及下载服务，点击数1881万余次。2020年11月，江西省南昌市青山湖区人民法院以侵犯著作权罪判处龚某某有期徒刑3年，并处罚金6万元。

二、案件评析

该案侵权数量大、调查取证难，公安部门会同版权行政执法部门组成专案组，版权执法人员全程参与案件查办工作，持续加大办案力度，是推动“两法衔接”、提高执法效能的一起成功案例。

案例6　山东济宁“5·21”侵犯著作权案

一、基本案情

2019年5月，根据权利人培生公司投诉线索，山东省济宁市文化旅游综合执法支队联合济宁市、市中区两级公安机关对该案进行查办。经查，济宁爱贝国际少儿英语培训机构负责人郑某未经著作权人许可，委托济宁双星制版印务有限公司刘某印刷《爱贝国际少儿英语》等侵权盗版制品72 012册，并通过网络销售盗版制品64 824册，非法经营额403万余元。2020年12月，山东省济宁市嘉祥县人民法院以侵犯著作权罪判处郑某有期徒刑4年，并处罚金100万元；判处济宁双星制版印务有限公司罚金人民币20万元；判处刘某有期徒刑缓刑并处罚金20万元，追缴违法所得10万元。

二、案件评析

“剑网2020”专项行动将在线教育专项整治作为重点任务，大力整治在线教育培训中存在的侵权盗版乱象，严厉打击通过网络销售盗版网课和盗版出版物的行为。该案系侵犯培训教材著作权的典型案件，涉案作品涉及国外权利人，非法经营额较高。案件的依法查办彰显了我国严格保护知识产权的坚定立场，对维护教育培训市场版权秩序、树立版权保护意识具有重要意义。

案例7 贵州汪某等制作出售假冒他人署名美术作品案

一、基本案情

按照公安部统筹指挥侦办制贩假冒字画系列案的部署，北京、上海、天津、广州、南京、成都等地打掉了制贩假字画犯罪团伙9个，扣押假冒名家字画3000余幅、假冒名家印章500余枚，查扣涉案资产1亿余元。其中，查明汪某等人将大量假冒李可染、李苦禅、吴作人、齐白石、黄胄、启功等名家署名的书法美术作品，送各拍卖行拍卖或直接贩卖，涉案金额3000万余元。2020年9月，贵州省遵义市中级人民法院以侵犯著作权罪分别判处汪某等10人有期徒刑6年至1年6个月不等，并处罚金2691万元至18万元不等。汪某等人不服一审判决向贵州省高级人民法院提出上诉。2020年12月，贵州省高级人民法院作出终审判决，改判汪某有期徒刑5年，并处罚金1350万元。

二、案件评析

书画市场制假售假活动猖獗，严重扰乱文化市场正常秩序，损害书画作品权利人和消费者的合法权益。该案的成功办理，有力震慑了制贩假字画犯罪，净化了艺术品市场环境，保护了著作权人的合法权益，同时在罪名适用、证据收集、鉴定方式、鉴定标准、金额认定等方面积累了经验，对办理同类案件具有借鉴意义。遵义市人民检察院因此案荣获国家版权局和世界知识产权组织联合颁发的2020年中国版权金奖保护奖。

案例8 湖北91资源系列网站侵犯著作权案

一、基本案情

2018年9月，根据国家版权局移转线索，湖北省黄冈市浠水县版权行政执法部门会同公安机关对该案进行调查。经查，李某某等人未经著作权人许可，从互联网上采集大量侵权影视作品，通过运营资源网站进行广泛传播，并通过广告非法获利。浠水警方侦破涉嫌侵权影视网站500余个。2020年11月，浠水县人民法院以侵犯著作权罪判处李某某有期徒刑4年，罚金45万元；判处其他15人有期徒刑并处罚金。

二、案件评析

该案是打击盗版影视资源类网站的典型案件。涉案侵权网站数量大，并大多在境外设置服务器，犯罪嫌疑人分布在9个省市，利用网络进行团队化运作，具有隐蔽性强、侵权传播范围广等特点。该案的成功查办，是加强“两法衔接”的典型案件，对打击集团化侵权犯罪具有较强的震慑作用。

案例9 福建制售侵权盗版幼儿教辅系列案

一、基本案情

2018年4月以来，根据权利人投诉线

索，福建省版权局先后组织宁德、南平、莆田、三明、泉州等地版权行政执法部门对盗版幼儿教辅系列案进行查办，共立案查处 6 起案件。2019 年 1 月，三明市版权执法部门会同公安部门抓获涉案人员 5 人，现场查缴盗版幼儿教辅 8 万余套，总码洋 277.9 万元。经查，该团伙非法印制、销售盗版幼儿教辅 13.8 万套，非法获利 100 万余元。2020 年 3 月，三明市中级人民法院以侵犯著作权罪判处庄某等 5 人有期徒刑 5 年至有期徒刑缓刑不等，共处罚金 168 万元，追缴违法所得 125 万余元。2020 年 8 月，泉州市版权局发现该系列盗版教辅再次在市场出现，查获胡某某销售该盗版幼儿教辅非法经营额 32 243.35 元，违法所得 5794.75 元。2020 年 11 月，泉州市版权局依法对胡某某作出罚款 17.12 万元的行政处罚。截至 2020 年底，对该系列案共作出刑事判决 3 起、行政处罚 3 起，先后判处 7 人有期徒刑 5 年至有期徒刑缓刑不等，累计罚没、追缴金额 320.18 万余元。

二、案件评析

该系列案是加强跨区域、跨部门执法协作的典型案例。该系列案多地案情交织互涉，覆盖盗版教辅制作、印刷、销售全环节，侵权数量大、案值高、跨区域、社会影响恶劣。案件查办过程中，版权行政执法部门深挖案件线索，公安机关积极主动介入，审判机关依法快审快判，跨地区、多部门衔接紧密，对侵权盗版全链条进行从严打击，在加强“两法衔接”和区域执法协作方面树立了典范。

案例 10　上海犀光网络科技有限公司侵犯摄影作品著作权案

一、基本案情

2020 年 7 月，根据投诉线索，上海市文化和旅游局执法总队对该案进行调查。经查，2019 年 12 月至 2020 年 2 月，上海犀光网络科技有限公司未经著作权人许可，通过其经营的网站向公众传播中超足球比赛摄影作品 257 张。2020 年 12 月，上海市文化和旅游局执法总队对该公司作出罚款 15 万元的行政处罚。

二、案件评析

“剑网 2020”专项行动把进一步规范图片市场版权传播秩序作为重点任务。该案是落实专项行动部署、加强摄影作品版权保护的典型案例，通过行政处罚快速制止侵权行为，对强化媒体版权保护具有等积极作用。

供稿：中央宣传部版权管理局

2020 年度公安机关打击侵权假冒犯罪典型案例

案例 1　河北邢台樊某某等制售伪劣香油案

2020 年 5 月，河北省邢台市公安局侦破一起制售伪劣香油案，捣毁制假窝点 4 处，抓获犯罪嫌疑人 5 名，现场查获半成品香油 5000 余千克、成品香油约 10 000 余千克。经查，自 2018 年起，犯罪嫌疑人樊某某开始经营邢台市宁晋县冀唐香植物油加工厂，采取餐饮专供油加香精，或色拉油加色素及香精相勾兑的方法生产伪劣香油进行销售，涉案金额 2000 万余元。

案例 2　黑龙江双鸭山刘某某等制售假玉米种子案

2020 年 6 月，黑龙江省双鸭山市公安局侦破一起制售假玉米种子案，抓获犯罪嫌疑人10名，现场查获无标识散装玉米种子7.7万千克。经查，犯罪嫌疑人刘某某等人从新疆、辽宁等地大量购进散装玉米种子，重新筛选包装，假冒品牌玉米种子对外销售。同时查明，犯罪嫌疑人于某委托新疆某种业科技公司种植生产未审定的杂交玉米种子，并假冒品牌玉米种子对外销售，涉案总金额1100万余元。

案例3　河北邢台"4·28"制售假药案

2020年10月，河北省邢台市公安局根据群众举报线索，成功侦破"4·28"制售假药案，捣毁生产销售窝点3处，抓获犯罪嫌疑人4名，现场查获假冒品牌药品5万余瓶，涉案金额2000万余元。经查，2019年以来，犯罪嫌疑人张某某按照李某某订单要求，在沧州市沧县家中大量加工假冒品牌药品半成品。李某某从浙江等地购买假冒品牌的包材包装成假冒药品成品，通过微信发展下线对外销售。

案例4　山东济宁"11·26"制售假冒品牌隐形眼镜案

2020年11月，山东省济宁市公安局根据群众举报线索，成功侦破王某某等制售假冒注册商标的医疗器械案，抓获犯罪嫌疑人26名，现场查获大量假冒品牌隐形眼镜成品、裸片、原材料及包材，涉案金额3亿余元。经查，2016年以来，犯罪嫌疑人郑某某等人在山东、浙江、江西等地黑窝点生产隐形眼镜半成品裸片、半成品压片后，出售给犯罪嫌疑人王某某等人，王某某等人在浙江义乌一出租房内贴牌加工成假冒品牌隐形眼镜成品，通过网络平台对外销售。

案例5　江苏扬州"7·27"制售假冒品牌化妆品案

2020年8月，江苏省扬州市公安局成功侦破"7·27"制售假冒品牌化妆品案，捣毁黑窝点6处，抓获犯罪嫌疑人17人，现场查获假冒品牌口红6万余支、香水3万余瓶，涉案金额1.4亿余元。经查，2019年1月以来，犯罪嫌疑人高某某等人低价购进半成品口红、香水，通过网络购进假冒包材后，在湖南株洲租用仓库包装成假冒知名品牌的口红、香水，通过在网络平台开设网店对外出售。

案例6　广东东莞"6·15"制售假冒品牌口罩案

2020年7月，广东省东莞市公安局根据举报线索，成功侦破"6·15"制售假冒品牌口罩案，抓获犯罪嫌疑人12名，涉案金额1亿余元。经查，犯罪嫌疑人董某某等人未经授权，在其经营公司内大量生产假冒品牌口罩对外销售，累计销售数量达500万余只。

案例7　山东烟台"5·08"制售假冒品牌手机案

2020年6月，山东省烟台市公安机关根据群众举报，成功侦破"5·08"销售假冒品牌手机案，抓获犯罪嫌疑人28名，捣毁生产、销售、仓储窝点12处，涉案金额2亿余元。经查，2017年以来，犯罪嫌疑人刘某、江某等人从各地购进品牌二手手机，通过自行翻新、委托代工商翻新或直接收购翻新手机的方式获取翻新手机成品，并伪造正品鉴定报告，将翻新手机冒充原装正品手机，通过其在网络平台注册的专营店对外销售牟利，销售范围涉及全国20余个省、市，累计销售数量达7万余部。

案例8　辽宁朝阳“1·02”制售假冒品牌运动鞋案

2020年8月，辽宁省朝阳市公安机关侦破“1·02”销售假冒品牌运动鞋案，抓获主要犯罪嫌疑人10名，现场查获假冒11个品牌的商品24万余件，查扣用于制假的生产线3条、机器83台、原材料50余吨，涉案价值逾亿元。经查，2018年以来，犯罪嫌疑人郑某通过自营实体店铺对外销售假冒品牌运动鞋，经营数额达400万余元。犯罪嫌疑人罗某作为郑某的供货商，其从福建生产商徐某等人处购进假冒货品，利用网络平台招揽60余名下线分销商，并在网络平台发布广告、沟通交流、完成交易，最后通过快递物流方式将假冒品牌商品销往全国各地。

案例9　江西赣州“6·11”制售假冒品牌箱包案

2020年10月，江西省赣州市公安机关根据群众举报线索成功侦破“6·11”制售假冒品牌箱包案，抓获犯罪嫌疑人45名，捣毁制假窝点30个，查获大量假冒品牌箱包，案值近10亿元。经查，2017年以来，不法分子通过自建网站、电商平台、设立实体店铺等线上线下相结合的方式进行推广销售。

案例10　天津“7·01”制售假冒品牌机油案

2020年7月，通过暗访排查发现线索，天津市公安机关成功破获“7·01”制售假冒品牌机油案，抓获犯罪嫌疑人14名，查获假冒10余个品牌的机油成品、半成品4000余桶，以及大量制假原料和工具，案值5000万余元。经查，2016年以来，不法分子通过社交平台发布广告招揽客户，再通过电商平台进行销售。

案例11　河南开封“8·13”制售假冒品牌电气产品案

2020年8月，河南省开封市公安机关根据消费者举报，成功侦破“8·13”生产销售假冒电气产品案，打掉制造、销售假冒品牌电气犯罪窝点16个，抓获犯罪嫌疑人12名，现场查获假冒品牌双电源开关等电气产品10余种共1216台，经检测，涉案产品质量不合格。经查，犯罪嫌疑人张某、邓某从上线吴某处购进无牌劣质双电源开关，并购进大量假冒知名品牌商标标识，贴标后冒充正品对外销往10个省市，累计销售金额1000万余元。开封市公安机关根据与行政部门的案件线索双向移送机制，及时将案件情况通报市场监管局，组织将安装使用的假冒双电源开关全部更换，有效消除了一批安全隐患。

案例12　福建福州“9·26”侵犯商业秘密案

2020年8月，福建省福州市公安机关侦破“9·26”侵犯商业秘密案，抓获犯罪嫌疑人10名，涉案金额达2000万余元。经查，犯罪嫌疑人邱某、俞某在福建某技术公司任职期间，违反保密约定和公司管理制度规定，利用职务便利，非法窃取公司技术秘密信息，并在离职后与犯罪嫌疑人陈某等人先后注册成立公司，利用非法获取的技术生产相关固件产品，出售给犯罪嫌疑人林某等人。林某等人利用邱某、俞某提供的固件生产相关设备产品对外销售，给权利人企业造成重大经济损失。

案例13　湖北十堰“7·22”制售假冒品牌发动机配件案

2020年8月，湖北省十堰市公安机关根据权利人举报，成功侦破“7·22”制售假冒品牌发动机配件案，共抓获违法犯罪嫌疑人48名，捣毁生产、销售假冒康明斯发动机配件及包材仓储窝点9处，查扣4万余件假冒品牌发动机配件。经查，2014年以来，孙某伙同李某等人以公司名义从湖北、河北等地的张某、范某等人处大量购进假冒品牌发动机配件，从湖北余某处定做假冒品牌发动机配件外包装，加工成成品后通过其在汽配城的实体店和多年运营积累的客户资源，销往14个省市。

案例14　上海“8·28”制售假冒品牌商品案

2020年8月，上海市虹口公安机关根据网上排查发现的线索，成功破获“8·28”制售假冒品牌商品案，抓获犯罪嫌疑人41名，捣毁制假售假窝点8处，查获假冒品牌箱包、服饰、手表、首饰等商品3000余件，案值5000万余元。经查，不法分子与拥有百万粉丝的“网红主播”勾结，通过“直播带货”方式推广销售。

案例15　广东肇庆“飓风183号”制售假冒品牌手表案

2020年6月，广东省肇庆市公安机关根据网上排查发现的线索，成功侦破“飓风183号”制售假冒品牌手表案，抓获犯罪嫌疑人98名，打掉制假售假窝点15个，查获假冒6个品牌14种型号的手表成品1万余块以及大量假冒品牌手机配件，案值6亿元。经查，不法分子主要通过社交平台发展客户、推广销售。

案例16　江苏南通“1·13”制售假冒品牌保鲜膜案

2020年9月，江苏省南通市公安机关根据举报线索，成功侦破“1·13”制售假冒品牌保鲜膜案，查封2家不法制假企业，抓获犯罪嫌疑人60名，扣押假冒品牌保鲜膜成品1353箱、散存膜1.2万支、纸管1.9万卷，涉案价值2000万余元。经查，2017年以来，犯罪嫌疑人李某、顾某等人在生产销售自有品牌保鲜膜业绩不佳的情况下，未经注册商标所有人许可，利用自有保鲜膜生产线，非法制造、储存、运输、销售印有侵权品牌注册商标标识的保鲜膜制品。

供稿：公安部食品药品犯罪侦查局

2020年中国海关知识产权保护典型案例

案例1　杭州海关在市场采购渠道查获出口侵权药品案

一、案情介绍

市场采购小商品出口集装箱大多具有品种杂、货物多等特点，是海关知识产权保护布控和查验的重点。2020年7月7日，义乌市某进出口公司以市场采购贸易方式向杭州海关申报出口枕芯、纸盒等一批小商品至伊拉克。经海关关员初步查验，发现该集装箱内有一批使用“Pfizer(图形)”标识的药品包装盒、说明书。凭借丰富的执法经验，查验关员判断不法分子将药品胶囊与包装物分开藏匿的可能性极高，于是对集装箱底部和后端进行彻底查验。

经彻查清点，累计查获使用“Pfizer（图形）”标识的药品胶囊69.02万颗、药品包装盒9.6万个、药品说明书7.14万张。经商标权利人辉瑞产品有限公司确认，该批药品胶囊、包装盒、说明书均为侵权产品。杭州海关迅速立案，扣留上述侵权货物并依法向公安机关通报案件线索，推动义乌市公安局经济犯罪侦查大队、食品药品环境犯罪侦查大队、义乌市市场监督管理局稽查大队开展跨部门执法协作。

二、案件点评

（一）该案是海关加强对一线查验关员培训取得成效的体现

杭州海关针对义乌小商品市场出口货物的特点，加强对一线查验关员的知识产权意识及查验技能专项业务培训，取得积极成效。该案中，执法关员从此前海关查获的案例中，归纳分析常见侵权手法，对出口侵权货物进行“手术刀”式精准打击，在发现大量侵权包装物后，保持高度警觉，揭穿不法分子“货包分离”的夹藏手法，在集装箱的前端、中端、后端和底部将分散藏匿的66箱侵权假药全部查获。

（二）该案是海关执法中查获侵权药品数量较多、难度较大的典型案例

杭州海关紧密结合关区特点，将食品、药品以及医药产品作为知识产权保护的重点。该案侵权手法隐蔽，侵权货物数量大，涉案集装箱中共装有31种、近1200箱货物，不法分子将药品胶囊、包装盒、说明书分开包装，夹藏于合法货物中间，海关抽丝剥茧，一举查获侵权药品胶囊、包装盒、说明书总计85.76万件，摧毁了不法分子蒙混过关的企图。

（三）该案是海关“以案说法”提升知识产权保护社会氛围的有益探索

杭州海关是全国海关中第一个在隶属海关设置知识产权科的直属海关，也是最先建立中国海关知识产权保护展示中心的直属海关。杭州海关中心展厅面积540平方米，累计展出各类侵权商品2.3万件，年均接待社会访问7750人次。结合“知识产权与健康”主题，杭州海关在中心内展出该案样品，开展“以案说法”宣传，提升案件的警示教育作用，全面提升知识产权保护社会氛围。

案例2　厦门海关查获出口侵权卫生用品系列案

一、案情介绍

2020年8月26日，厦门海关通过对舱单航线数据及报关数据比对分析，发现青岛某进出口有限公司申报出口至南美的某一集装箱货物存在侵权嫌疑。经查验，发现该集装箱中货物为卫生巾，共计151万片，货物外包装使用“alluays”和“alvivays”标识，上述英文字母在字体、大小比例、布局、艺术化造型等方面与宝洁公司在海关总署备案的“always”商标权在整体视觉效果上十分相似。经调查确认，上述货物构成侵权。

该案件查发后，厦门海关成立由风控部门、知识产权部门、查验部门联合组成的专项小组，对个人卫生用品开展专项治理，筛查通关数据及案件信息，对航线特点、物流走向、侵权手法进行全面分析，将单一风险线索与同目的地报关单、舱单数据、物流数据进行比对，从货物品名、品牌申报特点、贸易国别、航线等要素提炼建立高风险“影子商标模型”18个，生成布控规则36条。随后两个月内，厦门海关连续查获涉嫌侵权卫生巾、纸尿裤等卫生用品7批次、481万片，价值600万元。

二、案件点评

（一）该案是海关综合分析和精准布控的成功实践

随着知识产权海关保护威慑力不断提升，违法分子不断改变侵权手法试图逃避监管，近似商标、货标分离、“标上标”等情况层出不穷。同时，贸易便利化提出的快速通关要求等也需要海关不断提升对侵权嫌疑货物的精准识别能力。在该案中，厦门海关对侵权案件信息、报关数据、舱单数据进行综合分析，建立高风险“影子商标模型”，明确查验重点，实施精准布控，成功查发侵权系列案，体现了海关不断提升执法能力、积极应对侵权新态势所取得的成效。

（二）该案是海关聚焦重点商品加强专项打击，维护消费者健康安全的重要成果

海关在知识产权保护过程中始终坚持将威胁社会公众生命健康安全的侵权产品作为执法重点予以重拳打击。在该案查办过程中，厦门海关针对关区内产业分布及出口货物的特点，对个人护理用品领域等关系消费者健康安全的侵权货物进行专项布控，查获系列案件，有效截断侵权货物流入市场。

（三）该案是海关加强知识产权保护营造良好营商环境的典型案例

全国海关认真贯彻落实有关部署，不断加强知识产权保护，着力营造尊重知识价值的营商环境，完善法律体系，强化打击力度，加强对外国知识产权权利人合法权益的保护。该案中，厦门海关秉承“同保护”理念，对跨国公司的知名品牌实施保护，有效维护外商投资企业合法权益，增强企业在华投资信心。

案例3　青岛海关在保税区进出境渠道查获侵权套头衫案

一、案情介绍

2020年4月，青岛海关在对福建某科技有限公司申报进口的一票套头衫进行查验时，查验关员依托“单兵系统”和“商标识别”App核对货物的商标信息，发现该批货物使用“Champion”标识，存在侵权嫌疑。后经权利人确认，该票套头衫系“保税区一日游”侵权货物，共计9118件，价值31.91万元。因该案涉案金额大、涉嫌犯罪，青岛海关立刻将案件线索通报公安机关，请公安机关提前介入，并配合公安机关及时固定证据。公安机关据此一举破获包括该科技有限公司在内的特大销售假冒注册商标货物系列案件，捣毁售假窝点5个，实现了“打团伙、端窝点”，抓获犯罪嫌疑人20余人，查获包括“Champion”在内的假冒国际知名品牌服饰30万余件，涉案金额近2亿元。

二、案件点评

（一）该案是海关关注新型侵权手段、积极实施知识产权保护的成功案例

该案是青岛海关首次查发不法分子利用保税区出口复进口方式实施侵权行为的案件。案件中，犯罪团伙伪造外国公司授权，企图通过该种方式获得货物出口和进口的全套手续，使国产货摇身一变成为进口货，再在国内大肆销售。海关敏锐地发现国际贸易中侵权违法的新特点、新趋势，在进出口环节严密监管，全方位加强执法，斩断“保税区一日游”侵权“生态链”。

（二）该案是海关与公安机关深化合作源头治理的典型案例

青岛海关在知识产权保护执法中，不断加强与地方公安机关的合作，加强执法信息和数据共享，确立隶属海关和辖区同级公安机关“点对点”通报机制。青岛海关在该案调查过程中，第一时间启动与公安机关的合作机制，将线索信息通报公安机关，请公安机关提前介入，并为公安机关及时固定证据，最终实现覆盖进出口、销售、制造等环节的全链条打击效果。

(三)该案是海关应用科技手段提升执法效能的生动实践

青岛海关为解决图形类商标的识别难题,开发了"商标识别"App,现场关员对查验货物标识进行拍照上传后,程序自动研判该商标是否已在海关备案并反馈识别结果,对于存在侵权嫌疑的货物,再由人工进行进一步复核。通过科技赋能,在提高查获效率和鉴别能力的同时,也节约了人力资源。该案中,海关人员运用"商标识别"App 核实货物商标,做到应查尽查,使侵权行为无处遁形,进一步提升了执法效能。

案例 4 上海海关加强行刑衔接查获侵权钛白粉案

一、案情介绍

2019 年 10 月,上海海关根据情报获悉,一批侵犯"科慕"商标权的钛白粉即将从上海口岸出口。上海海关按照情报线索快速响应预案,迅速开展摸排查证,一举锁定嫌疑目标集装箱。经现场查验,该批由深圳某贸易公司申报出口的 5 吨钛白粉,商品外包装上使用"CHEMOURS 及图形"标识。权利人确认该批出口钛白粉为侵权产品,并申请知识产权海关保护。上海海关迅速立案并扣留了侵权嫌疑货物。通过案件调查,上海海关逐步掌握并固定了上述出口货物侵犯商标权以及在国内制造、运输、对外销售等各个环节违法的证据。2019 年 11 月,上海海关启动"两法衔接"工作机制,配合公安机关抓获生产、销售假冒注册商标商品的犯罪嫌疑人 8 名,查实违法销售金额 330 万余元,成功摧毁了一个通过跨境贸易平台制售侵权钛白粉的犯罪网络。2020 年 7 月 6 日,上海市第三中级人民法院一审判决宣告主犯石某某有期徒刑 4 年 6 个月并处罚金、李某某有期徒刑 3 年缓刑 4 年并处罚金,判处 5 名从犯缓刑并处罚金,石家庄某公司被判处罚金。

二、案件点评

(一)该案是构筑知识产权行刑衔接"全链条保护"的有益探索

上海海关与上海市公安局签订了《关于加强知识产权保护执法协作备忘录》,在行政机关向公安机关移送案件的常规工作机制外,探索建立相互通报违法信息线索的"双向通报"机制,进一步拓宽侵权线索来源,更快、更深、更全面地打击侵犯知识产权违法行为。该案中,上海海关与公安机关共享信息,充分发挥知识产权海关保护在口岸及时、精准拦截的优势,利用公安机关"打源头、摧网络、断链条"的深度打击特点,双方合力构筑"职能优势互补、合作形成合力"的全链条大保护工作格局。

(二)该案是海关运用大数据查获侵权案件的成功实践

"跨境贸易大数据平台"是上海海关开发的旨在用大数据理念和方法提高海关监管服务的科技化、智能化水平的数据平台,目前已汇集生产、贸易、物流、税务、工商、外汇等各方数据 7 亿多条。依托该平台,上海海关从获取的情报线索入手,抽丝剥茧、层层深入分析研判,一举在口岸数十万个集装箱中精准锁定、查获侵权货物,充分体现了大数据平台科技赋能与办案人员经验智慧的完美结合,展现了海关口岸监管服务现代化水平,实现了合法货物快速通关与精准拦截违法货物的完美平衡。

案例 5 重庆海关依申请保护摩托车整车专利权案

一、案情介绍

2020 年 5 月下旬,广州三雅摩托车有限公司(以下简称三雅公司)向重庆海关举报重庆某摩托车制造有限公司出口至摩洛哥的摩托车侵犯该公司摩托车整车(SY110-2)专利权，请求海关予以查处，并提交了知识产权海关保护申请及相应的担保金。根据三雅公司申请信息，重庆海关在出口渠道查获侵权嫌疑摩托车 1050 台，并于 6 月 24 日对该批摩托车予以扣留。发货人认为其出口的摩托车系自主研发，具有相应专利权，在扣留当日即向重庆海关提出反担保放行申请并随附了相关证明材料。6 月 28 日，发货人向重庆海关提交了货物等值反担保金 327 万元。6 月 29 日，重庆海关依法对涉案摩托车解除扣留，并经双方当事人同意，对上述摩托车提取 2 台作为样品。7 月 1 日，重庆市第五中级人民法院对提取的 2 台摩托车样品予以查封，并同时对已放行但尚未离港的 1048 台摩托车予以司法查封。

二、案件点评

(一)该案是知识产权海关保护依申请保护执法模式的典型

为适应知识产权种类多、权利特点差异大、海关知识产权保护时效要求高等特点，《知识产权海关保护条例》设计了依职权保护和依申请保护两种执法模式。该案涉及的专利权授权情况复杂，当事人对侵权纠纷争议大，双方积极依法维权，穷尽了法律规定的保护申请、扣留货物、反担保、放行、协助法院执行等各个程序，全景展现了依申请保护的整个执法流程。

(二)该案体现了知识产权海关保护对双方当事人权利义务的有效平衡

世界贸易组织《与贸易有关的知识产权协定》认为，知识产权为私权，知识产权的保护与权利行使应促进权利与义务的平衡，成员可采取适当措施防止权利人滥用知识产权。该案中，权利人向海关依法提出保护申请，并提交了担保金，有关担保金用于包括赔偿可能因申请不当给收发货人造成的损失等；而发货人在海关扣留涉嫌侵犯专利权货物后，可以提交与货值相等的反担保金，申请解除对涉案货物的扣留手续，保障了发货人对涉嫌侵权专利权货物寻求救济的权利。

(三)该案体现了依申请保护执法模式兼具公平与效率的优势

该案从重庆海关对侵权嫌疑摩托车扣留至法院查封全部出口货物，前后仅用了 8 个工作日。重庆海关按规定不对侵权事实开展调查，而是直接转由权利人向人民法院提起诉讼；在法院未对双方在账担保金提出协助执行要求的情况下，重庆海关及时对收到的担保金和反担保金进行了清退，降低了双方当事人的维权成本。有关程序既保障了双方当事人的合法权益，又避免货物在口岸停留过长时间，确保了口岸的通关时效和物流通畅。

案例 6　宁波海关积极服务企业维权查获出口侵权膏药贴案

一、案情介绍

2020 年 10 月中旬，宁波海关收到侵权线索，一批侵犯强生公司商标权的膏药贴将从宁波口岸出口。在获悉该商标已在国内注册但尚未在海关备案的情况后，宁波海关积极向强生公司讲解知识产权海关保护的模式，引导企业及时在海关总署进行知识产权备案，为启动主动保护程序奠定了坚实的基础。宁波海关知识产权部门、风险管理部门和查验部门等加强联动，实时掌握侵权货物的新情况和新动向，下达预订式布控指令锁定相关集装箱。11 月 5 日，宁波海关对义乌某公司申报出口至也门的一批货物开箱查验时，发现箱内货物大多为纸箱装的橡皮筋和胶带，外观未见明显异常，但根据前期情报风险分析比对，现场查验关员认为该批货物存在夹藏的侵权风险。经倒箱彻查，在集装箱底部发现夹藏的侵犯"强生公司(图形)"商标权的膏药贴 75 箱共计 129 456 张。

二、案件点评

(一)该案是海关主动服务企业、指导企业维权的典型案例

知识产权海关保护具有程序专业性强、时限紧、证据材料要求高等特点。为确保知识产权权利人的合法权益能够依法得到有效保护,海关在日常执法中注重密切与权利人的合作,积极开展送法上门、问题诊断等个性化、针对性服务,提升企业维权的意识和能力。该案中,海关了解到涉案的知识产权未在海关总署备案,积极为权利人宣讲法律制度,指导企业办理备案,确保海关能够依法对侵权货物实施查扣。

(二)该案体现了备案在知识产权海关保护程序中的重要作用

按照《知识产权海关保护条例》的规定,只有当权利人将有关知识产权向海关总署办理了知识产权海关保护备案,海关才能依职权对有关知识产权实施保护,但执法实践中发现,有的权利人因为不了解备案的重要性,没能及时办理知识产权海关保护备案,或只挑选部分认为重要的权利进行备案,导致海关无法在口岸对侵权货物实施主动依职权拦截。当前海关知识产权保护备案手续简便,全程无纸化在线办理,海关不收取任何费用,权利人应当用好这一便捷措施,积极为维护自身的知识产权提前做好必要的法律准备。

案例 7　南京、郑州、合肥、南昌海关寄递渠道查获侵权货物系列案

一、案情介绍

为加强对寄递渠道侵犯知识产权行为的打击力度、促进跨境电子商务等新业态健康发展,2020 年,全国海关在寄递渠道开展知识产权保护专项执法行动(代号"蓝网行动"),通过发挥防控协同机制作用,强化寄递渠道知识产权保护,取得积极成效。

南京、郑州、合肥、南昌海关以联合打击邮递渠道侵权货物漂移为合作重点,加强情报共享,实施精准打击。2020 年第二季度,南京海关发现其邮递渠道同时出现出口邮包及侵权货物大幅下降情况,通过对揽件人、寄件人等相关信息的风险分析,认为存在侵权货物"口岸漂移"嫌疑。该关将相关信息及时通报郑州、合肥及南昌等海关。通过联合执法、联网打击,合肥海关共扣留侵权货物 3388 批,郑州海关共扣留侵权货物 4031 批,南昌海关共扣留侵权货物 445 批,邮递侵权货物"口岸漂移"态势得到持续、有效的控制。

二、案件点评

(一)该系列案是海关"蓝网行动"执法成果的集中体现

针对寄递渠道侵权案件频繁发生但分散的特点,全国海关开展"蓝网行动"以加强查处,有效堵截"蚂蚁搬家""化整为零"等方式的侵权违法活动。行动期间,全国海关邮递渠道查获侵权案件批次增幅明显,共扣留侵权嫌疑货物 4.96 万批,涉及侵权嫌疑货物 16.52 万件,成效显著。

(二)该系列案是海关针对侵权新态势,提升知识产权联合打击效能的典型案例

该系列案中,南京、郑州、合肥、南昌海关以跨关区合作的方式,形成邮递渠道区域联合执法作战集群,针对寄递渠道侵权商品跨平台、跨区域漂移的新态势,采取联防联控措施,打破传统合作区域概念,以"口岸漂移"版图构建虚拟合作区域,创新区域执法合作新模式。

案例8 北京、福州海关针对重点航线查获侵权货物系列案

一、案情介绍

北京海关于2020年9月30日通过专项布控指令捕中临沂某公司申报的一票出口美国、申报品名为“收纳包”“开关盒”“女式上衣”等9项商品的报关单。经开箱查验，发现实际货物为使用“GUCCI”“Ray · Ban”标识的眼镜、使用“LV”“CHANEL”等标识的皮包、使用“PRADA”“飞人乔丹图形”等标识的运动鞋等共计6万余件，涉及10余个权利人的18项商标权。经权利人确认，均为侵权商品。在该案基础上，北京海关进一步深入分析通关数据和历史案件数据，广泛征集权利人线索，对中美重点航线的货物、物品实施精准布控，2020年全年共查获侵权商品547批次、近7万件，价值150多万元。同一时期，福州海关针对关区邮递渠道邮寄出境至美国的货物大幅增多的现状，加大风险分析力度，精准布控，加大查验开包力度，共查获邮寄出境至美国的各类侵权货物1379批次，扣留耳机、墨镜、手镯、手表、背包、保温杯等侵权物品1612件，价值14.6万元。上述侵权货物分别使用了“Beats”“BOSE”“Cartier”“ROLEX”“LV”“GUCCI”等多个标识，侵犯了相关权利人的商标权。

二、案件点评

（一）该系列案体现了知识产权海关保护风险防控能力显著提升

北京海关、福州海关加强风险管理，建立知识产权风险防控联系配合长效机制，强化知识产权保护专项分析，充分发挥海关业务风险防控协同机制作用，主动征集权利人线索，实现信息共享，从历史案件数据和易侵权企业、商品、敏感地区、航线等角度入手，提炼侵权风险要素，精准布控，提升打击进出口侵权行为方面的风险分析能力、精准布控能力和协同配合能力。

（二）该系列案维权效果、社会效果显著

该系列案共扣留眼镜、提包、运动鞋、上衣、游戏机配件等30余种侵权商品，涉及侵犯古驰、香奈儿、普拉达等10余个国际知名品牌权利人在海关总署备案的20多项商标权，有力保护了知识产权权利人的合法权益，为营造一流的营商环境做出积极贡献。相关案件被中央电视台等重要媒体宣传报道10余次，起到良好的社会宣传效果。

案例9 天津、拱北、兰州海关保护国内企业自主创新 查发出口侵权货物系列案

一、案情介绍

全国海关深入实施国家创新驱动发展战略，按照《关于强化知识产权保护的意见》《国务院关于新形势下加快知识产权强国建设的若干意见》《国务院关于新形势下加强打击侵犯知识产权和制售假冒伪劣商品工作的意见》等系列部署安排，积极开展知识产权海关保护工作，特别针对国内企业维权诉求强烈，但维权意识淡薄、维权经验欠缺、维权能力不足等问题，在连续4年开展的“龙腾行动”中采取有效措施，坚持依法治理与促进创新相结合，实施严格的海关知识产权保护，坚决打击侵权违法行为，促进企业自主创新，讲好“中国品牌”故事，为出口企业提供维权便利，调动企业维权积极性，充分发挥行业组织的行业自律和协调管理作用，形成政府、企业、社会组织参与的工作局面。在2020年专项执法行动中，天津海关深入了解国内企业的实际困难，持续加强对输往“一带一路”沿线国家（地区）重点商品的监控，助力企业应对侵权困扰，不断提高企业维权获得感。2020年5月1日，成功查获东莞某公司以一般贸易方式申报出口至伊拉克的侵权胶带57.5万个，上述胶带经权利人确认侵犯了在海关总署备案的“alf”商标权。拱北海

关持续加强对国内传统品牌的保护，关注食品、药品等商品的侵权风险，织牢织密进出口知识产权保护“安全网”，有力保护国内品牌权利人的品牌价值。2020 年 3 月 6 日，成功查获中山某公司申报出口马来西亚的带有“水仙花及图”标识的侵权米醋 3360 瓶。兰州海关对具有 89 年制药历史的“中华老字号”企业——兰州佛慈制药股份有限公司采取“一企一策”帮扶措施，在获悉该企业“慈”牌商标在海外市场长期遭受侵权货物抢占市场而销量受限后，及时指导企业在海关总署完成商标权备案，并联合上海、天津、南京、深圳等多地海关开展跨关区执法协作，共同拦截侵权货物。2020 年 10 月 28 日，上海海关成功拦截侵犯“慈”牌商标权的中成药 7344 瓶。

二、案件点评

（一）该系列案是海关保护创新、推动经济高质量发展的典范

创新是引领发展的第一动力，保护知识产权就是保护创新，“打击侵权行为，服务企业发展”是海关开展知识产权保护专项执法行动的主要目的。海关在对重点出口企业的帮扶过程中，充分调动各方资源为企业提供便利维权。上述案件的查发，提升了企业的维权意识，增强了企业在海关知识产权保护工作中的获得感，为企业转变经营方式、实现高质量发展提供了有力支撑。

（二）该系列案是全国海关“一盘棋”联动保护的成果

在知识产权海关保护执法中，全国海关始终牢固树立“一盘棋”意识，中西部海关互助，南北方海关联合，为企业异地维权打假提供支持和便利。该系列案的查发，是企业属地海关和口岸海关根据侵权货物流向特点，构建严密的打击侵权网络，加强合作、共享信息、执法联动取得的积极成果。

案例 10　广州、深圳、黄埔海关打击出口转运侵权货物系列案

一、案情介绍

为有效打击通过第三方转运出口侵权货物违法行为，形成区域联动保护网络，有效防范侵权货物“口岸漂移”，2020 年，海关总署部署部分海关开展了出口转运货物知识产权保护专项执法行动（代号为“净网行动”），重点打击通过海运、陆运、邮递快件渠道输往香港或者经由香港转运至北美、欧洲、南美、非洲、“一带一路”沿线国家和地区的侵权货物，同时加大旅检渠道查验力度，以药品、食品、生物制品、服装、手表、鞋靴、消费电子产品、皮包、个人护理用品、眼镜、电脑及配件、玩具等商品为重点目标。专项行动期间，广州海关重点关注来往港澳小型船舶以国际中转方式运用过驳远洋国际船舶出境货物。2020 年 10 月，其隶属大铲海关通过物流链可视化系统、运输工具系统、舱单系统等信息化监管手段研判发现，一批即将由国际中转方式出口至南美的某集装箱鞋类货物存在侵权高风险。海关关员随即对该集装箱进行布控，经检查发现该集装箱内装有大量涉嫌侵权的布鞋、运动鞋，涉及“SKECHERS”等知名运动品牌共计 24 272 双、价值 41.9 万元，经权利人确认均为侵权商品。深圳海关和黄埔海关牢牢把握公路口岸输港货物侵权风险持续高发的特点，综合研判“买单”企业、“影子商品”等风险要素的变化规律，查获跨境电商侵权货物 66 批次、36.1 万件，价值 954.4 万元。2020 年 3 月，深圳海关隶属蛇口海关发现湖南某电子商务有限公司以跨境电子商务直购贸易方式申报出口、即将经公路口岸陆运至我国香港地区再转运到新加坡的一批跨境电商货物存在较大侵权风险，经重点查验，在正常申报的商品中发现了夹藏的眼镜、手表等侵权货物共计 42 083 件，涉及“Ray · Ban”“PORSCHE

DESIGN”等 8 项商标权，经权利人确认均为侵权商品，价值 195.3 万余元。2020 年 8 月，黄埔隶属凤岗海关关员对东莞某电子商务有限公司申报的一批货物实施人工查验时，一票申报品名为“耳机”、申报规格型号为“无规格”的清单引起了现场查验关员的注意。经开箱检查发现，该票商品为印有“SAMSUNG”标识的耳机，做工粗糙、包装低劣，涉嫌侵权。经进一步核查发现涉嫌侵权耳机 37 022 副，涉及“SAMSUNG”“Apple”“JBL”3 个品牌，经权利人确认均为侵权商品。

二、案件点评

(一)该系列案体现了海关打击出口转运侵权货物、截断侵权链条的坚定决心

针对侵权货物通过广州、深圳、黄埔等华南口岸经港澳转运出口的趋势愈发明显这一情况，华南片区海关按照海关总署的部署，因地制宜，重点开展了出口转运货物知识产权保护专项行动，侧重打击经港澳转运出口的消费电子产品、服装、鞋帽、电子元器件、手表等各类商品。“净网行动”共查获包括手表、路由器、电容、鞋包等侵权货物 731 批次、258.8 万件。

(二)该系列案是海关强化事中监管、促进新业态规范发展的典范

跨境电子商务是国家重点扶持发展的新兴业态，随着相关业务的不断发展，侵权违法行为高发易发，且更加隐蔽，有部分不法分子利用贸易便利，采取伪报等方式企图瞒天过海，海关发挥知识产权保护职能，强化事中监管，严把货物出口关，加强对实货知识产权状况核实，重拳打击跨境电商渠道对外出口侵权货物违法行为，坚决维护“中国制造”国际声誉，促进跨境电商行业规范健康发展。

供稿：海关总署综合业务司

2020 年度反不正当竞争典型案例

案例 1　安徽迴驾酒业有限公司白酒混淆案

一、基本案情

当事人于 2020 年 11 月 14 日委托河南省商丘市一印刷厂印制了一批包装盒，并于 12 月 8 日委托亳州市酒城酿酒实业总公司生产“百年迴駕”白酒，该批次白酒的商品名称、包装、装潢与安徽迎驾贡酒股份有限公司(以下简称迎驾贡酒公司)生产的“迎駕”牌百年迎驾贡白酒存在以下近似：(1)外包装箱及包装盒均采用棕色、淡金色的背景颜色拼接，拼接处形状近似，均标有“三星级”字样及六颗红色五角星且位置相同；(2)迎驾贡酒的正面图案为“百年迎駕”艺术字、“迎驾贡酒”字样的方形印章图案以及“贡”字样的圆形印章图案三种图案的组合。“百年迴駕”白酒的正面图案也为“百年迴驾”艺术字、“三星迴驾”字样的方形印章图案、“酒”字样的圆形印章图案三种图案的组合。两种商品正面图案的颜色、字体、位置近似，名称以及图案的组合方式相近。“百年迎駕贡”是迎驾贡酒公司的注册商标，“迎驾及图”商标于 2010 年 10 月 8 日被国家工商行政管理总局商标局认定为驰名商标(商标驰字 2010 第 453 号)。

二、法律依据及处罚

当事人销售“百年迴駕”白酒实施混淆的行为违反了《反不正当竞争法》第 6 条第(1)项的规定，依据第 18 条第 1 款责令当事人停止违法行为，处罚款 10 万元。

案例2　吴兴视力神眼镜店经营仿冒混淆“博士伦”隐形眼镜案

一、基本案情

根据消费者的投诉，湖州市吴兴区市场监督管理局执法人员对吴兴视力神眼镜店进行现场检查。经检查发现，现场的174盒易戴牌隐形眼镜外包装上标有“美国博士伦公司”字样，涉嫌仿冒混淆。经调查，吴兴视力神眼镜店自2020年6月起，从合肥兴安眼镜有限责任公司进购外包装上标有“美国博士伦公司”字样的易戴牌隐形眼镜，共计进购189盒该产品，售价55元/盒，共计经营额10 395元，当事人无法提供完整的进货查验台账及销售记录。

二、法律依据及处罚

当事人销售仿冒混淆“美国博士伦公司”隐形眼镜的行为，违反了《反不正当竞争法》第6条第(1)项的规定，依据第18条第1款责令当事人停止违法行为，处罚款5万元。

案例3　上海堃恒智能设备有限公司侵犯商业秘密案

一、基本案情

2016年，当事人李某强在豪德机械(上海)有限公司(以下简称豪德公司)任研发工程师一职期间，掌握了该公司的木工机械商业秘密，李某强罔顾签订的保密协议，私下与孙某签订合作协议，约定由其提供木封边机技术、孙某出资成立上海堃恒智能设备有限公司(以下简称堃恒公司)，生产、销售与豪德公司同品类的木封边机。堃恒公司所生产销售的木封边机的“涂胶单元”“切刀单元”等各技术信息以及对应技术图纸(3D模型)与豪德公司设计、制造木封边机相关技术的6项不为公众所知悉的技术信息关联并构成相同。

二、法律依据及处罚

当事人无视保密承诺，复制原单位核心技术文件，与他人合谋“另立门户”，生产、销售相同的直线木封边机的行为违反了《反不正当竞争法》第9条第3款的规定，依据第21条责令当事人停止违法行为，处罚款150万元。

案例4　深圳市为美致新科技有限公司侵犯商业秘密案

一、基本案情

根据深圳市创客工场科技有限公司(以下简称创客公司)举报，2019年10月17日，深圳市市场监督管理局南山监管局执法人员对深圳市为美致新科技有限公司(以下简称为美致新公司)进行了现场检查。在现场查扣的电脑资料及财务资料中，发现了大量与权利人相同的客户信息、供应商信息。经查，为美致新公司法定代表人曾某等人曾在权利人创客公司任职。在任职期间，曾某等人获取了创客公司的客户信息、供应商信息等资料。

二、法律依据及处罚

当事人违法获取原工作单位客户信息、供应商信息等资料的行为违反了《反不正当竞争法》第9条第3款的规定，依据第21条责令当事人停止违法行为，处罚款10万元。

供稿：国家市场监督管理总局
价格监督检查和反不正当竞争局

2020 年林草植物新品种惠农典型案例

蔡家洼村月季新品种转化运用惠农典型案例

一、案情摘要

占地 2000 亩的北京市密云区蔡家洼玫瑰情园，曾是一片低效林、荒山坡。为盘活资源、发展产业，蔡家洼村集体将村民手中的农用地、山坡地、山场等有偿流转到蔡家洼村股份经济合作社，打造玫瑰、月季花海景观，接待游客。但由于只是单纯的休闲观光，且景区同质化，发展一度受限。

2016 年，蔡家洼村与中国农业大学俞红强教授团队合作，共同成立北京红月季农业科技有限公司，开始发展花卉产业。俞红强教授引进其 17 项具有知识产权的月季花品种，组建“教授+研究生+农技员+职业型农民”的研发团队，自主研发 20 多个月季新品种，对玫瑰情园的旅游景区花卉进行品种更新。这些新品种具备各种优良特性，包括国际顶级香、中国最香品种，以及可越冬的抗寒、抗病品种等。2019 年，蔡家洼村月季苗木销售额达到 500 万元。

与此同时，蔡家洼村注重新品种上下游产业链开发，拉长产业链，提高产品档次，推出玫瑰精油、鲜花饼等特色健康产品，满足消费者的多样需求，并与京津冀百余家婚纱摄影工作室及影视拍摄基地合作，提供婚庆配套服务。仅 2019 年一年，蔡家洼村就接待游客 37 万人次，解决了本村及周边村庄村民就业 1700 余人，花卉产业成为蔡家洼村集体经济新的发力点。

二、典型意义

蔡家洼村与拥有优良月季品种权科研单位合作，组建研发团队，形成了集研发育种、生产、销售、休闲观光、文化创意活动于一体的花卉产业模式，提高了村民收入，促进了村民就业，实现了可持续的发展，为林草植物新品种惠农工作提供了重要典范。因地制宜，利用村庄贴近大城市的优势，通过土地流转，筑巢引凤，与具有优良新品种权的科研院所合作，形成“科研机构+专业合作社+企业+基层农户”的新品种惠农模式，延长产业链，形成“新品种培育+产品销售+特色旅游+产品深加工”的经营模式，为城郊地区农业新品种惠农提供了一种典范。

当前，植物新品种转化运用如何进一步促进种业转型升级、带动农村发展和农民增收，是林草植物新品种惠农工作面临的重要任务。植物新品种权对于保护育种者权益、激励育种创新、壮大种苗产业、推动现代农林业发展等具有举足轻重的作用。授权植物新品种转化运用是展示新品种生产潜力、发挥新品种效益的重要途径。促进植物品种权的转化运用，防止植物新品种“闲置”，是促进林业发展和保障育种人权益的基础。国家林业和草原局科技发展中心将通过探索建立新品种惠农工作示范单位，开辟惠农新品种行政审批快捷通道，建立优良品种的推广平台等加强政策供给，进一步将林草植物新品种惠农工作落到实处，为林业高质量发展提供有力支撑。

供稿：国家林业和草原局科技发展中心

2020年中国法院十大知识产权案件

案例1 “小i机器人”发明专利权无效宣告请求行政纠纷案

苹果电脑贸易(上海)有限公司与国家知识产权局、上海智臻智能网络科技股份有限公司发明专利权无效宣告请求行政纠纷案

[最高人民法院(2017)最高法行再34号行政判决书]

一、案情摘要

上海智臻智能网络科技股份有限公司(以下简称智臻公司)是名称为“一种聊天机器人系统”的发明专利(以下简称本专利)的权利人。本专利是实现用户通过即时通信平台或短信平台与聊天机器人对话,使用格式化的命令语句与机器人做互动游戏的专利。苹果电脑贸易(上海)有限公司(以下简称苹果公司)请求宣告本专利无效。国家知识产权局及一审法院均认为本领域技术人员根据其普通技术知识能够实现本专利利用聊天机器人系统的游戏服务器进行互动的游戏功能,符合专利法对充分公开的要求,故维持本专利有效。二审法院认为,根据本专利授权历史档案,智臻公司认可游戏服务器功能是本专利具备创造性的重要原因,本专利说明书对于游戏服务器与聊天机器人的其他部件如何连接完全没有记载,未充分公开如何实现本专利限定的游戏功能,据此判决撤销一审判决和被诉行政决定。智臻公司不服,向最高人民法院申请再审。最高人民法院认为,本专利中的游戏服务器特征不是本专利与现有技术的区别技术特征,对于涉及游戏服务器的技术方案可以不作详细描述。本领域普通技术人员根据本专利说明书的记载就可以实现相关技术内容。因此,本专利涉及游戏服务器的技术方案符合专利法关于充分公开的要求。最高人民法院遂提审后撤销二审判决,维持一审判决。

二、典型意义

本案涉及我国计算机人工智能领域的基础专利。“以公开换保护”是专利制度的基本原则,判断作为专利申请的技术方案是否已经充分公开,不仅是人工智能领域专利审查和诉讼中的疑难问题,也直接决定了专利申请人能否对有关技术方案享有独占权。本案再审判决明确了涉及计算机程序的专利说明书充分公开的判断标准,充分保护了企业的自主创新成果,在确保公共利益和激励创新兼得的同时,助力加强关键领域自主知识产权的创造和储备。

案例2 无线通信标准必要专利“禁诉令”案

华为技术有限公司、华为终端有限公司、华为软件技术有限公司与康文森无线许可有限公司确认不侵害专利权及标准必要专利许可纠纷系列案

[最高人民法院(2019)最高法知民终732、733、734号之一民事裁定书]

一、案情摘要

2018年1月,华为技术有限公司、华为终端有限公司、华为软件技术有限公司(以下统称华为公司)向江苏省南京市中级人民法院提起本案诉讼,请求确认未侵害康文森无线许可有限公司(以下简称康文森公司)三项中国专利权并请求确认中国地区标准必要专利的许可费率。2018年4月,为反制华为公司的本案诉讼,康文森公司向德国杜塞尔多夫法院提起专利侵权诉讼，请求判令华为公司停止侵权并赔偿损失。2019 年 9 月 16 日，一审法院判决确定华为公司及其中国关联公司与康文森公司所涉标准必要专利的许可费率。康文森公司不服一审判决，向最高人民法院提起上诉。在最高人民法院二审审理期间，2020 年 8 月 27 日，德国法院作出一审判决，认定华为公司及其德国关联公司侵害康文森公司欧洲专利，判令禁止华为公司及其德国关联公司提供、销售、使用或为上述目的进口或持有相关移动终端，销毁并召回侵权产品等。该判决可在康文森公司提供 240 万欧元担保后获得临时执行。该判决认定，康文森公司向华为公司提出的标准必要专利许可费率要约未违反公平、合理、无歧视（FRAND）原则。康文森公司的前述要约中多模 2G/3G/4G 移动终端产品的标准必要专利许可费率约为本三案一审判决所确定中国标准必要专利许可费率的 18.3 倍。当日，华为公司向最高人民法院提出行为保全申请，请求禁止康文森公司在最高人民法院终审判决作出前申请执行德国法院判决。最高人民法院在要求华为公司提供担保的基础上，作出行为保全裁定，即康文森公司不得在最高人民法院终审判决前，申请执行上述德国判决。如违反本裁定，自违反之日起，处每日罚款 100 万元，按日累计。该裁定于当日送达。康文森公司在复议期内提起复议。最高人民法院组织双方听证后，裁定驳回康文森公司的复议请求。

二、典型意义

本案是我国知识产权诉讼首例具有“禁诉令”性质的行为保全裁定，明确了采取禁止申请执行域外法院判决的行为保全措施时应考虑的必要性、损害程度、适应性、公共利益以及国际礼让因素等，并首次探索日罚金制度，初步构建起中国“禁诉令”的司法实践路径。本案裁定促成当事人最终达成了全球“一揽子”和解协议，结束了在全球多个国家的平行诉讼，取得了良好的法律效果和社会效果。

案例 3 “红牛”商标权权属纠纷案

红牛维他命饮料有限公司与天丝医药保健有限公司商标权权属纠纷案

［最高人民法院（2020）最高法民终 394 号民事判决书］

一、案情摘要

天丝医药保健有限公司（以下简称泰国天丝公司）与案外人签订合资合同，约定成立合资公司，即红牛维他命饮料有限公司（以下简称红牛公司），泰国天丝公司为红牛公司提供产品配方、工艺技术、商标和后续改进技术。双方曾约定，红牛公司产品使用的商标是泰国天丝公司的资产。经查，17 枚“红牛”系列商标的商标权人均为泰国天丝公司。其后，泰国天丝公司与红牛公司先后就“红牛”系列商标签订多份商标许可使用合同，红牛公司支付了许可使用费。此后，红牛公司针对“红牛”系列商标的产品，进行了大量市场推广和广告投入。红牛公司和泰国天丝公司均对“红牛”系列商标进行过维权及诉讼事宜。后红牛公司向北京市高级人民法院提起诉讼，请求确认其享有“红牛”商标权，并判令泰国天丝公司支付广告宣传费用 37.53 亿元。一审法院判决驳回红牛公司的全部诉讼请求。红牛公司不服，上诉至最高人民法院。最高人民法院二审认为，原始取得与继受取得是获得注册商标专用权的两种方式。判断是否构成继受取得，应当审查当事人之间是否就权属变更、使用期限、使用性质等作出明确约定，并根据当事人的真实意思表示及实际履行情况综合判断。在许可使用关系中，被许可人使用并宣传商标，或维护被许可使用商标声誉的行为，均不能当然地成为获得商标权的事实基础。最高人民法院遂终审判决驳回上诉、维持原判。

二、典型意义

本案是当事人系列纠纷中的核心争议。本案判决厘清了商标转让与商标许可使用的法律界限，裁判规则对同类案件具有示范意义，释放出平等保护国内外经营者合法权益的积极信号，是司法服务高质量发展、助力改善优化营商环境的生动实践。

案例4 “锂电池保护芯片”集成电路布图设计侵权案

苏州赛芯电子科技有限公司与深圳裕昇科技有限公司、户某欢、黄某东、黄某亮侵害集成电路布图设计专有权纠纷案

［最高人民法院（2019）最高法知民终490号民事判决书］

一、案情摘要

苏州赛芯电子科技有限公司（以下简称赛芯公司）申请登记了名称为“集成控制器与开关管的单芯片负极保护的锂电池保护芯片”的集成电路布图设计。赛芯公司认为，深圳裕昇科技有限公司（以下简称裕昇公司）、户某欢、黄某东、黄某亮未经许可，复制、销售的芯片与涉案集成电路布图设计实质相同，侵害了涉案集成电路布图设计专有权，故诉至广东省深圳市中级人民法院。一审法院认为，经鉴定，被诉侵权芯片与涉案布图设计具有独创性的部分实质相同，构成侵权，判决裕昇公司赔偿赛芯公司经济损失50万元；户某欢、黄某东、黄某亮对上述赔偿承担连带责任。裕昇公司、户某欢、黄某东、黄某亮不服，提起上诉称：涉案布图设计图样的纸件不清晰，不应得到保护；不能以芯片样品确定布图设计专有权的保护范围，且涉案布图设计不具有独创性。最高人民法院经审理认为，集成电路布图设计的保护并不以公开布图设计的内容为条件。集成电路布图设计的保护对象是为执行某种电子功能而对于元件、线路所作的具有独创性的三维配置，对于独创性的证明，不能过分加大权利人的举证责任。权利人主张其布图设计的三维配置整体或者部分具有独创性应受保护时，应当对其独创性进行解释或者说明，然后由被诉侵权人提供相反证据，在此基础上综合判断该布图设计的三维配置是否具备独创性。故驳回上诉，维持原判。

二、典型意义

本案是一起典型的侵害集成电路布图设计专有权纠纷案。判决厘清了集成电路布图设计登记行为的性质，明确了集成电路布图设计独创性判断的基本思路，对司法实践中的难点问题作出具体指引，有力地维护了集成电路布图设计权利人的利益。本案充分体现了人民法院加大对关键领域、重点环节知识产权司法保护力度，促进自主创新，提升核心竞争力的使命担当。

案例5 员工违反保密义务刑民交叉案

武汉大西洋连铸设备工程有限责任公司与宋某兴公司盈余分配纠纷案

［最高人民法院（2019）最高法民再135号民事判决书］

一、案情摘要

宋某兴与武汉大西洋连铸设备工程有限责任公司（以下简称大西洋公司）签订《离职后义务协议》，约定竞业限制及保密义务。大西洋公司认为，宋某兴向案外人武汉恒瑞谷冶金科技有限公司（以下简称恒瑞谷公司）提供注册资金和技术支持，并披露了大西洋公司的商业秘密，违反了协议约定，遂诉至法院，请求判令宋某兴承担相应的民事法律责任。经查，武汉市江岸区人民法院已在恒瑞谷公司及其法定代表人杨某祥（大西洋公司的前员工）涉嫌损害大西洋公司商业秘密的刑事诉讼程序中，认定恒瑞谷公司构成侵犯商业秘密罪。本案一审、二审法院均认为，武汉市江岸区人民检察院指控恒瑞谷公司及杨某祥涉嫌侵犯商业秘密罪刑事案，经公安机关侦查终结，侦查结果不涉及宋某兴，亦无宋某兴侵犯大西洋公司商业秘密的事实认定。根据刑事案件的侦查结果，恒瑞谷公司及杨某祥涉嫌侵犯商业秘密的行为与宋某兴无关，故驳回大西洋公司的诉讼请求。大西洋公司不服，向最高人民法院申请再审。最高人民法院认为，检察机关并未对宋某兴提起公诉，故刑事判决不涉及宋某兴是否参与实施犯罪行为的认定。因此，在刑事诉讼程序未对宋某兴与恒瑞谷公司的关系进行审查与认定的情况下，不构成对本案民事诉讼程序的预决事实，也不应直接据此认定宋某兴与恒瑞谷公司无关。本案中，根据在案证据，可以认定宋某兴是恒瑞谷公司的实际出资人，其在离职后两年内以隐蔽手段隐名组建了与大西洋公司具有同行业竞争关系的恒瑞谷公司，违反了协议约定。最高人民法院遂提审本案，并再审改判撤销一、二审判决，支持了大西洋公司的诉讼请求。

二、典型意义

本案裁判充分彰显了严惩不诚信行为、维护公平竞争市场秩序的司法导向。同时，通过厘清知识产权刑民交叉案件中的事实认定与证明标准，促进了刑民交叉案件的协同审理机制，对此类案件的审理具有重要的规则指引意义。

案例 6　OPPO“禁诉令”案

OPPO 广东移动通信有限公司、OPPO 广东移动通信有限公司深圳分公司与夏普株式会社、赛恩倍吉日本株式会社标准必要专利许可纠纷案

［广东省深圳市中级人民法院（2020）粤 03 民初 689 号之一民事裁定书］

一、案情摘要

OPPO 广东移动通信有限公司、OPPO 广东移动通信有限公司深圳分公司（以下统称 OPPO 公司）应夏普株式会社要求进行标准必要专利许可谈判。谈判过程中，夏普株式会社在域外针对 OPPO 公司提起多起专利侵权诉讼。OPPO 公司认为，夏普株式会社单方面就谈判范围内的专利提起诉讼并要求禁令的行为违反了 FRAND 义务，遂向广东省深圳市中级人民法院提起诉讼，请求法院就夏普株式会社拥有的相关标准必要专利对 OPPO 公司进行许可的全球费率作出裁判。同时，鉴于夏普株式会社可能以“域外禁令”胁迫其进行谈判，OPPO 公司提出行为保全申请。一审法院裁定，夏普株式会社在本案终审判决作出之前，不得向其他国家、地区就本案所涉专利对 OPPO 公司提出新的诉讼或司法禁令，如有违反处每日罚款 100 万元。在一审法院发出“禁诉令”后 7 小时，德国慕尼黑第一地区法院向 OPPO 公司下达了“反禁诉令”，要求 OPPO 公司向中国法院申请撤回禁诉令。一审法院围绕“禁诉令”和“反禁诉令”，进行了法庭调查，固定了夏普株式会社违反行为保全裁定的事实和证据，并向其释明违反中国法院裁判的严重法律后果。最终，夏普株式会社无条件撤回了本案中的复议申请和向德国法院申请的“反禁诉令”，同时表示将充分尊重和严格遵守中国法院的生效裁决。

二、典型意义

本案颁发全球"禁诉令"、成功化解"反禁诉令",表明了中国司法机关的鲜明态度,为企业公平参与国际市场竞争提供了有力司法保障,对中国从"国际知识产权规则跟随者"转变为"国际知识产权规则引导者"具有重要的推动意义。

案例7 "斗罗大陆"手游著作权侵权案

上海玄霆娱乐信息科技有限公司与成都吉乾科技有限公司、四三九九网络股份有限公司侵害著作权纠纷案

[江苏省高级人民法院(2018)苏民终1164号民事判决书]

一、案情介绍

《斗罗大陆》系唐家三少(张某)创作的奇幻小说。张某将该小说的游戏改编权独家授予上海玄霆娱乐信息科技有限公司(以下简称玄霆公司)。同时,张某还创作了《斗罗大陆外传:神界传说》。成都吉乾科技有限公司(以下简称吉乾公司)通过多次转授权获得《斗罗大陆外传:神界传说》的游戏改编权。后吉乾公司开发了《新斗罗大陆(神界篇)》游戏软件,并与四三九九网络股份有限公司(以下简称四三九九公司)签订了分成合作协议,协议载明游戏的著作权人是吉乾公司。玄霆公司认为,吉乾公司、四三九九公司未经许可,侵害了其对涉案《斗罗大陆》作品的改编权,遂诉至法院。一审法院和二审法院均认为,涉案游戏属于大型游戏,如对所有章节进行公证,玄霆公司需要支出巨大成本,无疑增加了权利人的举证难度和维权成本,有违公平、效率原则。电子游戏与小说是不同的作品表达方式,判断二者是否构成实质性相似时,不能仅以游戏使用小说文字数量的比重进行判断,应综合判断其是否使用了小说中独创性表达的人物、人物关系、技能、故事情节等元素,并考虑小说中独创性的内容在游戏中所占比重。在判断游戏所使用文字的比重时,可以对游戏资源库文件反编译,以辅助确定游戏是否使用了文字作品中具有独创性的内容。吉乾公司开发的游戏大量使用了《斗罗大陆》小说中人物和魂兽名称、人物关系、技能和故事情节等元素,与涉案《斗罗大陆》小说构成实质性相似。吉乾公司未经玄霆公司许可开发涉案游戏,侵害了玄霆公司享有的改编权,故判决吉乾公司赔偿损失及合理费用共计500万元。

二、典型意义

本案涉及手机游戏侵犯文字作品改编权的认定问题。首次通过对游戏软件资源库反编译,提取其中的内容与文字作品的内容进行比对的方式,确定侵权游戏利用他人作品独创性内容的比重,提高了审判效率、拓宽了审理思路,是维护文化创意产业健康发展、妥善处理涉互联网著作权保护新问题的鲜活司法实践。

案例8 数据权益不正当竞争纠纷案

深圳市腾讯计算机系统有限公司、腾讯科技(深圳)有限公司与浙江搜道网络技术有限公司、杭州聚客通科技有限公司不正当竞争纠纷案

[浙江省杭州铁路运输法院(2019)浙8601民初1987号民事判决书]

一、案情摘要

深圳市腾讯计算机系统有限公司、腾讯科技(深圳)有限公司(以下统称腾讯公司)开发运营个人微信产品,为消费者提供即时社交通信服务。个人微信产品中的数据内容主要为个人微信用户的账号数据、好友关系链数据、用户操作数据等个人身份数据和行为数据。浙江搜道网络技术有限公司、杭州聚客通科技有限公司(以下统称两被告)开发运营的“聚客通群控软件”,利用 Xposed 外挂技术将该软件中的“个人号”功能模块嵌套于个人微信产品中运行,为购买该软件服务的微信用户在个人微信平台中开展商业营销、商业管理活动提供帮助。腾讯公司向浙江省杭州铁路运输法院提起诉讼,主张其享有微信平台的数据权益,两被告擅自获取、使用涉案数据,构成不正当竞争。一审法院认为,网络平台方对于数据资源整体与单一原始数据个体享有不同的数据权益。两被告通过被控侵权软件擅自收集微信用户数据,存储于自己所控制的服务器内的行为,不仅危及微信用户的数据安全,且对腾讯公司基于数据资源整体获得的竞争权益构成了实质性损害。两被告的行为有违商业道德,且违反了网络安全法的相关规定,构成不正当竞争。一审法院遂判决两被告停止涉案不正当竞争行为,共同赔偿腾讯公司经济损失及为制止不正当竞争行为所支付的合理费用共计 260 万元。

二、典型意义

本案系涉及数据权益归属判断及数据抓取行为正当性认定的典型案件。本案判决兼顾平衡了各相关方的利益,合理划分了各类数据权益的权属及边界,为数据权益司法保护提供了理性分析基础,也为防止数据垄断、完善数字经济法律制度、促进数字经济健康发展提供了可借鉴的司法例证。

案例 9 著作权集体管理组织垄断纠纷案

惠州市欢唱壹佰娱乐有限公司与中国音像著作权集体管理协会垄断纠纷案

[北京知识产权法院(2018)京 73 民初 780 号民事判决书]

一、案情摘要

惠州市欢唱壹佰娱乐有限公司(以下简称欢唱壹佰公司)曾三次向中国音像著作权集体管理协会(以下简称音集协)发送《签订著作权〈许可使用合同〉要求书》,要求就音集协管理的相关曲目,直接与其签订使用合同。音集协复函均未同意,并要求其与案外人广州天合文化发展有限公司(以下简称天合公司)沟通相关事宜。欢唱壹佰公司遂向北京知识产权法院起诉称,音集协通过与天合公司合作的方式对其集体管理的音像制品或作品曲库系统进行授权签约,因天合公司提出不合理的签约条件导致双方协商无果,而音集协三次拒绝与欢唱壹佰公司直接签约。前述行为系将音集协这一非营利性著作权集体管理组织引入天合公司商业性集体管理的捆绑交易行为,构成滥用市场支配地位的垄断行为。一审法院认为,本案的相关市场应界定为中国大陆地区类电影作品或音像制品在 KTV 经营中的许可使用服务市场,音集协目前是该相关市场中唯一的集体管理组织,其获得授权管理的类电影作品或音像制品具有明显的数量和规模优势,从而在 KTV 经营中具有很强的代表性,故应当认定其在相关市场具有支配地位。但根据现有证据,音集协与天合公司之间系委托代理关系,天合公司并非《反垄断法》第 17 条第 1 款第(4)项所规定的音集协所指定的第三方经营者,尚不足以证明音集协实施了《反垄断法》第 17 条第 1 款第(4)项、第(5)项规制的限定交易、附加不合理的交易条件等垄断行为。一审法院遂判决驳回了欢唱壹佰公司的诉讼请求。

二、典型意义

本案涉及著作权集体管理组织运作机制、收费方式等诸多热点问题。判决明确了著作权集体管理组织仍受反垄断法规制,厘清了著作权集体管理组织的行为性质,及时回应了反垄断执法司法的实践需求。本案判决积极倡导加强集体管理组织的有序运行，有效保护权利人及各类经营者的合法权益，对推动文化产业有序发展、规范公平竞争的市场秩序具有重要意义。

案例 10 “乐高”侵犯著作权罪案

李某鹏等 9 人侵犯著作权罪案

［上海市高级人民法院（2020）沪刑终 105 号刑事裁定书］

一、案情介绍

“Great Wall of China”拼装玩具等 47 个系列 663 款产品系乐高公司（LEGO A/S）创作的美术作品，乐高公司根据该作品制作、生产了系列拼装玩具并在市场销售。李某鹏指使杜某豪等人购买新款乐高系列玩具，通过拆解研究、电脑建模、复制图纸、委托他人开制模具等方式，专门复制乐高公司前述拼装积木玩具产品，并冠以“乐拼”品牌通过线上、线下等方式销售。上海市公安局在被告人李某鹏租赁的厂房内查获注塑模具 88 件、零配件 68 件、包装盒 289 411 个、说明书 175 141 件、销售出货单 5 万余张、复制乐高系列的“乐拼”玩具产品 603 875 件。后经中国版权保护中心版权鉴定委员会鉴定，“乐拼”品牌玩具、图册与乐高公司的玩具、图册均基本相同，构成复制关系。上海市人民检察院第三分院对本案提起公诉。一审法院和二审法院均认为，李某鹏伙同闫某军、张某、王某圳、吕某丰、王某河、余某彬、李某等人以营利为目的，未经著作权人许可，复制发行乐高公司享有著作权的美术作品，非法经营数额达 3 亿 3000 万余元，杜某豪作为经销商之一，未经著作权人许可，发行乐高公司享有著作权的美术作品，非法经营数额达 621 万余元，情节均属特别严重，均已构成侵犯著作权罪。

二、典型意义

本案是加大知识产权刑事打击力度的典型案例。审理法院根据相关法律规定，依法判处主犯李某鹏有期徒刑 6 年，罚金 9000 万元，对 8 名从犯判处有期徒刑 4 年 6 个月至 3 年不等，并处相应罚金，充分体现了人民法院加强刑事保护，严厉打击和震慑侵犯知识产权刑事犯罪的司法导向。

供稿：最高人民法院民三庭

2020 年度检察机关保护知识产权典型案例

案例 1 北京华颉信息技术有限公司、李某等侵犯商业秘密案

一、案件事实

北京中软融鑫计算机系统工程有限公司（以下简称中软融鑫公司）系主营技术开发、计算机系统服务、销售软件等业务的国有控股公司，研发多款金融监管类软件。李某、李某波、李某明先后于 2005 年、2008 年、2009 年入职中软融鑫公司，并与公司签订保密协议，分别曾任该公司副总经理、高级软件开发工程师、业务分析师。李某、李某明在任职期间，于 2013 年 1 月共同出资成立同业竞争公司上海华颉公司，由亲友代持股份，二人隐名实际运营。2014 年 2 月李某明离职，担任上海华颉公司法定代表人、总经理，负责该公司运营；4 月李某波离职并加入上海华颉公司，负责对该公司非法获得的中软融鑫公司软件进行去标识化等处理。李某仍留在中软融鑫公司工作，但参与上海华颉公司运营，2013 年至 2016 年间多次将中软融鑫公司软件模型资料等提供给上海华颉公司。2013 年至 2016 年，上海华颉公司向多家公司销售

金融监管类软件，给权利人造成损失150万余元。经鉴定，中软融鑫公司相关软件具有非公知性，上海华颉公司销售的软件与中软融鑫公司相关软件的非公知源代码具有同一性。

二、检察机关履职情况

1. 提前介入

中软融鑫公司报案后，公安机关于2017年12月13日对李某明以涉嫌侵犯商业秘密罪立案侦查。依公安机关商请，北京市海淀区人民检察院（以下简称海淀区检察院）介入侦查，引导取证，立即向北京检察科技信息中心申请专业同步辅助审查，及时引导公安机关依法规范提取上海华颉公司服务器中的电子数据，扣押关键办公电脑；并迅速与国家工业信息安全发展研究中心司法鉴定所联系，明确鉴定方向，跟进鉴定进程。

2. 审查逮捕

2018年6月11日，公安机关以李某明涉嫌侵犯商业秘密罪提请海淀区检察院审查逮捕。针对李某明提出未参与运营、上海华颉公司享有著作权等无罪辩解，检察人员通过梳理账本、核实著作权登记、调取证人证言等方式，认定其辩解不能成立，依法批准逮捕。

3. 审查起诉

2018年9月13日，公安机关以李某明涉嫌侵犯商业秘密罪移送起诉。海淀区检察院经审查，追加上海华颉公司为单位犯罪，追加认定两起犯罪事实，并追捕、追诉漏犯李某、李某波。海淀区检察院陆续对被告单位上海华颉公司、被告人李某明、李某波、李某以侵犯商业秘密罪提起公诉。

4. 出庭公诉

庭审过程中，公诉人对辩护人提出的上海华颉公司享有涉案软件著作权等意见逐一答辩，合议庭对公诉意见予以采纳；对于李某拒不认罪，公诉人紧扣被告人自公司成立之初即参与决策运营、多次对外发送中软融鑫公司涉密文档等客观行为，逐一开展有针对性的细节讯问，李某当庭认罪悔罪。北京市海淀区人民法院一审以侵犯商业秘密罪判处上海华颉公司罚金50万元，判处李某等3人有期徒刑2年2个月至1年6个月不等，并处罚金20万元至10万元不等。李某等人均未上诉，上海华颉公司提出上诉。2020年10月30日，北京市第一中级人民法院作出驳回上诉、维持原判的裁定。

三、典型意义

（一）发挥审前主导作用，夯实案件证据基础

办案检察机关依托“捕诉一体”制度优势，充分发挥审前主导作用，针对电子数据，向公安机关列明重点提取对象及注意事项，并申请有专门知识的人同步辅助审查海量证据、挖掘重要监督线索；针对讯问及取证难点，制定详细讯问、补侦提纲及取证方案，并视情况调整补充；就涉案软件商业秘密非公知性、同一性，以及目标代码与源代码的对应关系等关键问题，多次询问知识产权鉴定机构，确保收集证据全面、合法，为指控犯罪奠定坚实基础。

（二）依法追诉漏罪、漏犯，确保案件质量

侦查阶段，公安机关仅对李某明提请逮捕、移送起诉，检察机关开展自行补充侦查，询问重要证人、向版权登记机构核实情况，核实销售侵权软件合同的签订主体、销售款项用途，核实上海华颉公司还有其他合法生产经营活动等情况，依法追加单位犯罪；通过引导公安机关调取销售合同，依法追加两起犯罪事实；通过深度挖掘电子证据，依法追捕、追诉李某、李某波，充分发挥了法律监督职能。

（三）强化源头治理理念，护航企业创新发展

检察机关在打击犯罪的同时力求源头

治理，结合本案情况深入剖析案发背景及行为成因，挖掘中软融鑫公司在软件产品研发、市场推广销售领域的薄弱环节和管理漏洞，及时制发检察建议，帮助企业完善规章制度。该公司收到检察建议后随即开展系列整改工作，强化内部法律教育，切实提高了自身知识产权保护水平。

案例 2　山东赵某侵犯商业秘密案

一、案件事实

山东德州鲁樱食品有限公司（以下简称鲁樱公司）、久和食品有限公司（以下简称久和公司）对外统称久和集团，实际是控制人为一人的关联企业，是集研发、生产、销售于一体的大型食品馅料企业。赵某于2009年11月至2018年6月担任鲁樱公司负责生产业务的副总经理，并与公司签订保密协议，约定在职期间及离职后5年内有保密义务。

2018年7月，赵某从鲁樱公司辞职，后入职正久食品（长春）有限公司（以下简称正久公司）任副总经理。其后不久，赵某陆续将自己在工作过程中知悉的鲁樱公司和久和公司客户特殊品种情况表、客户质量标准、销售协议、销售政策、退货政策、产品价格表等经营信息，通过微信披露给正久公司实际控制人田某及其业务员。正久公司业务员使用上述信息，向鲁樱公司和久和公司的客户低价推销同类产品，鲁樱公司和久和公司为维系客户关系，被迫采取降低售价、免除运费、附加赠品等优惠措施。鲁樱公司和久和公司因商业秘密被非法披露、使用，遭受损失342万余元。经鉴定，赵某披露的信息属于不为公众所知悉的经营信息。

二、检察机关履职情况

1. 发现案件线索

赵某利用职务便利，在为鲁樱公司采购设备的过程中收受回扣12万元，涉嫌非国家工作人员受贿罪，于2019年11月19日被公安机关移送山东省禹城市人民检察院（以下简称禹城市检察院）审查起诉。办案检察人员在审查举报材料时发现，鲁樱公司反映"赵某高薪加入同行业公司，并私自招揽原公司客户群"，认为赵某可能涉嫌侵犯商业秘密犯罪，遂将该案退回补充侦查，要求公安机关收集固定赵某是否构成侵犯商业秘密罪的证据，并引导公安机关对赵某非法披露涉及鲁樱公司经营信息的证据进行勘查取证，对相关信息是否具有秘密性进行鉴定。

2. 审查起诉

2020年4月3日，公安机关以赵某涉嫌侵犯商业秘密罪移送禹城市检察院审查起诉。公安机关就权利人损失委托鉴定，鉴定机构以原材料价格与销售价格正相关为计算假设依据，剔除国外贸易、视同销售的营业收入及营业成本金额，以2017年11月28日至2018年11月27日的销售收入与原材料之比作为计算依据，认定企业损失为415.27万元。检察机关认为该损失计算为估计损失，而非实际损失，犯罪数额存疑。为查明损失数额，禹城市检察院启动自行补充侦查，调取25册共3000余页账证进行核对，根据金税系统中的出库单和发票，以产品的实际出厂单价和数量为计算依据，认定鲁樱公司和久和公司损失数额为342.63万元。该认定得到法院判决支持。

3. 出庭公诉

针对辩方可能提出的辩护意见，检察人员制定多个出庭预案，制作详细的举证提纲；庭审中，检察人员就鲁樱公司和久和公司的经营信息属于商业秘密、赵某对涉案经营信息负有保密义务、权利人损失的认定依据、赵某非法披露、允许他人使用的经营信息与权利人损失之间的因果关系等关键事实，结合书证、电子数据、证人证言等充分举证，取得良好的庭审效果。2020年8月20日，禹城市人民法院认定赵某犯侵犯商业秘密罪，判处有期徒刑4年，罚金50万元，犯非国家工作人员受贿罪，判处有期徒刑10个月，数罪并罚，决定执行有期徒刑4年6个月，罚金50万元。一审宣判后赵某未上诉，该判决已生效。

三、典型意义

（一）严厉惩治侵犯商业秘密犯罪，维护公平有序的竞争秩序

现代社会鼓励在改进技术、降低成本和提高产品质量基础上的公平竞争，但非法披露、使用或允许他人使用权利人技术秘密和经营信息，获取市场份额和竞争优势的犯罪行为应当受到法律的严厉制裁。本案权利人是国内食品馅料行业的龙头企业，在该公司担任高管职务的赵某违反保密协议和诚信原则，将知悉的经营信息商业秘密披露给其他同业经营者，导致权利人生产经营遭受重大损失，造成特别严重后果，应当承担相应的刑事责任。

（二）充分发挥检察监督职能，查微析疑，发现漏罪线索

企业在长期生产经营过程中形成的能够为权利人带来竞争优势的、用于经营的各类信息，直接关系到企业的生存与发展。本案所涉的客户名单等经营信息的价值性体现在其所伴随的交易机会、销售渠道以及销售利润，这些经营信息能够在联系销售业务中获得优势，提高竞争力，创造经济价值，具有现实及潜在的市场价值。禹城市检察院在办理其他案件中敏锐捕捉到经营信息被侵犯的犯罪线索，并引导公安机关开展侦查，查实侵犯商业秘密犯罪，有效维护了企业合法权益。

（三）恪守客观公正，保障被告人权利

检察人员对于所采用的鉴定方法、鉴定依据进行细致审查，认为本案权利人损失的数额计算有误，遂自行补充侦查，确定合理的损失计算方法，查明犯罪数额，准确认定案件事实、适用法律，体现了办案检察机关秉持客观公正的立场，从存疑有利于被告人的原则出发，切实做到公平公正、不枉不纵。

案例3　上海万超公司、于某某等侵犯商业秘密案

一、案件事实

上海恩坦华汽车部件有限公司（以下简称恩坦华公司）通过协议、授权等方式，从关联公司处获得汽车全景天窗相关技术信息用于生产经营，并以设置分级管理制度、签订保密条款等措施对技术信息进行保密。经鉴定，该公司汽车天窗机械组、汽车天窗遮阳帘驱动系统、天窗后玻璃排水系统及汽车天窗技术图纸均属于不为公众所知悉的技术信息。

2012年4月至2014年2月，被告人于某某在权利人恩坦华公司担任高级产品工程师，曾接触上述技术信息。2014年3月，于某某从恩坦华公司离职，随即受被告人贾某某经营的被告单位上海万超汽车天窗有限公司（以下简称上海万超公司）聘用，负责汽车全景天窗研发工作。于某某违反与恩坦华公司的保密约定，将恩坦华公司技术信息披露并用于上海万超公司相关天窗产品的研发。上海万超公司法定代表人贾某某明知于某某存在非法披露他人技术秘密的情况，仍将相关数据资料用于本公司相关汽车天窗产品的研发及生产销售。后贾某某、于某某又以共同发明人身份，对部分技术申请专利。经鉴定，上海万超公司的部分汽车天窗产品、相关专利及计算机内部分电子数据，与恩坦华公司技术信息实质相同或具有同一性，公司销售相关产品净利润达1298万余元。

二、检察机关履职情况

1. 审查起诉

2018年5月18日，公安机关以于某某

涉嫌侵犯商业秘密罪向上海市嘉定区人民检察院(以下简称嘉定区检察院)移送审查起诉,但未将上海万超公司、贾某某一并移送审查起诉。于某某到案后,否认曾接触和披露涉案技术秘密,贾某某在接受公安机关询问时,亦否认明知该技术属于他人商业秘密,称相关技术信息是通过于某某从外籍人员处购得的,上海万超公司为此支付了25万元价款。

为进一步查明案件事实,检察官一方面通过退回补充侦查,引导公安机关继续收集固定证据。在排除其他人泄露技术秘密的可能性并认定于某某实施了侵犯商业秘密的犯罪行为,且属于情节特别严重后,检察机关对于某某以侵犯商业秘密罪向上海市普陀区人民法院提起公诉。另一方面,检察官通过自行补充侦查,追加起诉上海万超公司及其经营者贾某某。检察官通过现场走访、调取有关书证材料、询问相关证人,发现上海万超公司在经营过程中有很强的保密意识,对自行研发过程中涉及的技术资料采取安装加密软件、设置物理隔离及专人保管登记等措施加以保护,而涉案技术信息的获取过程存在明显异常,且原始电子文档上留有恩坦华公司的标记。在补充上述证据之后,检察机关于2019年7月18日对上海万超公司、贾某某以侵犯商业秘密罪追加起诉。

2. 出庭公诉

法庭审理阶段,被告人于某某仍坚持无罪辩解。嘉定区检察院就恩坦华公司的技术信息属于商业秘密、上海万超公司电子数据及产品与恩坦华公司的技术信息存在实质相同或具有同一性等案件事实进行举证,同时结合大量客观证据,充分论证于某某实施了披露、允许他人使用的侵犯商业秘密行为以及上海万超公司、贾某某具有犯罪的主观故意。2020年1月19日,上海市普陀区人民法院认定各被告犯侵犯商业秘密罪,判处上海万超公司罚金400万元,判处于某某有期徒刑5年,罚金50万元,判处贾某某有期徒刑3年缓刑3年,并处罚金35万元。一审宣判后被告单位及被告人均未上诉,判决已生效。

三、典型意义

(一)依法加强商业秘密司法保护力度,维护公平竞争的经济秩序

侵犯商业秘密犯罪严重破坏市场竞争秩序和营商环境,抑制市场主体创新创造活力,中央高度重视商业秘密保护,明确要求强化侵犯商业秘密刑事执法。检察机关着力加强对商业秘密的保护力度,重点打击涉及高新技术和关键核心技术、事关企业生存和发展的侵犯商业秘密犯罪,全面维护权利人合法权益。

(二)综合运用证据形成锁链,全面查明犯罪事实

商业秘密案件涉及专业性、技术性问题多,查明侵权人犯罪过程和手段是办案难点之一。特别是在犯罪嫌疑人拒不认罪的情况下,检察机关要注意引导公安机关追查涉案技术信息来源、保密措施、泄密过程、保密义务等,收集固定侵权人违约情况、侵权情况等证据。同时,应注重加强与权利人沟通,准确确定商业秘密检材范围、内容及鉴定方法,广泛收集证人证言等其他证据,进而形成证据锁链,排除其他造成商业秘密泄露的可能性,从而证明被告人实施侵犯商业秘密犯罪。

(三)慎用刑事强制措施,在依法办案与避免冲击企业经营之间寻求平衡

检察机关在严惩犯罪保护知识产权的同时,也要注意服务保障“六稳”“六保”,尽量减少司法活动对企业正常经营的影响。可以通过实地走访调查,了解侵权公司的经营规模、员工结构等情况,综合评判企业维持经营的实际需要及被告人到案后的认罪悔罪态度,审慎适用强制措施,可捕可不捕的坚决不捕,对已捕的涉案企业经营者依法开展羁押必要性审查，确保取得打击犯罪与维护生产经营的平衡。

案例 4 浙江周某侵犯商业秘密案

一、基本案情

浙江春风动力股份有限公司（以下简称春风动力公司）是专业从事全地形车、竞技摩托车等产品研发、制造、销售的高新技术企业，对自主研发的 2V91 系列发动机技术设有保密措施且未许可他人使用。2004 年，被告人周某入职春风动力公司从事发动机技术研发，并签订保密协议。2014 年 2 月 24 日至 3 月 1 日，春风动力公司发动机研究所负责人在出差期间将该所指定邮箱审核权限授权给周某，周某利用该授权权限，私自将公司研发的 2V91 系列发动机等技术资料从公司涉密内网邮箱发送至自己的外网邮箱。

2015 年 3 月，周某从春风动力公司辞职后即应聘到飞神集团有限公司（以下简称飞神公司）控股的浙江同硕科技有限公司（以下简称同硕公司），主持研发发动机。其间，周某将其获取的 2V91 系列发动机技术信息用于同硕公司发动机研发。2017 年 5 月至 2018 年 1 月，同硕公司向飞神公司销售涉案发动机 314 台，其中 300 台被飞神公司用于配装全地形车销往多地。经鉴定，同硕公司与春风动力公司生产的发动机多项技术秘密点相同。周某的行为给春风动力公司造成损失 83.9 万余元。

二、检察机关履职情况

1. 审查起诉

侦查机关将春风动力公司 2V91 系列发动机研发成本 914.15 万元认定为权利人损失数额，并移送浙江省杭州市余杭区人民检察院（以下简称余杭区检察院）审查起诉。办案检察机关认为该损失数额不能作为定罪依据，遂主动联系多家审计评估单位，就损失计算方式进行充分论证，最终确定以侵权产品销售数量乘以春风动力公司每台车辆的利润再乘以发动机价值占整车价值比的损失数额计算方法，得出春风动力公司损失数额 83 万余元，得到法院判决支持。办案检察机关还根据案件事实和证据情况，通过释法说理，促使周某由拒不认罪转为认罪认罚。

2. 出庭公诉

2019 年 10 月 31 日，余杭区检察院对周某以侵犯商业秘密罪提起公诉。庭审中，辩护人提出鉴定的技术秘密点均已被权利人在维修手册上公开或者系国家标准明确规定，不构成商业秘密。检察人员仔细查阅大量专业性材料，咨询包括鉴定人员在内的多位发动机领域专家，对全案证据进行严格审查，得出部分技术秘密点已被公开，但部分技术秘密点仍属商业秘密，不影响整体侵权认定的结论；同时收集大量已决案例作为参考，并结合本案具体情况，提出适用缓刑和罚金数额的精确量刑建议，被法院完全采纳。2020 年 3 月 26 日，杭州市余杭区人民法院以侵犯商业秘密罪判处周某有期徒刑 1 年 6 个月，缓刑 2 年，并处罚金 80 万元。周某未上诉，该判决已生效。

三、典型意义

（一）依法惩治侵犯商业秘密犯罪，为国家高新技术企业发展护航

权利人春风动力公司系国家高新技术企业，多年来一直走自主创新发展模式，属于国内全地形车领域龙头企业。检察机关坚持知识产权专业化办理，有力指控犯罪的同时积极促成飞神公司、同硕公司与春风动力公司达成谅解协议，同意停止侵权并赔偿 300 万元，召回全部侵权产品，有力保护了商业秘密权利人的合法权益。

（二）借力专家智库，准确认定侵权行为和犯罪数额

由于商业秘密的认定以及认定是否构

成对商业秘密的侵犯往往具有较强专业性，通常需要听取有专门知识的人的意见。办案检察机关经过咨询涉案技术领域专家，认为涉案技术秘密的部分已被公开但其他秘密点部分仍不为公众所知悉的，整体上应当认定为构成商业秘密，侵权行为成立，得到法院判决认可。本案侵权产品尚未获利，市场上缺乏类似许可使用的情况，价值评估条件欠缺，检察机关经与多家审计评估公司研讨，并带领评估人员赴案发企业调查核实，最终确定以侵权产品销售数乘以春风动力公司每台车辆利润再乘以发动机价值占整车价值之比的方法计算权利人损失，并将其作为犯罪数额，为同类案件的办理提供了有益借鉴。

(三)延伸检察职能，积极参与知识产权综合治理

办案检察机关认真梳理涉案企业在商业秘密保护制度、商业秘密载体管理、涉密企业管理等方面存在的漏洞，参考国内外先进涉密管理经验，提出建章立制、堵漏除弊的检察建议，助力企业堵塞漏洞。此外，检察机关多次赴涉案企业走访交流，开展法制宣传，帮助其提升商业秘密保护意识和能力，切实防止类似侵权案件发生。

案例5　上海李某某等侵犯著作权案

一、案件事实

“Great Wall of China”拼装玩具等47个系列663款产品系乐高公司(LEGO A/S)(以下简称乐高公司)创作的美术作品，乐高公司根据该作品制作、生产了系列拼装玩具，并在市场上销售。

2015年至2019年4月，被告人李某某雇用杜某某等8人在未经乐高公司许可的情况下，采用拆分乐高公司销售的拼装玩具后通过电脑建模、复制图纸、委托他人开制模具等方式，在某玩具厂生产复制47个系列663款拼装积木玩具产品，并冠以“乐拼”品牌，通过线上、线下等方式销售。杜某某等8人按月从李某某处领取固定报酬。经鉴定，2017年9月11日至2019年4月23日，李某某等人生产销售侵权产品634种型号424万余盒，涉案金额3亿余元。2019年4月23日，公安机关在李某某租赁的厂房查获用于复制乐高玩具的模具、零配件、各类包装盒、各类说明书、复制乐高系列的乐拼玩具等物品。扣押的待销售侵权产品共计344种型号60万余盒，价值3000万余元。2017年杜某某离开该玩具厂后，从该厂购进“乐拼”玩具并予以销售，销售金额620万余元。

二、检察机关履职情况

1. 提前介入

2019年3月12日，公安机关立案侦查后，上海市人民检察院第三分院依公安机关商请提前介入侦查、引导取证，就案件管辖、行为定性、证据合法性等问题向公安机关提出意见，提出具体取证方向。4月23日，检察官会同公安民警赴位于广东汕头澄海区的犯罪窝点进行现场指导，确保侦查取证工作规范合法。

2. 审查起诉

2019年8月20日，公安机关以李某某等9人涉嫌侵犯著作权罪移送上海市人民检察院第三分院审查起诉。检察机关重点开展以下工作：一是准确定性，认定积木颗粒构成著作权法意义上的立体美术作品，乐高公司的著作权受我国法律保护；二是迅速告知乐高公司诉讼权利义务，要求其提供相关证据材料，协助查明全案事实。

3. 出庭公诉

2020年2月25日，上海市人民检察院第三分院以李某某等9人侵犯著作权罪向上海市第三中级人民法院提起公诉。庭审过程中，针对“人数多、书证多、辩解多”的实际情况，检察机关制作幻灯片百余页，以“可视化”的形式予以展示。犯罪嫌疑人李某某、杜某某分别对犯罪数额的计算、案件定性提出异议，部分辩护人对量刑提出意见。公诉人答辩如下：第一，以营利为目的复制侵权玩具作品的行为，一旦完成复制就构成既遂，是否实际销售不影响对侵犯著作权罪的定性和犯罪数额的认定。第二，杜某某虽然离职，但对于侵犯著作权的行为是明知的，其积极参与策划，并在离职后作为“乐拼”的内销客户向玩具厂定制侵权玩具作品，以经销商名义批发侵权玩具，属于侵犯著作权中的“发行”行为，应以侵犯著作权罪定罪。第三，被告人李某某2016年就曾因侵犯乐高公司知识产权涉多起民事诉讼，均被判败诉并承担赔偿责任，仍不思悔改继续从事侵权行为，社会危害性较大。合议庭对公诉意见和所指控的全部犯罪事实予以采纳。2020年9月2日，上海市第三中级人民法院判决李某某等9名被告人犯侵犯著作权罪，判处有期徒刑6年至3年不等，罚金9000万元至20万元不等。一审判决后，被告人李某某、杜某某等7人不服判决提出上诉。2020年12月29日，上海市高级人民法院裁定驳回上诉，维持原判。

三、典型意义

（一）依法履职，平等保护境外著作权人

根据《保护文学和艺术作品伯尔尼公约》和我国著作权法的规定，涉案乐高公司的美术作品受我国法律保护。上海检察机关高度重视，贯彻全流程、强保护的知识产权司法保护理念，积极引导侦查机关调查取证，取得良好办案效果。丹麦使领馆特别照会上海市人民检察院，对上海检察机关的知识产权司法保护工作表示感谢。

（二）准确区分侵犯著作权罪与销售侵权复制品罪界限

对于行为人明知制造者或经销商制造、销售的是侵权复制品，仍采购并予以销售，应认定行为人构成销售侵权复制品罪。对于行为人参与、帮助他人实施侵犯著作权犯罪，只是在分工上处于销售环节，则构成侵犯著作权罪的共犯。本案中，杜某某不仅对外销售侵权复制品，还购买正版乐高玩具供李某某等人仿制侵权产品，帮助租赁厂房供侵权产品包装、仓储等，应当认为其销售侵权产品的行为是其侵犯著作权犯罪的后续环节，以侵犯著作权罪一罪定罪处罚。

（三）开展权利义务告知工作，推动权利人实质性参与诉讼

检察机关开展侵犯知识产权刑事案件权利人诉讼权利义务告知工作，有利于权利人更加实质性地参与刑事诉讼活动，及时、充分保护自身权益；有利于权利人及时补充权利证明、经济损失等证据，对涉案专门性问题发表意见，助力查明案件事实。办案检察机关就涉案600多款玩具的著作权权属情况、同一性鉴定等取证事宜与权利人充分沟通意见，要求其协助提供相关证据材料，乐高公司及时提供了公证文件、权属声明、第三方授权函等文件，有效促进了准确认定案件事实，提高了办案效率。

案例6　江苏马某予等侵犯著作权案

一、案件事实

2016年5月至2019年2月，被告人马某予、马某松购买用于翻录影片的设备，盗取授权影院放映机服务器信息，借来同档期正版影片母盘并拷贝，利用“克隆”的放映设备；并招募人员，成立工作室，翻录影片、给盗版电影加密、打水印后销售给其发展的下线影吧，从中牟取利益。其中，马某予负责复制发行盗版影片全部事宜，马某松负责复制盗版电影、发展下线影吧等，文某、鲁某等人负责发展下线影吧，并逐步形成以马某予为首要分子，马某松、文某、鲁某为主犯的犯罪集团。该犯罪集团人数众多，长期实施非法复制发行盗版影片行为，共计复制发行盗版影片 413 部，非法经营数额达 777 万余元。马某予违法所得达 404 万余元，马某松违法所得达 55.6 万元。

2018 年 9 月，被告人文某脱离马某予犯罪集团后，采取相同运作方式发展人员，并逐渐形成以文某为首要分子的犯罪集团，长期实施非法复制发行电影行为，从中牟取利益，共计复制发行盗版影片 124 部。2016 年 5 月至 2019 年 2 月，文某非法经营数额达 186 万余元，违法所得达 103 万余元。

2018 年 9 月，被告人鲁某脱离马某予犯罪集团后，从马某予、文某处获取盗版影片，招募人员，对盗版电影进行加密、打水印，销售给其发展的下线影吧，从中牟取利益。2016 年 5 月至 2019 年 2 月，鲁某非法经营数额达 814 万余元，违法所得达 536 万余元。

2019 年春节前，马某予犯罪集团、文某犯罪集团采用前述犯罪手段，非法复制发行《流浪地球》《疯狂的外星人》《小猪佩奇过大年》等 8 部春节档影片，导致上述影片在互联网上流传。

二、检察机关履职情况

1. 提前介入

2019 年 3 月，江苏省扬州市人民检察院（以下简称扬州市检察院）依法提前介入本案，引导侦查机关侦查取证，提出如下取证意见：一是调取导致 8 部春节档影片在互联网上同步流传的相关证据，依法抽样取证，确定侵权作品数量；二是全面调取资金流水，查明非法经营数额和违法所得数额；三是及时查封、扣押、冻结犯罪嫌疑人财产，确保任何人不因犯罪行为获利。4 月，扬州市检察院以涉嫌侵犯著作权罪对马某予等人批准逮捕，提出捕后继续侦查意见，引导公安机关对犯罪数额、共犯地位作用等继续侦查。

2. 审查起诉

2019 年 9 月 6 日，公安机关以犯罪嫌疑人马某予、马某松、文某、鲁某等人涉嫌侵犯著作权罪移送起诉。检察机关逐笔核对资金明细，精准确定各被告人非法经营、违法所得数额；根据视频制作软件、百度云上传痕迹等电子数据，经统计去重，精准认定各犯罪集团盗版影片数量；强化释法说理，犯罪嫌疑人均认罪认罚并签署具结书。

3. 出庭公诉

2020 年 9 月 25 日，扬州市中级人民法院依法公开开庭审理本案。针对辩护人提出马某予等人不应承担下线影吧业主私自泄露影片、造成网络传播的责任，检察机关申请侦查人员出庭、播放视频，解读正规院线发行、播放电影三重保护机制和被告人犯罪手法，证实马某予等人的行为是造成影片互联网流传的关键。扬州市中级人民法院采纳全部指控意见，当庭宣判，以侵犯著作权罪分别判处被告人马某予等人 4 年至 6 年有期徒刑，并处罚金 60 万元至 550 万元不等。一审宣判后被告人未上诉，该判决已生效。

三、典型意义

（一）为著作权提供有力司法保障，对于服务创新型国家建设具有重大意义

本案系最高人民检察院、公安部和中宣部联合挂牌督办案件。数字网络技术使得大量作品进入信息网络，作品的传播更加便捷迅速，网络侵犯著作权犯罪给市场经济秩序造成的破坏、给权利人造成的损失更为严重。加强著作权刑事保护，不仅有助于保护广大创作者、传播者、使用者的合法权益，鼓励作品创作和传播，也有助于促进我国著作权产业发展、繁荣社会主义文化和科学事业、推动创新型国家和知识产权强国建设。

（二）准确认定犯罪数额，促使被告人认罪认罚

办案检察机关全面细致审查案件、引导侦查，对从视频软件、网络云盘等电子数据中提取到的盗版影片进行汇总查重，精确计算侵权作品数量，并结合资金往来、交易数额、交易时间等逐一进行梳理、核实，准确认定犯罪数额。坚持办案中释法说理，促使被告人自愿认罪认罚，自觉接受法律惩处，取得良好办案效果。

（三）着力遏制网络侵犯著作权犯罪，净化网络空间

马某予等人集盗录、制作、发展下线为一体，下线影吧涉及 8 个省份 13 个城市，形成完整的电影盗版产业链，系盗版影片和 2019 年春节档热映电影网络传播源头，严重损害我国影视业知识产权保护，造成恶劣社会影响。检察机关始终保持对网络侵犯著作权犯罪的高压态势，着力打击有组织犯罪，不断提高著作权刑事保护水平。

案例 7　四川刘某某等侵犯著作权案

一、案件事实

2013 年 8 月至 2018 年 7 月，被告人刘某某、覃某、唐某等人在未取得著作权人完美世界（北京）网络技术有限公司、成都完美时空网络技术有限公司许可的情况下，非法获取《诛仙》《笑傲江湖 OL》网络游戏的服务器端程序，使用编辑器修改游戏任务参数、升级标准，并上传至位于厦门、杭州的第三方服务器。为实现游戏客户端与其上传的服务器端同步更新，刘某某等人配置了登录器程序，专用于修改客户端的服务器指向列表。

刘某某等人将修改后的游戏命名为《嘟嘟诛仙》《嘟嘟笑傲江湖》，通过网站和聊天软件发布广告，招揽游戏玩家。游戏玩家使用登录器程序对正版游戏客户端“打补丁”，即可连接刘某某等人架设的服务器，运行游戏。

其间，刘某某、覃某、唐某共同对《嘟嘟诛仙》《嘟嘟笑傲江湖》网络游戏进行运营维护，并租用多个非正规第三方支付平台接口，收取游戏玩家充值共计 2000 万余元。覃某违法所得达 140 万余元，唐某违法所得达 130 万余元，刘某某违法所得达 1000 万余元。

二、检察机关履职情况

1. 引导取证

权利人报案后，公安机关于 2018 年 1 月 18 日对刘某某等 3 人涉嫌侵犯著作权罪立案侦查，并按照成都市检察机关与公安机关建立的“知识产权刑事案件双报制”协作办法，将案件通报至成都市高新技术产业开发区人民检察院（以下简称高新区检察院）。高新区检察院结合侦查进度适时对案件侦查方向和取证重点提出意见，指派检察官与侦查人员、技术人员共同赴异地补充取证，引导公安机关迅速调取服务器数据，确保关键证据不灭失；现场监督核对已有数据，明确充值服务器、充值平台、网游服务器三方数据关系，增加了半年的数据可利用期。

2. 出庭公诉

2019 年 4 月 16 日，高新区检察院以被告人刘某某等 3 人构成侵犯著作权罪向成都高新技术产业开发区人民法院提起公诉。庭审中，辩护人辩护意见认为：大部分通过第三方支付平台的资金，没有交易明细，不应认定为犯罪数额；唐某仅实施了侵犯《诛仙》的计算机软件著作权，其非法经营数额应当单独计算。公诉人答辩：被告人与第三方支付平台采取达到一定金额进行一次结算的方式，而且各时间段的结算总金额与收款银行账户统计的入账金额一致，被告人使用非法第三方支付平台导致交易记录不完整，故可以根据第三方支付平台的总金额和收款银行账户明细认定非法经营数额；唐某虽然仅参与了《诛仙》游戏的修改，但是其对涉案私服游戏进行管理、运营，违法所得也未按不同游戏进行区分，应当对侵犯全部作品著作权承担刑事责任。合议庭对相关公诉意见予以采纳。

2020 年 2 月 26 日，成都高新技术产业开发区人民法院认定刘某某等 3 人犯侵犯著作权罪，分别判处有期徒刑 4 年至 2 年 6 个月不等，并处罚金 1000 万元至 130 万元不等。一审判决后，被告人提出上诉，2020 年 9 月 28 日，成都市中级人民法院裁定驳回上诉，维持原判。

三、典型意义

（一）创新“双报”协作机制，找准最佳保护节点

为强化知识产权保护，成都市检察机关创立案件“双报”机制，鼓励权利人在向公安机关报案时同步向检察机关报案。检察机关第一时间掌握侵权线索，对涉嫌犯罪的线索开展立案监督、引导侦查等工作，强化诉前主导职能，显著提高了办案质量和效率；对其他线索，引导权利人通过民事行政途径救济，有效帮助企业维权，降低了权利人维权成本。

（二）有效引导侦查取证，破解证据收集难点

办案检察机关根据网络游戏客户端、服务器端对应匹配的特性，结合侵权游戏与正版游戏运行界面和功能一致的特点，提出以客户端程序比对鉴定代替全部程序比对鉴定的侵权认定思路，切实降低了取证成本和难度；针对侵权人选用非正规支付平台交易导致记录缺失、数据不完整的情况，结合侵权人在支付平台的结算总金额及银行账户明细综合认定非法经营数额，客观、全面评价侵权后果和社会危害，使 3 名被告人罚当其罪。

（三）彰显司法保护决心，助推行业健康发展

知识产权是网游行业和数字经济的生存根基和发展命脉。本案的成功办理彰显了检察机关打击侵犯知识产权犯罪的决心，较重自由刑和高额罚金刑的判处有效震慑了犯罪分子，规范了互联网游戏经营行为，促进了行业健康有序发展。

案例 8　广东深圳市铭科魅影科技有限公司、王某等侵犯著作权抗诉案

一、案件事实

被告人王某、施某、刘某原系深圳市环球数码科技有限公司（以下简称环球数码公司）员工。2013 年前后，3 人陆续离职并加入被告单位深圳市铭科魅影科技有限公司（以下简称铭科魅影公司）。2014 年初，王某得知施某在离职后仍可取得环球数码公司的影院管理系统软件，王某、施某遂商议通过对外销售该软件获利，并约定了分成比例。施某利用在环球数码公司工作时掌握的账号、密码私自登录环球数码公司服务器，下载了影院管理系统软件，并对软件进行了破解。王某、施某分别负责软件的销售推广、项目实施、用户培训等，刘某负责介绍业务并获得提成。2014 年至 2016 年，铭科魅影公司未经权利人环球数码公司许可，以营利为目的，复制发行环球数码公司依法享有的数字影院管理系统软件，涉案金额 76 万余元，违法所得数额 18 万余元，刘某违法所得 3 万余元。经鉴定，广州烽禾影城等多家影城的数字影院管理系统软件与环球数码公司软件具有同一性或实质相同。

二、检察机关履职情况

1. 出庭公诉

2016 年 8 月 19 日，公安机关以铭科魅影公司、王某等 3 人涉嫌侵犯著作权罪向深圳市南山区人民检察院（以下简称南山区检察院）移送审查起诉。检察机关经过退回补充侦查，进一步查明了侵权软件的取得途径、破解方式、销售方向以及被告人在共同犯罪中的作用和分工，补强了证据。2017年2月22日，南山区检察院向深圳市南山区人民法院依法提起公诉。6月26日，一审判决以侵犯著作权罪判处被告单位罚金20万元，均判处王某、施某有期徒刑1年2个月，并处罚金6万元；判处被告人刘某有期徒刑6个月，并处罚金3万元。

2. 提出抗诉

检察机关认为，一审判决仅认定了经过同一性鉴定的6家影院使用的软件侵权，对其余影院软件未予认定，非法经营数额认定错误。2017年8月4日，南山区检察院向深圳市中级人民法院提出抗诉，深圳市中级人民法院经审理后裁定撤销原判，发回重审。经重新审理，深圳市南山区人民法院认定了16家影院使用侵权软件，于2020年4月29日判决被告人王某、施某犯侵犯著作权罪，均判处有期徒刑3年，并处罚金6万元，被告人刘某犯侵犯著作权罪，判处有期徒刑6个月，并处罚金3万元，因被告单位已被注销，裁定终止审理。被告人提出上诉，深圳市中级人民法院二审裁定驳回上诉，维持原判。

三、典型意义

（一）准确认定案件事实，依法抗诉，提高违法成本

侵犯著作权案件中关于侵权产品的数量、违法所得金额的认定往往是争议焦点。本案涉及的影院管理系统属于专用软件，要根据用户的要求进行个性化定制，检察机关重点核实侵权软件是否经过大幅修改或二次开发、是否涉及核心功能变化等问题，通过部分抽检并结合侵权软件购买方的证言、销售记录和流水，认定侵权软件的销售数量和非法经营数额。针对一审判决事实认定错误、量刑畸轻问题，依法提出抗诉，获得改判，切实提高了犯罪成本。

（二）个案办理与类案预防相结合，提升知识产权整体保护效果

本案被侵权人系从事数码放映设备、数字影院系统、计算机软硬件系统等技术开发、技术服务的高科技上市公司，案件的发生对企业正常的生产经营活动影响较大。检察机关在案件办理过程中多次和被侵权企业沟通，了解涉案软件的研发过程和存储方式，并在案件办结后通过走访座谈的方式帮助企业查找存在的管理问题，指导其查漏补缺，有效加强了企业的知识产权风险防范能力。

案例9　河北于某等假冒注册商标案

一、案件事实

河北稻香村食品有限公司（以下简称河稻公司）系“河稻”注册商标所有人，并经苏州稻香村食品工业有限公司授权使用“稻香村”商标。2019年6月，河北保定众人商贸公司（以下简称众人商贸公司）法定代表人于某与合伙人李某商议在保定地区销售河稻公司专版月饼。7月1日到8月5日，李某多次到河稻公司商议获取销售专版河稻月饼的授权及具体运作事宜，索得河稻公司的资质证书、产品条形码和在保定范围内销售专版月饼的电子授权证书模板，但并未与河稻公司签订合同，亦未获得授权。

2019年7月，于某设计了7款标有“稻香村”“河稻”注册商标的月饼礼盒，选定广东中山机祥制罐有限公司（以下简称机祥制罐公司）、广东中山忆彩纸类包装有限公司（以下简称忆彩包装公司）为月饼包装材料生产厂家，福建诏安四海食品有限公司（以下简称四海食品公司）为月饼供应商。7月15日，于某、李某购进月饼和包装材料，租赁生产地点；8月7日，由李某、郑某、黄某(郑某和黄某均为众人商贸公司员工)组织工人,将四海食品公司生产的月饼加工包装到标有“稻香村”“河稻”注册商标的包装盒及包装箱中,于某还指使郑某将河稻公司授权证书中的被授权人改为王某(个体工商户),把四海食品公司月饼的检测合格报告改成“稻香村”月饼的检测报告,发送给王某,将假冒月饼销售给王某,王某再对外推销。经查,于某、李某非法经营数额共计 107 万余元。

二、检察机关履职情况

1. 审查逮捕

2019 年 10 月 16 日,公安机关以于某涉嫌假冒注册商标罪向石家庄市鹿泉区人民检察院(以下简称鹿泉区检察院)提请逮捕。检察机关在审查中发现,李某与于某生产销售假冒注册商标的月饼已涉嫌犯罪,不捕不足以防止社会危险性发生,遂向公安机关发出《应当逮捕犯罪嫌疑人建议书》。公安机关于 11 月 20 日对李某以涉嫌假冒注册商标罪提请逮捕,鹿泉区检察院于 11 月 26 日批准逮捕。此外,检察机关针对于某、李某在北京市丰台区批发市场销售 7370 盒假冒稻香村月饼的事实,向公安机关发出《逮捕案件继续侦查取证意见书》,要求并案侦查。

2. 审查起诉

2019 年 12 月 23 日,公安机关以于某、李某涉嫌假冒注册商标罪移送起诉。鹿泉区检察院经审查认为,郑某受于某指使篡改电子授权书和产品检验检测报告,属于直接参与管理生产,黄某负责给工人记工、安排生产假冒月饼等事务,二人与于某构成共犯,遂向公安机关发出《补充移送起诉通知书》,要求追加移送起诉郑某、黄某。2020 年 4 月 15 日,公安机关变更起诉意见,以于某、李某、郑某、黄某涉嫌假冒注册商标罪移送起诉。此外,办案检察机关认为,王某知假卖假,销售金额较大,涉嫌销售假冒注册商标的商品罪;机祥制罐公司、忆彩包装公司未经注册商标权利人授权而制造印有注册商标标识的包装盒、包装袋,情节严重,涉嫌非法制造注册商标标识罪,遂向公安机关制发《要求说明不立案理由通知书》,后经审查认为公安机关不立案理由不成立,又发出《通知立案书》。其后,公安机关以王某涉嫌销售假冒注册商标的商品罪立案侦查,对忆彩包装公司负责人冯某、机祥制罐公司负责人姚某以涉嫌非法制造注册商标标识罪立案侦查。针对案件证据存在的其他问题,检察机关引导公安机关补充侦查,同时自行补充侦查,调取证据 50 余份,复核询问证人 20 余次。办案检察机关加强与辩方沟通协商,准确适用认罪认罚从宽制度,为庭审顺利进行奠定坚实基础,并准确区分各被告人责任,提出对郑某、黄某宣告缓刑的量刑建议。

3. 出庭公诉

2020 年 5 月 15 日,鹿泉区检察院以于某等 4 人涉嫌假冒注册商标罪向石家庄市鹿泉区人民法院提起公诉。庭审中,辩护人提出李某是主犯,于某是从犯,河稻公司的授权行为是其真实意思表示,该案属于单位犯罪,郑某、黄某构成自首等辩护意见,公诉人结合微信聊天记录、证人证言、同案被告人的供述、转账记录、销售记录、查获扣押物品、传唤证等证据,逐一答辩,最终被告人承认了全部指控。9 月 9 日,石家庄市鹿泉区人民法院作出一审判决,认定各被告人犯假冒注册商标罪,分别判处于某、李某有期徒刑 4 年 6 个月和 4 年,并处罚金 50 万元和 40 万元;分别判处郑某、黄某有期徒刑 3 年缓刑 4 年和有期徒刑 3 年缓刑 3 年,并处罚金 5 万元和 3 万元。各被告人均未上诉,该判决已生效。

三、典型意义

(一)深挖犯罪线索,实现全链条打击

侵犯商标权犯罪案件往往呈现犯罪环节多、犯罪链条长、组织分工细的特点。办案检察机关充分履行法律监督职责,对上游非法制造他人注册商标标识的和下游明知是假冒注册商标的商品仍予以销售的，依法监督公安机关立案；对在不同假冒环节发挥不同作用的员工，以假冒注册商标罪的共犯追究其刑事责任，做到对侵犯知识产权犯罪行为应追尽追、全面惩治。

（二）注重检律沟通，促使被告人认罪认罚

检察机关将理性、平和、文明、规范的司法理念贯穿办案始终，注重释法说理，围绕在案证据及法律适用、认罪认罚的自愿性和后果等，多次与犯罪嫌疑人、辩护人进行沟通交流，在案件定性、量刑方面取得一致意见，被告人全部自愿签署认罪认罚具结书。

（三）服务保障"六稳""六保"，助力民营企业发展

为服务经济发展，河北省检察院制发了服务企业发展措施和服务"六稳""六保"指导意见，全省检察机关主动到涉案企业听取对检察机关打击侵犯知识产权犯罪、服务企业发展的意见和建议，对企业在风险防范、内部制度建设方面存在的不足提出检察建议，帮助企业建章立制、提升知识产权自我保护水平。

案例10　江苏陆某某等假冒注册商标、销售假冒注册商标的商品、非法制造和销售非法制造的注册商标标识案

一、案件事实

2017年初至2018年11月，被告人陆某某未经"PHILIPS""Oral-B"注册商标权利人许可，通过被告人胡某某管理的网店购进用于假冒"PHILIPS""Oral-B"注册商标的电动牙刷头，联系被告人彭某某在牙刷头上镭雕"PHILIPS"标识；联系被告人靳某某、吴某东印刷"PHILIPS""Oral-B"商标标识用于外包装；雇用吴某英镭雕、包装、生产假冒上述注册商标的电动牙刷头。陆某某销售上述电动牙刷头给被告人王某某等人，合计销售金额627万余元。被告人王某某、昌某、邓某某等人明知陆某某销售假冒电动牙刷头，仍以低价购进后通过网店进行销售，其中王某某销售金额1325万余元。侦查过程中，公安机关在陆某某租住处扣押假冒电动牙刷头，货值16万余元；分别在王某某、吴某东等人处扣押大量假冒电动牙刷头和非法制造的注册商标标识及制假工具等。

二、检察机关履职情况

1. 提前介入

2018年10月19日，公安机关对本案立案侦查。东台市人民检察院（以下简称东台市检察院）及时介入，提出侦查取证意见：调取王某某等人的网店销售记录，查清涉案人员资金往来，查封、扣押相关物证、账目，固定微信聊天记录等电子数据，查明上述各被告人销售金额。2019年3月29日，公安机关将本案移送东台市检察院起诉。5月9日，东台市检察院根据江苏省相关管辖的规定，将该案移送盐城市人民检察院（以下简称盐城市检察院）审查起诉。

2. 审查起诉

针对辩护人提出靳某某的犯罪数额应按套计算而不应按件计算，检察机关认为，每一件完整且可以独立使用的侵权商标标识应作累加计算；针对公安机关未明确吴某英具体犯罪数额，检察机关根据其参与时间、生产商品数额以及商品实际销售价格，按照有利于被告人的原则确定其非法经营数额；针对公安机关认定彭某某涉嫌非法制造、销售非法制造的注册商标标识罪，检察机关认为，彭某某直接将注册商标使用于没有商标的牙刷头上，使本来没有商标的商品变成了注册商标的商品，是直接使用注册商标的行为，应认定其构成假冒注册商标罪。检察机关综合全案犯罪事

实和各项情节，提出合理量刑建议，对假冒注册商标犯罪情节特别严重的主犯、销售假冒注册商标的商品犯罪中犯罪数额巨大的、非法制造和销售非法制造的注册商标标识情节特别严重的3人建议判处实刑，对属于从犯、数额较小、悔罪态度较好的6人，建议适用缓刑。经充分释法说理，9名犯罪嫌疑人均认罪认罚。

3. 出庭公诉

2019年10月30日，盐城市检察院依法向盐城市中级人民法院提起公诉。2020年4月24日，法院作出一审判决，采纳检察机关量刑建议，判处9名被告人有期徒刑4年3个月至9个月不等，罚金325万元至3万元不等，并对胡某某等6人适用缓刑。判决宣告后，9名被告人均未提出上诉，该判决已生效。

三、典型意义

（一）充分履职尽责，实现全面精准指控

对于商标侵权犯罪行为不能仅限于处理末端销售人员和部分制假人员，对制售外包装等假冒注册商标标识的人员也要依法追究责任。本案中，检察机关主动提前介入侦查，围绕犯罪数额核定、电子证据收集等提出意见，引导公安机关及时收集并固定相关证据，为案件顺利移送审查起诉筑牢证据基础。审查起诉期间，认真全面审查，准确认定"镭雕"为将假冒注册商标附着于商品上的行为，查清各网店侵权商品的销售金额，对制假者、售假者和假冒标识制作者实现全链条打击。综合犯罪金额、销售数量等情节进行分析研判，依法审慎提出量刑建议，所有被告人均认罪认罚，取得了较好的办案效果。

（二）坚持平等保护，不断优化营商环境

本案侵权对象为国际知名注册商标，犯罪数额巨大，涉及地域广，严重侵犯了商标所有权人的合法权益。检察机关坚持平等保护理念，严厉打击侵犯知识产权犯罪，依法平等保护国内外权利人合法权益，优化我国营商环境，彰显我国尊重和保护知识产权的一贯立场。

案例11　北京安实创业科技发展有限公司与北京正鸿泰达建材有限公司侵害商标权纠纷民事检察监督案

一、案件事实

北京安实创业科技发展有限公司（以下简称安实创业公司）享有"安石"等四个商标的注册商标专用权，在其生产销售的天然石粉涂料上使用上述商标近20年。该四个商标的文字部分均为"安石"，核定使用在第2类涂料及第19类非金属建筑物涂料、涂层（建筑材料）、非金属耐火建筑物涂料等商品上。2016年6月1日，安实创业公司发现北京正鸿泰达建材有限公司（以下简称正鸿泰达公司）在其生产并销售的天然石粉涂料外包装袋上印有"天然安石粉涂料"及公司名称、地址、电话等信息，涉嫌侵犯安实创业公司"安石"注册商标专用权。7月7日，安实创业公司因与正鸿泰达公司侵害商标权纠纷，向北京市石景山区人民法院提起诉讼。

北京市石景山区人民法院一审认为：正鸿泰达公司使用"安石"文字的方式，侵害了商标权人对四个涉案商标享有的专用权，判决其停止侵害，赔偿经济损失及合理支出共计723 920元。正鸿泰达公司上诉至北京知识产权法院，该院二审认为：正鸿泰达公司对"天然安石粉涂料"的使用仅是为了表明商品的名称，并非用于识别商品的来源，该行为属于对"安石"的正当使用，判决撤销一审判决，驳回安实创业公司的全部诉讼请求。安实创业公司申请再审，北京市高级人民法院裁定驳回安实创业公司的再审申请。

安实创业公司不服北京市高级人民法院再审裁定，于2019年7月16日向北京市人民检察院第四分院申请监督。

二、检察机关履职情况

1. 审查过程

北京市人民检察院第四分院受理后，依法调阅原审案卷，对申请进行询问。同时通过调查核实，另补充查明：正鸿泰达公司曾申请过“天然安石粉”商标，被原国家工商行政管理总局商标局（以下简称商标局）驳回；申请“天然安石”商标、“ZH-DTC”商标，被商标局核准注册；安实创业公司与正鸿泰达公司两个工厂厂址相距不足5千米。

2. 监督意见

检察机关经审查后认为，正鸿泰达公司在产品的外包装袋上印有“天然安石粉涂料”字样，属于商标性使用；“安石”为臆造词，使用在第2类、第19类商品上具有显著性；正鸿泰达公司提交的证据为局部地区的工程做法介绍材料，不能证明“安石粉”成为该类石粉涂料的通用名称；“天然安石粉涂料”完整包含了四个涉案商标的文字部分“安石”，容易导致相关公众认为涉案商品是由注册商标权利人生产，或认为两公司之间存在关联关系；正鸿泰达公司的行为侵害了安实创业公司对四个涉案商标享有的专用权，应当承担侵权责任，提请北京市人民检察院抗诉。北京市人民检察院认为二审判决认定的基本事实缺乏证据证明，适用法律确有错误，向北京市高级人民法院提出抗诉，北京市高级人民法院裁定指令北京知识产权法院再审本案。

3. 监督结果

2020年8月25日，北京市人民检察院派员出席再审法庭。北京知识产权法院作出（2020）京73民再1号判决，认为正鸿泰达公司将“天然安石粉涂料”作为其产品名称，考虑到双方当事人厂址较近，该行为必将导致消费者对产品来源或双方当事人存在关联关系产生混淆和误认；正鸿泰达公司提供的证据不能证明“安石粉”“天然安石粉”已成为通用名称；正鸿泰达公司构成侵权，二审判决适用法律错误，判决撤销二审判决，维持一审判决。

三、典型意义

（一）依法行使调查核实权，明确商标正当使用的法律适用问题

检察机关出于查清案情的客观需要，向国家知识产权局调取了正鸿泰达公司申请注册商标的情况，结合两公司厂址较近的情况，正鸿泰达公司在其产品包装上不使用自己享有专用权的注册商标，而使用“天然安石粉涂料”，主观上具有使用商标用于识别商品来源的意图，客观上可能导致相关公众产生混淆和误认，不属于对描述性标志的正当使用，构成侵权，应当承担侵权责任。

（二）严格适用通用名称的认定标准，保障商标权利人的合法权益

通用名称一般分为依据法律规定或者国家标准、行业标准的通用名称以及约定俗成的通用名称，有明确的认定依据及标准。正鸿泰达公司提交的证据不能代表整个行业标准或者不同类别商品的根本区别，不能证明“安石粉”成为该类石粉涂料的通用名称。这种将涉案商标用以指代具有相同或类似成分、效果的天然石粉涂料的行为，会逐步削弱涉案商标原本较高的显著性并使其面临通用化的风险，这也是对注册商标专用权的损害，应当依法承担侵权责任。检察机关依法进行法律监督，保障了商标权利人的合法权益。

（三）积极发挥监督职责，推动法治化营商环境建设

自1999年以来，“安石”作为安实创业公司自主生产制造的石粉涂料的品牌，经过公司长期宣传、积极维权，在建筑市场上享有较高知名度与美誉度。二审判决错误认定正鸿泰达公司对“天然安石粉涂料”的使用为正当使用，将损害安实创业公司通过善意的经营行为而累积的商誉，造成市场上对于天然石粉涂料产品标识的混淆和误认，最终损害消费者的利益，影响业已形成的市场秩序，与商标法的立法本意相悖。本案通过抗诉对二审判决予以纠正，既给予合法注册商标权以保护，也有利于民营企业产权保护和法治化营商环境的建立。

案例12　福建厦门市市场监督管理局不履行法院生效判决行政检察监督案

一、案件事实

2010年11月3日，福建某精密仪器公司申请名称为“仪表机壳”的外观设计专利，获得国家知识产权局专利授权，专利权期限为2010年11月3日至2020年11月2日。2017年4月，该精密仪器公司向厦门市市场监督管理局（原厦门市知识产权局）投诉称，某自动化科技公司未经其同意，大量生产和销售的相关产品的外观与请求人涉案专利全部的保护范围相同，侵犯了其专利权，给其造成了经济损失，请求责令侵权人立即停止侵害请求人外观设计专利权的行为。厦门市市场监督管理局立案审查后作出《专利侵权纠纷案件处理决定书》并认定，被控侵权产品与涉案外观设计既不相同也不近似，没有落入涉案专利权保护范围，被请求人不侵犯涉案专利权，遂决定驳回请求人的处理请求。

该精密仪器公司不服行政处理决定，于2017年9月1日向厦门市中级人民法院提起行政诉讼。厦门市中级人民法院经审理认为，被控侵权人不侵犯涉案专利权，判决驳回该精密仪器公司的诉讼请求。该公司不服，向福建省高级人民法院提出上诉。福建省高级人民法院经审理认为，涉案专利和被控侵权产品在整体形状、正面面板设计上基本相同，故厦门市市场监督管理局和一审法院有关被控侵权产品与涉案外观设计在整体视觉效果上有显著差异，二者既不相同也不近似的认定，事实和法律依据不足，应予纠正，厦门市市场监督管理局适用法律不当，遂判决：(1)撤销一审行政判决；(2)撤销厦门市市场监督管理局《专利侵权纠纷案件处理决定书》；(3)厦门市市场监督管理局重新作出处理决定。但自二审生效判决作出后长达5个多月，厦门市市场监督管理局仍未重新作出处理决定。2020年1月16日，该精密仪器公司以厦门市市场监督管理局不履行法院生效判决为由，向福建省人民检察院申请监督。

二、检察机关履职情况

1. 审查过程

福建省人民检察院审查认为，厦门市市场监督管理局存在未履行生效行政判决确定的重新作出行政行为的事实，使被侵权主体的权利无法得到保障，影响了法院的公正审理和生效裁判文书的执行，应当依法纠正。主要理由：一是根据《行政诉讼法》第94条“当事人必须履行人民法院发生法律效力的判决、裁定、调解书”的规定，厦门市市场监督管理局必须依法履行该生效判决。二是根据《专利行政执法办法》第21条第1款规定：“管理专利工作的部门处理专利侵权纠纷，应当自立案之日起3个月内结案。案件特别复杂需要延长期限的，应当由管理专利工作的部门负责人批准。经批准延长的期限，最多不超过1个月。”事实上，厦门市市场监督管理局拖延履行判决长达5个多月，明显超过法定的办案期限。三是根据《行政诉讼法》第90条规定，“当事人对已经发生法律效力的判决、裁定，认为确有错误的，可以向上一级人民法院申请再审，但判决、裁定不停止执行”。因此，厦门市市场监督管理局以已向最高人民法院申请再审并被受理为由，不履行法院生效判决，理由不成立。四是根据《行政诉讼法》第71条规定，“人民法院判决被告重新作出行政行为的，被告不得以同一的事实和理由作出与原行政行为基本相同的行政行为”。厦门市市场监督管理局应当对被诉行政行为予以纠正，作出相应的符合法院判决的行政处理决定。

2. 监督意见

福建省人民检察院于2020年2月17日向厦门市市场监督管理局发出检察建议书，建议该局：依法履行福建省高级人民法院二审生效行政判决，并根据该判决重新作出处理决定。

3. 监督结果

厦门市市场监督管理局于2020年3月11日作出《专利侵权纠纷案件行政裁决书》，裁决被控侵权产品落入涉案专利的保护范围，构成侵权。该局已于2020年3月13日向福建省人民检察院书面反馈办理结果。

三、典型意义

(一)充分发挥行政检察监督职能，为企业创新发展营造公平透明的法治环境

当事人提起行政诉讼的目的在于解决行政争议、维护其合法权益。如果行政机关怠于履行生效行政判决，将会造成行政相对人诉讼维权目的的落空。办案检察机关立足诉讼监督职能，依法监督行政机关履行法院生效判决，推动知识产权行政管理机关依法行使知识产权保护职责，既保护了企业的合法权益，又维护了司法裁判的权威性，促进了依法行政，为激励和保护创新、营造良好营商环境提供了法治保障。

(二)加强对知识产权的综合保护，形成保护合力

知识产权是企业的重要资产，也是其市场竞争力的重要体现。知识产权法律保护涉及民事、行政、刑事等多个方面，对侵权行为的行政处理往往是被侵权企业进一步维权的前提。检察机关应当与知识产权行政管理机关加强协作配合，共同加强对知识产权的司法保护和行政保护，不断提供优质的法治产品。

供稿：最高人民检察院

知识产权检察办公室

国家知识产权局学术委员会2020年度专利专项课题学术研究成果

1. 课题名称:外观设计与商标法律关系研究(中国政法大学、外观设计审查部)

负责人:来小鹏　钱红缨

为解决外观设计与商标法律关系中的权利冲突与竞合问题,本课题从权利客体、权利归属、行政授权制度等角度,厘清二者发生权利冲突与竞合的原因,并据此提出解决外观设计与商标法律冲突与竞合的建议。

通过梳理外观设计与商标权利主体和客体的联系与区别,并对近十年的相关案例进行实证研究,分析了我国外观设计与商标在客体构成要素的重合、主体权利冲突的解决以及行政授权程序的协调方面均存在的亟待解决的问题。

针对上述问题,结合外观设计与商标法律关系协调的域外相关经验,从立法、行政授权、司法等多个维度,针对外观设计与商标法律关系的协调提出完善建议。首先,在立法层面,一是应从客体的角度划清商标与外观设计的保护范围与边界;二是通过完善立法以规制外观设计专利和商标的恶意注册;三是合理确定权利归属与利益分配规则;四是明晰解决冲突的法律原则,坚持保护在先权利原则的同时兼顾利益平衡。其次,在行政授权层面,一是尝试拓展外观设计专利权保护范围,以适应智能经济与科学技术的发展;二是完善外观设计专利授权判断标准,由于立法活动具有一定的稳定性和滞后性,为更有效地为不同类型知识产权主体赋权,行政主管部门在进行授权时应更加细化对于不同权利的审查标准;三是强化外观设计与商标授权中的融合,一方面建立统一集中的知识产权行政管理和执法体制,另一方面应尽可能实现商标与外观设计审查数据库的联通;四是对于《专利法》新规定的局部外观开展专题性研究,对于外观设计专利授权和确权原则提出建议。最后,在司法层面,一是明确司法判定标准;二是把握知识产权诉讼和一般民事诉讼相比特殊的证据规则;三是针对冲突多发问题形成指导案例,发挥指导性案例作用。

2. 课题名称:药品专利链接制度下的专利确权与行政裁决研究(首都师范大学、复审和无效审理部)

负责人:陈　伟　尹　昕

本课题采用比较研究的方式,对比各国药品专利链接制度的实施运行情况,结合我国基本国情,探索国外经验对我国制度运行及国家知识产权局专利局职能落实的启示;采用数据统计分析的方式,研判我国医药产业的发展现状和知识产权保护需求;采用调研访谈、问卷调查等形式,了解企业实际需求;采用实证研究的方式,梳理分析国内外典型案例,探讨制度优化完善的思路做法。

通过系统化研究,形成以下结论建议。第一,仿制药上市前专利争议解决方式的设置与优化措施。设立针对专利声明的通知程序；进一步区分第四类声明中“专利权应当被无效”和“仿制药不落入专利权保护范围”两种情形，以便“分类施策”，有效解决纠纷；明确首仿药独占期的定义和获得条件。第二，仿制药是否落入原研药专利权保护范围的行政裁决的设置。首先，与药品上市审批单位、人民法院等相关部门形成有序衔接：对当事人择一纠纷解决途径予以规范；针对同一仿制药申请人的纠纷由同一部门进行管辖；充分利用上市药品专利信息平台作为共享信息的桥梁。其次，充分考虑立案、审查、报批等各环节的顺畅闭环连接：遵循不公开审理原则，建立保密承诺制度；采用立案登记制，明确受理条件；规范仿制药技术方案的举证责任分配；考虑分门别类、分类施策；建立专利权无效宣告与行政裁决案件并案处理机制。第三，专利链接制度实施后药品专利确权案件审理的优化。坚持专利行政、民事“二元分立”审查模式，发挥优先审查制度优势；建立分类施策、快慢分道的审查机制；形成符合药品专利链接需求的审查模式，为首仿药独占期提供支撑。

3. 课题名称：专利侵权纠纷行政裁决适用简易程序（浙江省知识产权研究与服务中心）

负责人：赵志强

按照国家知识产权局 2019 年印发的《专利侵权纠纷行政裁决办案指南》，当前专利侵权纠纷行政裁决的审限为 3 个月至 4 个月，相较司法纠纷处理程序，具有“效率高、成本低、专业性强、程序简便”的优势。但在案件量快速增加、电商和展会等领域需要在更短的时间内得到裁决结果的实际需求面前，标准行政裁决程序的周期依然过长。

为了解决周期长的问题，本课题论证了专利侵权纠纷行政裁决适用“简易程序”的可行性。重点研究了简易程序的适用范围、流程简化，通过流程信息化、数据互通、国家知识产权局确权程序配合等方面，提升行政裁决程序的效率，以及简易程序在电商和展会领域的应用等方面。根据专利侵权纠纷的特点，提出了简易程序适用范围的两种模式：一是结合专利类型、专利权评价报告、法律文书、专家研判意见等方面明确列举简易程序适用情形。二是所有案件优先适用简易程序，答辩、证据交换、审理过程中，执法人员可以根据案情转为普通程序审理，同时对不适用简易程序直接立案的情形进行明确。系统研究了受理、立案、送达、答辩、审理、证据规则等各环节程序上的简化规则，提出独任制审理、排除“公告送达”方式、简化立案程序、减少层级审批、优化答辩期的确定及放弃程序、充分利用电子证据等建议，可将专利侵权行政裁决的审限由 3 个月至 4 个月缩减到 15 日至 1 个月。

4. 课题名称：发明实审智能审查系统建设及流程再造研究（专利审查协作北京中心）

负责人：郭　雯

为贯彻落实国家知识产权局党组决策部署，提升发明专利审查质量和效率，确保完成“放管服”周期压减目标，本课题积极探索利用大数据、人工智能等智能化技术，加快发明实审智能化系统建设及流程再造，推进审查理念更新、技术革新、工作创新，助力打赢提质增效攻坚战。

相较于其他国家，我国专利申请数量与审查人力的矛盾最为突出。本课题在综合考虑了美国、欧洲、日本、韩国等的专利局智能审查及流程再造进展之后，提出加快创建以审查智慧数据驱动为基础的专利审查大数据平台，形成数据和算法自主可控、专利审查特色鲜明的智能化发展机制，通过引进技术和自主创新两条途径促进大数据分析、人工智能和云计算等新技术与专利审查工作的深度融合，构建发明实审的案源、检索、审查及业务管理四大系统智能化升级框架，形成具有机器自主学习能力的智能审查系统，提升专利审查业务的核心竞争力。

本课题就智能审查系统建设及流程再造提出六方面的建议。一是要加快创建专利审查大数据平台，夯实审查系统智能化基础。二是要加快推进智能化案源系统落地实施，提升审查员审查效能。三是要加快智能检索系统推广运用，提升检索能力。四是要积极探索审查系统智能化应用，进一步提升业务管理效能。五是要利用好智能化审查技术，支撑发明实审全流程再造。六是要谋划好智能化审查发展路径，全力做好保障实施。

5. 课题名称：海牙主要缔约方申请及审查对比分析研究（中国贸促会专利商标事务所、外观设计审查部）

负责人：郭小军

海牙体系具有简化外观设计注册和维护程序并且降低注册成本的优势，世界重要经济体如美国、日本、韩国、欧盟等都是《工业品外观设计国际注册海牙协定》（以下简称《海牙协定》）的缔约方，通过海牙体系便于在这些国家和地区寻求外观设计保护。我国也将加入《海牙协定》提上了日程。

虽然通过海牙体系提交的外观设计申请在国际局的审查比较简单，形式要求也不是很高，但是各缔约方的规定和审查实践依然具有较大的区别，体现了极大的多样性。这种多样性表现为缔约方所作声明导致对申请要件的要求不同，以及同一申请在不同缔约方的审查处理方式和审查结果可能不同。国际申请时，申请人需要综合多种因素作出取舍，选择海牙体系还是直接（包括通过《保护工业产权巴黎公约》途径）在期望的国家或者地区寻求外观设计保护；如果选择海牙体系，需考虑费用预算，谋划申请布局和准备申请文件，以适应各缔约方的不同要求，克服各缔约方知识产权局可能的驳回意见而顺利获得权利。

本课题从申请文件准备、国际申请阶段以及缔约方审查阶段需要关注的内容出发，梳理《海牙协定》一些重要的缔约方（共24个国家和地区）对国际申请的不同要求，为我国创新主体了解《海牙协定》缔约方的不同规定和实践，确定适合的外观设计申请路径，避免或者克服通过海牙体系申请外观设计时可能的缺陷而获得稳定的权利，提供信息和指引。

6. 课题名称：行政诉讼视野下的创造性判断（南京理工大学）

负责人：郭鹏鹏

体现在个案中的创造性判断是现代专利制度合理性基础最直接和关键的体现，本课题从专利行政诉讼典型案例角度对相关理论进行挖掘，深入分析了行政诉讼中所体现的与创造性判断相关的问题。

首先，从创造性研究的现实基础和状况出发，分析了从行政诉讼案例角度研究创造性判断的必要性、意义和价值。通过回顾专利制度及总结分析相关的理论发展，从发展变化中归纳现代专利制度的实质，论证技术和政策这两个理解创造性条款的基本维度，形成行政诉讼视角下创造性具体规则的理论前提。其次，针对在行政诉讼中所呈现出来的基于主观标准差异带来具体案例的分歧，归纳分析行政程序与司法程序在这一主观标准实现中的异同，在此基础上探求其差异的实质，分析其重要性和现实中借鉴路径。而后，结合典型案例探讨司法与行政审查中创造性判断的异同。最后，结合专利审查政策，基于专利审查、司法裁判的逻辑，基于案件各种因素的考量，进一步系统地阐述创造性条款与《专利法》第26条公开充分、支持、客体、修改超范围等可专利性要件的关系，以期进一步厘清对创造性的认识。

7. 课题名称：提高检索效率和质量的方法——基于材料领域无效案件（材料工程发明审查部）

负责人：王霄蕙

本课题以近年来材料领域的无效案件为研究样本，对其中新颖性或创造性导致权利要求全部无效的典型案件的漏检原因进行分析，并结合近年来实审和PCT检索质量、专利数据库中中文文献数量、检索报告中对比文件的文献类型和国别等因素，分析、总结影响检索质量和效率的主要原因，并给出与之相适应的解决办法。

通过研究发现，理解发明、检索技巧和“三性”预判是影响检索质量和效率持续提升的关键因素，本课题以这三个方面为主要抓手和切入点，提出从全流程提高检索质量和效率。在理解发明方面，提出通过申请人、发明人、外网调查、混排检索、分类号等快速、准确站位本领域技术人员来理解发明，并提出针对典型情况提取检索要素的方法；在检索技巧方面，提出程式化扩展检索要素的方法；在使用自动检索系统时，通过人工干预、改写权利要求的方法提高自动检索的精准性；在“三性”预判方面，提出基于对比文件的画像构建检索策略的方法，主要介绍了先检索背景技术和先检索发明点两种典型检索策略及一般的操作步骤，并基于“三性”预判提出五种拆分技术方案的方法，梳理了“三性”预判中公知常识证据检索途径。本课题是以创造性的预判需要为导向，将发明理解、技术启示、创造性预断有机地结合到检索过程中，体现检索者对现有技术水平和发明的理解认知过程，也体现专利审查中对创造性评判的预期要求，使检索更具有针对性，检索思路更加清晰。

8. 课题名称：关于推出局级“专利审查检索指南”的可行性研究（机械发明审查部）

负责人：刘　建

检索质量是提升专利审查质量和审查效率的关键，检索规范性是检索质量提升的重要制约因素之一，国家知识产权局专利局及各审查部门采取多种措施，通过建立健全检索管理规范等来提升检索规范性，但并未形成统一的约束机制。因此，有必要推出规范化、科学化、效率化、专业化的局级“专利审查检索指南”，以适应检索工作的需要。

据此，本课题研究推出局级“专利审查检索指南”的可行性。首先对国家知识产权局专利局以及世界主要专利审批机构涉及检索规范的情况进行梳理比较，进而对“专利审查检索指南”在检索业务运行体系中的定位、服务对象和边界、所应发挥的作用进行分析，并以此为基础，给出局级“专利审查检索指南”的建议框架。该建议框架以章节结构体现一般规则，同时跟随章节结构的各个章节节点，通过流程图、检索核查表等形式灵活展示特殊要求，从而兼顾内容模块和检索流程，具有较好的可操作性和可扩展性。同时，本课题还给出了“检索过程”章节的撰写示例，针对在编撰和实施落地阶段可能存在的问题进行分析。

本课题最终得出结论，推出局级“专利审查检索指南”从定位、内容编排、作用和实施落地等各方面均具备可行性，能够有效提升检索规范性，从而提升检索质量和检索效能，适应检索工作未来发展需要。

9. 课题名称：基于技术图谱的AI算法案件的审查实践研究（专利审查协作北京中心）

负责人：陈玉华

近年来，人工智能（AI）领域技术成为研究及应用热点，该领域专利申请量大、技术新、算法多、应用广，给审查员理解方案、检索文献以及评判“三性”等带来较大的挑战。而在专利审查提质增效的背景下，亟须研究创新目前的技术更新方式和审查辅助工具，以应对这些新的挑战。

本课题按照“技术图谱融合专利审查”的研究思路，尝试应用AI的方法解决AI技术领域带来的审查难题。课题以构建卷积神经网络（Convolutional Neural Networks，CNN）技术图谱为切入点，结合审查的具体需求，梳理形成技术图谱的构建规范和生成规则。基于构建的CNN技术图谱及其三元组数据，研究技术图谱在审查各环节的应用方式。首先,利用"问题引导"和"技术聚焦"辅助扫清理解发明阶段的知识盲点,准确把握发明点。其次,利用现有语义工具完成技术方案的特征提取,初步确定可检索要素集合,基于图谱三元组确定检索词,定义吸收、合并等关键词基础操作以实现检索词的自适应调整。再次,研究技术图谱三元组的自动提取方法,分别提取发明和相关文件的技术方案的技术特征,直观地展示发明的技术特征是否被相关文件公开。最后,通过计算三元组的相似度评估发明和相关文件的相关程度,从而辅助完成检索结果重排序、确定最接近现有技术、审查前景预判、结合启示以及公知常识认定等审查场景下的审查工作。此外,课题组还研究了不同审查场景下的实际案例应用,分析了应用效果。

本课题通过技术图谱与专利审查的融合,提出了一种新的技术更新方式,借助技术图谱将技术知识进行规范化固化,并利用固化后的技术知识智能辅助专利审查,有效提高审查效能。

10. 课题名称:专利无效制度在应对恶意诉讼中的作用研究(中关村知识产权战略研究院、复审和无效审理部)

负责人:刘　蕾

近年来,专利恶意诉讼在企业并购、上市等多种特殊场合出现,引发了社会各界关注。从已有的专利恶意诉讼案例看,专利的权利基础存在各类缺陷,往往是诱发专利恶意诉讼的首要因素,因此专利无效制度在应对恶意诉讼中可以发挥一定的作用。

本课题针对专利无效制度在应对恶意诉讼中的作用,提出专利无效审查中可施行的对应性措施,为落实治理专利恶意诉讼提供实操性建议。课题分析了 IPO 审批过程侵权诉讼、提起专利无效、权属纠纷等各类专利纠纷中专利存在的缺陷及恶意的表现形式,就基于问题专利起诉、专利虚假诉讼和程序滥用以及涉电商产业的恶意诉讼,结合具体案例分析其中利用专利存在的缺陷作出恶意诉讼的情形。最后就恶意诉讼治理中专利无效制度如何发挥作用提出具体建议。

本课题提出了在专利无效制度中识别和判断恶意诉讼的标准,并建议从做好内部审查程序改革和外部沟通联动两个角度共同推进。其中,内部审查程序改革措施包括:加快授权确权程序,采用集中审查方式处理同类案件,确立此类案件的加快审查程序;加大专利侵权咨询制度和专利确权咨询制度的适用。外部搭建沟通、反馈联动措施包括:重点加强与证监会、司法仲裁部门、地方知识产权管理部门、检察监督机关的沟通协调;建议推动建立涉及 IPO 专利无效案件的优先审查快速通道;建立无效专利信息库,实现与证监会发行审核委员会平台的联动;加强与司法仲裁部门、地方知识产权管理部门沟通协调;推动与检察机关知识产权工作的深度合作,在无效审理中,如果发现关联有民事诉讼且存在专利恶意诉讼的可能,及时向检察机关提出恶意诉讼监督线索,通过检察机关的抗诉来维护当事人利益。

11. 课题名称:以第五代移动通信(5G)技术为例探索建立适合我国优势领域分类表研究(中国专利技术开发公司)

负责人:张东亮

随着科技创新发展突飞猛进,我国的 5G 技术、高铁、智能电网技术等尖端前沿技术已经走在世界前列,而现有的 IPC、CPC 分类体系无法满足专利查新检索及专利侵权诉讼检索的需求,迫切需要构建与 5G 技术发展相适应的、有利于检索和审查的分类体系。

本课题以专利审查和产业用户需求为出发点,以产业框架结构为基础,构建便于审查检索且利于产业应用的 5G 领域分类表,形成 5G 技术领域分类和现有分类体系的对照表。进而,课题总结了适用于我国优势技术产业的、创建领域分类表的一般性方法、分类原则,取得以下成果。第一,形成5G领域分类表并进行了优化，总结出分类表优化方法。第二，编制5G技术领域分类表的分类定义，建立了5G领域分类表和现有分类表的对照关系。第三，获得国内外5G领域专利文献集合，并搭建了测试系统进行检索效果分析，测评结果表明建立的5G领域分类表可以代替部分现有体系分类号或关键词的使用，提高检索效率，方便产业统计分析。第四，推进5G领域分类表修订项目，总结了5G领域分类表和国际专利分类体系的融合策略。第五，总结了建立领域分类表的设计思想、分类原则和一般方法。

此外，课题组对今后工作提出以下几点建议：利用5G领域分类表完善专利数据，并将数据整合到检索系统以方便5G专利文献检索；将5G领域分类表技术内容逐步融合到国际专利分类体系；将建立领域分类表的方法推广到我国其他优势技术领域。

12. 课题名称：国家知识产权局人才“十四五”规划基础研究（人事教育部）

负责人：马文霞

如何培养造就更多更优秀的知识产权人才，充分发挥人才的显著优势，不断增强人才资源对知识产权事业发展的基础性、战略性、决定性作用，是“十四五”时期迫切需要思考和解决的问题。

本课题以知识产权人才队伍建设的需求和问题为导向，从国家和局层面深入分析人才政策及发展环境，全面总结国家知识产权局专利局现阶段人才工作开展现状，明晰“十四五”时期人才工作面临的形势，厘清存在的问题及不足，有针对性地提出适合发展现状的“十四五”人才工作重要举措。

通过研究，指出下一步重点任务是要不断完善包括协调、选拔、培养、使用、交流、激励机制在内的6项人才工作体制机制，大力开发审查领域、保护领域、运用领域、国际合作领域、保障支撑领域5个领域共计10类知识产权急需紧缺人才，持续着力培养领军人才、高层次人才、骨干人才3类中高端人才，重点打造知识产权人才库系统开发项目、人才培养基地项目、人才实践锻炼平台和发展研究平台项目、在线学习培训项目、知识产权人才联合培养平台项目等5类知识产权人才培养重点专项，并做好5项保障措施，着力开展组织保障、制度保障、资源保障、氛围营造和基础建设。此外，本课题还初步构建了人才考核评价体系，优化了人才考核体系和人才工作考核体系。目前，已初步形成国家知识产权局专利局人才“十四五”规划初稿，为做好“十四五”人才培养工作提供研究参考。

供稿：国家知识产权局学术委员会

国家知识产权局2020年度软科学研究成果

1. 课题名称：SS20－A－01　数据产权的界定与保护研究

承担单位：国家知识产权局知识产权发展研究中心　浙江省知识产权研究与服务中心

课题负责人：曾燕妮

课题组选取了四组成对的概念进行比对，一是数据、信息与知识，二是个人数据、政府数据与公共数据，三是大数据与数据库，四是数据要素、数据资源与数据资产。通过对比分析，数据赋权语境下的数据，指的是可以与土地、劳动力、资本、技术并列的，可以作为生产资料促进经济发展的，排除个人数据、公共数据、关乎国家安全的数据的数据要素，属于经济学范畴。研究表明，数据保护与立法实践不足以满足数据要素对社会结构、经济体系变革的要求，法律制度对此作出必要调整。通过对不同理论路径对数据保护适应性的分析，课题组得出数据产权的界定与赋权是数据保护的核心，为进一步促进数据开发利用，以赋权模式保护数据将更好地发挥市场激励机制，发挥数据价值效应。知识产权制度对调整数据要素具有优越性。最后，对数据保护制度未来调整方向进行研究与设想。

2. 课题名称：SS20－A－02　商标与地理标志协调发展研究

承担单位：北京农智地理标志研究院　重庆尚智知识产权研究院

课题负责人：杨永岗　曾得国

课题组针对我国目前没有统一的地理标志法律制度，市场主体在申报、保护、运促上思路不明、各行其事，不时发生冲突和矛盾；地理标志属区域公用品牌，生产经营者更多地关注自己的企业商标等问题，认为如何正确处理地理标志（母品牌）与企业商标（子品牌）之间的关系，化解“公地悲剧”现象，已成为我们不得不面临的一个棘手问题。本课题通过对商标与地理标志在市场上协调发展的研究，拟推动二者在法律制度上协调发展，即市场需求下的“母子共荣”法律制度建设是本课题研究的核心问题。从而提出可供参考的地理标志单独立法建议：一是统一地理标志的法律法规，多种并存的地理标志法律法规规章是目前地理标志保护工作困难复杂的根本所在。二是明确地理标志的监管主体，地理标志应由知识产权行政部门统一监管。三是清楚地理标志的保护对象，地理标志保护产品的质量和标准要求应成为地理标志作为知识产权保护的一个重要支撑。四是推进地理标志保护专门立法，在现行制度下，将地理标志商标、地理标志保护产品进行融合，作为知识产权进行统一保护。

3. 课题名称：SS20－A－03　商业秘密保护规则研究

承担单位：中南大学

课题负责人：易　玲

商业秘密作为重要的知识产权客体不仅关系着企业发展和产业竞争，也关系着国家的经济发展和贸易竞争。近年来，我国持续致力于商业秘密保护相关机制的建设与完善，但仍存在不少问题。因此，本课题主要从商业秘密保护范围的比较法研究、中美贸易协议中相关条款分析以及中美商业秘密保护体系的差异等方面展开讨论，从中提炼出可供借鉴的先进经验，并从商业秘密保护的立法、执法与司法层面研究，分别提出现阶段存在的问题及相关改进措施，期望能够为我国商业秘密保护法律机制的完善与发展提供思路、创造条件。课题组提出，一是加强商业秘密保护立法及司法解释的系统性和针对性，落实商业秘密保护法律规范的内容，通过专门的司法解释细化举证责任制度。二是尽快出台《商业秘密保护规定》，并与《专利法》《促进科技成果转化法》《科学技术进步法》等法律相衔接。三是应当完善商业秘密司法和执法，对侵权赔偿、侵权认定、证据保全以及电子入侵手段、侵犯商业秘密罪情节严重和情节特别严重的标准和情形等作出相应解释。四是建立以企业为中心的综合保护机制，对政府行政管理过程中的保密义务作出特别规制。

4. 课题名称：SS20－A－04　知识产权基本法中域外适用法律问题研究

承担单位：北京阳光知识产权与法律发展基金会

课题负责人：刘春田　金克胜

近年来，欧美国家的长臂管辖及禁诉令制度，越来越成为欧美企业争夺司法管辖权的有效工具。特别是美国，以“美国优先”“美国第一”为导向，通过法律域外管辖推行单边保护主义，试图在全球构筑一个对自身有利的知识产权保护规则，这给世界带来更多的风险和不确定性。我国现行法律缺少有效遏制单边主义的措施，导致我国在国际贸易纠纷发生后的诉讼过程中往往处于较为被动的地位，直接威胁到我国企业的利益乃至国家科技安全。课题组认为，无论是从国际法学角度，还是从知识产权法学角度，域外管辖的适用规则应属于“域外适用”的一部分，因为管辖权的确定也有适用何国法律的问题，本课题研究包括域外管辖以及域外平行诉讼导致的禁诉令（反禁诉令）在内的相关知识产权域外适用规则，以及相关的制度设计建议。

5. 课题名称：SS20－A－05　知识产权与产业政策深度融合机理及方式研究

承担单位：中专隆天知识产权运营（深圳）股份有限公司

课题负责人：李瑞丰

通过阐述知识产权与专利密集型产业发展关系、专利密集型产业发展特点及影响因素，梳理我国制定实施产业政策需要关注的问题及面临的困难，分析知识产权与产业政策融合的基础，提出知识产权与产业政策融合的基本机理、基本思路及基本实现方式，并对典型产业进行了实证分析。得出如下主要结论：知识产权与产业政策融合基于知识产权对产业技术创新的客观映射；基于知识产权分析产业创新竞争全景，关注创新结构变化，以引导和辅助产业政策举措制定得更精准、合理；以专利分析为依托、以产业政策为指引，立足专利竞争格局形势研判政策规划，以实现知识产权与产业政策融合。针对典型产业的实证分析及政策建议为：依托专利分析，权衡车联网产业两大技术演进路线利弊，我国宜选择 LTE－V 技术路线加以扶持引导，并推动制定技术标准；钙钛矿产业政策应鼓励围绕钙钛矿-硅叠层膜层共性关键技术、双钙钛矿材料等基础技术，加强钙钛矿太阳能电池高质量专利布局组合的培育；依托专利分析，医用机器人产业政策应重点围绕图像融合、心脏手术中对心脏夹持的主从控制以及柔性铰链连接技术，以及手指运动带动末端执行器运动和图像色彩增强等关键技术进行研发攻关。

6. 课题名称：SS20－B－06　知识产权鉴定专业化、规范化研究

承担单位：中国知识产权研究会　北京国威知识产权司法鉴定中心

课题负责人：谢小勇

本课题围绕知识产权鉴定专业化、规范化研究，推进知识产权鉴定现状调查、知识产权鉴定专业化、知识产权鉴定规范化，以及知识产权鉴定专业化、规范化建议等研究工作开展，有的放矢破解制约知识产权鉴定行业发展的瓶颈，进一步加强鉴定机构专业化、程序规范化建设，提升知识产权鉴定办案质量。课题组建议如下：一是，国家知识产权局联合相关部门发布政策文件，明确知识产权鉴定行业的管理主题、管理要求和发展方向，例如通过发布“加强知识产权鉴定的指导意见”的方式确立知识产权鉴定管理机制。二是，国家知识产权局组织行业管理组织同步制定知识产权机构、人员的管理、评价、监督办法，制定专利、商标、著作权等不同知识产权类型的鉴定技术规范。三是，根据各个办法制度的成熟程度适时发布，引导行业内机构和人员按照管理和技术规范合法、合规、有序地开展知识产权鉴定业务，提升行业规范化、专业化水平。四是，加强宣传推广，加强与法院、检察、公安系统的业务对接，推广宣传知识产权鉴定在知识产权纠纷中技术事实认定方面的支撑作用，推动知识产权鉴定业务服务知识产权保护工作。

7. 课题名称：SS20－B－07　网络环境下商标权保护相关法律问题研究

承担单位：中华商标协会

课题负责人：臧宝清　冯术杰

面对网络环境下不断涌现的各种互联网新型标志商标侵权案件，现行《商标法》第 57 条由于将侵权标志类型限定于商标而无法得到妥善适用，行政法规、司法解释根据商业标志的不同类型设置不同侵权认定规则的策略性回应模式同样失去可操作性，商标行政执法和司法面临无统一指导思想、指导理论和明确规范依据的现实困境。因此，有必要回归商标侵权的一般原理，整合现行分散化规定的商标侵权规范，形成商标侵权一般条款，以提升商标法的体系性、理论性和可适用性。一般条款的构建有着坚实的现实依据、比较法依据和理论依据，其规范对象涵盖各类识别性标志，理论基础为混淆理论（混淆可能性标准），能够有效因应不断发展的互联网商业营销实践。同时，在总括性质的一般条款之外，于《商标法》第 57 条规定的具体商标侵权类型中增加规定“非商标”标志的商标侵权类型，吸收整合行政法规、司法解释关于“非商标”标志的不同规定，明确将注册商标用作“非商标”标志同样属于对商标的典型侵权使用行为，为打击互联网新型标志类商标侵权行为提供明确的、可操作的规范依据。

8. 课题名称：SS20－B－08 知识产权公共服务和服务业发展模式研究

承担单位：中国科学院科技战略咨询研究院

课题负责人：宋河发

课题组认为，虽然我国对知识产权公共服务和服务业发展十分重视，但由于起步较晚，我国知识产权服务行业发展还不成熟，还存在知识产权服务质量不高、知识产权服务机构能力不足、知识产权服务人才缺乏等关键问题。因此，需要全面地、系统地分析我国知识产权服务业，研究促进服务业发展的有效模式。本课题首先分析我国知识产权公共服务和服务业的行业发展现状，并对服务业相关政策进行了梳理，之后综述了有关知识产权公共服务和服务业的理论研究，从知识产权公共服务和服务业概念出发，研究了知识产权服务业的特征、分类、制约发展的关键因素以及发展模式。进一步地，分析得出我国知识产权公共服务和服务业的现存问题，根据问题研究和国外有效模式的借鉴得出我国知识产权公共服务和服务业的有效发展模式。最后，提出促进我国知识产权公共服务和服务业的财政投入和税收优惠政策，并对知识产权代理、法律、信息、商业化、咨询、培训六类服务业提出了相应的政策建议。

9. 课题名称：SS20－B－09 突发公共卫生事件下知识产权应急制度与对策研究

承担单位：同济大学

课题负责人：毛 昊 王玉凯

新冠肺炎疫情对全世界的广泛而深刻的影响已经凸显并持续扩大，知识产权应急制度对于防控疫情具有重要价值。对突发公共卫生事件与知识产权制度可以从国际和国内两个维度，以及“知识产权制度平稳运作”和“知识产权制度支撑疫情防控”两个方面进行理解。课题特别针对新冠肺炎疫情期间我国以及相关国际组织、其他国家在确保知识产权制度有效运作和服务新冠肺炎疫情防控方面的主要举措进行了归纳整理，在此基础上对我国突发公共卫生事件下知识产权应急制度存在的不足及完善建议进行了分析。各国知识产权部门、国际知识产权相关组织和机构等均展开了一系列工作，但国际层面围绕新冠肺炎疫情的知识产权合作仍然有待实质性推进。我国突发公共卫生事件下知识产权应急制度仍存在一定不足，建议从科学评估我国新冠肺炎疫情期间知识产权应急制度和对策的效益、积极完善我国与应对突发公共卫生事件相关的知识产权基本制度、体系化建立我国突发公共卫生事件中知识产权应急制度、更好发挥知识产权制度在促进疫情防控和恢复经济发展中的积极作用、深度参与抗击新冠肺炎疫情相关知识产权国际治理与合作等角度予以完善。

10. 课题名称：SS20－B－10 国外标准组织的标准必要专利政策演进与启示

承担单位：厦门大学

课题负责人：杨正宇

本研究聚焦于通信领域团体标准，探究国外标准组织中标准必要专利许可政策的发展现状，以国际标准组织为例考察了专利入标流程，以美国国家标准学会为例考察了标准必要专利许可规则的缘起与演进历程。在世界主要标准组织专利政策发展现状方面，各标准组织通常制定了包含专利政策目标、披露政策、许可规则、免责条款等内容在内的知识产权政策，呈现出“限缩”标准必要专利范围、FRAND 规则属性和意涵不够明晰、禁令救济条件尚需完善等趋势，反映出标准组织“注重推广标准、轻视法律问题”的特点。在专利入标问题方面，标准制定主要包括预准备、提议、准备、委员会草案、问询草案、表决、出版公开 7 个阶段。标准制定组织没有设立解决法律纠纷的专门环节，也鲜有配备应对法律纠纷的专门人员，故其不是解决标准必要专利许可纠纷的理想场所，其人员可以以技术调查官、专家辅助人等身份参与诉讼。

11. 课题名称：SS20 - B - 11 生物育种专利保护研究

承担单位：中国社会科学院法学研究所

课题负责人：李菊丹

植物领域的发明创造和工业领域的发明创造一样，都是人类重要的智力活动成果，是知识产权法所保护的对象范围。20 世纪中叶以来，分子生物学在农作物育种领域的应用，突破了传统育种技术的种种局限，使农作物育种更精确、更高效、更可控且可预见，不但拓宽了种质资源及杂种优势的利用维度，缩短了育种周期，而且创造出更适合农业需求的新品种、新材料。在生物育种保护领域，最具影响的是美国和欧盟的相关立法与实践活动。本项目通过对美国和欧盟生物育种专利保护制度及其基因专利保护范围、权利用尽以及专利权与品种权之间的强制许可机制进行考察，讨论我国《专利法》在生物育种创新保护中应发挥的作用，提出应修改《专利审查指南》，明确只有“植物品种”不能获得专利保护，在《专利法》中明确生物技术发明专利，保留农民留种权利，建立品种权和生物技术发明专利间的强制交叉许可制度，必要时通过司法解释或者指导案例，明确育种方法发明专利和基因专利的保护范围等建议，为《专利法》与《专利审查指南》的修订提供研究基础。

12. 课题名称：SS20 - B - 12 中国参与推动全球医药产品创新相关策略研究

承担单位：北京大学

课题负责人：黄旸木

本课题首先梳理世界贸易组织、世界卫生组织（World Health Organization，WHO）、世界知识产权组织、世界卫生组织西太平洋地区、亚洲开发银行在推动医药产品创新和可及领域的工作成果，重点关注分析 WHO 发布的与 GSPA - PHI 各项要点有关的决议等；分析主要国家对公共卫生、创新和知识产权的立场，继而结合中国现状，探讨中国利用该类多边合作平台推动中国医药产品创新与可及的互惠机遇，为深入参与全球卫生治理提供政策建议。GSPA - PHI 为中国参与全球医药产品创新与可及，制定有关规则提供了可循方向，在此背景下，中国积极参与有关决议的提案，逐步实现政策与国际规则接轨，与国际社会保持一致目标。但同时中国也面临部分领域体系建设存在差距、同国际组织沟通协调不足等多重挑战。在此背景下，中国需加强顶层设计，改革和完善中国参与三方合作治理的组织管理机制；加大资源投入，建立和完善全球卫生专家与人才的培养和激励机制；加速战略发展，制定中国自己的全球卫生战略。

13. 课题名称：SS20 - B - 13 地理标志强保护的理论基础及制度构建研究

承担单位：贵州师范大学

课题负责人：孙　智

本研究主要从地理标志强保护的基本理论和实践视野等方面，对地理标志法律保护问题展开研究。本研究以问题为导向，充分立足现阶段我国地理标志法律保护所面临的现实困境和难题，通过探索地理标志法律保护的理论基础，阐明地理标志能够获得高水平强保护的正当性依据，以及具体的实现路径，从而为我国破解地理标志保护的困境和难题，进而构建地理标志强保护规则提供系统化的决策参考。本研究建议，我国地理标志强保护制度的构建，在保护模式的重新定位上，应选择通过逐步整合、协调、改进既有相关立法的方式，进而构建起“商标法强化保护、专门法积极配合、反不正当竞争法有效补充”的体系化的地理标志法律保护新模式；重新构建的地理标志强保护法律制度，需要充分体现出对我国地理标志优势资源的特别关注；推动实现我国地理标志强保护，关键在于尽快建立、健全和完善地理标志驰名商标保护制度等。

14. 课题名称：SS20－B－14　新形势下参与完善知识产权全球治理研究——以“一带一路”为视角

承担单位：北京化工大学

课题负责人：蔡中华　张　利

本报告围绕“一带一路”知识产权治理体系构建开展系统性研究，以期为我国在新形势下积极参与全球知识产权治理体系变革提供决策支持。研究得出以下结论：一是，我国参与完善知识产权全球治理体系的主要平台应依托“一带一路”，以构建知识产权命运共同体为治理愿景，以加强与沿线国家的知识产权国际合作、促进知识共享为治理目标。二是，倡议提出八年以来，中国已经形成“主场外交+双边协议”知识产权治理实践，有效促进了中国与沿线国家的知识产权事业发展。政策评估显示，双边协议中的高水平和中等水平知识产权合作协议均能显著提升中国与沿线国家的双向专利申请。三是，通过系统比较，本报告发现已有的四大区域知识产权合作组织的共同特征包括统一专利授权、统一官方语言、采用专利程序制度一体化结合实体国家权力模式等，这些经验为构建“一带一路”知识产权治理体系提供了良好借鉴。四是，治理体系构建应分阶段稳步推进。首先，应开始探索建立以中国为核心的区域性知识产权一体化组织；其次，一体化组织应以中国和东盟的知识产权合作机制为基础，在中国与东盟国家间率先开展；最后，体系构建应分前期战略铺垫、区域合作谈判、实体化运行三个阶段，从2022年到2035年逐步展开。

15. 课题名称：SS20－B－15　完善商标权使用制度研究

承担单位：中国贸促会专利商标事务所

课题负责人：胡　刚

我国《商标法》并未设定“商标权”这一法律概念，而是以商标专用权取而代之。本课题所探讨的商标权仅指商标获权后注册人所享有的商标专用权。商标的生命在于使用。但实践一再表明，现有注册商标中闲置商标数量巨大，商标囤积和抢注行为屡禁不止。因此，强化商标使用义务在当前阶段显得尤为重要。商标连续三年不使用撤销制度是商标使用义务所延伸出的必要程序。目前撤三制度中，仍有较为突出的问题，包括：撤销申请的启动仍显随意，举证责任分配失衡；行政与司法阶段认定构成使用行为的审查标准不一，且举证期限未能严格遵守；对商标被动使用能否认定为维持其注册仍存在不同观点；恶意因素在特定撤三案件中是否应该予以考量；不使用被撤销商标的失效日应如何合理确定，以及对为了维持商标注册而刻意临期使用是否应该区别对待等。本课题将在这些方面作出一定的探索和建议。另外，本课题在详细分析因使用不当而导致商标退化为通用名称和自行改变商标注册事项等商标不当使用行为的基础上，有针对性地提出可行的商标使用的建议和制度完善的立法政策建议。

16. 课题名称：SS20－B－16　韩国知识产权法律政策动态跟踪研究

承担单位：吉林省科学技术信息研究所

课题负责人：李贺南

韩国是一个依托知识产权由贫穷落后的发展中国家迅速崛起的典型。目前，韩国已不再是一个仅仅依靠技术引进和模仿谋发展的国家，其在知识产权领域有着举足轻重的地位。韩国知识产权保护的法律政策及措施，对于我国制定知识产权保护相关法律和政策具有借鉴意义。本项研究通过跟踪监测韩国知识产权法律政策，并充分分析、对比中韩两国知识产权保护相关政策，结合当前中韩两国贸易形势及两国知识产权保护体系的特点，提出我国知识产权保护相关政策及法律建议，同时帮助知识产权研究人员及我国企业更好地认识和利用韩国最新的知识产权保护法律政策体系，在开拓海外市场、对韩投资或与韩国企业开展贸易合作的时候，尽量避免侵权案件的发生，促进我国涉韩企业的发展，并为进一步完善我国知识产权保护法律政策提供参考。

17. 课题名称：SS20－B－17　域外适用的知识产权法律问题研究

承担单位：哈尔滨工程大学

课题负责人：张　冬　罗施福

美国已经形成知识产权法域外适用逻辑体系，该套体系不仅用来判断某一项知识产权法条款是否能够在领域外进行适用，同时域外适用逻辑体系中的效果原则、最密切联系原则、正当程序原则，在限制知识产权法域外适用的过程中又在不断试探且正在突破知识产权法域外适用的边界。课题组认为，我国应当在改进并完善立法的同时，积极构建我国的知识产权法域外适用体系，即我国知识产权法域外适用制度建设必须坚持体系化原则，在吸纳域外先进经验的同时，侧重于立法、司法、行政、市场的多元化衔接与构建。立法上，借鉴最低联系标准，完善我国知识产权侵权中有关直接侵权和间接侵权的规定，可以合理引入效果原则，对发生在我国领域外且侵犯我国权利人知识产权的行为进行规制；司法上，我国应当及时借鉴禁诉令制度，作为对欧美法院频繁使用禁诉令制度限制、排除我国管辖的反制措施，可以引入美国长臂管辖规则中的“最低联系标准”，适当扩大我国法院的管辖范围。同时，政府职能部门应制定对外贸易调查制度并组织搭建海外知识产权侵权预警平台，涉外企业要进一步加强对合规审查和提升海外专利布局能力的建设。

18. 课题名称：SS20－B－18　山东自贸区知识产权制度创新研究

承担单位：山东省知识产权事业发展中心　同济大学

课题负责人：于智勇　张怀印

山东自由贸易试验区（以下简称山东自贸区）设立以来，围绕服务国家战略，以制度创新为核心，以可复制可推广为基本要求，进行了大量探索，在标准化预审业务办理流程、维权援助标准化流程、高价值专利培育指导流程和多元化快速维权保护体系等方面形成一些新机制。与国内其他省市自贸区相比，山东自贸区知识产权制度建设仍有一定的进步空间。在此基础上，山东省仍需进一步借鉴升级，实现理念和制度运用等方面的进一步创新。加强山东自贸区知识产权制度创新，不断强化自贸区知识产权创造和运用，在自贸区先行先试的基础上，打造知识产权创造、运用、保护、管理、服务全链条一体化融合运行机制，带动区域知识产权跨越式发展，对于全省乃至全国知识产权创新发展具有极其重要的意义。结合山东省自身的特色和具体情况，在借鉴国内兄弟省市自贸区知识产权制度建设经验基础上，课题组认为，可以从提高自贸区知识产权保护法治化规范化水平等几方面进一步实现知识产权保护制度方面的突破和创新：一是创新知识产权保护理念，树立起创新作为引领发展的第一动力意识；二是自贸区知识产权法庭与知识产权多元化纠纷解决机制的探索；三是推进自贸区知识产权国际交流与合作，提高自贸区企业参与国际市场的能力；四是实现知识产权特色制度创新，深化中日韩区域经济合作。

19. 课题名称：SS20－B－19　商标与地理标志协同保护研究

承担单位：郑州大学

课题负责人：张德芬

我国是地理标志资源大国，但现行地理标志“商标法保护”“地理标志产品保护”和“农产品地理标志保护”三大体系缺乏有效衔接和沟通，存在着立法技术粗糙、“三规”制保护冲突、权利保护不力等问题，严重困扰和制约了我国特色农业和传统产业的传承与高质量发展。其原因除了主观上对地理标志属性认识模糊外，客观上还有地理标志保护外来压力、保护模式不统一、保护机制条块分割、保护界限不清等因素。本质上，地理标志与商标均属于商业标识，具有相同的功能和私权属性，决定着地理标志商标法保护的合理性；但地理标志产品的有限性、高端性和地理标志集体性私权的不可转让性与永久保护性，又决定着地理标志专门法保护的必要性；同时，商标与地理标志共同作为竞争工具，就必须遵循诚实信用原则，接受利益衡平的考量，服从工具属性的安排。在此基础上，域外国家不同保护模式的经验，《日内瓦文本》不同模式融合强化保护的制度安排，以及中国地理标志保护的资源优势、实践经验和运行机制，决定了商标与地理标志协同保护的制度设计，选择在商标法保护制度框架下，制定统一的地理标志保护条例以加强地理标志的监管，对于协同保护问题的解决具有立法成本低、立法效率高、操作性强的优势。

20. 课题名称：SS20－B－20　促进药品创新与可及的知识产权策略研究

承担单位：昆明理工大学

课题负责人：杨　静

本课题以“疫情时代”新药研发和药品获取为需求导向，以《中美经贸协议》药品知识产权保护效应为问题导向，以保障公共健康为目标导向，以《中美经贸协议》强化药品知识产权保护这一拟自然实验作为外生政策冲击，识别协议对我国药品创新和可及的影响。本课题构建贸易协定药品知识产权保护强度评价指标体系，对《中美经贸协议》与 TRIPs 协议、其他代表性贸易协定以及国内现行药品知识产权制度进行横向比较，全方位分析《中美经贸协议》药品知识产权保护的强度与水平；运用双重差分模型（DID）以及知识产权影响汇总 IPRIA 模型，模拟、预测《中美经贸协议》药品知识产权保护条款对中国新药研发、药品价格和国内生产销量的影响；基于促进药品创新与可及的视角，提出实施《中美经贸协议》药品知识产权保护核心点规则，促进药品创新、提高药品可及性的政策建议。

21. 课题名称：SS20－B－21　知识产权服务机构高质量发展评价与认证体系研究

承担单位：中南财经政法大学　武汉市市场监督管理局

课题负责人：文　豪　陈保国

本课题旨在研究知识产权服务机构高质量发展的内涵、途径和质量评价体系，探索中国知识产权服务机构高质量发展认证标准和认证实施方案，为我国知识产权服务机构高质量发展提供指导标准和建议，引导知识产权服务行业向标准化、规范化、专业化、国际化方向发展。本课题在国内外已有文献基础上，首先，研究知识产权服务机构与创新之间的关系，论证知识产权服务机构促进区域创新发展的机制；其次，研究知识产权服务机构高质量发展的内涵与现状，明确知识产权服务机构高质量发展面临的问题与挑战；最后，通过调查分析，研究知识产权服务机构服务质量评价和服务机构高质量发展评价需要考虑的因素，并在此基础上结合相关文献，设计知识产权服务机构高质量发展评价指标与认证体系。

22. 课题名称：SS20－B－22　促进技术要素与资本要素融合发展问题研究及对策建议

承担单位：四川省知识产权研究会

课题负责人：谢商华

促进技术要素与资本要素融合发展，对于科技成果转移转化、变“成果”为“产权”、变“知本”为“资本”、变“知产”为“红利”具有重要意义。我国在技术要素与资本要素的融合发展上已经取得了较多成果，如技术要素与资本要素融合发展的制度规范体系已初具雏形，技术要素与资本要素融合发展的公共服务机制、运营服务机制也已初步完善。然而，囿于发展起步较晚、资本市场成熟度不足等，我国技术要素与资本要素的融合发展依然存在风险防范机制不够成熟、业务运营模式局限、外部服务体系有待完善、政策引导保障机制有待优化等问题和不足。鉴于此，我国应当从如下几个方面针对上述问题和不足予以对症施策：一是通过强制性信息披露机制、资产担保机制、知识产权公示制度构筑风险防范的“防火墙”；二是通过探索知识产权质押融资的新形式、拓展知识产权证券化的市场领域、创新知识产权信托的融资渠道等方式优化技术要素与资本要素融合发展的运营模式；三是通过建立知识产权金融发展的生态评估体系、价值评估体系、培育服务机构和人才要素来优化技术要素与资本要素融合发展的外部服务体系；四是通过发挥政府的引领主导作用、设立知识产权转化运用政策引导型基金等措施来优化技术要素与资本要素融合发展的引领保障机制。

23. 课题名称：SS20－B－23　海外知识产权纠纷防范应对机制研究

承担单位：南京理工大学

课题负责人：董新凯　吴广海

我国“走出去”企业面临被控侵犯知识产权、遭遇知识产权壁垒、自身知识产权遭受侵害、在并购中遭遇知识产权问题、知识产权交易与合同瑕疵、知识产权推广运用障碍等风险，这些风险是企业海外知识产权纠纷防范与应对的对象，其产生原因在于企业事先准备不足、海外知识产权储备不够、应对境外知识产权侵权指控的态度不正、境外企业的刻意遏制、企业外部的支持不力等，企业在防范应对海外知识产权纠纷方面存在着相关知识教育、必要信息获取、资金支持、专业人才等方面的难题。从当前形势看，海外知识产权纠纷的防范应对除了企业自身进行系统工作外，还需要政府部门的大力扶持、行业组织的必要协同、服务机构的专业支撑和同行企业的齐心协力。从对江苏企业防范应对海外知识产权纠纷情况的调研结果看，在机制上还存在不少问题，实际效果也比较差。我国应当本着调动多种力量、内外有机结合、注重综合效果、全链条一体化等原则，构造科学的海外知识产权纠纷防范应对机制，该机制包括纠纷的宣传教育、纠纷的系统预防、纠纷的全面分析、纠纷的协同应对、纠纷的深度总结等内容或者环节。海外知识产权纠纷防范应对机制应区别不同的国家和不同类型的知识产权而有所侧重。

24. 课题名称：SS20－B－24　高价值专利培育规范化标准化研究

承担单位：江苏大学　江苏省知识产权局

课题负责人：唐　恒　支苏平

随着创新驱动发展战略的深入实施，高价值专利培育已成为知识产权工作风向标。本课题聚焦高价值专利培育规范化、标准化问题，从高价值专利的概念和内涵研究出发，剖析了专利的本质及价值属性，阐述了高价值专利的价值维度，在此基础上明确高价值专利定义，并将其与其他相近概念作出区分。基于高价值专利培育现状研究，得出目前高价值专利培育处于探索阶段、缺少规范化指引等问题。针对现存问题，深入分析了高价值专利培育的影响因素，分别从外部影响因素、内部影响因素两个维度展开，构建了影响因素框架，包括技术创新能力、管理创新能力、支撑创新能力。针对高价值专利培育规范化实施路径，以案例分析形式从高价值创造、精准布局、高质量专利申请获权、高价值专利保护和运营方面进行研究。最后，项目围绕实施路径的关键管控节点进行规范化要求，形成高价值专利培育规范标准草案。

25. 课题名称：SS20－B－25 "一带一路"倡议下知识产权双边条约法律制度研究

承担单位：华东理工大学

课题负责人：任 虎

知识产权保护的地域性特征决定了从事投资和经贸企业在"一带一路"倡议下参与国家布局专利权的策略，要么任意"裸奔"，即寻求"一带一路"沿线国家国内法的保护，或者无法律保障；要么寻求"保驾"，即寻求知识产权相关多边和双边条约的保护。但对我国同"一带一路"倡议参与国家共同加入的知识产权相关国际公约研究表明，并没有一个公约是普遍适用于所有"一带一路"参与国家的。因此，加强双边合作，尽快完善双边条约是实现"一带一路"倡议的现实、阶段性路径。"一带一路"倡议下的知识产权双边条约法律机制须体现"共同但有区别"的原则，不仅要具有对外统一之共性，也要考虑"一带一路"参与不同国家的知识产权环境，制定有区别的双边条约法律制度；须体现"双边为主、多边为辅，渐进式发展"的战略，阶段性实现"一带一路"倡议目标；以"贸易投资和知识产权须并进原则"，以及"支持能力培养原则"等为核心纲领，完善我国知识产权双边条约体系；在明确双边条约中的协调机构、职责、议事规则，以及争端解决等法律制度的同时，将互联网知识产权、信息安全、传统知识，以及贸易便利化等纳入内容体系中，构建完备的知识产权双边条约内容体系。

26. 课题名称：SS20－B－26 知识产权国际规则发展趋势与对策研究

承担单位：国家知识产权局知识产权发展研究中心

课题负责人：曾燕妮

本课题以递进推演的顺序进行研究，即规则的演进历程、原因与内在逻辑分析、发展趋势预测以及我国的对策建议。首先，研究发现，知识产权国际规则的演进具有三个特点，即分散与统一螺旋式前进、区域化与全球化循环发展以及经济与政治色彩彼此胶合。这些主要通过三个重要节点，即《巴黎公约》、TRIPs协议以及政府间委员会的活动及变化表现出来。而在此演进表象的背后，则是国际规则产生和演进的内在逻辑发挥着导向作用，即价值链逻辑、话语权逻辑和价值化逻辑。由此，知识产权国际规则的格局走势呈现出如下特点：TRIPs协议陷入困境并根据WTO改革而作出相应改变；发达国家对新兴国家发起新一轮知识产权打击；知识产权一体化进程进一步推进；国际知识产权保护力度将持续提升；区域与专业合作使WIPO面临竞争；全球产业创新将进一步催生知识产权并购；经营模式的创新将引发知识产权新问题；等等。国际规则也因此显现出它未来的演进方向，如国际规则体制仍以多边为主、国际合作将进一步加强等。课题最后，对我国知识产权治理情况进行分析，并提出我国的应对策略建议。

27. 课题名称：SS20－B－27 商业秘密司法鉴定现实困境与规范化路径研究

承担单位：齐鲁工业大学 山东省市场监督管理局研究中心

课题负责人：宋世勇 王建中

商业秘密的非公知性、非法定授权性难以被企业把控，也难以被社会大众广泛认知，一旦商业秘密被侵害，企业难以就商业秘密的非公知性与同一性进行有效举证，造成败诉或自动撤诉，进一步影响了企业规范保护的信心，也不利于社会良性发展。在以往的商业秘密诉讼活动中，商业秘密司法鉴定对于确认商业秘密的非公知性、同一性及损失认定等证明意义重大，是市场监管行政执法、公安侦查、人民检察院审查起诉及人民法院审判等案件的重要参考依据。鉴于当前商业秘密司法鉴定问题突出，课题组通过对市场监管行政执法、公安侦查、人民检察院审查起诉及人民法院审判四个阶段的办案实践调研，发现各类商业秘密司法鉴定实际问题，提出了多部门联动构建司法鉴定（委托）新机制的顶层设计、鉴定收费分类管理、强化司法鉴定高等教育与行业专门教育、试行前置性商业秘密鉴定的解决思路。

28. 课题名称：SS20－B－28　我国地方知识产权治理体系研究——中央与地方事权划分为基础

承担单位：苏州市市场监督管理局　苏州大学

课题负责人：施卫兵　董炳和

建立地方知识产权治理体系，可采取以下知识产权工作措施。第一，要加强知识产权政策体系。地方知识产权管理部门有效开展知识产权工作的保障，各地围绕保护、运用进入了新一轮的政策调整期。第二，加大知识产权保护力度。尝试采取建立大保护平台的方式，协调资源分配，提高案件处理效率。同时还可以形成区域知识产权保护合作机制。第三，推进知识产权运营服务体系建设。成立区域或产业知识产权运营中心，着力推动自主知识产权市场化运营。同时，可构建知识产权事业发展的评价体系。第一，评价体系的构建遵循全面普遍原则、稳定可行原则、客观明确原则。第二，评价体系的构成应包括知识产权评价指标的选择、各项指标权重的确定方法与指数计算方法。将一级指标确定为创造、保护、运用和环境四个方面。二级指标则包括知识产权创造数量、质量、效率，运用规模、效益，司法保护、行政保护、保护效果，知识产权制度、服务、意识几个方面。第三，完善评价体系信息的反馈功能。结合政策和发展需求及时对评价指标进行调整，同时，根据评价结果所反映的地方知识产权发展现状及问题等信息应及时反馈给相应管理部门。

29. 课题名称：SS20－C－29　知识产权人才职称评价标准与工作机制研究

承担单位：中国知识产权研究会

课题负责人：陈　燕　谢小勇

本课题以知识产权人才职称评价为研究对象，以全球经济治理体系变革和我国创新型国家建设为背景，以我国知识产权专业人才需求与知识产权专业人才职业能力提升的相互关系为主线，针对我国当前对知识产权人才的需求，以及由此所带来的人才评价需求，探索建立层级清晰、覆盖全面的知识产权人才职称评价标准和全国联动的知识产权人才职称评价工作机制，为现有知识产权人才职称评价提供参考和指导，帮助破除现有职称评价存在的区域障碍。并在此基础上，探索建立职称评价动态跟踪调整机制，及时发现职称评价中存在的问题和不足，并对职称评价标准作出调整和完善，不断提升职称评价的精准性和实效性，有效发挥职称评价“指挥棒”作用，培养和造就一批推动知识产权事业发展的急需紧缺人才和高层次人才，实现更高质量、更有效率、更可持续的人才发展。

30. 课题名称：SS20－C－30　知识产权人才培养规范化标准化研究

承担单位：中国政法大学

课题负责人：刘坤轮

2018 年 1 月，教育部颁布了《普通高等学校法学类本科专业教学质量国家标准》，作为法学类专业三个专业之一，知识产权专业的教学质量标准归属其中。这种设置尽管只是针对教育教学问题，但对于知识产权的人才培养还是会带来较大的问题。知识产权人才培养的特殊性无法在其中得到彰显,是目前我国制度层面的一个重大问题。但目前来说,学界关于知识产权人才培养的研究,基本处于理论探讨的层面,多数停留在人才培养模式、培养方案、课程体系、教学方法、质量评价等具体的理论层面,没有形成制度层面的研究,更没有形成规范性文件的咨询建议。本项目梳理了社会对于知识产权人才培养的现实需要,对中国知识产权人才培养的产生、发展、专业设置、学位设置等情况进行了详细论述,进而结合当前我国加强知识产权保护的顶层设计,有针对性地提出了我国未来知识产权人才培养的路径,形成了《知识产权专业教学质量国家标准(建议稿)》,并提出知识产权设置一级学科的路径、知识产权专业硕士研究生培养的路径等现实政策建议,为我国未来知识产权人才培养改革提供制度范本,回应了我国国家层面知识产权发展战略,以及学界层面知识产权人才培养标准化、规范化研究不足的现实。

31. 课题名称:SS20－C－31 基于科学统计的知识产权人才评价与监测体系研究

承担单位:江苏大学

课题负责人:李 丹

课题组针对知识产权强国建设纲要和知识产权"十四五"人才规划实施的现实要求,按照系统性、科学性、可操作性的原则构建了一套可直接服务实践的知识产权人才统计体系。一是创新性构建了与国际接轨、与全国人才资源统计体系衔接的统计指标体系;二是创新性开发了与统计体系相匹配的基于科学统计的知识产权人才分层评价体系;三是建立了对统计数据中关键指标进行动态监测的工作机制。并针对具体落实提出:一是应将知识产权人才统计和评价工作作为实施知识产权强国战略的重要保障性工作,建设由各相关主管部门的党委组织部门牵头组建人才统计工作的领导体系,以加强组织保障;二是要建立一套较为客观、公认和系统化的人才基本分类制度,明确国际趋势的"职业与资格"相结合的统计体系的人才分类标准,为确保知识产权人才统计的科学性提供技术保障;三是应建立知识产权人才统计监测信息应用机制,通过建设支撑国家和地方知识产权事业发展的全国知识产权人才数据库、定期发布知识产权人才统计和监测数据、推动建立知识产权人才评价标签制度等举措,充分发挥人才统计对全国知识产权事业发展的支撑作用;四是建立知识产权人才统计和评价监测的实施体系,建议通过建立全国知识产权人才信息管理系统、开展知识产权人才统计监测评价试点工作等举措,逐步构建新时代全国知识产权人才统计工作的新格局。

32. 课题名称:SS20－C－32 涉外机构中知识产权相关岗位人力资源状况研究

承担单位:同济大学上海国际知识产权学院

课题负责人:单晓光 刘 夏

本课题从"岗位设定—人才选用—输送路径"三个层面展开,重点关注以及分析世界知识产权组织司局级高级管理者的履历背景、选拔机制。研究结论包括四个层面:一是国际组织的地域均衡原则决定了我国在世界知识产权组织的总体雇员人数总量很难实现突破;二是不同国家和地区雇员的晋升路径存在明显差异;三是高级管理人员选拔标准具有明显的部门差异,发展部门人员具有外交、法律等复合背景以及发展中地区项目管理经验,经济统计、人力资源等部门需要相应的专业技能;四是2021年新总干事及其团队上任后,各部门创收属性增强。基于此,课题针对我国知识产权人才培养提出优化顶层设计、完善人才培养机制、拓宽人才选派路径、构建国际领先水平的知识产权领导力项目,实现知识产权国际人才国内国际双循环等建议。

33. 课题名称:SS20 - C - 33　贯穿情境教育理念的知识产权人才培养新模式

承担单位:大连理工大学

课题负责人:洪　勇

贯彻情境教育理念,以知识产权精英人才培育为导向,创新人才培养模式。基于知识产权“创造—运用—管理—保护”能力链系统、迎合知识产权人才培养的情境特点与需求,贯穿高等学校人才培养的生命周期,构建面向知识产权强国战略的知识产权人才培养新生态模式。通过知识产权人才培养与发展现状分析,发现知识产权人才队伍呈现不断壮大趋势的同时,也存在企业知识产权专业化人才队伍建设滞后、知识产权从业人员学历与待遇水平相对较低、知识产权专业化人才培养规模与水平均有局限、知识产权人才发展存在机制与环境制约因素等问题。从“情境—理念—方案—组织”人才培养系统构建、人才“知识—能力—素质”进阶培养体系设计、复合型知识产权专业人才培养方案等角度设计知识产权人才培养方案体系。从“3C”能力培育教学环节运行体系、部分典型情境教学课程环节运行体系、实习毕设环节情境教学运行体系等角度设计知识产权人才培养运行体系。从人才培养组织保障体系、人才培养质量保障体系、人才培养实践教学基地与网络保障体系三个方面设计知识产权人才培养支撑体系,并从专业建设部门持续推进专业建设与改革、教育主管部门推进知识产权人才培育与发展提出了相关管理建议。

供稿:国家知识产权局办公室

与知识产权有关的政府网站

国家知识产权局网站

国家知识产权局网站(www.cnipa.gov.cn)是国家知识产权局主办的官方政府网站,是对外宣传知识产权工作的窗口,主要面向社会发布知识产权工作方针政策、相关法律法规、时政要闻、教育培训等信息,提供专利、商标和地理标志等相关的办事服务,并设有意见征求、热点回应、留言咨询、网上信访等互动板块。网站提供中英文版本。

国家版权局网站

国家版权局网(http://www.ncac.gov.cn)是国家版权局主办的综合性政务官方门户网站,于2000年9月30日开通。主要功能包括宣传版权工作方针政策,发布有关版权执法监管、软件正版化、社会服务、宣传培训、产业发展、国际交流等方面的工作信息,在线接收侵权盗版举报,普及版权相关法律知识,进行版权信息公开等。

最高人民检察院网站

中华人民共和国最高人民检察院网(http://www.spp.gov.cn)是依托国家电子政务网络建立的检务公开网站,集纳检察重要新闻、业务动态和"12309中国检察网"检察服务平台等信息,向社会提供案件程序性信息查询、控告申诉举报、辩护与代理网上预约等服务。最高人民检察院涉保护知识产权工作的重大部署、指导性案例发布、"4·26"知识产权新闻发布会、民营企业产权保护以及地方知识产权工作动态等重要内容,均可以通过该网站查询获知。

中国商标网

中国商标网(http://sbj.cnipa.gov.cn)是宣传商标注册的官方网站,主要栏目包括机构概况、政策文件、商标申请、商标代理、案例评析、集体证明商标(地理标志)、国际注册等。

中国扫黄打非网

中国扫黄打非网(http://www.shdf.gov.cn)是全国"扫黄打非"工作小组办公室主办的综合性政务官方门户网站,是全国"扫黄打非"工作小组办公室宣传"扫黄打非"工作的窗口。网站功能主要包括向社会公开相关政策法规、新闻资讯、市场监管、案件查办、专项行动、经验交流、地方工作等信息,还面向公众提供网上举报与在线查询等服务。

中国保护知识产权网

中国保护知识产权网(http://ipr.mofcom.gov.cn/index.shtml)于2006年4月26日开通,由中华人民共和国商务部主办,设有中英文双语版。作为专业的知识产权类政府网站,中国保护知识产权网是发布相关政府信息和提供知识产权资讯服务的重要平台。网站现已开通国际新闻、国内新闻、海外维权、保知指南、数据资料、在线咨询等多个栏目，力图全方位多角度地为广大社会公众、企事业单位提供国内外最新的知识产权时事动态、世界各国知识产权制度建设最新进展、海外维权预警等信息。

国家市场监督管理总局价格监督检查和反不正当竞争局网

国家市场监督管理总局价格监督检查和反不正当竞争局网（http://www.samr.gov.cn/jjj/index.html）是宣传反不正当竞争执法成果的重要窗口，主要包括司局动态、政策法规、价格收费监管、反不正当竞争、规范直销与打击传销等栏目。

林草植物新品种保护网

林草植物新品种保护网（http://www.cnpvp.net）是国家林业和草原局植物新品种保护办公室建立的政府官方网站，网站内容主要包括组织机构、政策法规、品种权申请、品种权测试、品种权执法等，还提供文件下载服务。网站提供中英文版本。

中国林业知识产权网

中国林业知识产权网（http://forest.ckcest.cn:8080/43.html）是由国家林业和草原局知识产权研究中心承办的林业知识产权信息共享平台，2012 年开通，整合了国内外林业知识产权信息资源，建设了林业专利、植物新品种权、林产品地理标志、商标、著作权等知识产权基础数据库 15 个，累计数据量 150 万条，免费提供林业知识产权信息检索和数据共享服务。

人民法院知识产权审判网

人民法院知识产权审判网（http://zscq.court.gov.cn）是中华人民共和国最高人民法院网（www.court.gov.cn）下设子网站，该子网站是人民法院宣传知识产权司法保护成果的第一个官方网站。主要栏目包括工作动态、调查研究、知识产权司法政策、司法保护成果、案例分析、知识产权战略实施和域外知识产权司法等。